U0901355

SDHRSS

山东人力资源和社会保障年鉴 2016

Shandong Human Resources and Social Security Yearbook

山东省人力资源和社会保障厅 编

中国文史出版社

《山东人力资源和社会保障年鉴（2016）》编纂委员会

《山东人力资源和社会保障年鉴（2016）》编辑人员

编辑说明

一、《山东人力资源社会保障年鉴（2016）》（以下简称《年鉴》）由山东省人力资源和社会保障厅编纂，是山东省人力资源社会保障领域唯一一部专业性年鉴，每年出版一卷。

二、本《年鉴》内容系统全面，资料翔实可靠，是各级党委、政府和人力资源社会保障部门、机关和企事业单位、工会和大专院校、科研单位以及各界人士了解、研究山东人力资源社会保障各项事业发展状况的权威性、资料性参考书。

三、本《年鉴》共分七个部分，全面系统地记录了2015年全省人力资源社会保障各项事业的发展状况。

（一）“文献”部分。选录了郭树清省长、孙伟常务副省长2015年的重要批示共2篇，韩金峰厅长重要讲话17篇。

（二）“全省人力资源社会保障工作”部分。全面系统地介绍了2015年度全省就业创业、失业保险、职工养老保险、职工医疗和生育保险、工伤保险、居民养老保险、居民医疗保险、社会保险基金监督、社会保险经办、人力资源市场与人力资源流动配置、人才开发、职业能力建设、专业技术人员管理、引进外国智力、公务员管理、事业单位人事管理、军队转业干部安置、工资福利、劳动关系、调解仲裁管理、劳动保障监察、新闻宣传与政策研究、法制工作、规划统计、人事考试、人力资源社会保障科学研究、信息化建设等方面的工作。

（三）“各市人力资源社会保障工作”部分。按照山东省行政区划排定的顺序，分别介绍了17市2015年度的人力资源社会保障工作。

（四）“政策法规”部分。选录了2015年山东省人民政府和山东省人力资源和社会保障厅印发的关于就业、社会保障、人才队伍建设、人事制度改革、劳动关系、工资收入分配改革、规划财务、法制建设等八个方面的重要文件70余件。

（五）“全省人力资源社会保障大事记”部分。记录了2015年度全省人力资源社会保障工作中的大事和重要活动。

（六）“全省人力资源社会保障统计资料”部分 。以统计数据形式，全面反映2015年度全省人力资源社会保障各项事业的发展情况。

（七）“附录”部分。收录了2015年度山东省有突出贡献的中青年专家名单。

《山东人力资源社会保障年鉴（2016）》的编辑出版是在全省人力资源社会保障系统的共同努力下完成的。在此，向所有参加编辑出版工作的领导和同志表示衷心的感谢。

2016年10月

人力资源社会保障部副部长孔昌生在省人力资源市场调研

人力资源社会保障部副部长游钧在济南市文东社区调研

省委副书记、省长郭树清为“齐鲁友谊奖”获奖专家颁发证书

省委常委、常务副省长孙伟会见参加全省 2015 年度专家休假考察活动的专家

省政协副主席焉荣竹在省劳动保障监察总队调研

省委组织部副部长、省人力资源社会保障厅厅长韩金峰在省人力资源市场秋季招聘活动现场调研

省委组织部副部长、省人力资源社会保障厅厅长韩金峰在菏泽市基层人社所调研

省委组织部副部长、省人力资源社会保障厅厅长韩金峰深入农村慰问老党员

省人力资源社会保障厅巡视员刘玉宝调研军转干部安置工作

省人力资源社会保障厅巡视员董广驰在潍坊市调研

省人力资源社会保障厅副厅长夏鲁青在菏泽创业大学调研

省人力资源社会保障厅巡视员李伯平在济南市人力资源市场调研

省人力资源社会保障厅巡视员杨喜坤在济南市调研

省人力资源社会保障厅副厅长郑忠德在德州市调研

省人力资源社会保障厅副厅长孙廷玉在肥城市政务服务中心调研

省人力资源社会保障厅副厅长房波在郯城县调研人力资源社会保障服务平台建设工作

省人力资源社会保障厅副厅长刘杰在日照市首届技能之星竞赛现场调研

省外国专家局局长张祝秀在临沂常林集团调研

省公务员局局长侯复东到鄄城县旧城镇“第一书记”帮包村开展送温暖活动

省社会保险事业局局长亓军在鄄城县旧城镇“第一书记”帮包村调研

省人力资源社会保障厅副巡视员姜清海在日照市招聘会现场调研

省人力资源社会保障厅副巡视员魏兴隆在菏泽市调研

省人力资源社会保障厅副巡视员张保民在济南市调研

省人力资源社会保障厅副巡视员孙德平陪同拉美青年代表团在省社会保险事业局调研

目录

○政务清风

文献

一、重要批示

二、重要讲话

全省人力资源和社会保障工作

就业创业、失业保险

职工养老保险

职工医疗和生育保险

工伤保险

居民养老保险

居民医疗保险

社会保险基金监督

社会保险经办

人力资源市场管理与人力资源流动配置

人才开发

职业能力建设

专业技术人员管理

引进国外智力

公务员管理

事业单位人事管理

军队转业干部安置

工资福利工作

劳动关系

调解仲裁管理

劳动保障监察

新闻宣传与调研

法治建设

规划统计

人事考试

人力资源社会保障科学研究

信息化建设

各市人力资源和社会保障工作

济南市

青岛市

淄博市

枣庄市

东营市

烟台市

潍坊市

济宁市

泰安市

威海市

日照市

莱芜市

临沂市

德州市

聊城市

滨州市

菏泽市

政策法规

一、就业创业

二、社会保障

三、人才队伍建设

四、人事制度改革

五、劳动关系

六、工资分配收入改革

七、规划财务

八、法治建设

大事记

统计资料

第一部分　就业部分

第二部分 社会保险

附录

文 献

一、重要批示

（一）郭树清省长批示

郭树清省长3月31日对省人力资源社会保障厅《当前全省就业形势专题报告》的批示：这份报告较为翔实，分析和对策都不错。我省就业工作很有特色，总体形势保持平稳，但要居安思危，看到潜藏的问题和未来的挑战，主动应对。要把解决就业问题与支持产业结构调整升级和城镇化紧密结合起来，落实好农民进城后的市民待遇，解决好服务业发展的瓶颈制约，对接好就业需求与用工需求，特别是做好各种培训工作，请发改委、经信委、教育厅、民政厅研究参阅。

（二）孙伟常务副省长批示

孙伟常务副省长11月27日对省人力资源社会保障厅《关于全国2016年春节前保障农民工工资支付工作视频会议精神的汇报》的批示：各级各有关部门和企事业单位，要充分认识保障农民工工资支付的极端重要性，采取强有力措施，加强专项检查，严肃查处拖欠行为，妥善处理遗留问题，层层落实责任主体，保证按时足额发放，确保春节前保障农民工工资支付的各项措施和要求落到实处，让农民工过一个安详幸福和谐的春节。

二、重要讲话

韩金峰厅长重要讲话

坚持以五大发展理念为引领 开创人力资源和社会保障工作新局面

2016年1月11日

同志们：

这次全省人力资源和社会保障工作会议，是在“十二五”胜利收官、“十三五”新征程开启的关键时期召开的一次重要会议。会议的主要任务是，全面贯彻党的十八大和十八届三中、四中、五中全会精神，落实省委十届十三次全体会议、全省经济工作会议和全国人力资源社会保障工作会议部署，总结“十二五”，谋划“十三五”，安排2016年工作。刚才，大会隆重表彰了全省人力资源社会保障系统先进集体和先进个人。省委常委、常务副省长孙伟同志作了重要讲话，对我们近年来的工作给予了充分肯定，对做好当前和今后一个时期的工作提出明确要求和殷切希望，这是对我们的极大鼓舞和有力鞭策。我们一定要认真学习、深刻领会，坚决抓好贯彻落实。下面，我对过去五年来的工作作简要总结，并就今后一个时期的工作思路和今年的工作部署讲几点意见。

一、解放思想、主动作为，“十二五”时期全省人力资源社会保障工作成效显著

刚刚过去的一年是“十二五”收官之年。面对复杂多变的经济形势和艰巨繁重的改革发展任务，全省各级人力资源社会保障部门认真贯彻落实省委、省政府决策部署，坚持稳中求进工作总基调，积极适应、把握、引领经济发展新常态，按照“一个定位、三个加大、七个更加注重”的工作思路，围绕中心、服务大局，主动作为、勇于担当，圆满完成各项工作任务，人力资源社会保障工作呈现总体平稳、稳中有进、进中提质的良好态势。制定出台新一轮就业创业扶持政策，就业目标任务超额完成，全年城镇新增就业116.8万人，农村劳动力转移就业127.5万人，城镇登记失业率保持在3.35%的较低水平。创业载体建设力度加大，全省17市实现创业大学全覆盖。统筹城乡的社会保障制度建设取得重要突破，参保人数继续增加，保障水平稳步提高。在全国率先启动实施机关事业单位养老保险制度，完善居民基本养老、基本医疗保险和大病保险制度，降低失业、工伤保险费率，划转500亿元养老保险基金委托全国社保基金理事会运营。人才队伍建设进一步加强，《山东省人力资源市场条例》颁布实施，在全国率先分类推进教师职称制度改革，新增两院院士2名、国家百千万人才工程人选26名、国务院政府特殊津贴专家121名、省有突出贡献的中青年专家99名、省首席技师100名、高技能人才24万人。新增“外专千人计划”专家6名，1名外国专家获中国政府“友谊奖”、21名外国专家获省政府“齐鲁友谊奖”。新建国家级高技能人才培训基地4个、国家级技能大师工作室6个、国家级引智试验区1处、国家级引智基地3个，争取国家级引智示范推广项目14个，举办外国专家讲座20期、培训6000余人次。人事制度改革稳步推进，公务员聘任制试点取得新进展，考录制度改革、公开遴选、考核奖惩、培训教育工作取得新成效，事业单位人事管理日趋规范，军转安置任务圆满完成。工资制度改革加快推进，机关事业单位工作人员调整基本工资标准兑现落实，县以下机关建立职务与职级并行制度进展顺利，乡镇工作补贴提高到人均500元左右，国有企业负责人薪酬制度改革启动实施，最低工资标准适当调整。在全国率先出台维护机关事业单位未纳入正式职工管理人员劳动保障权益政策规定，劳动人事争议调解仲裁、劳动保障监察执法力度进一步加大。

2015年各项目标任务的圆满完成，标志着“十二五”胜利收官。五年来，全省人力资源社会保障事业取得显著成绩，许多工作走在了全国前列，各个领域取得突破性跨越式发展，转型发展迈出重要步伐，实现了由数量规模扩张向质量效益提升的根本性转变，呈现出新的阶段性特征。“十二五”目标的实现，使人力资源社会保障事业发展站在新的历史起点上，为“十三五”时期的发展奠定了坚实基础。

（一）坚持成果共享，民生保障持续改善、增进了人民福祉。发展归根结底是为了保障改善民生。五年来，我们始终坚持民生为本，牢牢把握“守住底线、突出重点、完善制度、引导舆论”的工作思路，攻坚克难、开拓进取，千方百计让人民群众更多更好地共享改革发展成果。我们坚定不移把促进就业创业作为重要政治任务和改善民生的头等大事来抓，城乡就业连续十二年实现双过百万，就业形势保持总体稳定，就业格局发生可喜变化，就业稳创业兴成为全省经济社会运行总体稳定的重要标志。五年新增城镇就业593.9万人、农村劳动力转移就业665.3万人，城镇登记失业率控制在4%以内。三次产业就业比重持续优化，由2010年的35.5 ： 32.6 ： 31.9优化为2014年的30.7 ： 34.7 ： 34.6，第三产业就业人员逐年

增加。坚持把促进高校毕业生就业创业放在就业工作的首位，每年应届高校毕业生总体就业率保持在85%以上。大力实施农民工“职业技能提升、权益保障、公共服务”三年行动计划，农民工就业质量实现新提高。创业成为拉动就业增长新引擎，五年发放担保贷款326亿元，是“十一五”时期的10倍，扶持创业210.4万人，带动就业599.1万人。就业困难群体得到有效帮扶，58.8万名困难人员实现就业，269.6万名失业人员再就业，零就业家庭保持动态消零。开展政府补贴职业培训达到453.6万人次。我们下大力编密织牢社会保障安全网，加快统筹城乡的社会保障体系建设步伐，实现了从双轨制向单轨制、从城乡二元向城乡一体的新跨越。截至2015年底，全省职工基本养老、职工基本医疗、失业、工伤、生育保险参保人数分别达2476.9万人、1904.4万人、1203.8万人、1473.5万人、1111.2万人，比“十一五”末分别增长39.7%、23.6%、29.3%、21.7%、43.6%。居民养老、医疗保险参保人数分别达4534.3万人、7331.4万人，居全国第2和第1位。各项社会保险基金累计结余3743.9亿元，比“十一五”末增长128.7%。企业退休人员养老金由月人均1575元提高到2515元，居全国第9位。基本医疗保险报销比例、最高支付限额和居民养老、失业、工伤、生育保险待遇均有了明显提高。居民大病保险覆盖了全体参保居民，累计补偿180.7万人次、37.8亿元。适当降低社会保险费率，五年累计为企业减负超过350亿元。我们基本建立了体现机关、事业单位和企业特点的工资收入分配制度，收入分配秩序逐步规范，收入水平稳步提高。公务员工资制度运行规范，事业单位绩效工资稳步实施。健全最低工资、工资指导线和工资指导价位等基本管理制度，最低工资标准年均增长13.8%，及时发布企业工资指导线。我们着力构建规范有序、公平合理、互利双赢、和谐发展的新型劳动关系。提请省人大修订《山东省劳动合同条例》，为企业合法规范用工提供了法律依据。劳动合同签订率和履约质量不断提高，劳动人事争议调解仲裁效能稳步提升，劳动保障监察“两网化”管理提前一年实现全覆盖，劳务派遣进一步规范，落实同工同酬取得重要进展。五年共受理争议案件32.1万余件，涉及劳动者49万余人，涉案金额59亿元；查处违法案件13.7万件，为110万名劳动者追发工资等待遇37亿元。

（二）坚持人才优先，人事人才工作得到长足发展、优秀人才加速集聚创新能力日益增强。 我们围绕实施人才强省和创新驱动发展战略，统筹国际国内两个市场，大力推进引才、育才、聚才工作，着力打造人才高地，人才队伍规模不断扩大、素质不断提高。五年新增住鲁院士、全国杰出专业技术人才、国家百千万人才工程人选、国务院政府特殊津贴专家、省有突出贡献中青年专家分别为7人、2人、38人、236人、497人，总数分别达40人、5人、162人、3136人、1197人。累计招收博士后研究人员5897人，在站博士后研究人员2906人。五年新增技能人才468万人、总数达到922万人，其中新增高技能人才113万人、总数达到242万人。目前共有中华技能大奖获得者16人、享受国务院特贴技能人才33人、全国技术能手333人。构建了全方位、多层次、宽领域的引智工作新格局，新建国家和省级引智成果示范基地（单位）71个、国家级引智实验区2个、国际人才海外联络处23个。五年累计组织实施引进外国专家项目2541项，引进外国专家12万人次，解决技术难题6442项。新增国家“外专千人计划”专家19人，居全国前列。14名外国专家获得中国政府“友谊奖”，117名外国专家获得“齐鲁友谊奖”。每年来鲁工作外国专家约2.5万人次，长期在鲁服务的1万人以上。组织出国培训项目597项、外国专家系列讲座37期，培训人才近万人。新增博士后站179个、总数达435个，累计建成博士后创新实践基地30个；新增省部共建留学人员创业园1家、国家级专家服务基地1个；新增国家级高技能人才培训基地18个、国家级技能大师工作室24个、省技师工作站80个，各类人才载体的承载吸纳能力显著增强。公务员法深入实施，公务员制度不断完善，队伍活力显著增强。五年全省累计招考公务员3.7万余人，省级机关公开遴选公务员473人。深入开展争做人民满意公务员活动，大规模开展公务员培训，五年累计培训公务员110万人次。事业单位人事管理条例全面实施，以人员聘用制度和岗位设置管理为主要特征的新型人事管理制度加快建立，全省已有5.8万个事业单位核准岗位设置方案，占总数的96.7%；聘用195.7万人，占总人数的97%。全省事业单位公开招聘15万人。1.4万名军转干部得到妥善安置，安置数量约占全国总数的十分之一，为推进国防现代化建设作出重要贡献。

（三）坚持问题导向，改革呈现全面发力多点突破纵深推进态势、增强了人力资源社会保障工作的内生动力。我们坚持聚焦改革攻坚，用改革创新机制、破解难题、促进发展。按照中央和省委、省政府的总体部署，围绕牵头的15项改革任务，逐项制定时间表、路线图，一些涉及深层次利益调整、多年啃不动的硬骨头得到破解，一大批改革难点变成了改革亮点。中央和省委改革办、人社部都对我们直面问题、勇于担当的改革创新精神和多项改革成果给予充分肯定。着眼于创新就业创业体制机制，在全国率先建立了城乡一体的就业失业登记制度，率先建立就业与重点建设项目、重要政策联动机制，率先出台进一步规范国有企业招聘行为的意见。着眼于统筹城乡社会保障体系，在全国率先出台机关事业单位工作人员养老保险制度改革方案并启动实施，率先建立统筹城乡的居民基本养老保险制度，率先建立全省统一、城乡一体的居民基本医疗保险制度，率先开展城乡一体、全省统筹的居民大病保险制度，率先开展职工长期护理保险试点，妥善解决城镇未参保集体企业退休人员养老保障、老工伤人员待遇纳入统筹等遗留问题。着眼于激发人才活力，分类推进教师职称制度改革，在全国率先完成中小学教师职称制度改革，率先启动中职学校和技工院校教师职称制度改革试点，率先深化高等学校教师职称制度改革；扎实开展人才改革试验区试点，开辟了引进高层次高技能人才服务绿色通道，推动技工院校与职业院校“双证互通”，在全国率先实现了引智示范基地县级全覆盖。按照国家部署，职业资格清理整顿工作稳步推进，共清理专业技术人员职业资格64项。着眼于推进公务员管理机制创新，扎实推进公务员分类管理和聘任制改革试点，深化平时考核试点，规范行政机关公务员培训，完善基层公务员考录制度，在确保公平公正的基础上探索提高考录科学化水平方面取得可喜成绩，公务员管理更加规范。人社领域改革正加速释放各类人才活力，促进各群体的权利公平，增进社会和谐稳定。

（四）坚持强基固本，人力资源社会保障工作后劲显著增强、发展根基更加稳固。我们坚持工作重心下移、业务下沉，连续三年开展行政程序年、基层基础年、作风建设年“三项活动”，大力加强公共服务能力建设，不断提升公共服务效能。“法治人社”建设扎实推进，依法行政已成为全省各级人社部门工作的新常态。公共服务平台建设全面加强，124个县（市、区）建成县级综合服务中心，所有街道（乡镇）设立人力资源社会保障所（中心），60174个社区（行政村）设立人力资源社会保障服务站。公共服务信息化水平显著提升，信息化在人力资源社会保障事业改革发展中的支撑保障作用不断增强。“12333”年咨询量达450余万人次。社会保障卡持卡人数达6336万人，是“十一五”末的近16倍。窗口单位规范化建设不断加强，人力资源统计调查制度更加科学。“尚贤、厚生、严谨、包容”的人社精神深入人心，鼓舞了士气，凝聚了干事创业的智慧和力量。

这些成绩来之不易。这是省委、省政府科学决策、坚强领导的结果，是各级各部门密切配合、大力支持的结果，也是全系统广大干部职工开拓进取、顽强拼搏的结果。在此，我代表省人力资源社会保障厅，向长期以来关心支持人力资源社会保障工作的各部门各单位，向全系统广大干部职工表示衷心的感谢！

二、统一思想、认清形势，准确把握“十三五”时期人力资源社会保障工作的新任务新要求

党的十八届五中全会和省委十届十三次全体会议分别确定了“十三五”时期我国和我省经济社会发展的宏伟蓝图，为做好新时期人力资源社会保障工作指明了方向。未来五年是我省在全面建成小康社会进程中走在前列的决胜阶段，是推进结构性改革的攻坚期。人力资源社会保障工作

既面临前所未有的发展机遇，也面临前所未有的风险挑战。

从风险挑战看，经济领域一些深层次矛盾和问题已经不同程度地传导到社会管理和公共服务领域，结构性改革在化解产能过剩中势必增加显性化失业，就业结构性矛盾将更加突出，劳动关系矛盾将进一步凸显；到2020年城乡居民收入翻一番的目标进一步增加了群众的新期盼，提高收入水平、社会保障待遇水平与降低企业成本、应对老龄化等一系列“两难”问题为人力资源社会保障工作带来新压力；创新驱动发展战略对高层次人才和高技能人才的需求更加迫切，全省高精尖人才依然短缺，创新能力还不能完全适应产业转型升级需要；全面深化改革、平衡社会利益的难度加大，要求我们在推动各项工作创新发展的同时必须兜住民生工作底线。

从发展机遇看，经过长期发展，我省物质基础坚实雄厚，产业体系比较完备，支撑能力不断增强，经济发展具有较大的韧性、潜力和回旋余地，经济长期向好基本面没有变，新的增长引擎正在孕育形成，这将为我们做好各项工作提供坚实的物质基础。经过多年改革发展，我们的政策法规体系日趋完善、服务体系基本健全，打造了一支专业素养高、特别能打硬仗的干部队伍，这为我们做好今后工作提供了有利条件。更为重要的是，省委、省政府高度重视民生工作，为人力资源社会保障事业的发展提供了坚强领导，开辟了广阔空间。我们必须准确把握人力资源和社会保障工作面临的形势，既要充分利用各种积极因素和有利条件，抢抓机遇、乘势而上，又要沉着应对各种困难和挑战，坚定信心、奋发有为。

“十三五”时期，我省人力资源社会保障事业发展的总体要求是：全面贯彻党的十八大和十八届三中、四中、五中全会精神和习近平总书记系列重要讲话精神，牢固树立和贯彻创新、协调、绿色、开放、共享发展理念，坚持稳中求进工作总基调，适应经济发展新常态，坚持民生为本、人才优先工作主线，着力促进就业创业，构建更加公平可持续的社会保障体系，全力加强人才队伍建设，深化人事制度改革，完善工资收入分配制度，构建和谐劳动关系，推进公共服务体系建设，着力促改革、补短板、兜底线、防风险，推动我省人力资源和社会保障工作继续走在全国前列，为建设经济文化强省做出积极贡献。

不谋全局者，不足以谋一域。科学谋划和扎实推进“十三五”时期工作，要察大势、谋全局，牢牢把握四个方面：一是在深入贯彻落实五大发展理念上聚焦发力。思想是行动的先导，一定的发展实践都是由一定的发展理念来引领的。创新、协调、绿色、开放、共享的发展理念，是我们党的重大理论创新，也是做好今后人力资源社会保障工作的根本指针。我们必须带头树立和践行五大发展理念，自觉以新的发展理念规划、引领、推动发展，着力提高人社事业发展质量和效益。特别是在推动共享发展方面，要按照人人参与、人人尽力、人人享有的要求，坚守底线、突出重点、完善制度、引导预期，注重机会公平，保障基本民生；坚持以人为本的发展思想，以促进人的全面发展为核心，实现与在全面建成小康社会进程中走在前列相匹配的目标，让群众有更多的获得感、成就感和幸福感。二是在适应把握引领经济发展新常态上聚焦发力。适应、把握、引领新常态是当前和今后一个时期我国经济发展的大逻辑。我们一定要遵循这个大逻辑，充分认识新常态下我国战略机遇期内涵发生的深刻变化，准确把握人力资源社会保障工作的内在规律、阶段性特征和趋势性变化，在抢抓机遇中顺势而为，在深化改革中开拓创新，在改善民生中砥砺奋进，在更好服务大局中实现新作为。三是在围绕推进结构性改革上聚焦发力。推进结构性改革，实施“三去一降一补”，人力资源是重要支撑，同时也迫切要求构建更加公平可持续的社会保障制度，发挥好稳定器作用。我们要主动对接、及时跟进、细化措施，为结构性改革增活力添动力。四是在兜底线、补短板、防风险上聚焦发力。坚守底线是保障和改善民生的重大原则，体现了社会政策要托底的基本要求。我们作为重要的民生部门，必须牢牢守住保障群众基本权益这一底线，下大力气补足社会保障、收入分配、劳动者权益保障、公共服务能力等短板，坚决防控规模性裁员、社保待遇支付、劳动关系、人事考试等领域存在的风险，切实维护社会和谐稳定大局。

完成“十三五”时期各项目标任务，要重点做好以下8个方面的工作：

（一）更加注重解决结构性就业矛盾，努力实现更加充分的就业。就业是民生之本。实现充分就业是全面建成小康社会的内在要求。我们要毫不动摇地把促进就业创业作为第一位的任务，继续深入实施就业优先战略和更加积极的就业政策，健全城乡发展一体化就业创业体制机制，创造更多就业岗位，着力解决结构性就业矛盾。完善创业扶持政策，鼓励以创业带就业，建立面向人人的创业服务平台。推行终身职业技能培训制度，建立覆盖城乡全体劳动者、贯穿劳动者学习工作终身、适应劳动者需求的职业培训制度，提高劳动者就业能力和职业转换能力，全面提高劳动者素质和人力资本质量，改善人力资本结构。千方百计促进高校毕业生就业，以有序推进农民工市民化为目标，更加注重做好为农民工服务工作。统筹人力资源市场发展，打破城乡、地区、行业分割和身份、性别歧视，维护劳动者平等就业权利。到“十三五”末，实现城镇新增就业不低于550万人，应届高校毕业生总体就业率稳定在85%以上。

（二）更加注重公平可持续，健全完善统筹城乡的社会保障体系。社会保障是现代国家一项基本的社会经济制度，也是最基本的民生问题。要按照更加公平可持续的要求，加快构建覆盖城乡、成熟定型、更加完备的制度体系，基本实现法定人员全覆盖。完善筹资机制，分清政府、企业、个人等的责任，健全多缴多得、长缴多得激励机制，建立更加合理的待遇确定机制和正常调整机制。完善职工养老保险制度，根据国家部署，循序推进渐进式延迟退休年龄政策，建立长期护理保险制度。拓宽社会保险基金投资渠道，划转部分国有资本充实社保基金，发展职业年金、企业年金、商业养老和医疗保险。到“十三五”末，基本养老保险参保人数达到7050万人，基本医疗保险参保人数达到9345万人，失业保险参保人数达到1232万人，工伤保险参保人数达到1540万人，生育保险参保人数达到1234万人，社会保障卡持卡人数达到9000万人。

（三）更加注重高端引领，大力提升人才对经济社会发展的贡献率。人才资源是第一资源，创新驱动实质上是人才驱动。要服务创新发展，深入实施人才优先发展战略，实施重大人才工程，推动人才结构战略性调整，加快迈进人才强省行列。推进人才发展体制机制改革和政策创新，创新人才培养、使用、引进、评价、激励保障机制，减除人才流动障碍。突出“高精尖缺”导向，着力发现、培养、集聚战略科学家、科技领军人才和产业技能领军人才。统筹国际国内两个市场，大力引进国外人才智力，聚天下英才而用之。到“十三五”末，人才资源总量达到1720万人，专业技术人才达到800万人，全省技能劳动者达到1100万人，其中高技能人才达到350万人。

（四）更加注重激发干事创业活力，深化人事制度改革。深化干部人事制度改革，是全面从严治党的内在要求，关系国家治理体系和治理能力的现代化。要深入实施公务员法，大力推动公务员管理创新，深化分类改革，全面实施职务与职级并行制度，提高人才选拔质量，以能力建设为核心，打造一支忠诚干净担当的公务员队伍。深入研究解决突出矛盾和问题，深化事业单位人事制度改革，努力形成符合事业单位特点、规范有序、充满活力的人事管理制度。全力做好裁军期间的军转安置工作。

（五）更加注重合理有序，加快收入分配制度改革。收入分配公平是社会公平的重要体现。要坚持居民收入增长和经济发展同步、劳动报酬提高和劳动生产率提高同步，以明显增加低收入劳动者收入、扩大中等收入者比重为重点，统筹兼顾，综合施策，规范分配秩序、缩小分配差距，统筹平衡各方利益关系，优化收入分配格局。健全工资水平决定、正常增长和支付保障机制，规范企业工资分配的制度环境，完善适应机关事业单位特点的工资制度，切实发挥薪酬分配的激励导向作用。在提高企业劳动生产率和财政收入的基础上，稳步提高一线企业职工、基层机关事业单位工作人员工资水平，调控一些行业企业以非市场因素获取的过高收入。

（六）更加注重维护职工和企业合法权益，积极构建新型劳动关系。劳动关系是最基本、最重要的社会关系之一，事关改革发展稳定全局。要坚持促进企业发展、维护职工权益，坚持以人为本、依法构建、共建共享、改革创新，提升劳动人事争议调解仲裁工作效能，推动劳动保障监察执法体制改革。引导职工合理设定预期，依法理性维权。高度重视新常态下的劳动关系风险防控工作，加强分析预判，坚决守住底线，防止出现影响社会稳定的重大风险，推动建立规范有序、公正合理、互利共赢、和谐稳定的劳动关系。到“十三五”末，企业劳动合同签订率和劳动人事争议仲裁结案率均达到 93% 以上。

（七）更加注重依法行政，全面推进法治人社建设。依法行政是我们履职尽责的基本理念和准则。要牢固树立法治思维，自觉运用法治方式推进各领域改革发展。正确处理政府和市场的关系，简政放权、放管结合，更加注重运用市场机制开展工作，加快推进政府职能转变。坚持立改废并举，加快完善人力资源社会保障法规政策体系，及时将一些实践证明行之有效的做法上升为政策法规。要严格规范公正文明执法，提高执法效率和规范化水平。深化行政审批制度改革，完善行政审批清单、权力清单和责任清单，全面推进行政权力公开透明运行。扎实推进普法宣传，推进诚信体系建设，为人力资源社会保障工作营造良好法治环境。

（八）更加注重提升公共服务效能，切实加强基层基础建设。不断提升公共服务效能，是执政为民的具体体现。要以健全就业、社会保障等公共服务体系为重点，扎实推进基本公共服务均等化。要加快公共服务标准化建设，提高基层平台规范化建设，统一业务流程，整合服务资源，创新服务方式。要以公共服务信息化建设为抓手，以实施“一网一库一卡一号”工程为重点，以省级集中为发展方向，大力加强信息化建设，努力实现全面信息化、全省一体化。扎实推进电子政务建设和政务公开，加快建设网上大厅和实体大厅，打造线上线下、虚实一体、阳光便捷的政务服务平台，更好地满足人民群众个性化多样化的公共服务需求。

三、突出重点、精准发力，努力完成 2016 年各项工作任务

今年是“十三五”开局之年，做好今年的工作意义重大。我们要突出重点、抓住关键，确保开好局、起好步。

（一）全力促进就业创业。继续把就业放在各项工作的首位，确保城镇新增就业 110 万人，城镇登记失业率控制在 4% 以内。一是狠抓政策落地生效。研究制定促进就业创业的配套政策和实施意见，修改完善就业创业资金管理办法。创新政策落实评估机制，加强就业目标责任考核，充分释放政策红利。二是着力解决化解产能过剩过程中的结构性失业问题。最近，省政府召开重点行业化解过剩产能脱困发展专题会议，对职工安置分流工作提出要求，下步省里将制定具体安置政策，采取内部调剂盘活一批、外部创业分流一批、及时退养减员一批、自谋生路放活一批的方式安置职工。要完善失业预防调控机制，制定应对规模性失业风险预案，搞好资金测算和资金筹措，推进职工安置和失业人员再就业。各地尤其是化解产能过剩任务较重的地方，要超前谋划、主动作为，及时应对可能出现的区域性、行业性规模失业。三是加大创业带动就业工作力度。统筹开展省级创业示范平台评估认定工作，认定 30 家省级创业孵化示范基地和创业示范园区。深入实施新一轮大学生创业引领计划，制定出台促进大学生到农村创业的政策措施，评选大学生创业之星。组织实施省级示范创业大学评估。举办第三届山东创业大赛。四是突出抓好重点群体就业。继续将高校毕业生放在就业工作首位，精心实施大学生就业促进计划，引导和鼓励高校毕业生到基层工作，做好实名制就业服务等工作，促进高校毕业生多渠道就业。深入实施农民工 3 项 3 年行动计划，促进农民工更好融入城市。推进智慧就业工程，加快四型就业社区建设，更好助推重点群体就业。五是扎实做好就业扶贫。将劳动年龄贫困人口全部纳入就业失业登记范围，精确识别，靶向施策，转移就业创业脱贫一批、技能培训脱

贫一批、公益性岗位托底安置脱贫一批，做到“登记一人、培训一人、就业一人、脱贫一户”，确保全年实现就业脱贫30万人以上。六是强化就业培训。继续实施“加强就业培训提高就业与创业能力五年规划”，全面推行四单式培训模式，重点针对城镇失业人员、贫困家庭子女、高校毕业生、农民工、未升学初高中毕业生等群体，广泛开展职业技能培训。建立覆盖创业活动不同阶段的创业培训体系，提升创业培训质量，提高创业能力和创业成功率。

（二）深入推进统筹城乡的社会保障体系建设。社会保障制度改革是推进结构性改革中具有重大牵引作用的四大改革之一。要突出重点，完善制度，引导预期，增强公平可持续发展能力。一是进一步改革完善社会保障制度。全面实施机关事业单位养老保险制度，深入研究改革配套政策，做好职工基础养老金全国统筹准备，提出发展企业年金、职业年金政策措施。积极稳妥开展民办非营利职业院校和中小学教师社会保障与公办教师同等待遇试点。完善居民医保筹资机制和补偿政策调整机制，健全居民大病保险政策与管理体系，建立全省统一的职工大病保险制度，推进医疗保险和生育保险合并实施，稳妥推进职工长期护理保险。深化医疗保险支付制度改革，适时制定药品医保支付标准。做好深化医疗卫生体制改革相关工作。研究制定山东省工伤保险规定，建立工伤保险省级调剂金制度，扩大工伤预防试点。二是加快实现社会保障人群全覆盖。完善参保缴费政策，深入实施全民参保登记计划。大力推进建筑业参加工伤保险“同舟计划”。力争将公务员全部纳入工伤保险范围。逐步将机关事业单位纳入生育保险范围。完善居民养老保险参保缴费激励机制，进一步推动被征地农民社会保障工作。三是适当调整社会保险待遇水平。统筹做好机关事业单位和企业退休人员养老金调整工作，适度调整失业保险、工伤保险待遇标准。四是强化社会保险运行监管和经办服务。健全社会保险基金监督体系，依法查处违法违规行为。全面推广应用医疗保险监控系统，落实定点协议管理，控制医疗费用不合理增长。全面贯彻国务院关于基本养老保险基金投资管理办法，精心做好养老保险金归集和委托运营工作。加强社会保险经办管理工作，推进电子社保建设，积极开展精算分析，优化服务流程，提高经办管理水平。

（三）大力加强人才队伍建设。突出“高精尖缺”，面向海内外，集聚创新驱动发展急需紧缺的高端人才，进一步提升人才支撑引领作用，形成人才比较优势。一是加强人才制度建设。制定出台推进人才国际化的意见，建立符合国际规则、国际惯例的人才发展体制机制、政策措施和服务模式。出台促进人才服务体系建设的意见，加快形成人才服务新格局。完善博士后工作管理办法。全面实施中职和技工学校教师职称制度改革，建立全省技工院校评估体系，深化科研机构职称制度改革，完善基础卫生专业技术人员职称评审制度。制定进一步加强高技能人才工作的意见。完善提高技术工人待遇措施，推广技能等级同大城市落户挂钩的做法。二是加大“两高”人才队伍建设力度。实施重大人才工程，做好高端领军人才的推荐选拔工作。积极培养博士后青年人才，充分发挥其创新创业生力军作用。加强专业技术人员继续教育和技能人才开发力度，培育引进一批引领技术革新、技术改造、技术攻关的专业技术人才和产业技能领军人才。研究制定加强全省技工院校国际交流与合作工作意见，举办山东首届技工教育国际发展研讨会和世界技能大赛选拔赛。探索技能人才培养新模式，推动技工院校与职业院校“双证互通”。继续做好职业资格许可和认定事项的清理整顿工作，探索人才资源数据动态维护机制。加快技工院校转型，提高专业化、市场化、国际化水平。三是加大引进国外人才智力工作力度。制定出台进一步加强引进外国人才工作的意见，创新外国人才管理体制，加强引智信息化建设，推进各级引智试验区和基地等载体建设。充分发挥省国际人才交流协会和海外人才联络处作用，进一步提升国际人才交流水平和层次。深入实施“外专千人计划”和“一带一路”等外国专家项目，完善外国专家建言工作机制，健全省、市、县三级外国专家表彰奖励体系。探索建立海外培训基地，提高出国培训层次，扩大培训范围。加大留学人员工作力度，推进留学人员创业园建设，举办第九届“海内外高端人才交流暨技术项目洽谈会”，大力吸引海内外高层次人才和团队来鲁创新创业。四是大力发展人力资源服务业。健全人力资源服务标准体系，重点培养一批有核心产品、成长性好、竞争力强的人力资源服务企业，举办人力资源服务产业展会。深入实施《山东省人力资源市场条例》，为人力资源市场加快发展创造良好的法治环境。

（四）不断深化人事制度改革。坚持把人事制度改革放在全面深化改革特别是党的建设制度改革的大局中来谋划，着力建设高素质干部队伍。一是加强公务员制度和队伍建设。深化聘任制公务员管理试点，稳慎推进公务员分类改革，开展公务员法实施十周年执法检查。深入推进公务员平时考核试点，在全省人社系统全面开展公务员平时考核试点工作。继续开展“做人民满意公务员”主题活动，充分发挥典型示范引领作用。适度降低基层公务员进入门槛，改进基层公务员考录工作。抓好公务员初任、任职、在职和专门业务四类培训，打造具有山东特色的公务员实践教育基地，提高公务员队伍整体素质。二是加强事业单位人事管理。落实《山东省事业单位工作人员竞聘上岗试行办法》，科学规范组织竞聘上岗，形成能上能下的灵活用人机制。坚持统一规范、分类指导、分级管理，完善公开招聘组织形式，探索符合行业和岗位特点的分类考试办法。研究制定《山东省事业单位工作人员考核办法》，建立健全以聘用合同和岗位职责为依据、以工作绩效为重点、以服务对象满意度为基础的考核机制。三是积极稳妥做好军转安置工作。今年是军队裁减员额30万的第一年，安置任务十分繁重，要采取有力措施，确保平稳有序完成安置任务。完善自主择业军转干部管理服务政策，健全企业军转干部解困稳定长效机制，确保企业军转干部总体稳定。

（五）稳慎推进工资收入分配制度改革。综合运用政府调控、市场引导等手段，稳步推进工资制度改革，统筹平衡好各方面利益关系。一是健全公务员工资政策体系。按照国家部署，在清理规范津贴补贴基础上，实施地区附加津贴制度，调整机关事业单位基本工资标准。推进法官检察官工资制度改革，全面做好组织实施工作。二是深入推进事业单位绩效工资制度。研究制定科研、高校、医院等重点行业实施绩效工资办法，加快推动省属科研机构、高校、医院等事业单位实施绩效工资的进程，进一步引导事业单位搞活内部分配。三是加强对企业工资的分配指导和监督管理。加快推进《山东省企业工资支付条例》《山东省企业工资集体协商条例》立法进程。深化国有企业负责人薪酬制度改革，规范国有企业收入分配秩序。开展企业薪酬调查，及时发布2016年度企业工资指导线，引导企业职工工资稳步增长。

（六）积极构建和谐劳动关系。充分认识当前劳动关系面临的严峻形势，努力化解矛盾和风险，确保劳动关系和谐稳定。一是完善劳动关系协调机制。建立协调劳动关系三方委员会，组织开展和谐劳动关系综合实验区试点。做好事改企单位劳动用工管理工作。规范劳务派遣行为，推进农民工同工同酬。针对结构改革中劳动关系矛盾激化的风险，积极开展经常性的矛盾纠纷排查，及时发现，有效应对。二是强化劳动人事争议调解仲裁。加快出台山东省劳动人事争议调解仲裁条例，深入开展劳动人事争议示范仲裁院争创活动，大力提高调解仲裁队伍素质，加快调解仲裁工作标准化、专业化、信息化进程，充分发挥好仲裁制度优势。三是加强劳动保障监察执法。健全劳动保障监察工作体系，出台加强劳动保障监察能力建设的意见，提高执法规范化水平。开展保障农民工工资支付工作专项检查。加大执法力度，畅通举报投诉渠道，力争结案率保持在98%以上。

同时，要抓紧修订完善我省人力资源社会保障事业发展“十三五”规划纲要和各项专项规划。各地也要认真编制本地事业发展规划，努力将重要指标和项目列入当地经济社会发展总体规划。加快推进综合性、基础性工作，从工作指导、政策扶持、力量配备上向基层基础倾斜。继续完善基本公共服务体系，加强法治人社、服务平台和信息化建设，不断提升公共服务质量和水平。

四、严字当头、实处用力，全面加强自身建设

能不能圆满完成“十三五”时期各项工作任务，关键在人。各级人力资源社会保障部门要以更严更实的要求和更加过硬的措施，全力打造一支能打硬仗的专业化干部队伍，为圆满完成各项任务提供坚强保证。

（一）提振干事创业的精气神。完成艰巨复杂的工作任务，良好的精神状态是重要前提。各地、各单位要按照“走在全国前列”的目标要求，激发干劲、顽强拼搏，保持好旺盛的工作热情。要正确认识当前面临的矛盾和问题，认清事业发展的光明前景和重大机遇，牢固树立战胜困难的信心、决心和勇气。要增强责任意识和大局意识，敢于担当、勇于负责，直面矛盾、破解难题，不断把人力资源社会保障领域的各项改革引向深入。要健全工作责任制，把每项工作责任落实到具体单位和个人，坚决做到守土有责、守土尽责，对于工作不作为的干部要进行严肃督查问责。要增强机不可失、时不我待的危机感和紧迫感，只争朝夕干事业、奋勇争先谋发展，推动人力资源社会保障事业实现新发展新作为。

（二）提升适应和引领新常态的能力素质。经济发展新常态下，发展理念不断更新、发展领域不断拓宽、各领域联动更加紧密，迫切需要我们解决和克服“本领恐慌”问题，不断提升工作能力和工作水平，尤其是要注重养成专业思维、专业素养和专业方法。要不断加强学习，注重研究经济社会发展的趋势性变化，系统把握结构性改革的内涵、方法和途径，全面了解新技术新产业新业态，不断强化引领经济发展新常态的理论和知识支撑。要在结合上做文章，既要不断提高战略思维、辩证思维、创新思维和底线思维能力，又要注重调查研究，努力提升发现问题、研究问题、解决问题的能力。要更加注重教育培训和实践锻炼，给干部以充分的谋事干事平台，以实践锻炼促进能力素质提升。要加强政策宣传解读和舆论引导，推进政务公开，为重大改革和重点工作营造良好社会氛围。

（三）以严和实的作风抓好落实。实现今年和“十三五”事业发展目标，重在落实、贵在落实。要巩固拓展“三严三实”专题教育成果，真正把“三严三实”要求体现到履职尽责、做人做事的方方面面。要树立雷厉风行、真抓实干、科学严谨的工作作风，确保每项工作高标准、高质量、高效率完成。要强化党的观念、严明党的纪律，贯彻好《中国共产党廉洁自律准则》和《中国共产党纪律处分条例》，把纪律和规矩挺在前面。要严格落实党风廉政建设主体责任和监督责任，领导干部要认真履行“一岗双责”，对党员干部严格教育、严格管理、严格监督。要加强执纪问责，严加整肃各种不良风气，坚决查处违纪违法问题，把各项规定落到实处，保持好风清气正的良好环境。

同志们，做好当前和今后一个时期的人力资源社会保障工作，责任重大、使命光荣。我们要在省委、省政府的坚强领导下，攻坚克难、开拓进取、扎实工作，努力实现“十三五”时期人力资源和社会保障事业发展良好开局，为加快经济文化强省建设做出新的更大贡献！

在2014年度总结表彰大会上的讲话

2015年2月12日

同志们：

刚才，我们隆重表彰了2014年度先进集体和先进个人。这里，我代表厅党组向受到表彰的单位和同志们表示热烈祝贺。需要指出的是，还有许多同志在工作中表现非常突出，但受名额所限或有的同志主动让贤而没有受到表彰，他们在工作中取得的成绩同样应该给予充分肯定。下面，我通报一下2014年全厅工作情况和

今年重点工作安排。

一、2014 年工作情况

2014 年是很不平凡、令人难忘的一年。在经济增速放缓、下行压力较大的情况下，我们认真贯彻落实省委、省政府决策部署，牢牢把握稳中求进工作总基调，围绕中心、服务大局，改革创新、真抓实干，各项工作都取得了新进展新成效，突出表现为“稳、进、转”，稳中求进，以进促转，一些事关全局和长远发展的重要改革取得突破，许多工作走在了全国前列，人力资源社会保障工作在全省经济社会发展中的地位和作用更加凸显，发展活力和后劲进一步增强，发展根基更加稳固，为维护社会和谐稳定做出了新贡献。更为可喜的是，人力资源社会保障事业转型发展迈出重要步伐，提质增效升级在全系统达成了广泛共识，发展方式逐步由注重数量规模扩张的外延式粗放型管理，向更加注重质量效益提升的内涵式精细化治理转变，发展呈现出新的阶段性特征。

（一）就业形势保持总体稳定。我们始终把促进就业创业作为重大政治责任和第一位的工作来抓。城镇新增就业 118.5 万人、农村劳动力转移就业 131.2 万人，连续 11 年实现“双过百万”，城镇登记失业率控制在 3.3% 的较低水平，就业稳成为全省经济社会运行总体稳定的一个重要标志。全力推动就业创业政策落地，持续释放政策红利。着力抓创业带就业，成功举办全省第二届创业大赛，全年实现创业 46.8 万人，增长 9.21%，带动就业 118.6 万人，创业成为就业增长新引擎。启动实施农民工“职业技能提升、权益保障、公共服务”三年行动计划，农民工就业质量实现新提高。会同省国资委在全国率先出台进一步规范国有企业招聘行为的意见，维护了就业的公平公正。制定出台失业保险支持企业转岗培训和岗位技能提升培训的补贴办法，进一步增强了失业保险制度预防失业、促进就业功能。加强就业创业培训，培训 124.2 万人，提高了劳动者的就业创业能力。

（二）统筹城乡的社会保障体系建设取得新突破。社会保障更好发挥了民生“安全网”和社会运行“稳定器”作用，主要表现为“一加快、两扩大、一提高”。“一加快”即：社会保障制度改革步伐加快。加快构建统筹城乡的社会保障体系，在全国率先整合城乡居民基本医疗保险，率先开展城乡一体、全省统筹的居民大病保险，率先建立起省、市、县三级完整的居民养老保险政策体系。研究制定机关事业单位养老保险制度改革方案，为顺利启动改革做好了准备。制定出台城乡养老保险制度衔接办法，在东营、潍坊、日照、聊城 4 市开展职工长期护理保险试点，养老保险基金委托投资运营获国家批准，现已正式启动。“两扩大”即：一是社会保险覆盖范围进一步扩大。认真组织实施全民参保登记计划，城镇职工基本养老、城镇职工基本医疗、失业、工伤、生育保险参保人数稳步增长，城乡居民基本养老保险参保 4539.9 万人，城乡居民基本医疗保险参保 7660 万人。二是基金规模稳步扩大。全年社会保险基金总收入 2703 亿元、总支出 2376.7 亿元，累计结余 3388.2 亿元，抗风险能力和共济能力进一步增强。同时，加强基金监管，确保了基金安全。“一提高”即：社会保险待遇水平不断提高。连续 10 年调整企业退休人员养老金，月人均达 2346 元；提高居民基础养老金最低标准，连续 8 年调整失业保险金标准，连续 10 年调整工伤人员待遇水平。

（三）人才引领支撑作用不断增强。一是加强高层次专业技术人才队伍建设。新增国家“万人计划”百千万工程领军人才 6 人、全国杰出专业技术人才 2 人、省有突出贡献的中青年专家 99 人。新增博士后科研流动站 16 个，设立博士后创新实践基地 38 个，招收博士后研究人才 860 人。大力实施专业技术人才知识更新工程，严防滥用行政权力干预职称评审。二是加强高技能人才队伍建设。新增全国技术能手 69 人、省首席技师 100 人、高技能人才 30.6 万人，新增国家级高技能人才培训基地 4 家、技能大师工作室 4 个、省技师工作站 20 个，5 名高技能人才入选中华技能大奖，占全国六分之一。加快技工院校转型发展步伐，在搭建中职教育统一招生平台、实现“双证互通”、高职教育与技师教育合作培养试点等方面实现了重要突破。三是积极引进国外人才智力。20 名优秀留学回国人员获省政府表彰。引进外国专家2.5万人次，新增“外专千人计划”专家5人、泰山学者海外特聘专家创业人才38人，26名外国专家获得齐鲁友谊奖。实施出国（境）培训项目110个、培训1059人。新建引智示范基地16个。成功举办中国山东第八届海内外高端人才交流暨技术项目洽谈会。四是大力培育发展人力资源市场。人力资源服务业步入加快发展新阶段，专家服务基层活动在满足基层的人才智力需求方面发挥了重要作用，中国海洋人才市场（山东）及各分市场全部建成，促进了人才资源的合理有序流动和配置。

（四）人事制度改革取得新成效。一是公务员制度和队伍建设不断加强。完善基层公务员考录制度，打破体制壁垒，扫除身份障碍，首次允许高级技工院校高级班毕业生报考乡镇公务员。乡镇公务员队伍建设调研成果上升为省委、省政府决策。扎实推进公务员分类制度改革和聘任制试点，深化公务员平时考核试点，首次开展公务员能力提升培训工程，公务员管理机制创新取得新成果。深入开展超职数配备干部专项检查。二是事业单位人事制度改革不断深化。全面贯彻实施事业单位人事管理条例，以岗位管理和人员聘用为主要特征的新型人事管理制度基本建立。三是军转干部安置工作取得新成效。大力实施“阳光安置”，2716名军转干部安置任务圆满完成。认真落实企业军转干部解困维稳政策，企业军转干部保持总体稳定。

（五）工资收入分配制度改革扎实推进。加强公务员津贴补贴水平调控，较大幅度提高省直公务员津贴补贴水平，17个市和32个县（市、区）调整了津贴补贴水平，地区之间机关事业单位津贴补贴标准差距进一步缩小；最高水平与最低水平的差距，市本级缩小到1.6倍，县本级缩小到2.5倍。向经济欠发达地区和基层倾斜，乡镇工作人员津贴补贴标准月人均增资300元左右。深入开展机关事业单位“吃空饷”专项治理。强化企业工资分配指导调控，确定企业工资指导线，调整最低工资标准，在全国率先建立了规范统一的企业薪酬调查制度。

（六）劳动关系保持和谐稳定。一是创新劳动关系协调机制。劳动合同签订率和履约质量不断提高，淘汰落后产能企业分流职工得到妥善安置。深入开展劳务派遣专项治理活动，中央驻鲁和省属企业的劳务派遣已初步规范，其他企业也正在调整用工方式。大力维护机关事业单位未纳入正式职工管理人员的劳动保障权益。二是加强劳动人事争议调解仲裁。仲裁机构实体化建设全面完成，劳动人事争议调解仲裁效能稳步提升，受理劳动人事争议案件6.8万件，结案率97%，一裁终局率达20%以上。三是加强劳动保障监察执法。劳动保障监察“两网化”管理提前一年实现全覆盖，查处各类劳动保障违法案件2.5万件。开展农民工工资支付情况专项检查，为11.18万农民工解决拖欠工资6.7亿元，有力维护了农民工合法权益。

（七）其他人力资源社会保障工作扎实推进。一是规划统计和财务管理工作水平进一步提高。严格落实各项规划财务工作制度，扩大预算资金规模，启动“十三五”规划编制工作，加强统计服务，严格内部审计，为人社事业的转型发展提供了坚实支撑。二是人才公共服务不断加强。坚持政府人才服务机构公益化发展方向，不断完善服务体系，拓宽服务范围，成功举办清华大学山东省高层次人才推介招聘会，公共人才服务效能稳步提升。三是职业介绍工作扎实推进。以实现公共就业服务标准化、专业化为目标，强化服务功能，完善服务内容，日常招聘和特色招聘活动有序开展。省本级举办招聘活动53场，提供就业岗位1.77万个，推荐就业1.46万人次。四是人事考试工作任务圆满完成。聚焦考试管理制度化、工作规范化、手段信息化，不断完善人事考试工作协调机制，严肃考风考纪，保证了人事考试的安全和质量，全年共组织各类人事考试53项，报考人数达125.8万人。五是职业技能鉴定质量稳步提升。深入开展“职业技能鉴定质量年”活动，大力推进鉴定工作信息化建设，职业技能鉴定在培养适应产业发展需求、技艺精湛、素质过硬的技能人才和高素质劳动力方面发挥了重要作用。组织职业技能鉴定120万人次，发放职业资格证书109万人次。六是职业训练工作进一步加强。

着眼于提高劳动者就业创业能力，加快建立“覆盖城乡、门类齐全、专业对口”工作体系，创新培训方式方法，培训规模不断扩大，培训质量不断提高。训练中心被省委、省政府授予“山东省助残先进集体”荣誉称号。七是人力资源社会保障科研工作取得新成绩。统筹做好科学研究、史志编纂等各项工作，杂志的办刊质量继续提升，《山东人力资源和社会保障年鉴》获得第五届全省优秀年鉴评选综合特等奖。八是基层基础更加稳固。连续三年深入开展“行政程序年、基层基础年、作风建设年”活动，基本实现了“一年打基础、两年见成效、三年上水平”的目标，依法行政水平进一步提高，基层基础进一步加强，工作作风进一步转变。全系统共细化行政执法程序4907项，建立完善制度6175项；基层平台建设由实体化向规范化推进，大部分市、县（市、区）将49项约束性服务项目全部下放基层。深入开展党的群众路线教育实践活动和窗口单位改进作风专项行动，“四风”得到有力整治，群众反映强烈的一大批突出问题得到有效解决，进一步树立了为民务实清廉的良好形象。九是信息化建设取得新进展。突出对重点改革任务的信息化支持，推进信息资源整合和省级集中，重点软件开发建设成效显著，全面信息化、全省一体化建设迈出重要步伐，社会保障卡持卡人数达到4471万人，提前完成了人社部确定的目标任务。

（八）厅机关内部建设和管理服务工作再上新水平。一是机关党建取得新成效。全面加强机关党的建设，持续推进机关文化建设，党组织的凝聚力和战斗力进一步增强，广大党员在各项工作中发挥了先锋模范作用。文明机关创建活动取得丰硕成果，我厅作为4个省直部门之一，被列入第四届全国文明单位候选名单，目前已公示通过，节后表彰。二是党风廉政建设进一步加强。努力落实厅党组的主体责任，发挥驻厅纪检组的监督责任，警钟长鸣，常抓不懈，坚定不移推进党风廉政建设和反腐败工作。积极配合省委第三巡视组，圆满完成了对我厅为期两个月的常规巡视工作。昨天上午，巡视组向我厅反馈了巡视情况。三是干部队伍建设全面加强。坚持从严管理、从严要求、从严教育，全厅干部职工的综合素质得到新的提升，思想融合、队伍融合、文化融合取得了重大实质性进展，全厅上下干事创业的力量和智慧得到进一步凝聚。四是政务运转顺畅高效。不断健全内部管理制度和工作机制，加大重要会议和重大活动的综合协调力度，狠抓督查督办，扎实推进电子政务建设和政务公开，保证了全厅各项工作任务的有效推进和落实。认真受理群众来信来访，及时依法依规处置信访案件，信访形势保持平稳。受理人大建议、政协提案124件，全部按时办结，答复满意率达到100%。我厅被评为2014年度省直档案进馆先进单位。五是信息宣传工作取得新成效。新闻宣传在全省宣传大格局中的影响力快速攀升，政务信息数量和质量大幅提高，舆情监测引导及时有效。专题新闻宣传效果好，在省级以上媒体发稿600余篇，居民医疗保险和大病保险宣传报道入评2014年度山东省十大新闻。六是帮扶工作成效明显。对口援藏、援疆、援青工作顺利开展，第三批赴鄄城县任“第一书记”的5名同志积极为当地发展出谋划策，帮助当地解决了一些实际困难，赢得了当地党委、政府和群众的认可。七是老干部工作稳步推进。积极组织老干部开展政治学习和有益于身心健康的文体活动，搞好医务管理和医疗保健工作，努力为老干部排忧解难，受到广大老干部的一致好评。八是机关后勤服务水平有了新提高。加强机关办公楼和家属院管理，着力提高职工就餐质量，为干部职工营造了良好的工作生活环境。全力做好公务用车保障工作，全年安全行驶无重大责任事故。机关服务中心被评为全省机关事务系统先进集体。九是基建工作平稳顺利推进。人力资源市场项目和浆水泉职工宿舍建设进入收尾阶段，项目办公室的同志们做了大量艰苦细致工作，严把安全关、质量关、廉政关，确保了工程施工的有序推进。此外，我厅有几位同志借调到国家部委或省直其他部门工作，他们在帮助工作期间，认真负责，努力工作，普遍受到好评。

一年来所取得的成绩，是省委省政府高度重视、正确领导的结果，是全厅干部职工团结一致、顽强拼搏、扎实工作的结果。一年来，许多同志加班加点、埋头苦干、任劳任怨，有的同志带病坚持工作，表现了很高的思想境界和无私奉献的精神。同时，这些成绩的取得也离不开广大干部职工家属的大力支持，在此，我代表厅党组，向全厅广大干部职工和关心支持我们工作的家属同志表示衷心的感谢和诚挚的慰问！为大家点个赞。

二、2015 年重点工作安排

2015 年是全面深化改革的关键之年，是全面推进依法治国的开局之年，也是全面完成“十二五”规划的收官之年，做好今年的人力资源社会保障工作意义重大。今年工作的总体要求是：全面贯彻落实党的十八大和十八届三中、四中全会精神，以习近平总书记视察山东重要讲话和重要批示精神为指引，按照全国人力资源社会保障工作会议和全省经济工作会议部署，坚持稳中求进工作总基调，主动适应经济发展新常态，坚持“民生为本、人才优先”工作主线，坚定不移围绕中心、服务大局，坚定不移解放思想、主动作为，坚定不移改革创新、狠抓落实，深入实施更加积极的就业政策，深化社会保障制度改革，全面加强人才队伍建设，扎实推进人事制度改革，稳慎推进工资收入分配制度改革，大力构建和谐劳动关系，推进人力资源社会保障事业在法治轨道上加快转型发展。

基本的工作思路是：把握“一个定位”，切实做到“三个加大”，突出“七个更加注重”。

“一个定位”：就是加快转型发展，努力推动全省人力资源社会保障事业走在全国前列。

“三个加大”：一是加大解放思想力度。在解放思想中统一思想，在干事创业中凝聚共识，在攻坚克难中开拓事业发展的广阔前景。坚持解放思想与实事求是相统一，既创新思维、大胆探索，又脚踏实地、务求实效。二是加大全面深化改革力度。坚定推进改革的信心和决心，敢于啃硬骨头，敢于过深水区，巩固目前改革的良好势头，再接再厉、趁热打铁、乘势而上，推动全面深化改革不断取得新成效。三是加大依法行政力度。增强法治观念，善于运用法治思维和法治方式想问题、作决策、办事情，依法履行职责，自觉养成办事依法、遇事找法、解决问题用法、化解矛盾靠法的良好习惯，做到法定职责必须为、法无授权不可为。

突出“七个更加注重”：一是更加注重精准发力，全力确保就业稳定。今年就业工作目标任务是：城镇新增就业 100 万人，农村劳动力转移就业 120 万人，城镇登记失业率控制在 4% 以内。继续把促进就业放在各项工作的首位，推动实现更加充分更高质量的就业。精心实施高校毕业生就业能力提升计划、大学生创业引领计划，帮助更多的高校毕业生就业创业。统筹开展省级创业孵化示范基地和创业示范园区评估认定工作，加快建设创业型街道、创业型社区，每个市确保建设一所创业大学，着力营造大众创业、万众创新的政策环境和制度环境。积极应对可能出现的行业性、区域性集中失业风险，全面落实失业保险援企稳岗政策。深入实施农民工“职业技能提升、权益保障、公共服务”三年行动计划，促进农民工稳定就业。实施新一轮就业培训五年规划，统筹开展就业技能培训、岗位技能提升培训和创业培训，全面推行“企业订单、劳动者选单、培训机构列单、政府买单”的培训模式。加快建立覆盖城乡的五级公共就业创业服务体系，深入推进“山东半小时公共就业服务圈”建设。

二是更加注重公平可持续，编密织牢社会保障安全网。积极推进机关事业单位养老保险制度改革。巩固深化居民基本养老、基本医疗保险整合成果，完善落实被征地农民社会保障政策，加快建成城乡一体的居民社会保障体系。深化医疗保险支付制度改革，提高重大疾病患者保障水平。稳步推进职工长期护理保险试点，完善职工大额医疗补助制度，探索建立全省统一的职工大病保险制度。健全居民大病保险政策，实现按额度补偿制度的平稳运行。建立健全工伤预防、补偿、康复“三位一体”的工伤保险制度。以农民工、非公有制经济组织从业人员、灵活就业人员为重点，大力实施全民参保登记计划，争取提前完成国家下达的目标任务。实行待遇调整与缴费年限适当挂钩办法，调整企业退休人员养老金。继续提高居民基础养老金水平。完善失业保险金标准确定和调整机制。继续提高工伤职工定期待遇水平。

三是更加注重聚焦“转调创”，全面加强人才队伍建设。认真做好院士跟踪服务工作，继续做好万人计划、国家“百千万人才工程人选”和省有突出贡献中青年专家的培养选拔。大力实施专业技术人才知识更新工程，提升专业技术人才创新能力。做好泰山产业领军人才工程技能人才、省首席技师和省有突出贡献技师的培养选拔。加强高技能人才培养载体建设。加快技工院校省级示范专业群建设，推进技工院校转型发展。大力引进国外人才智力。加快人力资源市场建设，培育一批实力雄厚、核心竞争力强的重点人力资源服务企业，建立人力资源服务标准体系，培育1～2家在全国具有示范作用的龙头企业和行业领军企业。

四是更加注重激发干事创业活力，深化干部人事制度改革。实施公务员分类制度改革，继续推进公务员考录科学化，稳步扩大聘任制公务员管理试点范围。深化事业单位人事制度改革，健全事业单位人事管理政策体系。圆满完成军转安置任务，健全企业军转干部解困维稳长效机制，确保企业军转干部总体稳定。

五是更加注重合理有序，稳慎推进收入分配制度改革。深化机关事业单位工资收入分配制度改革，调整机关事业单位基本工资标准、优化工资结构，全面落实在县以下机关实行职务与职级并行的制度。扎实推进事业单位实施绩效工资工作，完善省属事业单位绩效工资总量核定与管理办法，指导事业单位完善内部分配办法，落实单位分配自主权。深化国有企业负责人薪酬制度改革。加强企业工资分配指导调控，加快制定《山东省企业工资支付条例》，适时调整最低工资标准，发布企业工资指导线，健全完善企业薪酬调查和信息发布制度。

六是更加注重标本兼治，大力构建和谐劳动关系。规范劳务派遣，在更宽领域、更大范围落实同工同酬原则。不断提高争议处理效能，依法加大先行裁决、先予执行裁决、一裁终局裁决力度。推动监察执法体制改革，加强基层执法力量，规范监察执法行为。开展劳动用工、社会保险及农民工工资支付等专项执法检查，完善劳动监察行政执法与刑事司法衔接机制，严厉打击恶意欠薪、使用童工、强迫劳动等违法犯罪行为。

七是更加注重提升公共服务效能，持续深入推进基层基础建设。全面落实人社部《关于加快推进人力资源市场整合的意见》，有效整合人才市场和劳动力市场资源。加快县级人力资源社会保障综合服务中心建设，力争今年全面完成。加快信息化建设步伐，尽快实现各领域的数据共享、业务联动，全面提升信息化水平。加快建设政务服务网上大厅和实体大厅，打造线上线下、虚实一体、阳光便捷的政务服务平台，更好地满足人民群众个性化、多样化的服务需求。

三、以更加昂扬向上、奋发有为的精神状态，奋力开创人力资源社会保障工作加快转型发展新局面

今年全省人力资源社会保障改革发展的目标任务已经确定。能否圆满完成这些目标任务，开创人力资源社会保障事业在新常态下加快转型发展新局面，良好的精神状态至关重要。全厅上下每一名干部职工都要振奋精神，提振“精气神”，以更加昂扬向上的精神状态、攻坚克难的意志品质、拼搏奉献的干事激情，狠抓各项工作落实。

（一）要满怀激情只争朝夕。无数事例反复证明，激情永远是推动工作提升的灵魂。一个人如果对工作没有激情，工作中就会充满平庸和无聊，更不要奢谈什么创造力。我以前曾向大家推荐过一本书，叫《把信送给加西亚》。书中的主人翁罗文，历尽千险，完成了美国总统麦金莱赋予的送信使命，成为在战争中发挥关键作用的一个人。罗文为什么会成为英雄？他曾说，当我一穿上军装，浑身上下就充满了力量，仿佛一匹草原的烈马，四肢有力、目光清晰、头脑活跃。这是什么，这就是激情，对工作充满了渴望、充满了信心、充满了喜悦。我们要干好工作、创造一流业绩，必须充满激情。我们所说的激情，其实质就是忘我的事业心，就是赤诚的使命感，就是饱满的奋斗精神。这种激情，无论过去、现在还是将来，都是成功的原动力。去年，我们在一些事关全局和长远发展的重要改革上取得了突破，打造了不少亮点，这与全厅干部职工始终保持昂

扬向上的干事创业激情是分不开的。但是也要清醒地看到，目前也确有个别同志缺乏工作激情，暮气很重，对工作满足于差不多、过得去，不求有功、但求无过，遇到问题就打退堂鼓，有的甚至满足于当一天和尚撞一天钟，拨一拨转一转。这种精神状态与省委、省政府的要求相比，与我们承担的艰巨繁重的改革发展任务相比，与“走在前列”的目标定位相比，格格不入，反差很大。我希望大家都能始终保持一股韧劲、一种奋斗精神、一种旺盛的工作热情，用崇高的使命激励自己，用远大的目标鞭策自己，用成功的期盼引导自己，用激情激发自己的执行力、意志力和创造力，自觉地去学习、去创造、去奋斗，在各自岗位上取得丰硕的成果。同时，我们要看到，虽然当前人社事业发展面临大好发展机遇，但是机遇稍纵即逝。要切实增强机不可失、时不我待、全力冲刺的责任意识，定下来的事情就要雷厉风行、马上就办，重要事项和关键环节要紧盯靠上、紧抓快干，绝不能慢慢腾腾，贻误了发展的大好时机。处级以上干部，必须坚持先行一步、先做一步，以身作则、以上率下，带领广大干部职工坚定解决问题的定力、保持一抓到底的韧劲，艰苦奋斗、团结实干，一步一个脚印把各项工作向前推进。

（二）要主动作为勇于担当。担当是能力更是责任。应该说，我厅绝大多数干部近年来在工作中展现了很强的担当意识和担当精神，能够自觉地把自己该负的责任扛起来，无论是份内还是份外的工作都千方百计做好。但是也的确有那么极个别的同志工作缺乏担当，碰到可能得罪人、出问题、惹麻烦的工作，能推就推、能躲就躲；有的在困难面前畏手畏脚、畏难发愁、被动应付，致使一些反复强调的工作进展不快、成效不大，甚至有些工作抹在了空挡上、原地打转；有的对工作不负责、不细致，漏洞百出，出了问题不敏感、不敏锐，化解问题不及时，处理不妥当；有的出了问题推三拖四，推卸矛盾，不敢承担责任。当前，人力资源社会保障事业改革进入攻坚期和深水区，面临严峻挑战和考验，迫切需要全厅干部职工解放思想、积极作为、勇于担当，努力创造经得起实践和历史检验的工作业绩。一要大兴学习之风。要深入学习习近平总书记系列重要讲话，原原本本地读，深刻理解精神实质，用总书记讲话指导我们的工作；要深入学习省委、省政府一系列重要决策部署，提高围绕大局开展工作的能力。同时要深入开展业务学习。没有金刚钻揽不了瓷器活。要增强“本领不足、本领恐慌、本领落后”的危机感，着眼各项改革攻坚，从新常态下人社工作带有普遍性的矛盾入手，不断加强对新政策、新知识、新方法的学习研究，加强对新情况、新问题的调查研究，提高科学思维的能力，掌握科学的工作方法，努力提高勇于担当的境界、素质和本领。二要主动履责尽职。要强化“在其位谋其政”的责任意识，坚决克服庸政、怠政和为官不为现象，坚持干字当头、以干立身，不驰于空想、不骛于虚声，努力把全部心思和精力放在工作上，心无旁骛、执著向前，真正把该扛的责任扛起来，把该抓的事情抓好管好。三要狠抓改革攻坚。今年人社领域的改革任务艰巨繁重，要聚焦各项改革任务，坚定信心和决心，敢于啃硬骨头，敢于过深水区，再接再厉、趁热打铁、乘势而上，推动全面深化改革不断取得新成效。需要特别指出的是，要求大家“担当”，不是提倡有勇无谋、闯“红灯”，更不是打擦边球、搞“规避变通”，而是要遵循客观规律和工作实际，运用创新思维和法治手段，善谋善为、敢闯敢干，真正做到在加快转型中尽责，在先行先试中担当，在勇于担当中创造新业绩。

（三）要勤奋敬业甘于奉献。甘于奉献是每个共产党员的必备品质，也是最基本的要求。我厅绝大多数干部兢兢业业、任劳任怨、埋头苦干，经受住了艰巨繁重工作任务的考验。但是也总有那么少数干部盲目攀比甚至追求享乐主义，不愿再奋斗和付出；有的在功利面前忘记了奉献，晋升稍慢一些、待遇稍差一点就牢骚满腹，过于强调小团体利益，把个人利益置于整体利益之上；有的做点事就张扬，多干点就抱怨，吃点苦就叫屈，有点功就显摆，提拔慢就心理失衡；有的业务不精，干工作不行，发牢骚倒有一套，等等。这是绝对行不通的。事业是干出来的。我厅有几位同志临近退休，却始终保持旺盛的工作热情，兢兢业业、努力工作，为大家作出了很好的榜样。开创人社事业更加广阔的发展前景，需要全厅干部职工要有大牺牲、大奉献的精神，正确看待和处理好三个关系。一要正确看待和处理好苦与乐的关系。要有正确的心态，心态不对，干什么都嫌多、嫌苦、嫌累，心里就会充满埋怨；心态摆正了，把艰苦付出当作成就事业的条件，当作个人难得的成长机遇，就会以苦为荣、以苦为乐。二要正确看待和处理得与失的关系。个人的一事之失、一时之失，不是真正的失，从另一方面看可能是更大的得，得到的是领导和同志们的认可与尊重，是人力资源社会保障事业发展的崭新局面。三要正确看待和处理快与慢的关系。在干部成长进步过程中，一个时期可能提拔得快一些，一个时期可能慢一些，这是常态。慢一点时，不能看见别人进步，心里就别扭，老是不服气；不能因为“到点”了，没有被及时安排，就觉得组织亏欠了自己，心生怨气；更不能因为一时没提拔，就消极泄气。我们必须明白，我们之所以有今天的岗位，是党和人民赋予的；我们有一点点贡献，功劳应该首先记在组织和集体头上，没有组织的培养和同志们的支持，个人将一事无成。希望全厅干部职工都要很好地处理这三个关系，自觉讲大局、讲奉献，在人力资源社会保障事业改革发展进程中默默无闻、勤奋敬业、再立新功。

（四）要追求卓越争创一流。古人说，“行百里者半九十”。任何事业，往往在最接近成功的时候越艰难、越关键、越要求精益求精。这次全省人力资源社会保障工作会议，提出了加快转型发展，努力推动全省人力资源社会保障事业走在全国前列的目标定位。这是一个很高的标准，是一项十分艰巨的任务。当前，有的同志工作标准和自我要求不高，小成即满、安于现状、不思进取，工作平推平庸、没有亮点、大而化之。全厅干部职工特别是处级以上干部，都要追求卓越、勇创一流，始终坚持最高标准、最严要求，瞄准全国一流水平找差距、定措施、抓落实，争做排头兵，努力走在前列。同时，争创一流业绩，就要拿出“最讲认真”的态度和行动，这是我们党的优良传统和作风。实践证明，只要认真起来，就没有做不好的事情，就没有解决不了的问题，就没有达不到的目标。要始终坚持科学严谨、精益求精、好上加好，把功夫下到细微处，更加注重细节，自觉追求完美，努力把每项工作都做到极致，树立改革发展新标杆。

这里，我再次强调，厅党组将始终把用人导向作为最重要、最鲜明、最有力的政治导向，坚定不移地把打造一支忠诚干净担当的好干部队伍作为重中之重，坚持“信念坚定、为民服务、勤政务实、敢于担当、清正廉洁”的好干部标准，严格执行《干部任用条例》，旗帜鲜明地选拔科学发展有能力、干事创业有激情、改革攻坚有胆识、为民服务有情怀的干部，为事业发展提供坚强组织保证。在我厅下一步调整干部中，任何人都不允许拉关系、跑官要官。对这些问题，要“一票否决”，发现一起查处一起，决不姑息迁就。

对于节日期间的几项工作，我再强调一下：一是要做好政务值班工作。严格落实值班安排和要求，坚持厅领导带班、处级干部 24 小时轮流值班，所有值班人员要坚守岗位，搞好值班交接，确保信息畅通。二是要做好节日期间的安全工作。办公室、机关服务中心要对办公楼和宿舍院的安全问题进行一次全面排查，消除安全隐患。节日期间大家也要注意交通安全、财产安全和人身安全，特别是有私家车的同志一定要注意行车安全，千万不要酒后驾车。三是要做好节日期间的廉政工作。大家要严格遵守各项廉政规定，过好节日廉政关，确保不发生任何违规违纪问题，确保过一个文明祥和廉洁的春节，维护好我厅的良好形象。

同志们，再有 7 天，中华民族的传统节日春节就要到了，在这里，我提议，厅领导班子全体成员给大家拜个早年。祝各位新春愉快，身体健康，工作顺利，阖家幸福！

在全省公务员管理工作会议上的讲话

2015 年 2 月 10 日

同志们：

这次全省公务员管理工作会议，是经省委、省政府同意，由省委组织部、省人力资源社会保障厅和省公务员局共同召开的一次重要会议。会议的主要任务是，全面贯彻党的十八大和十八届三中、四中全会精神，以习近平总书记视察山东重要讲话和重要批示精神为指引，按照全省组织部长会议、全省人力资源社会保障工作会议部署，总结 2014 年工作，安排 2015 年任务。会前，省委常委、常务副省长孙伟同志，省委常委、组织部长高晓兵同志先后作出重要批示，对 2014 年全省公务员管理工作取得的成绩给予了充分肯定，对做好当前和今后一个时期的公务员管理工作提出了明确要求。

刚刚过去的一年，在省委、省政府的坚强领导下，各级公务员主管部门认真贯彻省委、省政府决策部署，围绕建设高素质的公务员队伍，健全完善公务员制度体系，创新公务员管理机制，从严抓好队伍建设，各项工作都取得了新进展、新成效，为加快经济文化强省建设提供了坚强保证。一是从严管理监督力度加大。全面清理党政领导干部在企业兼职，认真开展超职数配备干部、吃空饷等专项整治。加强公务员日常管理监督，深入开展公务员平时考核试点工作，激励引导公务员更好履行职责。加强廉政教育，严肃公务员纪律，严格执行公务员处分规定，加大治懒治庸力度，着力解决为官不为、为官乱为、为官不正、为官不廉等问题。二是提升考录科学化水平迈出新步伐。大力完善基层公务员考录制度，招考计划向乡镇倾斜，乡镇公务员招考比例达到 33%；适当降低乡镇机关公务员招考门槛，积极探索从优秀工人中考录乡镇公务员，首次允许我省高级技工院校高级班毕业生报考乡镇公务员，在打破体制壁垒、扫除身份障碍方面迈出坚实步伐。创新人民警察招录办法。共为全省各级党政机关招录 6868 名公务员。三是创新管理机制实现新突破。扎实推进分类制度改革，为全面推进改革探索积累了经验。拓宽党政机关选人用人渠道，指导青岛市开展聘任制公务员管理试点，首批聘任公务员 6 人，为 23 个省直机关单位公开遴选公务员 76 人。出台乡镇机关非领导职务设置办法，在乡镇机关设置主任科员和副主任科员非领导职务，进一步拓宽了乡镇公务员职务晋升空间。工资收入分配向经济欠发达地区和基层倾斜，乡镇工作人员津贴补贴标准月人均增资 300 元左右。四是加强培训教育取得新成效。扎实做好公务员初任培训、任职培训、专门业务培训和在职培训，全省共培训公务员 30.8 万人次。首次启动实施公务员能力提升项目培训计划，培训公务员 2000 余人次。举办服务业千人培训工程培训班 15 期、培训公务员 750 余人次。开展公务员培训名师送教上门活动和基层公务员示范培训项目，圆满完成东西部公务员对口培训任务，大力推进公务员职业道德培训教育工程。普遍开展新录用公务员宣誓活动，统筹国内培训和境外培训，公务员队伍整体能力和素质进一步提升。五是改进工作作风取得新成果。扎实抓好第一批教育实践活动整改落实，深入开展第二批教育实践活动，从严从实进行专项整治，工作作风明显改进。深入开展“人民满意示范单位”和“人民满意公务员示范岗”创建活动，涌现出一批提升服务效能、创造人民满意业绩的先进典型，进一步树立了公务员为民务实清廉的良好形象。六是基层基础工作得到新加强。深入开展乡镇公务员队伍建设集中调研，调研成果上升为省委、省政府决策。公务员管理信息化建设加快推进，业务信息一体化软件基本研发完成，参照管理单位审核审批工作进一步规范，社会组织评比表彰管理制度进一步完善。这些成绩的取得，是省委、省政府高度重视、正确领导的结果，是各级各有关部门大力支持配合的结果，同时也凝聚着全省广大公务员管理人员的辛勤努力和汗水。在此，我代表省委组织部、省人力资源社会保障厅和省公务员局，向长期以来关心支持公务员管理工作的各级各部门和全省公务员主管部门的同志们表示衷心的感谢和诚挚的问候！

下面，我讲几点意见。

一、充分认识公务员管理工作面临的新形势新任务新要求

党的十八大以来，中央坚持党要管党、从严治党，加大正风肃纪力度，深化干部人事制度改革，对建设高素质的执政骨干队伍提出了一系列新要求。全国和全省组织工作会议，都强调要突出全面从严治党这条主线，全面加强党的建设和干部队伍建设。在不久前召开的全国公务员管理工作会议上，中组部常务副部长陈希同志对深化公务员制度改革，认真落实从严管理要求，进一步提高公务员管理科学化水平，提出了明确要求。新形势新任务新常态，要求我们必须更加自觉地把公务员管理工作放在全省党的建设大局、放在推动治理体系和治理能力现代化大局、放在干部人事制度改革大局中去思考、去定位、去行动，科学分析公务员管理工作的阶段性特征，深化规律认识，努力开创工作新局面，为全省各项事业发展提供更加坚强有力的组织保证。

（一）加强公务员管理，是努力在全面建成小康社会进程中走在前列的重要保证。按照习近平总书记的重要批示，省委、省政府要求全省各项事业都要走在全国前列。这是习近平总书记对山东的殷切期望，是全省上下的光荣使命，是山东发展的历史选择。走在前列，关键是干部和人才队伍要走在前列。公务员队伍是干部队伍的核心，是保证各项事业顺利推进的中坚力量，在走在前列的历史进程中承担着重要使命。我们一定要紧紧围绕大局、时时聚焦大局、处处服务大局，坚持高点定位，工作思路着眼走在前列来谋划，工作布局围绕走在前列来展开，工作举措针对走在前列来制定，工作成果用走在前列来衡量。同时，要教育引导全省广大公务员紧紧围绕走在前列，坚持不懈提高发展标杆，努力在全省经济社会发展潮流中争当排头兵；坚持不懈提升工作标准，努力做到站位高、谋事深、要求严；坚持不懈提升精神境界，努力做到敢于担当、锐意进取、建功立业。

（二）加强公务员管理，是全面推进依法治省、加快建设法治山东的迫切需要。省委十届十次全体会议对深入贯彻党的十八届四中全会精神、全面推进依法治省作出了全面部署。古人说，民以吏为师，“奉法者强则国强，奉法者弱则国弱”。广大公务员的示范引领作用决定着依法治省的进程和成效。我们要深入贯彻公务员法，把加快推进改革与坚持依法办事结合起来，找准公务员制度改革与公务员法、《干部任用条例》的契合点，进一步健全完善公务员制度体系，将依法治省、依法行政全面落实到公务员管理工作的全过程和各方面，确保公务员管理工作在法治轨道上、在公务员法的框架内扎实推进。要紧紧抓住领导干部这个“关键少数”，教育引导广大公务员特别是各级领导干部带头学法尊法用法守法，使法治成为公务员的工作理念和共同信仰，善于运用法治思维和法治方式想问题、作决策、办事情，自觉养成办事依法、遇事找法、解决问题用法、化解矛盾靠法的良好习惯。

（三）加强公务员管理，是落实从严治党、从严治吏、从严管理监督干部的必然要求。党的十八大以来，以习近平同志为总书记的党中央以上率下，推动形成了全面从严治党的新常态。习近平总书记在中央纪委五次全会上强调，要全面加强党的纪律建设，把守纪律讲规矩摆在更加重要的位置。我们要认真贯彻落实总书记的要求，加强对公务员队伍的从严管理监督，真正把从严治党、从严治吏、从严管理监督干部的要求落实到公务员进、管、出的各个环节，做到管理全面、标准严格、环节衔接、措施配套、责任分明。要教育引导广大公务员坚定理想信念，严守政治纪

律和政治规矩，做到忠诚干净担当。

二、严格把握从严从实的主基调，深入推进公务员管理工作加快转型发展

2015年，是全面深化改革的关键之年，是全面推进依法治省的开局之年，是全面完成"十二五"规划的收官之年，做好公务员管理工作意义重大。今年工作的总体要求是：全面贯彻党的十八大和十八届三中、四中全会精神，以习近平总书记视察山东重要讲话和重要批示精神为指引，严格落实公务员法和《干部任用条例》，按照全省组织部长会议和全省人力资源社会保障工作会议部署，把握从严从实的主基调，以加强教育培训、深化分类改革、从严管理监督、完善考核机制、加强正向激励、强化基层导向为重点，健全完善公务员制度体系，努力建设一支忠诚干净担当的高素质公务员队伍，为全面建成小康社会、全面深化改革、全面推进依法治省提供坚强组织保证。

（一）全面加强公务员教育培训。教育培训是提升公务员能力素质、加强公务员队伍建设的重要手段。要主动适应新形势新任务要求，从严教育，依法培训，努力提升教育培训的质量和效益，大力提高公务员综合素质和履职能力。一是加强思想理论武装。当前，加强思想教育，最重要最根本的任务就是不断深化习近平总书记系列重要讲话精神的学习教育。要把学习总书记系列重要讲话作为公务员教育培训的主课，既全面系统领会讲话基本精神，又深入把握讲话对推进各领域工作的基本要求，持续及时跟进学习，真正使讲话精神成为广大公务员的思想罗盘和行动指南，使广大公务员不断增强道路自信、理论自信、制度自信。二是加强专业化能力建设。全面落实干部教育培训规划和公务员培训规定，依法开展公务员"四类培训"。充分发挥行政机关公务员能力提升培训项目计划、服务业千人培训工程等重点培训项目示范引领作用，对相关领域公务员有序进行集中调训。强化公务员培训教材、师资库及教学科研等基础项目建设，突出专业化素养和法治教育，提高公务员驾驭经济社会发展的能力。认真完成国家东西部公务员对口培训项目和对口支援西藏、新疆、青海公务员培训任务。继续加强对党校、行政学院、干部学院的业务指导，发挥公务员培训教育主阵地作用。三是加强职业道德教育。以德政教育、公仆精神、爱国主义和红色教育为主题，培育一批理念先进、特色鲜明的公务员实践教育基地。围绕培育践行社会主义核心价值观和弘扬齐鲁优秀文化，采取专题培训、选树典型、文化养成、社会实践等多种教育培训形式，增强公务员恪尽职守、为民服务的思想自觉和行动自觉。

（二）稳妥推进公务员管理制度改革。党的十八届三中、四中全会对于公务员管理工作领域提出了若干重大改革任务。这些改革任务政策性强，涉及面广，工作难度大，要统筹谋划，精心组织实施。一是深化公务员分类制度改革。待国家出台专业技术类、行政执法类公务员管理规定后，要在全面总结分类改革试点工作经验的基础上，抓紧研究制定实施方案，明确实施范围、工作重点和方法步骤。按照自上而下、先易后难，成熟一个、纳入一个的原则，科学界定专业技术类、行政执法类职位范围，尽快入轨实施。二是周密实施县以下机关公务员职务与职级并行制度。要加强沟通协调，加大督促指导，认真组织实施。各地各有关部门要全面掌握本地本部门机构和人员情况，认真分析可能遇到的情况和问题，研究提出解决方案，重大事项必须及时请示报告。要严格制度执行和政策把关，扎实做好政策解读和舆论引导工作。三是积极配合推进司法体制改革。按照中央关于司法人员分类管理改革有关规定，研究制定我省司法人员分类改革具体落实意见。把握改革试点的方向和节奏，配合有关部门加强司法体制改革试点工作指导，统筹解决试点过程中遇到的问题。四是扎实推进聘任制公务员试点工作。加强青岛市聘任制公务员聘期管理，指导济南市精心组织实施试点工作。紧紧围绕"两区一圈一带"建设，进一步扩大试点范围，充分积累经验，加快建立聘任制公务员管理工作长效机制。五是深入开展公务员公开遴选工作。尽快研究出台《山东省公务员公开遴选实施细则》，有序开展公开遴选工作，妥善处理好优化领导机关公务员来源结构与保持基层公务员相对稳定的关

系，推进省、市两级公开遴选工作科学发展。

（三）创新完善公务员录用制度。近年来，我们在创新考录制度、提高选人质量方面大胆探索，积累了一些经验，创造了不少亮点。要适应经济社会发展对高素质公务员的迫切需求，持之以恒在完善考录制度上下功夫，确保人才选拔质量。一是完善乡镇机关公务员考录制度。认真落实国家《关于做好艰苦边远地区基层公务员考试录用工作的意见》，实施更加积极的乡镇机关公务员考录政策。扩大乡镇公务员选拔视野，按编制员额及时补充人员，探索从安心基层工作的优秀乡镇事业单位人员中招录乡镇公务员。扩大我省高级技工院校高级班毕业生报考乡镇公务员的范围，加大从服务基层项目人员中考录乡镇公务员力度，适当放宽招考职位学历要求，合理确定开考比例，明确新录用公务员最低服务年限，运用好政策“组合拳”，有效解决乡镇机关“招人难”特别是“留人难”问题。二是探索人民警察招录新机制。积极探索改革公安、安全机关人民警察招录培养制度。开展公安机关特殊职位、特种专业人员招考工作，探索公安特殊人才招录办法。加大警察院校毕业生的入警比例，建立健全法官、检察官、人民警察统一招录、集中培训、基层任职、有序交流、逐级遴选工作机制。三是进一步提高考录科学化水平。要按照“信念坚定、为民服务、勤政务实、敢于担当、清正廉洁”的好干部标准，进一步加大改革创新力度，深化分级分类考试，从严组织考察，严把选人用人的政治关、品行关、廉洁关、能力关。加强专家队伍建设，提高测评技术创新能力，为公务员考录工作健康发展提供有力支撑。要进一步加强考试安全管理，继续开展考试环境综合治理专项行动，严厉打击各类以谋取非法利益为目的的作弊集团，形成持续打击的高压态势，净化公务员考录的安全环境，确保公平考录、安全考录。

（四）健全完善考核评价体系。考核评价工作，是施政行为的“指挥棒”和“风向标”，是推动经济社会科学发展的“牛鼻子”。要认真贯彻中央和省委、省政府的部署要求，积极构建科学管用的公务员考核评价体系。一是深化公务员平时考核试点工作。对平时考核试点进行定期调度、全程监测、跟踪督促，完善考核指标体系，规范考核程序方法，注重考核结果使用。扩大考核试点范围，有条件的市要尽快实现平时考核全覆盖。逐步建立平时考核与年度考核相结合的考核评价机制，促进公务员队伍敬业守责、履职尽责。二是坚持从严考核监督。把严守政治纪律、政治规矩摆在首位，强化正风肃纪，持续深入改进作风，巩固教育实践活动成果，加大对“庸、懒、散”现象专项治理，严格执行公务员纪律惩戒有关规定和专项处分条例，教育引导广大公务员守纪律讲规矩，自觉做到心中有党、心中有民、心中有责、心中有戒。三是做好科学发展综合考核有关工作。省委组织部、省人力资源社会保障厅将会同有关部门按照坚持转型发展、坚持改革创新、坚持统筹推进、坚持差异考核的要求，研究制定省直机关科学发展综合考核工作方案，推动综合考核与公务员考核一体联动，激发省直机关领导班子和公务员队伍干事创业的积极性和创造性。

（五）进一步规范表彰奖励工作。一是严格申报审批程序。严格执行中央和省两级审批制度，从严把握，总量控制。对须向中央和省报批的表彰项目，各地各部门要遵循申报原则，完善申报内容，严格申报程序，认真做好申报工作。未经批准，一律不得擅自开展表彰奖励活动。二是加强表彰奖励管理。对批准保留的表彰奖励事项，各相关部门要认真履行职责，全方位、多角度、深层次严格审查，确保选树典型的先进性、代表性和时代性。加强正面宣传和舆论引导，加大典型宣传力度，塑造公务员勤政为民、无私奉献的良好形象。做好省级先进模范休假疗养工作。三是深入开展做人民满意公务员活动。面向基层和工作一线，以“双示范”创建活动为抓手，强化措施、丰富载体，创新方法、确保实效，充分发挥先进典型的示范带动作用。

（六）持续深入推进基层基础建设。坚持从政策扶持、工作指导、力量配备上积极向基层倾斜，筑牢根基。一是加大对基层的政策支持力度。抓紧研究制定落实中央《关于加强乡镇干部队伍建设的若干意见》的具体措施，因地制宜、分类指导，切实把优质资源和项目放在基层。加大督查力度，指导各市加快在乡镇机关设置乡科级非领导职务步伐，着力破解乡镇公务员发展空间窄、队伍不稳定等问题。二是加强培训教育。结合乡镇政府职能转变和承接职责任务的需要，举办系列示范培训班、名师“送教上门”等活动，积极引导优质培训资源向乡镇倾斜。市县公务员主管部门要承担主体培训责任，进一步扩大乡镇公务员培训覆盖面，增强培训针对性。积极选派基层公务员到上级机关、企事业单位学习锻炼，提升综合能力素质。三是强化正向激励。加强正面宣传和舆论引导，面向乡镇大力挖掘选树一批扎根基层、艰苦奋斗、为民造福的先进典型。关注乡镇公务员身心健康，适当提高待遇，让乡镇公务员安心工作、勤奋敬业、乐于奉献。四是加强基础工作。全省上下联动，加快推进公务员管理信息系统建设。扎实做好公务员统计工作，完善指标体系，加强数据分析应用，发挥好公务员统计数据价值，为领导决策提供参考。

三、全面提升公务员管理工作的境界和水平

圆满完成各项工作任务，开创公务员管理工作加快转型发展的新局面，要求我们必须有新境界、新作风，勇于担当、锐意进取、奋发有为，创造性地开展工作。

一要加快转型发展。要察大势、谋全局，进一步解放思想、转变观念、创新理念，与时俱进做好各项工作，坚定不移地推动公务员管理工作加快转型发展。要全面落实从严管理监督的要求，实现由注重加强制度建设，向更加注重加强制度建设和队伍建设相结合转变；要突出公务员队伍分渠道发展、精细化管理，实现由注重加强统一管理，向更加注重加强统一管理和分类管理相结合转变；要努力实现由注重优化公务员队伍结构，向更加注重优化公务员队伍结构和公务员队伍革命化专业化相结合转变，努力打造一支为党分忧、为国干事、为民谋利的高素质专业化公务员队伍。

二要坚持问题意识务实导向。在经济发展、从严治党、作风建设新常态下，做好公务员管理工作，服务经济社会发展，为“四个全面”提供坚强保证，必须有发现问题的敏锐、正视问题的清醒、解决问题的自觉。要深入全面开展公务员管理综合性、前瞻性、基础性问题分析研究，形成一批有价值的专题调研成果。要建立问题倒逼机制，对公务员能力素质不匹配、服务意识不强等问题，有针对性、有计划地加强教育培训，切实解决重选拔任用、轻管理监督的问题。要有敢于触及矛盾、解决问题的责任担当，把解决公务员制度建设、队伍建设中存在的问题作为前进的动力，在攻克一个又一个问题中不断创造新的业绩。

三要形成工作合力。公务员管理工作量大面广，改革任务涉及体制、政策、利益的调整，情况十分复杂。必须加强协调合作，统筹各方资源，共同推进改革。各级公务员主管部门之间，要进一步加强互通互联，重要情况及时通报，重大问题共同研究，重点工作共同落实。要建立与财政、编制等部门之间的情况沟通、政策衔接、工作协调机制，形成工作合力。要把搞好制度设计和尊重基层首创精神结合起来，既严格规定程序，确保不抢跑，又鼓励各地各部门探索创新，积极主动地推进改革。要把公务员制度改革与干部人事制度改革、司法体制改革、事业单位人事制度改革等紧密联系起来，搞好衔接配合，增强改革的系统性、整体性、协同性，推动全面深化改革不断取得新成效。

同志们，做好新形势下的公务员管理工作任务艰巨、责任重大、使命光荣。我们要在省委、省政府的坚强领导下，以从严从实、奋发有为的精神状态扎实做好公务员管理各项工作，努力争创一流业绩，为加快经济文化强省建设作出新的更大贡献。

新春佳节即将来临，我代表省委组织部、省人力资源社会保障厅和省公务员局，向大家拜个早年，祝大家新春愉快，身体健康，工作顺利，阖家幸福！

在全省引进国外智力工作视频会议上的讲话

2015 年 2 月 28 日

同志们:

这次会议的主要任务是，深入贯彻全国引进国外智力工作会议和全省经济工作会议精神，全面落实全省人力资源社会保障工作会议部署，总结 2014 年的引智工作，安排 2015 年工作。

刚刚过去的一年，是全省人力资源社会保障事业改革创新、攻坚克难、成效显著的一年，也是全省引智工作取得丰硕成果的一年。一年来，全省引智工作服务领域不断拓宽，引智结构不断优化，国际人才交流与合作层次不断提高，转型发展迈出重要步伐，构建起全方位、多层次、宽领域的引智工作新格局，在服务全省经济社会发展大局中发挥了应有的作用。一是引智规模实现新突破。围绕“两区一圈一带”区域发展战略和全省经济社会发展重点领域组织实施引智项目，共实施引智项目 1900 多项，资助外国专家 3450 人，分别增加 180 项、293 人，其中争取国家外国专家局支持引智项目 410 项、经费 3967 万元，分别增加 67 项、 853 万元。二是引智质量实现新提升。新增“外专千人计划”专家 5 人、泰山学者海外特聘专家创业人才 38 人。我省 5 名外国专家荣获中国政府友谊奖，居全国首位。26 名外国专家获齐鲁友谊奖。三是出国（境）培训质量和效益明显提高。实施出国（境）培训项目 110 个、培训 1059 人；开展外国专家系列专题讲座 17 期、培训 1 万多人。大幅压缩党政类出国（境）培训规模，压缩了 50.7%，超额完成国家要求压缩 40% 的指标。四是引智成果推广成效显著。加强引智成果示范推广体系建设，打造了引智工作新平台，新建 2 家国家级引智基地、1 处国家级引智试验区、16 家省级引智基地，实施引智成果示范推广项目 117 项，实现了引智资源共享、成果互补。五是引智工作服务经济社会发展大局的能力日益增强。共引进国外先进技术、成果 1936 项，解决各类技术难题 2765 项，分别增加 823 项、251 项，实现经济效益约 70 亿元。这些成绩的取得，是省委、省政府高度重视、正确领导的结果，是各级各有关部门密切配合、大力支持的结果，也是全省从事引智工作的同志们团结协作、奋力拼搏、扎实工作的结果。在此，我代表省人力资源社会保障厅和省外国专家局，向长期关心、支持引智工作的各部门各单位和广大引智工作者表示衷心的感谢和诚挚的问候！

刘杰同志将对 2014 年工作进行总结，对今年的工作任务作出全面部署。这里，我着重强调三个问题。

一、充分认识新常态下做好引智工作的重要意义

当前，我国经济发展进入新常态。认识新常态、适应新常态、引领新常态是当前和今后一个时期我国经济发展的大逻辑。新常态既为引智工作带来严峻挑战和考验，也带来新的重要发展机遇，开辟了广阔空间。我们必须从全局和战略的高度，深刻认识做好引智工作的重要意义，以更加积极的姿态参与国际人才竞争，不拘一格广纳天下英才。

（一）做好引智工作是实现“走在前列”奋斗目标的迫切需要。省委、省政府坚持以习近平总书记视察山东重要讲话和重要批示精神为指引，确定了“走在前列”的奋斗目标。我们走在前列，最重要的是要在转方式调结构、提高质量效益上走在前列。加快转方式调结构，实施创新驱动战略，实现经济社会发展凤凰涅槃、浴火重生，关键在人才，希望在人才。按国际通用的从事研究与发

展的科学家和工程师全时人员这一重要指标来衡量，每万名劳动者中从事研究与发展活动的科学家和工程师，日本为92.2人年，美国为81.8人年，韩国为48人年，上海为28.3人年，广东为18.4人年，福建为13.5人年，我省仅为6人年左右。由此可以看出，我省人才队伍支撑和引领作用还远远满足不了经济社会发展，特别是“转调创”的需要。我们必须聚焦“走在前列”，把引智工作放在更加重要的位置，汇聚天下英才，支撑山东发展，努力走在前列。

（二）做好引智工作是我省主动参与国际人才竞争、充分利用国外人才资源的重要举措。随着经济全球化的深入发展，世界范围内创新要素加速流动，新的科技革命和产业变革呈现加速态势，正在深刻影响和改变着国际经济发展格局。为在新一轮全球产业结构调整中抢占制高点，越来越多的国家和地区把人才作为立国之本和强国之策，纷纷采取各种措施，大力开发引进创新型人才，人才国际竞争更加激烈。发达国家和地区利用自身优势，千方百计加大对高端人才争夺，人才流动正呈现从发展中国家加速流向发达国家的新趋势，“人才马太效应”更加凸现，呈现强者更强、弱者更弱的循环态势。一方面发达国家和地区人才济济，但是优秀人才仍然源源不断涌入；另一方面发展中国家和地区人才匮乏，但是优秀人才却大量外流。在这种格局下，做好引智工作，有利于在未来的国际人才竞争中，赢得先机，争得主动，抢占人才竞争的制高点。我们必须以海纳百川的宽阔胸襟，实行更加积极、更加开放、更加有效的政策，创新、理顺管理体制，充分发挥市场需求的导向作用和用人单位的主体作用，加快形成我省参与未来国际人才竞争的新优势。

（三）做好引智工作是我省对外开放的重要内容。扩大对外开放，是事关我省经济社会长远发展的具有根本性、全局性、战略性的重大举措。从一定意义上讲，发展的空间取决于开放的空间，发展的水平取决于开放的水平。做好引智工作，有利于我们与世界各国在经济、文化、教育、科研等领域开展广泛而深入的交流合作，有利于引进国外先进技术、管理经验和优秀文化成果，实现对外开放的新跨越。我们必须统筹国际国内两种人才资源，建立全方位对外开放的人才体制机制，形成以人才开放促改革、促人才培育引进的新格局。

二、解放思想，主动作为，深入推进引智工作加快转型发展

关于今年的引智重点工作，全省人力资源社会保障工作会议作了部署，关键是要抓好落实。我们要坚持以解放思想为先导，以创新引智体制机制为突破口，统筹谋划、突出重点，奋力拼搏、扎实工作，做优做活新常态下招才引智这篇大文章。

（一）树立招才引智工作新理念。做好新常态下的招才引智工作，对我们来说还是一个新课题，需要深入研究、认真谋划。我们必须坚持解放思想永无止境、改革创新永不止步，坚决破除各种思维定势，坚决摒弃各种不符合加快转型发展的理念、观念，以创新发展理念为重点，奋力开创我省招才引智工作的新局面。一是牢牢把握“一个定位”。全省人力资源社会保障工作会议提出了“加快转型发展，努力走在全国前列”的发展定位。人力资源社会保障各个领域、各项工作，包括招才引智工作都要坚持高点定位，坚持发展思路着眼发展定位来谋划，发展布局围绕发展定位来展开，发展举措围绕发展定位来制定，发展成果用发展定位来衡量，努力争当排头兵、走在前列。要开阔眼界、开阔思路、开阔胸襟，跳出山东看山东，跳出引智看引智，自觉地把山东招才引智事业放在全国大格局中去思考，放在省委、省政府对招才引智事业的战略定位和重要要求上去谋划，既要纵向比，更要横向比，认清自己，找准定位，创造性地做好各项工作。二是大力推动招才引智工作由被动向主动的转变。要围绕全省区域发展战略和经济社会发展重点领域，组织实施招才引智项目，对科技含量高、发展前景好、辐射带动力强的优势项目进行重点资助，着力引进我省急需的高水平外国专家。要坚决破除等、靠、要等消极态度，进一步发挥工作积极性和主观能动性，及时研究招才引智工作中苗头性、倾向性问题，统筹考虑、超前谋划、精准发力，以只争朝夕、自我加压、奋发有为的精神，真正把我省

招才引智事业打造成全国引智工作科学发展的排头兵。三是树立依法履职的理念。要把依法行政作为履行职责的基本方式，坚持法定职责必须为、法无授权不可为，把依法行政的各项要求落实到工作的各个方面、各个环节，勇于负责、敢于担当，坚持消除“为官不为”和懒政、怠政等行为。要进一步简政放权，对取消和下放的行政审批事项，严格事中事后监管，做到放管并重，放而不乱；对保留的审批事项，优化程序，简化条件，推进阳光审批，广泛接受社会监督。

（二）突出招才引智工作重点。当前，我省经济发展正处于转型升级的新阶段，比以往任何时候都更加需要引进、用好国外智力、广揽各类人才。我们要坚持围绕中心、服务大局，聚焦全省重大发展战略，深入推进高端外国专家引进项目，大力引进高层次人才。一是聚焦制造业转型升级。要坚持高端引领、需求导向、以用为本，重点引进能够带动突破关键技术、发展高新技术产业、带动新兴学科的战略型人才和创新创业的领军人才，大力引进信息、生物技术、新材料、海洋、生态环境、能源资源等重点领域急需紧缺的高层次人才和专门人才，助推战略性新兴产业发展。要把振兴装备制造业作为工作重点，积极引进国外高水平专家和省内急需的新技术、新工艺、新材料、新成果，支持企业加快技术改造、产品升级、创新自主品牌、增强竞争力。二是聚焦现代服务业跨越发展。要把金融保险、研发设计、文化创意、现代物流、信息技术、法律咨询、会计审计、知识产权评估、人力资源服务、文化旅游等服务业作为主攻方向，注重引进服务业产业领军人才和团队。要加大对保障和改善民生引智项目的支持力度，借助国外智力提升公共管理和服务水平。三是聚焦现代农业发展。要围绕省政府提出的粮食高产创建、千亿斤粮食产能建设、“渤海粮仓”科技工程和耕地质量提升计划，培育大型引智示范推广基地，大力引进国外农业新技术、新品种，为推动农业产业化提供坚强的智力支撑。要大力引进国外先进种植养殖技术和生产经营方式，探索形成引智成果转化联盟，提升我国农业发展水平。四是聚焦高层次创新型人才培养。坚持国外培训、国内培训一体推进，深化国际人才交流与合作，不断增强我省国际人才竞争力。深入贯彻因公出国的各项规定，优化出国（境）培训结构，加大专技类、专题化培训比重，组织实施好“两圈一区一带”发展急需人才等重大培训项目。

（三）加大招才引智工作体制机制创新力度。长期以来，我们习惯把工作的主要精力放在抓具体项目上，今年我们要把更多的精力放在创新工作体制机制、优化招才引智工作环境上，力争取得新突破。一是建立权责统一、运转高效、法治保障的外国专家工作管理体制。要遵循职能有机统一的原则，借鉴国外、省外有益的管理经验，强化部门间协调配合，打造分工合理、错位发展、有序引智、合理用才的管理体制新格局。二是探索市场化招才引智新路子。要转变主要依靠行政手段提供招才引智服务、开展招才引智管理的发展方式，更加注重发挥市场在人才资源配置中的决定性作用，善于运用市场的办法激发人才和引智主体的创造活力，引导猎头公司、中介机构等加大招才引智工作力度，注重发挥企业在人才引进、使用中的主体地位，鼓励企业采取高薪聘用、股权激励、特聘顾问等方式引进国外高层次人才、创新团队和职业经理人，实现人才、资本、技术等创新要素的高效聚集，形成以项目带引智、以引智促项目、以基地聚人才的良性招才引智机制。健全政府、用人主体和社会多元化投入机制，引导企业、用人主体和社会有关方面加大招才引智的投入，政府的投入要更多地用于基础前沿研究、共性关键技术。三是积极创新招才引智政策。要主动适应经济发展新常态，注重发挥政策的引领和推动作用，认真筛选、整合现有政策，及时清理、改革过时的政策，深入总结各类好经验、好做法，并尽快把一些好经验、好做法上升为制度规范。要坚持以政策创新推动招才引智工作体制机制创新，学习借鉴兄弟省市的先进经验，结合我省工作实际，研究制定更加灵活有效的新政策、新制度，打造具有山东特色的吸引聚集国外智力新优势。

（四）全面提升管理服务水平。要以满足国外人才智力需求为己任，整合资源、创新载体，再造流程、打造品牌，有效提高国外人才公共服务能力。一是加强对高层次国外人才的服务。各级引智部门要创新服务方式和手段，加快建设网上“一站式”高层次人才综合服务平台，完善跨部门联席服务制度，建立覆盖全省的服务体系，提升为高端国外人才服务质量和水平。要设立“外专千人计划”专家专门服务窗口，积极跟踪外国专家需求，为他们提供个性化、差异性、点对点高效服务。二是加强招才引智载体平台建设。要坚持以促进引智成果产业化为目标，充分发挥引智试验区、示范区的引领带动作用，大力建设一批技术先进、消化吸收再创新能力强的引智示范推广基地和引智示范单位。大力拓宽高层次人才引智渠道，建立日常工作、需求对接、跟踪问效和评价奖励机制，为招才引智事业长远发展搭建新平台。

三、振奋精神，改进作风，认真抓好各项工作的落实

新时期新阶段招才引智工作使命光荣，责任重大。我们必须以过硬的素质、优良的作风、奋发有为的精神状态，认真抓好工作落实，努力建设一流的队伍、创造一流的业绩、树立一流的形象。

（一）坚决做到带头守纪律讲规矩。守纪律讲规矩是党员干部必须具备的政治品德和党性修养。从事招才引智工作的同志们要自觉做到政治上讲忠诚、组织上讲服从、行动上讲纪律，把党的纪律和规矩内化于心、外化于行，贯穿于招才引智工作全过程，同党中央和省委、省政府保持高度一致。要遵循组织程序，执行组织制度，重大问题该请示的必须请示，该汇报的必须汇报。要把增强规矩意识和强化纪律约束紧密结合起来，从思想深处树立起敬畏意识和戒惧之心；要严格政治纪律、组织纪律、廉政纪律，加强监督检查，严肃查处各类违规违纪行为。大力弘扬钉钉子精神，认真践行“三严三实”要求，完善抓落实的工作机制，全面加强重点工作的督查，确保各项工作措施落地生根。牢记“两个务必”，大力发扬艰苦奋斗和勤俭节约的优良作风，坚决反对铺张浪费，真正把有限的引智资金和资源用在刀刃上。

（二）大力加强能力建设。干部队伍素质决定招才引智工作的成效。要加大教育培训力度，全面加强政治理论、政策法规、业务知识、文化素养培训和业务技能训练，切实提高招才引智干部的政策理论水平，增强服务意识，提高协调能力，培养合作精神。要通过加强业务培训和实践锻炼，使广大招才引智工作者真正成为本职工作的行家里手，为各项工作的开展提供有力保障。

（三）全面加强招才引智工作宣传。招才引智工作的开展，离不开各级领导和社会各界的理解、关心和支持，必须进一步加大招才引智工作宣传力度。全省上下要加强联络沟通和协调配合，畅通联系渠道，形成整体工作优势。要采取多种形式，广泛利用报纸、电视、互联网等各种传媒，加大对招才引智工作管理、项目组织、项目追踪问效评估、成果推广和信息服务的宣传力度。要突出抓好对重大招才引智宣传活动的创意策划和组织工作，努力形成特色和声势，扩大山东招才引智工作的影响力。

同志们，羊年春节刚刚过去。在此，我代表省人力资源社会保障厅和省外国专家局，向工作在全省招才引智战线的广大干部职工拜个晚年，祝大家在新的一年里工作顺利，身体健康，阖家幸福，万事如意！

在省发展家庭服务业促进就业工作联席会议第六次全体会议上的讲话

2015 年 5 月 13 日

同志们：

省委、省政府高度重视发展家庭服务业，郭树清省长、孙伟常务副省长多次召开会议，专题研究家庭服务业发展工作，特别是今年以来，郭树清省长、孙伟常务副省长连续两次召开家政服务业座谈会，研究推动家庭服务业转型升级，并提出明确要求。

今天，我们召开这次会议，就是深入贯彻郭树清省长、孙伟常务副省长的重要指示精神，总结 2014 年的工作，分析形势，安排部署今年的家庭服务业工作。刚才，省发改委、民政厅、商务厅、妇联等单位结合部门职能，介绍了本系统家庭服务业发展的有关情况，并对做好今年工作提出了很好的意见和建议，听后很受触动，很受启发。下面，我讲两点意见，供大家参考。

一、充分肯定家庭服务业发展取得的成绩

2014 年，在省委、省政府的坚强领导下，联席会议成员单位认真履行部门职责，紧紧围绕扩大供给、促进就业的中心任务，大力开展职业培训，积极培育品牌企业，全面加强家庭服务网络中心建设，进一步规范市场秩序，有力推动了家庭服务业的快速健康发展，为增加就业、改善民生、扩大内需、调整产业结构作出了重要贡献。

（一）家庭服务业规模逐步扩大。2014 年，全省家庭服务业企业和网点近 6 万家，营业额近 350 亿元，就业人数约 110 万人，人均收入近 3.6 万元。经营领域持续拓宽，保姆、病人陪护等传统业态持续增长，少儿午托、营养配餐、居家养老、家庭开荒保洁、涉外家庭服务员等新兴行业逐步兴起，家庭服务业的专业化分工日益深化和细化，服务范围已扩展到 20 个门类，200 多个项目，涉及到人民日常生活的方方面面。在管理方面，虽然我省家庭服务企业的管理模式主要是中介制，但在保安、搬家服务、配送服务、少儿午托、家庭保洁等行业中，员工制企业已经成为主体，新的经营管理模式不断涌现。

（二）从业人员素质明显提高。按照“城乡统筹、就业导向、技能为本、终身培训”的原则，大力实施新一轮就业创业五年培训规划，将 15% 的培训计划用于家庭服务从业人员，全年培训 16.5 万人，为 7.9 万人发放家庭服务职业技能培训补贴 3900 余万元。省民政厅实施“养老服务和管理人员万人培训工程”，累计培训 1.5 万人；省商务厅制定下发《关于进一步开展家政服务培训促进农民工家庭服务业就业的通知》，确定了 64 家家政服务培训企业（机构），自 2009 年以来，累计培训 20 万人次，初步形成初中高技能培训体系；省总工会依托“工友创业”实训基地，加强与 19 家培训机构的合作，共培训家政服务员 2.08 万人；省妇联举办山东大姐高级家政服务员、巾帼创业职业技能面点师等多项培训，鉴定养老护理员、育婴师等职业工种 1000 余人。我省成立全国首个家政服务业首席技师工作站，重点培养了一批家政服务业高技能人才。

（三）示范带动作用加大。在示范城区方面，青岛市被国家列为中心城市家庭服务体系建设试点城市，潍坊和滨州市被列为国家级养老服务业发展综合改革试点单位，济南市中区、潍坊潍城区、邹城、邹平等县（市、区）被列为省级养老服务业改革试点单位。这些试点地方逐步形成集创业孵化、技能培训、就业创业服务于一体的家庭服务业产业集聚区，实现就业质量数量双提升，对其

他城市发挥了重要的示范引导作用。在示范企业方面，济南阳光大姐、济南大家园、青岛爱心大姐、烟台联民、泰安保丽洁等一批知名企业迅速崛起，成为推进家政服务业规模扩张和发展方式转变的中坚力量。到2014年底，家庭服务业协会会员企业达1700多家，在两届全国“千户百强”家庭服务企业评选活动中，我省百强入选12家、千户80家，总量位居全国第二，4家企业被评为省级家庭服务示范企业。如济南阳光大姐服务有限公司，服务范围遍及北京、上海、深圳等十几个大中城市，各项指标均领先全国同业，先后被评定为全国家庭服务业唯一的国家级服务标准化示范单位、山东省首批企业社会责任评价试点单位，“阳光大姐”商标被认定为中国家庭服务行业首个“中国驰名商标”。

（四）**行业发展逐步规范**。我省大力推进家庭服务业规范化建设，推动家庭服务业标准化体系构建和实施，已制定《母婴生活护理员、育婴师技术资格认证标准》《社区居家养老服务标准体系》等19项地方标准，全面提升了我省家政服务行业的整体质量和水平。省家庭服务业协会率先出台了家庭服务制式协议和家庭行业消费争议处理办法，完善家庭服务企业经济纠纷解决机制，推进了家庭服务的规范化、制度化建设。积极探索利用现代信息技术提升规范化服务水平，省妇联打造的智能家庭服务终端——山东大姐家庭服务云平台正式上线。各地也集中建设了一批集信息咨询、供需对接、服务信用监督等功能为一体的综合信息服务网络，如青岛家庭服务网、烟台12343民生服务中心、济宁家庭服务中心等，累计服务20余万户家庭。

（五）**发展环境持续优化**。政策环境更加优良，省政府出台《关于加快发展养老服务业的意见》，明确了养老服务业发展的发展目标、重点任务、工作措施，研究制定了加快发展养老服务业的各种优惠政策，并设立发展养老服务业省级专项补助资金，3年安排扶持资金达17.6亿元；省发改委牵头起草了《全省家庭服务业转型升级行动计划（2014—2020）》，大力推进家庭服务业转型发展；省工商局充分利用注册资本登记制度改革的契机，放宽家庭服务业企业注册登记条件，为家庭服务业发展开辟了广阔空间；省地税局加大对家庭服务业的税收优惠力度，及时调整有关家庭服务业税率，减轻家庭服务企业的负担。融资环境更加宽松，加大小额担保贷款政策支持力度，推动家庭服务业加快发展。2014年，为423户家庭服务机构发放小额担保贷款1.6亿元，为2637名创业人员发放小额担保贷款近3亿元。省工商局开展“四押五权”出资融资新模式，帮助家庭服务业企业解决融资难的问题；团省委建设首批青年创业孵化基地，入驻家庭服务企业120家，建立青春创业贴息项目库，为家庭服务类项目提供贴息资金112万元；人民银行济南分行引导金融机构支持家庭服务业发展，启动家庭服务业企业征信数据库建设工作，努力营造良好的信用环境。权益保护机制日益完善，成立全国首个家庭服务业协会仲裁中心，建立“仲裁工作站”，维护从业人员合法权益，共受理行业纠纷1154起，调解率为99%；成立全国首个省级家政服务业工会组织，最大限度地保护、调动和发挥广大从业者的积极性、创造性；制定全国首部家庭服务业劳动合同范本，规范企业、从业人员和雇主三方权责关系，劳动合同签订率达55%；制定出台适用于非全日制用工的小时最低工资标准，不同城市小时最低工资标准为15元、13.5元、12元，标准水平居全国前列。

这些成绩取得，是省委、省政府坚强领导的结果，是各成员单位的团结协作、扎实工作的结果。在此，我代表省发展家庭服务业促进就业工作联席会议办公室向大家表示衷心感谢！在看到成绩的同时，我们也要清醒地认识到，我省家庭服务业发展还面临很大的困难和挑战，比如家庭服务企业“规模小”与“实力弱”，行业准入门槛低，品牌企业少，融资难，经营方式粗放，盈利能力差；从业人员“稳定差”“技能低”，员工缺乏和流失现象严重，整体技能水平低、服务质量差，不能满足家庭服务的专业化、精细化和高层次需求；企业实行员工制管理方式比重低，员工权益得不到较好保障；行业“制度不健全”与“标准不完善”，尚未建立家庭服务业基础数据采集工作机制与信息管理系统，行业管理体系和制度不健全，行业标准不完善，监督机制薄弱，业内三方关系的法律定位不明确、权责界限不清等等。对于这些问题，我们必须高度重视，采取扎实有效措施，在今后的工作中认真加以解决。

二、奋力拼搏，主动作为，不断开创家庭服务业转型发展的新局面

2015年，全省家庭服务业的总体发展思路是，深入贯彻习近平总书记在考察济南农民工综合服务中心时对家政服务工作的重要指示精神，认真落实《省政府办公厅关于贯彻国办发〔2010〕43号文件加快发展家庭服务业的意见》和《山东省"十二五"家庭服务业发展专项规划》，主动适应经济发展新常态，紧紧围绕"增加服务供给、提高服务质量"中心任务，加强统筹协调，加大政策扶持，重点推进家庭服务业规范化、职业化建设，大力开展"千户百强"家庭服务企业（单位）创建活动，加强中心城市家庭服务体系建设，进一步优化结构、创新业态、拓宽领域、增强活力，推动家庭服务业转型发展。重点做好以下工作：

（一）大力加强职业技能培训。加强职业技能培训，提高从业人员素质是推动家庭服务业转型升级的一项基础工程。我们要坚持提质扩量并重，建立终身职业培训体系，努力造就一批高素质的家庭服务业技能人才。一是扩大培训规模。围绕家庭服务业转型升级和实现更高质量就业，实施好新一轮"加强就业培训提高就业与创业能力五年规划"，将有就业创业愿望和能力的劳动者全部纳入培训范围，大力开展家庭服务业技能培训、岗位技能提升培训和创业培训，全面提升劳动者就业创业能力。发挥好工青妇组织的优势，依托所属的各类职业培训项目，大力开展职业培训，各成员单位要在政策、资金等方面给予一定的支持。二是整合培训资源。评估认定一批省级家政服务业技能培训基地，引导家庭服务企业与有关职业院校深度合作，将培训和社会需求有机结合，实现培训资源优化整合。三是提升培训质量。要建立适应家庭服务从业人员特点的培训制度，增强职业培训的针对性、灵活性和适用性，促进技能培训与用人需求的无缝对接。支持家庭服务学科专业建设，吸引更多优秀人才从事家庭服务专业教育，打造一流的师资队伍。宣传推广家政服务员国家职业技能标准，研究制定家庭服务职业技能标准，拓宽从业人员职业发展通道。

（二）大力开展家庭服务业示范工程建设。培育一批家庭服务业中心城市、品牌企业是推动家庭服务转型升级的关键因素。要积极开展家政服务业示范城市、示范企业创建活动，逐步完善示范评价标准体系，发挥示范带动作用，带动家庭服务业发展方式的转变。一是发挥中心城市的示范引领作用。家庭服务业发展的重心在城市，工作的重心也在城市。要在中心城市构建家庭服务体系，推动城市社区家庭服务站点建设，将家庭服务延伸到城市的各个角落，服务到有需求的每一个家庭。加强对济南、青岛、烟台等重点城市家庭服务体系建设的指导，及时交流经验，进一步发挥示范和引导作用。探索建立集家庭服务行业集聚、职业技能培训、就业创业服务、信息发布对接于一体的家庭服务创业园区，推动家庭服务业聚集发展。建立家庭服务从业人员输出地与输入地的对接机制，积极开展对接活动，进一步缓解家庭服务业供需矛盾。二是发挥品牌企业的示范引领作用。引导家庭服务企业更加注重发展思路和商业模式创新，强化品牌意识，提高品牌和商标注册率，加大对知名品牌的推广力度，逐步走规模化、网络化、品牌化的发展道路。支持企业积极发展连锁经营，统一形象标识、统一商标字号、统一经营模式和统一管理制度，完善质量监控管理体系，提升企业品牌形象和服务水平。继续开展创建家庭服务业"千户百强"企业和省发展家庭服务业促进就业知名品牌评选活动，鼓励家庭服务企业开展合资合作、上市、兼并、联合、重组，扶持家庭服务企业做大做强、做专做精，力争1—2家企业成为上市公司，打造全省家庭服务业的标杆企业。

（三）大力支持家政服务、养老服务等重点业态规模化发展。要突出重点领域，积极支持家政服务、养老服务等重点行业壮大规模、优化结构、提升质量，带动家庭服务业加快发展。一是加快发展养老服务业。养老服务业是新兴产业、朝阳产业，在改善民生、吸纳就业、扩大内需等方面具有重要作用，已成为推动经济转型发展的重要力量。要加

快建立以居家为基础、社区为依托、机构为支撑，功能完善、规模适度、覆盖城乡的养老服务体系，使老年人老有所养，安享幸福晚年。大力推进医养结合，以失能、半失能老人专业护理为重点，积极发展老年养护型、医护型养老机构，提升养老机构的医疗服务功能。加强养老专业人才和服务队伍建设，加快培养老年医学、康复、护理、营养、心理和社会工作等专业人才，提升养老服务业从业人员的专业化水平。二是大力推进家政服务业转型升级。家政服务业也是一个朝阳行业，社会需求量大，对促进就业、拉动消费、提高群众生活质量等具有十分重要的作用。要按照省政府提出的“敲开核桃、一业一策”的要求，突出市场和企业的主体地位，制定实施好产业转型升级方案，加快创立行业标准，拉长产业链条，整合教育资源，提升职业化水平。三是加大政策支持力度。要将家庭服务业发展纳入到全省就业创业统一规划中，进一步加大政策扶持力度，落实好已有的就业、社会保险、财税、价格等方面的扶持政策，并研究制定新的优惠政策。积极拓宽投融资渠道，统筹各类金融资源支持家庭服务业发展。全面梳理家庭服务业“十二五”专项发展规划的落实情况，研究制定“十三五”规划，明确今后一个时期发展的目标任务、重点项目和推进措施。

（四）大力加强家庭服务业公益性信息服务平台建设。当前，随着信息技术快速发展，信息技术不断向家庭服务业融合、渗透，家庭服务业的信息化水平也在逐步提升，对家庭服务业发展的理念、方式和手段等产生了不可估量的影响。我们要适应信息化发展的新形势，要坚持以信息化引领家庭服务业发展，加快系统内各种信息资源的统筹整合，完善各类服务平台，进一步提升家庭服务发展水平。一是加快完善家庭服务业公益性信息服务平台。依托家庭服务信息网络、社区公共服务综合信息平台、公共就业信息服务平台等，健全供需对接、信息咨询、服务监督等功能，加强公益性信息服务，扩大信息服务覆盖面，促进服务向农村社区覆盖，实现供需信息的对接和共享。推动中心城市家庭服务网络中心完善功能，做强可持续发展能力。二是加强资源整合。整合家庭服务信息网络、社区服务信息平台、公共就业信息服务平台相关信息资源，理顺关系、健全功能，形成便利、规范的家庭服务体系。引导企业主动运用网络技术改造、提升传统服务，搞好信息整合，搭建家庭服务业“线上线下”大数据服务平台，进一步拓展服务领域。

（五）大力提升行业标准化、规范化发展水平。一是加强标准化建设。充分发挥家庭服务业标准化技术委员会的作用，搞好实施推广工作，进一步规范服务行为。制定全省家政服务业标准化建设总体工作规划和方案，充分调动企业、行业协会、科研院所、大专院校参与标准制修订的积极性，加强前期研究和自主创新，健全家庭服务业标准体系，提高标准的技术含量。二是加强行业监管。规范家政服务业的劳动用工关系，将家政从业人员纳入社会保障范围，鼓励发展员工制家政服务机构。根据不同地区物价水平制订公布工资指导价位，逐步提高工资水平。开展家庭服务市场清理整顿，加大监察执法力度，依法查处违反劳动保障法律法规的行为。充分发挥工会、共青团、妇联和行业协会等的优势，大力开展政策咨询、法律援助、热线指导等活动，完善行业自律机制，维护从业人员的合法权益。三是加强诚信建设。要认真落实习近平总书记关于“诚信为本”的重要指示，不断完善相关法规规章，规范家庭服务企业的经营行为，引导企业、从业人员、家庭增强诚信意识，建立健全守信激励和失信惩戒制度。推动家庭服务业转型升级，是联席会议所有成员单位的共同责任。各成员单位要把发展家庭服务业摆上重要工作日程，建立健全与家庭服务业发展新形势、新要求相适应的组织领导和工作推进机制，主动牵头研究和协调解决发展中的政策、规划、项目等重大问题。要按照职能分工，认真落实今年的工作要点，确保各项工作落地生根。要加强全面合作，搞好协调配合，形成工作合力。省人力资源社会保障厅作为联席会议办公室，将主动加强与各部门的沟通协调，大力支持各部门发挥作用，尽最大努力为各成员单位搞好服务，共同推动家庭服务业加快转型升级。

在全省高技能人才队伍建设工作座谈会上的讲话

2015 年 5 月 11 日

同志们：

这次会议的主要任务是，贯彻落实全国高技能人才表彰大会和全国职业能力建设工作座谈会精神，回顾总结“十二五”以来我省高技能人才队伍建设工作，分析新常态下面临的新形势、新任务、新要求，安排部署当前和今后一个时期的工作任务，推动高技能人才队伍建设工作加快转型发展，取得新的更大成绩。

郭树清省长高度重视高技能人才队伍建设，他在《国家发改委反映当前职业教育面临的挑战和制度创新建议》信息上批示：改变社会上传统观念需要从多方面采取措施，包括对人才的评价标准，一些高级技工应当享受科学家、教授的待遇，一些职业院校办学条件要赶上普通高校的水平，区域发展资金要继续切块落实到职业教育与技能型人才培训。孙伟常务副省长会前专门听取了会议筹备情况汇报，并就做好我省高技能人才队伍建设工作作出重要批示。刚才，陈迪桂副部长宣读了孙伟常务副省长的重要批示。对郭树清省长和孙伟常务副省长的重要批示，我们一定要认真学习领会，切实抓好贯彻落实。会议还表彰了 2014 年度山东省首席技师和技术能手，组织大家收看了济南等 5 市专题片，王钦峰等 3 名高技能人才简要介绍了自己的先进事迹。在此，我代表省人力资源社会保障厅向获得表彰的同志们表示热烈的祝贺，向辛勤工作在生产服务一线的高技能人才表示诚挚的问候和崇高的敬意。下面，我讲三点意见。

一、准确研判形势，切实增强做好新常态下高技能人才队伍建设工作的责任感、使命感

近年来，按照省委、省政府的一系列决策部署，我省各级人力资源社会保障部门大力实施人才强省战略，聚焦高技能人才队伍建设这一战略重点，解放思想，主动作为，深处发力，不断创新完善政策，着力优化人才环境，高技能人才队伍建设工作转型发展迈出重要步伐，高技能人才总量不断扩大，结构布局逐步优化，整体素质明显提高，为全省经济社会发展提供了强有力的技能人才支撑。截至 2014 年底，我省技能人才总量 819.5 万人，高技能人才达到 218.6 万人，占技能人才的比例达到 27%，提前一年完成“十二五”高技能人才规划发展目标。高技能人才素质显著提升，16 人获得中华技能大奖，33 人享受国务院特殊津贴，333 人获得全国技术能手称号，数量居全国前列；960 人被评为山东省首席技师，1301 人获得山东省技术能手称号，428 人被评为山东省有突出贡献的技师。技能人才队伍的发展壮大，主要基于以下几方面因素：一是高技能人才载体建设取得新成效。截至 2014 年底，我省有国家级高技能人才培训基地 14 个、国家级技能大师工作室 18 个；建成省级高技能人才培训基地 28 家、省级技师工作站 80 家。二是职业技能培训质量和效益不断提升。坚持以实现更高质量就业为目标，全面实施新一轮就业创业培训五年规划，强化劳动者的就业竞争能力、职业转换能力、转移就业能力、创业能力培训。“十二五”以来，全省共开展就业技能培训 607.8 万人。其中，培训城镇失业人员 148.6 万人、在岗职工 99.9 万人，创业培训 93.5 万人，培训后就业创业率达 85% 以上。三是技工院校转型发展迈出新步伐。紧紧抓住加快发展现代职业教育的有利时机，集中力量制定出台推进技工院校转型发展的实施意见等一系列文件，在搭建技工

院校与中职学校统一招生平台、实现“双证互通”、深化校企合作、加强教师队伍建设、加大财政投入等方面，实现了历史性突破。确定在16所技师学院、高职院校开展高等职业教育与技师教育合作培养试点，打通技工院校学生的上升通道。实施技工院校省级示范专业群建设项目，支持建设30个与现代产业发展密切相关的专业群，推动高技能人才培养与产业发展深度融合。四是高技能人才发展环境进一步优化。完善高技能领军人才选拔管理办法，加大省首席技师、省有突出贡献的技师、省技术能手的表彰奖励力度。以提升质量为核心，强化职业技能鉴定监管，不断提高服务水平。2014年，全省123.8万人参加职业技能鉴定，111.6万人获得国家职业资格证书。广泛开展职业技能竞赛和岗位练兵活动，每年组织省级竞赛近30项，参赛职工达150多万人，为更多优秀高技能人才展示技能、脱颖而出搭建了广阔舞台。

当前，我国经济发展进入新常态，经济发展速度将从高速增长转向中高速增长，从数量扩张型增长转向质量提升型增长。新常态既给高技能人才队伍建设工作带来了重要发展机遇，也带来了许多困难和挑战，提出了新的工作要求。主要表现在：一是日益激烈的国内外人才竞争对高技能人才队伍建设工作提出了新的要求。当今世界正处在大发展大变革大调整时期，国家间、地区间综合实力的竞争日趋激烈，而这种竞争归根到底是人才，特别是高素质人才的竞争，人才数量和质量逐步成为衡量一个国家和地区综合竞争力的重要指标。从世界发达国家经济发展的成功经验看，德国、美国、日本、韩国等发达国家既高度重视高层次创新型人才培养，又纷纷把加强高技能人才队伍建设作为提升经济竞争力的“秘密武器”，大力发展职业教育，积极培育高素质劳动者。从国内看，广东、江苏、浙江等先进地区着眼抢占未来发展制高点，创新机制、完善政策，培养引进高技能人才力度前所未有，河南、重庆等省市奋力赶超，在推动技能人才队伍建设方面出台了很多优惠政策，取得的成绩令人瞩目，国内区域间人才竞争日趋激烈。从我省情况看，目前高技能人才总量不足、结构不合理、财政投入少、发展环境差等问题突出，社会上“重学历，轻技能”的观念仍然根深蒂固，高技能人才待遇偏低、社会地位不高的问题仍然存在，特别是企业主体作用没有发挥出来，很多企业对技能人才“重使用、轻培养，要求多、支持少”，不舍得花钱搞培训，不支持职工参加技能培训。我们必须增强紧迫感、使命感，奋起直追，切实抓好高技能人才队伍建设，努力抢占人才竞争的制高点，为实现“走在全国前列”奋斗目标培养更多的高技能人才。二是实施创新驱动战略对高技能人才队伍建设工作提出了新的要求。新常态下，深入实施创新驱动战略，推动产业转型升级，不仅需要一大批设计师、工程师、高级管理人员，也需要一大批技艺精湛的高技能人才和数以百万计的高素质劳动者。如果不造就一支高技能、专业化的劳动大军，再先进的科学技术和机器设备也很难转化为现实生产力。比如市场上同样一个产品，合资组装的质量往往比不上原装进口的，差距往往不在于产品设计和生产技术，而在于制造加工水平，在于一线操作工人的素质和技能。因此，我们必须适应实施创新驱动战略的新要求，努力培养造就一大批适应企业发展需要、结构合理的技能人才，助推企业提高自主创新能力和研发制造能力，推动经济增长走上主要依靠科技进步和提高劳动者素质的良性轨道上来。三是解决就业结构性矛盾对高技能人才队伍建设工作提出了新的要求。当前，我省就业工作面临的突出矛盾是，就业难与招工难同时并存，供需结构性矛盾更加凸显，一方面相当数量的城乡劳动力就业困难；另一方面，招工难，尤其是“技工荒”已成为许多企业面临的现实难题，甚至已影响到企业正常的生产经营。特别是随着时间的推移，结构性矛盾正呈由东部沿海地区向西部欠发达地区蔓延的趋势。一季度，我省46.02万个岗位要求具有一定的职业资格或专业技术，而具备职业资格和专业技术的求职人员为40.15万人，缺口6万。解决就业结构性矛盾最根本、最有效的举措就是，广泛开展职业技能培训，全面提升劳动者职业技能水平。我们必须适应就业形势的新变化，大规模培训劳动力，提高素质，增强技能，把劳动力的数量优势真正转化为建立在高素质、高技能基础上的人力资源优势，提高劳动者的就业创业能力。

总之，新常态下，我们比历史上任何时期更需要一支高技能人才队伍。我们必须坚定不移地把高技能人才队伍建设作为人才工作的战略重点，切实增强紧迫感、责任感和使命感，认真研究新常态下高技能人才队伍建设的内在规律，以更大的决心、更有力的措施、更扎实的工作，进一步加强和改进高技能人才队伍建设工作，加快培养造就一支门类齐全、结构合理、技艺精湛、素质优良的高技能人才队伍。

二、主动作为，推动高技能人才队伍建设工作加快转型发展

做好今后一个时期高技能人才队伍建设工作的总体思路是：深入贯彻全国高技能人才表彰大会和全国职业能力建设工作座谈会精神，主动适应经济社会发展新常态，大力实施人才强省战略，坚持党管人才原则，坚持“提升能力、以用为本、高端引领、整体推动”，充分发挥政府指导调控作用和市场在高技能人才资源开发和配置中的决定性作用，以健全面向全体劳动者的职业培训制度为基础，以实施高技能人才振兴和高技能人才发展计划为龙头，以提升职业素质和职业技能为核心，以用好用活高技能人才为根本，突出重点、抓住关键、主动作为，健全完善以培养、评价、使用、激励为重点的高技能人才工作体系，进一步扩大规模、优化结构、提高质量，大力推动高技能人才队伍建设工作加快转型发展，为经济文化强省建设提供强有力的技能人才保证。

（一）坚持高端引领，加快培养造就一支技能领军人才队伍。技能领军人才数量是高技能人才队伍建设的重要标志。要突出高端，发挥引领带动作用，全面实施高技能人才振兴行动，进一步提升我省高技能人才队伍的整体水平。一是突出抓好技能领军人才培养选拔项目。组织实施好泰山产业技能领军人才工程，面向海内外，选拔引进一批能够引领技术革新、技术改造和技能攻关的产业技能领军人才。精心组织省首席技师、有突出贡献技师的选拔培养，加大省技术能手的培养力度，加快建设一支掌握精湛技艺、助推产业转型升级的高技能人才队伍。二是打造“金蓝领”培训品牌。要强化措施，创新培训方式，提高培训质量，全面加强对企业一线的高级工和技师的技能培训，每年培养高级技师1万名、技师4万名，引导更多的劳动者走上素质就业、技能成才道路。三是突出抓好高技能人才培养载体建设。依托大型企业、技工院校和培训机构，加快建设国家级和省级高技能人才培训基地，加强国家级技能大师工作室和省技师工作站建设。依托载体，重点开展高技能人才技能提升培训、人才评价、职业技能竞赛等活动，发挥载体在技术改造、科技创新、传技带徒等方面的重要作用，打造高技能人才聚集地。同时，统筹做好高校毕业生、城镇登记失业人员、农村转移就业劳动者、退役士兵等群体的职业培训，增强就业创业能力。

（二）坚持激励引导，激发高技能人才的创新创造活力。要注重发挥表彰激励、技能竞赛的引导作用，完善奖励办法，深化收入分配制度改革，真正让高技能人才想干事有机会、能干事有平台、干成事有回报、干好事有发展，为更多人才脱颖而出创造条件、搭建舞台。一是进一步完善高技能人才选拔制度。完善以政府奖励为导向、企业奖励和社会力量奖励为主体的高技能人才奖励体系，进一步提升高技能人才经济待遇和社会地位。加大省首席技师、省有突出贡献技师的表彰力度，积极选拔推荐优秀高技能人才参与政府特殊津贴、中华技能大奖等评选，选拔和树立一批优秀高技能人才典型。各市、县（市、区）也要建立完善技能人才奖励制度，对做出突出贡献的技能人才予以奖励。二是健全完善收入分配激励机制。深化收入分配制度改革，研究制定高技能人才与专业技术人才享受同等待遇的政策，鼓励企业充分考虑技能劳动者的业绩贡献，在制定薪酬时向高技能人才倾斜。鼓励企业采取高薪聘用、股权激励、兼职兼薪、特聘顾问等方式，引进高技能产业领军人才，激发技能人才推动技术创新、实现科技成果转化、提高生产效率的积极性和创造活力。三是充分发挥竞赛激励作用。要发挥职业技能竞赛在发现和选拔高技能人才中的作用，完善以企业岗位练兵为基础、以技能竞赛为主体、国内竞

赛与国际竞赛相衔接的技能竞赛体系。组织“技能兴鲁”职业技能系列竞赛活动，积极做好全国职业技能竞赛、世界技能大赛的参赛工作，力争在全国及世界技能大赛中取得好名次。引导企业职工参加岗位练兵和技能竞赛活动，对技能竞赛中涌现出来的优秀技能人才，要按规定授予“技术能手”等荣誉称号，晋升职业资格等级，并给予相应的物质奖励。

（三）坚持公平公正，建立健全高技能人才评价体系。高技能人才评价体系是推进高技能人才队伍建设工作的重要环节，也是高技能人才管理的基础和依据。坚持公开、公平、公正原则，以职业能力为导向，以工作业绩为重点，完善社会化职业技能鉴定，推进企业技能人才评价，逐步建立由政府、社会、用人单位和劳动者共同参与的多元化技能人才评价体系。一是深化职业技能鉴定管理方式改革。要规范职业资格证书管理，减少职业资格许可和认定，严格控制准入类职业资格设置，改革水平评价类职业资格认定办法。同时，适应职业资格管理方式转变的需要，加强职业技能鉴定的服务与事中、事后监管，确保不出任何问题。二是建立完善职业技能鉴定工作体系。完善以社会化职业技能鉴定、企业技能人才评价、院校职业资格认证为主要内容的多元评价体系。健全职业技能鉴定管理制度，规范鉴定程序，构建符合技能人才成长规律的人才评价体系。三是分类改革考评办法。按照“岗位分类、统一标准、自主申报、社会考评、企业聘任”的原则，进一步突破年龄、资历、身份和比例限制，不断完善高技能人才考评办法，畅通高技能人才成长通道。突出实际操作能力和解决关键生产难题能力的考核，加强新技术、新知识考评，全面提高技能人才评价的科学化水平。研究制定知识技能型人才、复合技能型人才评价的新方法，强化综合考核和多技能考核，鼓励具有多种技能的优秀人才脱颖而出。

（四）坚持以用为本，最大限度发挥高技能人才的作用。高技能人才作为一种特殊的资源，培养是基础，评价是手段，核心在于使用。我们必须聚焦人才使用，完善制度，创新政策，强化服务，切实做到在使用中培养，为使用而引进，以使用来激励，提高高技能人才创业创新的成功率。一是探索完善高技能人才发挥作用的政策措施。破除用人观念上的各种束缚，创新完善有利于高技能人才成长发展、发挥作用的制度办法，充分发挥高技能人才在解决技术难题、推动科技创新、培养后备人才等方面的重要作用。加快研究制定高技能人才与工程技术人才职业发展贯通办法，拓宽技能人才发展通道。二是引导高技能人才合理有序流动。坚持以市场为导向，依法维护用人单位和高技能人才的合法权益，建立健全高技能人才流动服务体系，鼓励各类职业中介机构为高技能人才提供服务，促进高技能人才按需合理流动。做好高技能人才在不同所有制单位、不同行业和跨地区流动中社会保险关系的接续工作，逐步突破部门、行业、地域和所有制限制，引导高技能人才向全省发展的重点项目、优势产业和骨干企业配置流动。树立“不求所有，但求所用”的引才理念，鼓励实施高技能人才“柔性流动”的政策措施，更多地引进包括人才、技术和信息在内的高技能人才资源。三是提高高技能人才管理服务水平。要完善人社部门的人才公共服务职能，推动建设专业性、行业性高技能人才市场，大力发展人才服务业，努力提供专业化、信息化、社会化人才交流服务。

（五）坚持转型发展，推动建设特色鲜明、国内一流的技工院校。深入贯彻国家和省委省政府加快发展现代职业教育的决策部署，把加快技工院校转型发展与服务经济、促进就业紧密结合起来，继续扩大办学规模，着力提高培养质量，形成学历教育与职业培训并举、适应我省经济社会发展需要的现代技工教育新格局。一是全面提升办学水平。坚持以突出特色、内涵发展、多元办学为目标，研究制定技工院校“十三五”改革发展规划，明确技工院校转型发展的思路、目标和重点，完善学制教育功能，强化社会培训功能，把技工院校打造成集技能人才培养、职业技能培训、考核鉴定、就业创业服务等多种功能为一体的综合性教育、培训基地。集中资源，重点建设一批国内一流的技工院校和特色专业，不断增强综合竞争力，加快建设以技师学院为龙头、高级技工学校为骨干、技工学校为基础的现代技工教育培训体系。二是深化校企合作。发挥技工院校培养高技能人才主渠道作用，对接产业发展需求，合理规划专业设置，培育优势，树立品牌，提升竞争力，实现产业升级与学校发展的良性互动。支持学校与企业合作办学、合作育人，推动校企双方互利双赢，共同发展。支持创建多种形式的技工教育办学联合体，走规模化、集团化办学路子。三是加强教师队伍建设。办好技工教育，教师是根本。要加快推进人事制度、分配制度改革，进一步增强技工院校发展活力。深化教师职称制度改革，开展增设正高级专业技术职务资格试点，打通教师成长发展通道。创新人才引进办法，落实兼职教师政策，建立灵活多元的教师供给机制。完善分配激励机制，吸引更多优秀人才从事技工教育，打造一流的师资队伍。

三、加强领导，努力开创高技能人才队伍建设工作新局面

新常态下，开创高技能人才队伍建设工作的新局面，要求我们必须有新境界、新作风，自觉做到知难而进、勇于担当，锐意进取、奋发有为。

（一）切实加强组织领导。各级人力资源社会保障部门要切实负起责任，真正把高技能人才队伍建设工作摆上重要议事日程，及时研究解决改革发展中遇到的困难和问题，为加强高技能人才队伍建设创造良好的外部环境。主要负责同志要深度谋划高技能人才队伍建设工作，经常听取有关情况汇报；分管负责同志要靠上抓，真正把高技能人才队伍建设工作抓到手上、落到实处。要找准人力资源社会保障部门与其他部门工作的结合点，加强部门之间的协调配合，整合提升现有高技能人才政策、计划、项目，逐步形成分工合理、错位发展、有序引才、合理用才的新格局。要狠抓各项政策落实，强化高效服务，搞好督促检查，推动高技能人才队伍建设工作加快转型发展。

（二）强化支持保障措施。要总结经验、创新方法、完善制度、加大投入，为技能人才发展创造条件，提供保障。一是强化投入保障。没有投入，就没有产出；只有大投入，才有大产出。加强高技能人才队伍建设工作，必须加大资金投入。要积极争取财政部门的大力支持，加大公共财政投入，将公办技工学校经费纳入各级财政预算，大力扶持职业技能培训、技工院校专业建设、职业技能竞赛和高技能人才培训基地等建设。拓宽筹资渠道，吸引更多的社会资金投入高技能人才培养，逐步形成政府引导、企业支持、社会参与、个人出资的多元化资金投入新机制。加强资金分配使用监督和绩效管理，实施全程监管，确保专款专用，坚决杜绝资金的跑冒滴漏，把有限的资金用在刀刃上。二是强化信息化支撑。当前，信息技术不断向人社工作融合、渗透，对人社事业发展的理念、方式和手段等产生了不可估量的影响，未来甚至可能彻底改变传统人社工作的运行模式和发展格局。要坚持以信息化引领高技能人才队伍建设，加快高技能人才信息统筹整合，建立完善信息库，着力打造高技能人才同业交流、联合攻关、培训深造的信息交流平台，全面提升工作水平。三是强化规划引领。主动适应经济发展新常态，在完成“十二五”规划评估的基础上，高标准高质量地编制好高技能人才“十三五”发展规划，明确发展思路、目标任务、战略重点、政策措施。

（三）加大舆论宣传力度。加强高技能人才队伍建设，离不开社会各界的关心、支持和参与。要进一步挖掘技能人才的典型代表，利用各种形式、途径，大力宣传他们在企业发展中的重要作用和突出贡献，大力宣传他们的先进事迹，倡导新的求学观、择业观和成才观，努力改变社会上重学历、轻技能的偏见，形成“尊重劳动、崇尚技能、鼓励创造”的新风尚。在劳模评选、授予荣誉称号等活动中，要注重向做出突出贡献的高技能人才倾斜，提高他们的社会地位，形成有利于技能人才成长成才的良好社会氛围。

同志们，做好新常态下的高技能人才队伍建设工作任务艰巨，使命光荣。让我们在省委、省政府的正确领导下，解放思想，主动作为，扎实工作，努力开创高技能人才队伍建设工作的新局面，为建设经济文化强省提供坚强的技能人才保证。

在全省就业创业工作座谈会上的讲话

2015 年 4 月 21 日

同志们：

省委、省政府高度重视就业创业工作。在全省经济工作会议上，省委书记姜异康同志强调，要抓好就业这一民生之本，实施更加积极的就业创业政策，扎实做好农民工、高校毕业生等重点群体的就业工作。省委副书记、省长郭树清同志多次对就业工作作出重要批示，3 月 31 日，郭树清省长在省厅报送的《当前全省就业形势专题报告》上作出重要批示："我省就业工作很有特色，总体形势保持平稳，但要居安思危，看到潜藏的问题和未来的挑战，主动应对；要把解决就业问题与支持产业结构调整升级和城镇化紧密结合起来，落实好农民进城后的市民待遇，解决好服务业发展的瓶颈制约，对接好就业需求与用工需求，特别是做好各种培训工作"，4 月 9 日，郭树清省长又在新华社国内动态清样上作出重要批示："我省职业教育和技术培训已经具备了很好的基础，但是从企业招工的情况看，仍然有较多工种招不到足够的员工，结构性矛盾在就业市场仍然较为突出。如何进一步做好技能型人才的培养，特别是在县乡两级搞好农民工的培训，仍然是一项艰巨的任务，请专题研究探索"。省委常委、常务副省长孙伟同志多次专题研究就业创业工作，对做好新常态下的就业创业工作提出明确要求。我们召开这次会议的主要任务就是，深入传达学习姜异康书记重要讲话、郭树清省长重要批示和孙伟常务副省长重要指示精神，认真总结 2014 年的就业创业工作，全面分析研判面临的形势，安排部署 2015 年的工作任务。下面，我讲三个问题。

一、准确研判就业形势，增强做好新常态下就业创业工作的忧患意识和使命担当

去年以来，在经济增速放缓、下行压力较大的情况下，各级人力资源社会保障部门按照省委、省政府的决策部署，牢牢把握稳中求进工作总基调，围绕中心、服务大局，开拓进取、扎实工作，各项工作都取得了新进展新成效，许多事关全局和长远发展的重要改革、重点工作取得突破性进展，人力资源社会保障事业转型发展迈出重要步伐。这些成绩的取得，是系统上下团结拼搏、扎实工作的结果，同时也凝聚着全省广大就业工作者的心血和汗水。我们始终把促进就业创业作为重大政治责任和第一位的工作来抓，全力推动就业创业政策落地，持续释放政策红利，着力抓创业促就业，确保了就业形势的总体稳定。2014 年，新增城镇就业 118.5 万人，完成年度计划的 118.5%，农村劳动力转移就业 131.2 万人，完成年度计划的 109.33%，连续 11 年实现"双过百万"，城镇登记失业率为 3.3%，低于 4.0% 的控制目标，就业稳成为经济社会运行总体稳定的重要标志。呈现五个特点：一是就业领域深化改革取得新突破。坚定不移地聚焦改革，突出重点、锐意创新、务求实效，就业领域创造了许多亮点，在全国实现了"五个率先"：率先出台进一步规范国有企业招聘行为的意见，维护了就业的公平公正；率先出台创建创业大学的意见，6 个市建成各具特色的创业大学；率先实行城乡统一的就业失业登记制度，将农村就业人员纳入登记范围；率先将公益性岗位扩展到公益性社会组织，托底安置能力明显增强；率先出台失业保险支持企业转岗培训和岗位技能提升培训补贴办法，失业保险稳就业、促就业、防失业的功能进一步强化。二是狠抓政策落实取得新成果。全力推动就业创业政策落地，持续释放政策红利，一次性创业补贴发放 3.5 亿元，同比增长 233.2%；小额担保贷款发放 89.4 亿元，同比

增长16.9%，贴息4.5亿元，同比增长55.2%。实施就业促进、创业引领计划，改革高校毕业生就业报到制度，千方百计促进高校毕业生就业，高校毕业生总体就业率达91.47%，同比提高1.27个百分点。大力实施农民工“职业技能提升、权益保障、公共服务”3项3年行动计划，农民工就业质量实现新提高。三是创业工作取得新成效。大力促进创业带动就业，全省实现创业46.8万人，新登记注册私营企业达26.5万户，带动就业118.6万人，创业成为就业增长新引擎，大众创业、万众创新氛围更加浓厚。四是就业创业服务得到新提高。创新就业培训形式，全面实施新一轮就业创业培训五年规划，全年培训124.2万人，为产业转型升级提供了技能人才支撑。创新公共就业服务，搭建起高校毕业生就业服务微信平台，建成“山东半小时公共就业服务圈”，启动了“数字就业社区”建设，举办了第二届山东省创业大赛等就业创业服务活动，就业服务水平和质量进一步提高。五是转型发展迈出新步伐。坚定不移地加快工作指导的重大转变，进一步转变发展思路、发展路径、发展重点，就业工作转型发展迈出重要步伐，实现了由依赖经济增长拉动的被动性增长向以创业带动就业的主动性增长转变，由单纯追求扩大规模向提质扩量并重的转变。借此机会，我也代表省人力资源社会保障厅向广大就业工作者表示衷心的感谢和诚挚的问候！

当前，我国经济发展进入新常态。认识、适应、引领新常态是当前和今后一个时期我国经济发展的大逻辑。做好新常态下的就业工作，我们一定要遵循这个大逻辑，变压力为动力，化挑战为机遇，创造性地开展工作。为深入分析研判新常态下的就业形势，3月初省厅组织了三个调研组，分别赴6个市进行了调研。从调研和面上掌握的情况看，就业工作新常态的阶段性特征明显，呈现总体平稳、稳中趋缓的态势，同时稳中有忧，困难不少。“稳”表现为：产业转型升级，有利于提高经济增长的就业弹性，同样的经济增速可以带来更多的就业岗位；有利于创造更高质量的就业岗位，使大学生和技能劳动者的人力资本得到有效释放；有利于新兴产业和新型业态的发展，形成新就业增长点，为实现更加充分的就业提供了新动能。一季度，高校毕业生就业2.87万人，总体就业率同比提高0.66个百分点；随着产业结构调整步伐的加快，就业结构发生深刻变化，服务业和中小微企业成为带动就业增长的主导力量，3月份第三产业企业需求比重达55.6%，比第二产业高13.5个百分点，同比增长2.5%；中小微企业占招聘企业的80%。“忧”表现为四个方面：一是经济增速持续放缓使隐性失业开始显性化。新常态是增速换档期，经济增长从高速增长换档到中高速增长。2006年至2013年我省GDP年均增幅在11%左右，但是去年回落到8.7%，一季度增长7.8%，回落0.9个百分点。经济增速回落、下行压力加大，势必对扩大就业产生一定的影响。去年有些企业经营困难，但大都在观望，并未开始减员。今年如果困难局面继续发展，企业可能将开始裁员。所以，隐性失业显性化将是今年非常值得关注的一个问题。一季度，我省城镇新增就业、农村劳动力转移就业、就业困难群体就业分别同比减少4.33%、19.04%和2.88%，城镇登记失业率同比上升0.07个百分点。从失业动态监测情况看，截至3月底，全省2227家监测企业就业总人数为173.3万人，比2014年底下降1.2%，比2月份下降0.37%。这些数据说明我省就业形势的严峻性。二是产业结构调整升级对就业产生“挤出效应”。我省钢铁、煤炭、水泥、电解铝、平板玻璃、船舶、炼油、轮胎等行业产能过剩突出，产业结构调整压力很大。随着产业转型升级，原有的劳动密集型产业逐步向资本密集型和技术密集型产业转移，将对现有就业岗位产生挤出效应。如调研的威海魏桥纺织进行设备更新改造，万锭需求职工由原来的100人减少为40人，用工同比减少2000人。一季度，随着产业转型升级的加快，企业用工需求和求职人数呈现“双减少”，进入人力资源市场的企业用工需求为98.55万人，求职人员77.82万人，同比分别减少24.15%和17.57%。三是就业结构性矛盾日益突出。产业转型升级对高素质、高技能、专业化人力资源的需求越来越高，但人才培养不可能一蹴而就，技能劳动者长期供不应求，一些行业和领域出现结构性用工短缺。从国际经验看，治理结构性矛盾比治理总量矛盾难度更大，耗时更长。特别是在“十三五”和“十四五”时期，我省劳动力增长总量和结构上都要发生一些变化，总量矛盾和结构性矛盾将呈现一种新态势，应当高度重视、认真分析。一季度，我省46.02万个职位要求具有一定的职业资格或专业技术，而具备职业资格和专业技术的求职人员为40.15万人，缺口在6万人。四是就业工作还不能完全适应新常态下的就业形势。从政策落实看，各市还存在一些不容忽视的问题，如补贴标准低、覆盖范围窄、兑现进度慢、执行走样等，导致政策效应没有完全发挥出来。从资金使用看，我省有三块就业创业资金，总体规模大但比较分散，服务对象、补贴标准、管理办法均不一样，资金的整体效应较差；部分地方主要依靠省里的就业资金，自己投入很少且节余很大，2014年大部分市就业专项资金滚存结余进一步增加，5个市滚存结余同比增长200%以上；部分市、县使用就业资金不规范，有些问题还相当严重，尽管各市进行了全面整改，但个别问题整改还不彻底。从就业服务看，公共就业服务体制不顺，统一有序、竞争规范的人力资源市场还没有形成；就业创业培训资源整合效果较差，公共就业服务标准化、信息化和精细化水平不高，服务内容、手段、效率等与群众的期望还有差距等问题仍然突出。这些问题的存在，严重影响了就业工作的开展。对此，各市要高度重视，认真研究解决。

就业是民生之本，是经济社会发展诸多问题中的核心问题。对每一个劳动者来说，就业是他们赖以生存、融入社会、实现人生价值的重要手段，也是他们共享经济社会发展成果的基本条件。大家一定要充分认识做好新常态下就业工作的艰巨性、复杂性和极端重要性，增强责任感、使命感、紧迫感，切实把思想和行动统一到省委、省政府对就业工作的决策部署上来，认真研究新常态对就业工作的新要求，坚持问题导向，明确工作重点，以更大的决心、更有力的措施、更扎实的工作，千方百计推动就业工作继续走在全国前列。

二、精准发力，切实做好今年的就业创业工作

关于今年的就业工作重点，全省人力资源社会保障工作会议已经作了全面部署，就业工作要点也下发各市。下一步要按照部署要求，突出重点，精准发力，狠抓落实，确保圆满完成就业工作目标任务。

（一）坚持综合施策，全力以赴稳定就业岗位。要把稳定就业岗位作为一项基础工程，出台政策，完善制度，加强预防，大力促进就业形势基本稳定。一是健全完善政策。要进一步梳理、完善现有政策，研究制定新一轮更加积极的就业政策，丰富和发展具有山东特色的就业政策扶持体系。要建立重大项目、重要政策与就业的联动机制，在建设重大项目、制定重要政策中统筹考虑就业问题，形成经济增长与扩大就业的良性互动。二是加强预防调控。建立失业动态监测、失业预测预警、失业预防调控“三位一体”的失业预防机制，加强政策储备，完善应急预案，及时应对出现的区域性、行业性集中失业风险。三是发挥失业保险稳定和促进就业的作用。密切关注产业结构调整对就业的影响，综合运用转岗培训补贴、稳岗补贴等政策，做好产业结构调整中转岗人员再就业工作，鼓励企业稳定就业岗位。加大失业保险扩面征缴力度，严格执行现行费率，深化失业保险基金扩大支出范围试点，进一步发挥失业保险稳定就业、促进就业、预防失业作用。建立失业保险金标准正常调整机制，落实失业保险待遇，落实有关政策，促进失业人员尽快实现再就业。

（二）坚持聚力攻坚，大力促进重点群体顺利就业。要瞄准重点群体，统筹做好高校毕业生、农民工、就业困难人员等群体的就业工作，进一步提高重点群体的就业质量。一是继续将高校毕业生摆在就业工作首位。要实行分类指导，深入实施高校毕业生能力提升计划、创业引领计划，加强创业实践孵化，提升就业创业能力，促进更多毕业生实现就业创业。拓宽就业渠道，落实服务基层项目期满政策，鼓励高校毕业生到中小企业、中西部地区和城乡基层就业。创新服务形式，充分运用毕业生就业信息网、大学生就业创业微平台，有针对性地开展就业指导和服务，提高服务的精细化、个性化水平。搞好信息对接，建立部门、社区与高校间的信息对接机制，完善离校

未就业高校毕业生实名制管理体系，加大就业服务、职业培训、就业见习力度，研究制定有针对性的扶持政策，促使他们顺利实现就业创业。全面深化高校毕业生就业领域改革，实施政府购买基层公共管理和社会服务岗位，吸纳高校毕业生就业，鼓励高校毕业生到基层工作。二是推动农民工实现更高质量就业。深入实施农民工职业技能提升、权益保障和公共服务3项3年行动计划，以提高就业创业能力为核心，稳定和扩大农民工就业，保障农民工合法权益，加快推进农民工市民化进程。组织好农民工3项行动计划专项督查，委托第三方社会机构对各市农民工工作进行评估，请新闻媒体全程参与，确保政策的落地生根。对工作不力或存在严重问题的，要予以公开曝光。三是做好就业困难人员就业工作。完善城乡统一的就业援助机制，对就业困难人员实行“一对一”就业帮扶，确保城乡零就业家庭动态消零。进一步开发公益性岗位，重点抓好公益性岗位的公开和开发工作，发挥好兜底安置作用。

（三）坚持创业拉动，进一步转换就业增长动力。创业是就业之源。要坚持以营造良好创业环境为重点，以激发创新创业活力为主线，整合资源，落实政策，加快形成大众创业、万众创新的局面。重点建好“三个平台”，做到“两个强化”。“三个平台”是：一是建设以创业大学为核心的创业培训平台。加快推进创业大学创建工作，到年底，确保每个市建设一所创业大学。以创业大学为依托，完善培训模式，优化培训内容，丰富培训手段，实现创业培训规范发展。二是建设以创业孵化基地和园区为主体的创业服务平台。调动社会各方面力量，创建各类创业孵化基地和园区，为劳动者创业搭建平台。加强“众创平台”等新型创业载体建设，大力推动信息技术与制造业的深度融合，进一步释放创业活力。三是建设以创业型城市、街道（社区）为框架的创业扶持平台。深入推进创业型城市创建工作，继续评估认定一批省级创业城市、创业型街道（乡镇）、创业型社区，推动创业服务向基层延伸。做到“两个强化”：一是强化政策落实。以一次性创业补贴和创业岗位开发补贴为重点，落实完善创业扶持政策，优化创业环境。加强与金融部门的对接，创新抵押担保方式，简化审批程序，规范经办流程和操作标准，着力解决创业者和小微企业融资难的问题，提高新创企业的成活率。二是强化创业服务。拓宽创业服务形式和内容，为处在不同创业阶段的创业者提供全程跟踪服务。加强创业导师库和项目库建设，举办创业项目（山东）推介展，改造升级“山东公共创业服务网”，提升线上、线下服务水平。

（四）坚持提质扩量，全面提升职业技能培训水平。加强职业技能培训，提高劳动者的就业创业能力是解决结构性矛盾，推动产业转型升级的重要途径。要坚持提质扩量并重，建立终身职业培训体系，努力造就一批高素质的技术、技能人才。一是实施好新一轮就业培训五年规划。围绕服务产业转型升级和实现更高质量就业，将有就业创业愿望和能力的劳动者全部纳入培训范围，大力开展就业技能培训、岗位技能提升培训和创业培训，全面提升劳动者就业创业能力。全面实施“四单式”培训，促进技能培训与用人需求的无缝对接。二是加强培训管理。完善政府购买培训成果制度，建立统一的培训机构准入和退出机制，严格执行职业培训补贴政策，推动就业培训走上规范化、长效化道路。加强培训全过程管理，建立实名制信息管理系统，实现全程监管，杜绝套取培训资金的行为。完善政府补贴与培训成本、培训质量和就业效果挂钩的动态调整机制，提高培训后取得“双证”和实现就业的比例，真正做到“就业一人、培训一人”“培训一人、就业一人”。三是加强农民工培训。统筹推进农民工职业技能培训试点工作，指导各试点县（市、区）统筹培训规划、培训项目和培训资金，形成以人社部门为主体，有关部门协调配合的农民工培训新机制。年底前，要深入总结试点经验，争取2016年在全省推开。

（五）坚持固本强基，加强就业服务和管理。加强就业服务和管理是就业工作的重要环节。要实施就业服务品牌战略，突出抓好基层平台、人员队伍、制度标准、专项活动“四个重点领域”，大力推进“第一书记”就业扶贫工作，倡树具有鲜明山东特色的就业服务文化，全面提升就业管理服务水平。一是深入推进“第一书记”就业扶贫工作。加强与“第一书记”的沟通交流，大力加强劳务输出基地建设，创建劳务输出品牌，打造“技能培训＋创业培训”“种植养殖培训＋创业培训”等培训新模式，强化“零就业”贫困家庭的托底安置，确保每个有就业愿望的农业富余劳动力都能实现转移就业，确保每个参加就业培训的劳动者至少掌握一门职业技能，确保农村“零转移就业”贫困家庭至少一人实现就业。开展百乡千村“小额担保贷款快易贷助推创业”行动，加强对贫困地区的创业指导服务，落实有关扶持政策，帮助有创业意愿的劳动者成功创业，进一步增强贫困地区的造血功能。二是夯实基层平台。依托“数字就业社区”“充分就业社区”“就业服务标准化社区”三类社区，打造“山东半小时公共就业服务圈”，提升公共就业服务社区覆盖率，真正实现公共就业服务向基层下沉。三是抓好队伍建设。建立工作人员岗前培训和日常轮训制度，实现全员业务轮训、全员持证上岗。推行使用《就业服务一本通》《创业服务一本通》手册，做到人手一册、应知应会。建立公共就业服务工作人员培训学习档案，实行学分制，定期通报学习情况。各市要积极探索运用网络或微信，开展公共服务业务培训，保证培训效果。四是健全制度标准。积极推动公共就业服务标准化建设，制定一批符合国家标准规范的公共就业服务标准，构建全省统一的公共就业服务体系，提升就业服务标准化水平。五是抓好专项活动。加快建立统一、规范、灵活的人力资源市场，完善公共就业人才服务体系，扎实开展“就业援助月”“春风行动”和创业助推“1+3”等特色就业专项活动，提高对接效率。评选一批省级“充分就业社区”“农村劳动力转移示范县”“基层平台示范岗”等先进典型，营造良好氛围。

三、加强领导，确保各项工作任务落到实处

就业工作关系千家万户，关系国家的长治久安，关系社会的和谐稳定。各级人社部门要把就业创业工作放在更加突出的位置，认清使命，恪尽职守，不断加强领导，强化措施，努力把就业工作不断推向深入。

（一）加强组织领导。就业工作是一项系统工程，需要各方面共同参与、通力合作。各级人社部门要始终把就业工作作为头等大事，主要领导亲自抓、负总责，分管领导靠上抓，主动研究解决就业工作中存在的突出矛盾和问题，真正把这项工作作为一项重大的经济任务和政治任务抓紧抓好。要坚持“眼睛向下”，加强调查研究，汲取基层一线的智慧，及时总结、提炼就业工作的好经验、好做法，及时研究、梳理新常态下就业工作的主要矛盾和解决办法，为全省就业工作创造新经验。要加强对内、对外协调，既要建立系统内部就业协调机制，实现就业登记、职业培训、就业服务、社会保障、劳动关系的全程监管；也要发挥就业议事协调机构的作用，调动部门、社会团体和社会各方的积极性、主动性，形成工作合力。要积极争取组织、编制等部门的支持，完善目标责任考核办法，科学制定考核标准，加强就业工作的考核监督，进一步发挥考核指挥棒的作用。要加大就业工作宣传力度，广泛宣传勤奋成才、就业创业的先进典型，广泛宣传就业创业工作的新成就，弘扬正能量、唱响主旋律，引导全社会形成关心、支持就业工作的浓厚氛围。

（二）狠抓就业资金落实。工作抓而不紧等于不抓，政策不落实等于没有政策。现在，省里每年的就业资金投入已经很大，但政策不落实问题相当突出，一方面，就业资金“花不出去”，群众没有完全从中受益；另一方面资金管理使用还存在“跑冒滴漏”等问题。要管好、用好就业资金，让就业资金用得其所、花出效益，确保就业政策的足额兑付。一是强化资金统筹。按照“一个盘子、三个笼子、多个口子”的思路，统筹使用好各项就业创业资金。“一个盘子”，就是根据当地实际，把就业专项资金、创业带动就业扶持资金、扩大失业保险基金支出范围试点资金，纳入“大盘子”通盘考虑、统筹使用，做出总体安排。“三个笼子”，就是三块资金分账管理，不能混用。“多个口子”，就是严格按照有关规定使用各类资金，分别支出，各有侧重，不能重复享受。二是提高资金拨付效率。要加强与财政

部门的沟通，加大预算执行力度，减少审批环节，进一步提高资金拨付效率，做到随申请、随审核，随拨付，严禁出现年底集中拨付、跨年拨付等情况。三是严格规范使用就业资金。要严格执行《就业专项资金管理纪律规定》，实施资金分配集体研究制度，加强资金分配使用监督和绩效管理，实施全程监管，坚决杜绝就业资金的跑冒滴漏。

（三）抓好各项基础工作。基础不牢，地动山摇。要坚持工作重心下移，重视形势研判，强化信息支撑，大力加强基础工作，为就业工作顺利开展提供坚强有力的基础保障。一是加强就业形势的分析。要密切关注宏观政策和就业形势，完善就业统计分析报告制度，加强与统计、工商等部门的合作会商，积极推进数据共享，提高对宏观政策和就业形势的预判能力，牢牢把握就业工作的主动权。二是强化信息支撑。内部管理上，要加快就业工作的信息化、现代化，充分应用现代信息技术，加快公共就业与人才服务信息系统建设，实现就业信息的互联互通。对外服务上，要充分发挥就业招聘、就业服务、社会保障、劳动关系等网站以及微博、微信、客户端的作用，实现人力资源基本信息、就失业管理信息和缴费参保信息等数据的共享，为人民群众提供优质、高效的就业服务。

同志们，做好今年的就业工作任务艰巨，责任重大。让我们在省委、省政府的正确领导下，切实增强责任感和使命感，凝神聚力，克难攻坚，求真务实，开拓进取，圆满完成各项就业工作目标任务，大力推动就业工作持续走在全国前列，为建设经济文化强省做出新的更大贡献。

自觉践行“三严三实”　努力做到忠诚干净担当

——在“三严三实”专题教育党课上的讲话

2015年5月14日

同志们：

中央和省委对在县处级以上领导干部中开展“三严三实”专题教育高度重视。4月10日，中央印发了通知，对全国的“三严三实”专题教育作出了安排；4月21日，召开专题教育工作座谈会，刘云山和赵乐际同志作了重要讲话，进行了全面部署。4月29日，省委印发了实施方案；4月30日上午，姜异康书记为各市和省直各部门主要负责人讲了一堂生动的党课，正式启动了全省的专题教育；下午省委召开座谈会，王军民副书记、高晓兵部长出席会议并作了重要讲话。姜异康书记在党课上，深刻阐述了“三严三实”的理论价值、实践意义和丰富内涵，深入分析了领导干部“不严不实”的突出表现和严重危害，对践行“三严三实”、开展专题教育提出了明确要求。开展这次“三严三实”专题教育，是以习近平同志为总书记的党中央着眼协调推进“四个全面”战略布局作出的重要部署，充分体现了党中央驰而不息推进全面从严治党的坚强决心和鲜明态度。厅党组对我厅开展“三严三实”专题教育进行了专题研究，5月11日下午，厅党组会审议通过了我厅的工作方案，并报省委组织部备案。按照中央和省委的部署和我厅工作安排，今天我讲一次专题党课，正式启动我厅专题教育。下面，我结合学习思考、前期调研情况和我厅实际，就如何践行“三严三实”，谈四点认识和体会，与大家共勉。

一、深刻领会“三严三实”的科学内涵和重大意义，切实增强思想自觉和行动自觉

践行“三严三实”，首先要弄清楚什么是“三严三实”，为什么要开展“三严三实”专题教育。

党的十八大以来，习近平总书记围绕党要管党、从严治党发表了一系列重要讲话，提出了许

多新思想、新观点、新论断，为新时期全面推进党的建设指明了方向。2014年全国“两会”期间，习近平总书记在参加安徽代表团审议时，对党员干部特别是各级领导干部提出要“严以修身、严以用权、严以律己，谋事要实、创业要实、做人要实”。之后，又先后4次在不同场合，就践行“三严三实”提出明确要求。“三严三实”贯穿着马克思主义政党建设的基本原则和内在要求，丰富和发展了党的建设理论，体现了共产党人的核心价值和政治品格，传承了党的优良传统，揭示了马克思主义执政党建设的规律，明确了领导干部的修身之本、为政之道、成事之要，为加强新形势下党的思想政治建设和作风建设提供了重要遵循。

“严以修身”是前提，也是根本。就是要加强党性修养，坚定理想信念，提升道德境界，自觉远离低级趣味，自觉抵制歪风邪气。习近平总书记高度重视领导干部修身问题，强调“做人做事第一位的是崇德修身”，“党性是党员干部立身、立业、立言、立德的基石”，各级领导干部要强化党的意识，牢记自己的第一身份是共产党员，第一职责是为党工作，做到忠诚于组织，任何时候都与党同心同德；要坚定理想信念，解决好世界观、人生观、价值观问题，补足精神上的“钙”，不要犯软骨病；要加强道德修养，立志报效祖国、服务人民，始终严格要求自己，追求健康情趣，做到清清白白做人、干干净净做事、坦坦荡荡为官。

“严以用权”是严以修身、严以律己的落脚点。就是要坚持用权为民，按法律、规则和制度行使权力，把权力关进制度的笼子里，任何时候都不搞特权、不以权谋私，有权不能任性。习近平总书记反复强调，“我们的权力是党和人民赋予的，是为党和人民做事用的，只能用来为党分忧、为国干事、为民谋利”。指出“共产党员永远是劳动人民的普通一员，除了法律和政策规定范围内的个人利益和工作职权以外，所有共产党员都不得谋求任何私利和特权”。要求各级领导干部必须敬畏权力、管好权力、慎用权力，处理好公和私、法和情、利和法的关系，守住自己的政治生命，保持拒腐蚀、永不沾的政治本色。

“严以律己”是严以修身的深化，是党员干部的安身立命之本。就是要心存敬畏、手握戒尺，慎独慎微、勤于自省，遵守党纪国法，做到为政清廉。习近平总书记对领导干部严格自律多次提出明确要求，指出党纪严于国法，党员干部特别是领导干部要严格自律，做到台上台下一个样，人前人后一个样，尤其是在私底下、无人时、细微处，更要如履薄冰、如临深渊，始终不放纵、不越轨、不逾矩。要求各级领导干部要做遵纪守法的模范，“始终对宪法法律怀有敬畏之心，牢固确立法律红线不能触碰、法律底线不能逾越的观念，不要去行使依法不该由自己行使的权力，更不能以言代法、以权压法、徇私枉法”。

“谋事要实”，就是要从实际出发谋划事业和工作，使点子、政策、方案符合实际情况、符合客观规律、符合科学精神，不好高骛远，不脱离实际。习近平总书记在地方工作时就一直强调大力弘扬求真务实精神，党的十八大以来又多次作出重要论述。要求切实抓好打基础利长远的工作，求真务实、真抓实干，要有“功成不必在我”的境界，像接力赛一样，一棒一棒接着干下去，一张蓝图抓到底，久久为功。指出解放思想是解放和发展社会生产力、解放和增强社会活力的总开关，我们的事业是全新的事业，在前进的道路上，我们既不能因循守旧、墨守成规，也不能罔顾国情、东施效颦。要坚持问题导向，加强调查研究，积极适应国际国内形势新变化，准确把握规律，紧紧依靠人民，奋发有为开创各项工作新局面。

“创业要实”，就是要脚踏实地、真抓实干，敢于担当责任，勇于直面矛盾，善于解决问题，努力创造经得起实践、人民、历史检验的实绩。习近平总书记反复强调，“空谈误国，实干兴邦”，“一分部署，九分落实”。要求各级领导干部要以抓铁有痕、踏石留印的精神抓落实，把最讲认真和钉钉子的精神体现到党内生活和干事创业方方面面，勇于创业、敢闯敢干，努力在改革开放中闯新路、创新业，不断开辟事业发展新天地。

“做人要实”，就是要对党、对组织、对人民、对同志忠诚老实，做老实人、说老实话、干老实事，襟怀坦白，公道正派。习近平总书记强调，作为共产党人，要敢于坚持真理，不要见风使舵，不能学“逢人且说三分话，未可全抛一片心”那一套市侩哲学；要实实在在做人做事，不能搞假大空，应该堂堂正正、光明磊落；要正确对待组织，对党组织忠诚老实，在党组织面前不隐瞒自己，不信口雌黄。他反复强调做人要实，要体现在对人民群众的态度上，要求各级领导干部要坚持党的群众路线，坚持人民主体地位，时刻把群众安危冷暖放在心上，及时准确了解群众所思、所盼、所忧、所急，把群众工作做实、做深、做细、做透，认真贯彻落实中央各项惠民政策，把好事办好、实事办实，让群众时刻感受到党和政府的关怀，不断提高获得感。

总的来看，“三严三实”涵盖修身用权律己、谋事创业做人等多个方面，是一个内涵丰富、辩证统一的完整思想体系，“三严”与“三实”相互联系、相辅相成、不可分割。“三严”是我们党的核心价值、独特优势、优良传统，蕴涵的是马克思主义信仰、共产主义远大理想、中国特色社会主义共同理想等严肃的政治追求，是完善组织生活、贯彻民主集中制等严格的组织原则，是懂规矩、守底线、拒腐蚀、永不沾等严明的纪律要求。“三实”体现了我们党的思想路线，蕴涵的是一切从实际出发、理论联系实际、实事求是、在实践中检验真理和发展真理的思想路线，是求真务实、尊重实践、注重实效的工作方法，是忠诚老实、厚道朴实、认真踏实的处世态度。“三严三实”既有思想要求，又有实践标准，体现了世界观和方法论的有机统一，体现了“知”和“行”的有机统一，体现了内在规律和外在约束的有机统一，是全面从严治党的重要内容和重要保证。领导干部唯有做到“三严”，才能结出“三实”之果；同样，“三实”落到实处，“三严”才能内化于心。

为什么要开展“三严三实”专题教育，特别是在党的群众路线教育实践活动结束不久紧接着进行，中央和省委印发的《方案》中讲得很清楚：这是教育实践活动的延展深化，是持续深入推进党的思想政治建设和作风建设的重要举措，是严肃党内政治生活、严明党的政治纪律和政治规矩的重要抓手。这3句话，集中阐明了开展“三严三实”专题教育的重大意义。

从深化作风建设来看，经过党的群众路线教育实践活动，“四风”蔓延势头得到有效遏制，党风政风呈现出许多新变化新气象，特别是公车私用、公款吃喝、公款送礼得到了明显控制。同时也应清醒看到，“四风”问题的病原体还没有根除，违规违纪现象时有发生，许多深层次问题还需要进一步解决。可以说，转作风改作风正处在一个节骨眼上，乘势而上、持续用力，就能巩固和扩大成果；稍有松懈、稍有懈怠，就可能故态复萌、前功尽弃、功亏一篑。开展“三严三实”专题教育，就是要在已有的成果基础上，再添把火、再加把力，巩固和拓展教育实践活动成果，把作风建设良好态势保持和发展下去，使好的作风成为党员干部的思想自觉和行为习惯。

从守纪律讲规矩、营造良好政治生态来看，当前，一些党员干部不守纪律、不讲规矩的现象，一些地方政治生态不好的问题还仍然存在，有的还比较突出。比如，不讲政治、自行其是的问题，有令不行、有禁不止、阳奉阴违的问题，组织涣散、纪律松弛、我行我素的问题，团团伙伙、亲亲疏疏、搞小圈子的问题，公器私用、设租寻租、以权谋私的问题，等等，需要引起高度重视。分析这些问题，一个重要原因就是言行上失规失矩，管理上过宽过软；解决这些问题，也要从严上入手、向实处着力。开展“三严三实”专题教育，就是要加强思想政治建设、严肃党内政治生活，进一步明规矩、严纪律、强约束，形成从严从实的浓厚氛围，进一步营造风清气正的政治生态。

从锻造过硬队伍、推进事业发展来看，也需要大力弘扬严的精神、实的作风。发扬党的优良传统和政治优势，严的精神、实的态度就是基本的内容；党要有强大的真理力量和人格力量，重要的也体现在严和实的品格上。当前，我们党带领人民正在进行具有许多新的历史特点的伟大斗争，正在协调推进“四个全面”战略布局，改革发展稳定的任务艰巨繁重。只有大力弘扬从严从实的思想和精神，造就“三严三实”的干部队伍，才能提高执政能力、执政水平，才能凝聚起团结奋进、攻坚克难的强大力量，才能为顺利实现“两个一百年”奋斗目标和中华民族伟大复兴中国梦提供坚实保障。

总之，“三严三实”专题教育有的放矢、指向性很强，体现了中央和省委驰而不息推进全面从严治党的坚强决心，也完全符合我厅实际。对待深化学习教育，对待思想政治和作风建设，我们必须牢固树立永远在路上的意识，绝不能有松口气、歇歇脚的思想，不能有厌倦、懈怠的情绪，不能有消极应付、水来土掩、兵来将挡的心理。全厅党员干部尤其是处以上党员领导干部，要准确把握“三严三实”丰富的科学内涵，深刻认识和把握“三严三实”的理论意义和实践意义，切实增强践行“三严三实”的思想自觉和行动自觉。

二、严格对照“三严三实”，在解决思想、作风不严不实的突出问题上下功夫

治国必先治党，治党务必从严。“三严三实”是针对党的思想政治建设和作风建设中的突出问题提出来的。从严治党的关键，是党的各级领导干部，特别是县处级以上领导干部。抓住了这个“关键少数”，确保率先垂范，就抓住了从严治党的“牛鼻子”。正反两方面的经验已经无可辩驳地表明，领导干部在“三严三实”上带了头，发挥了示范作用，广大党员就学有标杆、行有指引，就能起到鼓劲的正向激励作用。反之，领导干部如果“不严不实”、软弱涣散，一个地方和单位的政治生态必然塌方，严重损害党和人民的事业，留下惨痛教训。从我厅的情况看，通过扎实开展群众路线教育实践活动，认真整改省委第三巡视组对我厅反馈意见中指出的突出问题，深入推进“行政程序年、基层基础年、作风建设年”三项活动以及人社系统窗口单位改进作风专项行动，这几年我厅作风建设成效持续显现，党员干部作风有了一个大的转变，风清气止、团结和谐，干事创业、共谋发展的氛围日趋浓厚，力量和智慧得到进一步凝聚，党员干部作风建设的主流是好的，这一点必须充分肯定。但是，用“三严三实”这个高标准、严尺度来衡量，还存在不少值得重视的问题，迫切需要按照“三严三实”查摆问题，聚焦忠诚干净担当，实现强身健体。中央和省委要求，要把问题意识、问题导向贯穿“三严三实”专题教育全过程，并提出要着力解决三方面的问题，主要涉及到信仰信念、党性修养、权力行使、纪律规矩、做人做事等多个方面，给“不严不实”干部画了一幅“标准像”。这些问题在我厅党员干部中也不同程度地存在，有些问题还比较突出。下面，我从两个方面和大家作一下分析：

一方面，从厅党组和各级党组织落实从严治党责任情况来看：一是党建工作责任落实还不到位。经过这些年努力，我们建立了党建工作责任制，一级抓一级、层层抓落实的党建工作格局基本形成。但是，从严治党责任落实还不到位。我作为厅从严治党第一责任人，平时抓业务工作多一些、硬一些，抓党建工作少一些、软一些，对干部管理有失之于宽、失之于软的现象。厅党组聚精会神抓党建的力度需要进一步加大，各党组成员履行分管领域从严治党责任上还有欠缺。有的处室单位对党员干部要求不严，表态多、行动少，写在纸上的多，落在实处的少，常常是不敢管、不愿管、不会管；有的存在自由主义、好人主义，执行组织纪律不严格，党组织的凝聚力、战斗力没有充分发挥出来。遇到矛盾和问题不直面对待，而是说好听话、当和事佬，不敢不愿得罪人，这有可能害了当事人。二是制度不够细化规范。尽管这些年我们制定了较为完善的党建规章制度，但仍有部分内容针对性不强，在实际执行中还有一定的“弹性空间”；有的处室和单位廉政体系建设内容比较空泛，对职责范围内的党风廉政建设“抓什么”“怎么抓”不够明确，缺少强有力举措。虽然深入开展廉政风险防控管理，但对个别风险点的防控力度还不够大，有的项目资金管理不够规范，有的工作程序不透明。比如：我们历史上个别经办业务办得不明不白，档案材料存留不全不细，为后来人带来了很多麻烦。三是个别处室、单位落实中央八项规定精神不够严格。在执行厅党组要求上打折扣、搞变通，有令不行、有禁不止的现象时有发生，在一些费用支出上打擦边球、搞变通。有的执行政府采购制度不严，使用大额资金购买物品，未履行政府采购手续；八项规定出台后个别单位仍然违规给相关人员发放津贴补贴；机关运行经费管理总体比较规范，

但个别细节不到位、不严格。有的单位出国经费、会议费、培训费、维修费等管理不规范，部分差旅费没有出差理由。四是规范监督不够。开展监督的制度还不够规范细化，覆盖面还不够广；执纪问责的力度不够大，往往从爱护干部的角度，以口头批评教育等方式代替了严肃的纪律处分，惩处违纪的威慑力不够大；社保资金监督管理还不完善，在个别基层社保经办机构存在个别工作人员钻政策空子谋私利的问题；对厅直属院校管理仍然不够严格规范，盯得还不够紧，经常性监督措施不完善、力度还不够大。

另一方面，从党员干部自身情况来看：

（一）在修身律己做人上：一是理想信念不够坚定。理想信念问题，在一些人看起来是空的，是“高大上”的问题，这本身就是理想信念动摇、党性修养缺失的表现。思想上松一寸，行动上就会散一尺，理想信念上打开了缺口，出问题、栽跟头是迟早的事情。有的加强党性修养不主动，增强政治定力不自觉；有的感到共产主义太遥远，甚至认为是虚无缥缈的幻想，过好自己的小日子才是硬道理；有的“一叶障目、不见森林”，对一些错误思潮、观点甚至奇谈怪论缺乏辨别能力，对我们党带领全国各族人民战胜前进道路上的一切困难和风险还不够自信。二是守纪律、讲规矩上不够严格。有的自由主义比较严重，纪律和规矩意识不强，重要事项不请示、不报告；有的缺乏全局意识，执行省委、省政府和厅党组决策部署不坚决，遇到问题推诿扯皮，甚至上交矛盾；还有的对中央和省委、省政府的决策部署，虽然在公开场合不敢说三道四，但却在私人场合发表一些不负责任的言论；有的目无组织纪律，热衷于搞小团体主义，把个人利益置于整体利益之上；有的在社会交往时纪律观念不强，交往圈子不够纯洁，在别人的赞扬吹捧声中放松了警惕，不自觉地成了别人撑门面、造影响的道具。三是做人不实。有的对组织不坦诚，对同志不真诚；有的同志对个人事项报告不全面、不准确，甚至隐情不报，对组织不讲真话、实话；有的做工作图虚名，摆花架子，做表面文章，报喜不报忧；有的不能正确认识自己，过高估计自己，放大自己的优点和长处，看不到或者看不全自身存在的问题和不足；有的为人虚假，表里不一，对上对下不一样，人前人后不一样。有的要求自己不严，放松自己的思想改造和行为规范。比如省直机关事业单位启动医保后，个别人让亲属、子女拿着自己的医保卡到门诊结账。

（二）在为官用权上：一是权力观有所偏差。有的认为权力是自己多年奋斗的结果，是自己的能力、水平理应得到的，个人主义思想较重；有的业务能力不错，但在“德”的问题上存在瑕疵，这次厅里选拔处级干部，有的同志在考察环节就对个别人提出这样的意见；有的自我感觉良好，在群众和基层面前官气仍然比较重，对来厅办事的群众态度冷漠，甚至摆架子，伤害了群众的感情，损坏了厅里的形象；极个别的同志权力欲望膨胀，认为分工不合理，限制了自己的权力，心生怨气，甚至无中生有搞背后小动作；有的工作角色定位不准，分不清或者不想分清政策和经办的职责，超越职权办事。二是以权谋私现象还时有发生。有的操守庸俗，讲人情不讲原则、讲关系不讲工作、讲利益不讲法理，对应该可以办的事情不给好处就是拖着不办，不该办的事情给了好处就乱办。有的把个人消费混入公务支出开支予以报销；有的干部借助手中权力，把家属子女安排到关系单位工作，进而给自己谋取利益。姜异康书记在党课时指出，王敏问题发生后，省委常委会进行了深入反思和剖析，大家都深受警醒。中央纪委机关编印了《领导干部违纪违法典型案例警示录》，作为这次专题教育的学习书目印发全国，其中就收录了王敏的违纪违法案例，姜异康书记要求全省各级领导干部一定要从中深刻反思，受到教育警示。

（三）在谋事创业上：一是精神状态萎靡不振。个别同志工作缺乏激情，暮气沉沉，小成即满、安于现状、不思进取，遇到问题就打退堂鼓，有的甚至当一天和尚撞一天钟，拨一拨转一转，满足于当“泥塑菩萨”和“传声筒”，缺乏争先创优的意识和奋发有为的干劲；少数干部盲目攀比甚至追求享乐主义，不愿再奋斗和付出；有的只想当官不想干事、只想提拔不想出力，干一点工作就觉得自己有功，比别人强，在功利面前忘记了奉献，把个人升迁放在首位，工于自我设计，算资历、排位次、等提拔，晋升稍慢一些、待遇稍差一点就牢骚满腹；还有个别人在个人晋升和调整工作岗位方面斤斤计较，到处找人说情。二是工作作风虚夸浮漂。有的缺乏最基本的认真态度和精益求精的精神，工作被动应付、大而化之，不扎实、不严谨、不细致，马马虎虎、粗枝大叶，拖拖拉拉、得过且过，满足于交差了事，比如有的人在人社部门工作多年，讲政策说不清，拿起笔来不能写，搞协调没本事，推动工作没办法，整天游来荡去干点皮毛活。有的缺乏吃苦精神，工作中专拣省劲的干，对那些不显山不露水、费力费时、短期内不容易见到成效却能长期发挥作用的基础性工作不屑一顾；有的业务不精，干工作不行，发牢骚倒有一套；有的同志沉不下心，整天浮在表面上，不愿意动脑子，不善于研究问题，墨守陈规，工作平平淡淡，总是老一套，没有任何新意；有的对重大改革任务研究不深不透，对中央和省委精神和实际情况把握不准，提出的方案质量不高，政策制度的衔接配套跟不上；有的在应对处置引导网上舆情方面重视不够、准备不足，遇到问题不少处室、单位没有在第一时间研究提出方案；有的作风漂浮，习惯于听汇报、要材料，不愿意深入基层和联系点认真开展调查研究，对基层的真实情况不掌握、意见不了解、需求不清楚；有的执行力不强，不重视抓落实、不善于抓落实的问题仍然存在，重部署、轻落实，开会、发文、提要求比较多，开展分类指导、有针对性地帮助基层解决实际问题做得不够，致使一些好政策始终不能落地，政策效力发挥远远不够。三是不敢担当、不敢负责。有的同志工作缺乏担当，碰到可能得罪人、出问题、惹麻烦的工作，能推就推、能躲就躲；有的在困难面前畏手畏脚、畏难发愁、被动应付，致使一些反复强调的工作进展不快、成效不大，甚至有些工作挂在了空挡上、原地打转；有的对工作不负责、不细致，漏洞百出，出了问题不敏感、不敏锐，化解问题不及时，处理不妥当；有的出了问题推三拖四，推卸矛盾，不敢承担责任；有的党员干部面对新常态下的各种新情况新问题，不是积极作为、主动作为，而是敷衍了事，工作毫无生机，说到底，就是缺乏担当，就是为官不为。

以上这些问题，既有“表象”的，又有“深层次”的；既有“共性”的，又有“个性”的；既有长期未得到很好解决的老问题，又有近期出现的新动向。产生这些问题的原因也是多方面的，既有从严治党责任落实不到位的原因，也有党员干部世界观、人生观、价值观改造不够，权力观、政绩观发生扭曲的原因，还有纪律意识、规矩意识和责任心、事业心不强的原因。但是，不论哪种类型的问题，不论什么原因造成的，都需要高度重视、正确对待，任何抵触心理和不以为然的心态都是错误的、有害的。要通过专题教育，彻底解决不严不实的问题，真正将“三严三实”内化于心、外化于行、固化于制，更好地履行一名人力资源社会保障领导干部的崇高职责。

三、从严上要求、向实处发力，切实将“三严三实”要求不折不扣落到实处

当前，人力资源社会保障事业已经站在一个新的历史起点上，改革发展稳定任务之重前所未有，矛盾风险挑战之多前所未有，对我们能力和素质的考验之大前所未有。我们一定要把“三严三实”作为修身做人的基本遵循，作为为官用权的警世箴言，作为谋事创业的行为准则，落实到履职尽责、做人做事的方方面面。

（一）按照“三严三实”要求修身做人，拧紧思想和行动上的“总开关”。好人不一定是好官，好官必定是好人。做官先做人，做人必修身。对党员干部来说，修身做人就是要做合格的共产党员，做社会的先进分子。从十八大以来查处的一些腐败大案窝案看，那些身陷泥潭的领导干部首先在严以修身上出了问题，思想和行动的“总开关”失灵了。古人说：“白袍点墨，终不可湔”，底线失守就像点墨，权力就会脱缰染黑整件白袍，一发而不可收拾。全厅党员干部都要按照“三严三实”要求，锻造过硬的思想品格，展现共产党员的人格力量。一要把立德、修德、践德摆在首位。当了官不等于品行过关，职务高不等于境界就高；领导干部在群众中的威信、在群众心目中的分量，

不是取决于地位有多高、权力有多大，而是取决于道德的力量、人格的力量。70多年前，刘少奇同志就专门讲了共产党员的修养问题。在新的历史条件下，共产党员的修养有新的时代要求。近些年有些干部因违纪违法被查处，他们犯错误的外部环境和条件，我们也常常面对。在市场经济条件下，每位同志都时常面临种种诱惑和陷阱，能否经得起、守得住，靠的就是党性。我省是革命老区又是孔孟之乡、礼仪之邦，传统文化积淀深厚，红色文化资源丰富。要进一步发扬老区优良传统和革命精神，更加注重从优秀传统文化中汲取道德滋养，把践行“三严三实”与践行社会主义核心价值观有机结合起来，始终保持蓬勃朝气、昂扬锐气、浩然正气。领导干部的家风是领导干部作风的重要体现，要把好家庭关、亲情关，培育良好家风，净化生活环境，抵制不良风气，维护良好形象。二要进一步坚定理想信念。一个党员干部过得硬，首先要在理想信念上过得硬。党员领导干部能不能发自内心地接受从严的约束，自觉忠诚于党和人民事业，根本还要靠崇高的信仰作支撑。大家都去过临沂革命老区，熟悉刘晓浦、陈若克等先烈的事迹，他们直面血与火的洗礼、生与死的考验，就是因为有理想信念这一强大精神支柱。我们一定要把坚定理想信念作为安身立命的主心骨，作为修身立业的压舱石，从思想深处解决好信仰信念问题。特别是要把深入学习贯彻习近平总书记系列重要讲话精神作为重大政治任务，固本培元，内化于心、外化于行。三要进一步增强宗旨意识。对党和人民事业忠诚，要具体体现在践行党的宗旨上来。县委书记的好榜样焦裕禄给我们树立了一座“心中装着全体人民、唯独没有他自己”的历史丰碑。我省涌现的孔繁森、王伯祥等先进典型，也都体现了党和人民事业至上的思想境界。全国人社系统也涌现了一批如陈家顺式的好干部，他们始终自觉把党和人民的利益放在首位，在平凡的岗位上作出了不平凡的业绩。群众是最好的老师，实践是最好的试金石。领导干部只有到实践中去、到群众中去，才能真正检验出“总开关”拧得紧不紧。我们坐在办公室，满脑子都是困难；走进基层和群众，到处都是办法。这些年，我厅提出的工作思路和目标要求，都是在深入调查研究基础上形成的。调查研究深下去了，就能不断增进与群众的感情，群众观点也就牢固了；情况熟悉了，就能找出解决问题的思路、推进工作的办法。四要真正做到慎独慎微。所谓慎独，就是在独处之时能够反躬自省、谨言慎行、一丝不苟。我常讲三句话：君子爱财，取之有道；莫伸手，伸手必被抓；要想人不知，除非己莫为。现实中，有的人总抱着侥幸的心理，自以为神不知、鬼不觉，殊不知人在做、天在看，头上三尺有神明。心底无私天地宽。党员干部特别是领导干部要把慎独作为一种操守、一种品格、一种风骨，自觉做到人前人后一个样、台上台下一个样、上班下班一个样，始终表里如一，严守本分。所谓慎微，就是要在细微之处能够保持警惕、警觉、警醒。小节上把持不住，就会“温水煮青蛙”，小毛病演变成大问题。要把好第一个关口，守住第一道防线，避免第一次放纵，避免把一时之快变成一生之灾，不把一时之利变成终生之悔。

（二）按照“三严三实”要求严格自律，始终做政治上的“明白人”。要严守政治纪律和政治规矩。党的纪律和规矩既是约束行为、用权履职的“紧箍咒”，也是干部成长道路上的“安全带”。一要坚定不移地同党中央保持高度一致。全党向中央看齐，保持高度团结统一，是我们党的光荣传统和独特优势。在党的七大上，毛泽东同志鲜明提出了“看齐”思想，他说：“一个队伍经常是不大整齐的，所以就要常常喊看齐，向左看齐，向右看齐，向中看齐。我们要向中央基准看齐。”同以习近平同志为总书记的党中央保持高度一致，有着具体的内容，需要具体的行动。首要的是维护中央权威，坚决执行中央决定，做到政治上讲忠诚，组织上讲服从，行动上讲纪律，确保中央和省委政令畅通、决策落地生根。二要正确处理好个人和组织的关系。严格遵守“四个服从”，严格遵循组织程序、执行组织制度，不做特殊党员干部。要着力加强党性修养，时时处处以党性要求规范自己、衡量自己，自觉在实践中锤炼自己、提升自己，切实增强党的意识、纪律意识、规矩意识。三要自觉接受严格党内生活锻炼。党内生活是锻炼党性、提高思想觉悟的熔炉。习近平总书记指出，“一个领导干部强不强、威信高不高，也同是否经受过严格的党内生活锻炼密切相关。”经过教育实践活动，我厅各级党组织党内政治生活的质量不断提高，但这只是一个开头，需要进一步巩固发展。要勇于拿起批评和自我批评这个有力武器，以整风精神开展积极健康的思想斗争，增强党内政治生活的政治性、原则性、战斗性。

（三）按照“三严三实”要求为官用权，掌控好权力这把“双刃剑”。领导干部与群众的区别，就在一个“权”字上，能否正确为官用权是对各级领导干部最经常、最现实的考验。人力资源社会保障部门既承担着以促进就业、完善社会保障体系为核心的社会管理和公共服务职能，又承担着以机关事业单位公职人员管理为核心的公共人事管理职能，各处室单位和个人或多或少、或重或轻都掌握着一定的权力，担负着促进经济持续健康发展和维护社会公平正义的神圣使命。按照“三严三实”要求为官用权，重要的是解决好如何看待权力、如何用好权力的问题，确保手中权力的行使不偏向、不变质、不越轨、不出格。一要正确看待权力。邓小平同志曾语重心长地告诫全党：“我们拿到这个权以后，就要谨慎。不要以为有了权就好办事，有了权就可以为所欲为，那样就非弄坏事情不可。”现实中常常可以看到，一些人一旦当了大官、挣了大钱、出了大名，就昏昏然、飘飘然。实际上，权也好，钱也好，名也好，都是一把双刃剑，关键在于怎么对待。每一名党员领导干部都要深刻认识到党员干部就是人民公仆，我们手中的权力是人民赋予的；个人的成长进步归根到底是组织教育培养的结果，没有组织提供的机会、岗位和平台，个人纵有天大的本事也将一事无成。二要正确行使权力。习近平总书记强调，公款姓公，一分一厘都不能乱花；公权为民，一丝一毫都不能私用。对手中的权力，要有敬畏之心，有战战兢兢、如临深渊、如履薄冰的谨慎，保持心有所畏、言有所戒、行有所止的约束，做到依法用权、秉公用权、廉洁用权。我们要守好公与私的分界线，坚决防止市场交换原则渗透到党内政治生活中来，绝不搞权力寻租、权钱交易。要增强法治思维和依法办事水平，习惯于在法治框架下行使权力，尤其是涉及人财物管理、重大工程建设领域，更要严格依法依规，不能任性乱为。三要抵制住各种诱惑。当上领导干部手中有了权力，奉承、追捧的人会多起来，攀交情、拉关系、甚至请客送礼的人也会多起来。在这样的情况下，千万不要以为自己有多了不起、有多大魅力，实际上这些人是冲着你手中的权力来的。东汉有一个人叫羊续，做过泸州、南阳太守，他生活十分清苦，又从来不肯接受他人的东西，对那些一向挥霍惯了的人产生了很大的约束。于是，一名老府丞给他送来一条很大的活鱼，羊续竟然收下了。这人很得意，心想：“有一就有二，有二就有三；今天收鱼，明天就会拿肉，后天就能收钱啦！”但是，羊续把鱼悬挂在了庭院中。这老府丞不久又送来一条活鱼，羊续便指着悬挂在庭院中鱼说：“你上次送的，我都没有动，你这一次、下一次再送，我还会收、还会动吗？你的这条鱼，我要一直挂在这里，作一个不要再来送钱送礼的活告示”。从此，这名官吏再也不敢给羊续送礼了。这就是历史上有名的“羊续悬鱼”的典故。我们都要从中受到深刻启迪和教育，面对金钱，一定要谨记“当官就不要发财，发财就别来当官”，不起贪恋之心，不取不义之财。四是自觉接受监督。应当说，我厅绝大多数领导干部能够正确行使权力，是值得信任的，但信任代替不了监督，自律代替不了他律，失去监督的权力必然导致腐败。大家一定要明白，监督是对干部最大的关心和爱护，不要因为组织对你进行个别谈话、善意提醒就心里不舒服，就认为是组织与你过不去。要切实增强接受监督的意识，破除思想误区，自觉接受来自上级与下级的监督、党内与党外的监督、组织与群众的监督、社会与媒体的监督，不断增强免疫力。

（四）按照“三严三实”要求干事创业，树立改革发展“新标杆”。经济发展进入新常态，对我们的工作提出了新挑战、新考验。当前，我们的工作中还面临一些突出矛盾和问题。比如：就业结构性矛盾更加凸显，高校毕业生创业和农民工返乡创业的扶持力度以及各项就业创业政策的落实力度需要进一步加大，公共就业培训和创业培训针对性、实效性亟待提高，区域性、行业性集中失业风险可能性增大。受经济下行压力加大影响，各地普遍面临基金收入增速放缓的问题，部分人员中断参保缴费，社保基金收入增速明显低于基金支出增速，社会保险基金长期平衡和安全运行面临压力；社保经办服务水平不高、监督不细，个别基层经办人员存在违规违纪支付社保基金的现象。人才体制机制不活，市场在人才资源配置中的决定性作用以及企业引才育才用才的主体作用发挥不够，高层次和高技能人才缺乏，人才载体建设滞后。公务员招考和事业单位公开招聘科学化水平需要进一步提高，基层招人难、留人难问题还没有从根本上解决。部分企业一线职工特别是非公企业职工工资偏低、增长缓慢。一些行业企业经营困难，劳动关系不稳定性增加，用人单位违法用工亟待规范，拖欠农民工工资现象时有发生，劳动监察执法能力有待加强。面对人力资源社会保障工作量的快速增长，我们的干部从人员数量到素质难以适应，服务质量和水平还不能满足人民群众的要求，等等。矛盾越多、困难越大，越是检验我们党性觉悟和意志品质、责任担当的时候，越要有新作风、新状态、新作为。

如何践行“三严三实”干事创业，首先我举一个毛竹“魔法生长”例子。在亚洲国家生长着一种毛竹。最初5年里，它以一种不易被人发觉的方式向地下生根，伸展出长达几公里的根系，人们几乎看不到它的发展变化。第6年雨季到来时，毛竹终于钻出地面，以每天60厘米的速度生长，迅速达到30米的高度。毛竹这种成长方式，给人深刻启迪。它告诉我们，没有长远坚定的发展目标，没有“咬定青山不放松”的信心和信念，就不会有日后的大作为、大突破、大跨越；没有长时间的“根系”培养，没有深厚稳固的根基，不顾实际、拔苗助长，就会像“墙上芦苇，头重脚轻根底浅”；没有默默无闻、耐住寂寞、埋头做事的精神，心浮气躁追求一夜成名，结果必将会一事无成。大家都要从毛竹“魔法生长”中受到深刻启迪，按照“谋事要实、创业要实”的要求，一心一意干事创业谋发展。一要树立正确的政绩观。要坚持实践的观点，严谨科学决策，按客观规律办事，把实际成效作为检验政绩的重要标准，决不搞虚政绩、假政绩、劣政绩；要坚持群众观点，一切为群众着想、为群众而干，使干事创业的过程成为增进群众福祉的过程；要坚持历史的观点，树立功成不必在我的理念，多做打基础、利长远的事情，不搞竭泽而渔的短期行为。二要高点定位提升标准。大家要深刻把握我厅确定的“一个定位、三个加大、七个更加注重”的思路和要求，着眼“走在前列”谋划发展思路，围绕“走在前列”展开工作布局，对照“走在前列”制定工作措施，进一步提升发展标杆、提升工作标准、提升思想境界。三要务实肯干敬业奉献。要始终坚持实事求是、一切从实际出发，脚踏实地干事，不信虚言、不听浮术、不采华名、不兴伪事，始终保持求真务实的工作作风。要发扬钉钉子精神，对那些事关全局、事关长远的重大任务，对那些看准了的事情，要咬定青山不放松，锲而不舍、一抓到底、务求实效。四要勇于担当。当官就要担当、当官就要尽责，如果只想当官不想干事，只想揽权不想担责，只想出彩不想出力，遇着矛盾绕着走、碰到难题往后退，那就没有资格做党员干部，更没有资格做领导干部。当前，人力资源社会保障领域改革进入攻坚期和深水区，有的改革直接涉及重大利益关系调整，比如，机关事业单位养老保险制度和工资制度改革，涉及机关事业单位人员的利益调整，关系社会公平，把各方面所有人的利益都考虑周全是不可能的，改革的难度很大；有的改革需要破解多年积累的深层次矛盾和问题，比如，事业单位人事制度改革，单位类型繁多，人员情况复杂，新诉求、新问题、新情况层出不穷，推进分类改革异常复杂；有的改革尚未很好破题，比如，如何更好发挥制度优势，更好履行政府职责，创新构建和谐劳动关系的体制机制，任务非常艰巨，如何深化人才体制机制改革，创造人才引进、培养、成长、流动的良好环境，也需要下更大的功夫去研究，等等。这些都需要我们有直面问题、迎难而上的勇气，有锐意创新、开拓进取的精神，不断攻克改革中的堡垒，突破发展中的瓶颈。习近平总书记曾说，我们做人一世、为官一任，要有肝胆，要有担当精神，应对“为官不为感到羞耻”。习近平总书记的提醒，应该成为我们每一名党员干部的座右铭。最近我厅提拔调整了一批干部，总体比较顺利、各方面反映良好，一些踏实肯干、干事创业的干部得到提拔重用。厅党组将始终旗帜鲜明地选拔科学发展有能力、干事创业有激情、改革攻坚有胆识、为民服务有情怀的干部，为事业发展提供坚强组织保证。

四、以从严从实的作风开展好专题教育，确保取得实实在在的成效

这次专题教育不分批次、不划阶段、不设环节，不是一次活动，不能以搞活动的方式开展专题教育。但是标准不能降、要求不能松，更不能搞形式主义、走过场。要坚持高标准、严要求，立足于解决问题，着眼于常态长效，扎实做好各项工作。特别是要把专题党课、专题学习研讨、专题民主生活会和组织生活会、整改落实和立规执纪这四个“关键动作”做扎实、做到位，确保在深化“四风”整治、巩固和拓展教育实践活动成果上见实效，在守纪律讲规矩、营造良好政治生态上见实效，在真抓实干、推动改革发展稳定上见实效。按照中央和省委的统一部署和要求，我厅“三严三实”专题教育在厅党组领导下进行。厅里成立专题教育领导小组，我任组长，玉宝、鲁青、伯平同志任副组长，办公室、人事处、机关党委、驻厅纪检组负责同志为成员，领导小组办公室设在人事处，负责专题教育的具体组织实施。要着力把握好以下几个方面：

（一）要把学习教育放在首位。要深入学习习近平总书记系列重要讲话精神，读原著、学原文、悟原理，认真研读《习近平谈治国理政》《习近平关于党风廉政建设和反腐败斗争论述摘编》等重点书目，逐篇学习、学深悟透。要学习党章和党的纪律规矩，明确言行的基本规范，弄清楚自己该做什么、不该做什么，能做什么、不能做什么，不断强化党的意识、党员意识、纪律意识、规矩意识。要用好正反两方面典型，认真学习焦裕禄、谷文昌、杨善洲、沈浩等先进典型，找到差距、见贤思齐；要从反面典型中汲取教训，自警自省、警钟长鸣。

（二）要健全制度机制。要坚持思想建党和制度建党相结合，按照党纪严于国法、领导干部严于一般干部的原则，扎实做好建制度、立规矩的工作，围绕严肃党内政治生活、加强干部教育管理、加强权力运行制约监督等，制定和完善相关制度办法，把制度笼子扎紧织密。要强化制度的刚性约束，对违反制度、不守规矩的现象和行为，有纪必执、有违必查，坚决维护制度的严肃性和权威性，防止“破窗效应”，防止制度成为“稻草人”。

（三）要坚持以上率下。作为党组书记，我要承担起专题教育第一责任人的责任，既带头参加学习、接受教育，又抓好厅党组和全厅的专题教育。其他厅局领导也要坚持高标准、严要求，发挥好带学促学作用。各处室、单位和院校主要负责同志要时时处处带好头，力争学习研讨更深入、党性分析更深刻、整改问题更彻底、执行制度更严格，带动专题教育有力有效开展。

（四）要强化问题导向。无论是专题学习研讨、专题民主生活会和组织生活会，还是整改落实和立规执纪，都要聚焦问题、对准问题，紧紧盯住“不严不实”的问题和具体表现，从具体事情抓起改起。既要解决共性问题，也要解决个性问题；既要解决表象问题，也要解决深层次问题；既要解决现实问题，也要解决遗留问题，以解决问题的成果检验专题教育的成效。

（五）要坚持两手抓两促进。要摆布好时间和精力，把专题教育与做好各项工作结合起来，适应和引领经济发展新常态，勇于直面和解决发展过程中的新矛盾新问题；与全面深化改革结合起来，抓好各项改革任务的落实；与法治人社建设结合起来，做尊法学法守法用法的模范；与全面从严治党结合起来，积极探索经常性加强思想政治建设的有效办法和措施，持续深入开展窗口单位作风建设，真正把党员干部激发出的工作热情和进取精神转化为做好各项工作的强大动力，扎实推进全省人力资源社会保障事业在法治轨道上加快转型发展，为加快经济文化强省建设作出应有贡献。

在全省人力资源社会保障信息化工作座谈会上的讲话

2015 年 6 月 30 日

同志们：

这次全省人力资源社会保障信息化工作座谈会的主要任务是，贯彻落实全国人力资源社会保障信息化座谈会和全省人力资源社会保障工作会议部署，总结近年来全省人力资源社会保障信息化工作，安排部署今后一个时期的工作。

近年来，全省各级人力资源社会保障部门按照省委、省政府和国家人社部的部署要求，坚定不移地将信息化建设作为事关人力资源社会保障长远发展的一项重大基础性工程，统筹谋划、突出重点、大胆探索、开拓创新，人力资源社会保障信息化水平显著提升，信息化在人力资源社会保障事业改革发展中的支撑保障作用不断增强。一是应用服务领域和范围基本实现了全覆盖。以启动应用"劳动 99"三版和社会保险"核心平台"二版为标志，信息化应用服务领域逐步拓展到劳动关系、收入分配、人事人才等人力资源社会保障的各个领域和各个方面。管理服务对象实现了从城镇向农村、从职工向全体城乡居民的全覆盖。目前，人力资源社会保障信息系统基本覆盖全省 9700 多万人口。二是支撑保障作用显著增强。聚焦人社事业发展的重要工作、重大改革推进信息化，实现了业务工作和信息化的融合，促进了经办服务、监督监管、科学决策的创新，从根本上改变了人社系统传统的工作理念、工作方式和工作手段，为管理服务能力提升奠定了坚实基础。三是打造了信息化服务品牌。大力推广社会保障"一卡通"，全省发放社会保障卡 4808 万张，社会保障卡成为人力资源社会保障部门履行职责、服务群众的重要载体。全省"12333"年咨询量达 450 余万人次，在政策咨询、业务办理、矛盾化解等方面发挥了重要作用，在社会各界和人民群众中的影响力不断扩大，成为人社部门和人民群众之间沟通互动的重要桥梁和纽带。加大门户网站建设力度，完善扩充服务功能，使之真正成为了人社部门政务公开、新闻宣传、政策咨询、工作交流、服务群众的重要平台。四是信息化基础更加稳固。加大资源整合力度，建成集中、统一、规范的省市两级数据中心，打造功能完备的省、市、县、乡镇（街道）、行政村（社区）五级人社业务网络体系，加强数据的集中管理和实时更新，保障了各项业务工作顺利开展。所有这些，都为下一步加快推进信息化建设积累了经验，探索了路子。更为重要的是，锻炼了一支高素质信息化专业队伍。这些成绩的取得，是各级人力资源社会保障部门正确领导的结果，是各有关部门密切配合、大力支持的结果，同时也凝聚着广大信息化工作者的辛勤汗水和不懈努力。在此，我代表省人力资源社会保障厅，向与会同志们，并通过大家向全省人社系统广大信息化工作者表示衷心的感谢和诚挚的问候！

关于今后一个时期的信息化工作，鲁青同志还要作出具体安排，希望大家认真抓好落实。这里，我着重强调三个问题。

一、统一思想、提高认识，切实增强做好信息化工作的责任感、使命感

信息化是当今世界发展的大趋势，已成为全球经济社会发展的显著特征，并逐步向一场全方位的社会变革演进。随着网络和数据技术裂变式发展，信息化成为全面推动政府管理创新、机制创新和制度创新的重要手段。以信息化支撑引领人力资源社会保障事业加快转型发展，是摆在我

们面前的一项重要任务。

（一）加快推进信息化是人力资源社会保障工作“走在前列”的必然选择。按照习近平总书记的重要批示，省委、省政府要求全省各项事业都要走在全国前列。人力资源社会保障部门作为宏观调控的重要参与者、社会管理的重要执行者、公共服务的重要提供者、社会公平正义的重要维护者，必须坚决贯彻省委、省政府的决策部署，努力争当排头兵、走在前列。实现“走在前列”目标，信息化必须率先走在前列。我们应该看到，在互联网时代，信息技术不断向人社领域渗透、融合，信息化在人社工作中的定位，不再是作为外在的、辅助性、技术性工具，而是内在的、总体性、机制性构成；不再是信息技术与业务工作的简单叠加，而是要推动信息技术与业务工作的全面融合，更加主动地发挥引领作用，对业务工作产生效率倍增的化学效应。我们必须充分利用现代信息技术，深入开发和广泛利用信息资源，促进信息交流和资源共享，全面提升人社工作服务经济社会发展的能力和水平，为“走在前列”提供坚强有力的信息化保障。

（二）加快推进信息化是人力资源社会保障事业加快转型发展的重要支撑。去年，厅党组作出了大力推进人社事业加快转型发展的重要部署，坚定不移地加快工作指导的重大转变，顺势而为、及时跟进，与转方式、调结构、经济转型升级同频共振，推动发展方式由注重数量规模扩张的外延式粗放型管理向更加注重质量效益提升的内涵式精细化治理转变。推进人力资源社会保障事业加快转型发展，其中一个至关重要的方面，就是要持续强化信息化的支撑引领作用。我们必须把信息化摆在战略和全局的高度，加快推进信息化建设步伐，着力推动组织创新、管理创新和制度创新，重组优化管理职能和业务流程，推动人社事业发展方式转变，以信息化支撑引领人社事业加快转型发展。

（三）加快推进信息化是提高人力资源社会保障公共服务水平的重要保证。随着人力资源社会保障事业的快速发展，我们工作任务呈几何倍数增长，服务的人群越来越广泛，而且人民群众的需求越来越高，并呈现出需求多层次、个性化的趋势。如果我们继续采用传统单靠增加人手的办法解决这些矛盾和问题，既无可能，也不完全管用。唯一现实可行的办法就是向信息化要潜力。我们必须积极运用云计算、大数据、物联网、移动互联等新一代信息技术，不断创新服务内容、服务手段，更好地满足人民群众日益增长的公共服务需求。

二、突出重点、抓住关键，加快建设“信息化人社”

当前及今后一个时期，我省人力资源社会保障系统信息化工作的主要任务就是，加快实现“人社信息化”向“信息化人社”的重要转变。加快建设“信息化人社”的总体要求是：以提高行政能力和服务水平为目标，以公共服务信息化建设为抓手，以实施“一网、一库、一卡、一号”工程为重点，以省级集中为发展方向，突出重点，抓住关键，努力实现“三全一引领”。“三全一引领”，即全面信息化，人社系统所有业务全部纳入信息化轨道，大力推进各业务领域的全面信息化，消除业务系统的信息孤岛，形成各项业务相互协同、整体推进的新格局，坚决防止信息化盲点；全省一体化，逐步统一标准、流程，加强业务系统信息的交换、比对、查询、反馈，打造一个互联、互通、互动的人社工作信息化网络体系；全方位应用，加强各项业务的全程信息化管理，积极运用信息化手段，为每位服务对象提供全周期的信息化服务，提高信息化在业务经办、公共服务、监督管理和宏观决策中的应用水平；引领业务发展，大力推动信息化与业务工作的融合，加强信息技术在政策制定、业务创新、经办模式优化中的应用，充分发挥信息化引领业务发展的作用。重点做好以下工作：

（一）高标准高质量完成信息化“十三五”规划编制工作。加强顶层设计是信息化建设的关键。我们要把信息化顶层设计作为今年信息化工作的重中之重，组织精干力量，扎实做好信息化“十三五”规划编制工作。在规划编制中，要以人力资源社会保障事业加快转型发展为中心，紧紧围绕改革发展的重点任务，研究确定“十三五”

期间信息化建设的发展目标、工作任务、实现路径和保障措施，进一步明确信息化建设路线图、时间表。要增强规划的创新性，大力弘扬改革创新精神，打破传统思维和常规方式，以更开阔的视野、更全面的思维，敢闯敢试，鼓励探索，支持攻坚，真正做到思想观念有重大转变、发展思路有重大创新、技术应用有重大变革。省、市人社部门要搞好协调，明确全省规划编制进度，准确把握规划编制程序，明确时间节点，做到省市之间的上下联动、协调一致。

（二）集中力量加快推进省级集中建设。在现行运行模式中，由于信息资源由省、市两级分别管理，造成业务不能协同，信息资源难以共享，信息系统的作用和效能得不到充分发挥，阻碍了信息化发展和应用水平提升。我们要千方百计加大资源整合力度，按照“统一规范、完整准确、横向可流动、纵向能贯通”的要求，加快省级集中建设步伐。一是推行1+X试点。将服务人数相对较少、系统支撑能力不足的市先集中到省里，其他市待条件成熟后再逐步集中到省里，最终实现全省大集中。二是实现数据的省级集中。将暂时未实施省级集中的业务数据和基本信息全部上传省厅，实现数据的省级集中和全省范围内的数据共享。三是推进核心业务系统集中工作。在公共就业、居民社保、劳动关系、人事人才、机关事业单位养老保险领域要首先实现省集中，职工社保分阶段集中。省厅信息中心要抓紧制定省集中实施计划，开发完善适应人社业务需求的应用系统，加强省级数据中心和网络系统建设，增强实时支撑和安全保障能力，为省集中提供技术支持。各市要牢固树立“全省一盘棋”的思想，将各地的建设模式、建设进度、建设内容、建设标准等方面纳入全省的总体部署，注重跨地区信息系统建设，推动信息资源由自下向上的单向传输转变为上下互通的双向传输，实现地区之间的信息资源共享，为跨地区人员流动和业务协作提供支撑。

（三）大力提升公共服务的信息化水平。要以满足群众服务需求为出发点，大力运用信息化手段，统筹开展政策制定与服务流程设计，搞好窗口服务大厅与网上服务大厅的联动服务，促进“线上”与“线下”的有机结合，着力推动各项业务的高度协同、各地区间的广泛协作，让群众办事更方便、更舒心，打通服务群众“最后一公里”。畅通大厅服务、网上服务、自助服务、电话服务等服务渠道，搭建一体化信息服务平台，统一对外服务窗口，树立良好的社会形象。紧紧把握人社业务发展方向，充分利用互联网+、云计算、大数据等新一代信息技术手段，有效整合各类信息资源，提高智能化服务水平，确保“互联网+民生”工作取得新成效。利用网络平台和移动技术，广泛宣传政策信息和经办程序，提高咨询查询服务水平，广泛接受社会监督，确保权力在阳光下运行，以公开促规范，以规范促服务。

（四）加强数据资源的开发利用。经过多年的信息化建设，人力资源社会保障部门积累了海量的数据，但是目前我们对数据的深度分析和广泛应用做得远远不够，人力资源社会保障数据成为一座沉睡的宝藏。我们必须创新信息化工作内容，更加注重数据的开发应用，大力推动从传统信息技术向数据技术的转变，进一步发挥数据资源在业务决策、实施、评估、完善中的效用。要千方百计增加各业务领域的数据，利用部门信息交换、与第三方合作等方式，进一步拓宽数据的来源渠道和数量。要狠抓数据质量，落实人社部数据检查整改意见，对海量数据进行集中管理、交叉比对、动态调整，确保数据的客观、真实、准确，为全面开展数据分析打下坚实的基础。要加大大数据技术与云计算的融合力度，构建大数据平台，进一步挖掘大数据的使用价值，为公共服务和社会管理提供更有力支撑。今年省厅将探索建设“基于移动大数据的劳动力转移就业动态分布”信息系统，加强劳动力转移就业的动态监测和分析，为宏观决策提供科学依据。各市也要积极探索，加快引进新技术新内容，不断提高数据的开发应用水平。

（五）千方百计确保信息安全。我省人力资源社会保障信息系统存储着几千万的人员信息，涉及广大人民群众的切身利益，信息安全责任重于泰山。特别是在日趋严峻的网络和信息安全形势下，做好信息安全显得更加重要。我们必须时刻牢记，没有安全就没有一切，确保信息安全是一个永恒的主题。大家要把信息安全作为信息化建设的红线，始终绷紧安全这根弦，全面落实信息安全责任制，层层落实责任，形成以制度促安全、以制度保安全的局面。要加强安全保密教育，提升安全防范技能，建立常态化的信息安全检查机制，及时消除风险漏洞，构建全方位的安全防护体系。要严格执行信息安全有关规定，建立健全安全管理制度，完善安全应急预案，提高应急处置能力。各市信息管理部门也要加强数据中心管理，完善信息网络和应用系统，确保数据不泄漏、网络不中断、服务不间断。

三、坚定信心、振奋精神，确保各项工作落到实处

信息化工作是一项系统工程，涉及范围广，工作任务重。各级人社部门要坚定信心、振奋精神，把信息化工作放在更加突出的位置，进一步加强组织领导，强化工作措施，认真抓好各项工作任务的落实。

（一）加强组织领导。各级人力资源社会保障部门必须把信息化工作作为“一把手”工程，主要领导要亲自抓，认真谋划、全力支持信息化建设；分管领导要靠上抓，真正把这项基础性工作抓紧抓好。为加强对信息化工作的组织领导，各市要参照省里的做法，建立健全由主要负责同志任组长的信息化领导小组，统筹谋划本地信息化工作，定期研究信息化工作中的重大事项，及时解决工作中存在的突出矛盾和问题。各业务部门要树立信息化意识，提出需求、完善数据、用好系统，善于运用信息化思维谋划工作、解决问题。信息化管理部门要树立服务意识，与业务部门多通气、多沟通，协调业务部门统筹建好、用好、管好信息系统，提升工作效率和服务水平。系统上下要统一步调、统一行动，统一开展信息化建设，形成强大的工作合力。

（二）加强专业化能力建设。干部队伍素质决定信息化工作的成效。要加大教育培训力度，全面加强政治理论、政策法规、业务知识和业务技能学习，切实提高信息化干部的综合能力，努力培育一支政治优良、业务精湛、纪律严明的专业化队伍。信息化干部要牢固树立全局意识，开阔视野，开阔胸襟，不仅要主动加强业务知识学习，更要加强对人力资源社会保障政策、工作流程的研究，努力锻炼“工作多面手”。业务工作人员要主动学习信息化知识，提高信息化操作能力，规范业务操作流程，提升管理服务水平。要加强信息化干部和业务干部的交流，舍得选派优秀干部从事信息化工作，对于表现优秀的信息化干部，要予以交流重用。

（三）自觉做到守纪律讲规矩。守纪律讲规矩是党员干部必须具备的政治品德和党性修养。从事信息化的同志要自觉做到政治上讲忠诚、组织上讲服从、行动上讲纪律，把党的纪律和规矩内化于心、外化于行，贯穿于信息化工作全过程。要始终绷紧廉政这根弦，建立健全各项管理制度，严格执行各项规定，形成以制度管人、管事、管物的新格局。要严格履行招投标程序，大力推行办事公开，自觉接受社会各界的监督。纪检部门要加强监督检查，全程参与监管招投标各个环节，对发现的问题，要严肃查处，决不姑息迁就。要发挥资金的最大效益，真正把有限的信息化建设资金和资源用在刀刃上。

同志们，加快建设“信息化人社”任务艰巨，责任重大。让我们在省委、省政府的正确领导下，解放思想，开拓创新，扎实工作，全面提升信息化工作水平，以信息化支撑引领人社事业加快转型发展，为实现“走在前列”目标做出新贡献。

在上半年工作总结汇报会上的讲话

2015年7月31日

同志们：

这次会议的主要任务是，深入贯彻落实人社部务虚会和省委十届十二次全体会议精神，总结上半年工作，部署下半年任务。今天上午，18个处室单位主要负责人作了大会发言，谈成绩简明扼要、实实在在、没有水分，谈问题不遮不掩、精辟到位、切中要害，谈打算思路清晰、重点突出、抓住了关键，讲得都很好。这对于我们认清形势、统一思想、坚定信心，圆满完成全年目标任务，必将产生重要的推动作用。下面，我讲几点意见。

一、认清形势，凝聚共识，进一步增强全面完成全年目标任务的紧迫感和信心决心

今年上半年，面对持续呈现的经济下行压力和艰巨繁重的工作任务，全厅上下在省委、省政府的正确领导下，坚持“一个定位、三个加大、七个更加注重”的工作思路，围绕中心、服务大局，真抓实干、开拓进取，各项重点工作和重大改革都取得新进展新成效，全省人社工作呈现“总体平稳、稳中有进、进中提质”的发展态势。一是就业和社会保障形势保持总体平稳。上半年，全省实现城镇新增就业72.7万人、农村劳动力转移就业86.3万人，分别完成年度计划的72.7%和71.9%。高校毕业生总体就业率达87.14%，城镇登记失业率控制在3.31%的较低水平。社会保险覆盖范围进一步扩大，调整了企业退休人员养老金、居民养老保险基础养老金标准和工伤保险待遇标准。全省五项社会保险基金累计结余3550.1亿元，抗风险能力和共济能力进一步增强。二是全面深化改革步伐加快。制定全面深化改革实施方案，明确了23项重点任务。在全国率先启动实施机关事业单位养老保险制度改革，积极推进县以下机关建立公务员职务与职级并行制度，完善机关事业单位工资制度，加快推进国有企业负责人薪酬制度改革。健全居民大病保险制度。建立重点项目、重要政策与就业的联动机制，人力资源市场条例获省人大审议通过，开展中等职业学校和技工学校教师职称制度改革试点，深化高等学校教师职称制度改革，各项改革呈现面上推进、点上突破态势。三是人才引领支撑力量进一步增强。4位院士候选人进入第二轮评审，新增国家百千万人才工程人选10人、享受国务院颁发政府特殊津贴人员121人、省有突出贡献的中青年专家99人。新增国家级高技能人才培训基地4个、国家级技能大师工作室6个、高技能人才12.8万人。围绕全省重点区域发展战略，实施国家级引智成果示范推广项目9项、省级36项，6名外国专家入选国家第五批“外专千人计划”。四是在维护社会稳定大局上实现新作为。认真贯彻落实《关于构建和谐劳动关系的意见》，积极协调处理转方式调结构过程中的劳动关系。发布2015年企业工资指导线，调整最低工资标准。劳动人事争议调解仲裁效能稳步提升，劳动保障监察执法不断加强，查处劳动保障违法案件8179件，为8.5万农民工解决拖欠工资6.96亿元。军转干部安置工作稳步推进，自主择业军转干部管理服务工作迈出新步伐，企业军转干部总体稳定。五是自身建设取得新成效。深入推进党风廉政建设，扎实开展“三严三实”专题教育，深入抓好巡视所发现问题和“四风”问题整改，加大干部调整交流力度，广大党员干部党性觉悟有新的提高，工作作风有新的转变，担当精神有新的增强。同时，人力资源市场项目建设、信息化建设、“十三五”规划编制、信息宣传、人事考试、法制建设、后勤服务等各项综合性、基础性工作都取得新进展、新成效。

上述成绩来之不易，应该充分肯定、倍加珍惜，并继续保持和发扬。

在看到成绩的同时，也要清醒认识到，人社工作面临的宏观形势更加复杂，各种矛盾和问题还比较多。刚刚召开的省委十届十二次全体会议，对我省经济社会发展形势进行了分析研判，在充分肯定我省经济社会发展成绩的同时，指出我省经济企稳基础尚不牢固，下行压力依然较大，现实问题和潜在风险不可忽视，要求全省坚决打好稳增长调结构主动仗，以稳增长调结构的新进展不断开创经济文化强省建设新局面。人力资源社会保障工作关系全省改革发展稳定大局，在全省经济社会发展中具有十分重要的地位和作用。我们必须善于察大势、观大局、谋大事，准确把握新形势新要求，切实把思想认识和行动统一到省委对当前形势的科学分析判断上来，深入研究和解决工作中存在的矛盾和问题，不断增强服务全省发展大局的针对性和有效性，坚决防止问题长期不解决、工作裹足不前。

（一）**经济下行压力加大对就业工作的影响得到有效应对，但就业的不确定因素增多，就业形势较以往更加复杂。**城镇新增就业一改多年来的持续上升势头，出现一定幅度下滑，自2月份以来城镇新增就业同比下降，企业用工需求和求职人数“双减少”，劳动力市场的活跃度降低，就业面临的风险和不确定性有所上升。我省部分行业和地区分化态势明显，钢铁、煤炭、水泥、电解铝、平板玻璃、船舶、炼油、轮胎等行业产能过剩突出、开工不足、增长乏力，中小企业因经营困难出现裁员、化解严重产能过剩和部分企业停产整治引发的区域性集中失业风险已有显现。劳动力总体供大于求，但产业转型升级对高素质、高技能、专业化人力资源的需求越来越高，高学历、高技能人才更为紧缺，高校毕业生就业压力比较大，就业结构性矛盾仍未得到有效解决。劳动关系日趋复杂，劳动关系的稳定性受到更多冲击，上半年全省各级仲裁机构当期立案受理争议23271件，同比上升24.4%，涉案金额5.95亿元。

（二）**社会保障制度运行总体平稳，但压力和风险不容忽视。**各项社会保险参保人数虽均有增加，但增量有限，并且结构偏移，领取待遇人员占比较大。截至6月底，全省职工基本养老、职工基本医疗、失业、工伤、生育保险参保分别达2399.6万人、1867万人、1169.6万人、1435.8万人、1073.9万人，比去年底分别增长1.2%、0.4%、1.3%、1%、2.6%。基金总体收大于支，但基金支出刚性增长，支出压力不断加大，支出增幅比收入增幅高3.7个百分点。全省基金当期结余120亿元，同比减少16亿元。其中，职工养老保险收入增幅仅为5.7%，有9个市出现当期收不抵支，当期缺口达到42亿元；机关事业单位养老保险12个市当期收不抵支，基金累计缺口7.6亿元。部分低收入群体和个体灵活就业人员断保、断缴现象比较突出。截至6月底，企业职工养老保险断保272万人，占16.6%。管理服务的压力日益凸显，管理服务力量不足、专业性不强、信息化支撑不够，医疗机构过度治疗等问题仍比较突出，对医疗费用不合理支出的监控难度较大。

（三）**人才队伍建设稳步推进，但人才工作与经济社会发展的需求还不相适应。**如何在党管人才、组织部门牵头抓总的大格局下，更好整合资源、凝聚力量，充分发挥政策优势和服务优势，还有大量工作要做。人才工作对外开放不够，人才国际化素质不高。人才工作与经济社会发展结合不够紧密，人才供给和需求脱节，金融、现代服务业等我省转方式、调结构重点领域的专业技术人才偏少。人才发展环境需要进一步改善，人才资源市场化配置水平不高，科研人才有序流动的体制机制障碍仍然存在，人才评价机制不完善，人力资源服务业发展滞后。人才队伍结构需要进一步优化，高层次创新型领军人才相对不足，实用性技能人才普遍缺乏、高技能人才占比较低，基层人才队伍薄弱。人才公共服务体系不够健全，高层次人才的精细化服务程度不够。

（四）**人事管理体制机制不断创新，但管理的规范化科学化精细化水平亟待提高。**无论是公务员考录，还是事业单位公开招聘，在确保公平公正的基础上，进一步提高科学化水平方面，还需加大创新力度。加快推进公务员分类制度改革，稳步扩大聘任制公务员管理试点，深化公务员平时考核试点，完善公务员制度，还需积极探索实践。全面贯彻实施事业单位人事管理条例，健全政策法规体系，加快建立以岗位管理和人员聘用为主要特征的新型人事管理制度，还有大量工作要做。

（五）收入分配制度改革力度不断加大，但距离更加公平合理的目标还有较大差距。地方财政收入增速放缓，一些财力状况较差的县（市、区）及时兑现机关事业单位增资的压力很大。事业单位绩效工资制度已基本入轨运行，但传统分配理念没有彻底改变，缺乏行之有效的岗位绩效考核评价机制，合理有序的分配方式还没有形成。经济增速趋缓使企业增资的能力和动力受到制约，部分企业一线职工特别是非公企业职工工资偏低、增长缓慢，企业职工平均工资低于全国平均水平。目前国有企业负责人薪酬制度改革进度不快，把限薪政策落到实处面临许多难点问题。

对于以上问题，我们必须高度重视，妥善应对，既要坚定信心、保持定力，又要头脑清醒、正视差距，把困难估计得更充分一些，把风险分析得更透彻一些，把措施准备得更周密一些，千方百计巩固当前发展的良好势头，确保完成全年目标任务。

二、突出工作重点，以更加精准有效的措施扎实做好下半年各项工作

今年时间已经过半，做好下半年工作，对于“十二五”收好官、“十三五”开好局意义重大。关于下半年的工作，年初召开的全省人力资源社会保障工作会议，已经作出了全面部署。要聚焦稳增长调结构这个大局，咬定既定目标不放松，统筹兼顾、突出重点、全力推进。

（一）在全力确保就业稳定上下功夫。要围绕“稳增量、提质量、优结构、促创业”，突出重点，精准发力，狠抓落实，确保城镇新增就业100万人、新增农村劳动力转移就业120万人、城镇登记失业率控制在4%以内的目标。一是以“就业+”行动为统领，健全完善政策体系。按照国务院两个文件的要求，尽快出台我省政策措施，建立科学有效的政策落实机制，不断增强政策效力。加快推进“就业+”行动，促进就业与产业转型升级、新型城镇化、信息化等发展战略的良性互动、深度融合。建立失业监测、预警和调控“三位一体”的失业预防调控机制，制定应急预案，及时应对可能出现的区域性、行业性规模失业。研究制定面向各类企业稳岗补贴政策的实施意见，加大援企稳岗补贴力度，千方百计稳定就业岗位。二是以创业平台为依托，全面促进大众创业。完成每市建立1所创业大学目标，评估认定30家省级创业孵化示范基地和园区，继续做好13个创业型城市的二次评估工作，建成40个创业型街道（乡镇）和400个创业型社区。制定统一的创业担保贷款经办流程、操作标准和风险管理办法，满足创业者的资金需求。三是以高校毕业生为重点，统筹促进重点群体就业。精心实施创业引领、就业促进、离校未就业毕业生就业促进计划，促进更多毕业生就业创业。落实社会保险补贴、岗前培训补贴等政策，发挥中小微企业吸纳高校毕业生就业主渠道作用，确保到年底高校毕业生就业率不低于去年水平。继续抓好“农民工三项行动计划”督查问题的整改。及时落实结构调整中失业人员的失业保险待遇，跟踪搞好就业创业服务，促进失业人员尽快实现再就业。加强就业援助服务，确保城乡零就业家庭动态消零。四是以提升公共服务水平为抓手，优化就业创业环境。落实国有企业公开招聘制度，促进公平就业。整合培训资源，建立项目统筹、标准统一、管理规范、覆盖城乡的大培训机制。统筹开展充分就业、创业创新、智慧就业、标准服务“四型社区”建设，打造“半小时公共就业服务圈”。

（二）在构建更加公平可持续社会保障体系上下功夫。一是积极稳妥地推进社会保障制度改革。加快推进机关事业单位养老保险制度改革，力争继续走在全国前列。稳妥推进非营利民办学校教师与公办教师同等社会保险待遇试点，并逐步在全省推广。适当降低工伤保险费率，减轻企业负担。巩固居民基本养老、基本医疗保险整合成果，完善落实被征地农民社会保障政策。以职工大额医疗补助制度为基础，探索建立全省统一的职工大病保险制度，切实减轻职工的大病医疗费用负担。认真总结职工长期护理保险试点经验，探索建立医保基金、财政补助、福彩公益金和个

人缴费等多渠道筹资机制，力争年底前全面启动。深化医疗保险支付制度改革，全面推行付费总额控制，加快特殊药品遴选谈判工作进度，提高重大疾病患者保障水平。二是加快实现社会保障人员全覆盖。以农民工、非公有制经济组织从业人员、灵活就业人员为重点，大力实施全民参保登记计划，争取提前完成国家下达的目标任务，努力实现应保尽保。抓好建筑业参加工伤保险有关政策的落实，做好高风险行业特别是农民工参加工伤保险工作。三是适时适度提高社会保障水平。加快完善基本养老金与职工工资增长、物价上涨等因素挂钩联动的调整机制，保持养老金水平持续合理增长。在普惠性养老金基础上，研究建立缴费年限养老金，健全城乡居民多缴长缴的激励机制。完善居民医保政策，利用商业保险机构的专业优势，探索由商业保险机构承办意外伤害保险，提升服务效率和质量。全面落实居民大病保险政策，提高居民报销水平，降低医疗费用负担。四是强化社会保险基金监管和保值增值。依法查处社会保险基金征缴、管理、支付、投资运营等环节的违法违规行为，确保基金安全。完善医疗服务监控系统，建立以规范医疗行为、保证医疗服务质量为核心的医疗服务监管体系，控制医疗费用不合理增长。继续做好养老保险基金委托运营后续工作，按计划将归集基金及时划拨全国社保基金理事会。制定基本养老保险基金投资运营的具体办法，扩大投资渠道，确保养老保险基金保值增值。

（三）在全面加强人才队伍建设上下功夫。一是大力推进人才管理体制机制创新。进一步整合人才工作力量，努力在统筹推进政府人才工作上实现大的突破，打造人才工作品牌。加强人才管理改革实验区建设，在人才引进、培养、使用、激励等方面研究出台具有国内和国际竞争力的政策，加快形成更加开放、国内一流的人才制度优势，打造一批人才区域发展高地。二是认真做好高层次创新型人才培养选拔工作。组织开展2015年度省有突出贡献的中青年专家选拔工作，培养一批突破关键技术、引领学科发展、带动产业转型的领军人才。三是积极推进高技能人才队伍建设。组织实施好省首席技师、有突出贡献的技师、技术能手的推荐选拔，培育引进一批能够引领技术革新、技术改造和技能攻关的产业技能领军人才。深入实施“金蓝领”培训项目，建设一批技能大师工作室、技师工作站，开展企业新型学徒制试点，探索技能人才培养新模式。推动技工院校与职业院校“双证互通”，加快构建现代职业教育体系。全面做好职业资格许可和认定事项的清理整顿工作。四是加大海外人才智力引进力度。坚持贯彻“支持留学、鼓励回国、来去自由、发挥作用”的方针，吸引更多海外人才来鲁创新创业。积极做好第九届“海洽会”前期筹办工作。围绕国家和省委、省政府关于“一路一带”、中国制造、两区一圈一带等重大战略决策，整体设计出国培训项目，不断提高出国培训的针对性、实效性和影响力。组织实施好第六批“外专千人计划”申报工作，组织开展“齐鲁友谊奖”评选表彰，拓宽国际人才交流渠道。五是大力发展人力资源服务业。健全人力资源服务标准体系，加强潍坊、烟台、济南、青岛的园区建设，加快培育1—2家在全国具有示范作用的龙头企业和行业领军企业。扎实做好人力资源市场条例的宣传实施工作，为人力资源市场的发展创造良好的法治环境。

（四）在深化干部人事制度改革上下功夫。一是提高公务员管理的科学化水平。深化公务员分类改革，提前搞好摸底调查，待中央出台专业技术类和行政执法类公务员管理办法后，抓紧研究制定我省的实施方案。要全面落实县以下机关建立职务与职级并行制度，为基层公务员打开职级晋升空间，调动广大基层公务员干事创业的积极性。深化聘任制公务员管理试点，探索扩大试点范围。深化公务员平时考核试点，逐步形成科学管用、体现实绩、简便易行的平时考核机制。二是深化事业单位人事制度改革。贯彻落实《事业单位人事管理条例》和《事业单位领导人员管理暂行规定》，不断提高事业单位人事管理科学化水平。三是圆满完成军转安置任务，健全企业军转干部解困维稳长效机制，确保企业军转干部总体稳定。

（五）在建立合理有序的收入分配制度上下功夫。一是深化机关事业单位工资收入分配制度改革。对个别增资没有兑现到位的地方，要加大督促力度，确保尽快兑现到位。二是加强企业工资分配的指导调控。加快推进省管企业负责人薪酬制度改革，制定综合考核评价、经营业绩考核、薪酬审核和监督检查等配套政策，合理确定省管企业负责人薪酬结构和水平，建立符合国有企业负责人特点的薪酬制度。完善企业薪酬调查和信息发布制度，引导企业提高职工特别是一线职工工资收入，缩小收入分配差距，形成合理有序的收入分配格局。健全企业工资保证金、欠薪应急周转金、农民工工资发放卡“两金一卡”制度，落实属地管理责任，加大企业工资支付保障力度，保证工资及时、足额发放到位。

（六）在大力构建和谐劳动关系上下功夫。一是创新劳动关系协调机制。全面落实中央《关于构建和谐劳动关系的意见》，建立协调劳动关系三方委员会，加快建立规范有序、公正合理、互利共赢、和谐稳定的劳动关系。开展劳务派遣监督检查，规范劳务派遣行为，在更宽领域、更大范围落实同工同酬。二是加强劳动人事争议调解仲裁。加大调解工作力度，柔性化解各种矛盾争议，努力将劳动争议解决在萌芽状态。探索改进仲裁办案方式，优化办案程序，依法加大先行裁决、先予执行裁决、一裁终局裁决力度，确保仲裁案件结案率保持在90%以上。三是加强劳动保障监察执法。开展劳动用工、社会保险及农民工工资支付等各类专项执法检查，建立重大案件挂牌督办制度，及时查处拖欠工资、违法用工、不签劳动合同、不参加社会保险等违法行为，重点查处劳务派遣违法用工和不执行同工同酬规定等行为。

同时，信息化建设、“十三五”规划编制、人事考试、法制建设、信息宣传、后勤服务等各项工作，都要加大工作力度，提高工作效能，按时保质保量完成任务。

三、以良好的精神状态狠抓各项工作落实

下半年工作任务很重、困难很多、时间很紧、要求很高，能不能抓好、见到成效，是对我们各级领导干部党性觉悟、素质能力和工作作风的重大考验，也是开展“三严三实”专题教育、巩固拓展教育实践活动成果的现实检验。我们必须按照“解放思想、主动作为、科学严谨”的总要求，以强烈的政治责任感、高昂的精神状态、攻坚克难的意志品质、拼搏奉献的干事激情，扎实工作、开拓进取、务求实效。

（一）必须坚持高标准严要求。百舸争流，奋楫者先。在奋力推进经济文化强省建设的历史进程中，各级各部门奋勇争先、你追我赶，如果我们稍有懈怠，工作标准稍有降低，就有可能落伍。一要进一步解放思想。勇于打破条条框框的束缚，既要开阔眼界、开阔思路，又要开阔胸襟、谦虚谨慎，充分发挥主观能动性，创造性地开展工作。二要提升工作标准。下半年的工作要取得更大成效、达到预期目标，必须大力发扬敢为人先、争创一流的拼搏精神，坚持不懈提升发展标杆、提升思想境界，自觉追求卓越、勇创一流。三要始终坚持科学严谨。无论是制定政策，还是执行政策，都要拿出“最讲认真”的态度和行动，把功夫下到细微处，更加注重细节，自觉追求完美，努力把每项工作都做到极致。四要牢固树立全厅一盘棋思想。各位厅局领导和处室单位主要负责人，是高标准高质量推动工作的“关键少数”，要充分发挥骨干带头作用。各位厅局领导要按照新调整的职责分工，抓紧学习研究政策，尽快成为分管领域的业务专家和权威。各处室单位主要负责人，要成为各业务领域的行家里手，及时向分管领导出好主意、大主意。通过大家齐心协力，同频共振，形成整体工作合力，确保各项工作不打折扣、不拖后腿。

（二）必须勇于担当改革攻坚。敢于担当，体现着党性觉悟和思想境界，在困难情况下，尤其需要领导干部的担当精神。一要坚决从严约束、克服庸政懒政行为。要坚决纠正懒政、怠政和为官不为现象，督促全体干部职工始终保持锐意进取的精神状态，牢固树立问题导向，一心一意干事创业谋发展。对那些安于现状、不思进取、工作平庸、干不成事的，必须坚决进行调整。二要改革创新、科学作为。改革创新是推动工作的根本动力，领导干部要当改革的促进派、实干家。

当前，人力资源和社会保障领域的改革已进入攻坚期和深水区，正处于爬坡过坎的关键阶段。随着各项改革的逐步推进，很多具体问题将不断涌现，改革推进的难度越来越大，改革任务将更加艰巨繁重，这就要求我们必须以更大力度勇于担当、改革攻坚，自觉运用改革的思维，发挥改革的智慧，以创新的举措解决改革发展中的困难和问题。三要进一步落实责任。每一项改革都要建立台账，明确任务、明确责任、明确时限、明确要求，确保事有专管之人、人有明确之责、责有限定之期。四要始终坚持亲历亲为。各位厅局领导要靠前指挥，哪里问题多就到哪里去，哪里情况复杂就到哪里去，真正成为干部职工和基层群众的主心骨。要深入实际、深入基层开展调查研究，夯实基础，摸清底数，切实做到情况明、思路清、措施实。五要更加注重工作宣传和舆论引导。推进各项改革，出台每项政策，都要同步制定宣传和舆论引导方案，把工作宣传和舆论引导贯彻改革全过程。要加大政策解读力度，在我厅门户网站和其他媒体上及时发布，为改革创造良好舆论环境。

（三）必须作风过硬敬业奉献。没有良好的作风和强烈的奉献精神，要承担好艰巨繁重的工作任务，走在全国前列，是绝对做不到的。每位同志都要锤炼求真务实的过硬作风，有那么一股子干劲，铺下身子、甩开膀子、迈开步子，以时不我待、只争朝夕的紧迫意识和责任意识，在抓落实上下细功夫、苦功夫、深功夫。一要切实解决各种不严不实的问题。7月20日，省委召开了推进“三严三实”专题教育工作座谈会，要求各级各部门进一步抓好责任落实，拿出务实管用的办法，突出问题导向，抓住重点、以上率下，努力做到两手抓、两促进。我们要按照省委要求，尽快开展一次“回头看”，进一步细化专题学习研讨方案，抓紧确定一批边学边查边改事项，认真抓好整改落实。要通过专题教育，引导广大党员领导干部真正把“三严三实”作为修身做人的基本遵循，作为为官用权的警世箴言，作为谋事创业的行为准则，落实到履职尽责、做人做事的方方面面，彻底解决不严不实的各种问题，把“三严三实”要求不折不扣落到实处，转化为推动工作的强大动力。二要坚持以上率下。厅领导班子和处室主要负责同志要带头执行好民主集中制，自觉守纪律讲规矩，确保政令畅通、令行禁止。要努力做到公道正派，带头维护好团结统一的大好局面，坚决不能搞团团伙伙、亲亲疏疏。三要求真务实、敬业奉献。切实解决急功近利、作风飘浮的问题，始终脚踏实地、锲而不舍、一抓到底、务求实效。要有大牺牲、大奉献的精神，自觉讲大局、讲奉献，在人力资源社会保障事业改革发展进程中默默无闻、勤奋敬业、再立新功。要认真执行好干部标准，大胆使用那些担当重任有作为、科学发展有能力、改革攻坚有激情、为民服务有情怀、遵法守法有规矩的干部，真正使有为者有地位。四要加强督导、狠抓落实。一分部署，九分落实。一切部署最终都要落实在行动上。这次会后，厅办公室要对会议提出的任务要求，加强督促调度，落实责任，确保各项任务落到实处。

最后，我重点强调一下人力资源市场启用和搬家工作。安居方能乐业。这是全厅的一件大事。各厅局领导、各处室、各单位都要高度重视，密切配合、通力协作，确保把这件大事办好。前期，经过全厅干部职工的共同努力，特别是8个专项建设小组同志们的辛勤工作，人力资源市场计划内的各工程项目高质量按期完成。综合各方面的情况看，目前市场工程建设已进入最后的冲刺阶段。为了确保市场建设顺利完成和厅机关顺利搬家，以下几个方面需要认真研究，扎扎实实抓好落实。一要加大工作力度。距正式搬家还有两个月的时间，需要做的事情还有很多，时间紧、任务重。各工作小组一定要想尽千方百计，尽到最大努力，争取最佳效果，大干60天，确保已经确定的工作任务高质按期完成。要坚持“安全、优质、高效”的要求不放松，确保工程建设质量，经得起历史和时间的考验。二要早启动，尽早安排搬家的准备工作。要周密谋划，搞好调查研究，制定周密详尽的搬家方案，把方方面面的问题想得细一些，准备工作做得充分一些，厉行节约，精心组织，确保搬家安全有序进行。三要加强管理。搬家以后，我们的总体办公环境和条件将大为改善，办公室、机关服务中心等处室单位要及早着手研究搬家后的大楼管理问题，以这次搬家为契机，坚持高标准管理，确保实现新环境、新面貌、新气象。

同志们，做好下半年的工作，任务艰巨，责任重大。我们要在省委、省政府的坚强领导下，解放思想，主动作为，攻坚克难，以更加坚定的信心、更加饱满的热情、更加扎实的工作，全面完成全年工作任务，大力推进人力资源社会保障事业加快转型发展，走在全国前列。

自觉守纪律讲规矩　始终做政治上的明白人

——在“严以律己”专题学习研讨会上的讲话

2015 年 8 月 30 日

同志们：

根据中央、省委部署要求和我厅“三严三实”专题教育总体安排，今天厅党组召开扩大会议，主要是围绕“严以律己，严守政治纪律规矩，自觉做政治上的明白人”，进行学习、研讨和交流。今天上午，喜坤同志、廷玉同志、刘杰同志作了主旨发言，其他厅（局）领导也紧密联系个人的思想、学习和工作实际，从不同角度作了交流发言，既有个人的学习心得，也有过去的实践体会，讲的很深刻、很到位。今天下午，我们共同学习了有关材料。下面，我结合学习思考情况作个发言，谈谈初步的学习体会。

一、准确把握“严以律己”的科学内涵

严以律己就是以严格的标准来约束、规范自己的思想和言行。习近平总书记深刻指出，“严以律己，就是要心存敬畏、手握戒尺，慎独慎微、勤于自省，遵守党纪国法，做到为政清廉”。“律己”是党性修养的重要体现，能否严以律己，不只涉及个人荣辱，更关乎党的事业兴衰成败。“严以律己”具有丰富的内涵，可以从四个层面来理解和把握。

第一，严以律己的关键少数是领导干部。“己身不正，焉能正人。”如果领导干部在严以律己上搞双重标准，当局外人、作壁上观，“手电筒”只把别人照，就会失了威信，授人口实，甚至影响和带坏身边人。因此，党员领导干部必须作严以律己的表率，严格按照党章规定审视自己的言行，用严打底，靠实支撑，自觉抵制外界形形色色的诱惑，守得住清贫、耐得住寂寞、挡得住诱惑，夙兴夜寐、一心为公，带头践行“三严三实”，为各级党员干部树立标杆。

第二，严以律己的核心是“五个必须”。严以律己，核心是做到“五个必须”，严守政治规矩，自觉做政治上的明白人：一是必须维护党中央的权威，决不允许背离党中央要求另搞一套，坚决在思想上、政治上、行动上同党中央保持高度一致，听从党中央指挥，不得阳奉阴违、自行其是，不得对党中央的大政方针说三道四，不得公开发表同中央决定相违背的言论；二是必须维护党的团结，决不允许在党内培植私人势力，要坚持五湖四海，团结一切忠实于党的同志，不得“以人划线”，不得搞任何形式的派别活动；三是必须遵循组织程序，决不允许擅作主张、我行我素，重大问题该请示的请示，该汇报的汇报，不允许超越权限办事；四是必须服从组织决定，决不允许搞非组织活动，不得跟组织讨价还价，不得违背组织决定，遇到问题要找组织、依靠组织，不得欺骗组织、对抗组织；五是必须管好亲属和身边工作人员，决不允许他们擅权干政，影响政策制定和人事安排、干预日常工作运行，不得默许他们利用特殊身份谋取非法利益。

第三，“严以律己”的根本要求是严。党员

领导干部不同于一般群众，掌握一定的公共权力，如果缺乏严格约束，权力就会越过应有的边界，变得任性，无法控制。“严以律己”就是要为公共权力的行使编密织牢道德防线、制度防线和法律防线，防止“牛栏关猫”，制度虚设，以“钉钉子”精神遏制各种不正之风蔓延。同时，要大力推进政务公开，让权力在阳光下运行，自觉接受广大人民群众的监督。

第四，严以律己的两个重要途径是自律和他律。自律是基础，他律是保障。严以律己，首先是要严格自律，用党性、理想信念和道德情操来提升人生境界，提高干事创业本领。“玉不琢？不成器”，领导干部的成长离不开党和人民的培养、监督。要善于运用“外力”约束自己，在遵规守纪、学法守法中历练、成熟。

总之，“严以律己”是对党员领导干部由内而外、严格全面的约束和要求，党员领导干部只有自觉做到“严以律己”，才能强基固本、防微杜渐。这次专题教育把“遵守党的政治纪律、政治规矩，自觉做政治上的明白人”作为严以律己的关键来抓，抓住了党员干部队伍建设的根本，必将对全面加强党的建设发挥至关重要的作用。

二、准确把握“严以律己”的标准遵循

党员干部只有时时处处严格自律，才能行为端正、行事公道，使群众信服，取信于民。做到严以律己，必须明白用什么样的标准来律己。我体会，可以从三个方面来衡量。

一是严守党的政治纪律和政治规矩。“人不以规矩则废，党不以规矩则乱”。一个政党，如果没有严明的纪律和规矩，就会成为一盘散沙。从我们党的发展历程看，之所以能够长期维护团结统一、保持强大的凝聚力战斗力，靠的就是严明的党纪党规。可以说，党的政治纪律和政治规矩，每一条都是坚持问题导向制定的，都是党在长期实践中形成的优良传统，有些纪律和规矩还是以血的代价和惨痛教训换来的。政治纪律和政治规矩是党员干部必须遵守的行为准则，既是不得触碰的“高压线”，也是保证党生存发展的“生命线”。这次中央开展“三严三实”专题教育，把遵守党的政治纪律、政治规矩作为严以律己的关键来抓，可以说是切中了要害。具体到人力资源社会保障工作，讲政治纪律和政治规矩就是要始终同党中央和省委、省政府保持高度一致，把人社领域的决策部署不折不扣地落到实处，确保政令畅通、令行禁止。

二是做政治上的明白人。什么是政治上的明白人？简单地说，就是对党绝对忠诚，“心中有党、心中有民、心中有责、心中有戒”，在思想上、政治上、行动上同党中央保持高度一致。如何做政治的明白人？就是要坚定理想信念不动摇，明辨大是大非不糊涂，始终明白“为了谁、依靠谁、我是谁”，始终把党和人民放在心中最高位置，自觉践行社会主义核心价值观，自觉执行党的纪律和规矩，做信念坚定、为民服务、勤政务实、敢于担当、清正廉洁的好干部。理想信念是共产党人精神上的“钙”，是做政治明白人的前提。坚定理想信念就是要坚定道路自信、理论自信、制度自信，坚信我们所从事的事业是为了国家、为了人民，是正义的、崇高的事业，必须为之奋斗终生。做政治上的明白人还要时刻遵守习近平总书记提出的“五个必须”，保持一致而不另搞一套、维护团结而不拉帮结派、令行禁止而不我行我素、服从组织而不讨价还价、管好亲朋严防擅权干政，这既是领导干部的硬功夫真本事，也是政治忠诚和坚定的重要体现。

三是坚持廉洁自律，做干事干净的人。严以律己不能只停留在口号上，更要体现在为人、说话、办事的方方面面。第一，要坚持做老实人、说老实话、干老实事，对党、对人民、对同志忠诚老实，脚踏实地，真抓实干，敢于担当责任，勇于直面矛盾，善于解决问题，努力创造经得起实践、人民、历史检验的实绩。第二，要干净干事，真正把廉洁从政作为至关重要的生命线，把党纪法规作为带电的“高压线”，不破规矩、不搞特殊、不谋私利，严格执行中央和省委、省政府关于党风廉政建设的各项规定，讲党性、重品性、做表率，从身边点滴小事做起，做到拒腐蚀、永不沾。许多反面教材一再警示我们，一个人无论职务多高、贡献多大，一旦在廉洁上出了问题，谁也救不了你。第三，要高标准、严要求。不能认为一些擦边球

的事，别的单位、别的同志做了，我们就可以做。我们要以纪律、规矩、制度、规定为依据，符合的就大胆地做，有反映就理直气壮地解释，不符合的，不论哪个单位做了、哪个人做了，我们都不攀比，不能做的坚持不做。只有这样，才能做到心底无私天地宽。

三、准确把握严以律已的实践要求

当前，我厅绝大多数党员领导干部都能自觉做到严以律己，从严约束自己、从严要求自己，但如果用“三严三实”这个高标准、严尺度来衡量，还存在不少值得重视的问题，比如有的自由主义比较严重，纪律和规矩意识不强，重要事项不请示、不报告；有的缺乏全局意识，执行省委、省政府和厅党组决策部署不坚决，遇到问题推诿扯皮，甚至上交矛盾；还有的对中央和省委、省政府的决策部署，虽然在公开场合不敢说三道四，但却在私人场合发表一些不负责任的言论；有的在某一级岗位干得时间长了，就不把心思放在工作上，而是整天琢磨自己的进步问题，个别人甚至怨天尤人；有的目无组织纪律，热衷于搞小团体主义，把个人利益置于整体利益之上；有的在社会交往时纪律观念不强，交往圈子不够纯洁，在别人的赞扬吹捧声中放松了警惕，不自觉地成了别人撑门面、造影响的道具；有人自我要求不严，在全国、全省严格执行中央八项规定精神的大环境下，仍然在开会、接待、出差等活动中不按规定行事等等。严以律己，必须坚持问题导向，认真解决这些突出问题，把严和实的要求贯穿于工作生活的方方面面，真正将“严以律己”内化于心、外化于行、固化于制，履行好一名人力资源社会保障领导干部的崇高职责。重点在五个环节上下功夫：

（一）在思想上、政治上、行动上始终同中央和省委、省政府保持高度一致。周永康、薄熙来、郭伯雄、徐才厚、令计划、苏荣以及我省王敏、黄胜等人所犯错误，从根本上说，就是信仰缺失，没有在思想上、政治上、行动上始终同中央保持高度一致。我们必须确立崇高的人生信仰，始终把牢世界观、人生观、价值观这个“总开关”，在任何时候、任何情况下在思想上政治上行动上同中央和省委、省政府保持高度一致、绝对一致，锤炼忠诚的政治品质，做到永远对党忠诚、对事业忠诚、对人民忠诚。首先，要深入学习马克思主义的经典著作，学习中国特色社会主义理论，学习习近平总书记系列重要讲话和对山东工作的重要批示精神，切实把思想统一到中央和省委、省政府的决策部署上来，统一到“四个全面”战略布局上来。其次，任何时候任何情况下，我们都要听从中央和省委、省政府指挥，决不允许上有政策、下有对策，决不允许有令不行、有禁不止，决不允许在贯彻执行中央和省委、省政府决策部署中打折扣、做选择、搞变通。第三，正确处理保持政令畅通与创造性开展工作的关系，在严格执行中央和省委、省政府决策部署的前提下，认真落实年初确定的“一个定位、三个加大、七个更加注重”的工作要求，对就业创业、社会保障、人才资源开发、机关事业单位人事管理、收入分配制度改革、构建和谐劳动关系中的每一项工作都进行对标分析，只要能做得更好，就绝不一般化，保持干事创业、奋发有为的良好状态，把工作水平和工作成效再提升一步，为经济社会发展作出更大贡献。

（二）自觉遵守党规党纪。党规党纪严于国家法律。一个人加入党的组织，就必然比普通公民接受更多约束，在政治上更讲忠诚、在组织上更讲纪律、在行动上更讲规矩。特别需要强调的是，要自觉遵守党章这个总规矩。每位领导干部不论在什么地方、在什么岗位上，都要认真学习党章，自觉遵守党章，切实贯彻党章，坚决维护党章，把党章各项规定，尤其是把遵守党的政治纪律和政治规矩的要求落实到行动上、落实到各项事业中，做政治上的明白人，不能在政治方向上走岔了、走偏了。重点把握好两点，一是严格执行党章中关于民主集中制的各项规定。领导干部既要有民主作风，又要有全局观念，善于团结同志，把民主集中制落实到制定政策、选人用人等领导工作的各个环节。二是遵循组织程序。王敏在忏悔书中也写到，自己脱离组织，迷失了方向。他还建议党内设一个专门的机构，让党员经常向组织反映自己的思想。请示报告不是小事，不能满不在乎，近年来一些干部出事，就出在这个方面。我们要进一步强化程序观念和组织意识，严格组织生活，将每项业务工作置于厅党组领导之下，重大问题该请示的请示，该汇报的汇报，绝不允许超越权限、违反组织原则和政治生活准则办事。

（三）牢固树立法治意识。国无法不治，民无法不立。中央坚决查处周永康、薄熙来、郭伯雄、徐才厚、令计划、苏荣等严重违纪违法案件，一再警示广大党员干部：党纪国法不容违逆。自觉做到严以律己，必须时刻对法律怀有敬畏之心，牢记法律红线不可逾越、法律底线不可触碰，自觉知法懂法，守法用法。要牢固树立法治思维和法治意识，带头了解法律、掌握法律，带头遵纪守法、捍卫法治，带头厉行法治、依法办事，提高运用法治思维和法治方式深化改革、推动发展、化解矛盾、维护稳定的能力和水平，引领、组织、推动系统上下依法开展工作。要提高依法行政能力，敢于担当、勇于负责，依法履行职责，健全依法决策机制，深化行政审批制度改革，建立行政审批清单、权力清单、责任清单，在法治轨道上开展工作，使依法、依程序办事成为人力资源社会保障系统工作的新常态。

（四）争做廉洁自律的表率。一是做到慎独、慎微。“物必先腐，而后虫生。”“道自微而生，祸自微而成。”这些都说明了慎独、慎微的重要性。严以律己，必须警钟长鸣，筑牢拒腐防变的思想防线，强化自我修炼、自我约束、自我塑造，带头遵守廉政准则以及领导干部工作、生活待遇有关规定。要懂得“君子爱财，取之有道”的道理，树立“当官不发财，发财不当官”的观念，增强“手莫伸，伸手必被捉”的意识，牢记“要想人不知，除非己莫为”的古训，算清政治、经济、名誉、家庭、亲情、自由、健康“七笔账”，始终保持共产党员廉洁自律的政治本色，练就金刚不坏之身。保持廉洁自律，既要管好自己，也要加强对亲属的教育和约束，严格执行省委、省政府清理利益输送专项整治各项规定。要坚持从小事做起，要管得住“小”，勤为善“小”，管住自己的嘴，不该吃的坚决不吃，管住自己的手，不该拿的坚决不拿，管住自己的腿，不该去的地方不去，做到守得住内心、耐得住寂寞。二是严格落实党风廉政建设责任制。坚持“一岗双责”，抓好分管范围内的党风廉政建设工作，督促分管单位落实主体责任，切实把党风廉政建设责任扛在肩上、抓在手上，管好班子，带好队伍。要旗帜鲜明地支持派驻纪检监察机构的工作，主动接受纪委和派驻纪检监察机构监督。

（五）做敢于担当的模范。担当是能力，更是责任。当前，人力资源社会保障事业改革进入攻坚期和深水区，面临严峻挑战和考验，迫切需要全厅干部职工解放思想、积极作为、敢于担当。要把该扛的责任，扛在肩上；把该干的工作，干到位、干到家；把该办的事情，办好、办扎实。敢于担当可能影响个别人的利益，也可能有的人不理解，甚至极个别人说三道四，只要我们行的正，不做亏心事，就不怕影子斜、不怕鬼敲门。要深刻认识和把握“三严三实”的实践要求和不担当不作为的现实危害，在工作、学习、生活中严格按“三严三实”要求做，对自己、对同事、对家人都要严格要求，切实增强敢担当、勇作为的思想自觉和行动自觉。要结合本处室、本单位的工作职能，结合领导工作分工和岗位职责，对照不担当不作为的具体表现，深入查摆自己存在的不担当不作为问题，细化形成问题清单。要坚持即知即改、立行立改，对查摆出的问题立即制定整改方案，明确整改目标、时限要求和责任分工，认真抓好自查自纠。要坚持“三严三实”的用人标准，认真贯彻《推进领导干部能上能下若干规定》，加大治庸治懒治散力度，着力解决为官不正、为官不为、为官乱为等问题，让真抓实干、埋头苦干的干部得到重用，让作风漂浮、哗众取宠的干部受到追责，努力形成能者上、庸者下、劣者汰的用人导向，在全厅营造良好的政治生态。

在2015年全省人力资源社会保障系统半年工作总结会上的讲话

2015年9月1日

同志们：

这次会议的主要任务是，传达学习2015年人力资源社会保障部年中务虚会和省委十届十二次全体会议精神，围绕深入推进人力资源社会保障各项改革，分析面临的新形势，总结交流上半年工作，研究部署下半年任务。昨天上午，部分市人社局围绕就业创业、社会保障、人事人才、收入分配等四个专题进行深入讨论，既有情况介绍，也有难点问题思考；既有下步工作考虑，也有意见建议，听后很受启发。厅各处室、单位要认真梳理研究，在深化改革和推进工作中充分吸收。昨天下午，各位厅局领导围绕分管工作总结成绩，分析形势，提出了要求，讲得都很好。所有这些对于我们认清形势、统一思想、坚定信心，圆满完成全年目标任务，必将产生重要的推动作用。下面，我讲四点意见。

一、清醒认识当前形势，进一步增强全面完成全年目标任务的紧迫感和信心决心

今年以来，面对持续呈现的经济下行压力和艰巨繁重的工作任务，全省人力资源社会保障系统在省委、省政府的正确领导下，围绕中心、服务大局，真抓实干、开拓进取，各项重点工作和重大改革都取得新进展新成效，转型发展迈出新的重要步伐，全省人社工作呈现“总体平稳、稳中有进、进中提质”的发展态势。一是就业和社会保障形势保持总体平稳。1-7月份，全省实现城镇新增就业84.9万人、农村劳动力转移就业96.5万人，分别完成年度计划的84.9%和80.4%；高校毕业生总体就业率达87.21%。上半年，城镇登记失业率控制在3.31%的较低水平。社会保险覆盖范围进一步扩大，调整了企业退休人员养老金、居民基础养老金、工伤保险和失业保险待遇标准。全省五项社会保险基金累计结余3572亿元，抗风险能力和共济能力进一步增强。二是人事人才工作取得积极进展。各项人才项目和计划深入实施，高层次专业技术人才队伍和高技能人才队伍建设扎实推进，大力培育发展人力资源市场，引进海外人才智力工作取得新成效。公务员制度和队伍建设不断加强，事业单位人事制度改革不断深化，公务员考录和事业单位公开招聘科学化水平进一步提升。军转干部安置工作进展顺利，自主择业军转干部管理服务工作迈出新步伐。三是工资收入分配制度改革扎实推进。完善机关事业单位工资制度，提高乡镇机关事业单位工作人员津贴补贴标准， 推进事业单位实施绩效工资工作，加快推进国有企业负责人薪酬制度改革。发布2015年企业工资指导线，调整最低工资标准。四是全面深化改革取得重要进展。制定全面深化改革实施方案，明确了23项重点任务。在全国率先启动实施机关事业单位养老保险制度改革，积极推进县以下机关建立公务员职务与职级并行制度，巩固扩大居民基本养老、基本医疗保险制度整合成果。建立重点项目、重要政策与就业的联动机制，《山东省人力资源市场条例》经省人大审议通过，开展中等职业学校和技工学校教师职称制度改革试点，深化高等学校教师职称制度改革，各项改革呈现面上推进、点上突破态势。五是维护社会稳定实现新作为。认真贯彻落实中央《关于构建和谐劳动关系的意见》，积极协调处理转方式调结构过程中的劳动关系。劳动人事争议调解仲裁效能稳步提升，劳动保障监察执法不断加强。企业军转干部总体稳定。六是自身建设得到新加强。

深入推进党风廉政建设，扎实开展“三严三实”专题教育，全系统党员干部党性觉悟有新的提高，工作作风有新的转变，担当精神有新的增强。同时，信息化建设、“十三五”规划编制、法制建设等各项综合性、基础性工作都取得新进展、新成效。这些成绩来之不易，应该充分肯定、倍加珍惜，并继续保持和发扬。

在看到成绩的同时，也要清醒认识到，人社工作面临的宏观形势更加复杂。省委十届十二次全体会议对我省经济社会发展形势进行了分析研判，在充分肯定我省经济社会发展成绩的同时，指出我省经济企稳基础尚不牢固，下行压力依然较大，现实问题和潜在风险不可忽视，要求全省坚决打好稳增长调结构主动仗，以稳增长调结构的新进展不断开创经济文化强省建设新局面。人社工作关系全省改革发展稳定大局，在全省经济社会发展中具有十分重要的地位和作用。我们必须善于察大势、观大局，准确把握新形势新要求，切实把思想认识和行动统一到省委对当前形势的科学分析判断上来，深入研究解决工作中的矛盾和问题，不断增强服务全省发展大局的针对性和有效性。

（一）经济下行压力加大对就业工作的影响得到有效应对，但就业的不确定因素增多，就业形势较以往更加复杂。一是就业面临的风险和不确定性有所上升。城镇新增就业一改多年来的持续上升势头，出现一定幅度下滑，自2月份以来城镇新增就业同比下降，企业用工需求和求职人数“双减少”，劳动力市场的活跃度降低。同时，我省部分行业和地区分化态势明显，钢铁、煤炭、水泥等行业产能过剩突出、开工不足、增长乏力，中小企业因经营困难出现裁员、部分地方的企业停产整治引发的区域性集中失业风险已有显现。二是就业结构性矛盾仍未得到有效缓解。劳动力总体供大于求，但产业转型升级对高素质、高技能、专业化人力资源的需求越来越高，高学历、高技能人才更为紧缺。同时，高校毕业生就业压力比较大。截至7月底，高校毕业生就业岗位需求共28.5万人，同比减少6.6%、1.9万人。三是劳动关系日趋复杂。劳动关系的稳定性受到更多冲击，上半年全省各级仲裁机构当期立案受理争议23271件，同比上升24.4%，涉案金额5.95亿元。

（二）社会保障制度运行总体平稳，但压力和风险不容忽视。一是除居民基本养老保险外，其他社会保险参保人数虽均有增加，但增量有限，进展不平衡。截至7月底，职工基本养老、职工基本医疗、失业、工伤、生育保险参保分别达2407.2万人、1867.3万人、1173.9万人、1435.7万人、1078万人，分别比去年底增长1.6%、0.4%、1.7%、1%、3%；居民基本养老保险参保4518.1万人，较去年底减少21.8万人。失业保险扩面压力大，多数市没有完成进度要求。部分市工伤保险参保人数呈下滑趋势，有的市出现负增长。二是基金征缴总体趋于平稳，但征缴形势不容乐观。1—7月份，全省职工基本养老、基本医疗、失业、工伤、生育保险基金征缴分别达921.7亿元、297.8亿元、35.3亿元、27.7亿元、21.1亿元，分别完成全年计划的57.1%、59.4%、55.5%、61.5%、61.7%。煤炭、冶金等行业仍不景气，效益下滑影响基金征缴。肥城矿业、新汶矿业、枣庄矿业等煤炭企业已出现无法正常发放工资的情况，部分单位缴费基数出现负增长。三是基金总体收大于支，但基金支撑压力不断加大。1—7月份，全省各项社会保险基金总收入、总支出同比分别增长22%、24%，如果去除居民医保整合因素，基金总收入仅增长10.8%。企业职工养老保险收入增幅仅为7.3%，8个市出现当期收不抵支，当期缺口达33.7亿元；职工医疗保险基金收入仅增长10.9%。部分低收入群体和个体灵活就业人员断保、断缴现象比较突出。截至7月底，企业职工养老保险断保281.3万人，占17.1%。四是居民基本医疗保险制度运行总体平稳、顺畅，但实际工作中，也存在一些不容忽视的问题。比如，新的居民医保政策与原新农合政策衔接不够，部分基层医疗机构尤其是乡镇卫生院、村卫生室人员对管理模式的变化不适应，对政策和结算方式的变化产生抵触情绪，工作积极性受到一定影响。再如，经办力量和人员专业素质不适应，信息化建设不到位，影响了管理服务水平的提升，等等。

（三）人才队伍建设稳步推进，但人才工作与经济社会发展的需求还不相适应。一是政府人才综合管理的观念尚未到位。如何在党管人才、组织部门牵头抓总大格局下，突破思维定势，创新工作思路，更好整合资源、凝聚力量，充分发挥人社部门的政策优势和服务优势，还有大量工作要做。二是人才工作与经济社会发展结合不够紧密，主动跟进和对接经济结构调整不够，人才供给和需求脱节，金融、现代服务业等我省转方式、调结构重点领域的专业技术人才偏少。人才工作对外开放不够，人才国际化素质不高。三是人才发展环境需要进一步改善，人才资源市场化配置水平不高，科研人才有序流动的体制机制障碍仍然存在，人才评价机制不完善，人力资源服务业发展滞后。四是人才队伍结构需要进一步优化，高层次创新型领军人才相对不足，实用性技能人才缺乏、高技能人才占比较低，基层人才队伍薄弱。

（四）人事管理体制机制不断创新，但管理的规范化科学化精细化水平亟待提高。一是无论是公务员考录，还是事业单位公开招聘，在确保公平公正的基础上，进一步提高科学化水平方面，还需加大创新力度。二是加快推进公务员分类制度改革，稳步扩大聘任制公务员管理试点，深化公务员平时考核试点，完善公务员制度，还需积极探索实践。三是全面贯彻事业单位人事管理条例，健全政策法规体系，全面建立以岗位管理和人员聘用为主要特征的新型人事管理制度，还有很多工作要做。

（五）收入分配制度改革力度不断加大，但距离更加公平合理的目标还有较大差距。一是地方财政收入增速放缓，一些财力状况较差的县（市、区）及时兑现机关事业单位增资的压力很大。二是事业单位绩效工资制度基本入轨运行，但传统分配理念没有彻底改变，缺乏行之有效的岗位绩效考核评价机制，合理有序的分配方式还没有形成。三是经济增速放缓使企业增资的能力和动力受到制约，部分企业一线职工特别是非公企业职工工资偏低、增长缓慢，企业职工平均工资低于全国平均水平。

我们要牢固树立问题导向，把困难估计得更充分一些，把风险分析得更透彻一些，把措施准备得更周密一些，千方百计巩固当前发展的良好势头，坚决防止问题长期不解决、工作裹足不前。

二、突出工作重点，以更加精准有效的措施推进工作开展

做好下半年工作，对于“十二五”收好官、“十三五”开好局意义重大。这里我就几个方面的重点工作，着重强调一下。

（一）全力确保就业稳定。一是健全完善政策体系。国务院上半年出台了两个重要文件，这是国家结合新时期产业结构布局和农民工流动趋势制定的重大政策。要尽快制定我省的落实政策，各市也要研究提出更有针对性的措施，真正把政策用足用好、落到实处。要加快推进就业优先战略行动，建立失业监测、预警和调控“三位一体”的失业预防调控机制，加大援企稳岗补贴力度，及时应对可能出现的区域性、行业性规模失业，千方百计稳定就业岗位。二是全力抓创业促就业。确保年底每市建立1所创业大学，实现创业培训规范发展。加快推进创业孵化基地和园区、创业型城市和街道（社区）建设，为劳动者搭建更加有效的创业扶持平台。着力解决创业者和小微企业融资难问题，提高新创企业的成活率。三是统筹促进重点群体就业。精心实施创业引领、就业促进等各项计划，主动帮扶，精准服务，确保年底高校毕业生就业率高于去年水平。深入实施农民工3项3年行动计划，协调推进农民工职业技能培训整合试点，推动农民工实现更高质量就业。

（二）扎实做好社会保障工作。一是继续完善社会保障制度。加快完善机关事业单位养老保险制度改革实施中的相关政策措施，稳妥推进民办非营利职业院校和中小学教师社会保障与公办教师同等待遇试点，逐步在全省推开。适当降低工伤保险费率，减轻企业负担。以职工大额医疗补助制度为基础，探索建立全省统一的职工大病保险制度，切实减轻职工的大病医疗费用负担。认真总结试点经验，尽快全面启动职工长期护理保险。深化医疗保险支付制度改革，提高重大疾病患者保障水平。二是加快实现社会保障人员全覆盖。以农民工、非公有制经济组织从业人员、灵活就业人员为重点，大力实施全民参保登记计

划，争取提前完成国家下达的目标任务，努力实现应保尽保。抓好建筑业参加工伤保险有关政策的落实，做好高风险行业特别是农民工参加工伤保险工作。三是强化社会保险基金监管。依法查处社会保险基金征缴、管理、支付、投资运营等环节的违法违规行为，确保基金安全。完善医疗服务监控系统，建立以规范医疗行为、保证医疗服务质量为核心的医疗服务监管体系，控制医疗费用不合理增长。四是继续做好养老保险基金委托运营工作。这项工作是省委、省政府站在战略和全局高度作出的重大决策，我们必须坚决做实做好。目前，500亿元基金已全额到位、及时划拨。下步，要及早做好第二期300亿元的归集准备，贯彻实施好国务院基本养老保险基金投资管理办法，确保我省委托投资运营工作严格在国家制度框架内安全高效运行。同时，要加强对全省基金收支情况的监控分析，密切关注各地养老金发放情况，及时解决基金归集后出现的新情况新问题，确保养老金按时足额发放。各市要进一步把思想认识统一到省委、省政府的决策部署上来，担当尽责、积极行动，确保按时足额把委托运营基金归集到省，绝不能因个别市工作滞后影响全省整体工作大局。

（三）全面加强人才队伍建设。一是主动探索强化人才工作综合管理的有效途径。人才工作不能仅仅满足于完成好具体人才项目，必须突破框框、超越自我，向更高层面跃进、更大空间拓展、更深领域延伸。要积极争取组织部门的支持，对分散在政府各部门的人才政策进行认真汇总梳理、整合归并，推动形成分工合理、错位发展、有序引才、合理用才的新格局，提高政府人才工作整体合力。二是大力加强“两高”人才队伍建设。鼓励企业采取高薪聘用、股权激励、兼职兼薪等方式，引进一批能够推动我省重点产业技术突破的特殊人才和创新团队。加快技能人才开发力度，培育引进一批引领技术革新、技术改造和技能攻关的产业技能领军人才，探索技能人才培养新模式，推动技工院校与职业院校“双证互通”。同时，全面做好职业资格许可和认定事项的清理整顿工作，为人才评价创造良好环境。三是加大海外人才智力引进力度。围绕全省区域发展战略和经济社会发展重点领域，组织实施引智项目，对科技含量高、发展前景好、辐射带动力强的优势项目进行重点资助，着力引进我省急需的高水平外国专家。四是大力发展人力资源服务业。健全人力资源服务标准体系，加强济南、青岛、烟台、潍坊园区建设，加快培育1～2家在全国具有示范作用的龙头企业和行业领军企业。扎实做好《山东省人力资源市场条例》的宣传实施工作，为人力资源市场的发展创造良好的法治环境。

（四）不断强化机关事业单位人事管理。以机关事业单位公职人员管理为核心的公共人事管理职能，是我们系统的两大职能之一。客观讲，近年来公共人事管理职能有弱化的趋势，需要我们高度重视，积极应对。一是加强公务员制度和队伍建设。深入开展公务员法实施十周年执法检查，深化聘任制公务员管理试点。着力推进公务员平时考核试点，逐步形成科学管用、体现实绩、简便易行的平时考核机制。以争创“人民满意示范单位”和“人民满意公务员示范岗”活动为载体，进一步完善公务员考核激励导向机制，切实将考核结果与职务晋升、教育培训、评先树优相结合。规范行政机关非领导职务设置，提高公务员公开遴选工作规范化水平。二是强化事业单位人事管理。贯彻落实《事业单位人事管理条例》和《事业单位领导人员管理暂行规定》，加大配套政策法规建设力度，加快推进事业单位岗位设置和人员聘用，完善事业单位考核奖惩制度，加强公开招聘工作，不断提高事业单位人事管理科学化水平。三是积极稳妥做好军转安置工作。扩大“人岗相适”安置试点，圆满完成军转安置任务。完善自主择业军转干部管理服务政策，健全企业军转干部解困维稳长效机制，确保企业军转干部总体稳定。

（五）大力构建和谐劳动关系。一是创新劳动关系协调机制。全面落实中央《关于构建和谐劳动关系的意见》，建立协调劳动关系三方委员会，加快建立规范有序、公正合理、互利共赢、和谐稳定的劳动关系。开展劳务派遣监督检查，规范劳务派遣行为，在更宽领域、更大范围落实同工同酬。二是加强劳动人事争议调解仲裁。加大调解工作力度，柔性化解各种矛盾争议，努力将劳动争议解决在萌芽状态。探索改进仲裁办案方式，优化办案程序，依法加大先行裁决、先予执行裁决、一裁终局裁决力度，确保结案率保持在90%以上。三是加强劳动保障监察执法。开展劳动用工、社会保险及农民工工资支付等各类专项执法检查，建立重大案件挂牌督办制度，及时查处拖欠工资、违法用工、不签劳动合同、不参加社会保险等违法行为，重点查处劳务派遣违法用工和不执行同工同酬规定等行为。

（六）全面加强综合性、基础性工作。一是扎实做好“十三五”规划编制工作。深刻把握“十三五”时期我省经济社会发展趋势和重点任务，把全省“十三五”期间人社事业发展的目标任务理清楚，把发展动力和路径搞明白，着力增强规划的科学性、前瞻性、导向性和可操作性。要加强与各级发改部门的沟通，研究挖掘一批重大项目，争取更多的项目资金，为“十三五”期间人社事业的发展提供有力支撑。二是大力加强基层平台建设。今年是基层平台规范化建设收官之年，还没有完成县级综合服务中心建设任务的市要加大工作力度，加强统筹协调和督促指导，确保按时保质保量建成。特别是已经预拨省级奖补资金的县（市、区），要保证按期通过考核验收，避免被省财政追减指标，收回资金。三是加快推进信息化建设。以提高行政能力和服务水平为目标，以实施“一网、一库、一卡、一号”工程为重点，加快推进省级集中建设，大力提升公共服务的信息化水平，加强数据资源的开发利用，千方百计确保信息安全，以信息化支撑、引领人社事业转型发展。四是积极推进法治人社建设。坚持科学民主立法，重点抓好《山东省劳动人事争议调解仲裁条例》《山东省劳动和社会保障监察条例》等地方性法规的制定或修订工作，完善具有山东特色的人力资源社会保障法规体系。大力推进依法行政，认真实施权力清单和责任清单制度，明确行政权力的实施依据、办理时限、办理条件、承办机构和办理流程，推动行政权力在法治轨道上运行。编制实施“七五”人社普法规划，充分利用各类传统和新兴媒体，大力宣传人社领域法律法规和遵法守法典型，在全社会营造遵守人社领域法律法规的良好氛围。同时，要积极探索依法治国形势下信访维稳工作的新途径，扎实做好重大决策社会稳定风险评估，坚持重大决策事项未经评估不能做出决策；坚持法定渠道分类处理信访问题，依法及时回应群众诉求。五是大力提升窗口单位服务水平。规范办理流程，创新服务手段，大力提升窗口服务的便捷性和人民群众的满意度。严肃窗口工作纪律，在纪律和制度的执行上出真招、动真格、见真效，有令即行、令行禁止，确保行政许可、行政监督和行政执法等各类行政权力在阳光下运行。巩固拓展窗口单位改进作风专项行动成果，突出服务规范、纪律要求和服务用语三方面重点，建立改进窗口单位作风长效机制，充分展示人社部门的良好形象。六是全面加强财务管理服务。要主动适应财务管理工作新形势新要求，既要坚持严格政策、严格程序、严格责任，又要强化服务意识和服务水平。当前尤其要编实、编细、编全财务预算，坚决避免大而化之、随意填报，造成工作被动。各地、各院校要进一步严格财务管理，用足用好各项资金，经得起审计和监督，确保不出任何问题。

三、聚焦改革攻坚，全力推进重点改革措施落地

全面深化改革在“四个全面”战略布局中处于关键部位，也是加快人力资源社会保障事业转型发展的根本源动力。全面深化改革，根本在“改革”，关键在“深化”，重点在“全面”。强调“改革”，就是要始终高举改革的旗帜不动摇，自觉服从改革大局、服务改革大局，勇于自我革命，敢于直面问题；强调“深化”，就意味着改革难度越来越大，必须有勇气、有胆识、有担当，敢于啃硬骨头、闯难关；强调“全面”，就表明改革不是某一领域、某一方面单兵突进，而是全面、系统改革，必须加强顶层设计，使各方面改革协调推进、形成合力。总的看，人社领域改革已进入攻坚期和深水区，正处于爬坡过坎的关键阶段，改革任务异常艰巨繁重，这就要求我们必须自觉运用改革的思维，发挥改革的智慧，以创新的举

措破解改革发展中的困难和问题。推进下半年人社领域各项改革，要重点把握好以下三个方面：

（一）坚持问题导向。今年以来，我们按照省委、省政府系列决策部署，坚定不移地把全面深化改革摆在更加突出位置，突出重点、对准焦距，协调推进23项重点改革任务，取得重要进展和积极成效。特别是，机关事业单位养老保险制度改革、完善机关事业单位工资制度、县以下机关建立公务员职务与职级并行制度、国有企业负责人薪酬制度改革，这几项党委政府高度重视、人民群众密切关注的改革启动早、进展快、效果好。但是，总体来看，改革中也存在不容忽视的问题。一是改革推进情况不均衡。各地、各领域改革进度、力度不同，有的走在全国前列，有的推进速度比较慢，影响了人力资源社会保障改革的整体推进步伐。23项改革任务中，目前只“销号”8项，其他15项都需要抓紧向前推进。二是改革的难度比我们预想的要大得多。人社领域改革涉及面广、触及利益深，制定方案难，落实方案更难。每一项改革涉及方方面面，各地情况千差万别，随着改革的深入推进，各种新的矛盾和问题不断出现。比如，在推进机关事业单位养老保险制度改革和建立职务与职级并行制度中，由于一些地方机关事业单位人员混岗现象严重，人员状况、工资收入水平等基本情况和基础数据缺乏，都制约了改革的顺利推进。三是有些改革的顶层设计尚未完成。有的改革国家还没有出台相关政策，目前只能根据上级的研究思路，加强调查研究，做好有关准备工作，待国家政策明确后，才能入轨实施。四是思想重视程度还有待提高。应该说，多数市局一把手和处室单位负责同志对推进改革积极主动，但也确有部分同志对其重要性和紧迫性认识不足，没有摆在应有的位置，片面强调实际困难，开展工作的主动性积极性不够，存在等靠要的思想。

（二）把握改革重点。今年是全面深化改革的关键之年，一个突出特点是，既要全力推动已出台改革举措的落实落地，还要研究制定各项新的改革举措，两方面任务都非常繁重。要突出重点，把握关键，紧紧抓住重点改革不放松。一是加快推进机关事业单位养老保险制度改革，力争继续走在全国前列。要加大工作力度，还没有制定具体实施方案的市，要根据国务院和省政府要求，抓紧研究制定，立即组织实施。改革实施中遇到重大问题，要及时向省里报告，切实防范风险因素的发生。省厅也要进一步加强调度，适时派出督查组，对有关地区的改革工作进行指导。二是全面完成机关事业单位工资制度改革。各地工资标准已调整到位，但是一些地方只是随7月份工资调整了标准。下步，要将2014年10月份以来的增资补发到位。同时，要切实兑现乡镇工作人员津贴补贴。省里从今年1月份起，调整了乡镇补贴的发放水平，部分地方没有跟进提高标准。各地务必高度重视，切实把党中央、国务院和省委、省政府的关心关怀落实到每一位基层干部职工。三是加快推进县以下机关建立公务员职务与职级并行制度。7月17日召开的全省会议，要求各地8月15号前部署下去。截至8月底，10个市已经做出部署。还未部署实施的市，要加大工作力度，尽快开会部署。针对各地实施中反映比较多的问题，特别是部分单位和人员是否纳入实施范围，相关处室要抓紧研究明确。各地要全力做好组织实施工作，尽快兑现职级待遇。四是进一步完善居民基本医疗保险制度体系。要进一步规范完善管理措施，创新工作机制，充实经办力量，不断提高居民医保和大病保险的筹资标准和保障水平。要密切关注调整起付标准、报销比例、支付限额和门诊支付额度带来的影响，研究制定过渡期内保持连续性和稳定性的措施，调动基层医疗机构和乡村医生的积极性，确保居民医保制度平稳高效运行。要继续巩固和提高居民医保覆盖率，重点做好以家庭为单位的参保缴费工作，努力将参保率保持在95%以上。加强对各市和商业保险公司合作工作的督导，加快大病保险信息系统建设。建立完善基金风险预警机制，对基金运行实行动态分析和监控，努力维护基金安全。五是加快推进国有企业负责人薪酬制度改革。国家要求，国有企业负责人自2015年1月1日起都要执行改革后的薪酬制度。我们要按照这一时间节点，协调推进各项改革工作。目前省管企业负责人薪酬制度改革已开始实施，各市也要明确时间进度和职责分工，拟定好薪酬管理政策，会同有关部门做好改革的指导监督工作，抓紧推进改革。要注意研究解决好改革过程中出现的新情况、新问题，增强工作的预见性，把各项改革措施落实好、执行好。

同时，改革劳动报酬制度保障农民工同工同酬、政府购买基层公共管理和社会服务岗位、失业预测预警和失业调控、创新劳动关系协调机制、民办非营利职业院校和中小学教师社会保障与公办教师同等待遇试点、司法人员职业保障制度改革试点、公务员分类制度改革、事业单位人事制度改革、建立引进高层次人才绿色通道、分类推进人才评价机制改革、建设人才服务体系等其他各项改革也要整体推进，确保全面完成我们承担的各项改革任务。

（三）确保改革质量。一要提升工作境界和水平。各项改革要取得更大成效、达到预期目标，必须大力发扬敢为人先、争创一流的拼搏精神，坚持不懈提升发展标杆、提升思想境界，自觉追求卓越、勇创一流。要始终坚持科学严谨，无论是制定政策，还是执行政策，都要拿出“最讲认真”的态度和行动，把功夫下到细微处，更加注重细节，自觉追求完美，努力把每项改革都做好做到位。二要狠抓改革进度。坚定不移推进改革，是我们必须涉的险滩、必须迈的坎。与其被动应付，不如及早谋划，尽量赶在计划的前面，掌握工作主动权。对于已经出台方案的改革，要克服一切困难，采取有力措施，很好地研究解决落实中遇到的问题，确保改革举措落实。对于没有制定方案的改革，要及时掌握相关动态，加快推进相关调研、论证、测算等工作，尽早形成思路方案，拿出充分的时间对主要的文件和政策进行“打磨”“抛光”，确保改革的措施更完善、更合理、更具有操作性。改革方案制定过程中，要坚持问题导向，找准主攻方向和着力点，充分考虑各方面情况，使推出的每一项改革举措都能指向明确、解决问题、便于落实。三要增强改革的协调性。各项改革之间具有不可分割的内在联系，每一项改革都会对其他改革产生影响，每一项改革又都需要其他改革协同配合。只有统筹兼顾深化改革的各个方面、各个层次、各个要素，才能真正做到各项政策措施相互协调、相互促进、良性互动，否则就会顾此失彼，甚至相互掣肘。要特别注意做好政策的衔接平衡，出台每一项政策，都要在纵向上瞻前顾后，与原有政策相衔接，与发展趋势相一致，增强政策的前瞻性和可持续性；在横向上要注意兼顾左右，做到与相关政策衔接配套，与同类人员及同类地区大体平衡。尤其是涉及待遇类的政策，更要把握好政策之间的衔接，避免因政策前后冲突或相互失衡而产生新的矛盾和攀比。

四、以良好的精神状态和工作作风狠抓工作落实

下半年工作任务很重、困难很多、时间很紧、要求很高，能不能抓好、见到成效，是对我们各级领导干部党性觉悟、素质能力和工作作风的重大考验，也是开展“三严三实”专题教育、巩固拓展教育实践活动成果的现实检验。我们必须以强烈的政治责任感、高昂的精神状态、攻坚克难的意志品质、拼搏奉献的干事激情，扎实工作、开拓进取、务求实效。

（一）必须步调一致、上下联动。要建立健全人社系统上下贯通的工作机制，形成人社系统省市县同频共振的工作格局。各级人社部门要强化系统意识，坚持全省“一盘棋”，坚决防止缺乏大局观念，遇事首先考虑和维护部门和地方利益的倾向。出台涉及利益调整、有可能引发攀比的政策，都要事先和上级部门沟通，做到局部服从全局，真正在全系统形成顾全大局、令行禁止，全力服从服务于党和政府中心工作的良好局面。通过大家齐心协力，同频共振，形成整体工作合力，确保各项工作不打折扣、不拖后腿。

（二）必须勇于担当、主动作为。在座各位都是厅局领导和各市局、各处室、各单位一把手，是高标准高质量推动工作的“关键少数”，肩负的责任非常重，必须牢固树立勇于担当的责任意识。我到一些地方调研时发现，部分基层人社部门的同志对自己分管工作的基本情况和主要政策不甚了解。这样一种精神状态是要不得的。圆满完成下半年的各项任务，关键在于大家树立强烈

的责任感、紧迫感和担当精神，做改革的促进派、实干家。要坚决杜绝“只要不出事、宁愿不干事”和“不求过得硬、只求过得去”的思想状态，始终保持锐意进取的精神状态，勇于担当，敢于负责。对于重要改革和重点工作，各位厅局领导、市局一把手和处室单位主要负责人，要靠前指挥，亲自抓部署、抓协调、抓落实、抓督办，不能当“甩手掌柜”，只批几个字、讲几句话了事。特别是对矛盾困难多、协调难度大的工作，要亲历亲为，主动争取党委政府的支持，提出可行的意见建议，推动工作顺利开展。

（三）必须作风过硬、敬业奉献。没有良好的作风和强烈的奉献精神，要承担好艰巨繁重的工作任务，走在全国前列，是绝对做不到的。每位同志都要锤炼求真务实的过硬作风，有那么一股子干劲，铺下身子、甩开膀子、迈开步子，以时不我待、只争朝夕的紧迫意识和责任意识，在抓落实上下细功夫、苦功夫、深功夫。要通过“三严三实”专题教育，彻底解决不严不实的各种问题，引导广大党员领导干部真正把“三严三实”作为修身做人的基本遵循，作为为官用权的警世箴言，作为谋事创业的行为准则，落实到履职尽责、做人做事的方方面面，把“三严三实”要求不折不扣落到实处，转化为推动工作的强大动力。要始终脚踏实地、锲而不舍、一抓到底、务求实效。要有大牺牲、大奉献的精神，自觉讲大局、讲奉献，在人社事业改革发展进程中默默无闻、勤奋敬业、再立新功。要自觉遵守党纪国法，珍惜岗位职责，守住信念、道德和法纪防线，心存敬畏、廉洁自律，始终做政治上的“明白人”、经济上的“干净人”、作风上的“正派人”。

（四）必须引导舆论、营造环境。改革越是深入，工作越是推进，越要重视舆论引导工作。当前，公众参与社会事务的积极性越来越高，表达意见和诉求的渠道越来越多，对政策制定实施的影响也越来越大。要保证各项工作顺利推进，就必须把舆论引导贯穿于工作全过程，做到推进每一项改革，出台每一项政策，都有相应的舆论引导方案。要综合运用新闻发布、媒体吹风等多种方式，在门户网站和其他媒体上及时发布工作进展情况，为改革和各项工作开展创造良好舆论环境。特别是要加强网评工作，发挥网评队伍的作用，学会以“网络语言”发声，引导网络舆论。

同志们，做好下半年的工作，任务艰巨，责任重大。我们要在省委、省政府的坚强领导下，解放思想，主动作为，攻坚克难，以更加坚定的信心、更加饱满的热情、更加扎实的工作，全面完成全年任务，大力推动全省人力资源社会保障事业加快转型发展，努力走在全国前列。

在政务服务大厅窗口工作人员培训班上的讲话

2015年9月11日

同志们：

在我厅政务服务大厅即将投入运行之际，举办这次培训班，非常必要，也非常及时。为确保培训效果，我们专门邀请了河北省人社厅、山东省编办、省法制办的专家进行授课指导。首先，我代表省人社厅向参加授课的各位专家表示热烈欢迎和衷心感谢。下面，我讲三点意见。

一、统一思想，充分认识政务服务大厅建设的重要意义

经过各方面紧张筹备和共同努力，报经省政府领导同意，我厅政务服务大厅即将投入使用，这是我厅发展史上的一件大事。政务服务大厅是推进政务公开、方便单位和群众办事的重要平台，不仅仅是有形设施的建设，更是转变职能、创新

机制的重大举措，具有重要的现实意义和深远的历史意义。

（一）建设政务服务大厅是贯彻落实中央和省委、省政府要求，转变政府职能、建设服务型政府的重要举措。政务服务大厅建设是一项突破性、创新性的工作。中央和省委、省政府高度重视政务服务大厅建设工作。中央两办在《关于深化政务公开加强政务服务的意见》中明确提出：“服务中心是实施政务公开、加强政务服务的重要平台。各地要因地制宜规范和发展各级各类服务中心。”省委、省政府两办在《关于深入推进权力清单制度依法全面履行政府职能的意见》中明确要求：“完善政务服务实体大厅（政务服务中心）运行，凡与企业和人民群众密切相关的行政权力和公共服务事项均应全部纳入服务大厅办理；凡不需要现场勘查、集体讨论、专家论证的一般性审批事项在窗口受理后直接办结。推进一个窗口受理、一站式服务模式。”正是基于以上要求，我厅决定建设政务服务综合大厅，努力实现“一门式”办公、“一站式”服务，改进服务方式，提高服务效能。

（二）建设政务服务大厅是广泛接受社会监督、打造廉洁高效政府的重要手段。阳光是最好的防腐剂、消毒剂。建设政务服务大厅，就是要按照公开透明的要求，将全厅所有事项的受理、办理和决定等权力运行的全过程、各环节置于有效监督之下，在体制机制上对行政行为进行有效制约，保障群众的知情权、参与权和监督权，从源头上预防和遏制腐败现象的发生。

（三）建设政务服务大厅是方便群众办事、提高群众满意度的重要平台。人社工作与人民群众切实利益息息相关，人民群众希望得到更加便捷高效服务的期待越来越强烈。近年来，厅党组坚持将群众观点、服务至上理念贯穿工作全过程，相继公布行政审批清单、行政权力清单、政府责任清单，全面提高服务质量和服务水平，取得明显成效。但是，我们应该看到，现行的分散的传统服务模式已经难以适应人民群众对政务服务质量、效率的要求。通过政务服务大厅建设，把所有政务服务事项集中到政务服务大厅，各窗口同在一条流水线上工作，直面群众、公开透明，可以更好地促进服务理念和工作作风的转变，为群众提供极大方便，让群众少跑腿。

二、加强学习，努力提高政务服务大厅服务水平

随着政务服务大厅的运行，它将成为我厅服务社会各界和人民群众的重要窗口，也是我厅的门面。政务服务大厅运行成功与否，在一定程度上取决于窗口工作人员的素质。我们肩负的责任重大而光荣。当前和今后一个时期，必须持之以恒地抓好人员培训教育工作，努力打造一支政治素质高、业务能力强、作风过得硬的窗口工作队伍。大家被各处室、单位推荐到窗口工作，既是一份信任和责任，更是一种考验和历练。大家要抓住这次难得的培训机会，学习掌握窗口工作需要的各方面知识和技能，不断提升自身综合素质和业务能力。

一要加强理论学习，强化群众观念。窗口工作是服务群众的第一线，是联系群众最紧密、服务群众最直接的工作。窗口服务水平的高低，既直接关系到广大群众的切身利益，也直接关系到我厅的良好形象。因此，窗口工作人员要不断加强政治理论学习，以群众观念统领自己的行为，以践行“三严三实”要求为主线，不断提升精神境界，牢记为人民服务的宗旨，提高服务群众的意识，争当服务群众的典范，在服务群众中建功立业。

二要加强业务学习，提高履职能力。当前，我国政治、经济、社会等领域发生着深刻变革，人社工作的社会环境、服务对象也发生了重要变化，面临着深化改革、制度创新、信访维稳的多重压力，始终是社会关注的重点、焦点。在这种环境下，把各项业务进一步集中到政务服务大厅，必然带来矛盾、压力、问题的集中，同时还要进一步实行透明管理、清单管理、承诺服务，这种挑战、考验是前所未有的。面对挑战，只有坚持不懈地学习，才能适应形势和要求。政务服务大厅运行在即，大家要抓住机遇，将集中培训与个人自学、理论学习与业务学习等结合起来，全面提高自身业务素质，尽快适应窗口工作需要。

三要加强制度学习，筑牢纪律底线。没有规矩，不成方圆，加强纪律性才能出战斗力、出执行力。政务服务大厅涉及到业务工作的方方面面，绝大多数处室、单位都要派人窗口值班，加强纪律和制度约束尤为重要。培训班上印发了一部分管理制度，内容涵盖了政务服务大厅运行维护、人员管理、服务监控、监督考核、后勤保障等内容，已经比较全面了。特别是一次性告知、限时办结、首问负责等制度，对大家的要求是比较高的。我们一定要认真学习、深入领会、自觉落实，全面正确履行职责，在各自的岗位上做到能办事、会办事、办成事。

三、规范管理，形成政务服务大厅发展的整体合力

政务服务大厅建设是当前我厅转变职能、创新机制、强化管理的重中之重。大厅投入使用仅仅是迈出了第一步，今后更重要、更艰巨的任务，是如何举全厅之力抓紧抓好、抓出实效，全面建成一个规范、高效、在全省乃至全国人社系统具有一定影响力的政务服务大厅。

（一）抓好统筹协调。为了推进政务服务大厅建设管理工作，厅里成立了专门领导小组，我任组长，喜坤同志任副组长，其他厅（局）领导为成员，定期研究部署相关工作。领导小组下设办公室，具体负责大厅日常管理维护工作。领导小组办公室由厅办公室会同多个处室、单位人员组成，要进一步明确职责分工，做好服务大厅的科学化、规范化和标准化建设，及时受理意见、建议和投诉，保证服务大厅高效、优质、有序运转。政务服务大厅设有65个窗口，涉及到16个行政处室、省公务员局和11个事业单位。各处室单位要牢固树立“一盘棋”思想，把窗口服务作为一项重要工作，认真研究，精心组织，选派思想作风好、业务能力强、政策水平高、服务态度好的业务骨干到大厅工作。要加强内部统筹协调，建立窗口受理与后台办理配套联动机制，切实做好本处室单位承担的工作任务。

（二）抓好监督考核。没有监督就没有落实，政务服务大厅管理必须把监督考核牢牢抓在手上，整体带动管理水平的提升。一要加强人员管理。窗口工作人员要保持相对稳定，原则上不得随意调换，确需更换或调整的应该严格按照有关规定执行。日常工作中，要遵守考勤制度，践行窗口工作人员行为准则，特别是落实AB角制度，确保岗有定人、人有定责。要开展评先树优活动，对成绩突出的窗口工作人员予以表彰奖励，对表现差、群众意见大的窗口工作人员及时批评教育或进行调整，激发窗口工作人员积极向上、爱岗敬业的工作热情。二要注重监督考核。要健全统计监测制度，定期汇总情况，对政务服务大厅工作情况进行监测和评估。要加强考核评价和绩效管理，完善考核办法，将工作绩效作为窗口工作人员业绩评定、奖励惩处、选拔任用的重要依据。三要严肃责任追究。要通过政务公开、公布举报电话、设立举报信箱、征求群众意见等多种方式，自觉接受群众的监督。要认真办理群众的投诉和举报，对进驻不到位、体外循环、效能低下等不作为、乱作为的问题，要按照有关规定进行严肃处理。

（三）抓好机制创新。搞好政务服务大厅建设并真正发挥作用，必然会遇到许多新情况新问题，这就要求我们善于研究、勇于探索、积极创新，只要有利于方便群众、有利于提高行政效能，都要大胆实践，不拘一格，推陈出新。一要加强管理机制创新。要结合工作中出现的实际问题，不断调整完善现有工作制度，逐步使各个环节有章可依、有规可循。二要加强信息化建设。要加大政务服务大厅软件系统、硬件设备等基础设施的投入，打造集业务办理、信息反馈、电子监察、数据统计、效能测评、资源共享、互动交流为一体的信息化平台，不断改进技术手段，通过互联网提供便民、公开、依法、高效的公共服务。三要加强宣传引导。要综合运用灵活多样的宣传形式，向全社会大力宣传政务服务大厅的重要意义、工作措施和工作成效，提高广大群众对政务服务大厅的知晓率，为政务服务大厅健康发展营造良好社会环境和舆论氛围，使政务服务大厅真正办成群众拥护、社会认可、服务大众、贡献突出的新型阳光政务窗口。

同志们，政务服务大厅建设既是一项全新的

工作，也是一个系统工程，需要我们不断探索、全力推进。希望大家能珍惜这段宝贵的学习时间，做到学有所获、学有所成、学有所用，为做好窗口工作奠定坚实基础。

在全省就业创业工作座谈会上的讲话

2015 年 9 月 18 日

同志们：

省委、省政府高度重视就业创业工作。在全省经济工作会议上，省委书记姜异康同志强调，要抓好就业这一民生之本，实施更加积极的就业创业政策，扎实做好农民工、高校毕业生等重点群体的就业工作。省委副书记、省长郭树清同志多次对就业工作作出重要批示，3 月 31 日，郭树清省长在省厅报送的《当前全省就业形势专题报告》上作出重要批示："我省就业工作很有特色，总体形势保持平稳，但要居安思危，看到潜藏的问题和未来的挑战，主动应对；要把解决就业问题与支持产业结构调整升级和城镇化紧密结合起来，落实好农民进城后的市民待遇，解决好服务业发展的瓶颈制约，对接好就业需求与用工需求，特别是做好各种培训工作"，4 月 9 日，郭树清省长又在新华社国内动态清样上作出重要批示："我省职业教育和技术培训已经具备了很好的基础，但是从企业招工的情况看，仍然有较多工种招不到足够的员工，结构性矛盾在就业市场仍然较为突出。如何进一步做好技能型人才的培养，特别是在县乡两级搞好农民工的培训，仍然是一项艰巨的任务，请专题研究探索"。省委常委、常务副省长孙伟同志多次专题研究就业创业工作，对做好新常态下的就业创业工作提出明确要求。我们召开这次会议的主要任务就是，深入传达学习姜异康书记重要讲话、郭树清省长重要批示和孙伟常务副省长重要指示精神，认真总结 2014 年的就业创业工作，全面分析研判面临的形势，安排部署 2015 年的工作任务。下面，我讲三个问题。

一、准确研判就业形势，增强做好新常态下就业创业工作的忧患意识和使命担当

去年以来，在经济增速放缓、下行压力较大的情况下，各级人力资源社会保障部门按照省委、省政府的决策部署，牢牢把握稳中求进工作总基调，围绕中心、服务大局，开拓进取、扎实工作，各项工作都取得了新进展新成效，许多事关全局和长远发展的重要改革、重点工作取得突破性进展，人力资源社会保障事业转型发展迈出重要步伐。这些成绩的取得，是系统上下团结拼搏、扎实工作的结果，同时也凝聚着全省广大就业工作者的心血和汗水。我们始终把促进就业创业作为重大政治责任和第一位的工作来抓，全力推动就业创业政策落地，持续释放政策红利，着力抓创业促就业，确保了就业形势的总体稳定。2014 年，新增城镇就业 118.5 万人，完成年度计划的 118.5%，农村劳动力转移就业 131.2 万人，完成年度计划的 109.33%，连续 11 年实现"双过百万"，城镇登记失业率为 3.3%，低于 4.0% 的控制目标，就业稳成为经济社会运行总体稳定的重要标志。呈现五个特点：一是就业领域深化改革取得新突破。坚定不移地聚焦改革，突出重点、锐意创新、务求实效，就业领域创造了许多亮点，在全国实现了"五个率先"：率先出台进一步规范国有企业招聘行为的意见，维护了就业的公平公正；率先出台创建创业大学的意见，6 个市建成各具特色的创业大学；率先实行城乡统一的就业失业登记制度，将农村就业人员纳入登记范围；率先将公益性岗位扩展到公益性社会组织，托底安置能力明显增强；率先出台失业保险支持企业转岗培训和岗位技能

提升培训补贴办法，失业保险稳就业、促就业、防失业的功能进一步强化。二是狠抓政策落实取得新成果。全力推动就业创业政策落地，持续释放政策红利，一次性创业补贴发放3.5亿元，同比增长233.2%；小额担保贷款发放89.4亿元，同比增长16.9%，贴息4.5亿元，同比增长55.2%。实施就业促进、创业引领计划，改革高校毕业生就业报到制度，千方百计促进高校毕业生就业，高校毕业生总体就业率达91.47%，同比提高1.27个百分点。大力实施农民工“职业技能提升、权益保障、公共服务”3项3年行动计划，农民工就业质量实现新提高。三是创业工作取得新成效。大力促进创业带动就业，全省实现创业46.8万人，新登记注册私营企业达26.5万户，带动就业118.6万人，创业成为就业增长新引擎，大众创业、万众创新氛围更加浓厚。四是就业创业服务得到新提高。创新就业培训形式，全面实施新一轮就业创业培训五年规划，全年培训124.2万人，为产业转型升级提供了技能人才支撑。创新公共就业服务，搭建起高校毕业生就业服务微信平台，建成“山东半小时公共就业服务圈”，启动了“数字就业社区”建设，举办了第二届山东省创业大赛等就业创业服务活动，就业服务水平和质量进一步提高。五是转型发展迈出新步伐。坚定不移地加快工作指导的重大转变，进一步转变发展思路、发展路径、发展重点，就业工作转型发展迈出重要步伐，实现了由依赖经济增长拉动的被动性增长向以创业带动就业的主动性增长转变，由单纯追求扩大规模向提质扩量并重的转变。借此机会，我也代表省人力资源社会保障厅向广大就业工作者表示衷心的感谢和诚挚的问候！

当前，我国经济发展进入新常态。认识、适应、引领新常态是当前和今后一个时期我国经济发展的大逻辑。做好新常态下的就业工作，我们一定要遵循这个大逻辑，变压力为动力，化挑战为机遇，创造性地开展工作。为深入分析研判新常态下的就业形势，3月初省厅组织了三个调研组，分别赴6个市进行了调研。从调研和面上掌握的情况看，就业工作新常态的阶段性特征明显，呈现总体平稳、稳中趋缓的态势，同时稳中有忧，困难不少。“稳”表现为：产业转型升级，有利于提高经济增长的就业弹性，同样的经济增速可以带来更多的就业岗位；有利于创造更高质量的就业岗位，使大学生和技能劳动者的人力资本得到有效释放；有利于新兴产业和新型业态的发展，形成新就业增长点，为实现更加充分的就业提供了新动能。一季度，高校毕业生就业2.87万人，总体就业率同比提高0.66个百分点；随着产业结构调整步伐的加快，就业结构发生深刻变化，服务业和中小微企业成为带动就业增长的主导力量，3月份第三产业企业需求比重达55.6%，比第二产业高13.5个百分点，同比增长2.5%；中小微企业占招聘企业的80%。“忧”表现为四个方面：一是经济增速持续放缓使隐性失业开始显性化。新常态是增速换档期，经济增长从高速增长换档到中高速增长。2006年至2013年我省GDP年均增幅在11%左右，但是去年回落到8.7%，一季度增长7.8%，回落0.9个百分点。经济增速回落、下行压力加大，势必对扩大就业产生一定的影响。去年有些企业经营困难，但大都在观望，并未开始减员。今年如果困难局面继续发展，企业可能将开始裁员。所以，隐性失业显性化将是今年非常值得关注的一个问题。一季度，我省城镇新增就业、农村劳动力转移就业、就业困难群体就业分别同比减少4.33%、19.04%和2.88%，城镇登记失业率同比上升0.07个百分点。从失业动态监测情况看，截至3月底，全省2227家监测企业就业总人数为173.3万人，比2014年底下降1.2%，比2月份下降0.37%。这些数据说明我省就业形势的严峻性。二是产业结构调整升级对就业产生“挤出效应”。我省钢铁、煤炭、水泥、电解铝、平板玻璃、船舶、炼油、轮胎等行业产能过剩突出，产业结构调整压力很大。随着产业转型升级，原有的劳动密集型产业逐步向资本密集型和技术密集型产业转移，将对现有就业岗位产生挤出效应。如调研的威海魏桥纺织进行设备更新改造，万锭需求职工由原来的100人减少为40人，用工同比减少2000人。一季度，随着产业转型升级的加快，企业用工需求和求职人数呈现“双减少”，进入人力资源市场的企业用工需求为98.55万人，求职人员77.82万人，同比分别减少 24.15% 和 17.57%。三是就业结构性矛盾日益突出。产业转型升级对高素质、高技能、专业化人力资源的需求越来越高，但人才培养不可能一蹴而就，技能劳动者长期供不应求，一些行业和领域出现结构性用工短缺。从国际经验看，治理结构性矛盾比治理总量矛盾难度更大，耗时更长。特别是在“十三五”和“十四五”时期，我省劳动力增长总量和结构上都要发生一些变化，总量矛盾和结构性矛盾将呈现一种新态势，应当高度重视、认真分析。一季度，我省 46.02 万个职位要求具有一定的职业资格或专业技术，而具备职业资格和专业技术的求职人员为 40.15 万人，缺口在 6 万人。四是就业工作还不能完全适应新常态下的就业形势。从政策落实看，各市还存在一些不容忽视的问题，如补贴标准低、覆盖范围窄、兑现进度慢、执行走样等，导致政策效应没有完全发挥出来。从资金使用看，我省有三块就业创业资金，总体规模大但比较分散，服务对象、补贴标准、管理办法均不一样，资金的整体效应较差；部分地方主要依靠省里的就业资金，自己投入很少且节余很大，2014 年大部分市就业专项资金滚存结余进一步增加，5 个市滚存结余同比增长 200% 以上；部分市、县使用就业资金不规范，有些问题还相当严重，尽管各市进行了全面整改，但个别问题整改还不彻底。从就业服务看，公共就业服务体制不顺，统一有序、竞争规范的人力资源市场还没有形成，就业创业培训资源整合效果较差，公共就业服务标准化、信息化和精细化水平不高，服务内容、手段、效率等与群众的期望还有差距等问题仍然突出。这些问题的存在，严重影响了就业工作的开展。对此，各市要高度重视，认真研究解决。

就业是民生之本，是经济社会发展诸多问题中的核心问题。对每一个劳动者来说，就业是他们赖以生存、融入社会、实现人生价值的重要手段，也是他们共享经济社会发展成果的基本条件。大家一定要充分认识做好新常态下就业工作的艰巨性、复杂性和极端重要性，增强责任感、使命感、紧迫感，切实把思想和行动统一到省委、省政府对就业工作的决策部署上来，认真研究新常态对就业工作的新要求，坚持问题导向，明确工作重点，以更大的决心、更有力的措施、更扎实的工作，千方百计推动就业工作继续走在全国前列。

二、精准发力，切实做好今年的就业创业工作

关于今年的就业工作重点，全省人力资源社会保障工作会议已经作了全面部署，就业工作要点也下发各市。下一步要按照部署要求，突出重点，精准发力，狠抓落实，确保圆满完成就业工作目标任务。

（一）坚持综合施策，全力以赴稳定就业岗位。要把稳定就业岗位作为一项基础工程，出台政策，完善制度，加强预防，大力促进就业形势基本稳定。一是健全完善政策。要进一步梳理、完善现有政策，研究制定新一轮更加积极的就业政策，丰富和发展具有山东特色的就业政策扶持体系。要建立重大项目、重要政策与就业的联动机制，在建设重大项目、制定重要政策中统筹考虑就业问题，形成经济增长与扩大就业的良性互动。二是加强预防调控。建立失业动态监测、失业预测预警、失业预防调控“三位一体”的失业预防机制，加强政策储备，完善应急预案，及时应对出现的区域性、行业性集中失业风险。三是发挥失业保险稳定和促进就业的作用。密切关注产业结构调整对就业的影响，综合运用转岗培训补贴、稳岗补贴等政策，做好产业结构调整中转岗人员再就业工作，鼓励企业稳定就业岗位。加大失业保险扩面征缴力度，严格执行现行费率，深化失业保险基金扩大支出范围试点，进一步发挥失业保险稳定就业、促进就业、预防失业作用。建立失业保险金标准正常调整机制，落实失业保险待遇，落实有关政策，促进失业人员尽快实现再就业。

（二）坚持聚力攻坚，大力促进重点群体顺利就业。要瞄准重点群体，统筹做好高校毕业生、农民工、就业困难人员等群体的就业工作，进一步提高重点群体的就业质量。一是继续将高校毕业生摆在就业工作首位。要实行分类指导，深入实施高校毕业生能力提升计划、创业引领计划，加强创业实践孵化，提升就业创业能力，促进更多毕业生实现就业创业。拓宽就业渠道，落实服务基层项目期满政策，鼓励高校毕业生到中小企

业、中西部地区和城乡基层就业。创新服务形式，充分运用毕业生就业信息网、大学生就业创业微平台，有针对性地开展就业指导和服务，提高服务的精细化、个性化水平。搞好信息对接，建立部门、社区与高校间的信息对接机制，完善离校未就业高校毕业生实名制管理体系，加大就业服务、职业培训、就业见习力度，研究制定有针对性的扶持政策，促使他们顺利实现就业创业。全面深化高校毕业生就业领域改革，实施政府购买基层公共管理和社会服务岗位，吸纳高校毕业生就业，鼓励高校毕业生到基层工作。二是推动农民工实现更高质量就业。深入实施农民工职业技能提升、权益保障和公共服务 3 项 3 年行动计划，以提高就业创业能力为核心，稳定和扩大农民工就业，保障农民工合法权益，加快推进农民工市民化进程。组织好农民工 3 项行动计划专项督查，委托第三方社会机构对各市农民工工作进行评估，请新闻媒体全程参与，确保政策的落地生根。对工作不力或存在严重问题的，要予以公开曝光。三是做好就业困难人员就业工作。完善城乡统一的就业援助机制，对就业困难人员实行“一对一”就业帮扶，确保城乡零就业家庭动态消零。进一步开发公益性岗位，重点抓好公益性岗位的公开和开发工作，发挥好兜底安置作用。

（三）坚持创业拉动，进一步转换就业增长动力。创业是就业之源。要坚持以营造良好创业环境为重点，以激发创新创业活力为主线，整合资源，落实政策，加快形成大众创业、万众创新的局面。重点建好“三个平台”，做到“两个强化”。“三个平台”是：一是建设以创业大学为核心的创业培训平台。加快推进创业大学创建工作，到年底，确保每个市建设一所创业大学。以创业大学为依托，完善培训模式，优化培训内容，丰富培训手段，实现创业培训规范发展。二是建设以创业孵化基地和园区为主体的创业服务平台。调动社会各方面力量，创建各类创业孵化基地和园区，为劳动者创业搭建平台。加强“众创平台”等新型创业载体建设，大力推动信息技术与制造业的深度融合，进一步释放创业活力。三是建设以创业型城市、街道（社区）为框架的创业扶持平台。深入推进创业型城市创建工作，继续评估认定一批省级创业城市、创业型街道（乡镇）、创业型社区，推动创业服务向基层延伸。做到“两个强化”：一是强化政策落实。以一次性创业补贴和创业岗位开发补贴为重点，落实完善创业扶持政策，优化创业环境。加强与金融部门的对接，创新抵押担保方式，简化审批程序，规范经办流程和操作标准，着力解决创业者和小微企业融资难的问题，提高新创企业的成活率。二是强化创业服务。拓宽创业服务形式和内容，为处在不同创业阶段的创业者提供全程跟踪服务。加强创业导师库和项目库建设，举办创业项目（山东）推介展，改造升级“山东公共创业服务网”，提升线上、线下服务水平。

（四）坚持提质扩量，全面提升职业技能培训水平。加强职业技能培训，提高劳动者的就业创业能力是解决结构性矛盾，推动产业转型升级的重要途径。要坚持提质扩量并重，建立终身职业培训体系，努力造就一批高素质的技术、技能人才。一是实施好新一轮就业培训五年规划。围绕服务产业转型升级和实现更高质量就业，将有就业创业愿望和能力的劳动者全部纳入培训范围，大力开展就业技能培训、岗位技能提升培训和创业培训，全面提升劳动者就业创业能力。全面实施“四单式”培训，促进技能培训与用人需求的无缝对接。二是加强培训管理。完善政府购买培训成果制度，建立统一的培训机构准入和退出机制，严格执行职业培训补贴政策，推动就业培训走上规范化、长效化道路。加强培训全过程管理，建立实名制信息管理系统，实现全程监管，杜绝套取培训资金的行为。完善政府补贴与培训成本、培训质量和就业效果挂钩的动态调整机制，提高培训后取得“双证”和实现就业的比例，真正做到“就业一人、培训一人”“培训一人、就业一人”。三是加强农民工培训。统筹推进农民工职业技能培训试点工作，指导各试点县（市、区）统筹培训规划、培训项目和培训资金，形成以人社部门为主体，有关部门协调配合的农民工培训新机制。年底前，要深入总结试点经验，争取 2016 年在全省推开。

（五）坚持固本强基，加强就业服务和管理。加强就业服务和管理是就业工作的重要环节。要实施就业服务品牌战略，突出抓好基层平台、人员队伍、制度标准、专项活动“四个重点领域”，大力推进“第一书记”就业扶贫工作，倡树具有鲜明山东特色的就业服务文化，全面提升就业管理服务水平。一是深入推进“第一书记”就业扶贫工作。加强与“第一书记”的沟通交流，大力加强劳务输出基地建设，创建劳务输出品牌，打造“技能培训+创业培训”“种植养殖培训+创业培训”等培训新模式，强化“零就业”贫困家庭的托底安置，确保每个有就业愿望的农业富余劳动力都能实现转移就业，确保每个参加就业培训的劳动者至少掌握一门职业技能，确保农村“零转移就业”贫困家庭至少一人实现就业。开展百乡千村“小额担保贷款快易贷助推创业”行动，加强对贫困地区的创业指导服务，落实有关扶持政策，帮助有创业意愿的劳动者成功创业，进一步增强贫困地区的造血功能。二是夯实基层平台。依托“数字就业社区”“充分就业社区”“就业服务标准化社区”三类社区，打造“山东半小时公共就业服务圈”，提升公共就业服务社区覆盖率，真正实现公共就业服务向基层下沉。三是抓好队伍建设。建立工作人员岗前培训和日常轮训制度，实现全员业务轮训、全员持证上岗。推行使用《就业服务一本通》《创业服务一本通》手册，做到人手一册、应知应会。建立公共就业服务工作人员培训学习档案，实行学分制，定期通报学习情况。各市要积极探索运用网络或微信，开展公共服务业务培训，保证培训效果。四是健全制度标准。积极推动公共就业服务标准化建设，制定一批符合国家标准规范的公共就业服务标准，构建全省统一的公共就业服务体系，提升就业服务标准化水平。五是抓好专项活动。加快建立统一、规范、灵活的人力资源市场，完善公共就业人才服务体系，扎实开展“就业援助月”“春风行动”和创业助推“1+3”等特色就业专项活动，提高对接效率。评选一批省级“充分就业社区”“农村劳动力转移示范县”“基层平台示范岗”等先进典型，营造良好氛围。

三、加强领导，确保各项工作任务落到实处

就业工作关系千家万户，关系国家的长治久安，关系社会的和谐稳定。各级人社部门要把就业创业工作放在更加突出的位置，认清使命，恪尽职守，不断加强领导，强化措施，努力把就业工作不断推向深入。

（一）加强组织领导。就业工作是一项系统工程，需要各方面共同参与、通力合作。各级人社部门要始终把就业工作作为头等大事，主要领导亲自抓、负总责，分管领导靠上抓，主动研究解决就业工作中存在的突出矛盾和问题，真正把这项工作作为一项重大的经济任务和政治任务抓紧抓好。要坚持“眼睛向下”，加强调查研究，汲取基层一线的智慧，及时总结、提炼就业工作的好经验、好做法，及时研究、梳理新常态下就业工作的主要矛盾和解决办法，为全省就业工作创造新经验。要加强对内、对外协调，既要建立系统内部就业协调机制，实现就业登记、职业培训、就业服务、社会保障、劳动关系的全程监管；也要发挥就业议事协调机构的作用，调动部门、社会团体和社会各方的积极性、主动性，形成工作合力。要积极争取组织、编制等部门的支持，完善目标责任考核办法，科学制定考核标准，加强就业工作的考核监督，进一步发挥考核指挥棒的作用。要加大就业工作宣传力度，广泛宣传勤奋成才、就业创业的先进典型，广泛宣传就业创业工作的新成就，弘扬正能量、唱响主旋律，引导全社会形成关心、支持就业工作的浓厚氛围。

（二）狠抓就业资金落实。工作抓而不紧等于不抓，政策不落实等于没有政策。现在，省里每年的就业资金投入已经很大，但政策不落实问题相当突出，一方面，就业资金“花不出去”，群众没有完全从中受益；另一方面资金管理使用还存在“跑冒滴漏”等问题。要管好、用好就业资金，让就业资金用得其所、花出效益，确保就业政策的足额兑付。一是强化资金统筹。按照“一个盘子、三个笼子、多个口子”的思路，统筹使用好各项就业创业资金。“一个盘子”，就是根据当地实际，把就业专项资金、创业带动就业扶

持资金、扩大失业保险基金支出范围试点资金，纳入“大盘子”通盘考虑、统筹使用，做出总体安排。“三个笼子”，就是三块资金分账管理，不能混用。“多个口子”，就是严格按照有关规定使用各类资金，分别支出，各有侧重，不能重复享受。二是提高资金拨付效率。要加强与财政部门的沟通，加大预算执行力度，减少审批环节，进一步提高资金拨付效率，做到随申请、随审核，随拨付，严禁出现年底集中拨付、跨年拨付等情况。三是严格规范使用就业资金。要严格执行《就业专项资金管理纪律规定》，实施资金分配集体研究制度，加强资金分配使用监督和绩效管理，实施全程监管，坚决杜绝就业资金的跑冒滴漏。

（三）抓好各项基础工作。基础不牢，地动山摇。要坚持工作重心下移，重视形势研判，强化信息支撑，大力加强基础工作，为就业工作顺利开展提供坚强有力的基础保障。一是加强就业形势的分析。要密切关注宏观政策和就业形势，完善就业统计分析报告制度，加强与统计、工商等部门的合作会商，积极推进数据共享，提高对宏观政策和就业形势的预判能力，牢牢把握就业工作的主动权。二是强化信息支撑。内部管理上，要加快就业工作的信息化、现代化，充分应用现代信息技术，加快公共就业与人才服务信息系统建设，实现就业信息的互联互通。对外服务上，要充分发挥就业招聘、就业服务、社会保障、劳动关系等网站以及微博、微信、客户端的作用，实现人力资源基本信息、就失业管理信息和缴费参保信息等数据的共享，为人民群众提供优质、高效的就业服务。

同志们，做好今年的就业工作任务艰巨，责任重大。让我们在省委、省政府的正确领导下，切实增强责任感和使命感，凝神聚力，克难攻坚，求真务实，开拓进取，圆满完成各项就业工作目标任务，大力推动就业工作持续走在全国前列，为建设经济文化强省做出新的更大贡献。

在全省人社系统人才工作会议上的讲话

2015 年 9 月 23 日

同志们：

这次会议的主要任务是，深入贯彻省委十届十二次全体会议精神和省委、省政府《关于深入实施创新驱动发展战略的意见》，总结交流今年以来的人才工作，分析形势，统一思想，研究部署当前和今后一个时期的工作任务。刚才，青岛、日照、德州、邹城等四个市、县人社局和济南高新区做了大会发言，各有侧重，各具特色，希望大家认真学习借鉴。还有一些县（市、区）也创造了很多好的经验，因时间关系不再一一发言。

今年以来，全省各级人社部门围绕实施人才强省和创新驱动发展战略，把人才工作放在更加突出的位置，积极发挥政府人才工作综合管理部门的职能作用，凝聚力量、挖掘潜力，创新完善人才政策，深化人才体制机制改革，健全人才公共服务体系，大力加强高层次、高技能人才队伍建设，在服务全省经济社会发展大局中发挥了应有的作用。一是人才体制机制创新取得新突破。积极推进人才立法，《山东省人力资源市场条例》经省人大审议通过，为人力资源市场健康发展提供了法律保障。积极推进青岛西海岸经济新区、济南莱芜协作区和济宁市人才管理改革试验区建设，鼓励支持试验区政策创新、先行先试，探索建立人才管理新模式。在青岛、潍坊、德州 3 市和 8 所省属技工院校开展职称制度改革试点，在中职学校和技工学校设置正高级职称。创新公务员考录和事业单位公开招聘方式，提高了人岗匹配度，确保了人才选拔质量。二是“两高”人才队伍规模进一步扩大。加大高层次、高技能和急需紧缺人才培养开发力度，为我省重大发展战略提供人才支撑。我省和中央驻鲁单位7位候选人进入两院院士第二轮评审，10人入选国家百千万人才工程，121人被评为享受国务院颁发政府特殊津贴人员。目前，我省住鲁院士、国家百千万人才工程人选、国务院特贴人员和省突贡专家分别达40人、146人、3136人、1197人。新增国家级高技能人才培训基地4个、国家级技能大师工作室6个、省技师工作站20个；新增技能人才45.7万人，其中高技能人才12.8万人、省技术能手149人。三是人才工作对外交流与合作取得新成效。新建国家级引智试验区1处，实施国家级引智成果示范推广项目9项，省级引智成果示范推广项目36项。6名外国专家入选国家“外专千人计划”，累计达19人。大力吸引和支持留学人员来鲁创新创业，12个项目获国家资助。新增省部共建留学人员创业园1家，总数达4家。四是政府人才工作综合管理进一步加强。为进一步发挥人社部门政府人才工作综合管理部门的职能作用，推动人才工作创新发展，厅党组对厅人才工作职能进行了整合，重新调整了厅人才工作协调小组，进一步明确了各成员处室单位职责分工，健全完善了人才工作运行机制。积极探索发挥人社系统政策优势和服务优势，建立了重大人才政策、重点人才项目省市协同推进的工作机制。我省在发挥政府人才工作综合管理职能作用方面的探索得到人社部的充分肯定，在去年召开的全国专业技术人才工作会议上，我省介绍了政府人才工作综合管理方面的经验做法。省厅2014年人才工作在省人才工作领导小组组织的评议中位列第二位，仅次于省委组织部。

在充分肯定成绩的同时，我们也要清醒地看到，人才工作仍存在着一些不容忽视的问题。比如，人才工作与稳增长调结构结合不够紧密，人才评价机制与用人需求不相适应，人才资源市场化配置水平不高，便捷高效的人才服务体系尚未形成，人才队伍结构、人才发展环境都需要进一步改善优化，更好发挥人社部门政府人才工作综合管理职能作用，还有大量工作要做，等等。这些都需要我们在今后工作中深入研究，着力破解。下面，我讲三点意见。

一、统一思想、提高认识，切实增强做好人才工作的责任感、使命感

实施人才强省战略和创新驱动发展战略，实现由人才大省向人才强省的转变，是省委、省政府站在经济社会发展全局的高度作出的重大战略部署。我们必须从全局和战略的高度，深刻认识做好人才工作的重要意义，举全系统之力扎实做好人才工作。

（一）做好人才工作是实现“走在前列”奋斗目标的战略选择。省委、省政府坚持以习近平总书记视察山东重要讲话和重要指示精神为指引，确定了“走在前列”的奋斗目标。“走在前列”，实现经济社会发展凤凰涅槃、浴火重生，人才工作必须首先“走在前列”。我们必须聚焦“走在前列”的目标，把人才工作放在更加突出重要的位置，实施更加积极的人才政策，择天下英才而用之，聚集一批站在行业科技前沿、具有国际视野和能力的领军人才，加快建设一支规模宏大、结构合理的高层次创新创业人才队伍和高素质技能人才队伍，最大限度释放人才创新创造活力，为实现“走在前列”发展目标提供坚强有力的人才引领和智力支撑。

（二）做好人才工作是我省实施创新驱动发展战略的必然要求。人才是创新的根基，创新驱动实质上是人才驱动，谁拥有一流的创新人才，谁就拥有了科技创新的优势和主导权。省委十届十二次全会提出了“稳增长调结构”的战略任务，要求坚持以实施创新驱动发展战略为引擎，通过创新为促进经济高质量增长提供强大动力。省委、省政府近期出台的《关于深入实施创新驱动发展战略的意见》，要求改革完善人才使用、培养和引进机制，充分激发各类人才的创新活力，在建立健全科研人员流动机制、建立完善创新型人才培养机制、建立更加开放的引才机制等方面提出很多突破性的政策措施。这对我们做好新形势下人才工作提出了新的更高要求。我们必须着眼竞争发展大局，加大人才发展体制机制改革创新力度，以人才政策创新推进体制机制创新，以体制机制创新激发人才的创新活力，以人才的创新活力推动创新驱动发展战略。

（三）做好人才工作是更好履行政府人才工作综合管理职能的迫切需要。“民生为本、人才优先”是人社工作的两条主线，人才工作是人社系统的两大重要工作内容之一。省委办公厅、省政府办公厅《关于加强党管人才工作的实施意见》中明确提出，省人力资源社会保障厅要发挥政府人才工作综合管理部门作用。发挥政府人才工作综合管理职能，第一位的是把“人才优先”工作主线落到实处，切实发挥好人社部门自身的政策优势和服务优势，坚持以深化人才体制机制改革为关键，以优化人才发展环境为基础，以聚集和使用人才为核心，全面做好制定和落实好人才政策法规、完善人才服务体系、加强人才队伍建设、培育和发展人力资源市场等方面工作，大力推进人才管理法制化、人才开发社会化、人才产业实体化、人才服务市场化，努力开创政府人才工作综合管理的新局面。

二、突出重点，锐意创新，大力推进人才工作加快转型发展

当前和今后一个时期，人才工作的总体要求是：紧紧围绕实施人才强省战略和创新驱动战略，突出“人才优先”工作主线，着眼人才高端化、国际化和人才工作市场化、法治化，加快推进体制机制改革和政策创新，突出培养高层次创新型人才和高技能人才，盘活人才存量，做大人才增量，释放和增强人才创新创造创业活力，加快推进我省由人口红利向人才红利转变，由人才大省向人才强省转变，不断提高人才工作服务经济社会发展水平。重点做好以下工作：

（一）大力推进人才体制机制改革，激发人才创新创造活力。体制机制性矛盾是制约人才发展的最大瓶颈，也是最难啃的硬骨头。要抓住关键环节，加大改革创新力度，努力破除制约人才成长和发挥作用的体制机制障碍，加快形成人才发展制度优势。一是进一步改革完善人才评价机制。健全完善以岗位职责要求为基础，以品德、能力和业绩为导向，科学化、社会化的人才评价发现机制。健全完善人才分类评价体系，研究制定分类推进人才评价机制改革的实施意见。积极推进职称制度改革，发挥职称制度对人才评价机制的引领作用，稳步推进深化中职学校和技工学校教师职称制度改革试点工作，积极开展高等学校教师职称制度改革，政府部门不再组织高校教师职称评审，由学校自主评价、按岗聘用。职称评审工作的重点要转向科学设置岗位，建立人才评价制度和机制上来，把人才的具体评价工作放给用人单位和社会组织。全力做好职业资格管理工作，健全技能人才多元评价体系。二是完善人才流动机制。进一步破除人才流动中的各种体制障碍，打破制约人才流动的地域、所有制、身份等制度性障碍，研究制定党政机关、事业单位、企业等不同单位性质人才流动社会保险关系转移接续办法。鼓励科研人员在事业单位和企业之间兼职流动，支持高等学校和科研院所科研人员带着科研项目和成果到企业开展创新工作或创办企业。组织实施西部经济隆起带基层人才到省直挂职研修项目，会同省发展改革部门做好急需紧缺人才引进工作，优化西部经济隆起带和省扶贫开发重点区域人才结构。深入总结赴清华大学举办高层次人才招聘会的成功经验，开展“山东一名校人才直通车”活动，进一步探索跨区域人才引进的新渠道。三是完善人才激励机制。全面实施县以下机关职务与职级并行制度和乡镇机关事业单位人员工作补贴政策。扎实推进事业单位实施绩效工资工作，完善省属事业单位绩效工资总量核定与管理办法。加快建立企业工资决定、正常增长、工资支付保障机制，扎实推进资本、知识、技术、管理等由要素市场决定的报酬机制改革。鼓励具备条件的企业制定股权激励方案，通过限制性股票、股票期权、分红权、虚拟股权、项目跟投等方式加大对核心骨干人才的激励力度。四是大力推进人才管理改革试验区建设。青岛西海岸经济新区、济南莱芜协作区和济宁市要先行一步，因地制宜，大胆创新，充分发挥市场配置人才资源的决定性作用和企业引才育才用才主体作用，在人才引进、培养、使用、激励等方面研究出台具有国内和国际竞争力的政策，加快形成更加开放、国内一流的人才制度优势，打造一批人才区域发展高地，积累经验后逐步在全省推开。

（二）坚持高端引领，加强高层次、高技能人才队伍建设。以高层次、高技能人才为重点建设一支高素质的人才队伍，是人才队伍建设的战略重点。要大规模开发培养“两高”人才，带动整体人才队伍不断发展壮大。一是加强创新型领军人才选拔培养。人才的高度决定了产业发展的高度。要坚持以经济社会发展需求为导向，围绕产业链、科技链打造人才链，培养一批突破关键技术、引领学科发展、带动产业转型的领军人才。认真做好院士跟踪服务工作，继续做好万人计划、“国家百千万人才工程人选”和省有突出贡献中青年专家的培养选拔工作。二是加强高层次创新型青年人才培养。今年是博士后制度建立 30 周年，要加强博士后管理服务，进一步完善博士后制度，加大博士后科研资助力度，在稳步扩大博士后研究人员招收规模的基础上，进一步提高培养质量，不断提高博士后工作水平。三是加强高技能人才选拔培养。组织实施好泰山产业技能领军人才、省首席技师、有突出贡献的技师、技术能手的推荐选拔工作，研究制定加强企业技能人才建设的政策措施，培育引进一批能够引领技术革新、技术改造和技能攻关的产业技能领军人才。深入推进中职学校“双证互通”、高职教育与技师教育合作培养试点，加快技工院校省级示范专业群建设，推进技工院校转型发展。深化提升“金蓝领”培训项目，广泛开展职业技能竞赛，进一步提高职业技能鉴定质量，着力培养适应产业发展需求、技艺精湛、素质过硬的技能人才和高素质劳动力。

（三）主动参与国际人才竞争，加大海外人才引进力度。抓住世界经济减速提供的“人才抄底”机会，积极适应“人才双向流动”特点和规律，更加积极、更加主动、更加开放地引进海外高层次人才。一是实施更加开放的人才引进政策。研究制定引进高层次高技能人才服务“绿色通道”的有关规定，在出入境和居留、配偶随迁、子女就学、社会保险、职称评定等方面形成一系列制度化的保障措施，为高层次高技能人才提供优质高效的个性化服务。二是完善留学回国人员服务体系。增强人才政策开放度，研究制定面向全体留学人员的普惠性政策，使留学人员回国有用武之地。大力推进留学人员创业园区建设，研究出台支持留学人员创业园发展的政策措施，将留创园纳入我省创业扶持体系，开展省级示范留创园创建活动，由省级创业扶持资金给予奖补。继续抓好第八届“海洽会”成果的跟踪落实，积极做好第九届“海洽会”前期筹办工作，大力吸引海外高层次留学人才来鲁创新创业。三是加大海外人才智力引进力度。研究制定新形势下加强引进国外人才和智力工作的实施意见。大力推进国家“外专千人计划”，积极围绕“一路一带”、中国制造、“两区一圈一带”等重大战略，组织实施引智专项，对科技含量高、发展前景好、辐射带动力强的优势项目进行重点资助。加强出国（境）培训监督管理，加大对专技类和专题化项目的支持力度，不断提高出国培训的针对性、实效性和影响力。加大引智平台和示范推广载体建设。探索建立引智成果转化联盟，拓宽国际人才交流渠道。

（四）加快推进人才服务体系建设，打造人才服务载体和品牌。目前，人才公共服务供给不足、发展不平衡、标准化规范化程度不高的矛盾突出。要进一步更新思想观念，转变政府职能，积极推进人才服务体系建设，为人才发展提供良好环境。一是研究制定《关于促进人才服务体系建设的意见》。创新完善人才公共服务体制机制，将公共服务与社会化服务、一站式服务与个性化服务、面对面服务与网上服务有机结合起来，抓紧制定专业化、标准化、精细化、智能化的人才综合配套服务体系，健全人才招聘和人才引进服务机制、人才培训和评价服务机制、人事公共服务机制，不断提高人才公共服务水平。二是积极推进人才公共服务体系建设。政府是提供人才公共服务的主体，要坚持管办分离、政企分开、事企分开，进一步推动公共服务与经营性服务逐步分离，科学厘定人才公共服务职责和项目。加快人才公共服务资源的整合，推进人才市场与劳动力市场的有效整合，打破省、市、县条块分割，建立全省统一的人才公共服务体系。进一步扩大人才公共服务的范围和覆盖面，将人才公共服务的触角延伸到基层一线、各类非公经济组织、新社会组织以及自由职业者，让各类人才享受到均等的、普惠的公共服务。三是提高人才社会化服务水平。大力发展人才社会组织、中介机构和猎头公司，尽快建立政府购买人力资源公共服务的有效机制，扩大公共服务供给渠道，实现人才服务主体的多元化、社会化，不断提高服务质量和效益。四是加强人才服务载体平台建设。重点打造“六大人才发展服务载体平台”：推进以博士后站和博士后创新实践基地为载体的创新型青年人才培养平台建设，提高博士后培养质量；推进以专家服务基地为载体的服务基层平台建设，丰富专家服务经济社会发展方式；推进以继续教育基地为载体的专业技术人员能力提升平台建设，大力提升专业技术人才创新能力；推进以留学人员创业园为载体的留学人员创业平台建设，为留学人员回国创业创造良好环境；推进以技工院校、公共实训基地和各类培训机构为载体的技能人才培养平台建设，加强技能人才队伍建设；推进引进海外高层次人才服务窗口为载体的留学人员和专家服务平台建设，大力提升服务软环境。

（五）更好发挥市场在人力资源配置中的决定作用和政府的调控作用。发挥市场在人力资源流动配置中的决定性作用，就是要让人才回归资本的属性，让企业组织和社会组织成为引才、育才、用才的主体，健全完善政府宏观管理、市场有效配置、单位自主用人、人才自主择业的人才管理体制。一是发挥市场在人力资源流动配置中的决定性作用。人才资源具有商品性，存在着市场供求关系，人才的价值只有通过市场才能得以实现。使市场在资源配置中起决定性作用，核心问题是处理好政府和市场的关系，着力解决市场体系不完善、政府干预过多和监管不到位的问题。要将人才培养、选拔、评价、流动等具体环节交给市场，推动人才资源配置依据供需机制、价格机制、竞争机制实现效益最大化和效率最优化。政府部门要加快转变职能，把该放的权力放掉，把该管的事务管好，既不越位，也不错位。要按照简政放权的要求，加快转变职能，推动人才工作由以实施具体人才项目为主，向充分发挥政府人才工作综合管理部门的职能作用转变，由以人才管理为重心，向以人才服务为重心转变，将工作重心尽快转到制定人才政策、加强宏观管理和提供公共服务等方面上来。二是发挥企业在人才培育、引进、使用中的主体地位。鼓励企业采取高薪聘用、股权激励、兼职兼薪、特聘顾问等方式引进海内外高层次人才、创新团队和职业经理人。鼓励高校、科研院所和重点企业联合建立研究院、建设博士后科研流动站和工作站、博士后创新实践基地，并结合国家“千人计划”“万人计划”和我省“泰山产业领军人才工程”等人才项目，为重点企业研究院引进急需各类人才。鼓励引导企业加大对人才的培育力度，进一步壮大高层次人才规模。三是大力发展人力资源服务业。扎实做好人力资源市场条例的宣传实施工作，为人力资源市场的发展创造良好的法治环境。健全人力资源服务标准体系，加强潍坊、烟台、济南、青岛的人力资源服务园区建设，加快培育 1 ～ 2 家在全国具有示范作用的龙头企业和行业领军企业。四是发挥政府调控作用，引导人才向基层一线和艰苦地区流动。探索促进人才向基层流动的政策机制，重点从完善激励政策上着手，在待遇、职称、选拔使用等方面真正向基层、向西部地区和艰苦岗位人才倾斜，激励引导各类人才向基层聚集。探索建立专家服务基层的长效机制，建设“专家服务基地”等专家长期服务社会的平台。积极贯彻落实省委、省政府支持菏泽发展的人才政策措施，在急需紧缺人才项目、省级重点人才工程、人才平台载体建设、人才合作交流和人才素质提升等方面给予重点支持。

三、不断探索履行政府人才工作综合管理职能的新途径

目前看，人社部门作为政府人才工作综合管理部门，普遍存在对人才工作重要性认识不足，没有投入足够的精力和力量抓人才工作。各级人社部门要厘清职责定位，创新管理体制，加强制度设计，积极探索更好发挥政府人才工作综合管理职能的新途径、新办法。

（一）当好全省人才工作的“先锋官”。必须坚持在党管人才工作前提下，解放思想，主动作为，发挥职能优势，不断提高综合管理水平。要服从和服务于组织部门在人才工作中牵头抓总

的工作大局，坚持先行一步、带头落实，超前研究人才工作面临的新情况、新问题，全力协助组织部门摸清人才总量、结构等底数，带头落实组织部门制定的重大方针政策、人才发展规划、重点人才工程项目，全力支持组织部门发挥牵头抓总职能。当前，要重点协助组织部门全面总结评估人才“十二五”规划实施情况，科学规划“十三五”人才工作发展思路，并做好“十三五”专业技术人才队伍建设、高技能人才队伍建设和留学回国人员等专项规划编制工作。

（二）加快形成政府人才工作的整体合力。人才工作不能仅仅满足于完成好具体人才项目，必须突破框框、超越自我，向更高层面跃进、更大空间拓展、更深领域延伸。目前，我省许多人才政策、人才项目分散在各个部门、各个单位。要积极争取组织部门的支持，主动加强与发展改革、经济和信息化、教育、科技、文化、卫生和计划生育等政府部门的沟通合作，对分散在政府各部门的人才政策进行认真汇总梳理、整合归并，逐步形成分工合理、错位发展、有序引才、合理用才的人才管理体制新格局，提高政府人才工作整体合力。

（三）进一步完善人社系统人才工作协同推进机制。省厅经过积极努力，成立了人才开发处。这是我省人社系统人才工作中的一件大事。人才开发处要充分发挥人才工作牵头处室的职能，牵头抓总和统筹协调好全厅的人才工作，认真履行人才工作综合、协调、管理、服务的职责，努力提高政府人才管理工作的质量和水平。各人才工作处室单位要牢固树立一盘棋思想，既要各司其职，各负其责，做好份内的人才工作，更要密切配合、加强协作，主动支持、配合兄弟处室的工作，心往一处想、劲往一处使，形成人才工作的合力，打造主管处室牵头抓总、其他处室紧密配合、全厅协调联动的工作新机制。各市人社部门要不等不靠、积极作为，争取当地党委、政府的支持，健全完善人才工作机构，配备精干力量，主动对接省里的人才工程、人才项目，切实加大人才工作统筹力度。通过全系统共同努力，尽快建立定位准确、职责明确、机制顺畅、体系完善的人才工作运行新机制，形成主管处室牵头抓总、版块紧密配合、全厅协调联动、省市协同推进的工作新格局。

同志们，人才工作改革发展任务非常繁重，我们要在省委、省政府的正确领导下，凝神聚力，锐意进取，积极作为，不断提升政府人才工作综合管理水平，推动人才工作加快转型发展，为实施人才强省和创新驱动发展战略，实现“走在前列”发展目标提供坚强有力的人才引领和智力支撑。

在“三严三实”专题教育第二专题第二次学习研讨会上的讲话

2015 年 9 月 25 日

同志们：

深入开展集中学习研讨，是“三严三实”专题教育的重头戏和关键动作，也是衡量专题教育质量的重要依据。根据中央和省委推进“三严三实”专题教育要求，按照我厅专题教育学习研讨方案，今天我们围绕“严以律己”这个专题，进行第二专题的第二次集中学习研讨。会前，大家进行了自学，做了充分准备。刚才，我们观看了警示教育片，进行了集中学习。玉宝同志和亓军同志作了主旨发言。其他厅（局）领导也密切结合自身实际，从不同角度作了交流发言。总的感觉，大家认识站位高，问题找得准，整改措施针对性强，听了很受教育、很受启发。

上次研讨，我从严以律己的科学内涵、标准遵循和实践要求三个方面谈了认识和体会。这次专题研讨是对上次研讨的延续与深化，我结合近期的学习思考，围绕严守政治纪律和政治规矩，重点就运用正反面典型、杜绝“七个有之”，谈一下个人新的体会和收获，跟大家作个交流。

一、充分认识严明政治纪律和政治规矩的极端重要性

党的纪律特别是政治纪律，是全党在政治方向、政治立场、政治言论、政治行动方面必须遵守的刚性约束，决定着党的生命力和战斗力。我们要深刻认识严明政治纪律和政治规矩的极端重要性，切实增强严守政治纪律和政治规矩的思想自觉和行动自觉。

一要深刻认识到，政治纪律和政治规矩是我们党的光荣传统和独特优势。加强纪律性，革命无不胜。我们党是靠革命理想和铁的纪律组织起来的马克思主义政党，严明纪律规矩是党的光荣传统和独特优势。无论革命战争年代，还是建设与改革时期，党团结带领人民克服艰难险阻，历经千锤百炼，从小到大、由弱变强，从胜利走向新的胜利，靠的就是铁的纪律和严的规矩。今天，我们正处在推进“四个全面”战略布局、实现“两个一百年”奋斗目标的关键历史时期，同样离不开严格的政治纪律和政治规矩。世界上一些政党曾经长期执政，但最后却丢了权、垮了台，其中一个重要的原因就是政治纪律的松散和动摇。我们要借鉴历史经验教训，从正本清源、永葆党的先进性和纯洁性，巩固党的执政基础和执政地位的高度，深刻认识党的政治纪律和政治规矩的极端重要性和现实紧迫性，在任何情况下都要把党的纪律规矩挺在前面，发挥纪律规矩的引导、规范和保障作用。

二要深刻认识到，政治纪律和政治规矩是落实全面从严治党要求的关键所在。没有规矩，不成方圆。党要管党、从严治党，用什么管、拿什么治？摆在首位的，就是要把党纪党规的篱笆扎紧扎牢。在党的所有纪律和规矩中，第一位的是政治纪律和政治规矩。如果政治纪律、政治规矩都成了“纸老虎”“稻草人”，就会形成“劣币驱逐良币”现象；如果政治纪律、政治规矩出了问题，好比一棵大树烂了根、一座房子断了梁，直接危及执政基础、执政地位。许多腐败分子就是从违反政治纪律和政治规矩开始，一次次触碰纪律红线，一步步走向党和人民的对立面，他们的恶劣行为警示我们：领导干部在政治上出问题，对党的危害甚至比腐败更严重。全面从严治党，必须把严守政治纪律和政治规矩作为一条“高压线”，任何时候、任何情况下都不能逾越。党员领导干部是全面从严治党的“关键少数”，更要有这种政治上的清醒，在政治方向、政治立场、政治言论和政治行动等方面，时时刻刻与中央和省委要求对准看齐，始终做到政治信仰不变、政治立场不移、政治方向不偏。

三要深刻认识到，缺乏纪律规矩意识是党员干部作风不严不实问题的根源。当前，我厅党员干部在遵守政治纪律和政治规矩方面总体是好的，但确实也在一些党员干部身上不同程度地存在一些不严不实的问题。比如，个别班子成员在严守党的政治纪律、政治规矩方面，还没有完全做到高度自觉；有的班子成员对违反党的政治纪律、政治规矩的言论和现象，不能大胆批评；有的自由主义比较严重，纪律和规矩意识不强，重要事项不请示、不报告；个别领导干部搞同乡会、同学会，与一些人称兄道弟、存在小圈子的倾向；有的干部喜欢口无遮拦、乱评乱议，传播小道消息；有的个人事项发生变化，也不及时向组织汇报，等等。这些不严不实的现象，根本原因在于部分领导干部缺乏强烈的纪律和规矩意识，存在执行政治纪律不严、遵守政治规矩不力的倾向。没有把纪律当作硬约束，也就不能时时刻刻谨言慎行，坚决同各类形形色色的违纪现象作斗争。如果任其发展下去，政治纪律就会成为摆设，出现“一人违纪、众人随之”的“破窗效应”。因此，只有时刻绷紧纪律规矩这根弦，用纪律规矩管住自己的言行，任何时候都保持清醒头脑和敬畏之心，才能避免腐败的侵蚀，树立“严”和“实”的良好形象。

二、认真对照正反典型两面镜子见贤思齐、反躬自省

典型是最直接、最直观的教材。注重运用正反典型开展教育，是加强思想政治建设和作风建设的重要经验，也是深化“三严三实”专题教育的重要途径和有效方法。我们要严格按照中央和省委部署要求，用好“两面镜子”，深查细照、举一反三、反躬自省。

一方面，以先进典型为标杆，汲取政治营养、获取精神力量。先进典型是一面面旗帜，是有形的正能量、鲜活的价值观，感召我们思奋进、作奉献。焦裕禄、谷文昌、杨善洲等先进典型，先后深刻影响了几代人。这些年，我省涌现出孔繁森、王伯祥、朱彦夫等先进典型，全国人力资源社会保障系统也选树了陈家顺、张杰等一批先进典型。这次纪念抗日战争胜利70周年大阅兵前后，各级新闻媒体也陆续推出一批为抗战胜利作出牺牲和贡献的英模人物。在他们身上，无不体现了坚定的理想信念、崇高的思想境界和对党忠诚、严守纪律规矩的党性原则。我们要以这些先进典型为镜子，时刻对照审视自己的思想境界、胸怀情怀、工作标准、工作态度，既要学习他们的感人事迹，领悟他们的精神境界，也要照出自身的差距和不足，找到努力的方向和路径，努力向他们看齐。

另一方面，以反面典型为警钟，总结深刻教训、自觉引以为戒。反面典型是一个个警钟，是活生生的警示样本，告诫我们明底线、知敬畏。相比正面典型，反面典型的警示同样重要，更让我们警醒。周永康、薄熙来、郭伯雄、徐才厚、令计划、苏荣等严重违纪违法案件，令人震惊，他们违反政治纪律和政治规矩的行为性质恶劣、危害严重，给我们党和人民的事业带来了重大损失。我省的王敏、黄胜等人的腐化堕落，也一再给我们敲响了警钟。剖析这些反面典型可以看出，他们有一个共同的特点，就是完全背离了党的性质和宗旨，政治上变质、经济上贪婪、道德上堕落、生活上腐化。我们要以这些反面典型为镜子，紧密联系自身思想作风实际，从理想信念、纪律规矩、党性原则、权力观地位、作风形象等方面，深刻剖析自我，汲取他们不守纪律、不讲规矩、放松党性修养，忘记党员身份的深刻教训，真正在思想上、政治上、作风上严起来、实起来。一要反思理想信念是否坚定。看自己是否存在信仰迷茫、信仰动摇、精神迷失的问题，精神上是不是“缺钙”，切实从思想深处坚定马克思主义、共产主义信仰，坚定中国特色社会信念，增强中国特色社会的道路自信、理论自信和制度自信。二要反思守纪律是否严格。看自己是否存在作风涣散、生活腐化、权力滥用的问题，切实从思想上绷紧纪律这根弦，始终做到不忘恩、不忘本、不懈怠、不妄为。三要反思讲规矩是否坚决。看自己有没有思想偏移、立场动摇、行为出格，自觉以党的规矩来约束自己，做到违背党的规矩的话坚决不说、违背党的规矩的事坚决不做。四要反思树形象是否自觉。看自己有没有自我放纵、自甘堕落、违规违纪，切实筑牢信念、道德、法纪“三道防线”。总之，要通过深刻剖析反面典型，使自己澄清认识、受到警醒、提振精神，把思想和行动进一步统一到“三严三实”要求上来，坚守共产党人的精神家园，做政治上的明白人、群众的贴心人和作风上的老实人。

三、坚决杜绝“七个有之”，把严守政治纪律和政治规矩落到实处

习近平总书记“七个有之”的告诫（搞任人唯亲、排斥异己的有之，搞团团伙伙、拉帮结派的有之，搞匿名诬告、制造谣言的有之，搞收买人心、拉动选票的有之，搞封官许愿、弹冠相庆的有之，搞自行其是、阳奉阴违的有之，搞尾大不掉、妄议中央的也有之），既是党中央对党内不良风气的高度概括，也是对不良现实的清醒认识，更是对有此类现象干部的深刻提醒。每一名党员领导干部都应把党的政治纪律、政治规矩作为不可逾越的“红线”，旗帜鲜明地与“七个有之”现象作斗争。

一要强化理论武装和党性修养，增强杜绝“七个有之”的思想自觉。古人说：“吾三日不读书，便觉语言无味，面目可憎”。在各方面的挑战和诱惑面前，如何拒腐蚀，永不沾，作为党员领导干部来讲，根本的一条，还是要切实加强学习。要始终把学习习近平总书记系列重要讲话精神摆

在首位，拧紧思想上的“总开关”，深入学习马克思主义的经典著作，学习中国特色社会主义理论，切实把思想统一到中央和省委、省政府的决策部署上来，统一到“四个全面”战略布局上来，决不允许上有政策、下有对策，决不允许有令不行、有禁不止，决不允许在贯彻执行中央和省委、省政府决策部署中打折扣、做选择、搞变通。要坚持以民为本，始终坚持一切为了群众、一切依靠群众，从思想深处解决好“为了谁、依靠谁、我是谁”的根本问题。

二要强化纪律意识和规矩意识，增强杜绝“七个有之”的政治自觉。要保持和发扬我们党讲纪律、守规矩的优良传统，始终牢记自己的第一身份是共产党员，第一职责是为党工作，坚持按党的纪律、原则、规矩办事，自觉抵制错误思想和行为的冲击。坚决服从党组织的领导，强化心中有党意识，坚决听从中央和省委指挥、坚决执行中央和省委决定、坚决贯彻中央和省委的部署。切实增强组织观念，自觉做到维护党的团结、遵守组织程序、服从组织决定，不断增强厅党组的凝聚力、战斗力和创造力。切实保持勤政廉政，在感情上把握住原则，在行动上把握住分寸，在生活上把握住小节，守好自己的精神家园。

三要强化以身作则和率先垂范，增强杜绝“七个有之”的行动自觉。人力资源社会保障工作涉及广大人民群众的切身利益，政治性、政策性和原则性都很强，更要讲规矩、讲纪律、讲程序。要自觉置身于规矩之下，严格按党性原则办事，按政策法规办事，按制度程序办事，使依法、依程序办事成为人力资源社会保障系统工作的新常态。要把守规矩当作一种责任、一种担当，做到讲规则、讲规范、讲规矩，知进知退，知荣知辱，知是知非。要树立更大目标、更大境界、更大气魄，解放思想、主动作为、勇于担当，全面完成人力资源社会保障工作各项改革发展任务。要时刻绷紧廉洁自律这根弦，严格执行中央和省委、省政府关于党风廉政建设的各项规定，讲党性、重品性、做表率，从身边点滴小事做起，做到拒腐蚀、永不沾。每一位厅局领导，都要严格落实“一岗双责”，狠抓党风廉政建设，带头严守法纪红线、原则防线和道德底线，看好自己的门，干好自己的事，管好自己的人，争当既“干成事”、又“不出事”的表率。

厅党组是全省人力资源社会保障事业的核心领导力量，在座各位是推进人力资源社会保障改革发展的“关键少数”。我们一定要带头从严律己，牢固树立纪律和规矩意识，坚决杜绝“七个有之”，以实际行动树立良好的领导干部形象，带领全厅干部职工在“新常态”下实现新作为，为“走在全国前列”作出新贡献。

把“严以用权”作为践行“三严三实”的切入点

——在“严以用权”专题学习研讨会上的讲话

2015 年 11 月 4 日

同志们：

根据中央、省委部署和我厅“三严三实”专题教育总体安排，自 10 月份以来，我们围绕“严以用权，真抓实干，实实在在谋事创业做人，树立忠诚、干净、担当的新形象”，进行了认真的学习。刚才，我们又进行了集中学习，祝秀同志、复东同志作了主旨发言，其他厅（局）领导也紧密结合自身实际，分别从不同角度谈认识、谈体会、谈打算，进行了深入思想交流，收到了良好效果。一是进一步加深了对“严以用权”深刻内涵的认识，对在实践中如何掌好权、用好权作了深入思考，增强了“严以用权”、廉洁勤政的思想自觉和行动自觉；二是进一步加深了对贯彻执行民主集中制重要意义的认识，增强了科学决策、民主决策、依法决策意识，有利于严格党内政治生活、营造良好政治生态；三是进一步加深了对履职尽责、勇于担当的认识，对于大家更好地履职用权，推动人社事业加快转型发展，树立党员干部忠诚、干净、担当的新形象，必将起到有力的促进作用。

这段时间，我认真学习了习近平总书记系列重要讲话，学习了中央和省委规定的有关书目，对领导干部如何做到严以用权、真抓实干作了深入思考。刚才，听了大家的交流发言，深受教育和启发。下面，我谈一下个人的认识体会。

一、准确把握“严以用权”的科学内涵

践行“三严三实”要求，严以用权是关键和根本。严以修身、严以律己最终都要体现在严以用权上，都要通过严以用权来检验；谋事实不实、创业实不实、做人实不实，归根到底还是要落实在如何对待权力、怎样行使权力上。习近平总书记深刻指出：“严以用权，就是要坚持用权为民，按规则、按制度行使权力，把权力关进制度的笼子里，任何时候都不搞特权、不以权谋私。”因此，如何对待权力，怎么使用权力，是衡量一个领导干部是否做到“严以用权”的重要标准。我认为，要从三个方面深刻理解和把握“严以用权”：

（一）“严以用权”的本质是坚持用权为民。我们党作为马克思主义执政党，权为民所赋，必须做到权为民所用。邓小平同志曾说过，“领导就是服务”。这句话形象地表明权力只是为人民服务的工具，掌权只是有了为人民服务的机会，用权就是为国家、为人民谋利益。焦裕禄、孔繁森、杨善洲、郑培民，这些先进典型之所以得到人民群众的颂扬与怀念，就是因为他们始终把“做官先做人，万事民为先”作为行为准则，廉洁从政、艰苦奋斗、尽职尽责、鞠躬尽瘁，真心诚意为人民谋利益。我们必须始终把人民群众置于心中最高位置，以群众关切作为指向，以群众满意作为行使权力的重要标准，大力推进人社事业的改革和发展，努力实现好、维护好、发展好最广大人民的根本利益，切实做到权为民所用、情为民所系、利为民所谋。

（二）“严以用权”的关键是树立规则意识。人不以规矩则废，党不以规矩则乱。讲规矩、守纪律是对党员干部党性的重要考验，是对党员干部对党忠诚度的重要检验。做到“严以用权”，关键是要摆正公与私的位置，理顺权与责的关系，这就要求我们牢固树立规则意识，制定规则、遵守规则，为权力划定边界。在行使权力时，我们必须时刻保持头脑清新，将纪律和规矩挺在前面，严守权力边界，把握权力使用范畴，自觉在法律约束下用权，在制度笼子里用权，按照权力清单用权，既不胆小怕事，又不任性妄为，做到有权不任性、用权守规矩。要用纪律和规矩将权力关进“笼子”，不管任何人，违反规则必须严惩，决不搞“网开一面”和“下不为例”。同时，要处理好遵守纪律规矩和干事创业的关系，在其位谋其政，廉洁勤政，干净干事。

（三）“严以用权”的根本要求是杜绝特权思想和特权现象。特权思想和特权现象是权力观扭曲而表现的思想观念和行为方式。特权思想和特权现象严重侵蚀了党和国家的公信力，削弱了国家治理能力，严重影响党群关系，败坏了社会风气，扩大了社会的不平等，使社会矛盾更加尖锐复杂。上世纪90年代，苏联作为一个超级大国发生解体悲剧，一个重要的原因就是党内出现特权阶层，特权思想和特权现象严重，以至于积重难返，无力回天。无数经验反复证明，如果改革中存在特权思想和特权现象，改革必然会面临重重阻力，很容易使改革顶层设计功败垂成，无法发挥社会主义制度的优越性。当前，我省人力资源社会保障事业正处于全面深化改革和加快转型发展的关键时期。我们必须坚决防止特权思想和特权现象，决不能把公权力看成个人私器，决不能把权力作为身份、等级、荣誉、地位和权势的一般等价物，始终保持自觉抵制特权思想和特权现象的定力，始终保持对特权思想和特权现象的警觉性，始终坚持高尚的精神追求，永葆共产党人的浩然正气，做到廉洁从政、廉洁奉公，一身正气，两袖清风，清清白白做官，堂堂正正做人。

二、准确把握“严以用权”的标准遵循

党员干部只有时时处处做到“严以用权”，

才能行为端正、行事公道，才能取信于民、群众信服。做到严以用权，必须明白用什么样的标准来用权。我体会，是否可以从四个方面来衡量：

第一，“严以用权”，要看用权是否为了人民群众利益。权力是责任，是信任，也是重托。权力越大，责任也就越大。我们手中的权力是人民赋予的，是非常神圣的。最近，人民论坛作了个调查，那些一心想着当官发财的干部，大多持有不正确的权力观念：有人认为“手中有权是自己勤奋工作的结果”，还有的认为“一切只应对上面负责”“有多大的权，就能办多大的事”“权力是创造财富的捷径。”在不正确的权力观驱使下，一些干部没有为官一任、造福一方的自我期许，没有为政清廉的自我要求，只有一心为己的私欲私求。这说明，“当官的初衷”，也就是“为什么要当官”的问题值得每位领导干部深思。习近平总书记要求每位领导干部都要把林则徐的“苟利国家生死以，岂因祸福避趋之”作为座右铭，守住公与私的分界线。对人民赋予的权力，我们必须时刻保持敬畏的心态，战战兢兢、如履薄冰，言有所戒、行有所止，为民谋利、为民担责。要树立“不求官有多大，但求无愧于民”的思想，时刻把群众利益放在第一位，解放思想、干事创业，高标准履职尽责，自觉做到日常工作能尽责、难题面前敢负责、出现过失敢担责，坚决杜绝懒政怠政。

第二，“严以用权”，要看用权是否科学合理。决策是否正确，不仅影响党的执政能力，还影响着一个国家、一个地区的发展水平，甚至决定一个国家、一个民族的生死存亡。拍脑袋做决策、关起门来做规划，必然造成权力的滥用，决策缺乏科学性和民主性。“严以用权”必须做到科学决策。要按照习近平总书记“要负责任地行使权力，慎言慎行慎独慎微慎初慎终”的要求，牢固树立谨慎用权思想，求真务实、干事创业，努力在“求实、求细、求准、求效”上下功夫。要善于调查研究，善于向群众学习、向专家学习、向历史学习，善于发扬民主、集思广益、博采众长，听实话摸实情，善于透过纷繁复杂的现象把握规律，让权力运用建立在科学决策的基础上。

第三，“严以用权”，要看用权是否在规矩制度范围内。近年来，中央和我省查处的一些重大违纪违法案件，涉案人员无不信奉“一朝权在手，便把令来行”，置民主集中制于不顾，将个人凌驾于组织之上。我们每位领导干部都要把党纪法规作为带电的“警戒线”和“高压线”，真正把廉洁从政作为至关重要的生命线，从身边点滴小事做起，干净干事，做到拒腐蚀、永不沾。要树立程序意识，按程序办事，正确行使权力。严以用权，仅仅靠觉悟不保险，必须扎紧织密制度的笼子。要坚持“法无授权不可为”，用法律法规明确权力边界， 全面推进法治人社建设，给权力运行“划红线”“扎篱笆”，把权力关进制度的笼子，构筑权力规范运行的制度轨道。

第四，“严以用权”，要看用权是否符合党性原则。孔子曾经说过“政者，正也。子帅以正，孰敢不正。”领导干部代表党和政府行使权力，一定要做到公平、公正、公开、正义，而不能仅凭自己的好恶行使权力。自觉做到“严以用权”，必须加强党性修养，对党忠诚，对组织负责，对社会负责，对群众负责，成为群众心中的“一面旗帜”。要坚定立场，坚持正字当先，敢字当头，敢于刚直用权，敢于动真碰硬，做到用权不媚俗、不逢迎，始终保持共产党员的先进性。特别是面对重大原则问题和社会上的各种歪风邪气，更要旗帜鲜明，扶正祛邪，弘扬正气，推动良好社会风气的形成。

三、准确把握“严以用权”的实践要求

经过多年的不懈努力，我厅依法行政水平不断提高，广大干部“严以用权”的自觉性进一步增强。但如果用“严以用权”这个高标准、严尺度来衡量，我们还存在的许多问题和不足，主要表现在：一是权力观有所偏差。有的认为权力是自己多年奋斗的结果，是自己的能力、水平理应得到的，个人主义思想较重；有的自我感觉良好，在群众和基层面前官气仍然比较重，对来厅办事的群众态度冷漠，甚至摆架子，伤害了群众的感情，损坏了厅里的形象；有的工作角色定位不准，分不清或者不想分清政策和经办的职责，超越职权办事。二是精神状态萎靡不振。个别同志工作

缺乏激情，暮气沉沉，小成即满、安于现状、不思进取，遇到问题就打退堂鼓，有的甚至当一天和尚撞一天钟，拨一拨转一转，满足于当“泥塑菩萨”和“传声筒”，缺乏争先创优的意识和奋发有为的干劲；有的只想当官不想干事、只想提拔不想出力，把个人升迁放在首位，工于自我设计，算资历、排位次、等提拔，晋升稍慢一些、待遇稍差一点就牢骚满腹。三是工作作风虚夸浮漂。有的缺乏最基本的认真态度和精益求精的精神，工作被动应付、大而化之，不扎实、不严谨、不细致，马马虎虎、粗枝大叶，拖拖拉拉、得过且过，满足于交差了事。四是不敢担当、不敢负责。有的干部缺乏全局意识，执行省委、省政府和厅党组决策部署不坚决，遇到问题推诿扯皮，甚至上交矛盾，在位不想为、平庸不会为、怕难不敢为的现象仍然存在；有的同志工作缺乏担当，碰到可能得罪人、出问题、惹麻烦的工作，能推就推、能躲就躲，在困难面前畏手畏脚、畏难发愁、被动应付，致使一些反复强调的工作进展不快、成效不大等等。

自觉践行“严以用权”，必须坚持问题导向，认真解决突出问题，把严和实的要求贯穿于工作、生活的方方面面，真正将“严以用权”内化于心、外化于行、固化于制，履行好一名人力资源社会保障领导干部的崇高职责。重点在四个环节上下功夫：

（一）自觉树立正确的政绩观、权力观，打牢为政做事的思想基础。习近平总书记强调：“我们的权力是党和人民赋予的，是为党和人民做事的，只能用来为党分忧、为国干事、为民谋利”，这深刻指出了干部掌权用权的本质要求。要强化宗旨意识，深刻认识“公权姓公不姓私，权力来自人民，只能用来为人民服务”，正确把握“我是谁”“为了谁”“依靠谁”这个核心问题，摆正自己的位置，努力为民解忧、为民解愁，在为民掌好权、用好权中体现应有的责任和担当。要丢掉官架子，常思平民苦，抛弃官调子，常忧百姓忧，多到群众中去，多到基层去，真正把群众的安危冷暖放在心头。要以改善民生为己任，勇于承担人社部门的职责，想百姓所想，急百姓所急，放眼长远发展，在改革发展稳定中开拓创新，用亲民、为民、惠民的真诚行动树立起人社部门的良好形象。

（二）认真贯彻民主集中制，努力营造良好的政治生态。民主集中制是我们党的根本组织制度和领导制度。坚持民主集中制是提高我们人社事业创造力、凝聚力、战斗力的重要法宝。做到“严以用权”，必须认真贯彻民主集中制，完善有效的权力制约和监督机制，营造干事创业、风清气正的良好政治生态。一是坚持科学、民主、依法决策。正确决策是有效行使权力、防止权力滥用的重要环节，也是事关事业成败的关键。要认真贯彻民主集中制，深入开展调查研究，在发现问题、解决问题中总结经验，有针对性地提出符合实际的好对策、好建议。要充分发扬民主，注重吸收集体的智慧，不断提高决策的科学性、实效性。要牢固树立大局观念，坚决反对本位主义和分散主义，自觉把自己的工作放到全局中去谋划、去推动。二是发挥好班子的整体功能。贯彻民主集中制，是领导班子成员的共同责任，是“严以用权”的制度保证。每位厅（局）领导都要正确处理民主与集中的关系，坚持个人分工负责与集体领导相统一，自觉维护班子团结，努力形成团结协作、和衷共济的合力。要自觉维护集体领导的权威，把讲大局、讲规矩贯穿于为政履职的全过程，重大问题由集体讨论确定后，必须服从集体决定，不折不扣地贯彻执行，确保政令畅通。要在集体领导下，充分发挥积极性、主动性，解放思想，主动作为，敢于提出新问题，研究新问题，解决新问题，大胆负责地做好分管领域的工作，形成勇于负责的良好氛围。三是自觉接受监督。有权力的地方，必须加强监督，没有监督的权力必然导致腐败。这种历史现象屡见不鲜。每位领导干部都要以党的事业为重，具备襟怀坦白、闻过则喜的党性觉悟，养成见贤思齐、择善而从的品格，让各种监督更规范、更有力、更有效。每位厅（局）领导无论是作决策还是办事情，都要虚心听取群众和下属的意见建议，让群众和下属参与。

（三）敢于担当、勇于负责，实实在在谋事

创业做人。勤而不廉要出事，廉而不勤要误事，不廉不勤更坏事。领导干部懒政怠政、为官不为，就是对权力的亵渎，耽误的是事业发展，辜负的是人民群众的希望和期待。要深刻认识到，“严以用权”既是政治责任，也是岗位要求，关系人社事业的发展与成败，必须将严以用权、真抓实干体现到谋事创业做人的方方面面。一是谋事要实，坚持一切从实际出发。要从实际出发谋划事业和工作，不好高骛远，不脱离实际，制定符合实际情况、符合客观规律、符合科学精神的政策措施。要察大势、谋全局，增强战略思维、辩证思维，善于站在全局看局部，着眼当前看长远，认真分析工作中的不利因素、有利因素，努力在大局中找准定位，牢牢把握工作的主动权。要讲规律，善于研究规律、把握规律、遵循规律，注重分析新常态下人社事业加快转型发展，尽快研究出台一系列新政策、新措施。要接地气，经常深入群众、了解群众，尊重基层和群众的首创精神，善于汲取群众智慧，使各项工作富有创造性。二是创业要实，强化责任担当。“空谈误国、实干兴邦”。求真务实、敢于担当是党员干部应有的素质品格，体现了理想信念、党性觉悟。我们必须不图虚名、不务虚功，脚踏实地、真抓实干，创造实实在在的工作业绩。要坚持实践标准，正确处理显绩与潜绩的关系，既要多办一些马上见到效果的大事、好事，更要多做一些打基础、利长远的事情，创造经得起历史检验的政绩，坚决防止急功近利、急于求成，坚决根除形象工程、政绩工程。要强化问题导向，敢于正视问题，善于解决问题，敢于冒风险、敢于涉险滩、敢于攻坚克难，不做太平官、庸懒官，特别是要全面深化人社领域的各项改革，破解体制机制障碍，全面释放人社事业发展活力，注入新动力、新动能，努力做改革的促进派、实干家。要增强工作激情，保持一股冲劲，不为困难吓倒，不为挫折屈服，迎难而进，勇往直前；要保持一股韧劲，部署的任务就咬住不放，以钉钉子精神狠抓落实，锲而不舍、一干到底，不达目标决不罢休。厅党组将建立鲜明的用人导向和激励措施，大力倡导党员干部争当清廉为官、事业有为的“两为”干部，让“两为”干部有为、有位，让庸官、懒官、混官没有市场，难以立足。三是做人要实，对党绝对忠诚。做官先做人，党员干部首先要做老家人、说老实话、干老实事，这是我们每位领导干部修身立德的基础和前提。要坚定理想信念，始终与中央、省委省政府和厅党组保持高度一致，坚决执行省委、省政府和厅党组的决策部署，言行一致、表里如一，以行动表明态度、用实践兑现承诺，绝不能对党和组织阳奉阴违。要牢固树立组织观念，严格组织程序，在涉及重大问题、重要事项上必须向组织如实汇报，这要作为检验干部实在不实在、合格不合格的试金石。做老实人，但绝不能做“老好人”。要坚决反对拿原则作交易，坚持真理、公道正派，时刻以事业发展为重，绝不能投机取巧、投机钻营，搞小团伙、小圈子。要敢抓敢管，敢于碰硬、敢于较真，努力营造良好的政治生态。

（四）依法用权、廉洁用权，争做廉洁自律的表率。面对“全面从严治党”新常态，领导干部一定要心有戒尺、心存敬畏，对待权力决不能趋之若鹜，更不能公权私用、徇私枉法、以权谋私。要始终保持平常之心、戒惧之意，淡泊名利、坦然处置，依法用权、廉洁用权，筑牢慎权慎行的防火线。一是坚持依法用权。每位厅（局）领导要带头树立法治信仰，带头学法尊法守法用法，不断提高运用法治思维、法治方式解决问题的能力。在学法上，要做到真学真懂真明白，不仅要学具体的法律规定和条款，更重要的是要树立法治理念，养成法治思维；在尊法上，要做到知行合一，始终坚定，将对法律的敬畏落实在行动上；在守法上，要严格要求自己，违法违纪的事坚决不做，不能心存侥幸，法律红线不可触、法律底线不可越；在用法上，要成为习惯和自觉，在想问题作决策时，在深化改革、促进发展中，在化解矛盾、维护稳定上，要善于运用法治思维和法治方式，让法律真正成为最好的朋友和助手。二是廉洁用权。习近平总书记说过，天上掉的馅饼是有毒的啊。要把好思想关口，筑牢思想防线，始终保持如履薄冰、如临深渊的警觉。要把握纪律规矩，时刻自重、警醒，知所守、知所惧，把握生活小节，慎独慎微、慎欲慎行，走好第一步，守住第一关，绝不“下不为例”，防止小错酿成大错，避免“温水煮青蛙”。要严格落实好“两个责任”和“一岗双责”，对分管处室单位的廉政建设尽职尽责，敢抓敢管，使之形成思廉洁、抓廉洁的良好风气；要坚持修身与齐家并重，培育良好家风，主动管理好自己的家人，多约束、常提醒、勤教育，形成风清气正的良好氛围。

全省人力资源和社会保障工作

就业创业、失业保险

2015年，是“十二五”收官之年，全省就业工作紧紧围绕省委、省政府决策部署，全面贯彻党的十八大和十八届三中、四中、五中全会精神，落实省委十届十三次全体会议、全省经济工作会议和人力资源社会保障工作会议精神，坚持稳中求进工作总基调，在经济增速持续放缓，下行压力不断加大的情况下，保持了全省就业形势的总体平稳。制定印发新一轮就业创业扶持政策，就业目标任务超额完成，全年城镇新增就业116.8万人，完成年度计划的116.8%；农村劳动力转移就业127.5万人，完成年度计划的106.3%；城镇登记失业率保持在3.35%的较低水平。创业载体建设力度加大，全省17市实现创业大学全覆盖。全省失业保险参保人数1203.8万人，失业保险基金收入71.6亿元，其中失业保险费征缴收入64.2亿元。

【就业工作】 就业政策。省人力资源社会保障厅印发《关于转发人社部发〔2014〕79号文件做好国有企业招聘信息公开的通知》，规范国有企业招聘特别是招聘高校毕业生行为，做到信息公开、过程公开、结果公开，促进公平就业，让劳动者共享改革发展成果。《山东省人力资源和社会保障厅关于建立建设项目和重要政策就业联动机制的意见》，建立建设项目和重要政策就业联动机制，实现招商引资、项目立项、土地征收、项目实施与就业联动，政策制定与就业风险评估同步、政策实施与失业风险防控同步，形成建设项目底子清、用工需求情况明、资源配置效果好，改革发展、宏观调控、产业调整、社会管理等政策与促进就业政策配套联动的新局面。省政府印发由省人力资源社会保障厅代省政府起草的《关于进一步做好新形势下就业创业工作的意见》（以下简称《意见》），《意见》深入贯彻落实党中央、国务院的部署要求，应对经济新常态对就业的影响，着重从实施就业优先战略、积极推进大众创业、促进高校毕业生等重点群体就业、加强职业技能培训和创新公共就业创业服务等5个方面，提出了22条政策措施，为省委省政府科学决策提供了重要理论支撑。省政府办公厅印发由省人力资源社会保障厅代省政府起草的《山东省实施就业优先战略行动方案》，明确了就业与全面深化改革互动融合、就业与产业转型升级互动融合、就业与企业发展互动融合、就业与新型城镇化互动融合、就业与创业创新互动融合、就业与人才培养互动融合、就业与信息化互动融合七个方面的重点任务；提出了加强组织领导、建立长效机制，部门协同联动、形成整体合力，明确责任目标、加强跟踪评估，大力宣传引导、营造良好氛围的四条保障措施。凸显了实现就业增长与经济增长趋势相一致、就业结构与产业转型升级要求相适应、就业质量与各类群体的就业创业意愿相契合的目的。

就业活动。全省就业工作目标责任考核在济南举行，考核按照科学、客观、高效的原则，在总结历年考核经验并广泛征求意见的基础上，制定了《山东省就业目标责任考核办法》，解决了以往考核办法年年更新，就业工作缺乏固定考核准则的问题。全省外国人来鲁完成短期工作任务培训班在济南举办，省人力资源社会保障厅、省外办、省公安厅、省文化厅业务处室负责同志，17市分管负责同志以及业务经办人员参加了培训。

省人力资源社会保障厅就业版块全体人员会议在济南召开，会议传达了全省人力资源社会保障工作会议精神，总结2014年度全省就业工作，分析当前面临的形势和问题，部署安排2015年工作任务。按照年度工作部署，省人力资源社会保障厅组成3个调研组，分赴济南、淄博、烟台、济宁、威海、菏泽集中开展全省就业形势专题调研活动。全省就业创业工作座谈会在济南召开，会议总结2014年全省就业创业和失业保险工作，研究分析当前形势，全面部署2015年全省就业创业和失业保险工作。省委常委、常务副省长孙伟主持召开省就业和农民工工作联席会议2015年第一次会议，省人力资源社会保障厅代表省就业和农民工工作联席会议办公室汇报了2014年全省就业创业、农民工工作及农民工3项行动计划实施情况，对2015年全省就业和农民工工作要点作了说明。全国就业创业工作电视电话会议在北京召开，我省在省政府礼堂设分会场，省委常委、常务副省长孙伟出席并收听收看了电视电话会议，省人力资源社会保障厅组织筹备了我省分会场的收听收看工作。人力资源社会保障部就业促进司评估调研组来我省调研促进《就业规划2011—2015年方案》。省政府新闻办公室召开新闻发布会，对省政府近期印发的《关于进一步做好新形势下就业创业工作的意见》和《山东省实施就业优先战略行动方案》进行了深入解读。全省就业创业工作电视会议在济南召开，会议全面贯彻落实省政府印发的《山东省人民政府关于进一步做好新形势下就业创业工作的意见》《山东省人民政府办公厅实施就业优先战略行动方案》，对进一步做好新形势下全省就业创业工作进行部署安排。全省就业创业政策培训班在济南举办，省发展改革委、省科技厅、省地税局、中国人民银行济南分行等部门有关业务专家以及省人力资源社会保障厅有关处室、单位负责同志对现行就业创业政策进行了解读。

重点群体就业服务。完善城乡统一的就业失业全员登记机制。我省率先在全国实现就业失业登记管理服务的城乡统一，启用新版《就业创业证》。扎实搞好援青援藏专项活动。省人力资源社会保障厅与山东省援疆指挥部共同举办了“山东百企万岗进喀什”春季招聘活动。新疆喀什地区人力资源和社会保障局和部分在鲁务工新疆籍人员家属一行13人，来鲁考察喀什籍劳动者整建制务工企业，并召开新疆籍人员来鲁务工工作座谈会。在青岛、东营、烟台等7市人力资源市场设立青海省海北藏族自治州劳务输出工作站。深入开展就业服务专项活动。启动“就业援助月”活动，提出“两工作日限时就业援助”的任务要求，首次引入微信平台精准援助，即时向援助对象发送岗位信息、政策信息和服务信息；“春风行动”以“迎春风 送岗位”专场招聘洽谈会和座谈会的形式在淄博市启动，联合工会、共青团、妇联和省农业厅，举办各类招聘会2205场，获得人社部、妇联等“我与春风行动故事”征文比赛优秀组织奖；“民营企业招聘周”活动省、市、县（市区）同步开展，参与用人单位达3万6千多家。切实做好对口就业帮扶东平湖库区移民成方连片抓党建促脱贫工作，省人力资源社会保障厅与泰安市人民政府、东平县人民政府在东平县召开就业帮扶对接会，共同启动对口就业帮扶东平湖库区移民成方连片抓党建促脱贫工作。会上，各方签订了《东平湖库区移民成方连片抓党建促脱贫就业帮扶备忘录》《小微企业“快易贷”服务协议》《就业培训服务帮扶协议》，共同启动对口就业帮扶东平湖库区移民成方连片抓党建促脱贫工作。组织开展全国优秀农民工和农民工工作先进集体评选推荐。经过推荐，山东省55名农民工 、4个先进集体受到国务院农民工工作领导小组表彰，获得全国优秀农民工和全国农民工工作先进集体称号。

就业创业培训工作。加大就业培训考核力度。联合省财政厅，对17市2014年度就业培训“五年规划”实施情况进行绩效考评，对考评结果进行全面通报。实施就业培训省级培训项目。启动就业培训“五年规划”省级培训项目，组织培训40家定点培训机构工作人员120余人，分配技能培训任务指标3万人。自省级培训项目实施以来，山东技师学院等27家定点培训机构上报就业技能培训开班申请，共培训18000余人；山东劳动职业技术学院等24家定点培训机构上报创业培训开班申请，共培训16000余人。完善统筹开展农民

工培训机制。批复莱芜市、章丘市等18个市、县（市、区）《统筹农民工职业技能培训实施方案》，按照“统筹规划、项目为主、资金跟进”的思路，加快我省农民工培训资源整合试点。完善政府购买职业培训服务机制，推动形成劳动者积极参加职业技能培训、承接培训机构努力提供优质高效的职业培训服务、政府购买合格职业培训服务的工作机制。贯彻落实对口支援西藏工作。根据省人力资源社会保障厅对口支援西藏工作安排，在烟台市龙口市举办“日喀则市人员创业培训师资培训班”。这次培训是以郭树清省长为首的山东省党政代表团赴西藏考察对口支援工作后的一项具体贯彻行动，也是山东省与西藏日喀则市双方人社部门在就业创业领域进一步加强合作的一项重要内容。

创业带动就业。成功举办“中国泰山创业峰会”活动。中国泰山创业峰会在济南举行，峰会以“创业创新、共识共赢”为主题，以“高端交流、政策研讨、融资合作、发展展望”为主要内容，采取“主题演讲＋专题讨论＋项目路演”的形式。与会专家分别就“面对未来新发展‘双创’新引擎”“互联网时代怎么进行营销创新”“互联网平台促进创新创业之契机与实践”等做了主题演讲，并与现场观众进行了互动交流。国内部分高校、科研单位、创业指导服务机构、创业教育培训机构的专家学者，17市人力资源社会保障局分管局长，省级创业孵化示范基地和创业示范园区、创业大学负责同志，部分企业家、齐鲁晚报创客团成员等近300人参加了本届峰会。完善创业担保贷款风险共担制度。省本级探索建立担保机构与放贷银行之间的风险共担机制，首家与日照银行签署相关协议。同时，以“鲁青担保贷”活动为依托，适当降低互保、联保业务比重，逐步缩减和审慎进入风险高发地区开展业务，确保资金安全。

发展家庭服务业促进就业。召开省发展家庭服务业促进就业工作联席会议第六次全体会议。召开山东省发展家庭服务业促进就业工作联席会议第六次全体会议，开展山东省家庭服务职业培训省级示范基地评估认定工作。经市级推荐，省级考察、评估论证和公示后，认定德州市技师学院（德州职业技术学院）、济南阳光大姐培训学校为山东省家庭服务职业培训省级示范基地，并推荐人力资源社会保障部作为全国示范基地创建单位。开展2015年度我省国家级千户百强家庭服务企业（单位）创建情况调查工作。按照发展家庭服务业促进就业部际联系会议办公室的通知要求，全省统一部署，认真开展宣传、摸底、审核和申报工作。全省入选全国“百强”企业（单位）13家，入选“千户”（单位）87家，居全国第一。启动“我的家政故事”大型电视演讲比赛。与省广播电视台共同主办的山东省首届“我的家政故事”大型电视演讲比赛正式启动，比赛以“讲我的家政故事，展齐鲁家政风采”为主题，讲述家政服务员、企业经理人和家庭雇主之间的感人故事，展现家庭服务职业风采，大力宣传家庭服务业在推动我省经济社会发展中做出的突出贡献。

公共就业服务体系建设。标准化建设。为建设好“山东省半小时公共就业服务圈”，加快推进公共就业服务向社区下沉，对全省涉及到750多个社区，开展“四大社区”（充分就业星级社区、创业型社区、数字就业社区及就业服务标准化社区）建设督导调研，进一步推动基层就业创业工作的开展。信息化建设。推广省级集中的三大信息系统，组织召开了全省公共就业人才管理服务信息系统推广应用会，全面启动全省统一集中的公共就业人才服务、就业信息监测、公共招聘三大信息系统，实现就业人才服务领域“地域、功能、对象、业务”的信息化全覆盖和业务经办的全程信息化，初步形成了以省级集中为基础的全省一体化就业人才管理服务信息化格局。建立农村劳动力转移就业监测制度，在原有5个国家级监测点的农村劳动力转移就业重点监测单位基础上，确定了全省9个国家级农村劳动力转移就业工作示范县和21个省级农村劳动力转移就业工作示范县作为农村劳动力转移就业监测县，对300个行政村监测点进行农村劳动力转移就业的重点监测，建设开发了农村劳动力转移就业监测报表直报系统，建立了省、县、村三级直报机制，对农村劳动力转移就业情况进行实名监测。抓好山东公共招聘网建设。组织召开了山东公共招聘网试运行工作调度会，对网站的运营专门进行全面部署，加大网站建设使用应用力度。山东公共招聘网在全省全面正式上线运行，省、市共同抓好网站的信息发布和审核管理，充分发挥山东公共招聘网促进就业作用。公共就业服务系统队伍建设。为进一步推动全省公共就业服务从业人员队伍专业化建设， 在济南举办了全省公共就业服务改革转型专题培训暨职业指导师师资培训班；在烟台龙口举办3期全省创业培训师资培训班。在济南成功举办2期全省创业咨询师培训班。立足全省人社文化建设要求和人社事业转型发展需要，把文化建设作为推进全省公共就业服务人员队伍建设的重要抓手，在全省开展了服务文化理念倡树活动，积极推进公共就业服务人员队伍建设，以能力素质建设为核心，以教育培训学习为手段，充分发挥文化理念在凝聚共识、提升发展动力方面的重要作用，打造服务文化品牌。

职业介绍工作。省和济南市人力资源社会保障部门和残联共同举办2015年山东省暨济南市“就业援助月”专项活动。省职介中心精选16家用人单位，涉及办公人员、专业技术、管理、商业服务业等320个就业岗位。省职业介绍中心联合省总工会、团省委、省妇联、山东广播电视台等部门共同开展的2015年“春风行动”系列招聘活动分别在济南、泰安两地举办。本次系列活动共组织用人单位376家，提供就业岗位7352个，达成就业意向1096人。由省人力资源社会保障厅主办，省职介中心、山东冶金技师学院承办的2015山东省技工院校毕业生就业专场推介会暨技工院校招生宣传活动在山东冶金技师学院举办。本次活动共组织90家用人单位，涉及技术加工、生产运输、科研技术、商业、服务业等多个行业，提供岗位3000余个，招聘工种有机械维修工、设备管理、软件开发应用、销售、财会、电子商务等60余个工种。2000余技校毕业生参加推介会，近300人达成就业意向。由省人力资源社会保障厅、省军区政治部、省妇联、济南市人力资源和社会保障局等四部门联合举办“2015年驻济部队军人随军家属就业创业公益专场招聘活动”。招聘活动以“帮军嫂就业·促双拥共建”为主题，“创新创业”为主线，现场设立招聘洽谈区和就业、创业培训咨询区。省、市人力资源社会保障部门联合精心筛选60家知名企业参加招聘，提供就业岗位1700余个，来自军区四大部、26集团军、省军区、济空、省武警总队、省消防总队等部队的600余名随军家属前来参加活动。山东省就业促进会职业介绍专业委员会工作研讨会在济南召开。研讨会紧密围绕“谋创新、划发展”主题，进一步解放思想，认真总结上半年就业创业情况，分析研判下半年就业创业形势；以改革为动力，创新工作思路，提出今后一个时期就业创业工作的突破点、措施与任务。“山东省2015年秋冬季高校毕业生就业集中招聘省本级专场活动”在省人力资源市场举办。本次招聘活动是省人力资源市场建成竣工后举办的首场招聘活动，标志着省级人力资源市场正式启用。此次活动以“创新服务 促进就业”为主题，共吸引79家优质用人单位携4870个就业岗位到现场择才纳贤，驻济高校3000余名毕业生入场求职，初步达成就业意向1091人。从岗位需求看，层次较高，多以技术研究、产品开发、工程师等为主；从求职人员素质看，学历普遍较高，本科生、硕士生居多，活动现场井然有序。

【创业工作】 **创业政策**。省人力资源社会保障厅、省财政厅联合印发《关于贯彻落实鲁政发〔2015〕14号文件优化有关创业政策的通知》，围绕创业补贴的标准调整、申请条件和拨付流程，盘活闲置房地产作为省级示范平台的奖补，创业带动就业扶持资金的管理三个层面，进一步提高了一次性创业补贴的标准，简化了一次性创业补贴的申领条件和拨付流程，明确了闲置房地产资源盘活为创业示范平台的认定条件和奖补标准。省人力资源社会保障厅印发《关于组织实施2015年度省级创业示范平台评估认定工作的通知》，按照“四统一”的原则，统筹开展省级创业示范平台评估认定工作，全省共评估认定30家省级创业示范平台，其中10家“山东省创业孵化示范基地”、10家“山东省创业示范园区”、10家山东省大学生创业示范平台。为创新评估认定工作机制，2015年首次引入“第三方”评估机构，进一步提高了评估认定工作的公信力和权威性。省人力资源社会保障厅印发《关于认定2015年省级创业示范平台的通报》，认定山东联荷凤凰山电子商务产业园等11家创业孵化基地为山东省创业孵化示范基地，认定海尔创客加速平台等13家创业园为山东省创业示范园区，认定山东英才学院大学生创新创业孵化基地等7家大学生创业孵化基地为山东省大学生创业孵化示范基地，认定济南市历下区山东财经大学大学生创业园等4家大学生创业园为山东省大学生创业示范园区。

创业活动。按照“2015年度省级创业示范平台评估认定采购”竞争性磋商公告的要求，经过公开报价、资格审查、逐一磋商、综合评审等环节，最后确定北京华普亿方集团为“2015年度省级创业示范平台评估认定”采购项目的成交供应商。2015年度省级创业示范平台评估认定集中答辩会在济南举行，全省共推荐上报90家省级创业示范平台候选名单，经过初审，确定73家参与集中答辩，按照1∶1.1的比例确定38家申报单位入围实地评审。第三方机构组织评审专家分成5个实地评审小组，对入围的创业平台进行了实地评审，提出了2015年度省级创业示范平台入选建议名单；同时，实地评审过程中，对2014年确定的省级创业示范平台进行了复核，确定了复核结果。由国家14部委和山东省政府指导，中国政府网、中国网络电视台联合发起的“发现双创之星”走进山东（济南）系列活动顺利进行。国家有关部委、省直厅局、各市、各高等院校、创客代表等共600余人参加了现场活动。省人力资源社会保障厅牵头承办“齐鲁最创客”海选、创客互动和演讲、创业政策解读等多项工作。省委常委、常务副省长孙伟在“创客说”主题分享环节致辞。省人力资源社会保障厅副厅长夏鲁青在“众创空间”主题活动环节对我省促进创业政策进行了专题解读。为全力助推“创业大学”建设，全省创业大学暨创业示范基地(园区)建设现场推进会在威海召开，会议全面总结了全省创业大学暨创业示范基地（园区）建设情况，交流了经验，查找了薄弱环节，研究分析了当前形势，部署了今后一段时期全省创业大学暨创业示范基地（园区）建设工作。全省17市全部建成创业大学，覆盖全省、市级集中、广泛布点的创业大学体系初步形成。为提升城乡劳动者创业能力，增强大众创业、万众创新的内生动力，我省在全国率先打造创业培训新模式，鼓励支持各市整合优势资源，建设创业大学，统筹开展面向各类创业者的创业培训、实训和服务。各市结合各地资源禀赋条件，积极创新，建成了集创业咨询、培训、实训、孵化等于一体的创业大学，形成了各具特色、百花齐放的良好局面。创业大学建设以来，先后培训各类人员4万多人，培训规模占全省创业培训的40%以上，创业培训质量明显提升。创业大学已经逐渐成为培养新型创业者和企业家的摇篮。

【失业保险】 **失业政策**。省人力资源社会保障厅、省发改委、省经信委、省财政厅联合印发《关于贯彻落实人社部发〔2014〕76号文件进一步明确失业保险支持企业稳定岗位有关问题的通知》，《通知》从政策范围、基本条件、资金使用、申报和审核、组织实施5个方面明确了失业保险支持企业稳定岗位事项。省人力资源社会保障厅、省财政厅联合印发《关于失业保险缴费费率有关事项的通知》，规定全省统一执行1.5%的失业保险费率政策，低于国家2%费率标准。省人力资源社会保障厅、省财政厅联合印发《关于做好新形势下失业保险支持企业稳定岗位工作的通知》，从2015年起，将失业保险支持企业稳定岗位政策适用范围由鲁人社发〔2015〕23号文件规定的化解产能严重过剩、淘汰落后产能、节能减排、主辅分离、兼并重组5类企业扩大到所有不裁员、少裁员稳定就业岗位、依法足额缴纳失业保险费的企业。省人力资源社会保障厅、省财政厅联合印发《关于拨付2014年度失业保险调剂金的通知》，拨付的2014年度失业保险调剂金，重点用于失业人员基本生活保障和促进失业人员再就业工作。

基金征缴管理。落实《社会保险法》《社会保险费征缴暂行条例》《失业保险条例》和《山东省失业保险规定》，全省失业保险参保人数1203.8万人，比2014年末增加49.5万人；失业保险基金收入71.6亿元，其中失业保险费征缴收入

64.2 亿元，利息收入 6.9 亿元。全省失业保险基金支出 57.3 亿元，其中失业保险金支出 23.0 亿元，职工基本医疗保险费 5.9 亿元，丧葬补助和抚恤金支出 934 万元，职业培训和职业介绍补贴支出 4192 万元，扩大基金支出 13 亿元，促进就业支出 9.1 亿元，稳岗补贴支出 3.9 亿元，基金当年收支结余 14.3 亿元，历年滚存结余 275.3 亿元。加大省级失业保险基金对各市的调剂力度，拨付各市失业保险调剂金 5 亿元。

待遇发放。按照国务院《失业保险条例》和《山东省失业保险规定》，全省全年累计为 37.65 万失业人员发放失业保险金等待遇，并为其缴纳基本医疗保险费。按 3 个档次提高失业保险金标准，分别为 950 元、900 元、850 元，平均 900 元，比 2014 年平均提高 6%。

重大活动。在泰安市举办全省部分市失业保险工作座谈会，会议围绕当前失业保险热点、难点等问题，重点针对就业专项资金、失业保险扩大使用范围试点资金和促进创业带动就业资金 3 项资金综合管理使用情况以及《山东省失业保险规定》等内容，认真研讨解决的办法措施，对 2015 年全省失业保险工作进行了全面部署。省人力资源社会保障厅派员赴杭州参加了全国失业保险动态监测业务培训班，会议传达学习上级文件精神，总结 2014 年失业动态监测工作，制定 2015 年工作目标计划，扎实做好 2015 年失业动态监测工作。省人力资源社会保障厅赴部分市开展了失业保险降费政策落实情况督导，对政策落实不到位、存在薄弱环节的市、县（市、区）进行了重点督导，确保失业保险缴费费率政策的有效落实。省人力资源社会保障厅、省煤炭工业局针对 30 万吨以下煤矿关闭、改造升级小煤矿职工安置工作进行了调研，通过调研掌握了煤矿企业拟安置、裁减人员情况，研究了企业稳岗补贴政策落实方案，有效应对关闭破产和改造升级过程中的失业风险。全省失业动态监测预测培训班分别在济南、烟台、泰安 3 市举办。全省失业保险工作座谈会在济南举办，会议全面总结了 2014 年全省失业保险工作，研究分析了当前和明年的工作形势，部署安排了 2016 年全省失业保险工作。

【农民工工作】 **重大活动**。全省农民工 3 项行动计划专题培训班在省行政学院举办，培训邀请了国家农民工方面的知名专家学者、省有关部门同志授课，对国家和我省现有农民工政策和 3 年 3 项行动计划进行了全面解读，对新常态下农民工工作形势进行了系统分析，对下步工作重点和努力方向进行了详细阐述。省委常委、常务副省长孙伟主持召开省就业和农民工工作联席会议 2015 年第一次会议，省人力资源社会保障厅代表省就业和农民工工作联席会议办公室汇报了 2014 年全省就业创业、农民工工作及农民工 3 项行动计划实施情况，对 2015 年全省就业和农民工工作要点作了说明。省教育厅、省财政厅、省住房城乡建设厅、省安监局等部门负责同志作大会交流发言。根据要求，采取政府督导、媒体监督、第三方评估的形式，对农民工 3 年 3 项行动计划进行督查。孙伟常务副省长在省就业和农民工工作联席会议办公室形成的总督查报告上做出重要批示。

【高校毕业生就业】 全省高校毕业生总体就业率 92.41%，其中研究生就业率 93.23%，本科生就业率 92.16%，专科（高职）就业率 92.55%，毕业生就业形势保持基本稳定。全省 2015 届高校毕业生自主创业率达 0.24%，同比增长 118.2%，创业人数较往年有明显提高。

毕业生就业局势持续稳定。全省高校毕业生数量近 52 万人，加上在省外就读回省内就业和上年累积未就业的等，就业总量约 65 万人左右，占到今年全省城镇新增就业预期目标的 65％以上，任务相当繁重。因此根据省人力资源社会保障厅全年工作总目标和要求，加强工作针对性和创新性，促进高校毕业生实现更加充分就业和更高质量就业。努力实施好离校未就业高校毕业生就业促进计划、高校毕业生就业能力提升计划、大学生创业引领计划和“三支一扶”计划等促进高校毕业生就业创业的“四项专题行动”，下大力加强高校毕业生就业服务、高校毕业生创业平台、高校毕业生就业工作考核、完善服务期满基层项目毕业生政策等“四个体系建设”，确保全省高校毕业生就业局势总体稳定。

大学生自主创业快速发展。大学生创业人数快速增长。从在校大学生和应届毕业生的情况看，增幅出现跨越式跃升。根据《国务院关于进一步做好新形势下就业创业工作的意见》，配套起草我省贯彻文件，确定从打造大学生创业区域高地、培育领军型创业人才、引领大学生到农村创业等方面拟定了有关政策和行动计划。组织省级大学生创业孵化示范基地和示范园区评估认定工作。在同省级创业孵化示范基地（园区）整合的基础上，引入第三方组织进行答辩和评估认定。全省已建设大学生创业孵化基地 160 家，大学生创业园 143 家。其中已经有 51 家被评估认定为省级大学生创业孵化示范基地（园区）。组织举办“发现双创之星”山东站大型活动。国务院办公厅信息公开办公室、中国网络电视台于 8 月 20 日在我省举办“发现双创之星”大型主题活动，国家部委、国内知名创投、创业成功人士、创业大学生代表等进行了现场互动，进一步推动形成我省“双创”热潮，激发亿万群众创新活力。进一步健全完善“三创”服务模式。推动高校建立从创业创新教育、创业培训实训到创业实践孵化的“三创”新模式，着力破解大学生创业融资难、场地缺、能力弱等问题，推行校地共建模式，推广“一中心、多基地”增强大学生创业平台的辐射能力。组织评先树优活动，营造浓厚社会氛围。开展“奋斗·青春大学生创业就业人物事迹征集活动”“第三届十大创业之星”评选活动等，表彰宣传先进创业事迹，充分发挥典型带动作用。

优化毕业生就业服务方式。编制发布 2014 年度全省高校毕业生就业质量报告。对我省 2014 年高校毕业生生源状况、就业情况、就业市场需求、解约情况、省外院校毕业生来鲁就业情况、离校未就业高校毕业生实名登记情况等进行了分析总结，并向社会公布，接受社会监督，促进工作落实。进一步优化高校毕业生就业质量报告编报暨就业质量评价指标体系，规范年度报告编制工作，以此推动高校毕业生就业工作转型发展，形成招生——培养——就业联动机制。改进就业方案上报审查方式。组织开展 2015 年高校毕业生集中办理报到手续工作。改进就业方案的审报方式，由过去的省就业主管部门审查，改为由毕业生本人在自己的就业方案上签字确认，确保了就业的真实性。积极做好第三轮就业总结宣传典型高校的评估认定工作。我省德州职业技术学院等 3 所高校被评估认定为全国高校毕业生就业典型经验高校。

毕业生就业服务水平升级。开展春季毕业生集中招聘活动。按照服务我省产业转型升级、突出专业特色的原则，紧紧围绕服务“一蓝一黄”“一圈一带”经济发展战略，联合省内高校集中举办省级春季就业市场，大力推广区域化、小型化、专业化招聘活动，提高对接成功率。据统计，全省共组织了 40 场省级集中招聘活动，1.5 万余个用人单位现场提供岗位 43.9 万多个，入场求职毕业生达 39 万余人，达成就业意向 11 万多个。开展网络招聘活动。联合有关部门开展高校毕业生网上招聘、中小企业网上百日招聘高校毕业生等活动，为高校毕业生搭建求职平台，节约成本，提高信息交流的效率。开展首批高校毕业生就业见习示范基地工作。根据《关于评选山东省首批高校毕业生就业见习省级示范基地的通知》要求，评选了 75 家省级就业见习示范基地。积极开展优秀大学生评选活动和贫困生帮扶工作。开展了省级优秀大学生评选工作，为毕业生发放“优秀毕业生”证书，积极做好评优树先工作。落实鲁政办发〔2013〕17 号文件精神，把特困生求职补贴标准由 500 元 / 人提高到 1000 元 / 人，为特困家庭毕业生发放“就业服务卡”，切实把对特困生的关怀落到实处。积极引导高校毕业生到基层就业。联合印发了《关于做好 2015 年山东省高校毕业生“三支一扶”计划实施工作的通知》，将征集的服务岗位从教育、医疗卫生、农技推广、劳动就业、社会保障等拓展到住房保障、社会工作、文化体育、残疾人服务和社区养老服务等领域，并对有关政策做了进一步调整完善。全省共招募“三支一扶”毕业生 1934 人，其中从事社会服务等岗位人员 262 人。

优化高校毕业生就业工作环境。努力形成工作合力。健全省高校毕业生就业工作联席会议制度，提出了各成员单位的具体工作任务，形成了人力资源社会保障部门牵头、各成员单位分工明确、齐抓共管的良好局面。加大舆论宣传力度。建立起毕业生就业形势定期发布制度，引导社会舆论。加大宣传教育力度，引导高校毕业生及时调整就业预期，树立正确的择业观。多次在国家级、省级新闻媒体上宣传报道我省促进毕业生就业的政策和典型做法。抓好自身建设。结合“三严三实”专题教育等活动、努力改进作风，求真务实，廉洁勤政。

（就业促进与失业保险处/农民工工作处、高校毕业生就业处、省劳动就业办公室、省职介中心）

职工养老保险

2015年，职工养老保险处坚决贯彻中央和省委省政府决策部署，在厅党组的正确领导下，坚持稳中求进总基调，适应经济发展新常态，瞄准转型发展新目标，振奋精神，开拓进取，推动养老保险重点领域改革和制度建设迈出了新步伐。

【机关事业单位养老保险制度改革】 按照党中央、国务院关于机关事业单位养老保险制度改革的总体部署，省政府在全国第一个印发《山东省人民政府关于机关事业单位工作人员养老保险制度改革的实施意见》（鲁政发〔2015〕4号），明确了我省改革的实施范围、实行制度、待遇计发办法等政策，自2014年10月1日期实施。经国家批复同意，我省又印发了《改革实施办法》。省政府召开全省电视会议动员部署，正式启动了这项改革。工作中，坚持问题导向，分析梳理了7大类、30余个问题，形成了问题清单，有针对性地开展政策研究。加大宣传培训力度，通过中央及省主要媒体广泛宣传，正确引导舆论，并分期分批对全省人社系统和省直单位进行了业务培训。加强调度指导，推动各市工作齐头并进，均衡发展。全省已陆续启动参保缴费和养老金社会化发放，纳入新制度范围的人数达到210万人。这项改革入选了2015年度全省十大新闻之一。

【企业养老保险基金投资运营】 省政府与全国社保基金理事会签订了1000亿元基金委托运营合同。为确保全省基金及时足额归集到位，综合考虑各地基金支撑能力、存储情况等因素，科学制定了归集方案。加强对各市的调度指导，提请省政府督查室对部分进展较慢市进行督导，保证了工作顺利推进。截至年底，我省已按约定，分两批将500亿元基金划拨社保基金理事会。

【调整企业退休人员基本养老金】 按照人力资源社会保障部、财政部2015年调整企业退休人员基本养老金水平有关精神，经省政府同意，省人力资源社会保障厅、省财政厅联合印发《关于2015年调整企业退休人员基本养老金的通知》（鲁人社发〔2015〕25号）等四个文件，连续第11次调整企业退休人员基本养老金，增长幅度达到10%以上，调整后全省月人均养老金达到2515元。进一步完善了调整政策，首次实行与缴费年限挂钩调整的办法，更好地体现了兼顾公平和效率的原则。

【贯彻实施社会保险法】 连续出台补缴、缓缴和延长缴费三个文件，妥善解决参保缴费遗留问题，促进了人员“全覆盖”和全省政策统一。省人力资源社会保障厅印发《关于统一和规范企业职工基本养老保险费补缴政策的通知》（鲁人社发〔2015〕29号），妥善解决了《社会保险法》实施前我省企业职工基本养老保险参保缴费的遗留问题，进一步统一规范了全省养老保险政策。印发《关于参加企业职工基本养老保险人员延长缴费有关问题的通知》（鲁人社发〔2015〕30号），明确延长缴费方式、办法等政策，维护了参保人员养老保险权益。印发《关于生产经营严重困难单位缓缴社会保险费有关问题的通知》（鲁人社发〔2015〕31号），明确用人单位申请缓缴的条件、流程、权利义务等政策，规范完善用人单位缓缴社会保险费行为。

【调整离休干部基本离休费水平】 省人力资源社会保障厅贯彻落实《国务院办公厅转发人力资源社会保障部财政部关于调整机关事业单位工作人员基本工资标准和增加机关事业单位离退休人员离退休费三个实施方案的通知》（国办发〔2015〕3号）精神，为机关事业单位2014年9月30日前已经办理离退休手续和已达离退休年龄的人员，从2014年10月1日起增加离退休费。8月，省人力资源社会保障厅、省财政厅联合印发《关于调整企业离休干部基本离休费水平的通知》（鲁人社发〔2015〕50号），自2014年10月1日起，为2014年9月30日前已办理离休手续的企业离休干部提高基本离休费水平。

【非营利民办学校教师养老保险与公办学校教师同等待遇试点】 省政府办公厅印发《山东省人民政府办公厅转发省人力资源社会保障厅等部门关于开展非营利性民办学校教师养老保险与公办学校教师同等待遇试点工作的指导意见的通知》（鲁政办发〔2015〕57号），明确了该项试点的相关政策，决定2016年在全省范围内启动试点，我省成为全国首个在全省范围开展此类试点的省份。经过深入研究，省人力资源社会保障厅会同省教育厅、省财政厅提出了全省统一的指导意见，坚持自愿和公平原则，将非营利民办学校教师纳入机关事业单位养老保险。省政府办公厅正式转发了这一意见，要求在青岛、潍坊、德州3市试点基础上，2016年将试点范围扩大到全省。我省是第一个在全省实施这项试点的省份，将会对提高社会保障公平性、促进教育事业发展发挥重要作用。

【其他工作】 牵头做好省人大对社会保障问题质询的答复工作，说明了相关情况，解读了有关政策。深入细致做好养老保险信访稳定，妥善处理了大量来信来访，配合做好行政争议应诉工作。按照转变政府职能要求，进一步梳理规范了养老保险规范性文件和权力清单。加强养老保险十三五规划研究工作，提出了初步的发展思路和主要任务。

（职工养老保险处）

职工医疗和生育保险

围绕全覆盖目标，实施医疗保险参保扩面专项行动，重点抓好困难企业职工、灵活就业人员、农民工等人群参保服务，进一步巩固扩大了医保覆盖面。全省参加职工医疗保险人数达到1904.4万人，比去年底增加44.2万人，圆满完成了全年扩面计划。

【医保支付制度改革】 省人力资源社会保障厅会同物价、卫生计生部门制定了《关于推进医疗机构按病种收费改革试点的意见》，要求各市扩大按病种收费范围，严格依照临床路径确定病种收费标准，进一步规范医疗服务行为，控制不合理费用支出。会同省中医药管理局、物价局研究确定了第二批开展按病种收费的中医优势病种，鼓励定点医院充分使用中医药服务，进一步加大对中医医疗机构的支持力度。

【医保管理服务】 根据人社部等部委《关于进一步做好基本医疗保险异地就医医疗费用结算工作的指导意见》，结合我省实际，制定了贯彻落实意见并印发各地，明确了省内和跨省异地就医结算工作的目标任务和工作重点。印发《关于进一步做好定点医疗机构医保费用结算拨付工作的通知》，指导各市进一步完善医保服务协议，明确医疗费用结算拨付时限，建立沟通协调机制，保障医保制度健康运行。

【医疗保险相关政策】 省人力资源社会保障厅印发《关于转发人社部发〔2014〕93号文

件进一步做好基本医疗保险异地就医医疗费用结算工作的通知》（鲁人社发〔2015〕19号），明确推进异地就医结算工作的目标任务，规范省内异地就医直接结算，根据国家跨省异地就医工作部署，推进跨省异地安置退休人员住院医疗费用直接结算。根据人力资源社会保障部办公厅《关于对国家基本医疗保险、工伤保险和生育保险药品目录中部分药品进行调整规范的通知》（人社厅函〔2015〕92号）精神，印发《关于对山东省基本医疗保险工伤保险和生育保险药品目录中部分药品进行调整规范的通知》（鲁人社办发〔2015〕56号），取消药品目录中国家和省规定的基本药物的使用限制，将其全部纳入医疗保险基金支付范围。为进一步做好离休干部医疗服务工作，减轻离休干部个人负担，印发《关于将参加医药费统筹的省直离休干部诊疗费纳入统筹支付的通知》（鲁人社字〔2015〕64号），将参加医药费统筹的省直离休干部诊疗费纳入统筹支付。

【生育保险工作】 按照省人力资源社会保障部、财政部要求，印发《关于贯彻落实人社部发〔2015〕70号文件适当降低生育保险费率的通知》，指导督促各市及时做好适当降低生育保险费率工作。指导有关市加强生育保险基金管理，通过增收节支，妥善解决基金收支不平衡的问题。指导各地进一步扩大生育保险覆盖面，全省参加生育保险人数为1111.3万人，比去年底增加64.9万人，圆满完成全年扩面任务。

【医改工作】 按照省政府的要求，牵头组织医保制度建设课题研究，会同有关部门赴日照、临沂2市调研，形成了专题调研报告。参与省政府、省医改办、省卫生计生委、省物价局等部门组织的公共卫生和深化医改相关课题调研和《关于进一步深化医药卫生体制改革的实施意见》起草等工作。

（职工医疗保险处）

工伤保险

2015年，全省工伤保险工作以深入开展“三严三实”专题教育为契机，按照全省人力资源社会保障工作会议部署和人社系统重点改革任务要求，以构建制度完备型、覆盖全面型、管理创新型、服务规范型“四型”工伤保险体系为目标，统筹安排，狠抓落实，圆满完成各项工作任务，在重点、难点工作上有新突破。全省工伤保险参保人数达到1473.5万人，其中农民工参保438.4万人，事业单位参保193.1万人；工伤保险基金征缴收入48.4亿元，比去年增加5.5亿元，增幅12.7%。

【建筑业参加工伤保险】 省人力资源社会保障厅与省住房和城乡建设厅、省安全生产监督管理局和省总工会反复研究讨论、多次沟通协商的基础上，印发《关于转发人社部发〔2014〕103号文件明确建筑业参加工伤保险有关问题的通知》（鲁人社发〔2015〕15号），明确了建筑业按建设项目参保的政策措施；印发《关于印发山东省开展建筑业“同舟计划”工作方案的通知》（鲁人社字〔2015〕221号），进一步明确了落实政策的具体要求和3年目标任务。为推进该项政策的落实，省四部门组成4个联合督查组，分别于8月份和12月份对各市推进“同舟计划”工作情况进行了专项督查，对在督查中发现的4个典型，以厅信息专刊的形式刊发了他们的做法、经验，供各地借鉴学习。各市均出台了配套政策和工作方案，积极研究解决适应按建设项目参保的经办规程、信息系统、实名制管理等问题，“同舟计划”进展顺利，截至年底，全省按建设项目参保747户，参保人数26.5万人，征缴工伤保险费3398万元。

【公务员参保】 全省公务员参加工伤保险制度改革又有滨州、莱芜、泰安、菏泽、枣庄5

市公务员纳入工伤保险参保范围，全省累计达到14个市，全省公务员和参照公务员法管理的事业单位人员参保人数达到30余万人。

【工伤保险费率调整】 国家调整工伤保险费率政策文件下发后，我省及时提出了贯彻意见，下发《关于转发人社部发〔2015〕71号和72号文件落实调整工伤保险费率政策加强工伤保险基金管理有关问题的通知》（鲁人社发〔2015〕52号），要求各统筹地区按照“总体降低，细化分类，健全机制”的原则，从10月1日起，执行新的工伤保险费率政策，总体降低费率水平。

【定期待遇调整】 根据全省职工平均工资和生活费用变化等情况，参考养老保险金调整幅度，经认真调研测算，省人力资源社会保障厅会同省财政厅印发《关于2015年调整一级至四级工伤职工伤残津贴、生活护理费和工亡职工供养亲属抚恤金标准的通知》（鲁人社发〔2015〕44号），连续第11年提高工伤职工三项定期待遇水平。从1月1日起，一级至四级工伤职工伤残津贴每人每月分别增加275元、265元、255元、245元，生活护理费和工亡职工供养亲属抚恤金月人均分别增加145元和82元。调整后三项待遇月人均分别达到2482元、1564元、1027元。各级人力资源社会保障部门按照统一部署，在7月底前完成工伤职工定期待遇调整工作。

【工伤预防和工伤康复】 针对青岛、济宁2个全国工伤预防试点城市在试点中遇到的问题，确定了从省级层面进行政策突破的工作思路，推动全省工伤预防工作的开展。省人力资源社会保障厅会同省财政厅印发《关于开展工伤预防试点工作的通知》（鲁人社字〔2015〕417号），确定在全省选择3—5个市开展工伤预防试点工作。印发《关于确认工伤预防试点城市的通知》（鲁人社字〔2015〕542号），确定济南、青岛、东营、潍坊、济宁、莱芜、聊城7市（含青岛、济宁2个全国试点城市）为全省工伤预防试点城市，自2016年全面启动工伤预防工作。省人力资源社会保障厅赴淄博、泰安、枣庄、济宁4市调研工伤康复工作，摸清现状，找出问题。在此基础上，研究起草《山东省工伤康复管理办法》。

【工伤认定】 梳理工伤认定行政执法与司法审判认识不一致的问题，积极配合省人力资源社会保障厅法规处与省高级人民法院进行沟通交流。召开工伤认定案例分析会，对各地筛选的典型案例进行了分析研究，还请部、省有关专家集中解读了工伤保险政策。通过辅导、交流，拓展了工伤认定适用具体法律的思路，统一政策把握的口径。全省受理工伤认定申请7.02万件，认定或视同工伤6.95万件，其中，行政复议419件，行政复议维持率为90%，行政诉讼742件，行政诉讼维持率为82%。

【省属驻济机关事业单位工伤认定和劳动能力鉴定】 受理省属驻济机关事业单位工伤认定申请114件，作出工伤认定决定100件，为29名工伤职工进行了劳动能力鉴定。配合法规处妥善处理了工伤行政复议案件，省属驻济机关事业单位工伤认定和劳动能力鉴定工作步入正轨。

【工伤保险宣传活动】 根据人力资源社会保障部统一安排，省人力资源社会保障厅印发《关于转发人社厅函〔2015〕110号文件开展2015年工伤保险集中宣传活动的通知》（鲁人社办字〔2015〕16号），自5月初至6月中旬开展了集中宣传活动，重点宣传建筑业参加工伤保险等政策。5月20日为集中宣传活动日，全省各地同步开展了多种形式的宣传活动。同时，积极组织企业、职工参与部里开展的“工伤保险知识微信竞答活动”，在省厅和各市局门户网站进行了链接，全省参与微信竞答活动12.3万人次。通过开展集中宣传活动，提高了用人单位参加工伤保险的积极性和主动性，营造了良好的工作氛围。

【全省工伤保险工作座谈会】 召开全省工伤保险工作座谈会，贯彻落实全省人力资源社会保障工作会议和全国工伤保险工作座谈会精神，总结去年以来的工作，交流经验，分析形势，研究讨论降低工伤保险费率、建立省级调剂金制度（或省级统筹）及工伤保险重点、难点等问题，部署推动全 年工作，重点部署进一步推进建筑业参加工伤保险工作。省人力资源社会保障厅副厅长孙廷玉出席会议并讲话。

（工伤保险处）

居民养老保险

2015年，按照年初确定的任务目标，以狠抓政策落实为工作主线，以推进被征地农民社会保障为工作重点，各项工作都取得了较好成效。全省居民养老保险参保人数达4534.3万人，超额完成十二五规划目标和年度计划，待遇发放人数达到1407.8万人，符合条件人员领取率达到100%；基金累计结余539.1亿元。待遇发放人数和基金累计结余列全国第一，参保人数位居全国第二。

【居民基本养老保险】 **居民养老保险基础养老金水平**。根据人力资源社会保障部《关于提高全国城乡居民基本养老保险基础养老金最低标准的通知》精神及省政府的要求，及时下发文件，自1月1日起将我省居民养老保险基础养老金最低标准从75元提高到每人每月不低于85元。全省调整后的基础养老金最低标准高出国家最低标准15元，青岛、东营市的基础养老金最低标准已达130元。这是制度实施以来全国第一次、我省连续第四次提高居民养老保险基础养老金最低标准。

补助资金申请拨付办法。省人力资源社会保障厅与省财政厅联合印发《山东省居民基本养老保险省级补助资金申请拨付办法》，对各市、县居民基本养老保险制度建设和政策落实情况实行绩效考核评估，明确我省居民基本养老保险省级补助的原则标准、申请流程和要求、补助资金的管理使用以及监督检查等事项。规定相关审核检查标准，将居民养老保险制度实施情况、市县财政补助落实到位情况、基金管理情况、经办业务管理情况等工作列入绩效考核指标体系，与省级补助资金拨付挂钩。

政策宣传。结合两项制度合并实施、基础养老金提高、全民参保登记等政策落实，以惠民、便民为主要宣传导向，以政策调整部分为主要宣传内容，全面指导各地开展丰富多彩的宣传活动，引导广大居民多缴费、长缴费，提高自我保障意识。

督导工作落实。省人力资源社会保障厅对全省17个市及34个县居民基本养老保险政策落实、经办服务及信息化建设等工作开展情况进行全面督导检查。指导基层理清工作思路，正确把握政策尺度，推进工作开展。组织召开全省居民养老保险工作座谈会，传达全国城乡居民养老保险工作座谈会和年度形势分析会精神，总结工作情况，分析形势并研究部署下步工作。

城乡养老保险制度衔接。加强相关业务培训，调整完善业务流程，加强经办管理，将国家和省里的城乡养老保险制度衔接暂行办法落实到位，使参保人员能够在居民养老保险和职工养老保险两项制度间顺畅切换。

【被征地农民养老保险】 **土地出让收支和耕地保护情况审计整改**。上半年，国家审计署在全国开展了土地出让收支和耕地保护情况审计工作，对我省的审计报告中部分涉及被征地农民社会保障工作，根据审计结果制定整改工作方案，推动各级切实将社保资金落实到被征地农民个人账户。

摸底调查。组织各市摸清《山东省土地征收管理办法》实施以来土地征收、资金筹集、被征地农民涉及人数及养老保障等情况。同时，建立被征地农民社会养老保障工作季报制度。

督导调度。省人力资源社会保障厅全面督导的基础上，结合土地审计和领导干部经济责任审计整改工作，与省审计厅、省财政厅、省国土资源厅组成联合督办组，赴菏泽、枣庄、济宁、临沂、烟台、威海等6个市、12个县区进行专项督导，全力推进被征地农民社会保障资金的落实。

政策探索。在全面开展调研统计的基础上，到潍坊、淄博、日照3市对被征地农民社会保障工作进行深入调研，研究和探索被征地农民按照个人意愿参加社会养老保险的政策，根据各地实际情况因地制宜解决被征地农民社会保障问题。配合完成了部农保司等司局组织的全国土地制度改革专题调研。

推广经验。全国居民养老保险政策宣传工作座谈会在我省召开，我省在会上做了典型发言。我省的居民养老保险工作开展情况及具体经验做法先后被《山东通讯》《中国人力资源和社会保障》《中国劳动和社会保障报》等权威媒体刊登。

（居民养老保险处）

居民医疗保险

围绕全覆盖目标，落实全民参保计划，鼓励居民参保缴费。居民基本医疗保险参保人数达到7331.4万人，其中成年人5539.3万人，中小学生儿童1641.2万人，大学生150.9万人。居民大病保险制度不断完善，工作扎实推进，明确合规医疗费用范围，印发《山东省居民大病保险工作实施方案》。全省大病保险共对76.78万人次赔付医疗费用17.76亿元，有效缓解了参保居民因病致贫、因病返贫问题。

【居民基本医疗保险】 **筹资标准**。会同省财政厅印发《关于做好2015年居民基本医疗保险工作的通知》，明确2015年居民医保政府补助标准不低于每人每年380元，个人缴费不低于每人每年120元。

待遇水平。完善与筹资水平相适应的待遇调整机制，逐步提高统筹基金报销比例和最高支付限额，有效减轻了参保人员经济负担，居民医保政策范围内住院报销比例达70%左右，最高支付限额平均达到15万元以上。居民医保统一执行职工医保药品、诊疗和服务设施目录，农村居民用药品种由整合前1100种扩大到2400种，报销范围翻了一番多，大大扩大了医保可报销的“政策范围”。会同省财政厅、省残联印发《关于将0—6岁残疾儿童抢救性康复治疗项目纳入居民基本医疗保险基金支付范围的通知》，将0—6岁残疾儿童康复治疗项目纳入居民基本医疗保险基金支付范围，提高了残疾儿童的医疗保障水平。在认真调研的基础上，将苯丙酮尿症纳入全省门诊慢性病保障范围。

医疗服务管理。指导各地通过加强基金预算管理，深化支付制度改革，普遍实行总额预付和复合式结算方式，扩大按病种结算范围，加大对医保基金支出控制力度，形成对定点医疗机构激励与约束并重的监管机制。

医疗改革相关措施。会同省卫生计生委对基层基本药物使用情况进行了调研，针对存在的问题，研究制定了《关于对山东省基本医疗保险工伤保险和生育保险药品目录中部分药品进行调整规范的通知》，取消《药品目录》中基本药物的使用限制，全部按照药品目录甲类药品进行管理。

政策宣传。以省政府名义召开新闻发布会，通报我省居民基本医疗保险制度运行情况，并回答了记者提问。我省城乡医保整合的做法被中央和省深改办作为成功改革的典型案例收录，发各地交流学习。

政策探索。针对部分市反映意外伤害医疗费支出急剧增加以及责任认定难等问题，对各市意外伤害病例及报销政策进行了全面调查摸底，对数据进行了汇总分析研究，在此基础上，借鉴外省市的先进经验做法，起草了建立居民意外伤害险的意见，并征求了地市意见，拟经进一步修改完善后出台。

【居民大病保险】 **支付标准**。全省居民大病保险按每人32元划拨资金，起付标准为1.2万元，个人负担的合规医疗费用1.2万元以下的部分不给予补偿。个人负担的合规医疗费用1.2万元以上(含1.2万元)、10万元以下的部分给予50%补偿;10万元以上(含10万元)、20万元以下的部分给予60%的补偿;20万元以上(含20万元)以上的部分给予65%补偿。一个医疗年度内,居民大病保险每人最高给予30万元的补偿。

招标工作。根据《山东省居民大病保险工作实施方案》的规定,经省政府采购中心按照程序招标,我省确定了中国人保财险山东省分公司、中国人寿保险山东省分公司和太平洋保险山东省分公司为2015年、2016年承办居民大病保险的商业保险机构。

考核评估。联合省发展改革委、省财政厅和省卫生计生委制定了《居民大病保险评估考核工作方案》,确定了大病保险的考核评估标准和方式。经省级机关政府采购中心通过竞争性谈判选定了考核评估机构,历时1个月完成了2014年大病保险的考核评估工作,在征求地市意见的基础上,按评估结果拨付剩余大病保险资金。

(居民医保处)

社会保险基金监督

2015年,我省社会保险基金监督制度逐步完善,监督手段不断丰富,监督氛围日渐浓厚,构建了较为完备的社会保险基金监督体系,积极探索了社会保险基金保值增值,有效维护了我省社会保障制度健康可持续发展。

【社会保险基金社会监督】 健全社会保险基金社会监督机制。省人力资源社会保障厅印发《山东省社会保险基金监督举报奖励暂行办法》(鲁人社发〔2015〕14号),明确了举报奖励适用范围、奖励金额及办法,对举报人按规定给予奖励。

【社会保险基金账户管理及保值增值情况专项检查】 省人力资源社会保障厅印发《关于开展社会保险基金账户管理及保值增值情况专项检查的通知》(鲁人社办字〔2015〕12号),部署开展检查,通过检查掌握了全省社保基金账户管理及保值增值情况,对发现问题进行了整改。

【打击社会保险欺诈行为】 贯彻落实全国人大常委会关于《中华人民共和国刑法》第二百六十六条的立法解释,完善了行政执法与刑事司法有效衔接机制,加强与公安机关的协作配合,省人力资源社会保障厅会同省公安厅印发《山东省人力资源和社会保障厅山东省公安厅转发人社部发〔2015〕14号文件加强全省社会保险欺诈案件查处和移送工作的通知》(鲁人社发〔2015〕32号),明确了相关案件查处移送的程序和要求,建立了联席会议制度。

【机关事业单位养老保险基金检查】 省人力资源社会保障厅印发《关于开展机关事业单位养老保险基金检查的通知》(鲁人社办字〔2015〕20号),部署开展机关事业单位养老保险基金检查。

【企业自行管理社会保险纳入地方统筹管理】 部行业企业社会保险纳入地方管理调研督导组对我省进行调研督导,召开了省有关部门、有关市人社和财政部门、自行管理企业负责人参加的座谈会,部调研督导组对我省工作给予肯定。

【全省基本医疗保险医疗服务监管信息系统】 省人力资源社会保障厅印发《关于在全省统一建设基本医疗保险医疗服务监管信息系统的通知》(鲁人社办发〔2015〕61号),在全省统一建设基本医疗保险医疗服务监管信息系统,全年完成了第一批启动地区监管信息系统上线运行的目标。

【省本级社会保险基金检查】 省人力资源社会保障厅下发《关于开展社会保险基金检查的通知》,对中国烟草集团总公司山东省公司、中国电信股份有限公司山东分公司、中国邮政储蓄银行有限责任公司山东省分行、中国建设银行股份有限公司青岛市分行、中国石油天然气第七建设公司，山东电力建设第一工程公司、山东工业陶瓷研究设计院有限公司、山东师范大学、山东财经大学社会保险费缴纳等情况开展检查。

【医疗保险违规案件查处】 督导聊城、菏泽市分别查处2起套取医疗保险基金案件。省人力资源社会保障厅印发《关于近期两起医疗保险违规案件查处情况的通报》（鲁人社函〔2015〕41号）。

【企业年金监管】 省人力资源社会保障厅召开年金基金管理座谈会，进一步完善了年金监管制度，从源头上防范不合规行为，规范了年金市场秩序。企业年金市场规模稳步增长，截至上半年，全省建立企业年金企业账户2800个，参加职工55.61万人，基金规模230.6亿元。

（基金监督处）

社会保险经办

2015年，全省社会保险经办机构全面贯彻落实党的十八大和十八届三中、四中、五中全会精神，坚持稳中求进的工作总基调，突出依法经办，以落实社会保障改革任务为重点，加快推进全民参保登记计划和电子社保建设步伐，统一规范全省社保业务经办规程，力争我省社会保险经办工作达到全国先进水平。

【全省机关事业单位养老保险经办启动】 全省各级经办机构认真落实国务院《关于机关事业工作人员养老保险制度改革的决定》（国发〔2015〕2号）、山东省人民政府《关于机关事业单位工作人员养老保险制度改革的实施意见》（鲁政发〔2015〕4号）。省人力资源社会保障厅、省财政厅印发《关于印发山东省机关事业单位工作人员养老保险制度改革实施办法的通知》（鲁人社发〔2015〕46号），明确驻济省直机关事业单位、驻鲁中央国家机关所属单位的基本养老保险和职业年金管理工作，实行省级集中经办管理，由省社保局负责经办。驻济以外省直单位，原则上由设区的市集中经办管理。市、县级机关事业单位的经办管理方式，由各市政府确定。同时，经省编制委员会办公室批复，省社会保险事业局增设机关事业单位养老保险服务处。主要职责是负责省直管机关事业单位参保人员退休待遇核定和职业年金的经办管理工作，指导全省机关事业单位养老保险经办管理工作。按照省委省政府提出“超前研究，及早准备”要求，制定周密工作方案，统一部署，分批实施，按时完成基础信息采集、经办规程制定、养老保险金测算、业务数据比对交接、退休人员统筹内待遇核定等各项工作。截至年底，全省17市全部启动机关事业单位养老保险经办工作。省直首批启动的20家主管部门，共101家单位，涉及在职人员5056人，退休人员3534人，在职人员参保缴费、退休人员统筹内养老金已全部缴纳和发放到位。我省机关事业单位养老保险改革实施走在全国前列。

【全民参保登记计划】 按照“试点先行、逐步推开”的思路，在东营、潍坊先行开始试点，指导两市出台实施方案及配套政策，开发全民参保登记信息系统，整理入库参保人员信息，深入开展入户调查，试点工作取得初步成效。在潍坊市召开全省全民参保登记工作现场会，总结潍坊、东营两试点市经验做法，通过现场观摩和典型发言交流， 进一步明确工作要求，扩大实施范围，部署2016年我省全民参保登记工作。突出抓好数据整理比对、部门联动共享、宣传发动和入户调查四个关键环节，印发《关于进一步做好全省全民参保登记工作的通知》(鲁人社发〔2015〕58号)，会同信息中心制定印发《关于做好全民参保登记基础信息管理工作的通知》（鲁社保发〔2015〕24号），各市数据整合有序进行，省级信息系统进入实质开发阶段。在全国全民参保登记工作会议上我省作了典型发言，并顺利通过部检查组实地督导检查。

【电子社保建设】 全面推进电子社保建设，以信息化支撑引领全省社保经办机构加快转型发展。积极推进“一制四化”，即综合柜员制、网厅一体化、业务档案一体化、业务财务一体化、查询咨询多样化的经办管理服务模式，持续推进信息化技术与社保经办业务的深度结合，构建更加便民快捷的社会保险管理服务体系，提升经办服务效能。积极参加国家电子社保示范城市评选活动，鼓励各市打造电子社保建设新亮点，在继潍坊、淄博两市入选首批全国电子社保示范城市之后，青岛、威海两市入选第二批全国电子社保示范城市，我省成为全国电子社保示范城市最多的省份，电子社保建设工作走在了全国前列。

【标准化建设】 随着社会保险标准的陆续发布，社会保险标准化建设工作重心由以制定为主向制定与贯彻实施并重转变。全国第五次标准制定小组会议在临沂召开，《社会保险经办绩效评价》标准初稿完成；全国第六次标准制定小组会议在烟台市召开，完成了《社会保险经办绩效评价》送审稿。全省标准化建设工作稳步推进，淄博、潍坊、聊城三市作为首批社会保险标准化“先行城市”，统一业务术语、统一服务形象、统一服务流程。青岛、潍坊、淄博、聊城等市启用部颁视觉识别系统。

【社会保险覆盖范围】 准确把握经济发展新常态，主动作为，不等不靠，强化上下沟通协调，开展社会保险运行分析，在参保征缴工作上持续发力，社会保险覆盖范围进一步扩大。全省参加城镇职工基本养老保险的总人数达到2477.5万人，比去年底增加107.3万人，增幅4.5%。其中，参加企业养老保险的人数为2138.5万人，比去年底增加101.0万人。参加机关事业单位养老保险的人数为339万人，比去年底增加6.3万人。参加基本医疗保险人数达到9235.8万人，比去年增加5247.8万人，增幅131.6%。其中，参加职工基本医疗保险人数1904.4万人，比去年增加44.2万人，增幅2.4%。参加居民（含城乡统筹）基本医疗保险的人数达到7331.4万人，比去年增加5203.6万人，增幅244.6%。参加失业保险的人数为1203.8万人，比去年增加49.5万人，增幅4.3%。参加工伤保险的人数为1473.5万人，比去年增加52万人，增幅3.66%。参加生育保险的人数为1111.3万人，比去年增加64.9万人，增幅6.2%。全省城乡居民社会养老保险参保人数为4534.3万人，其中60周岁以上人数为1407.8万人。

【按时足额兑现各项社会保险待遇】 坚持“高效、便捷、及时、准确”的原则，进一步优化待遇核定程序，缩短待遇审批时限，落实提高待遇标准，实行医疗保险费用总额控制结算，严格协议管理，加强待遇领取资格认证，确保各项社会保险待遇按规定支付。为全省离退休人员554.4万人发放养老保险待遇，企业退休人员养老金连续11年调整，企业离退休月人均养老金达到2454元；全省领取居民养老保险待遇人数达1407.8万人，居民养老保险人均养老保险待遇水平达到每月110.4元，发放居民养老保险待遇182亿元；及时结算拨付定点医疗机构医疗保险费用，全年全省异地联网结算21.4万人，联网医院达到151家。

【居民医疗保险经办工作】 全省各级经办机构高度重视居民医保整合实施第一年的经办管理工作，加强对居民医保运行情况、大病保险开展情况的跟踪调度，规范大病保险资金向商业保险机构的划转，实现基本医保与大病保险的“一条龙、一站式”服务，居民医疗保险制度稳步入轨、经办工作有序运转。

【社会保险基金运行】 全省社会保险五项基金收入3206.8亿元（不含居民养老保险），比上年增收617.3亿元，增长23.8%；全省社会保险五项基金支出2791.3亿元，比上年增加425.6亿元，增长18.0%；当期结余415.5亿元；截至2015年底，全省五项社会保险基金累计结余3378.1亿元。

全省企业养老保险基金收入1606.6亿元，比上年增收323.5亿元，增长25.2%；企业养老保险基金支出1349.3亿元，比上年增加支出178.6亿元，增长15.3%；当期结余257.4亿元；累计结余2190.3亿元。

全省机关事业单位养老保险基金收入498.9亿元，比上年增收109.3亿元，增长28.1%；机关事业单位养老保险基金支出495.9亿元，比上年增加支出108.9亿元，增长28.1%；当期结余3.0亿元；累计结余43.1亿元。

全省职工医疗保险基金收入563.3亿元，比上年增加61.6亿元，增长12.3%；职工医疗保险基金支出507.2亿元，比上年增加76.8亿元，增长17.8%；当期结余56.1亿元；累计结余582.0亿元。

全省居民医疗保险基金收入379.4亿元，比上年增加110.5亿元，增长41.1%；居民医疗保险基金支出313.1亿元，比上年增加51.3亿元，增长19.6%；当期结余66.2亿元；累计结余170.5亿元。

全省失业保险基金收入71.6亿元，比上年增加3.0亿元，增长4.4%；全省失业保险基金支出57.3亿元，比上年增加8.0亿元，增长16.2%；当期结余14.3亿元；累计结余275.3亿元。

全省工伤保险基金收入51.0亿元，比上年增收5.9亿元，增长13.1%；工伤保险基金支出38.4亿元，比上年增加3.4亿元，增长9.7%；当期结余12.5亿元；累计结余73.1亿元。

全省生育保险基金收入36.0亿元，比上年增收3.3亿元，增长10.3%；生育保险基金支出30.1亿元，比上年增加−1.4亿元，增长−4.5%；当期结余5.9亿元；累计结余43.8亿元。

全省居民养老保险基金收入285.9亿元，比去年增加23.0亿元，增幅8.8%；年居民养老保险基金支出187.2亿元，比去年增加31.7亿元，增幅20.39%。全省居民养老基金累计结余563.9亿元。

【加强社会保险稽核和风险管理】 加强基金预算管理，严格执行人大批准的预算，强化预算进度管理，修订印发《山东省社会保险基金内部控制制度》，建立精算骨干团队，开展社会保险精算课题研究，突出抓好以参保人数、缴费基数为重点的征缴稽核和以医疗保险支付为重点的待遇支付稽核工作。全省共实地稽核参保人员1238.32万人次，查出少报漏报人数109.75万人次，少报漏报缴费基数29.89亿元。核查定点医疗机构、定点药店3.62万家，核查享受待遇384.04万人次。

【省本级经办服务】 加强数据整理基础性工作，突出抓好省直管企业退休人员缴费年限确认工作。省直管企业183家单位48.7万名退休人员缴费年限采集及审核入库工作，结束了退休人员重要信息“缴费年限”不完善的历史。提高社会保险关系转移接续工作效率。启用省级异地社会保险关系转移接续平台，实现了省内、省外养老保险关系无纸化转移和信息化操作，大大提高了工作效率。落实国家关于失业保险支持企业稳定岗位的通知，明确工作程序和申报要求，为180家失业保险省直管企业发放稳岗位补贴2亿元，惠及47.7万名职工。推进省本级经办信息化建设。省本级参保单位服务终端、医疗保险待遇稽核系统、离休干部医疗管理系统、社会保险关系转移接续信息平台上线运行、投入使用，经办质量效率快速提升。

（省社会保险事业局）

人力资源市场管理与人力资源流动配置

2015年，人力资源市场与人员调配处围绕“四个全面”战略布局，牢固树立创新、协调、绿色、开放、共享的发展理念，按照全省人力资源社会保障工作会议部署要求，求真务实，开拓创新，积极推进人力资源市场建设、人力资源服务业发展和人力资源流动配置等各项工作，取得了较好成效。

【人力资源市场建设管理】 人力资源市场监管立法工作。与法规处配合省人大法工委和内司委赴青岛、淄博、临沂和日照等市进行了立法调研，广泛听取和征求了各方面对《山东省人力资源市场条例（草案）》（以下简称《条例（草案）》）的修改意见和建议。省人民政府第56次常务会议审议通过《条例（草案）》，决定提交省人大常委会审议。5 月 19 日，省人大常委会第十四次会议对《条例（草案）》进行了第一次审议。7 月，《山东省人力资源市场条例》（以下简称《条例》）经省第十二届人大常委会第十五次会议审议通过，并于 10 月 1 日起正式施行。我省是继贵州、湖南之后全国第三个出台人力资源市场条例的省份，对于依法加强对人力资源市场的监管，建立健全统一规范灵活的人力资源市场体系，推进人力资源服务业健康快速发展，促进全省各类人力资源的有序流动、合理开发、优化配置，都具有十分重要的现实意义。

《条例》的学习宣传贯彻工作。《条例》审议通过后，配合省人大法工委召开了新闻发布会；配合政研处、法规处在《大众日报》刊登了领导专访稿件；向人社部报送了《条例》发布信息；印发了《关于认真学习贯彻〈山东省人力资源市场条例〉的通知》（鲁人社办字〔2015〕30 号），并将《条例》内容列为人力资源从业人员培训必备课程；印制《条例》单行本发放各市。举办全省学习贯彻《条例》培训班，邀请省人大法工委有关专家和我厅相关业务处室、单位负责同志对《条例》进行了深入解读，全省各市、各县（市、区）人力资源社会保障局人力资源市场业务科（处）室负责同志或相关工作人员参加了学习培训。

人力资源市场整合及经营性服务分离改革工作。按照人力资源社会保障部办公厅《关于开展全国人力资源市场整合改革专项督查工作的通知》要求，在对全省市场整合改革重点任务进展情况进行全面盘点的基础上，采取会议专项部署、现场督导检查等方式，进一步加大力度推动各市因地制宜加快整合分离工作，并及时向人社部报送工作情况。

全省人力资源市场建设工作座谈会。组织召开全省人力资源市场建设工作座谈会。在充分肯定成绩的基础上，认真务实地分析了我省人力资源市场工作与先进省市的差距，与“走在前列、争创一流”要求之间的距离，明确了下一步人力资源市场监管、人力资源服务业发展、人力资源市场整合、人力资源市场从业人员队伍建设以及区域性人力资源市场建设等方面的工作的重点。同时，结合《条例》即将正式实施，重点对《条例》的学习宣传以及实施准备工作做了安排部署。

【人力资源服务业发展】 **调研分析全省人力资源服务业发展情况。**印发《关于调度全省人力资源服务业发展情况的通知》，对各市贯彻落实国家《关于加快发展人力资源服务业的意见》(人社部发〔2014〕104 号）和我省《关于促进人力资源服务业发展的指导意见》(鲁人社发〔2014〕4 号）情况进行了重点调度，进一步掌握了全省人力资源服务业发展情况。经认真调研分析，拟定了推动全省人力资源服务业发展的工作思路、近远期工作措施、重点工作任务，并向厅长办公会做了汇报。

人力资源服务业园区建设。对部分设区市、县（市、区）人力资源服务业发展状况进行了深入研究，指导协助济南市确定了人力资源服务产业园建设方案；重点支持烟台人力资源服务产业园的建设发展。以省政府名义向人力资源社会保障部呈送了《关于推荐烟台市人力资源服务产业园争创国家级产业园的函》(鲁政字〔2015〕225 号)，支持烟台园区打造国家级人力资源服务产业园。

举办“中国人力资本论坛（烟台站）”。与烟台市、芝罘区人社部门密切配合，在烟台成功举办“中国人力资本论坛”。“论坛”以山东烟台人力资源服务产业园与中国最大的人力资源媒体公司 HROOT 作为主办方，参会企业达 1367 家，涵盖金融、电子信息、生物医药、建筑、制造等多个行业和领域，共有 1400 余名企业高管参加论坛活动。韬睿惠悦、美世、万宝盛华、HROOT、ADP（安德普翰）、领英、科锐国际、中智关爱通、全景求是等人力资源行业世界 500 强、国内 100 强企业的 18 位世界级人力资源服务机构的高管围绕“新经济时代，建立新型人才观”“优化企业福利投资”“新资本论和新产业”等主题进行了 11 场主题演讲和 4 场圆桌交流，直击经济新常态下企业人力资源管理的应对之策，共同分享人力资源领域的最新趋势、前沿技术与最佳实践，对于当下人力资源行业的发展，起到了前瞻性的引导和推动作用。同时，借助“论坛”举办的契机，在筹备过程中，着重推广现代人力资源管理理念，积极营造人力资源服务业发展氛围。

人力资源服务业人才队伍建设。在泰安、烟台和青岛举办全省人力资源服务从业人员资格培训班，邀请有关专家学者对人力资源服务机构的从业人员进行了市场配置与管理、人力资源服务业发展、相关法律法规和服务实务操作等方面的培训，有768名人力资源服务从业人员参加。

省级人力资源服务机构年检工作。印发《关于2015年人力资源服务机构年检有关问题的通知》，按照《山东省人力资源服务机构年检工作程序》，对47家省级人力资源服务机构遵守法律法规、从业资格持证上岗、许可服务项目业务开展、许可证登记事项变动及履行登记手续等情况进行了集中检查。

省级人力资源服务业发展资金重点项目申报评审工作。印发《关于组织开展2015年度省级人力资源服务业发展资金重点扶持项目申报工作的通知》（鲁人社函〔2015〕44号），组织开展了2015年度重点扶持项目申报工作。全省共申报人力资源服务业发展资金重点扶持项目125项，经初审共推荐119项提交评审。按照专家评审意见经厅长办公会研究，共确定80个项目为2015年度省级人力资源服务业发展扶持资金资助项目。

【区域人才发展】 **抓好2015年度“蓝黄”两区人才发展项目的跟踪落实工作。**按照2014年下达的2015年度黄河三角洲地区引进急需人才和山东半岛蓝色经济区人才发展项目经费资助计划，印发《关于拨付2015年度“蓝黄”两区引进人才项目省级专项资金的通知》（鲁人社字〔2015〕280号），将省级专项资金拨付至各相关市人力资源社会保障局，并督促各相关市、各项目单位严格按规定用途、范围和程序使用省级专项资金，切实提高项目资助经费使用效益。自9月开始集中对各相关市人力资源社会保障局、省直单位对项目单位资金使用情况进行总结评估验收。

开展2016年度“蓝黄”两区人才发展项目遴选工作。印发《关于组织开展2016年度黄河三角洲地区引进急需人才项目申报工作的通知》（鲁人社函〔2015〕8号）《关于组织开展2016年度山东半岛蓝色经济区人才发展项目申报工作的通知》（鲁人社函〔2015〕9号），组织各相关市人力资源社会保障局、省直有关单位开展了“蓝黄”两区人才发展项目申报工作。山东半岛蓝色经济区申报2016年度人才发展项目160项；黄河三角洲地区申报2016年度引进发展急需人才项目107项。经初审共推荐145项“蓝区”项目和103项“黄区”项目提交评审。经专家评审，并经厅长办公会研究后，共确定124个项目获得省级专项资金支持。

基层人才挂职研修工作。会同教育、农业、文化、卫生计生等部门联合下发《关于组织推荐2015年度基层人才挂职研修人选的通知》（鲁人社字〔2015〕276号），从西部经济隆起带和省级扶贫开发重点区域77个县（市、区）的教育、农业、文化、卫生计生四个系统各选派了40人，到省直部门挂职研修，切实帮助基层培养一批专业基础扎实、科研能力较强的中青年业务骨干。

【人力资源流动配置】 **公务用车制度改革司勤人员安置相关工作。**根据省车改办成员单位职责分工和工作进度安排，认真做好我省公车改革涉及司勤人员安置相关工作。根据省车改办成员单位职责分工和工作进度安排，牵头起草了《山东省省级党政机关公务用车制度改革涉及司勤人员安置办法》（以下简称《办法》），并作为重大改革事项，组织专家召开风险评估会，对《办法》进行了风险评估，对《办法》的合法性、合理性、可行性和可控性进行了分析研究、赋分评判，有效保证了政策出台的科学性和操作预见性。同时为《中共山东省人力资源和社会保障厅党组重大决策社会稳定风险评估实施细则（试行）》的出台提供了实践经验。《办法》做为《山东省省级党政机关公务用车制度改革实施方案》的配套政策印发实施。会同厅相关处室起草了《办法》培训材料，对各市和省直部门的司勤人员安置等工作进行了集中业务培训。按照省车改办统一要求，集中对省直106个部门报送的公车改革涉及司勤人员安置实施方案进行了审核，并于年底顺利完成我省省级党政机关公车改革涉及司勤人员安置方案的集中批复工作。

省属中等职业院校管理体制调整涉及人员划转工作。按照省政府《关于调整省属中等职业学校管理体制及省级中职教育管理权限的通知》（鲁政字〔2014〕190号）要求，会同省编办就省文化艺术学校、省地矿技工学校、省商务技工学校、省粮食干部学校、省环境保护学校、省人口职工中等专业学校、省出版技工学校及我厅服务技工学校等8所中等职业院校管理体制调整涉及在职人员划转、离退休人员的审核确认工作进行了安排部署，并对划转学校的所有在职人员相关信息进行了逐一审核，圆满完成8所学校人员划转工作。

部分未纳入省直管理事业单位人员核定入库管理工作。针对省直部分事业单位整体没有完成机关事业单位工资套改，人员没有办理聘用手续，未纳入省机关事业单位人事综合管理信息系统进行统一、规范管理等历史遗留问题，会同规划财务处、事业单位人事管理处、工资福利处、职工养老保险处进行认真研究，共同商定了人员核定入库管理的工作程序，并对山东工业职业学院、济南珍珠泉宾馆、山东省人武学校等单位在职人员档案信息进行了审核，办理了人员核定入库相关手续。

省直驻济单位无房职工一次性住房补贴信息核查工作。按照省政府安排部署和省直驻济单位无房职工一次性住房补偿联席会议成员单位职责分工，做好各省直驻济单位申请补偿人员信息审核工作，完成了对驻济省直单位共计16443名无房职工申请一次性住房补偿的相关人事信息审核工作。

驻外工勤人员选派工作。按照外交部和商务部2015年驻外工勤人员推荐工作要求，从全省范围内预选推荐了11名工勤人员上报参选。根据商务部通知向有关市和省直单位拨付了2013年度驻外工勤借调补偿费。同时，根据外交部要求，详细调度了2012和2013年度驻外工勤补偿费拨付情况。

【其他工作】 完成了选派青年律师赴美攻读MBA、组织推荐国家留学基金委公派出国留学项目、遴选申报留学人员回国创新创业支持计划、筹备赴海外招聘引才、泰山产业领军人才工程（科技创业类）申报审核以及泰山学者期满评估等项工作。留学回国工作和公派出国工作移交人才开发处。

（人力资源市场与人员调配处）

人才开发

【人才政策创新】 **引才政策**。为更好吸引高层次高技能人才来鲁创新创业，制定《山东省引进高层次高技能人才服务绿色通道规定》，在出入境和居留、配偶随迁、子女入学、社会保险、职称评定、岗位聘用、编制管理等17项具体服务内容方面，为引进人才提供优质高效的服务。

人才服务体系。为打造具有国际竞争力的人才服务新优势，研究起草《关于促进人才服务体系建设的意见》，以省人才工作领导小组文件印发实施，出台类似的文件在全国属首例。

人才改革试验区建设。配合省委组织部，大力支持青岛西海岸经济新区、济南莱芜协作区和济宁市大胆创新，在人才引进、培养、使用、激励等方面先行先试了一批具有国内和国际竞争力的人才政策。

【高层次领军人才选拔培养】 **院士增选工作**。浪潮集团王恩东和中国海洋大学宋微波分别当选中国工程院院士和中国科学院院士。全省共有住鲁院士40名。

泰山产业领军人才遴选。经答辩、会评、实地考察和综合论证，共确定科技创业类（留学回国人才）人选34名，产业技能类人选7名。

选拔高层次专家。我省10人入选2014年国家百千万人才工程，16人入选2015年国家百千万人才工程；121人被批准享受2014年政府特殊津贴。选拔2015年度省突出贡献中青年专家100名，目前已报省政府常务会议研究。全省拥有“国家百千万人才工程”人选162人，享受国务院政府特殊津贴专家3136人，省有突出贡献的中青年专家1197人。

【博士后站载体平台建设】 **博士后工作培训班**。认真贯彻国务院《关于改革完善博士后制度的意见》和全国博士后青年创新人才座谈会精神，召开全省博士后工作培训班，对博士后工作人员进行了业务培训。

博士后科研工作站数量。我省有74家单位被人力资源社会保障部、全国博管委批准设立博士后科研工作站，增设数量居全国第三位。全省共拥有博士后站435个，其中，博士后科研流动站132个，博士后科研工作站303个。全年新招收博士后研究人员935人。

博士后综合评估。山东大学临床医学等5个博士后科研流动站和国家海洋局第一海洋研究所等14个博士后科研工作站，被评估为优秀等级，是历次博士后综合评估成绩最优异的一次。

博士后科研经费保障。全省共有419人获得中国博士后科学基金会资助，资助总金额约3524万元，较2014年增长约20.1%。63人获得省博士后创新项目资助，资助金额630万元。

全国历史学博士后学术论坛。中国社会科学院、清华大学等30多所高校、科研机构的49位博士后研究人员参加了论坛，搭建博士后之间的学术交流平台。

【引进海内外人才智力】 **海外高层次人才招聘**。围绕全省稳增长调结构和创新驱动需求，面向海外引进急需紧缺高层次人才。组团赴美国、加拿大、俄罗斯、匈牙利、以色列开展人才政策推介和海外高层次人才招聘活动，与32名海外高层次人才达成了引进和合作意向，与海外8家协会和组织签订人才战略合作框架协议，畅通了人才培养引进和技术项目合作的渠道，建立了人才交流与项目合作的长效机制。

海外留学人员来鲁创新创业。新增省部共建留学人员创业园1家，至今已建成留学人员创业园42家，其中省部共建留学人员创业园4家，为海外高层次人才在山东干事创业搭建了舞台。对24家留学人员来鲁创业企业进行了重点资助。

高层次人才国际化培养。组织开展选派青年管理干部赴美攻读MBA和非教育系统省政府公派出国留学选拔工作，共资助人选72名。

【人才工作综合管理】 **省市协同推进工作机制**。成立人才工作专门机构，重新调整厅人才工作协调小组，健全完善人才工作运行机制。召开全省人社系统人才工作会议，整合全系统人才工作资源，建立重大人才政策、重点人才项目省市协同推进的工作机制。

当好组织部门人才工作的“先行官”。服从和服务于组织部门在人才工作中牵头抓总的工作大局，坚持先行一步，超前研究人才工作面临的新情况、新问题，积极参与省委组织部牵头的全省人才发展体制机制改革实施意见的研究起草工作。带头落实组织部门制定的重大方针政策、人才发展规划、重点人才工程项目，完成泰山学者期满考核工作。

编制“十三五”专业技术人才和高技能人才队伍建设规划。先后赴江苏、浙江、广东、上海等省市开展调研，在总结评估“十二五”人才规划经验的基础上，借鉴外省市的先进做法，会同有关处室牵头编制“十三五”专业技术人才和高技能人才队伍建设规划，为组织部门科学规划“十三五”人才工作提供重要依据。

【专家服务基层工作】 围绕“两区一圈一带”战略，以“万名专家服务基层行动计划”为抓手，组织开展“西部经济隆起带农业专家服务基层齐河行”“留学归国专家菏泽行”“万名专家服务基层行动计划·服务新兴产业济宁行”等8次形式多样的专家服务基层活动。共邀请3位院士、150多位高层次专家为基层经济社会发展提供技术指导、战略咨询、医疗义诊等服务，期间进行学术报告或讲座230余次，解决技术难题360多项，提出意见建议400多条，培训基层专业技术人员2000余人，达成80多项长期合作意向，带动大量技术、智力、管理、信息等要素向基层流动。

（人才开发处、留学人员和专家服务中心）

职业能力建设

2015年，山东省职业能力建设工作认真贯彻落实党的十八大和十八届三中、四中、五中全会精神，紧紧围绕省委、省政府的决策部署，坚持以高技能人才为重点，以改革创新为动力，统筹谋划，狠抓落实，取得了明显成效，为实施山东半岛蓝色经济区、黄河三角洲高效生态经济区、省会城市经济圈、西部经济隆起带战略和加快经济文化强省建设，提供了有力的技能人才保证。

全省共有10.24万人通过职业技能鉴定考试获取职业资格证书，新增高技能人才24.24万人，其中，技师、高级技师3.77万人，高级工20.47万人。全省194所技工院校招生13.16万人，在校生31.82万人，完成毕业生验印9.85万人，就业签约率达到96.9%。

【高技能人才队伍建设】 **选拔培养**。经逐级推荐、评委会评审、公示和考察，报请省政府命名公布100名2015年度山东省首席技师。以省政府名义修订印发了《齐鲁首席技师选拔管理办法》，从2016年起年度评选齐鲁首席技师达到150人，较以前提高50%。根据高技能人才奖励表彰办法，经组织申报、资格审核、专家评议，对各市、省直有关部门（单位）推荐并在2015年职业技能竞赛活动中取得优异成绩的选手，授予“山东省技术能手”称号，并晋升职业资格等级。

“金蓝领”培训项目。印发《关于做好2015年度山东省“金蓝领”培训项目组织实施工作的通知》，经组织申报、专家评审，公布了2015年省级“金蓝领”培训基地67家，下达了高级技师培训计划一万名。组织“金蓝领”项目统一考试。为提高“金蓝领”培训项目的针对性和实用性，适应全省经济转型、产业发展需求，对培训项目作了改进和完善。组织首届山东省首席技师培训班和首席技师休假考察活动。为贯彻落实全省高技能人才队伍建设座谈会要求，为高技能人才提供交流学习平台，推动高技能人才队伍建设工作转型发展，省委组织部、省人力资源社会保障厅共同举办了首届山东省首席技师培训班，来自全省各行业的85名2014年度山东省首席技师参加培训。省人力资源社会保障厅副厅长刘杰同志参加培训开班仪式并讲话。为体现省委、省政府对高技能人才的关心爱护，更好地调动广大高技能人才参与山东省经济社会发展的积极性，山东省委组织部、山东省人力资源和社会保障厅共同举办山东省2015年度首席技师休假考察活动。省委组织部副部长、省人力资源社会保障厅厅长韩金峰同志在济南会见了参加活动的24名省首席技师并讲话。

技能人才载体建设。根据人力资源社会保障部、财政部要求，按照单位申报、组织推荐、专家评审、面向社会公示等程序和要求，山东省确定莱芜技师学院、东营市技师学院、菏泽技师学院、山东水利技师4所院校作为国家级高技能人才培训基地，经人力资源社会保障部、财政部备案批准后，分别给予一次性500万元专项补助资金；确定山东新华制药股份有限公司朱连博工作室、济南阳光大姐服务有限责任公司刘桂香工作室、南车青岛四方机车车辆股份有限公司周勇工作室、国网山东省电力公司检修公司高森工作室、天元建设集团有限公司李国华工作室、山东五征集团有限公司张念利工作室6个工作室作为国家级技能大师工作室，经人力资源社会保障部、财政部备案批准后，分别给予一次性10万元专项补助资金。我省国家级高技能人才培训基地增加到18家，国家级技能大师工作室增加到24个。组织开展山东省技师工作站建设。根据省人力资源社会保障厅《关于认真做好2015年度山东省技师工作站申报推荐工作的通知》要求，省人力资源社会保障厅会同省财政厅在逐级申报推荐的基础上，组织专家评审委员会进行评审，最终确定20家企业为山东省技师工作站，省财政拨款200万元给予扶持，省级技师工作站增加到80个。

【职业技能竞赛活动】为进一步提高技能竞赛质量，营造技能成才、劳动光荣的社会氛围，印发《关于印发2015年省级职业技能竞赛项目的通知》，对2015年度全省职业技能竞赛组织工作提出了要求，大力开展各级各类职业技能竞赛活动，参赛学生和职工达到130万人，在全国名列前茅。在巴西圣保罗举办的第43届世界技能大赛中，我省推荐的烟建集团有限公司臧国才取得了瓷砖贴面项目优胜奖。举办全省技工院校对接世界技能竞赛专题培训班，为学习推广第43届世界技能大赛经验，使我省技工院校充分了解世界技能大赛规则和技术规程，动员部署我省对接世赛下步工作，在泰安市举办了全省技工院校对接世界技能大赛专题培训班，各市人力资源社会保障局和全省技师学院共约220人参加了培训。会同省经济和信息化委员会、省总工会、共青团山东省委共同印发了《关于举办第44届世界技能大赛山东省选拔赛的通知》(鲁人社字〔2015〕510号)，提前筹备，对接世赛，充分发挥技能竞赛在技能人才培养、选拔、使用和激励等方面的积极作用，助推山东经济转型升级和社会发展。

【职业资格清理整顿】印发《关于转发人社部函〔2015〕69号文件开展职业资格清理整顿专项督查活动的通知》(鲁人社字〔2015〕262号)，全面部署实施全省范围内的职业资格清理整顿工作。印发《关于开展职业资格清理整顿专项督查的通知》(鲁人社函〔2015〕35号)，分8个组对32家省直部门、24家行业(部门)、企业和8个市职业资格清理整顿工作进行了专项督查。根据各单位上报数据情况，完成了我省职业资格清理整顿工作总结报告，并报送人力资源社会保障部职业能力建设司。通过清理整顿和专项督查，全省没有发现违反国家规定自行设置职业资格的行为。山东省组织实施的职业资格共372项，其中专业技术人员职业资格40项，技能人员职业资格332项。

【职业技能鉴定】全省共115.43万余人次参加职业技能鉴定，全年新增高技能人才24.2万余人，其中高级工20.5万余人，技师、高级技师37.7万余人，鉴定组织工作更加规范，鉴定质量得到明显提高，培养造就了大批我省经济社会发展急需的技能人才，促进技能人才实现更高质量的就业。

【技工院校转型发展】**现代职业教育体系政策措施。**召开现代职业教育体系政策落实情况督察调度会，省人力资源社会保障厅副厅长夏鲁青参加会议，规划财务处、职业能力建设处、专业技术人员管理处、事业单位人事管理处、职工养老保险处等有关处室参加。

调整优化我省技工院校办学结构。根据人力资源社会保障部《关于做好技工院校审批管理工作的通知》(人社部发〔2012〕63号)、省人力资源社会保障厅《关于印发技工院校评估细则的通知》(鲁人社办发〔2013〕112号)等有关规定和专家评估意见，经省政府同意，批准设立泰安市技师学院等6所技师学院，我省技师学院的总数达到40所。

“德国工业4.0”战略专题培训班，开拓技工院校办学国际化视野。为学习发达国家先进制造业经验，提升全省技工院校国际化办学水平，“德国工业4.0”战略专题培训班在济南成功举办，省人力资源社会保障厅副厅长刘杰同志出席开班仪式并讲话。全省17市人力资源社会保障局分管局长、职业能力建设科(处)长、技师学院院领导以及省人力资源社会保障厅有关处室(单位)负责同志共210名学员参加培训。德国联邦经济发展和对外贸易联合总会董事会副主席Michael Schumann先生重点围绕“德国工业4.0”的发展路线图、实施战略和行动计划，台湾睿杰集团总裁Jack Hsieh先生重点围绕“工业4.0时代”产品创新的生命周期管理以及如何利用敏捷式管理法，全方位落实产品创新作了精彩的讲座。

技工院校招生就业工作。加强招生工作指导力度，会同省发改委指导各市编制下达全省技工教育招生计划，为技工院校2015年约10万多毕业生办理了毕业证书验印及报到证手续。

技工院校省级示范专业群建设项目。经学校申报、各市或主管单位推荐和省人力资源社会保障厅、省财政厅竞争性立项评审，确定7个专业群为2015年山东省技工院校省级示范专业群建设项目，省级财政共投入建设资金5670万元。组织天津职业技术师范大学对口单独招生工作，报名人数708人，最终录取大专以上学生379名，位居全国第一。

（职业能力建设处）

专业技术人员管理

2015年，全省专业技术人员管理工作坚持以十八大和十八届三中、四中、五中全会为指导，认真贯彻落实习近平总书记关于人才工作重要论述和省委、省政府战略部署，围绕全面深化改革，积极推进人才工作转型发展，取得良好效果。

【承办国家级高级研修项目】 打造知识更新品牌，积极承办国家级高级研修项目。山东省推荐的“灰霾天气的防控与干预”等6个项目被人力资源社会保障部列入国家2015年专业技术人才知识更新工程高级研修项目计划，是全国入选高级研修项目最多的省份之一。其中，“灰霾天气的防控与干预”“城市供排水水质监控预警及应急技术”连续三年被列入国家高级研修项目年度计划，已经成为专业技术人才知识更新工程的品牌项目。

【组织实施省级高级研修项目】 围绕经济社会发展重点，组织实施省级高级研修项目101期，选题涉及“互联网+”、金融等我省经济社会发展重点领域，每个项目均由本领域的知名专家授课，部分项目邀请省内外院士亲临指导，共培训高层次、急需紧缺和骨干专业技术人才7000余名，受到广大专业技术人员的欢迎和好评。中国组织人事报刊登《山东：发挥国家级高级研修项目的引领作用》，对我省高级研修项目进行报道。

【加强继续教育管理】 按照财政部门的有关规定，结合我省实际，经与省财政厅多次沟通协调，会同省财政厅印发《山东省专业技术人员继续教育（高级研修项目）经费管理办法（试行）》（鲁人社发〔2015〕36号）。《经费管理办法》对高级研修项目的培训人数、学时、管理机构及职责、经费使用、绩效管理与评价、监督考核做出了具体规定。举办“全省专业技术人员继续教育管理者能力提升”高级研修班，邀请人社部、清华大学的专家讲课，全省17市、省直各部门专业技术人员继续教育负责人、工作人员等共150余人参加研修。

【深化高等学校教师职称制度改革】 会同省教育厅制定印发《关于民办高校职称评审有关问题的通知》，政府部门不再组织评审和审批民办高校教师高、中、初级专业技术职务资格，不再颁发专业技术职务资格证书；民办高校可以自行规定标准条件和评聘程序，也可以参照公办学校教师评聘办法，按照国家和省规定的标准条件和评聘程序，自主评价，自主聘用，由学校颁发聘书。会同省教育厅制定出台《关于深化高等学校教师职称制度改革的实施意见》，坚持政府依法宏观管理，单位依法自主用人，进一步落实高校用人自主权，政府部门不再组织评审高校教师专业技术职务资格，不再颁发专业技术职务资格证书，由学校自主评价、按岗聘用。召开全省深化高等学校教师职称制度改革工作会，对全省改革工作作了部署安排。省政府召开新闻发布会，李伯平副厅长向新闻媒体通报了我省分类推进教师职称制度改革工作特别是高校教师职称改革情况。省委深化改革领导小组办公室将我省高校教师职称改革作为典型改革案例上报中央改革办。国内60多家媒体进行了报道，累计转载720余次，微博、微信、论坛等自媒体发布信息350余条，其中新华网、中国新闻网、大公网、今日头条、山东24小时、网易、搜狐、凤凰、新浪等著名媒体都进行了新闻发布。

【中等职业学校和技工学校教师职称制度改革试点】 经省领导同意，我省在青岛、潍坊、德州3市和8所省直部门所属技工院校开展改革试点，在中职学校和技工学校设置正高级职称。3月，会同省教育厅制定印发《山东省深化中等职业学校教师职称制度改革试点工作实施方案》和《山东省深化技工学校教师职称制度改革试点工作实施方案》。召开全省深化中职学校和技工学校教师职称制度改革试点工作会议，对改革试点工作进行部署。印发《山东省技工学校正高级讲师（正高级实习指导教师）水平评价基本标准条件（试行）》和《山东省中等职业学校正高级讲师水平评价基本标准条件（试行）》，并组织试点市和部分省直技工院校开展了正高级职称的申报和评审。试点3市的技工学校和8所省直部门所属技师学院有12人评审通过了正高级职称。

【深化中小学教师职称制度改革】 人力资源社会保障部、教育部联合召开“深化中小学教师职称制度改革工作部署电视电话会议”。刘杰副厅长代表山东省在会上作了典型发言。根据国家部署，我省对中小学教师队伍情况进行了全面摸底，修改完善了《深化中小学教师职称制度改革实施方案》并报人力资源社会保障部、教育部。

【2015年度专业技术职务资格评审工作】 制定印发了《关于做好2015年我省专业技术职务资格评审工作的通知》。召开全省职称工作会议，部署2015年度职称评审工作。全省61个高级专业技术职务资格评审委员会已完成评审，有13002人取得高级专业技术职务资格。

【专业技术员职业资格监督管理】 5月，我厅印发《关于转发人社部函〔2015〕69号文件开展职业资格清理整顿专项督查活动的通知》，在全省范围部署实施职业资格清理整顿工作。我厅要求各地区、各部门（直属机构、社会组织、集团公司）认真开展自查，全面梳理分析专业技术人员职业资格证书的设置、类别、实施机构等情况，坚决做到我省范围内各类职业资格与国家规范的职业资格相统一。对于没有法律法规和国务院决定作为依据而自行设置的职业资格，予以取消并向社会公布。本次全省清理涉及专业技术人员职业资格证书64项，其中准入类职业资格52项，均为国家设置，尚未发现各市、省直各部门（单位）、行业协会、各大企业存在没有法律法规依据自行设置的专业技术职业资格问题。

【高层次领军人才选拔培养】 配合做好2015年院士增选工作。浪潮集团王恩东和中国海洋大学宋微波分别当选中国工程院院士和中国科学院院士。截至目前，全省共有住鲁院士40名。积极组织泰山产业领军人才遴选工作。经答辩、会评、实地考察和综合论证，共确定科技创业类（留学回国人才）人选34名，产业技能类人选7名。积极开展高层次专家的选拔工作。全省10人入选2014年国家百千万人才工程，16人入选2015年国家百千万人才工程；121人被批准享受2014年政府特殊津贴。选拔2015年度省突出贡献中青年专家100名，已报省政府常务会议研究。山东省拥有“国家百千万人才工程”人选162人，享受国务院政府特殊津贴专家3136人，省有突出贡献的中青年专家1197人。

【博士后站载体平台建设】 认真贯彻国务院《关于改革完善博士后制度的意见》和全国博士后青年创新人才座谈会精神，召开全省博士后工作培训班，对博士后工作人员进行业务培训。

博士后科研工作站增设数量。我省有74家单位被人社部、全国博管委批准设立博士后科研工作站，增设数量居全国第三位，是山东省历史上增设数量最多的一次。全省共拥有博士后站435个，其中，博士后科研流动站132个，博士后科研工作站303个。

全年新招收博士后研究人员935人。博士后综合评估再创佳绩。山东大学临床医学等5个博士后科研流动站和国家海洋局第一海洋研究所等14个博士后科研工作站，被评估为优秀等级，是历次博士后综合评估成绩最优异的一次。

博士后科研经费保障。全省共有419人获得中国博士后科学基金会资助，资助总金额约3524万元，较2014年增长约20.1%。63人获得省博士后创新项目资助，资助金额630万元。

全国历史学博士后学术论坛。中国社会科学院、清华大学等30多所高校、科研机构的49位博士后研究人员参加了论坛，搭建了博士后之间的学术交流平台。

【“山东—名校人才直通车”系列活动】 “山东—名校人才直通车”系列活动取得圆满成功。承办活动的各高校负责同志纷纷表示，该活动已成为驻地高校山东籍毕业生回鲁就业的重要平台和渠道。韩厅长多次听取活动汇报，指示要把活动办好，办成品牌。夏鲁青副厅长、姜清海副巡视员，省委组织部相关负责同志出席活动，到会指导工作。联合省委组织部下发通知，对全年活动进行整体安排部署；协调省直重点企事业单位和17市人社局，准确定位引才单位用人需求；对接各重点高校山东籍毕业生专业分布情况，引才有的放矢。“人才直通车”相继走进武汉大学、吉林大学、西安交通大学、南京大学和清华大学，省科学院、省农科院、省卫计委、山东师范大学、省立医院、鲁信投资、山东邮政、山东钢铁等397家单位参会，提供岗位5490个，需求人员14042人，其中博士4781人、硕士2324人，需求专业涉及机械制造、教育、生物制药、医学等73个领域。共有15400余名来自各重点高校的优秀人才前来洽谈，共收取简历15319份，初步达成就业意向4014人，其中硕士以上学历人员占到72.6%。山东电视台《新闻联播》、大众日报、中国劳动保障报、齐鲁晚报等媒体对活动给予集中宣传报道。

（人才开发处、专业技术人员管理处、省人才服务中心）

引进国外智力

2015年，全省引智系统围绕省委、省政府的决策部署，创新引智工作体制机制，拓宽引智工作领域，改进外国专家服务方式方法，引进国外智力规模不断扩大，结构不断优化，质量不断提高，走在了全国前列。

【国外智力引进】 **引智重点活动**。召开全省引进国外智力工作视频会议。组团参加了在深圳召开的中国国际人才交流大会，组织省内160余家需求单位的300余位代表参会参展，在参会人数、人员层次、洽谈项目数、达成引进意向人数等方面均创历史新高，取得了丰硕成果。举办2期智力援青培训班和3期智力援藏培训班，培训人员320余人，帮助青海、西藏解决农业种养殖难题16项，推广先进种养殖方法和农业新品种8项。在济宁曲阜举办了引智业务培训班，省外国专家局局长张祝秀参加开班仪式并讲话，本次培训班邀请国家外国专家局相关司领导进行业务授课，培训人员150人。

引智载体建设。按照“做好增量、提升存量、创新模式、统筹推进”的工作思路，积极推进引智试验区等引智平台建设。做好增量，新建1家国家级试验区。中国新能源与生物产业引智试验区（德州）正式挂牌运行，国家外专局张建国局长、赵润田副省长、韩金峰厅长和张祝秀局长出席挂牌仪式，我省国家级引智试验区数量达到2家，占全国的一半。德州试验区每年投入2000万元作为人才智力引进资金，印发《中国新能源和生物产业引智试验区（德州）外国专家管理服务办法》《中国新能源和生物产业引智试验区（德州）引智资金管理使用办法》《德州市政府友谊奖评选表彰办法》等配套政策，在政策创新和资金支持上走在了全国的前列。提升存量，发挥原有试验区先行先试作用。日照试验区健全国际人才市场体系，建立了以市场需求为导向的引进人才制度，引导企业及其他用人主体加大引智投入，健全了政府、单位和社会多元化投入的机制，发挥了财政资金的杠杆作用，有效提升了重点支持能力。济阳引进台湾人才智力试验区注重向福建海西试验区学习，破解引进台湾人才智力的体制障碍，配合济南市制定了引进台湾特聘专家的实施办法，实现了政策突破。青岛试验区依托区位优势，举办“中国青岛蓝洽会”，吸引大量国外高端人才赴青参会、对接洽谈、留青工作，搭建高效的引智平台。青岛试验区依托信息化平台，将对接会做成“永不落幕的海外人才项目对接平台”，体现了全省通过信息化建设实现人才对接的最高水平，走在了全国前列。创新模式，完善“区地场”三位一体的纵向引智载体体系。各试验区通过基地发挥政策优势，基地依托农场实现基础作业，三方互利共赢的模式形成长效机制，在先行先试的政策得到落实和测试的同时，带动家庭农场增产增收，扩大了引智成果受益面。

引智规范性建设。研究起草全省引智工作综合性指导文件。起草《关于进一步加强引进外国人才工作的意见》初稿，待国家局相关文件印发后，参照印发我省正式文件。做好编制引智“十三五”规划的前期准备工作。多次进行调研摸底，并随同厅领导到地市和外省市学习，做好编制“十三五”规划的前期准备工作。印发《2015 年全省引进国外智力工作要点》，制定了《2015 年省外专局重点工作分解表》。组织召开 2015 年省级引智项目评审会。对 117 项引智项目进行了评审，评审通过了 36 项引智示范推广项目，并确定 2015 年引智专项经费使用意见。印发引智经费预拨款文件。分两次对评审通过的 114 项省级引智项目进行了拨款。积极开展引智工作调研。制定了引智工作调研方案，先后组织 10 人 6 批次到 19 个基层调研点学习考察。

国际人才交流。加强与国外人才机构的沟通联络。先后接待美国天普大学、韩中文化交流协会、美国克拉克大学等 7 个机构 22 名客人来鲁交流访问，并建立战略合作关系。加强海外联络处建设。制定《关于加强山东省国际人才海外联络处工作的意见》。新建 2 家海外联络处，使我省海外联络处总量达到 23 家，向海外联络处发布人才项目需求信息 320 余项，达成初步合作协议 63 项。

引智成果推广。按照抓机制、抓载体、抓项目、抓成果的工作思路，突出机制创新、平台管理和项目实施三大重点，创新开展引智成果示范推广工作，获得了国家局领导的充分肯定。在全国业务工作会议上，我省就引智基地推广体系建设作了典型发言，并列入优秀引智成果集。突出机制创新。推进“产学研资中政”六位一体的引智成果转化机制，按照市场主导、政府推动、企业主动、社会联动的思路，调动社会资金、中介力量，促进积极生产要素向引智成果转化聚集。多次与山大产业联盟、山东海洋投资等协商，吸引社会资金和中介组织进入引智示范项目，取得较好成效。突出平台管理。积极开展引智基地建设，推进“一县一基地、一基地一特色”全覆盖工程，建立了“国家、省、市三级引智基地体系”，形成“寿光蔬菜”“自然养猪法”“布莱凯特黑牛”“南美白对虾”等一批农业引智品牌。全年新建国家级引智基地（单位）3 家，数量居全国第一。全省共有有效期内国家级引智示范基地（单位）18 家，省级引智基地 141 家，省级预备基地 42 家。突出项目实施。发挥项目带动作用，做好引智示范推广项目的培植管理工作，全年实施省批引智成果推广项目 36 项，资助经费 1010 万元。同时，积极争取国批引智示范推广项目，多次到国家外专局汇报，全年获批国批引智示范推广项目 14 个（2014 年为 9 个），争取资助经费 225 万元（2014 年为 120 万元）。据不完全统计，全省各级引智部门共执行引智示范推广项目 128 项，引进农业新品种 84 项，推广示新技术 56 项，直接带动 20 余万户农户增收。

国际人才交流。在全省范围内征集外国专家项目需求，精心组织赴俄罗斯、匈牙利和以色列的招聘活动，拓宽高层次引智渠道，加强与外国专家组织的交流合作。选择层次高、信誉好、资源强的国外专家组织合作，组织实施淄博、临沂、聊城和德州四次外国专家项目对接活动。活动期间，通过召开高端外国专家座谈会、项目对接会和专家讲座等多种方式，搭建高层次人才合作平台取得了良好效果。

【外国专家管理】 外国专家项目工作。6 名外国专家入选国家第五批“外专千人计划”。我省共 19 名外国专家入选“外专千人计划”。对入选专家实施动态管理，及时了解项目进度及专家的实际需求，积极帮助专家协调解决在鲁工作中遇到的居留、医疗、子女入学等问题，指导聘请单位及时做好入选专家的工薪核销。共获得国家批准外国专家项目82项，资助金额898万元。山东省批准外国专家项目结构不断优化。共组织实施“引领齐鲁”外国专家项目4个，“智惠山东”外国专家项目19个，省级高端外国专家项目28个，并设立“一带一路”外国专家专项计划。

外国专家管理服务。认真落实国务院文件精神，停止办理“介绍外国文教专家来华工作的境外组织资格认可”工作，取消了“国务院履行出资人职责企业外的企业聘请外国专家资格许可”事项。依托国家外专局“外国专家来华工作证件管理系统”，加强对全省涉及外国专家的审批事项的管理和指导，规范办理程序，为外国专家和聘请单位提供高效便捷的审批服务。共办理外国专家来华工作许可1446件、外国专家证4326件；审核批复43家单位的外国文教专家聘请单位资格申请。举办外国专家管理干部座谈会，贯彻落实《关于进一步完善外国专家来华相关办理程序的通知》精神，部署我省外国专家短期来鲁手续办理工作。及时公布2014年度外国文教专家聘请资格单位年检结果（其中564家准予注册，13家暂缓注册，21家注销资格）。

外国专家表彰。分别遴选出12名和67名外国专家，参加中国政府友谊奖和齐鲁友谊奖评选表彰。认真总结齐鲁友谊奖获奖专家的事迹材料，积极向省政府领导汇报，加强与省政府办公厅等有关部门的沟通协调工作，争取省政府主要领导对表彰奖励工作的支持。郭树清省长亲自为获得年度齐鲁友谊奖的专家颁奖，进一步扩大了齐鲁友谊奖的影响力。积极组织中国政府友谊奖获奖专家参加纪念抗战胜利70周年和国庆招待会，增强获奖专家的成就感和荣誉感。

体制机制创新。开展外国专家建言工作，提升开发外国专家资源的能力。在齐鲁友谊奖颁奖大会期间，同时召开外国专家建言会议。围绕“推进人才国际化，建立全方位对外开放的人才体制机制”的主题，开展外国专家建言活动，邀请国家外专局领导和省直有关部门负责同志参会听取专家建言。在研究整理基础上，将外国专家建言提交相关部门决策参考。按照省人才工作领导小组的总体部署，围绕省委、省政府重大发展战略开展调研，研究提出“一带一路”外国专家专项计划的实施方案。为优化我省引进国外人才智力社会环境，深化完善齐鲁友谊奖工作机制，并结合全省对外开放战略部署，加强外国专家管理服务工作体制创新，确保外国专家“引得来、留得住、用得好、流得动”，为我省创新驱动、转型发展提供国外人才智力保障。

【出国培训管理】 **重点培训项目**。围绕经济发展方式转变、经济结构战略性调整、创新驱动发展以及实施“一带一路”“两区一圈一带”、中国制造2025等重大战略，重点支持高新技术、跨国并购、资本运营、城市规划、节能环保、现代农业、食品安全、社会保障等对经济社会发展发挥重要作用的培训项目。全年全省实施出国培训项目128项，派员1149人（包括济南、青岛），执行率居全国前列。国家外专局资助我省1000多万元，比往年有大幅增加。培训立项人数同比减少10%，其中党政类项目人数同比减少18.3%，专业技术类项目比重明显提高。

县市区负责人国际化能力提升培训工程。省人力资源社会保障厅（外专局）和省委组织部、省外办联合组织开展了县（市、区）主要负责人国际化能力培训工程，利用三年的时间组织县（市、区）负责人到国外轮训一遍，其中利用出国培训方式，全省共选派4批次67名县（市、区）主要负责人赴发达国家开展新型城镇化、推进经济转型和产业升级等专题培训。

调整优化程序，严格审核把关。进一步明确责任。按照“谁组团谁负责”的原则，进一步完善报批审核程序，严肃工作纪律，严格审核把关，确保报批材料真实、准确和完整。建立组团单位向省外专局、参训人员向派员单位承诺制度，拟订《因公出国（境）培训承诺书》，严格规定了境外培训有关要求。严格把好项目执行审核关。增加了项目预审程序，对人员构成、培训日程和经费等重点环节做到2次审核把关，对与培训主题无关人员参团、培训日程安排不合理、经费预算超标等问题坚决予以纠正，确保出国培训项目不出问题。

出国培训管理和服务。建立出国（境）培训事前承诺、国（境）外培训期间定期报告、培训项目效果评估、培训材料审核专办员等四项管理制度，进一步强化了出国培训监督管理。指导各组团单位做好出国前预培训工作。在山东省出国（境）预培训基地举办了20期预培训。针对部分单位中长期个人专技团组多的实际，研究拟订预培训方案，主动上门服务，把全体参训人员组织起来进行了预培训，对境外培训工作提出具体要求。设计制作《出国（境）培训温馨提示卡》，将国外培训期间可能遇到的问题印制在一张小卡片上，便于携带使用，受到组团单位和学员们的好评。

外国专家系列专题讲座。重点围绕环保、食品安全、养老服务体系建设、现代农业、金融、城市规划等主题，评选出20期外国专家讲座并给予经费支持。聘请美国、德国、英国、意大利、新加坡等高层次外国专家47人前来授课讲学，培训各类学员6000余人。

（省外国专家局）

公务员管理

2015年，省公务员局坚持从严管理主基调，紧紧围绕建设高素质公务员队伍、完善公务员管理制度和机制，突出重点，狠抓落实，职位管理、考试录用、考核奖惩、培训教育等各项工作均取得新进展、新成效，为经济文化强省建设提供了有力的组织保证和人才支持。全年全省各级面向社会招考公务员6866人，共表彰先进集体1478个、先进个人1904名，共有22万余名公务员参加了各级各类培训。

【综合管理】 **公务员统计年报**。会同省委组织部召开全省干部（公务员）统计年报数据会审会议，组织实施数据会审。研究起草了2014年度全省公务员统计年报数据分析报告，并将统计数据上报中央组织部、人力资源社会保障部和国家公务员局。省委常委、常务副省长孙伟对统计数据分析报告作出重要批示。我省2014年度统计年报工作被中组部、人社部和国家公务员局评为公务员统计年报良好等次。

全省公务员管理工作会议。由省委组织部、省人力资源社会保障厅和省公务员局召开全省公务员管理工作会议，主要任务是，深入学习贯彻党的十八大、十八届三中、四中全会精神和习近平总书记系列讲话精神，传达贯彻全国公务员管理工作会议精神，按照全省组织部长会议、全省人力资源社会保障工作会议部署，分析当前和今后一个时期全省公务员管理工作面临的新形势新任务，总结2014年我省公务员管理工作情况，安排部署2015年工作。省委组织部副部长、省人力资源社会保障厅厅长韩金峰出席会议并讲话。

成立山东省党政机关公务员申诉公正委员会。为保障公务员合法权利，依法处理公务员申诉，规范公务员管理，根据公务员法和《公务员申诉规定（试行）》，成立了山东省党政机关公务员申诉公正委员会，负责受理和审理按规定管辖的中国共产党机关、人大机关、行政机关、政协机关、审判机关、检察机关、民主党派和工商联机关公务员以及参照公务员法管理的机关（单位）工作人员的申诉和再申诉案件。山东省党政机关公务员申诉公正委员会成立后，已办理一起公务员申诉案件。

公务员管理十三五规划。按照《全省人力资源社会保障事业发展“十三五”规划纲要框架》编制要求，组织座谈会，对全省人力资源社会保障事业发展“十三五”规划纲要框架人事制度板块内容进行了充分论证，广泛听取了咨询专家、人力资源社会保障系统上下的意见建议，确定了

“十三五”期间人事制度板块的目标任务、改革项目。

公务员法及配套法规实施情况监督检查工作。为进一步促进《中华人民共和国公务员法》全面贯彻实施，推动我省公务员管理的法制化、规范化进程、建设高素质的公务员队伍，省委组织部、省人力资源社会保障厅、省公务员局印发《关于开展公务员法及配套法规实施情况监督检查工作的通知》，从2015年12月起至2016年6月底，在全省党政机关组织开展一次公务员法及配套法规实施监督检查工作，重点是2011年我省开展公务员法执行情况监督检查以来贯彻执行公务员法及配套法规情况，分为自查、检查、督查三个阶段。各级公务员主管部门通过监督检查，及时对实施公务员法及配套法规情况进行综合分析，评估公务员管理法律法规的执行情况，总结推广先进经验，查找解决问题，完善政策措施，不断提高公务员管理水平。

【职位管理】 **省直机关公开遴选公务员。**统一组织开展2015年度省直机关公开遴选公务员工作。有6980人参加笔试，509人参加面试，280人进入差额考察范围，最终共为省人大办公厅等59个部门遴选基层公务员164名。2015年全面放开了中央驻鲁垂直管理机关所属市以下机关及市以下参照公务员法管理事业单位符合条件人员的报考限制，进一步打破了身份壁垒，扩大了上级机关选人用人视野，激发了基层公务员的上升动力。山东省公务员公开遴选工作的主要经验做法，在中央组织部《组工信息》2015年第64期上予以刊发。

聘任制公务员试点。系统总结青岛市2014年首批聘任制公务员试点招聘工作经验，指导青岛市开展第二批6个职位聘任制公务员试点的招聘工作。批复济南市《聘任制公务员试点工作方案》，加强对济南市聘任制公务员试点工作的指导力度，会同济南市公务员主管部门及用人单位，对济南市发展改革委的轨道交通高级职员和发展规划研究高级职员2个聘任职位的资格条件、管理模式、招聘方式、工作流程等问题作了专题研究，顺利组织了笔试、面试和考察等环节工作，圆满完成了聘任工作。

人事任免。办理由省长向省十二届人大常委会提请决定任免省政府组成人员的议案8件，办理省政府人事任免文件240件，任免工作人员465名。

公务员登记。按照公务员登记的有关规定，共为39个单位412人办理了公务员和参照管理工作人员登记手续。

【考试录用】 **公务员考试录用。**全年全省各级面向社会招考公务员6866人（含参照管理单位工作人员，下同），比2014年增加3000余人。全省报名人数28.7万人，报名人数与招考计划的比例为41 ∶ 1。5月30日—31日全省18个考区9627个考场统一举行公务员笔试，于7月17日至20日同步组织实施公务员面试工作，共有约2万名考生参加面试。其中，省直机关面试共设置考场16个，组织面试128场次，参加面试考生1600余人。经过笔试、面试、体检和考察，共录用6530人。

探索从公安院校毕业生中定向考录公务员。根据人力资源社会保障部、公安部、国家公务员局《关于做好2015年从公安院校毕业生中考试录用公务员工作的通知》（人社部发〔2015〕26号）相关规定，采取有区别的分类招录方式，将我省公安机关人民警察招录职位分为“部属公安院校专设职位”“山东警察学院专设职位”和“面向社会公开招考职位”三类。其中，“部属公安院校专设职位”约占招录计划总数7%；“山东警察学院专设职位”约占招录计划总数64%；“面向社会公开招考职位”中的公安专业职位约占招录计划总数20%，非公安专业职位约占招录计划总数9%。主要设置在公安基层一线执法岗位，重点补充警力严重不足地区和艰苦边远地区警力。经笔试、面试、体检和考察政审，全省共录用公安院校公安专业应届毕业生719名，切实提高公安专业毕业生入警比例，入警率达到90%。为公安机关进一步充实配备维语专业人才，根据特殊职位公务员招考的有关规定，研究制定了2015年全省公安机关从新疆高等院校招录维语专业人才的工作方案，为全省公安机关招录维语专业人才3名。

中央驻鲁直属机构公务员面试工作指导监督。受国家公务员局委托，对12家中央驻鲁直属机构的公务员面试工作进行指导监督和检查，面试工作在3月7日至16日进行，分布在济南、青岛和潍坊3个考区的46个考场，面试人数达2833人。期间共选派考官172人次，选派监督员10名，对各考区面试工作进行了全程监督，面试结束后及时向国家公务员局出具了监督报告。

政法干警招录培养体制改革试点班招考。全省基层司法所、基层监狱戒毒机关共招考（生）298人，其中，基层司法所189名，基层监狱戒毒机关109名。经过网上报名，共报名6961人，因达不到开考比例核减或取消11个计划，最终落实计划287个；笔试共设置5个考点，233个考场。面试工作在济南举行，设置考场16个， 861名考生参加面试，最终录取287人。

【考核与奖惩】 **做人民满意公务员活动**。以双示范创建活动为载体，深入开展做人民满意公务员活动。省人力资源社会保障厅、省公务员局印发《关于评选全省“人民满意示范单位”和“人民满意公务员示范岗”的通知》，结合各市、各部门“双示范”活动创建情况，坚持好中选优的原则，评选出20个全省“人民满意示范单位”和38个全省“人民满意公务员示范岗”。根据《公务员奖励规定（试行）》，给予记集体二等功，在全社会树立公务员队伍良好形象。

评比达标表彰工作。印发《关于报送2015年度评比达标表彰项目计划的通知》（鲁评组办发〔2014〕1号），及时做好年度表彰项目审核工作。在济南召开全省评比达标表彰工作协调小组会议。省评比达标表彰工作协调小组组长、省委办公厅巡视员郭分同志出席会议并讲话。会议听取了省评比达标表彰工作协调小组办公室2014年工作情况汇报，审议通过了2015年评比达标表彰项目审核意见，通报了全国评比达标表彰工作协调小组成员调整情况和2015年全国协调小组工作要点。郭树清省长主持召开省政府第58次常务会议，听取省人力资源社会保障厅提报的《关于2015年度拟设立或变更调整评比达标表彰项目的汇报》，研究确定了山东省2015年度评比达标表彰项目。省评比达标表彰工作协调小组办公室印发《关于报送2016年度评比达标表彰项目计划的通知》，部署山东省2016年度评比达标表彰项目计划申报工作，对申报范围、申报内容、工作程序等方面提出明确要求。

公务员考核工作。认真指导全省行政机关做好公务员年度考核工作。严把公务员年度考核优秀等次比例，优化考核程序，严格执行年度考核备案制度。进一步深化公务员平时考核试点工作。省委组织部、省人力资源社会保障厅、省公务员局印发《关于转发〈中共中央组织部、人力资源社会保障部、国家公务员局关于深入开展公务员平时考核试点工作的通知〉的通知》（鲁组发〔2015〕8号），对进一步深化我省公务员平时考核试点工作提出了具体要求和明确的工作步骤。省委组织部、省人力资源社会保障厅、省公务员局印发《关于开展公务员平时考核工作调研的通知》（鲁人社字〔2015〕247号），在全省范围内开展公务员平时考核书面调研和实地调研，重点了解平时考核试点过程中的难点问题和突出矛盾，挖掘公务员平时考核工作典型，为下一步制定相关政策打好基础。公务员局联合召开17市及部分省直单位公务员平时考核现场观摩交流，邀请复旦大学公共绩效与信息化研究中心主任牛军钰博士进行平时考核理论辅导，现场观摩济南市公务员平时考核管理信息系统模块设计，有关市介绍平时考核主要经验做法并就平时考核试点工作中遇到的难点问题及下步打算进行讨论交流。研究起草了《全省人力资源社会保障系统公务员平时考核工作方案》，牵头设计开发了厅机关公务员平时考核信息系统，供各市借鉴使用。按照国家有关文件精神和省人力资源社会保障厅主要领导要求，印发《关于在全省人力资源社会保障系统开展公务员平时考核工作的通知》，自2016年起，在全省人力资源社会保障系统开展公务员平时考核。承担好省直机关科学发展综合考核工作任务。根据职责分工，配合省委组织部做好政府部门科学发展综合考核指标申报、重点工作审核的组织协调工作。根据省考核办的部署要求，起草了《2015年度省直机关科学发展综合考核责任部门工作方案》，明确了2015年度省人力资源社会保障厅负责考核的196项考核指标的考核程序、方法及组织领导和责任分工。

表彰奖励工作。指导省直有关部门及时办理各类表彰奖励事项，认真做好表彰对象推荐材料的审核工作，确保表彰对象的先进性和典型性。会同45个部门开展了相关评选表彰活动，向国家推荐表彰先进集体82个、先进个人134名；全省共表彰先进集体1478个、先进个人1904名。注重发挥及时表彰的激励作用，以省政府名义给予中国海监4001、4002船记集体一等功奖励，给予1名同志记个人一等功奖励、给予2名同志记个人二等功奖励。办理各类表彰事项过程中，注重做好审核和沟通协调工作，确保表彰对象的先进性和典型性。

劳模服务管理工作。为体现党和政府对先进模范人物的关怀，大力弘扬先进模范人物爱岗敬业、甘于奉献、争创一流的精神，在全社会营造尊重先进、学习先进的良好氛围，根据省委组织部、省人力资源社会保障厅、省公务员局《关于组织开展2015年度省级先进模范代表休假疗养活动的通知》（鲁人社字〔2015〕295号），组织30名省级先进模范代表分两期赴重庆、井冈山红色教育基地进行了休假疗养。中共中央、国务院隆重表彰全国劳动模范和先进工作者。全省共有148名劳动模范和先进工作者受到表彰。推荐两名全国人民满意公务员代表王永涛、吕绪兰赴北京参加了纪念中国人民抗日战争暨世界反法西斯战争胜利70周年阅兵式观礼。

【培训教育】 **行政机关公务员能力提升培训项目计划**。省人力资源社会保障厅、省公务员局印发《关于印发2015年行政机关公务员能力提升培训项目计划的通知》。举办各类示范培训班7期、名师“送教上门”下基层活动6期，培训各级公务员3580余人。

第二期“服务业千人培训工程”。省人力资源社会保障厅、省发改委、省公务员局印发《2015年“服务业千人培训工程”国内培训项目计划》。组织完成“服务业千人培训工程”重点培训项目23个，其中国内培训班21期，赴美、赴台培训各1期，培训服务业领导干部和高级管理人才1083人次。

东西部公务员对口培训。根据国家安排部署，为内蒙古、辽宁、西藏、新疆四省（区）举办“生态产业发展与农牧区建设”等专题对口培训班4期，培训公务员165名。根据对口援助青海海北州、西藏日喀则市工作协议，为两地各举办了1期专题对口培训班，培训各级公务员92人。组织10名专家赴两地开展了“职业道德与能力建设”和“依法行政能力提升”专题送教上门活动，培训公务员1500余人。

中韩公务员互派研修活动。为韩国京畿道举办了“文化、旅游资源及地区发展战略”主题培训，培训京畿道公务员15名。组织省直部门（单位）的15名公务员赴韩国京畿道进行了“公务员管理制度创新”研修培训。

省际间培训教育交流合作。与贵州省签订了“山东·贵州公务员教育培训战略合作框架协议”。本着“平等互动、优势互补、交流合作、促进发展”的原则，两省通过建立双方互访和日常联系沟通机制，深化公务员对口培训、基地建设、教学科研、资源共享等领域交流合作，加快两省公务员能力提升和队伍建设。贵州省委组织部副部长、省人力资源社会保障厅厅长夏一庆，贵州省人力资源社会保障厅副厅长、省公务员局局长侯丽江，山东省委组织部副部长、省人力资源社会保障厅厅长韩金峰，山东省外国专家局局长张祝秀，山东省公务员局局长侯复东出席签约仪式。

制定《山东省行政机关公务员培训实施办法（试行）》。省委组织部、省人力资源社会保障厅、省财政厅、省公务员局制定印发《山东省行政机关公务员培训实施办法（试行）》。文件对公务员培训目标任务、各部门（单位）职责、培训内容方式、培训管理和考核监督、培训学风建设等方面作了进一步明确。

（省公务员局）

事业单位人事管理

2015年，全省事业单位人事管理工作认真贯彻落实干部人事制度改革和分类推进事业单位改革要求，围绕中心，服务大局，开拓创新，全省事业单位人事制度改革进一步深入，事业单位人事管理更加规范。

【事业单位人事制度改革】 **事业单位人事管理政策体系**。印发了《山东省事业单位公开招聘工作规程》（鲁人社发〔2015〕6号）《关于进一步做好事业单位公开招聘工作的通知》（鲁人社字〔2015〕84号）《关于调整规范教学研究机构专业技术岗位设置结构比例指导标准的通知》（鲁人社办发〔2015〕1号）《关于印发山东省社会保险经办事业单位岗位设置结构比例指导标准的通知》（鲁人社办发〔2015〕47号）《山东省事业单位工作人员竞聘上岗试行办法的通知》（鲁人社发〔2015〕67号）《关于明确高等院校和科研院所科研人员离岗创业有关问题的通知》（鲁人社发〔2015〕69号）。

全省事业单位人事制度改革推进调度会。全省事业单位人事制度改革推进调度会在济南召开，会议总结交流了事业单位人事制度改革工作进展情况，就今后一段时期我省事业单位人事制度改革重点工作作出安排部署，建立了事业单位人事制度改革工作调度机制。省人力资源社会保障厅李伯平副厅长出席会议，省人力资源社会保障厅相关处室负责同志，各市人力资源社会保障局分管副局长、事业单位人事管理科（处）长参加会议。

举办事业单位人事管理业务培训班。在济南举办全省事业单位人事管理业务培训班。邀请有关专家就《事业单位人事管理条例》、岗位设置管理和人员聘用制度、公开招聘制度、职称制度改革、专业技术人员继续教育等内容进行系统培训。省直各部门（单位）、省属高校人事（干部）处负责同志，各市人力资源社会保障局事业单位人事管理科（处）长，共160余名学员参加了培训。省人力资源社会保障厅李伯平副厅长出席开班式并讲话。

事业单位分类改革。印发《关于印发分类推进事业单位改革重点任务分工责任表的通知》（鲁人社办字〔2015〕26号），会同省财政厅印发《关于省属事业单位转制为企业有关问题的处理意见》（鲁人社发〔2015〕56号），配合有关单位研究制定了《关于深入实施创新驱动发展战略的意见》（鲁发〔2015〕13号）《山东省实施就业优先战略行动方案》（鲁政办发〔2015〕37号）《关于进一步做好新形势下就业创业工作的意见》（鲁政发〔2015〕21号）《关于加快推进大众创新创业的实施意见》（鲁政办发〔2015〕36号），配合省教育厅等部门印发了《关于推进县（市、区）域义务教育学校校长教师交流轮岗的意见》（鲁教师发〔2015〕1号）《关于推进中小学教师县管校聘管理改革的指导意见》（鲁教师发〔2015〕2号）《山东省中小学教师继续教育学分管理办法》（鲁教师发〔2015〕3号）《关于进一步加强中小学教师考核工作的指导意见》（鲁教师发〔2015〕4号）《山东省乡村教师支持计划实施办法（2016—2020年）》（鲁政办发〔2015〕60号）《关于解决城镇普通中小学大班额问题有关事宜的通知》（鲁政办字〔2015〕152号），配合省编办等部门制定印发了《关于进一步深化医药卫生体制改革的实施意见》（鲁办发〔2015〕53号）。

【事业单位岗位管理制度】 **岗位设置方案核准**。全省5.8万个事业单位核准岗位设置方案，占应实施岗位设置管理事业单位总数的96.7%，其中，省属820个事业单位已核准岗位设置方案，占应实施岗位设置管理事业单位总数的92.8%。

岗位聘用。全省5.5万个事业单位完成了岗位聘用工作，占应实施岗位设置管理事业单位总数的94.8%，其中，省属719个事业单位已完成岗位聘用，占应实施岗位设置管理事业单位总数的81.3%。

专业技术二级岗位设置管理。全省已核准设置专业技术二级岗位836个。

【事业单位公开招聘制度】 **全省事业单位公开招聘**。为逐步解决事业单位公开招聘命题难、风险大、成本高、基层单位工作人员流失严重等问题，对公开招聘的考试组织方式作了适当调整。在保持现行事业单位分级管理体制及中、高级岗位现有招聘方式不变的前提下，坚持自愿选择、基本统一、资源共享的原则，稳步推进初级岗位公开招聘实行全省或以设区的市为单位在同一时间进行笔试考试。除济南、淄博、东营、泰安、菏泽5市外，青岛等12个市、107个县（市、区）事业单位公开招聘初级岗位笔试统一使用省属事业单位考试试卷，考试与省直同步进行，共计29.7万名考生参加考试。从各方面反馈的情况看，这项改革得到各地特别是广大基层招聘单位的认可。

省属事业单位公开招聘。省委组织部、省人力资源社会保障厅联合印发《关于2015年省属事业单位公开招聘工作人员有关问题的通知》（鲁人社发〔2015〕6号），对省属事业单位公开招聘工作作出部署。省属事业单位统一招聘共公布初级岗位1021个，计划招聘1368人，网上确认报名缴费44015人，招聘比例平均为34.2 ∶ 1。日常工作中，注重加强工作指导，及时审核并公布省属事业单位中、高级岗位及省属高校的招聘方案。省属事业单位共招聘工作人员3066人。

【事业单位聘用合同制度】 **聘用合同的日常管理**。在对岗位聘用结果备案、公开招聘人员备案等关键环节进行审核的同时，认真审核聘用合同签订、变更情况，加强对聘用合同的管理，指导监督完成岗位聘用的事业单位及时签订、变更聘用合同。

【事业单位考核奖惩制度】 **事业单位工作人员年度考核**。省委组织部、省人力资源社会保障厅联合印发《关于做好2015年全省事业单位工作人员年度考核工作的通知》（鲁人社办发〔2015〕95号），对考核的内容、方法、程序、考核结果的使用等方面做出明确规定。

事业单位工作人员处分、申诉。认真贯彻《事业单位工作人员处分暂行规定》，加强省属事业单位工作人员开除处分的备案工作。2015年，共为省属事业单位5名受到开除处分的工作人员办理开除处分备案手续。依据《事业单位工作人员申诉规定》，依法办结了济南市某事业单位原职工于某、青岛市某事业单位职工王某再申诉案件。

（事业单位人事管理处）

军队转业干部安置

2015年，全省共接收安置军队转业干部2612名，其中，计划分配1612名，自主择业1000名，接收总量居全国第二位。面对繁重的安置任务，全省各级按照省委、省政府的安排部署，积极改革创新，狠抓工作落实，军地共同配合，圆满完成了各项军转安置任务。山东省的军转工作多次受到国家和部队组织的充分肯定。夏耕副省长在全国军转安置工作电视电话会议上介绍了我省军转工作的经验做法；国务院军转安置工作小组专刊印发了我省“人岗相适”试点做法；国务院军转办领导两次来山东调研，对我省军转安置工作给予了高度评价；山东省军官转业安置办公室被国转办、中国人事报社评为“全国军转宣传工作先进单位”。

【计划分配军队转业干部安置】 **军队转业安置工作改革创新**。全省首次采取团职和营职以下（含专业技术）军转干部分卷考试，优化考试内容和题型，增强了安置考试的科学性。进一步扩大“人岗相适”试点范围。省直“人岗相适”试点单位扩大到6家，人岗相适成功率达43%。指导青岛等市开展了“人岗相适”试点，为军转人才资源实现合理配置探索了路子。进一步拓宽安置渠道，对符合进济南市区条件、在中央和省属驻济企业安置的军转干部，不受安置考试成绩的限制，由军转干部与中央、省属驻济企业双方通过自愿协商、双向选择的方式安置。全省组织、人力资源社会保障部门首次联合集中审核军转干部及随调家属档案，规范档案审查流程，确保了军转干部档案平稳顺利移交。

落实安置计划。合理编制军转安置计划，严肃安置纪律，确保安置计划不折不扣地落实。各市党政机关和参公单位有空编和有增人计划的优先接收军转干部。自然减员空缺出来的编制和中央下达的政法专项编制优先用于接收军转干部。实行岗位管理的事业单位接收军转干部，首先使用空出的岗位，相应等级岗位已聘满的，按实际接收人数增加相应岗位数量。对拒不接收军转干部或不按时完成安置任务的单位，一律不能作为各级文明单位的推荐单位，已评为文明单位的，视情节予以警告、限期整改或撤销文明单位称号。

妥善安置团职转业干部。在编制省直安置计划时，突出重点，对正团、副团、营以下单列，向大机关和部门倾斜、向团职干部倾斜，并采取对一个职级多编计划的方式，为军转干部提供了挑选岗位的空间。尽量扩大接收单位覆盖面，根据单位规格、编制职数、职能任务等情况具体确定接收团职军转干部的数量和职级；采取多种方式，将正团职干部重点向规格高、规模大、接收能力强的单位倾斜。继续实行使用空出领导职位、先进后出、带编分配、非领导职位单列专用等政策措施，努力安排好团职干部的工作和职务。对服役期间立功受奖及长期在艰苦边远地区和从事飞行、舰艇等特殊岗位工作的军转干部，采取考核加分等措施，在安置去向和岗位上给予了照顾。

【自主择业军队转业干部管理服务】 **严格落实各项政策待遇**。按照上级有关政策规定，认真落实退役金发放、医疗保障、住房补贴、取暖费、独生子女费等各项政策待遇。全省共计发放退役金8.12亿元，发放各项地方补助2.06亿元，发放抚恤金153.35万元，丧葬费172.25万元。

管理服务工作。做好全省自主择业军转干部年度登记工作，及时掌握军转干部的变动情况，不断提高管理服务工作的针对性。梳理规范自主择业干部退役金核定、发放、预决算和落实日常管理服务制度等工作流程，确保工作责任明确，任务落实到位。积极探索发挥基层管理服务机构的作用，通过组织基层管理服务经验交流会和组织观摩等活动，推广基层管理服务机构的好经验、好做法，进一步提高基层服务军转干部的水平。

促进就业创业工作。各级通过人力资源市场、人力资源信息网等途径，发布就业信息，积极与企事业单位联系，推荐自主择业军转干部到社会公益岗位和相关企业就业。摸底调研全省自主择业干部创业贷款需求，开展创业担保贷款助推创业活动，为符合条件的军转干部发放了贷款，提供了创业资金支持。依托各市“军创园”“院校”“大学生孵化基地”等培训渠道，为自主择业干部提供“菜单式”个性化培训。积极宣传曹京敏、李春寿等全国、全省模范军转干部创业事迹，引导更多的自主择业军转干部走向创业之路。

【军队转业干部教育培训】 **加强组织指导**。省委组织部、省人力资源社会保障厅印发《关于做好2015年度军队转业干部教育培训工作的通知》（鲁人社函〔2015〕99号），对培训规划、教学内容和基础保障等有关问题进行了明确，加强了对全省培训工作的规范和指导。

认真开展前移培训。采取政策宣讲、提供咨询、发放材料等措施，加强对军转干部的离队前教育，帮助军转干部了解地方形势，了解当地安置政策。2015年，全省各级军转部门深入部队组织了30余场宣讲会，发送各类书籍、资料、信函3500余份。

计划安置军转干部培训。集中学习党的十八届三中、四中、五中全会精神、社会主义市场经济、公共管理和依法行政等课程，邀请知名专家、领导干部和模范军转干部授课辅导，广泛开展案例教学、模拟教学、参观见学和研讨交流活动。

2015年，全省共举办军转干部培训班16个，涉及22个专业，军转干部参训率达98%。

自主择业培训工作。积极开展自主择业军转干部适应性培训、网络培训和专业培训。

【企业军队转业干部解困工作】 会同有关部门召开工作座谈会，传达上级要求，加强形势研判和工作指导，对问题突出的市及时发出通报，限期整改，有力推动了工作落实。认真落实解困政策，及时将新出现的困难企业军转干部纳入解困范围，会同财政部门按时下拨解困资金。加大个案帮扶力度，重点帮助协调解决大病重病医疗费、特别困难家庭子女就业和个别住房困难问题。提高了企业退休军转干部生活补助标准。扎实开展关爱活动，指导各市深入基层、深入企业，了解军转干部生活情况，献爱心、送温暖，使他们感受到了党和政府的关心、关怀。

【军队转业干部服务工作】 全省各级军转部门认真贯彻习近平总书记“三严三实”的指示要求，不断改进工作作风，深入宣传安置政策，积极做好受理电话咨询和网上答疑工作，开展好定期约谈活动，架起了军转部门与军转干部沟通交流的桥梁。深入调查研究，多次召开驻济部队大单位转业部门座谈会，广泛听取部队组织和转业干部意见和建议，首次组织省直有关部门人事处长开展军事日活动，增强了工作的有效性和针对性。在安置工作期间，各级军转部门积极为军转干部提供档案服务，办理落户手续，想方设法为军转干部排忧解难。针对全省军转系统人员流动快、新进人员多的实际，大力加强队伍自身建设，编印《军转工作资料选编》和《企业军转干部工作文件选编》，帮助军转工作者提高业务能力，提高了为军转干部服务的能力和水平。

（省军官转业安置办公室）

工资福利工作

2015年，按照中央和省关于深化收入分配制度改革的部署要求，机关事业单位工资福利工作紧紧围绕收入分配制度重点改革任务，进一步提高干部职工收入水平，不断规范收入分配秩序。

【调整机关事业单位工作人员工资标准】 党中央、国务院决定，从2014年10月1日起，结合机关事业单位养老保险制度改革，同步完善机关事业单位工资制度。国务院召开专门会议进行了部署。随后，国家印发了调整机关事业单位工作人员基本工资标准和增加离退休人员离退休费三个实施方案（国办发〔2015〕3号）及一系列配套文件。按照国家有关要求，省人力资源社会保障厅会同省财政厅印发《关于调整机关事业单位工作人员基本工资标准和增加离退休人员离退休费有关问题的通知》（鲁人社发〔2015〕33号）。为确保机关事业单位调整工资与推进养老保险制度改革统筹协调，研究制定了《关于机关事业单位工资调整几个具体问题的处理办法》（鲁人社字〔2015〕257号），对养老保险改革实际操作前，机关事业单位人员工资调整和发放的具体问题作出规定。省人力资源社会保障厅召开各市和省直工作会议对调资工作作出部署安排。

国务院办公厅印发通知，要求各地确保7月底前将调整工资兑现落实到位。各级工作部门集中力量，进一步强化措施，积极筹措资金，千方百计克服困难，全力做好兑现落实工作。为加强对各地工作督导，自7月15日起实行全省调资工作进展情况日报告制度。以省政府督查室名义印发通知（鲁政督字〔2015〕19号）开展专项督查，对工作进度较慢的省属单位，分批进行约谈，会同省财政厅成立两个督查小组，对进度较慢的市进行实地督查，确保7月底全省工资调整兑现落实到位。

【县以下机关建立公务员职务与职级并行制度】 中共中央办公厅、国务院办公厅印发《关于县以下机关建立公务员职务与职级并行制度的意见》（中办发〔2015〕4号），决定从2015年1月起在县以下机关建立公务员职务与职级并行制度。人力资源社会保障部、中央组织部、中央编办、财政部、国家公务员局联合召开部署会议。为做好我省组织实施工作，在全面调研测算的基础上，省人力资源社会保障厅会同有关部门研究拟订了《县以下机关公务员建立职务与职级并行制度的实施意见》。省委全面深化改革领导小组第十一次全体会议审议通过《实施意见》，省委办公厅、省政府办公厅印发《关于县以下机关建立公务员职务与职级并行制度的实施意见》（鲁办发〔2015〕29号）。省人力资源社会保障厅会同省委组织部、省编办、省财政厅、省公务员局联合召开全省县以下机关公务员职务与职级并行制度实施工作电视电话会议，韩金峰厅长代表几个部门作重要讲话，阐述县以下机关建立公务员职务与职级并行制度的重要意义，解读主要政策，就做好实施工作提出要求。县以下机关建立公务员职务与职级并行制度后，拓展了基层公务员的职业发展空间，使公务员通过晋升职级也可以适当提高待遇，有利于加强基层公务员队伍建设，调动广大基层公务员的积极性。据测算，职务与职级并行制度实施当年，县以下将有占总数三分之一左右的公务员可以晋升职级，相应调整工资待遇后，月人均收入水平可增加480余元。制度正常运行后，预计每年将有占总数6%左右的公务员符合职级晋升条件。全省部署会后，各市按要求向当地党委、政府主要领导作了汇报，研究制定本地区实施办法，召开会议作出部署安排，指导县（市、区）加强工作措施，周密组织实施。截至年底，各市均已印发文件并召开会部署，全省152个纳入实施范围的县（市、区）中有151个已发文部署，98个县（市、区）完成审核工作，83个县（市、区）已兑现待遇。

【深入推进“吃空饷”治理工作】 为全面贯彻落实国家《关于开展机关事业单位“吃空饷”问题集中治理工作意见的通知》（国办发〔2014〕65号）精神和全国机关事业单位“吃空饷”问题治理工作电视电话会议部署要求，省人力资源社会保障厅会同省有关部门研究制定《关于深入推进机关事业单位“吃空饷”问题集中治理工作的实施意见》，由省政府办公厅以鲁政办发〔2015〕1号文件印发，在巩固前期治理成果的基础上，继续深入推进治理“吃空饷”工作，完善治理工作重点，调整了治理政策和工作要求，提高治理工作针对性。各级机关事业单位对照文件要求，全面开展自查自纠，各级工作部门对自纠情况开展专项督查。经过努力，治理工作取得明显成效，达到了预期目标。省人力资源社会保障厅会同省委组织部、省编办、省财政厅、省审计厅形成《山东省开展机关事业单位“吃空饷”问题集中治理工作情况的报告》，经省领导审阅，报国家有关部门。

【规范奖励性津贴补贴】 人力资源社会保障部工资福利司在我省召开部分省市工资工作座谈会，通报国家关于实施地区附加津贴、规范奖励性津贴补贴工作有关考虑和政策设计，并听取地方的意见建议。国家拟于2016年在实施地区附加津贴制度的同时，对各地奖励性津贴补贴进行清理规范。为配合国家下步工作，省人力资源社会保障厅会同有关部门对省直机关奖励性津贴补贴进行了深入调研，学习借鉴其他省份经验做法，在此基础上，研究形成了规范省直机关奖励性津贴补贴的意见，报省领导审定。

【调整职能】 经省人力资源社会保障厅党组研究确定，为做好机关事业单位养老保险制度改革工作，10月起，工资福利处原承担的“拟定全省机关事业单位离退休政策并组织实施”“参与指导协调机关事业单位离退休人员的管理服务工作”等职能移交职工养老保险处。

（工资福利处）

劳动关系

2015 年，全省劳动关系工作以劳动关系转型发展为引领，积极全面深化改革，不断创新工作方法，各项工作稳步推进。劳动合同制度深入实施，劳动合同、集体合同签订率普遍提高，劳务派遣用工逐步规范，同工同酬分配原则逐步落实，劳动关系三方机制不断健全，和谐劳动关系创建取得成效，劳动关系整体和谐稳定。企业收入分配制度改革全面启动，政府宏观指导调控力度加强，工资指导价位市场指导作用不断增强，最低工资标准逐年提高，企业职工工资保持稳定增长。用人单位和职工落实工作时间、带薪休假、高温天气劳动保护、女职工和未成年工特殊劳动保护等劳动标准意识不断增强，劳动者合法权益得到有效保护。

【劳动关系建设】 **规范劳务派遣行为**。严格劳务派遣行政许可，开展劳务派遣专项行动，省人力资源社会保障厅印发《关于规范劳务派遣用工若干问题的通知》（鲁人社发〔2015〕28 号），对于过渡期内规范用工比例、合理确定辅助性岗位、被派遣劳动者劳动合同期限、被派遣劳动者试用期不符合录用条件如何处理、被派遣劳动者经济补偿支付、用工单位不规范使用劳务派遣工责任、异地派遣参加社会保险、派遣用工与外包用工的区别、连锁、加盟单位经营劳务派遣业务、劳务派遣单位设立分公司异地备案等问题作出了明确规定，增强了有关法律、政策的可操作性。印发《关于下放劳务派遣行政许可管辖权限和开展劳务派遣单位监督检查的通知》（鲁人社字〔2015〕104 号），按照山东省人民政府《关于2014 年第三批取消下放行政审批项目和承接国务院下放行政审批项目等事项的通知》（鲁政字〔2014〕223 号）要求，将劳务派遣经营行政许可下放至设区的市人力资源社会保障行政主管部门，同时要求各市人力资源社会保障局做好劳务派遣单位监督检查工作，对监督检查中发现的问题，要及时督促劳务派遣单位进行整改，拒不整改的单位，要移送劳动监察部门处理。

维护机关事业单位未纳入正式职工管理人员劳动保障权益。省人力资源社会保障厅会同省委组织部、省机构编制委员会办公室、省财政厅、省总工会联合印发《关于维护机关事业单位未纳入正式职工管理人员劳动保障权益的通知》（鲁人社发〔2015〕5 号），要求各机关事业单位在机构编制部门核定的数额内使用未纳入正式职工管理的人员，并按照《劳动合同法》的规定订立劳动合同，依法进行管理。同时，对于机关事业单位使用未纳入正式职工管理的人员的岗位管理、社保和住房公积金缴纳、考核奖惩、职称评审、劳动争议处理等问题作出了明确规定。这是全国第一份明确提出保护机关事业单位未纳入正式职工管理人员劳动保障权益的文件。同时，为做好文件的贯彻落实工作，举办了维护机关事业单位未纳入正式职工管理人员劳动保障权益培训班，省直各部门、单位，各高等院校人事部门负责人和各市人力资源社会保障局劳动关系科（处）负责人共 180 余人参加了培训。

集体合同攻坚计划。2015 年定为“集体协商和集体合同质量提升年”，各市以实现劳动关系双方互利共赢为目标，以非公有制企业、中小企业为重点，坚持维护劳动者合法权益和促进企业健康发展相结合，按照“抓规范、提质量”的要求，加强分类指导，规范协商程序，加强协商主体能力建设，努力提高集体协商和集体合同工作的质量和实效性，年末全省集体合同覆盖职工数 1000 余万人，覆盖企业 15.4 万户，集体合同签订率达到 92%。

维护农民工权益。省人力资源社会保障厅印发《关于组织开展 2015 年春暖行动的通知》（鲁人社明电〔2015〕2号），在全省组织开展了以提高农民工劳动合同签订率为重点的“春暖行动”。要求各地以建筑业、采矿业、制造业、住宿和餐饮业、居民服务业为重点，督促企业特别是非公企业、小微企业提高农民工劳动合同签订率和履约质量，落实同工同酬，切实维护农民工劳动报酬等各项权益，完成山东省农民工权益保障三年行动计划确定的年度目标。参与农民工“三项行动计划”督查工作，督促各市将农民工“三项行动计划”的各项要求落到实处。从督查的情况看，各市农民工“三项行动计划”推进顺利，农民工劳动合同签订率不断提高、参加社会保险覆盖面不断扩大、包括“一书两金一卡”在内的工资支付保障力度不断增强、安全生产和职业健康保护不断加强。

劳动用工备案。按照省人力资源社会保障厅信息化建设的统一部署，与信息中心配合，开发涵盖劳动关系协调、用工备案、劳务派遣行政许可、企业薪酬管理、企业薪酬调查等业务的劳动关系协调综合业务系统。

【企业收入分配制度改革】 **省管企业负责人薪酬制度改革**。根据中共中央、国务院和省委、省政府的部署要求，扎实做好薪酬核对、测算论证等基础工作，加强沟通协调，积极稳妥推进改革。省人力资源社会保障厅先后召开7次工作协调会，讨论研究相关问题，修改完善改革方案。省委、省政府印发《山东省省管企业负责人薪酬制度改革实施方案》（鲁发〔2015〕12号）。召开全省深化国有企业负责人薪酬制度改革工作电视会议，对全省国有企业负责人薪酬制度改革工作进行部署。要求各市认真贯彻落实党的十八届三中全会关于合理确定并严格规范国有企业管理人员薪酬水平精神，按照省委、省政府的部署要求，准确把握改革的正确方向和方法步骤，重点完善薪酬形成机制，完善综合考核评价办法，规范薪酬支付和管理，统筹规范福利性待遇，健全监督管理机制，建立与国有企业负责人选任方式相匹配、与企业功能性质相适应的差异化薪酬分配办法，对不合理的偏高、过高收入进行调整，实现薪酬水平适当、结构合理、管理规范、监督有效，促进企业持续健康发展，推动形成合理有序的收入分配格局。

提高最低工资标准。根据我省经济社会发展和企业职工工资状况，经人力资源社会保障部审核，以省政府文件《山东省人民政府关于公布全省最低工资标准的通知》（鲁政字〔2015〕39号）发布新调整的最低工资标准。自3月1日起，我省调整后的月最低工资标准为1600元、1450元、1300元；小时最低工资标准为16元、14.5元、13元。“十二五”期间，最低工资标准年均增长13.8%，完成了13%的目标任务。最低工资标准的调整，有效保障了低收入劳动者基本生活。

企业工资指导线。省人力资源社会保障厅以省政府文件《山东省人民政府关于发布2015年企业工资指导线的通知》（鲁政字〔2015〕38号）发布2015年企业工资指导线，基准线10%、上线（预警线）18%、下线4%。同时要求各类企业应当在政府发布工资指导线30日内，通过集体协商，制定贯彻工资指导线实施方案，报人力资源社会保障部门备案。将企业工资“三项制度”备案作为企业劳动保障年检内容，人力资源社会保障部门“三项制度”备案工作作为年度业务考核内容，我省企业工资指导线的市场指导作用逐步增强。

第七次企业薪酬调查。举办全省企业薪酬调查培训班，对调查工作进行安排部署和技术培训。5月至7月，开展了全省企业薪酬调查，各级人力资源社会保障部门高度重视，周密组织，加强培训督导，严格数据审核，按照我省统一规范的企业薪酬调查和信息发布制度规定要求，按时完成了企业薪酬调查数据上报任务，数据质量不断提高。本次调查全省共调查6150户企业、141.8万名职工。通过开展企业薪酬调查，加强数据分析，稳妥发布市场信息，为政府和社会可提供的信息越来越多，服务渠道不断扩展，企业薪酬调查实用性明显增强。根据调查数据，各市及时测算发布了人力资源市场工资指导价位和人工成本信息，17市共发布5088个职业工资指导价位，提供了准确的市场信息，工资指导价位知晓度、关注度、认可度不断提高，对市场的指导作用不断增强。同时，通过整理分析企业薪酬调查数据，为规范劳务派遣、落实同工同酬、深化国有企业负责人薪酬制度改革等工作提供了专项数据资料。

【和谐劳动关系创建】 **召开专题会议推动和谐劳动关系构建**。召开全省贯彻落实《关于构建和谐劳动关系的意见》视频会议。各市、县（市、区）协调劳动关系三方会议成员及省直有关部门负责人参加会议并作重要讲话，从不同的角度论述了贯彻落实《关于构建和谐劳动关系的意见》的重要意义，从本部门、本单位职能出发，对贯彻落实好《意见》、推动构建中国特色和谐劳动关系进行了全面动员和部署。同时，会议还要求各市、县（市、区）协调劳动关系三方传达学习好会议精神，并将会议精神以及本地区贯彻实施工作打算及时向当地党委、政府汇报，争取党委、政府的重视和支持；认真抓好会议精神的贯彻落实，抓紧研究制定贯彻落实的工作方案，明确工作任务、工作措施和时间进度，落实责任分工。与人力资源社会保障部劳动科学研究所联合在烟台市开发区召开贯彻落实《关于构建和谐劳动关系的意见》暨构建和谐劳动关系综合实验区研讨会。人社部劳动关系司聂生奎司长对中共中央、国务院《意见》进行了全面深入的解读，中国社科院研究员、教授、国情调研中心副主任石秀印和中国人民大学劳动人事学院党委副书记、博士生导师、教授唐鑛两位专家分别以《关于我国和谐劳动关系的实现机制问题》《落实中央意见，构建新常态下的和谐劳动关系》为题做了专题讲座。

评选表彰规范和管理办法。省协调劳动关系三方紧密配合，研究制定了劳动关系和谐企业、和谐工业园区、和谐城市评选表彰标准和管理办法，对于获得劳动关系和谐企业（工业园区）称号的单位，实行三年的管理期，超过三年管理期未提出重新参加评审或工作出现滑坡，经过整改仍未达标、考核评审中弄虚作假或严重违背创建标准的单位，将取消其称号并收回标牌。

多层级和谐劳动关系城市试点。积极创新协调劳动关系工作模式，除申请将青岛市黄岛区列入全国构建和谐劳动关系综合试验区外，还在济宁市启动劳动关系和谐城市创建工作，开展创建省级和谐劳动关系城市试点，筹备在烟台经济技术开发区开展省级构建和谐劳动关系综合实验区试点，整体推进全省和谐劳动关系创建活动。

提高企业职工防暑降温费标准。省人力资源社会保障厅会同省财政厅、省安全生产监督管理局、省国家税务局、省地方税务局联合下发通知，适当调整企业职工防暑降温费标准。企业职工防暑降温费标准调整为：从事室外作业和高温作业人员每人每月200元；非高温作业人员每人每月140元。全年按6月、7月、8月、9月共4个月计发，列入企业成本费用。企业在岗且提供正常劳动的职工列入发放范围。职工未正常出勤的，企业可按其实际出勤天数折算发放。新标准自8月1日起施行。通知要求各类企业要切实履行防暑降温工作主体责任，按照《山东省高温天气劳动保护办法》等法律法规要求，建立健全防暑降温制度，落实防暑降温工作措施，调整工作时间，减轻劳动强度，确保夏季生产安全和职工身体健康。通知同时强调，全省各级人力资源社会保障、安全生产监管等部门要加强对企业遵守劳动保障法律法规情况的监督检查力度，有针对性地指导督促企业制定和落实防暑降温各项措施，切实保障职工合法权益。

（劳动关系处）

调解仲裁管理

2015年，全省各级调解仲裁机构共受理争议案件7.57万件，同比增长12%，其中，仲裁机构当期立案受理争议5.07万件，同比增长21%，当期结案率达96.2%。当期审结的7.09万件争议中，通过调解方式解决4.8万件，占比67.7%，涉案金额18亿，柔性调处、和谐仲裁理念进一步凸显。

【调解仲裁效能建设】 省人力资源社会保障厅组织开展了第二批全省示范劳动人事争议仲裁院考核验收活动，对评选出的27家示范仲裁院进行了通报表扬，并制发了示范仲裁院奖牌，通过争创活动进一步提升调解仲裁标准化、规范化、专业化建设水平。认真落实人社部调解仲裁管理司要求，指导威海市积极开展劳动人事争议处理效能建设综合示范工作，总结示范成果，确保取得实效。组织开展第三次效能建设自查活动。对各市“十二五”期间的效能建设工作进行全面督查，为做好“十二五”工作总结，谋划好“十三五”工作打下良好基础。

【调解工作规范化建设】 省人力资源社会保障厅联合省综合治理办公室转发人社部、中央综治办《关于加强专业性劳动争议调解工作的意见》，全面提升专业性调解工作能力。着力推进调解组织标识、名称、工作程序、工作职责、调解员行为规范的“五统一”，在全省统一制发了《调解员证》，定制了劳动人事争议调解组织挂徽和调解员胸徽。加强企业劳动争议预防调解示范工作，联合省工商联对第二批64家全省劳动争议预防调解示范企业进行了检查验收，并着手在有关企事业单位、乡镇（街道）启动劳动人事争议预防调解先进单位评选工作。

【调解仲裁办案效能】 大力推进一裁终局，坚持定期调度通报，强化工作督导，全省一裁终局率达到25%，比2014年底增长了5个百分点。强化案例指导，印发了《关于建立劳动人事争议仲裁案例指导制度的意见》，征集汇编了全省劳动人事争议仲裁典型案例（五），组织召开了全省劳动人事争议典型案例研讨暨庭审观摩现场会，不断提升仲裁办案规范化水平。

【调解仲裁信息化建设】 认真落实人力资源社会保障部要求，推进调解仲裁信息化建设，坚持全省大集中的建设思路，开发完成全省统一的劳动人事争议仲裁办案系统，并结合本省实际开发了基层人力资源社会保障平台调解组织专用的劳动人事争议调解办案系统，普遍推广到省、市、县、镇四级。坚持开发与应用并重，专门组织召开全省办案系统推广应用工作座谈会，部署办案系统推广应用有关工作。对300余名一线办案人员集中进行专题培训，并深入17市进行了办案系统安装和操作使用的现场培训，确保一线办案人员能够熟练操作使用办案系统。

【调解仲裁法治化建设及队伍建设】 山东省人大常委会印发的《山东省人大常委会2015年地方立法计划》（鲁人发〔2015〕8号）把《山东省劳动人事争议调解仲裁条例》列入抓紧研究起草的法规项目。为加快推进调解仲裁地方立法工作，先后组织开展了多次立法调研、专题研讨，形成了比较成熟的《条例》（草案）。为进一步提升调解仲裁队伍法律业务素质和争议处理能力，先后组织举办了两期全省劳动人事争议仲裁员培训班，对550余名专兼职仲裁员进行了培训考核。

【调研和宣传工作】 对全省机关事业单位未纳入正式职工管理人员用工争议案件情况开展调研，认真分析汇总形成调研报告，提出了下步做好相关工作的意见建议。参加部仲裁司组织召开的劳动人事争议仲裁办案规则研讨会、集体劳动人事争议处理工作座谈会、调解仲裁信息化建设座谈会、劳动人事争议处理效能建设综合示范工作启动会议、劳动人事争议形势分析会以及部劳动科学研究所组织召开的劳动争议自由裁量权行使情况课题研讨会；并积极向人科院、政研处报送信息稿件，不断加强调解仲裁工作宣传力度。

【调解仲裁业务指导】 督促指导全省全面建立专业性劳动争议调解组织，做好全省调解仲裁工作会议的有关组织筹备工作；完成了部调解仲裁管理司在我省召开的部分省市劳动争议专业性预防调解工作经验交流现场会的组织筹备，以及调解仲裁工作调研；做好全省仲裁员信息系统管理、注册备案和劳动人事争议案件统计分析工作；完成《山东省劳动人事争议调解仲裁条例》立法计划建议项目相关上报工作；整理编写《调解仲裁工作手册（十四）》。

【省仲裁院标准化、规范化、专业化、信息化建设】 省仲裁院坚持“着重调解、调裁结合”的理念，继续以提高争议处理效能建设为工作主线，健全完善制度建设，积极做好地方立法工作，稳步推进信息化建设，加大案例研讨和办案指导力度，依法及时妥善处理争议矛盾，充分发挥示范引领作用，仲裁院标准化、规范化、专业化、信息化建设取得明显成效。仲裁处（省仲裁院）党支部被省厅评为2014年度模范党支部，省仲裁院被评为优秀单位，还被选为我厅省三八红旗手（集体）推荐单位报送至省直机关妇女工作委员会。

仲裁委管辖范围及成员调整工作。根据省编制委员会办公室批复，省人力资源社会保障厅印发《关于明确山东省劳动人事争议仲裁委员会受理劳动人事争议案件管辖范围的通知》（鲁人社发〔2015〕2号），对省仲裁委员会受理劳动人事争议案件管辖范围进行明确，为省院全面履行省仲裁委员会实体化办事机构职责提供有效依据。根据成员单位领导分工调整及人员变动情况，及时印发《关于调整山东省劳动人事争议仲裁委员会成员的通知》（鲁劳人仲〔2015〕1号）。

调解仲裁地方立法工作。省人大常委会印发的《山东省人大常委会2015年地方立法计划》（鲁人发〔2015〕8号）把《山东省劳动人事争议调解仲裁条例》列为抓紧研究起草的三类法规项目。按照“早谋划，早调研，早起草”工作要求，及时成立了《山东省劳动人事争议调解仲裁条例》起草小组并形成条例草案初稿。随后召开立法研讨会，征求地方仲裁机构意见，同时书面征求部调解仲裁管理司、省仲裁委员会各成员单位及厅内有关处室意见，并前往浙江、宁夏进行立法调研，向省政府法制办提交了2016年立法计划论证报告。会同有关处室积极争取省人大常委会法工委将制定条例列为2016年地方立法计划一类项目，立法工作取得阶段性成果。

典型案例指导制度。为进一步统一法律适用，加强仲裁办案指导，提高仲裁办案质量，更好地宣传劳动人事法律法规政策，省人力资源社会保障厅、省仲裁委员会联合印发了《关于建立劳动人事争议仲裁案例指导制度的意见》（鲁人社发〔2015〕37号）。组织召开全省劳动人事争议典型案例研讨暨庭审观摩现场会。会后遴选出对全省调解仲裁工作具有指导作用的典型案例，广泛征求省仲裁委员会各成员单位、省人力资源社会保障厅机关相关处室及法律顾问单位的意见，并以省人力资源社会保障厅、省仲裁委员会名义印发《关于发布2015年度全省劳动人事争议典型案例的通知》（鲁人社字〔2015〕550号）予以发布公示，这是我省劳动人事争议案例指导制度建立以来发布的第一批指导案例。内容涉及劳动报酬、解除劳动合同、经济补偿金、赔偿金、竞业限制、违约金和培训费等多类争议，社会关注度较高，具有典型性和指导性。此项工作走在全国前列，得到部调解仲裁管理司领导的充分肯定。继续开展典型案例选编工作，从全省报送的70余篇案例中选出37个典型案例，编印《劳动人事争议仲裁案例选编》（第5辑），印发全省指导办案实际。

省仲裁院制度建设。完成《优化办案质量 提高仲裁效能——山东省劳动人事争议仲裁院制度选编》编撰印制工作，选编包含文化理念、工作职责、工作制度、工作规范、办案规则五部分，共46项制度。凝结省仲裁院工作制度化、标准化、规范化和专业化建设的工作成果，标志着省仲裁院制度建设和管理水平迈上了新台阶。为加强兼职仲裁员管理，起草了《山东省劳动人事争议仲裁委员会兼职仲裁员管理办法》（讨论稿），积极争取财政部门支持，探索解决了兼职仲裁员劳务费问题。

处理劳动人事争议案件。省仲裁院共处理人事争议案件19件，比2014年增长137.5%。其中15件经审查出具不予受理通知书，2件案外调解成功，2件在法定期限内裁决结案，切实维护了当事人的合法权益。及时将争议案件录入省本级调解仲裁办案信息系统，基本实现了“线上办案、每案入库”，年底上线运行全省调解仲裁办案信息系统。全年共接待基层仲裁机构、当事人各类法律法规政策咨询609人次，指导各地做好一裁终局、裁决先予执行工作，较好发挥了指导办案、预防争议的作用。积极开展法律宣传，精心准备，多人多次为调解员仲裁员、用人单位、大学生讲授劳动人事争议调解仲裁法律政策。

全省机关事业单位未纳入正式职工管理人员用工争议情况调查研究。为适应机关事业单位改革形势要求，及时掌握全省机关事业单位未纳入正式职工管理人员争议情况，预防减少和妥善处理机关事业单位未纳入正式职工管理人员用工争议案件，省人力资源社会保障厅印发《关于开展全省机关事业单位未纳入正式职工管理人员用工争议情况调研的通知》（鲁人社办字〔2015〕28号），部署开展全省机关事业单位未纳入正式职工管理人员用工争议情况的调研活动，汇总梳理全省机关事业单位未纳入正式职工管理人员用工类争议案件受理及潜在争议隐患情况、法律适用中存在的问题及意见建议，形成《关于全省机关事业单位未纳入正式职工管理人员争议情况调研报告》，为领导决策提供了参考。同时省仲裁院撰写的《全省劳务派遣争议案件的调研报告》荣获2014年度人力资源和社会保障优秀科研成果三等奖。

信息化建设和宣传工作力度。加强办案信息化建设，协助完成全省调解仲裁办案系统本地化开发工作。“山东省劳动人事争议调解仲裁网”正式开通上线。网站共包含25个栏目，目前已累计发布各类信息500余篇。为规范网站信息稿件报送工作，印发通知明确要求，建立网站信息联络员队伍，加强管理，定期通报，明确将报送信息报送情况纳入全省示范仲裁院考核范围。同时加大通过政策研究处、省人科院刊物、信息简报和厅内外网宣传报道调解仲裁工作力度，对出台的重要文件、开展的重要活动都给予了及时宣传报道。此外，加强汇报交流工作，做好部调解仲裁管理司司长、人社部劳科所及部分省市来我厅调研接待工作。认真开展“三严三实”专题教育学习研讨，对我院可能存在的问题进行梳理并提出了整改意见。

（调解仲裁管理处、省劳动人事争议仲裁院）

劳动保障监察

2015年，我省认真落实既定目标任务，不断加强制度建设，创新监管体制，提升执法能力，重点在监察维权、两网化监管和加强执法能力建设上下功夫，劳动保障监察工作稳步推进，取得了良好成效。

【劳动保障监察执法】 综合运用各种劳动保障监察执法方式，维护劳动者合法权益和社会稳定。

开展日常巡查和书面审查。主动预防和查处违法行为的有效性进一步提高，各级劳动保障监察机构周密制订年度日常巡查计划和书面审查方案，充分利用“两网化”管理模式，不断扩大巡视范围，完善审查内容，将宣传法律、服务企业、规范用工和检查执法相结合，做到检查一户、宣传一户、服务一户、规范一户，2015年全省主动监察用人单位10.3万户，书面审查各类用人单位13.1万户，涉及劳动者567.7万人。

畅通举报投诉渠道。提高违法案件的查处效率和质量，各地进一步提高劳动者投诉举报接待服务质量和案件查处效率，在完善原有的来信、来访、来电等举报投诉渠道的基础上，通过网络舆情、政务热线、政府信箱、基层网格等多种渠道收集案件线索，确保举报投诉渠道畅通、案件查处及时高效。2015年全省举报投诉案件结案2.24万件，按时结案率达到100%。

专项执法检查。着重整治区域性、阶段性的突出违法行为，先后在全省范围组织开展了农民工工资支付、清理整顿人力资源市场秩序、用人单位遵守劳动用工和社会保险法律法规等专项整治行动，共为8.5万农民工解决拖欠工资6.95亿元，责令退赔求职者费用57.44万元，责令用人单位补签劳动合同10.95万人，为劳动者补发工资和经济补偿金1.05亿元，督促缴纳社会保险费8607万元，向公安机关移送涉嫌拒不支付劳动报酬罪案件174件，严厉打击了恶意欠薪、黑中介等严重违法行为。

未成年人权益保护和有关统计工作。按照山

东省创建“青少年维权岗”活动领导小组的要求，在全省人社系统推荐了2个2014—2015年全国“青少年维权岗”命名单位，推荐了6个2016—2017年度全国“青少年维权岗”创建单位。按照人力资源社会保障部和省里的有关要求，按时保质保量上报月、季、年等各项统计报表。

【劳动保障监察“两网化”管理】 制定山东省劳动监察举报投诉案件省级联动处理机制实施方案，进一步提升了“两网化”监管效能。根据人力资源社会保障部的总体部署，落实《关于建立劳动保障举报投诉案件省级联动处理机制的意见》（人社厅发〔2015〕69号）和《关于印发劳动保障监察举报投诉案件省级联动处理机制系统建设方案的通知》（人社信息函〔2015〕35号）的要求，结合我省实际，制定了省级联动处理机制实施方案。以“统一接收、联动处理、属地管理、分级负责、便捷高效”为目标，依托“人力资源和社会保障信息系统建设、12333咨询服务电话、互联网（移动互联网）和省、市、县（市、区）级劳动保障监察机构受理举报投诉窗口，逐步建立健全劳动保障监察举报投诉案件省级联动处理机制。进一步畅通劳动者举报投诉渠道，切实打造劳动者维权绿色通道，健全劳动者诉求表达机制和矛盾纠纷调处机制，实现“一点举报投诉、全省联动受理”，有效维护劳动者合法权益，构建和谐稳定的劳动关系。

【劳动保障监察制度建设】 加强制度创新，建立劳动保障监察工作长效机制。省人力资源社会保障厅会同省高级人民法院、省人民检察院和省公安厅联合制定下发了《关于转发人社部发〔2014〕100号文件做好我省涉嫌拒不支付劳动报酬犯罪案件查处衔接工作的通知》（鲁人社发〔2015〕17号），完善了依法打击拒不支付劳动报酬行为制度，建立了联席会议机制，共同研究解决办理拒不支付劳动报酬案件中存在的问题，研究制定预防和惩处拒不支付劳动报酬犯罪的措施。做好《山东省劳动和社会保障监察条例》的修订工作。《山东省劳动和社会保障监察条例》修订作为党的群众路线教育实践活动建章立制的一项重要内容，我们组织人员进行了认真调研和起草，在合理规划监管范围、细化监察执法程序、强化监察执法手段等方面进行了完善，经积极争取，已列入山东省2016年二类立法项目。各市结合实际进行制度创新的步伐不断加快。为贯彻落实《劳动合同法》、省政府《关于进一步做好新形势下农民工工作的意见》（鲁政发〔2013〕22号），规范农民工工资支付行为，切实维护劳动者合法权益，各市结合实际，制定了相应政策和措施。聊城市委、市政府印发了《关于加强农民工工资支付保障工作的意见》（聊办发〔2015〕35号），对农民工工资支付保障工作的基本原则、预警监控机制、实施“一书两金一卡”制度和加大处置力度、加强组织领导提出了明确要求；济宁市政府印发了《济宁市建设领域农民工工资预储金管理办法》（济政办发〔2015〕24号），规定施工总承包企业在银行设立农民工工资预储金专用账户，建设单位按月拨付工资预储金，由银行根据施工总承包企业提供的工资发放表，直接将工资发放给农民工本人；东营市政府印发了《关于实施保障农民工工资支付“一书两金一卡”制度的通知》（东政办发〔2015〕2号），并在此框架下制定了《东营市非建设领域农民工工资保证金缴存管理实施办法》（东人社发〔2015〕2号），明确了缴存范围、标准、程序等；淄博市印发了《淄博市建设领域农民工工资支付监督管理暂行办法》（淄政办字〔2014〕109号），明确了“属地管理、分级负责”和“谁主管、谁负责”的监督管理原则，进一步强化了各级政府、各有关部门的工作职责。

【劳动保障监察能力建设】 **劳动保障监察执法能力建设基础工作。**贯彻人力资源社会保障部《关于加强劳动保障监察执法能力建设的意见》（人社部发〔2015〕67号），研究制定我省贯彻意见，开展专项调研，摸清全省劳动保障监察执法能力现状，梳理分析当前存在的主要矛盾和困难，制订加强山东省劳动保障监察执法能力建设的实施方案。

提升监察员的业务素质和执法水平。通过组织监察员业务培训、疑难案件研讨、以老带新等活动，不断提高监察员办案能力。在烟台举办日资企业人力资源社会保障法律法规培训班，150人参加培训；在威海举办全省劳动保障监察员初任资格培训班，248 名劳动保障监察员参加培训；在曲阜举办全省劳动保障监察员岗位培训班，各级劳动监察机构负责人及监察员共 82 人参加培训。三次培训班结合中日劳动保障监察建设合作项目，采取案例式教学、互动式教学和情景式教学等模式，并进行典型案例和疑难问题研讨。我省认真总结培训经验，接受中日劳动保障监察技术合作项目评估调查组对项目实施三年来的情况进行的调查评估工作，项目实施效果受到人力资源社会保障部的肯定。

监察员的作风建设。认真落实人力资源社会保障部《关于进一步加强劳动保障监察队伍作风建设的通知》（人社厅发〔2013〕49 号）精神，强化责任意识，树立公平正义的法治理念，不断改进服务措施，严守廉洁执法各项规定，内强素质，外塑形象，不断提高监察员队伍的执行力和公信力。

【省管单位执法检查】 按照省人力资源社会保障厅人力资源社会保障一体执法的规定，精心组织实施了 2015 年执法检查工作。年初制定了《2015 年省管单位人力资源社会保障执法检查实施方案》，确定了执法检查的范围、重点以及方法步骤，修改完善了《劳动保障监察手册》。召开省管用人单位执法检查工作会议，对执法检查工作进行了安排部署，并采取“以会代训”的方式进行了有针对性的培训。监察总队联合聘请的三家会计师事务所，对 60 家省管企业单位和 29 家省属事业单位进行了执法检查。年底形成了执法检查工作总结。

【处理劳动保障监察举报投诉案件】 监察总队高度重视，着力做好举报投诉案件处理工作，对符合受理条件的举报投诉案件均依法进行了处理并按期结案。2015 年共接到来电来信来访 5103 件，比上年增长了 24.2%。受理的举报投诉案件 431 件，比上年增长了 13.4%。通过办案，为劳动者补发工资等各项待遇 218.84 万元，补缴社会保险费 118.51 万元。处理群体事件 3 起，为 80 名劳动者追回拖欠的工资 69.52 万元。共发生行政复议和行政诉讼案件 29 起，比上年增加 1 起，其中行政复议 6 起，结案 5 起，1 起尚在审理中；行政诉讼 23 起，结案 9 起，中止审理 1 起，13 起尚在审理中。已结案的行政复议和行政诉讼案件都胜诉。

【农民工工资支付情况专项检查】 春节前后监察总队接受农民工来电来访 260 余起，通过督办、协调、查处等方式处理农民工欠薪的举报投诉 60 余件，为农民工追讨工资待遇 110 余万元。按照人力资源社会保障部等有关部门关于开展农民工工资支付情况专项检查的通知及视频会议要求，对部分省管单位下发了专项检查通知，并将于 2016 年春节前对部分单位和涉及举报投诉案件的单位实施现场检查。

【省管单位诚信等级认定】 根据《山东省省管单位人力资源社会保障诚信等级认定办法》，监察总队梳理总结了省管单位 2014 年度人力资源社会保障执法检查及受理举报投诉情况，最终确定 20 家 A 级诚信单位，并进行表彰和授牌。另外，我们依照诚信等级认定办法，为 13 家省管单位出具了劳动保障监察审核意见。

【自身建设】 坚持“以监察执法为主业、全员参与一体执法”的工作模式，坚持首问负责，修订完善《山东省劳动保障监察总队办案规则》和《投诉举报窗口服务规范》，入驻省人力资源市场后，进一步提升窗口服务水平，实现受理举报投诉工作的“程序化、制度化、责任化”。加强学习培训，在队内开展新法律法规学习、疑难案件分析研讨等学习活动，组织人员参加人力资源和社会保障部和省人力资源社会保障厅组织的各类业务培训，听取专家讲座，不断提高政策水平和业务能力。

【“三严三实”专题教育活动】 按照省人力资源社会保障厅统一部署和专题教育活动实施方案，监察总队紧紧围绕习近平总书记重要讲话精神，分三个阶段三个专题扎实开展专题活动，积极组织学习，听取专题讲课，坚持问题导向，认真查摆问题，边学习边整改边落实，并组织召开了支部专题民主生活会，认真联系支部和个人实际深入查找剖析不严不实问题，严肃认真开展批评和自我批评，取得了良好效果。

【举报投诉案件省级联动处理平台建设】 按

照人力资源社会保障部《关于建立劳动保障监察举报投诉案件省级联动处理机制的意见》和省人力资源社会保障厅有关要求，加强劳动保障监察办案系统、联动处理系统、移动办案系统等信息系统的运行和应用，进一步加快监察执法终端、监控指挥等设施配备，逐步建立省级联动处理平台机制，实现“一点举报投诉、全网联动处理”，为劳动者提供公开、便捷、高效的劳动保障监察执法服务。

（劳动监察处、省劳动监察总队）

新闻宣传与调研

2015年，省人力资源社会保障厅政策研究处在厅党组的领导下，聚焦全省人力资源社会保障中心工作，坚持“六个一”的工作思路，即发挥一个作用、确保一个质量、提升一个位次、传播好一个声音、搞好一个深化、加强一个团结，以“团结和谐、勤奋敬业、主动作为、奋勇争先”的处室文化为引领，凝心聚力、稳中求进、开拓创新，综合服务能力不断提高，各项工作都取得了新进展新成效，呈现面上推进点上突破态势，在更好服务全省人力资源社会保障工作大局中实现了新突破。

【调研工作】 围绕中心工作，加强调查研究和情况调度，发挥参谋助手的作用。加强政务信息调研，协调推进重大课题调研、调研计划的落实，完成54项调研课题，两篇调研报告参加了全省政府系统优秀调研成果评奖，分获一等奖和二等奖。更加注重转化调研成果，形成一系列有价值的意见建议，推动了人力资源社会保障重点难点问题的解决。扎实做好专家咨询工作，组织专家咨询座谈会，邀请专家50余人次，专家咨询在科学决策中的作用更好发挥。

【新闻宣传工作】 坚持改革创新主动发声，聚焦跟进全省人力资源社会保障重要工作、重要改革和重要活动，加大宣传力度、把握宣传节奏、创新宣传形式、确保宣传效果，全方位讲好人社故事，传播人社好声音。以省政府新闻办名义召开新闻发布会7场。“我省在全国率先统一居民基本医疗保险，率先启动养老并轨”的新闻被评为2015年度山东省十大新闻。召开了全省人社宣传工作会议和网络宣传工作会议，把全省人力资源社会保障宣传工作推向更高水平。首次会同省委宣传部召开新闻恳谈会，通报近年人力资源社会保障工作情况，听取了中央驻鲁和省内9家主要新闻媒体负责人的意见建议，为做好宣传工作赢得了支持、营造了良好环境。围绕促进就业创业、机关事业单位养老保险改革、城乡医保统筹、职称制度改革、落实同工同酬等亮点工作开展重点宣传，全年在省级以上新闻媒体刊（播）发稿件600余篇。新华社国内动态清样刊发《山东多措并举促进就业创业，就业形势保持稳定》，大众日报在头版推出了一批分量很重的稿件，山东电视台播发了系列专题报道。主动跟踪分析研判舆论动态，编发舆情日报358篇、舆情信息710条，舆情监测引导及时有效。

【政务信息工作】 坚持不懈扩量提质，政务信息工作实现了新突破，在省委办公厅、省政府办公厅信息考核中超额完成“提升一个位次”的既定目标，实现了高点定位再提升。围绕省委、省政府关注的热点问题和全省人力资源社会保障中心工作，坚持每天报送1篇高质量信息，及时反映工作成效和亮点，发挥政务信息汇报情况、服务决策、树立形象的重要作用。省人力资源社会保障厅向省委、省政府和人力资源社会保障部报送信息的数量、质量大幅提升，信息得分在省委提高了4个位次，在省政府提高了1个位次，在人力资源社会保障部提高了5个位次，分别暂居第5位、第5位和第1位，特别是我省报送的信息中，有4篇得到了国务院领导的重要指示，有5篇得到省政府领导的重要批示。着眼于打基础、利长远，制定政务信息工作考核制度，建立了信息工作与年终考核的挂钩联动机制，努力推动信息由“要我报”向“我要报”的根本性转变。

【全面深化改革工作】 制定改革工作要点和实施方案，细化22项牵头改革任务，加强调度协调，有序推动各项改革。除需要国家顶层设计的4项改革外，其余18项改革全部圆满收官，一个个民生难点逐步成为改革亮点。省人力资源社会保障厅改革经验得到上级领导部门的高度认可，组织推动的《建立统筹城乡社会保障体系改革》先进经验，由省委改革办作为第一批改革典型，上报中央改革办，中央改革办予以转发，印发全国学习借鉴，中央改革办常务副主任专门到山东进行调研；《全面下发高校职称评审权，释放高校发展活力》的改革经验，由省委改革办作为第二批改革典型，上报中央改革办，省政府研究室《决策参阅》也全文转发，印发全省各级各部门参考学习。发挥社会事业体制改革专项小组办公室作用，下大力气组织推动社会事业体制改革，47项社会事业改革不断向纵深推进。制定依法治省实施规划任务分工方案，加强统筹协调和督促检查，促进了依法治省改革任务的落实。完成省委改革办和经济、政法、党建等专项小组交办的改革调研、考核、评估等多项具体工作。

（政策研究处）

法治建设

【法治人社建设】 省人力资源社会保障厅印发《关于全面推进法治人社建设的实施意见》(鲁人社发〔2015〕64号)，对完善“法治人社”法规政策体系、健全“法治人社”实施体系、建立“法治人社”宣传体系、强化“法治人社”监督体系、加强对“法治人社”建设组织领导等作出具体规定，为充分发挥法治在推动人社事业改革创新、转型发展中的引领、规范和保障作用提供了制度支持。建立了《重大行政执法决定法制审核办法》《行政执法案卷评查办法》《重大改革事项综合评估办法》(鲁人社发〔2015〕65号)等5项制度，为推进“法治人社”建设奠定了基础。

【地方立法】 配合立法机关完成了人力资源市场条例的立法调研、修改和审议的各项工作，7月24日省十二届人大常委会第十五次会议审议通过了《山东省人力资源市场条例》(以下简称《条例》)，自2015年10月1日起施行。《条例》围绕建立统一规范的人力资源市场目标，规定了政府促进和保障人力资源市场的措施，降低了人力资源服务行政许可的条件，缩短了行政许可办理时限，明确了人力资源服务机构的服务要求和规范，对新兴的人力资源服务业态，如人力资源素质测评、高级人才寻访、人力资源管理服务外包等作了规定。《条例》的颁布实施，对加快整合我省人力资源市场，规范人力资源服务活动，促进人力资源服务业的发展，提供了坚实的法制保障。制定并报送了2016—2020年地方立法五年规划建议，积极推进《劳动人事争议仲裁条例》等立法进程。对2012年以前制定的规范性文件进行清理，对继续有效的198件规范性文件标注有效期。

【依法行政】 **精简下放行政审批事项。**配合有关处室单位，取消省直基本医疗保险定点医疗机构和定点零售药店资格审查2项行政审批事项，下放民办职业培训机构设立审批等3项行政许可事项，我厅行政审批事项由18项减少到8项。

编制责任清单。确定了省人力资源社会保障厅主要职责11项、部门职责边界2项、事中事后监管制度22项、公共服务事项6项，建立健全了责任追究机制。

公共服务入驻大厅。按照“应进必进”的要求，对应当进驻政务服务大厅的事项进行研究，组织进行专家论证，确定112项行政职责和公共服务事项入驻大厅，并对每项事项的办理程序进行规范梳理，为政务服务大厅正常运行提供了制度支持。

【行政复议】 省人力资源社会保障厅共办理行政复议案件 87 件，同比减少 13 件，减幅为 15%。办理行政应诉案件 61 件，同比增加 38 件，增幅为 165%。工作实践中，通过完善相关配套制度、组织开展典型案例研讨、行政复议案件综合分析、制发行政复议意见书、重大疑难案件集体审理，提升了办案水平，使行政复议应诉在防止和纠正违法或不当行政行为、维护群众合法权益方面发挥了重要作用。在 4 月份召开的全国人社系统法治人社建设工作座谈会上，我厅作了《提高行政复议工作水平依法维护人民群众合法权益》的典型发言。

【普法宣传】 为有针对性地向高校毕业生宣传普及人力资源社会保障法律法规，在全省人力资源社会保障系统继续开展“就业之路·法律同行”普法宣传活动，省、市、县三级人力资源社会保障部门统一行动，组织有关处（科）室业务骨干到高校开展巡回公益讲座，讲解大学生比较关注的就业创业、劳动合同、劳动报酬、社会保险、权益维护等法规政策，共组织开展公益讲座 35 场及现场发放宣传资料等。

举办了全省人力资源社会保障系统学习《行政诉讼法》讲座，共 1500 余人收听收看。组织全厅学习宪法座谈会，刘杰副厅长与各处室单位同志共同学习宪法主要内容，结合实际座谈交流如何贯彻落实宪法的规定和主要内容。

开通了“山东人社普法”微信平台，与有关处室单位一起，围绕职称制度改革、居民大病保险、机关事业单位职工养老保险改革、就业创业政策、劳动权益维护等热点政策深入解读，解析疑难问题，传递法治建设正能量。

举办了全省人力资源社会保障系统法治人社建设培训班，围绕提升依法行政能力、加强规范性文件和重大行政决策合法性审核、建立完善行政执法责任制等进行了培训交流。

（法规处）

规划统计

2015 年，规划财务工作坚持围绕中心、服务大局，以科学编制“十三五”规划为主线，充分发挥规划引领发展、统计服务决策、财务保障支持的基础性作用，圆满完成了各项工作任务。

【编制“十三五”规划】 积极参与全省“十三五”国民经济和社会发展规划编制工作，提出了人力资源社会保障领域纳入全省规划的建议和思路。按时完成了社会民生子课题报告的牵头起草工作和“山东省社会保障体系服务均等化研究”课题研究任务。充分吸收和借鉴省内外先进工作经验，积极开展课题研究和专项调查研究，并按不同业务板块分组召开了《规划框架》论证座谈会，邀请部分高校、科研机构、社会组织的知名专家和系统内业务骨干，对《规划框架》提出就业、社会保障、人才、人事制度改革、收入分配和劳动关系、基础能力建设方面的指标体系、目标任务、重大项目等进行研讨论证。制定了工作配档表，切实做好规划编制的组织保障工作，并两次召开全省人力资源社会保障事业发展“十三五”规划编制座谈会和全厅规划编制工作协调推进会，有力地推动了规划编制工作的顺利进行。

【全省机关事业单位人事管理信息化建设】 省人力资源社会保障厅印发《关于进一步做好机关事业单位人事管理信息化建设工作的通知》（鲁人社字〔2015〕55 号），督促指导各市推进组织实施，抓好工作落实。审理人事信息系统人员增减业务 6000 多人次；根据省政府及机构编制部门有关机构设置编制调整及事业单位分类改革等文件，维护人事管理系统机构编制信息近万条。

【全省人才资源统计调查工作】 省人力资源社会保障厅制定《山东省人才资源统计调查报表制度》，会同省委组织部等十部门共同印发《关于开展全省人才资源统计调查的通知》（鲁组明电〔2015〕48号），打破了中央组织部、人力资源社会保障部、国家统计局等部门确定的人才统计部门分工机制，涉及全省110万法人单位和5462万名农村户籍人口，是全省范围开展的第一次全口径、实名制大规模调查，创造性地实现了六支人才队伍的实名制信息采集，并首次对企业、高校和科研院所的人才需求进行了全面统计。

【财务集中核算服务工作】 在多次到兄弟省直部门调研学习的基础上，两次召开直属单位负责人座谈会，统一思想，征求意见，形成了初步的实施方案，报经省人力资源社会保障厅厅长办公会研究通过。在配合人事处抽调业务骨干后，每周定期组织培训，学习各项财务规章制度。召开全厅财务联络员培训班，印发《厅财务集中核算服务工作管理办法》，用制度管人、管钱、管权、管物。按照需求采购配置集中财务办公设备及家具，为工作开展奠定坚实基础。

【加强内审工作】 召开省人力资源社会保障厅内审工作动员会，统一思想，帮助各直属单位正确认识内审的作用，制定详实的工作方案，以政府购买服务方式确定中介机构，对10家单位进行审计。合理划分组别，积极调配人员，保质保量按时完成内审任务。召开内审整改暨财务集中核算服务工作动员大会，就内审整改工作提出具体要求，联合人事处、纪检组积极督促整改。

【年度计划工作】 严格按照“二上二下”年度事业发展计划编制程序，组织相关处室、单位科学制定下发了全省2015年人力资源和社会保障事业发展年度计划。

【人事计划工作】 联合省编办对全省机关事业单位提报的2015和2016年度用编进人计划进行了认真审核。编外用人专项治理工作取得阶段性成果。完成《山东省机关事业单位编外用人情况调研报告》，配合劳动关系处起草《关于维护机关事业单位未纳入正式职工管理人员劳动保障权益的通知》（鲁人社发〔2015〕5号），对机关事业单位使用未纳入正式职工管理人员，在控制使用和规范管理、落实同工同酬、保障劳动权益等方面提出了明确要求。研究提出全省机关事业单位2015年接收安置退役士兵计划，审理了2015年度机关和参公单位遴选工作人员计划安排意见。

【预决算工作】 召开会议认真研判2016年部门预算编制形势，周密部署全厅预算编制工作，最大限度争取资金。认真做好2015年中预算追加工作，为我省人力资源社会保障事业转型发展提供资金支持。认真编制2014年部门决算，组织全厅直属单位，交叉审核决算数据，确保财政审核顺利通过，为领导决策提供数据支撑。根据工作安排，我厅联合省财政厅聘请会计师事务所对全省2014年社保基金决算进行了汇审，确保账账相符、账表相符，并撰写了有情况、有分析、有总结、有建议的决算分析报告。

【预算执行管理】 根据财政下达的预算指标，合理分配本年度各处室经费预算。实行月度经费支出计划网上申报制度，对各项经费分类管理，严格预算执行，督促项目落实，对机关处室和直属单位执行进度实行月度通报制度，季度分析预算执行情况，及时为领导提供决策依据。召开全厅预算执行督导工作会，分析预算执行的新常态和新要求，督促大项目处室及直属单位尽快执行预算，切实提高财政资金使用效益。

【配合外部审计】 一年来，财政部驻广州办、财政厅驻济宁办、审计署济南办等三部门对省人力资源社会保障厅及直属单位进行了多次专题审计。规划财务处沟通配合，加强协调，努力将问题降到最低限并积极整改落实。督促相关单位认真按照省委巡视组要求进行财务方面的整改，按时上报整改报告。

【政府采购和资产管理】 稳步提高资产管理与预算管理的契合，逐步强化资产管理与政府采购的结合。协调相关单位，做好2015年信息化建设采购分包工作，落实省人力资源社会保障厅内外网站升级改造资金。认真做好厅机关车辆、办公设备等各类资产的报废工作，及时批复直属单位资产处置申请。积极做好办公设备的申领配备工作，全年共发放办公设备257件。按时编报

2014 年度《资产报表》和《资产季报》，2014 年行政事业国有资产产权登记。

【社保基金预决算专项审查】 为严肃社保基金收支管理，提高社保基金预决算编报水平，联合省财政厅在全省范围内开展社保基金预决算专项审查工作，为切实提高工作质量，邀请了基金监督处、省社保局基金管理处一并参加。联合省财政厅向地市下发问题通报，督促整改。积极主动接受人大及社会监督，向省人大常委会预工会汇报全省 2015 年社保基金预算执行及 2016 年预算编制情况，及时回应社会关切。

【基本公共服务体系保障工程建设】 根据省财政厅预算资金分配的新要求，在全面调度的基础上，对省财政安排的 3550 万元奖补资金进行了分配。组织开展基层平台规范化建设年度督导工作。由省人力资源社会保障厅领导分别带队 6 个督导组，对全省县级人力资源社会保障综合服务中心实体化建设和基层平台规范化建设进行了全面督导，基本掌握了县级中心建设和县以下平台规范化建设情况，为顺利完成基层平台建设任务奠定了基础。建立了省、市、县三级分工负责的基层工作人员培训长效机制，编制了培训教程，省级完成 199 名培训讲师和 2000 多名街道（乡镇）人力资源社会保障所长和市、县管理人员的培训工作。

【对口支援和战略合作工作】 配合省就业办完成了“山东百企万岗进喀什”春季招聘活动，并与人力资源社会保障部、省对口支援办公室、省委政法委、省援疆指挥部保持联系，协调处理、调度各项对口支援和涉疆服务管理工作。根据省发改委要求，协调厅内各处室、单位分别完成了对我省对口支援新疆、西藏、青海“十三五”规划的修改。根据省区域办的统一部署，分别总结了 2014 年度和 2015 年度推进“两区一圈一带”区域发展规划实施情况和重点项目、政策落实情况。根据省委办公厅要求，研究提出了人力资源社会保障部门进一步支持聊城市发展的意见建议。

（规划财务处）

人事考试

2015 年，人事考试中心按照全省人力资源社会保障工作会议部署要求，紧紧围绕人力资源社会保障事业改革转型发展大局，狠抓考试安全和考务精细化管理两大核心和重点环节，加强人事考试理论和技术研究，圆满完成全年各项任务。全年共组织实施国家和省级人事考试 38 项，报考人数 147.5 万，报考科次 299.3 万科，同比增长 17.2% 和 5.8%。其中，全省公务员考试 28.7 万人，占总报考人数的 19.5%，中央机关公务员录用考试 9.9 万人，占全省总报考人数的 6.7%；省属事业单位公开招聘笔试 4.4 万人，全省有 12 个市及 107 个县（市、区）同步考试，累计报名考生总量达到 34.1 万人，占总报考人数的 23.1%。

切实增强安全理念，严格考务管理，确保各项考试安全顺利实施。强化考务精细化管理，重新梳理考务操作规程等规章制度，提高指导性和操作性，实现全省统一标准，步调一致。强化教育培训。举办考务工作专题培训，及时总结经验教训，部署开展下步工作。全省各市坚持落实考点考务培训会、监考人员培训会、巡考培训会考前“三会”制度。强化考试安全。高度重视试卷安全，严格落实试卷保密值班制度、巡视报告制度、主任报告制度和试卷安全零报告制度，将安全理念和安全责任贯穿于考试组织的全过程，把考试安全的要求落到实处，落到细处。强化监督指导，加大对考试组织实施的巡视监督力度。严肃考风考纪，加强部门联动，注重营造诚信参考的舆论氛围，不断净化人事考试环境。

【全省人事考试工作会议】 会议主要总结

回顾去年工作，分析研判形势，安排部署2015年人事考试工作任务。济南、青岛、淄博、日照、临沂、德州、莱芜7个市被考评为优秀等级，胡云霞等35人被评为优秀考务工作者。会议提出了2015年全省人事考试工作的总体要求：围绕人力资源社会保障工作大局，按照“走在前列”的要求，以安全考试、公平考试、科学考试为目标，坚持依法治考、综合施策、预防为主的考试工作原则，进一步加强制度建设、基础建设、队伍建设，努力开创人事考试工作新局面。

【人事考试工作人员警示教育活动】 全省人力资源社会保障系统集中开展人事考试工作人员警示教育活动。按照国家部署要求，我省各级人力资源社会保障部门和人事考试机构高度重视，以理想信念教育、政策法规学习、典型案例剖析、业务培训、交流研讨、自查自纠和抓好整改落实为主要内容，结合正在开展的“三严三实”专题教育，精心组织、周密安排、加强督导、务求实效，始终坚持问题导向，坚持边学、边查、边整改，进一步强化已有制度的刚性执行，推动全省人事考试工作人员的安全意识、安全责任、安全措施有了明显增强和进一步改进完善。

【全省人事考试考务工作培训班】 培训班总结分析上半年考试工作，部署下半年工作任务，对进一步严格考务操作进行培训。此次培训班的举办，既是一次全省考务工作专题培训，也是对下半年各项考试开考前的动员，同时，也是厅党组对做好今后一个时期人事考试工作做出新的部署要求。

【公务员考录及省属事业单位公开招聘笔试】 省属事业单位公开招聘工作人员笔试暨同步考试举行，共有4.4万人报名参加，设15个考区，30个考点，1527个考场。同时有12个市、107个县（市、区）参加同步考试，报名人数29.7万人。全省报考总量达到34.1万人。

全省公务员考录笔试。全省考试录用公务员笔试在省直考区和17个市同时举行，共设置275个考点，9627个考场。全省共有28.7万人报名参加考试。

中央机关及其直属机构公务员考录笔试。中央机关及其直属机构2016年度考试录用公务员笔试在全省共设置济南、青岛、淄博、烟台、济宁、泰安6个考点城市，121个考点，3320个考场。有9.94万人报名参加考试。

【基础工作】 考区调整。随着改革的全面深化，部分考试项目被取消或由准入类调整为职业水平评价类考试，但因国家政策调整等原因，各行业人才需求依然不断加大，许多专业的报考人数成倍增长。为有效应对形势变化，充分利用省内各地考场资源，促进全省人事考试均衡发展，在综合考虑各市工作量、考风考纪、地理位置和交通状况等因素的基础上，本着方便考生、有利于考试安全管理等原则，省厅对全省考区设置重新进行了调整。

制度建设。全省各级人事考试机构不断健全完善规章制度，明确工作标准，制定操作流程。省人事考试中心对人事考试规章制度进行梳理完善，编印了《山东省人事考试中心内部管理制度汇编》。为加强对全省人事考试系统的指导，进一步提高防范和化解人事考试风险的能力，省人力资源社会保障厅印发了《关于加强全省人事考试安全体系建设的指导意见》《山东省人事考试突发事件应急预案》《山东省人事考试回避制度》，省人事考试中心印发了《山东省人事考试试卷管理规定》和《山东省人事考试考核办法》，为进一步健全完善考试制度体系和考试工作顺利进行提供了有力保障。

基础设施建设。全省投入852万余元加强和改进人事考试基础设施建设。淄博、枣庄、临沂等市购置金属探测仪、屏蔽仪、监考大师、考务包、考务手机等设备；东营市新配备了高性能的考试专用计算机；莱芜市扩建了笔试和机考考场，临沂市新建了考试机房。

信息化建设。信息数据管理进一步规范。各级人事考试机构不断加强内部管理，更新优化软硬件配置，堵住信息管理漏洞。网报期间，各地制定安全策略，加强安全巡检值班工作，实时跟踪，及时响应，进一步增强网络风险防范能力，确保了考试信息数据安全。

【考风考纪管理】 考试违纪违规人员查处。积极与公安、教育、无线电管理等部门密切配合，保持打击考试违纪违规行为的高压态势。全省共查处各类考试违纪违规人员7925人。

考务工作监督。加大巡视监督力度。考试期间，派出巡视组加强对各考区考试过程重点环节、关键节点的监督管理，坚持巡视工作总结反馈制度，及时总结发现问题，研究解决办法。

考试环境综合治理。各级人力资源社会保障部门主动加强与省公安、无线电管理委员会等相关部门的协调沟通，积极争取支持、配合。公安网监和无线电管理部门加强对涉考网络舆情、考点周围异常信号的密切监控、压制和定位，形成防控和打击高科技作弊的技防合力；交警部门加强交通疏导，保障各项考试考点周围交通顺畅；驻点民警加强对各考点考试秩序的管理，积极协助做好考生证件查验工作。

考风考纪宣传。注重营造诚信参考的舆论氛围。充分利用网站、微信平台等自有媒体宣传考试纪律规定，特别是对《刑法第九修正案》中组织考试作弊入刑等条款进行了重点宣传。同时，加强与省内主流媒体的联系，畅通信息交流渠道，树立正确舆论导向，营造诚信参考氛围。

【基本能力建设】 **命题工作**。进一步完善命题、阅卷相关制度，加强命题阅卷管理，保证质量，提高效率，提高考试科学化水平，确保公平公正。印发了《关于组织推荐省级人事考试命题专家的通知》，做好命题专家的推荐选聘工作。加快题库建设，全年完成征题、审题、试题入库1500道，逐步完善题库系统。

考试研究。坚持问题导向，围绕人事考试事业改革转型发展要求，确定调研方案，就全省人事考试机构队伍建设、命题管理等四个方面内容，分组赴有关市、县开展调研，认真查找问题，深入分析原因，形成调研报告，为决策提供参考。

业务研究和学习。开展人事考试业务讲堂活动，由中心各科室科长、副科长主讲，增强中心全体工作人员主动学习思考和研究问题的自觉性和紧迫感。

【获得荣誉】 2016年1月，被山东省人力资源和社会保障厅、山东省公务员局授予全省人力资源社会保障系统先进集体荣誉称号。

（省人事考试中心）

人力资源社会保障科学研究

2015年，全省人力资源社会保障科学研究认真贯彻落实厅党组决策部署，坚持“为中心工作服务、为领导决策服务、为职能部门服务”理念，在各处室单位的大力支2015年，全省人力资源社会保障科学研究认真贯彻落实厅党组决策部署，坚持“为中心工作服务、为领导决策服务、为职能部门服务”的理念，在各处室单位的支持和帮助下，积极推进科学研究、杂志宣传和史志编辑工作，圆满完成了2015年工作任务。

【科学研究】 **科研合作项目**。成功申请部劳科院科研合作项目“山东省高技能人才队伍建设现状及对策研究”和部人科院地方合作项目“山东省专业技术人才培养对策研究”，承担部专业技术人员管理司课题“基层专业技术人员职称评聘问题研究”，均已顺利结题。“山东省技工院校评价指标体系研究”顺利通过部劳科院2016年科研合作项目立项。

处室单位协作项目。参与省人力资源社会保障厅“十三五”规划专题调研，赴浙江、菏泽等地调研，撰写职业能力建设版块调研报告；参与《山东省高技能人才队伍建设“十三五”发展规划》起草工作，起草规划初稿。

对外交流与合作。刘杰副厅长带领人科院同志赴京沪交流考察人社科研工作。在北京参加“第十三届东北亚劳动论坛”和“化解产能过剩矛盾中职工就业和安置”政策研讨会；在上海赴上海财大和上海交大考察学习，并达成合作意向。联系部国际劳动保障研究所，在北京组织召开了菏泽市“三级就业创业服务体系”专家论证研讨会，邀请国内就业领域知名专家为市地工作把脉支招。参与中国保监会重点课题“保险业在国家治理体系中的定位及发展研究”项目，负责“社会保险发展历程”分报告撰写。赴广东、湖南、四川学习考察高技能人才队伍建设和技工院校发展情况，并对三省的科研工作进行了学习交流。赴天津、黑龙江、广东、江西和省内部分市调研技工院校评价工作。加强与中国劳动学会、山西省人社所等单位的交流，并以此为契机，建立合作、联系、学习、交流机制。

优秀科研成果评选。为推进科研成果的交流、推广和应用，建立常态评选机制。组织开展2014年度全省人社优秀科研成果评选，共收到各类成果523项。组织召开专家评审会，评选出一等奖10项、二等奖33项、三等奖49项和优秀奖67项。本次评选成果水平高、组织严密、程序规范、评审公正。评选活动今后将每年组织一次，将其打造成交流科研成果、借智聚力的重要平台。

“创新驱动与人力资源新战略”主题研究论文征集活动。根据部人科院论文征集活动要求，印发通知，在我省范围内开展相关主题征文活动。省人力资源社会保障科学研究院精心组织，从严把关，从120篇论文中选报40篇参评，最终5篇论文获奖，其中一等奖1篇、二等奖2篇、三等奖2篇，获奖数量居全国首位，省人力资源社会保障科学研究院荣获优秀组织奖，由院研究人员撰写的《山东省专业技术人才培养对策研究》荣获二等奖。

【宣传工作】 **《山东人力资源和社会保障》杂志宣传报道**。聚焦中心工作，突出宣传工作重点，加大对重大活动的宣传力度，强化宣传的针对性和有效性。从2015年开始，《山东人力资源和社会保障》杂志全新改版，政策性、权威性、可读性进一步增强，全省人社宣传主阵地作用得到更加充分的发挥。

全省人力资源社会保障宣传工作会议和《山东人力资源和社会保障》杂志宣传研讨会。刘杰副厅长出席并讲话。会议表彰先进单位和先进个人，交流经验，为新形势下做好杂志宣传工作提供了思路。2015年是《山东人力资源和社会保障》杂志创刊30周年，会议期间，以宣传片和展板等多种形式系统回顾杂志三十年发展历程，展望未来发展。驻济省级指导类期刊交流研讨会。通过交流，进一步明确了新常态下工作指导类期刊的定位，为杂志更好地服务中心工作提供了思路。

杂志编辑印刷出版制度和流程。建立外审和校对制度。制定了编辑、校对、内审、外审、印刷、邮发流程，落实责任，明确时限，使工作进一步规范和科学。为适应新媒体时代读者的阅读需求和宣传工作的需要，按照省人力资源社会保障厅领导要求，积极打造融媒体宣传平台，开通杂志微信平台“山东人社杂志”。微信平台每周二、五更新，发布重要人力资源社会保障资讯，深度解读政策案例，广泛交流职场经验。

【史志编纂】 完成向人力资源社会保障部《中国人力资源和社会保障年鉴（2015）》山东部分、省史志办《山东年鉴（2015）》相关部分和省外宣办等供稿工作。完成《山东人力资源和社会保障年鉴（2015）》的编辑印刷工作。编修《山东省人事厅史》《山东省劳动和社会保障厅史》《山东省知青办史》。认真做好两套丛书的编辑工作，《机关事业单位养老保险制度改革文件选》已编辑完成；分册编辑《人力资源社会保障法规大全》。

【筹建厅文献中心】 积极开展文献中心筹建工作。多方订购人社书籍、期刊和电子资源，同时积极与部劳科院人力资源社会保障科研信息资源专业服务平台对接，争取项目支持。

（省人力资源社会保障科学研究院）

信息化建设

2015年，省人力资源社会保障信息中心围绕增强服务能力，服务人社事业转型发展，切实加强信息化建设，确保了我厅重点改革任务的顺利实施。省集中建设取得较大进展，公共服务信息化水平显著提升，信息化基础更加稳固，数据资源开发利用能力明显提高。社会保障卡持卡人数达到6336万人，超额完成“十二五”制定的目标。全省12333共接听来电570万余个，在政策咨询、业务办理、矛盾化解等方面发挥了重要作用。

【信息化基础工作】 完成“省级公共就业和失业（社会）保险信息系统升级改造”项目招标工作。经山东省省级机关政府采购中心组织，完成整个项目招标采购工作，完成全年预算执行。

推进社会保障一卡通。山东省社会保障卡累计持卡人数已达到6336万，超额完成“十二五”制定的5683万的目标。社会保障卡用卡范围不断扩大，总体上完成开通社会保障卡102项应用目录中50%的项目、50%以上的持卡人通过社会保障卡缴费领取待遇的任务。“社会保障卡替代就诊卡，实现参保人员在医院的‘人性化’就诊”获得国家金卡工程2015年度“金蚂蚁”奖优秀应用成果奖。诊间结算试点取得阶段性成果。新建数据中心机房10月正式投入使用，被工信部评选为政府行业国家级绿色数据中心。顺利完成机房搬迁，确保了业务系统平稳安全运行。升级改造省市县三级业务专网，扩展省市业务专网带宽至双100M线路，大力推进网络向乡镇、街道、社区、行政村等基层单位延伸。完善安全体系，提升整体安全保障能力。加强信息安全等级保护，完成所有信息系统的定级备案及整改测评工作。完善基础信息安全防护系统。加快推进电子认证系统建设。省级同城灾备中心投入运行。省人力资源社会保障厅被评选为“全省网络信息安全管理工作先进单位”。加强12333电话咨询服务建设。升级改造全省12333电话咨询系统。扩大12333电话咨询服务范围，丰富服务内容，全省12333电话年咨询量达570万余个。

【信息化业务经办】 **推进省级集中建设。**制定我省人力资源社会保障信息系统省级集中建设规划，组织编制《山东省信息化人社省集中建设可行性研究报告》，邀请知名专家召开论证会进行讨论，人力资源社会保障部信息中心主任贾怀斌同志亲自参加会议。省集中公共就业人才服务信息系统1月正式上线，已有10市正式使用省集中系统办理业务。完成省集中劳动关系管理信息系统开发部署，在省本级、烟台、潍坊、临沂和德州进行了试点，完成调解仲裁子系统全省培训和上线工作。启动省集中人事人才一体化管理信息系统建设。制定了建设方案，正在组织需求调研。推进省集中数据库建设。全省人力资源库入库人员基本信息7700万条，全省社会保险数据库完成12市数据集中，制定了全民参保登记信息系统数据指标规范，与省社保局联合指导各市开展基础数据整理。

【信息化同步】 机关事业单位养老保险信息系统10月正式上线，按照省集中模式建设。探索与商业保险合作模式，建设省集中的医保监管信息系统11月上线运行。指导17市完成居民医保信息系统整合，实现了参保人在统筹地区内就医联网即时结算。与承办大病商保机构研究居民大病保险系统对接方案，加快推进居民大病保险系统对接，除威海、聊城外其他15市均已开展居民大病费用即时结报，有效保障重点改革任务。

【异地业务办理】 升级改造了省级异地就医联网结算平台，实现所有参保人员全省范围内的异地就医即时结算。截至年底，异地就医平台全省联网医院已达 151 家，系统支撑全省异地就医即时结算 39.93 万笔、金额 96.35 亿元，其中基金支付 52.02 亿元。进一步完善省级社保关系转移和异地退管系统，省本级和青岛、淄博等 12 市已接入省级系统办理养老保险、医疗保险关系转移业务。

【公共服务信息化】 基本完成电子政务（公共服务）信息系统一期建设，搭建了覆盖省本级、面向省集中的公共服务基础平台，基本形成了以网上办事为主体的多渠道公共服务体系。自助服务一体机正式启用。升级改版厅门户网站，整合厅内各类工作网站，形成了以厅门户网站为核心的网上服务窗口集群。行政权力事项办理信息系统 10 月面向社会开展服务。开发了电子监察系统，实现了行政权力运行的全程电子监察。山东公共招聘网 8 月上线运行，实现了人才市场、高校毕业生就业信息和人力资源市场招聘信息的整合共享，实现“一点登陆、全省查询”。

【数据资源开发利用】 数据共享取得新进展，落实与公安厅等省直其他部门间的信息共享，制定《山东省人力资源和社会保障厅信息资源共享管理办法（试行）》，形成内外双向交换机制。做好金保工程交换区联网软件推广应用，在全省范围内开展了联网监测数据专项整改和人员基础信息核实工作。山东省就业监测信息系统 8 月上线运行，改变原有手工上报模式，实现各市数据自动抽取清洗，生成监测数据质量报告。建设基于移动大数据的转移就业劳动力动态分布信息系统，将运营商的用户位置信息、国土部门的空间地理信息与人力资源社会保障部门的人员信息结合，分析劳动力转移就业情况。

（信息中心）

各市人力资源和社会保障工作

济南市

2015年，济南市人力资源和社会保障局认真贯彻落实全国人社工作会议精神，牢牢把握全面深化改革的主基调，坚持以服务民生为根本、以群众满意为标准，以建设“温暖人社”为主题，以推进行政服务标准化、信息化和人社文化建设为抓手，强化问题导向，着力攻坚克难，持续改进作风，狠抓工作落实，较好地完成了全年工作任务。

【就业再就业】 突出抓好重点群体就业，就业局势保持总体稳定。新增农业富余劳动力转移就业5.6万人；援助就业困难人员2.49万人，实现了零就业家庭的动态消零。实现全市城镇新增就业20.7万人，完成市政府全年目标任务的207.3%；城镇登记失业率2.04%，控制在4%的目标以内，全市就业形势保持稳定。

重点群体就业。组织开展“公共就业和人才服务进校园”专题巡讲活动，建立“济南大学生就业”微信服务平台，为高校毕业生送政策、送指导、送信息；大力实施“就业见习”计划，市级大学生就业见习基地已达220多家，可提供就业见习岗位3500余个；举办了助力中小企业就业双选会暨就业见习基地招聘会、“济南都市圈”（1+6）招聘会、济南外商投资企业大型专场招聘会等专场招聘会，累计为大学生提供就业岗位5万余个；招募“三支一扶”大学生139名。建立了就业困难人员跟踪服务制度，就业困难人员灵活就业社会保险补贴标准由每人每月418元提高到471元，企业（单位）吸纳就业困难人员补贴标准由每人每月851元上调至2188元；将农村劳动力纳入就业失业登记管理范围，实施城乡统一的普惠服务。组织招聘会42场，“春风行动”专场招聘会60场，提供就业岗位13.95万个。

创业带动就业。创新完善创业扶持政策，进一步简化优化创业贷款、创业补贴、房租补贴等审批流程，降低门槛，扩大扶持范围。小微企业一次性创业补贴由1万元提高到1.2万元、岗位开发补贴由500元提高到2000元，个体工商户创业补贴由1000元提高到3000元，入驻市级创业孵化基地个体工商户房租补贴由每年1000元提高到2000元。在全省率先实现就业创业培训补贴等7项扶持政策享受待遇人员动态数据管理。新增省级创业孵化示范基地（园区）3家，全市已建成省、市、区三级创业孵化基地108家，带动就业11.98万人。组织开展了创业助推“1+3”行动、青年创业之星评选、创业论坛等活动，积极营造大众创业、万众创新浓厚氛围。

创业培训。重点完善创业培训政策，积极推进创业大学（学院）建设，市、（县）市区全部建立了创业培训大学（学院）。全年就业培训8.94万人，其中技能培训7.78万人，创业培训1.16万人。

农民工工作。积极探索“互联网+农民工服务”的新模式，建成了农民工网上服务（维权）在线网络平台，通过网站、微信和微博形式，实现24小时全天候服务。依托市农民工综合服务中心成立了济南慈善总会农民工慈善分会、农民工科普大学以及农民工艺术团等服务组织。在环卫、建筑等行业建立了基层党组织，农民工党的组织建设不断加强。市农民工综合服务中心被评为全国农民工工作先进集体。

【社会保障】 不断扩大社会保障覆盖面。加快构建覆盖城乡的社保体系，社会保障能力和水平不断提升。不断扩大社会保障覆盖面。扎实推进建筑行业农民工参加工伤保险工作，征缴社会保险费660.5万元。全市城镇职工基本养老、基本医疗、失业、工伤、生育保险参保人数分别达219.3万、208.1万、130.1万、144.5万和136.4万，居民基本养老保险和基本医疗保险参保人数分别达到222.4万和419.3万。基金总收入达310亿元，总支出246亿元，比去年同期分别增长了27.6%和15.1%。

社会保险待遇。连续第11年调整提高企业退休人员养老待遇，月人均基本养老金达到2633.5元。居民养老保险基础养老金实现“五连涨”，提高到85元，惠及75.16万老年居民。居民基本医疗保险财政补贴标准上调至每人每年380元。各县（市）区失业保险金标准统一提高至每人每月950元。工伤职工一次性工亡补助金标准达到59万多元。生育保险人均费用支出过万元，居全省最高。

社会保险制度改革。机关事业单位养老保险改革方案初步敲定；市本级公费医疗改革基本完成，县（市）区改革已经启动；居民基本医疗保险制度不断完善，企业职工和居民医疗保险转换接续、重复参保等历史遗留和部分特殊病人待遇降低等问题得到解决；居民医保取消了基本医保药品目录中甲类药品的有关限制，降低了原新农合目录范围内乙类药品的自负比例，提高了慢性肾衰竭透析治疗的报销比例。乡镇卫生院住院起付标准由400元降至200元，取消了普通门诊统筹起付标准。推进大病保险制度改革，将所有病种纳入大病保险范围，最高支付限额由20万元提高至30万元，实现了大病保险待遇“一站式”结报。医保支付方式改革深入推进，探索实行了以总额预算管理为主，以大病定额弹性结算、单病种结算、按项目结算等为辅的多元化、复合式支付方式，既减轻了参保职工的经济负担，又确保了医保基金合理支出。制定出台了被征地农民参加居民基本养老保险的办法，被征地农民养老有了保障。

社会保险经办服务。统一灵活就业人员征缴模式，开发自助缴费平台。将生育津贴由一次性支付改为逐月支付，缓解了生育保险基金支付压力，有效遏制了产假期间解除劳动合同、领取失业保险金等违规行为。在市中区试点分级经办模式，顺利完成四县市医保数据市级集中，实现了职工医保省内异地联网结算。在4家试点医院实现社保卡“一卡通用”，方便医保病人就医。加大社会保险反欺诈工作力度，实现企业离退休人员及遗属与公安数据的动态比对。对人力资源公司生育保险待遇拨付进行了专项稽核，查处违规单位26家。

【人才工作】 围绕济南市打造“全国的区域性经济、金融、物流中心和科技创新中心”“四个中心”建设，大力实施人才强市战略，人才引领发展的作用进一步凸显。

高层次人才。紧密结合济南市重点产业发展战略和重点工程项目、重要引智单位的需求，充分发挥政府人才综合管理部门的职能作用，大力实施“5150引才倍增计划”，新引进58名高层次创新创业人才（团队），累计引进411人。放宽千层次人才引进条件，引进千层次创新人才154名。组织重点企事业单位赴全国重点高校现场引进中高端急需紧缺人才，与15所重点高校签订了高层次人才合作协议。

留学回国和外专引智。组织实施引进外国专家项目29项，引进外国专家180人次，其中1项入选国家高端外国专家项目（文教类）计划，实现该项目零的突破。强化留学人员创业载体建设，全市孵化面积已达120万平方米，累计入驻留学人员企业574家，涵盖生物医药、电子信息、新材料、节能环保等高新技术领域，培育出了一大批拥有自主知识产权、在各行业领域内位居前列的高新技术产业，成长起一大批能够突破关键技术的高端创新创业人才。新成立了济南英国海外人才联络处，海外人才联络处不断扩大，共吸引2000余名海外留学人才来济创业、就业，高层次留学人才引进呈现团队化趋势。

专业技术人员队伍和博士后工作站。实施非公经济组织职称评审绿色通道试点，对职称外语、计算机考试不做硬性要求，符合一定条件的工程专业技术人员可以直接申报工程师职称。博士后科研工作站设站规模效应初显，新增7个，总数

达到 22 家，增长率在全省最高。

技能人才队伍建设。研究制定了“技能兴济”工程实施意见，加大中职教育力度，积极推动职业资格和学历“双证互通”，将全市 14 所技工院校全部纳入了中考统一招生平台，大力实施“金蓝领”培训项目，广泛开展技能大赛，积极营造崇尚劳动、尊重技能人才的浓厚氛围。目前，全市技能人才总数达到 84.52 万人，其中高技能人才 24.85 万人，为实体经济发展提供了有力的人才支撑。

【机关事业单位人事管理】 创新机关事业单位人事管理，干部队伍活力进一步增强。坚持“凡进必考”。加大基层岗位招录比例，提高岗位匹配度。公开公平公正地为各级机关考选了 257 名公务员，其中 25 名高级技工学校毕业生报考了乡镇机关职位。加大公开遴选力度，为市直党政群机关面向基层公开遴选 18 名公务员。探索开展聘任制公务员招聘工作，面向全国为市发改委、市商务局招聘了部分特殊紧缺专业人才。积极探索实施事业单位分业分类考试，采取面试考核、定向招聘、降低开考比例和考选等招聘方式，指导用人单位开展自主招聘高层次人才，进一步提高了事业单位招聘的科学性、针对性和有效性。

平时考核系统。依托政务云平台研究开发了公务员平时考核信息系统，实现了公务员平时考核由“纸”到“云”的转变，上级可以随时查看下级工作情况。加快推进各县（市）区事业单位工作人员平时考核试点工作，指导市教育、卫生计生部门全面开展平时考核。

人事管理制度改革。协同推进事业单位转企改制工作，配合教育、卫生部门稳步推进基础教育综合改革和县级公立医院综合改革。继续推进事业单位绩效工资改革，完成了机关事业单位工资结构调整工作，提高了市直机关事业单位 4.8 万名在职人员基本工资标准，同步减少了津贴补贴。调整后，市直机关事业单位平均基本工资比重由 20.6% 提高到 33% 左右，工资结构更加合理。人事考试推行项目管理，做到了“零失误”。

军队转业干部安置。以市委办公厅、政府办公厅名义印发《济南市军转干部安置工作实施意见》，进一步规范了考试考核、公开选择去向、公开岗位性质的安置办法，保证了军转安置工作的政策延续性和执行力。发挥机关、参公单位主渠道作用，提升公务员、参公岗位安置比例，圆满完成了 416 名军转干部安置任务。

【劳动关系】 坚持促进企业发展与维护职工合法权益并重，努力化解矛盾和风险，劳动关系保持和谐稳定。完善劳动关系协调机制。认真贯彻落实党中央、国务院关于构建和谐劳动关系的意见，专门召开全市会议进行了部署，进一步明确了“三方四家”的职责分工。进一步完善劳动合同备案制度，实现了劳动用工备案系统与社会保险系统的数据共享和业务联动。强化企业收入分配宏观调控，公布了 2014 年度全市法人单位在岗职工平均工资，制定了 2015 年企业工资指导线实施意见。最低工资标准市内五区为 1600 元，其他县（市）区为 1450 元。

劳务派遣和劳动合同管理。依法规范劳务派遣行为，实现了对劳务派遣企业劳动合同、用工派遣、工资发放和社保缴纳的动态监管。全市共有 3.8 万家用人单位进行了劳动用工备案。深入实施农民工权益保障 3 年行动计划，在用工季节性强、职工流动性大的行业，推广劳动合同简易示范文本，稳定就业的农民工基本签订了劳动合同。

劳动保障监察执法和调解仲裁。畅通投诉举报渠道，强化日常执法和专项检查，完善行政司法联动机制，严格落实“一体执法检查计划”，全年共检查用人单位 1.46 万家，补签劳动合同 1.5 万余份，清欠社保费 537 万元，受理投诉举报 8573 件，到期结案率 100%。大力加强专业性劳动争议预防调解工作，重点推进争议多发的制造、物流、批发、零售等行业商会（协会）建立劳动争议调解组织，全市各级仲裁机构共受理案件 5908 件，当期结案率 95.34%，全市一裁终局案件占全部裁决案件 26.01%，为劳动者挽回经济损失 12682.51 万元。

【人力资源社会保障公共服务】 行政服务标准化。以市级经办大厅、服务窗口和基层平台为重点，着力推进形象外观、环境设施、业务流程、服务行为、管理制度、岗位职责“六个规范”。

目前，行政服务标准化建设正在由表及里深入推进，系统上下按照“做我所写、写我所做”的原则，总结经验，把握规律，初步完成了包括1133项岗位标准、业务流程等在内的标准体系编制工作，基本做到了事事有标准可依、岗岗有标准规范、人人按标准履职。

业务工作下沉。研究出台了《关于下沉和规范人力资源社会保障基层公共服务平台相关业务工作的意见》，对市、县（市）区、乡镇（街道）、行政村（社区）四级人社服务平台所涉及的就业、社会保障、劳动关系、调解仲裁、劳动监察等7大类共计32项业务工作进行了统一规范，明确了每项业务层级分工，把基层能办理的业务全部下放到基层，打通了人社服务的最后一公里、最后一百米。

人力资源社会保障服务牵手“互联网+”。以打造“网上人社”“智慧人社”为目标，加快建设标准统一、信息共享、业务协同的网上业务办理平台，积极推动信息化管理向基层人社业务延伸，逐步实现人社业务“村村通”“户户通”“人人通”“即时通”。着力推广“人社e站”“大爱东关”微信平台等服务模式，开通了“大学生就业”“人事考试”等微信公众平台，申请了“温暖人社”微信公共账号，初步实现了“零距离”“全天候”服务。

畅通沟通渠道。继续办好“济南人社在线”栏目，已上线119期，受理咨询、解决问题1600多件，回复率及满意率均达到100%。12333电话咨询中心服务质量稳步提高，共接听来电超过42.1万个，群众满意率达到99.8%。济南市社会保险就业公共服务在中国社科院公布的38个城市基本公共服务群众满意度排名中位居第八。

（济南市人力资源和社会保障局）

青岛市

2015年，青岛市人力资源和社会保障局围绕中心、服务大局，扎实开展“三严三实”专题教育，坚持民生为本、人才优先的工作主线，主动适应经济发展新常态，主动作为，改革创新，攻坚克难，各项工作稳中有进、稳中向好，实现新跨越。

【就业工作】 全年新增城乡就业41.4万人，其中城镇就业20.3万人、农村劳动力转移就业21.1万人，政策性扶持创业2.3万人，同比增长5.8%；期末城镇登记失业率3%。

“大众化”创业孵化体系。以市政府名义出台《关于实施大众创业工程打造创业之都的意见》，围绕创业环境、创业扶持、创业服务等7个方面，形成23项共促创业的新制度。推广海尔“人人创客”模式，创业大学与青岛广播电视大学实现一体化办学，加快建设青岛创业总部、中德创业大学，实施大学生创业“海鸥行动计划”，激发大众创业活力，打造经济发展“新引擎”。

实施“普惠制”就业公共服务。围绕全面实施城乡一体化的就业政策，对全市劳动力资源实施动态管理，健全失业预警报告制度，提高劳动力资源配置针对性。首次发布就业创业政策、服务和责任“三项清单”，启用青岛就业网，打造“互联网+就业创业”服务新模式。在全国率先实施重点建设项目与就业联动机制，对接全市1677个重点建设项目用工需求，累计吸纳就业22.8万人。

实施“系统化”职业技能培训。实施技能青岛工程，健全职业培训政策，完善职业培训一体化管理平台，职业技能培训服务全部向基层下沉，在全省率先成立职业技能鉴定专家委员会，规范职业技能鉴定规程，组织完成各类职业培训8.5万人，培训农村转移劳动力1.6万人，缓解就业结构性矛盾、提高就业稳定性。

实行“精准化”就业行动。完善大学生就业联盟，实施离校未就业高校毕业生就业促进计划，接收高校毕业生7.3万人，就业率96%。开展农民工“职业技能提升”“权益保障”“公共服务”

专项行动，促进农村劳动力转移就业17万人。实施“送政策、送岗位、送技能、送服务”就业援助活动，帮扶困难人员实现就业22130人，就业率92.1%。

【社会保障工作】 社会保障制度建设取得新突破，全年征缴各类社保基金超过440亿元，及时足额支付社保待遇，社保基金整体收支平衡。

机关事业单位养老保险制度改革。落实国家、省顶层设计，整合市、区（市）政策，出台机关事业单位养老保险制度改革实施办法，在21家市级机关单位启动参保缴费工作。

基本医疗保险制度。贯彻落实《青岛市社会医疗保险办法》，城乡居民统一享受基本医疗保险、大病医疗保险、大病医疗救助三层医疗保障，长期医疗护理保险、大病医疗救助制度向农村延伸，有2.5万名失能和半失能老人享受护理保险待遇，3.9万名参保患者享受大病救助待遇，形成了覆盖900万市民的公平、普惠医保新格局。

社会保险待遇水平。连续第11次提高企业退休人员基本养老金，人均月增长265元，将居民养老保险基础养老金提高到每人每月130元。调整基本医疗保险、生育保险“三个目录”（药品目录、诊疗项目目录、医疗服务设施目录），降低参保患者个人负担，将居民大病医疗保险起付标准降低到1.8万元。连续第9次提高失业保险金标准，达到每人每月950元。调整1—4级工伤人员伤残津贴、生活护理费、供养亲属抚恤金待遇标准，每月向3374人发放相关工伤待遇557.9万元。

经办管理服务。加快推进医保支付方式改革，在全国率先启动社商合作新模式，引入商业保险公司承办社保经办业务，缓解经办服务压力。统一规范企业养老保险补缴办法，出台农民工参加社会保险政策，解除参保人员社会保障后顾之忧。制定实施《青岛市自主择业军转干部异地医疗管理办法》，出台社会保障卡管理办法，推进社保卡一体化应用，新版社保卡实现参保人群全覆盖。

社会保险基金风险防控。完善社会保险欺诈案件查处和移送规程，启用青岛市医疗服务监控系统，实现对定点医疗服务机构的事前、事中、事后全过程监控。建立市、区（市）稽查联动机制，开展稽查专项行动，稽查各类参保企业2.6万户、涉及参保职工76万人。

【人才工作】 全年共引进各类人才11.9万人，同比增长1.74%，其中博士和正高职称人才1243人，硕士、副高职称和高技能人才11364人，引进外国专家2769人，同比增长3.9%。首次入选“魅力中国—外籍人才眼中最具吸引力的十大城市”前五强。

人才引进。出台积分落户实施细则，首批611人获得积分落户资格，成为继广州、深圳之后第三个推行积分落户的副省级城市。启动中等职业学校和技工学校教师职称制度改革试点，实施专业技术人才知识更新工程，制定人力资源服务业发展扶持政策，出台事业单位特设岗位管理办法，完善人才引进机制。

人才专项培育。创新开展“一带一路”战略、财富管理等专项引才行动，成功举办第15届中国蓝色国际人才暨产学研合作洽谈会，290个高端产学研项目落户青岛。新建9家海外引智工作站，引进外国专家1612人。组织“金蓝领”培训，实施“名师带徒”计划，首次举办振超技能大奖颁奖典礼，发放20万元重奖两名振超技能大奖获得者，全年新增高技能人才1.8万人，同比增长13%。

人才公共服务。理顺人才公共服务平台管理机制，升级中国青岛人才网，在全市推行人才交流标准化服务。在全国率先建立魅力城市建设工作体系。规范高层次人才服务专窗建设，首次为258名高层次人才发放“服务绿卡”。首次在“一带一路”沿线国家开展人才招聘工作，开展首届“英才月”活动，与128家重点高校达成高层次人才战略合作协议，吸引549个高新技术项目来青创新创业。

高层次人才创新创业。建成全市首个大学生众创空间，建成湛山创客工厂，建设院士专家创新创业园。实施博士后培养留青计划，建成3家省级博士后创新实践基地，与专家工作站、博士后科研工作站共同形成“两站一基地”产学研引才新格局。启用博士创业园三期，累计入驻企业115家。扩建高层次人才中心，整体孵化面积约3万平方米，45家入驻企业全年实现产值6.73亿元。

【机关事业单位人事管理】 机关事业单位人事制度改革。全面实施县级以下机关公务员职务与职级并行制度，完成6名聘任制公务员招聘工作。出台中小学聘用制教师管理办法，招聘首批3000余名聘用制教师，缓解教师不足难题。在中德生态园开展职员管理改革试点，开展事业单位技术职员制改革试点，出台深化事业单位人事制度改革意见，进一步激发事业单位人员干事创业活力。

考录。将公务员考录计划最大限度向基层岗位倾斜，扩大技校生报考乡镇公务员职位范围，事业单位统一公开招聘实现省、市同步。坚持公开、公平、公正原则，圆满完成411名公务员考录、5036名事业单位人员公开招聘。创新军转干部安置，在市直单位首次开展“人岗相适”试点，全年稳妥安置军转干部652人。

考核培训。首次建立新录用公务员宣誓制度，开通市级机关处级以下公务员在线考试专栏，完善在线考试制度。出台公务员公共服务实训实施意见，创建26个公共服务实训基地，组织机关公务员实训3500余人，提升公职人员服务能力。在全市11家单位推行公务员平时考核试点，加强公务员日常管理和监督。

收入分配。制定深化事业单位工作人员收入分配制度改革意见，制定事业单位技术职员制度收入分配试点意见。提高乡镇工作补贴标准，在县级市事业单位管理人员实行新绩效工资标准，完成机关事业单位工资结构调整工作。

【劳动关系】 全年受理劳动保障监察案件5256起、劳动人事争议案件10595起，按期结案率98%以上，保障劳动者合法权益。

劳动关系政策。开展国有企业负责人薪酬制度改革，出台规范劳动关系有关问题意见，制定劳务派遣管理、执行最低工资制度、劳动者患病或非因工负伤医疗期管理办法，进一步规范用工行为。

企业工资分配。调整最低工资标准，六区、四市用人单位月最低工资标准分别调整为1600元、1450元。发布2015年企业工资指导线，基准线为平均工资增长14%，上线（预警线）为平均工资增长19%，下线为平均工资增长5%。发布358个职位工资指导价位，指导企业加强人工成本管理。

劳动关系。指导黄岛区积极争创国家级构建和谐劳动关系综合试验区。全面推进劳动用工网上备案，备案职工达到235万人，促进劳动关系更加规范。深入推进集体协商制度建设，完善和谐劳动关系审查制度，促进企业规范管理。

劳动维权。稳妥做好环保搬迁企业、关闭破产企业职工分流安置工作。建立市属重点企业定点联系人制度，开展农民工工资支付、清理整顿人力资源市场秩序等专项检查，为劳动者追发工资待遇7895万余元。完善劳动人事争议调处机制，推进基层调解组织规范化，实施常态化办案监督机制，提升争议处理效能。

【基本公共服务】 规范基层服务平台建设。探索开展“小街道大社区服务模式”“三级联动精细化服务法”“柜员制服务模式”，开展了基层服务平台“双十佳”（十佳服务明星、十佳服务平台）评选活动，实施人力资源社会保障基层平台达标行动，区（市）、街道（镇）全部建成人力资源社会保障服务平台，社区（行政村）服务站覆盖率达到98%。

网络服务平台。出台“互联网+政务”实施方案，建成“移动版”局办公信息网、门户网站及网办平台，开发“智慧人社”手机APP，完善网上便民服务大厅、自助服务一体机，网上服务日均办理业务量27万余次，自助服务事项达到200多项，形成“窗口、网上、手机”三位一体的公共服务平台，人力资源社会保障服务更加便捷。我市“智慧人社”项目荣获国家工信部颁发的全国智慧城市创新奖。

简政放权。将行政许可、非许可事项和政务服务事项共21项精简为行政许可和非许可审批事项共5项，精简率达到76.2%；制定完成全局行政权力清单，向社会公布185项行政权力清单、17项公共服务事项、45项责任清单，明晰权力界限，明确办理程序，强化责任追究。

（青岛市人力资源和社会保障局）

淄博市

2015年，淄博市人力资源和社会保障局在市委、市政府领导下，按照“以走在前列为目标定位，着力建设工业强市、文化名城、生态淄博”的总体要求，围绕中心，服务大局，以改革为动力，以创新促发展，稳步推进各项工作，全市人社工作实现新的发展，确保了“十二五”圆满收尾。市人力资源社会保障局获得全省人力资源社会保障系统先进集体称号，年内国家和省在淄博召开人力资源社会保障工作经验交流会5次，推广淄博经验做法。中央改革办和人力资源社会保障部等领导先后到淄博调研检查指导工作，给予了充分肯定，郭树清省长先后2次在全省有关领导干部会议上对淄博引智工作给予表扬。

【就业工作】 全市实现城镇新增就业8.92万人，新增农村劳动力转移就业7.36万人，城镇登记失业率为2.81%，高校毕业生总体就业率达到91.57%。

就业扶持。先后印发了进一步做好新形势下就业创业工作的实施意见、有关创业带动就业扶持资金管理等文件和措施，积极落实援企稳岗政策，落实好社保、培训等各项补贴，鼓励企业吸纳就业困难人员。为1071家符合享受补贴基本条件的企业拨付稳岗补贴4798.47万元。企业职工中独生子女父母一次性养老补助缴费比例由1%调整为0.6%，印发文件降低工伤保险费率，征缴平均费率由0.98%降至0.7%，年内企业减少缴费9651万元。

创业带动就业。举办淄博市首届创客大赛，选拔20个优秀项目并给予扶持，同时举办了创业经验分享汇和创业成果展示汇。配合有关部门加快建设市创业孵化中心，新增3家省级创业示范平台，争取上级补贴资金1500万元。首批认定市级创业型区县2个、街道（镇）10个、社区80个。开展贴息贷款助创业“扬帆行动”，提高了一次性创业补贴发放标准，新增1家合作经办银行。全市人力资源社会保障系统发放小额担保贷款13.08亿元，扶持3002户成功创业，带动就业36778人。举办了首期纯公益性质的创业训练营，全市入库创业项目1270个，创业指导专家340名。

创业和就业培训。认真贯彻新一轮加强就业培训提高就业与创业能力五年规划，全面推行“四单”培训模式。成立了“淄博市创业大学”，承担全市创业培训工作。公开招投标认定了40家定点培训机构，承担全市的职业技能培训工作。建立了培训机构实时监督机制，对培训班的考勤、授课、考核等进行全过程监控，提高了培训质量和资金使用效益。全市共开展就业技能培训6.99万人，创业培训1.07万人，培训合格率达95%以上。

高校毕业生就业。全市共接收2015届非师范类应届高校毕业生25116人，总体就业率达到91.57%。继续实施“三支一扶”“社区就业”计划等服务基层项目，招募“三支一扶”大学生41人。扎实开展就业见习，首批新增5家高校毕业生就业见习省级示范基地。认真做好政策咨询、调整改派、网上审核、就业指导等工作。联合举办“2015年济南都市圈高校毕业生就业供需双选会”等大型专场招聘会。

就业服务。先后组织开展“就业援助月”“民营企业招聘周”等就业专项服务。活动期间，共举办各类招聘会180余场，提供就业岗位11.58万个次，达成就业意向5.55万人次。通过开发公益性岗位等渠道安置就业困难人员5400人，城乡“双零”家庭保持动态消零。1月1日起，取消人事关系及档案保管费的收费项目，推进人事代理和流动人员人事档案管理信息化建设。

【社会保障工作】 **城乡基本养老保险**。全市企业养老保险参保人数100.72万人，同比增长

3.38%。连续第11年调增企业退休人员养老金，月人均养老金达到2501元。全面开展企业职工养老保险补缴工作，44692人纳入社会保障覆盖范围。为全市28.76万名企业离退休人员按时足额支付离退休费，社会化发放率继续保持100%。办理养老保险关系转移接续跨省（市）转出手续3503人，转入3993人。进一步完善特殊工种退休审核制度，共为22242名职工办理了退休、退职手续，其中正常退休19758人、特殊工种退休1774人，因病非因工致残退休710人。企业年金累计备案企业143家，参加职工33160人。稳妥推进机关事业单位养老保险改革，在深入调研基础上，拟定淄博市养老保险制度改革实施方案，统一政策，统一缴费基数和缴费比例，10月中旬进行了新老养老保险制度切换，在全市正式启动。至年底，全市机关事业单位养老保险参保人数11.7万人。印发《关于做好被征地农民社会保障资金落实有关工作的通知》，继续对被征地保障工作实行定期报告和不定期检查，目前，各区县全面启动试点，被征地农民参保人员10.55万人，落实保障资金2.29亿元。城乡居民养老保险参保人数达151.68万人，居民养老基础养老金调整为每人每月不低于85元。

医疗保险。医疗保险参保人数达428.85万人，其中职工131.62万人，城乡居民医疗保险参保人数297.23万人。完善了城乡居民大病保险政策，改按病种补偿为按医疗费用额度补偿，个人年度实际补偿限额达到30万。进一步提高城镇参保职工大病医疗费用补助标准，补助比例最高可达到70%，统筹基金最高支付限额提高到65万。缩短门诊统筹补偿周期，由年度补偿改为按季度补偿。提请市政府修订印发《淄博市城乡居民基本医疗保险暂行办法》，整合成年居民缴费标准，取消门诊统筹二次补偿政策，2016年实行一次结算。改进门诊统筹签约方式，职工门诊慢性病新增4个病种，居民新增血友病、癫痫、苯丙酮尿症等3个病种。全面启动使用社保卡就医购药工作，全市异地联网结算医院达130家，累计办理转诊17566人次。

失业保险。全市失业保险参保人数80.3万人，同比增长5.58%。为2.91万名中心城区低收入群体发放取暖补贴910.83万元。7月1日起，失业保险金标准由每人每月900元提高到950元。规范企业和用人单位依法裁员，进一步完善失业动态监测制度，对全市120家企业就业人员变化情况进行了监测。

工伤生育保险。全市工伤保险参保人数102.88万人，同比增长7.49%。调增了1至4级工伤职工伤残津贴、生活护理费和供养亲属抚恤金标准，调整后月人均伤残津贴达到2688元，生活护理费达到1622元，供养亲属抚恤金达到950元。工伤医疗费实行联网结算，全市共受理工伤认定申请4420件，开展劳动能力鉴定4000余人。全市生育保险参保人数64.75万人，同比增长1.63%。

社保基金监督。在定点医疗机构安装进销存软件和视频监控系统，加强对定点医疗机构常态化稽核，直接挽回医疗保险基金损失1500余万元。开展社会保险基金账户管理及保值增值情况、机关事业单位养老保险基金、医保基金支付环节专项检查，建立健全奖励举报制度，维护基金安全。

【人才队伍建设】 **专业技术人才队伍建设**。新增专业技术人员1.17万人，其中中级以上职称2892人。1人入选国家百千万人才工程，实现了全市该项指标的突破。2人被评为省有突出贡献的中青年专家，评选出市第六批有突出贡献的中青年专家39名。新增7家国家级博士后科研工作站，数量居全省前列。目前，全市建立博士后科研工作站（分站）达38个，进出站博士60余人。组织实施2015年全市专业技术人员继续教育工作，通过网络培训专业技术人员7.5万人次。

技能人才队伍建设。新增高技能人才1.23万人，职业技能鉴定5.8万人。培训“金蓝领”550人，组织开展卫生系统技能大赛等活动21场，全市技工院校招收新生9600余人。新增齐鲁首席技师7名，市首席技师25名，市有突出贡献的技师20名。新增5家市级技师工作站和3家市高技能人才培训基地，山东淄建集团有限公司被评为省级技师工作站，市技师学院、山东煤炭技术学院和山东新华制药股份有限公司确定为省级金蓝领培训基地。山东新华制药股份有限公司被评为国家级技能大师工作室。成立了淄博市技能人才开发协会。

国内外人才智力引进。印发《关于进一步加强引进国外智力工作的意见》，组织实施了“2015外国专家组织项目洽谈会·山东淄博”，是国家外专局首次在地级市举办，达成项目合作意向227项。全年引进外国专家和外籍专业人才470多人次，实施国家、省、市引智项目60余项，选派48名优秀人才出国（境）培训，争取各类引智专项补贴872余万元。1名专家获国家友谊奖（本年度全省唯一），1人获齐鲁友谊奖，评审第四届淄博友谊奖专家10名。首批评选了5名“淄博市高端外国专家计划”专家，市级引智成果示范推广基地5家，市重点引进国外智力项目10项，组织开展“德国工业革命4.0”外国专家专题讲座，与澳大利亚纽卡斯尔大学创新中心等签署了6项引智合作协议。3家留学人员企业入选2015年度“留学人员来鲁创业启动支持计划”。

【人事制度改革】 **公务员管理**。顺利完成全市公务员招考工作，共录用公务员（参照管理事业单位工作人员）241名，完成2014年度新录用公务员在岗“导师”带训中期、末期考核工作。开展了2015年新录用公务员初任培训，在职公务员培训2.1万人次。举办5期基层公务员专题培训。继续深入开展公务员平时考核试点，平时考核市直试点单位扩大到6个。各区县也分别确定了2个平时考核试点单位，考核工作均已正常开展。规范开展评比达标表彰活动，实施市级表彰项目2项，推荐省级以上表彰19项。完成2014年度机关科及科以下人员年度考核工作，市直机关4393人中有797人被评为考核优秀等次，优秀等次比例18.14%。

事业单位人事管理。完成市属事业单位新聘人员1735人、续聘人员2376人的备案手续，核准批复岗位设置方案225个，为2387人岗位变动进行了岗位备案。目前，3261个单位完成岗位设置，占总数的96.5%；完成聘用备案8.99万人，占总人数的96.7%。2014年度市属事业单位核准优秀等次人数2771人。全市事业单位公开招聘工作首次采取全市统考，招聘事业单位工作人员1582人，从重点院校重点学科招聘紧缺人才105人。加强了考试管理工作，顺利完成了15.7万人次的考试任务。

军官转业安置。安置军转干部92人，随调家属7人。严格落实困难企业军转干部解困政策，做好自主择业军转干部管理服务工作。组织2014年度军转干部参加适应性培训，参加培训军转干部共计73人。

【工资收入分配制度改革】 **机关事业单位工资管理**。按时完成现阶段“吃空饷”集中治理工作，提高乡镇工作人员津贴补贴。积极推行职务职级工资制度并行，兑现晋升职级人员待遇工作正在按程序进行。完成了市直机关事业单位人员的调资、测算、审批工作，提高了津贴补贴标准。为754名退休人员办理了提高退休待遇的审批，审核退休人员增发退休费803人次，为36人办理了提前退休手续。对市直机关事业单位符合条件的22300名工作人员的晋级晋档和晋升薪级工资进行了审批。

企业工资管理。启动企业负责人薪酬制度改革，拟定《淄博市国有企业负责人薪酬制度改革实施意见》，并组织实施。对全市360家企业开展薪酬调查，企业月最低工资标准分区县提高到1600元、1450元、1300元，对适用于非全日制就业人员的小时最低工资标准也进行了调整。拟定了2015年全市企业工资指导线方案，发布2015年淄博市人力资源市场工资指导价位425个和23个行业7个方面的人工成本数据。

【劳动关系协调和权益维护】 **劳动关系协调**。完善劳动用工备案系统功能，加大网上备案管理，劳动合同年度备案28.4万人次。积极开展“集体协商和集体合同全面推进年”活动，依法开展行政许可工作，共审批劳务派遣单位81家。对2014年前已审批的56家劳务派遣企业进行年检。调整企业职工防暑降温费标准，加强劳动标准管理和服务。

劳动人事争议调解仲裁。全市共立案受理争议案件4274件，调撤结案率为58%，按期结案率100%。继续实行案件督办、重大疑难案件会商、重点案件跟踪回访等制度，积极做好裁审衔接。大力推行“终局裁决”办案形式，有效减轻了当事人诉累。推进基层调解组织建设，全市已建立各类调解组织3377个，并统一挂牌。积极创建劳动争议预防调解示范单位，全市有国家级劳动争议预防调解示范单位1个、省级示范单位5个。

劳动保障监察。对2014年底审批开办的99家人力资源服务机构进行年检。以劳动保障年检为抓手，组织开展了清理拖欠农民工工资、整顿人力资源市场秩序和用人单位遵守劳动用工和社会保险3个专项检查，共检查用人单位5081户，补发拖欠工资9141.75万元，补缴社会保险费896.28万元。印发《社会保险违法行为受理、查处工作流程》，进一步理顺了社保费征缴过程中经办机构与劳动监察机构职责划分、格式文书等问题。

【法制建设】 邀请省人力资源社会保障厅法规处、省高级人民法院行政审判庭人员，组织了《宪法》、新修订的《行政诉讼法》等专题培训讲座。以2015届毕业大学生为主要宣传对象，集中开展了普法宣传月活动。对2012年1月1日前以局名义发布的183件规范性文件进行清理，对新制定的10件规范性文件按照"三统一"的规定进行办理，规范性文件合法性审查和报备率均达到100%。对市人力资源社会保障局负责实施的行政权力事项逐一进行清理，对外公布权力清单以及权力事项流程图，编制部门责任清单。按照市委市政府要求，对负责实施的审批事项提出了清理意见，达到了审批事项最少、收费标准最低、办事效能最高的"三最"要求。

【基础工作和信息化建设】 扎实开展"三严三实"专题教育活动，并与提升群众满意度工作、市人大2015年对人社局专项工作评议、"素质能力管理效率质量"提升年等活动紧密结合，进一步查摆了"不严不实"问题，制定专项整改方案，建立了整改台账，对存在问题限期进行整改落实，着力创建"温暖淄博人社"服务品牌，进一步提升了人社部门的形象。7个区县人力资源社会保障综合服务中心投入使用，组织各种形式培训90余期，提高基层平台工作人员政策水平与业务经办能力。加强信息系统软硬件设施建设，涵盖网站、手机应用、数字电视等7种方式的个人服务系统和涵盖所有人力资源社会保障业务的单位网上服务系统，已先后开通上线运行。共发放全国统一的社会保障卡410万张，持卡覆盖率全省第一。市人力资源和社会保障网站点击量累计超过4400万人次，"12333"共人工接听电话64000余个。大力推进电子社保建设，充分利用国家人社部异地认证系统开展异地居住退休人员资格认证工作，认证率在全省名列前茅。积极开展省、市两级等级评定工作，全市A级以上社会化管理服务单位已达到259家。为全市近27万个体参保人员邮寄了个人权益记录单。

（淄博市人力资源和社会保障局）

枣庄市

2015年，枣庄市人力资源和社会保障局在市委、市政府的领导下，坚持"民生为本，人才优先"工作主线，全力服务城市转型发展，各项民生工作实现跨越发展。市人社局荣获省级文明单位、全市科学发展综合考核先进集体、全市服务民营经济发展先进单位、全市创新驱动工作先进集体、第三届全国智力运动会承办工作先进集体、全市维护稳定工作先进集体等多项省、市先进称号。

【就业创业工作】 全市城镇新增就业4.96万人，新增农村劳动力转移就业5.94万人，分别完成目标任务的118.09%、106.07%，城镇登记失业率2.33%，低于3.5%的控制目标。完成就业困难人员就业2672人，帮扶291户城乡"双零家庭"动态消零。

就业政策。印发《枣庄市人民政府关于进一步做好新形势下就业创业工作的意见》和《枣庄市推进就业优先战略工作方案》，从深入实施就业优先战略、全面推进创业工作等方面提出了21条具体有效的政策措施，确立创新就业体制、优化就业结构、引导企业吸纳就业、统筹城乡就业、提升创业环境、建立以就业为导向的人才培养新机制和构建一体化的就业信息服务格局等7项重点工作任务。会同财政部门修订下发《枣庄市就业专项资金管理办法》，全市支出各类就业创业资金 7872.1 万元，发放创业担保贷款 2.15 亿元，兑现贴息资金 1178.92 万元。

大众创业。探索“PPP”发展模式，引进北京华普亿方集团作为合资办学伙伴，集创业教育、创业培训、创业实训、创业服务和创业孵化为一体，成功创办创业大学，年培训能力超过 5000 人。新增省级大学生创业示范园区 1 处，市级创业示范园区和市级大学生创业孵化示范基地 7 处。创新“电子商务 + 物流”创业模式，鼓励指导各园区充分发挥物流中心在仓储、物流、商务等方面的优势，大力发展物流业与电子商务相结合的商业运作新模式。薛城区投资 2600 万元组建大学生创业园，入驻该园区的创亿商城，采用“F2C+O2O+VIP 会员制”电商模式，成为创业园里“互联网 +”的龙头。

公共就业服务水平。开展定点培训机构星级评估，全年培训各类人员 4.13 万人，落实培训补贴资金 1400 万元，培训后就业创业 4 万人，就业率达 96.8%。开展“公共就业服务质量提升年活动”，全面提升岗位开发能力、政策落实质量、就业援助效率、就业指导层次、窗口服务效能和信息化服务水平，促进就业服务转型升级，全年安排“春风行动”“就业援助月”“民营企业招聘周”“高校毕业生就业服务周”专题招聘会 104 场。

【社会保障体系建设】 社会保险征缴。面对经济下行、扩面征缴任务加重的压力，深入开展企业养老保险、医疗保险相关理论调研，适时稳妥采取应对措施，有效保障社会保险科学可持续发展。全市城镇职工养老、医疗、工伤、生育、失业保险参保人数分别达到 66.41 万人、59.37 万人、47.21 万人、35.79 万人、42.41 万人，城乡居民养老、医疗保险参保人数分别达到 191.89 万人、325.64 万人，参保率均超过 90%。全市征缴各项社会保险费 63.52 亿元，支出各项社会保险待遇 69.68 亿元，社会保险主要指标运行平稳，各项待遇依法依规按时足额支付。机关事业单位保险制度改革顺利推进，全市机关事业单位在编人员全部纳入改革范围。

社会保险支出。充分发挥社会保障安全网作用，扩大社会保险支出范围，降低生育保险和失业保险费率，为 1850 户企业降低生育保险缴费 668 万元，为 3066 户企业降低失业保险缴费 1.08 亿元。扩大失业金支出，实施援企稳岗，对化解产能过剩企业等 5 类 399 家企业发放 4268.9 余万元稳定岗位补贴。向省归集企业职工基本养老保险基金 1.9 亿元，委托全国社保基金理事会投资运营，提高基金收益率。

社会保险待遇。自 2005 年以来连续第 11 年调整提高企业退休人员基本养老金，全市 9 万余名企业退休人员月人均养老金 2122 元。居民基础养老金由 75 元 / 月提高到 85 元 / 月，月人均领取养老金达到 92 元。居民医疗保险财政补助标准由每人每年 320 元提高到 380 元，实施居民大病保险和重特大病二次报销制度，居民最高支付限额达到 45 万元。人均月领取失业保险金提高到 900 元，1—4 级工伤职工的伤残津贴、生活护理费和供养亲属抚恤金达到人均每月 2166 元、1292 元、778 元。

社会保险经办管理服务。数字社保建设步伐加快，“一个系统、一张卡片、一个网站”的社保网上经办服务新模式初步形成，全市社会保障卡持有量达 238 万余张。加强社保基金监管，印发《关于进一步加强社会保险基金监督工作的通知》，开展社保基金使用情况专项检查，启用医保医疗服务监管系统，确保社保基金安全平稳运行。

【人才队伍建设】 人才引进。制定实施“枣庄转型升级 4131 人才引领计划”，健全人才培养开发、评价发现、选拔任用、流动配置、激励保障机制，提升人才服务水平。扎实开展“智兴枣庄”百日集中推进活动，赴上海、南京、武汉等各大城市开展招聘，加强与美国、澳大利亚、加拿大等海外人才工作联络站的联系，承办全国留学人员回国座谈会，积极参加“山东名校人才直通车”招聘活动，组织澳亚国际投资协会项目对接洽谈会议，联合北京智汇邦信息技术有限公司开展“智汇枣庄—精英人才创新创业对接会”，召开枣庄籍在外人才代表座谈会。

人才培养选拔。全市新增泰山产业领军人才 2 名，省突出贡献中青年专家 1 名、山东省首席技师 4 名、省技术能手 5 名。新增 506 名高级以上专业技术职务人员，1079 名中级专业技术职务人员；新增高技能人才 5209 人，其中技师、高级技师 2279 人。2 家企业被批准设立博士后科研工作站；2 家企业被批准设立“山东省技师工作站”；1 家企业荣获来鲁创业启动支持计划。

引智工作。全年共聘请美国、日本、韩国等国外专家 60 人次，办理外国专家来华许可 22 项，外国专家证 55 个。9 个项目通过国家和省外专局评审获得资金资助，使用资金 174.1 万元。山东汉诺庄园酿酒有限公司被命名为国家级引智示范单位。台儿庄区畜牧水产服务中心申报“美国紫花苜蓿种植技术”被命名为省级引智示范基地，新增 1 家文教专家聘请单位。

【人事制度管理】 **公务员管理**。坚持“公平、竞争、择优”原则，考试录用各级机关公务员 180 人，全面实施县以下机关公务员职务与职级并行制度。完善机关事业单位工资制度，优化工资结构。组织开展科级公务员任职培训、新录用公务员岗前培训以及公务员素质能力培训，创新培训内容。

事业单位改革。公开招聘事业单位工作人员 604 人，配合有关部门共同做好基础教育综合改革、公立医院改革、事转企改革等事业单位人事改革工作。坚持考人考事相结合的原则，扎实做好公务员和事业单位工作人员年度考核，科学发展考核优秀的部门（单位），其主要负责人直接定为优秀等次，人员优秀等次比例提高到 20%，充分体现奖优原则。贯彻实施事业单位人事管理条例，全面实施动态化岗位设置管理，确保事业单位岗位设置、核准和调整管理工作规范有序，以人员聘用制度和岗位设置管理为主要特征的新型人事管理制度加快建立。开展干部档案集中专项审核，严格按标准对全市事业单位科级及以下干部档案进行审核，干部档案管理工作迈上新台阶。人事考试安全平稳运行。圆满完成 40266 人次人事考试工作任务。

军队转业干部安置。圆满完成 20 人军转安置工作任务，接收自主择业军转干部 11 人。按照“学用结合、按需施教、注重实效”的原则，做好军转干部培训工作。

【劳动关系】 **劳动关系创建**。连续 6 年调整提高全市最低工资标准，月最低工资标准较去年提高 100 元。严格用工管理，全市 1559 户企业网上备案 275129 人。稳步推进仲裁院效能建设，推动劳动争议预防调解示范工作。成立劳动人事争议法律援助站，加强法律援助和劳动仲裁有效衔接。仲裁结案 1145 件，涉及标的金额 3250.08 万元，切实维护劳动者合法权益。

劳动保障监察。开展劳动保障执法检查，主动检查各类用人单位 3447 余户次，督促补签劳动合同 2100 余份，促缴各项社会保险费 2500 余万元，追回拖欠工资及劳务费 4200 余万元。书面审查全市 1636 户企事业单位，严格查处用人单位违法行为。“两网化”运行更加规范，实现对用人单位的分类动态监管，有效提高了劳动保障监察的监管水平和执法效能。

【基层公共服务建设】 将就业失业登记、小额担保贷款申请、社会保险参保登记、劳动监察等 69 项人社业务下沉到基层站所，把人力资源社会保障服务送到群众家门口。开展县级领导干部联系指导基层、选派干部担任基层平台指导员和村居（社区）人社服务站结对共建活动，累计派出 260 名干部为基层提供政策、业务指导，解决实际问题。扎实推进依法行政，广泛开展普法宣传，不断加强行政执法监督，人员素质和依法行政水平不断加强。积极探索“线上 + 线下”综合服务，一体化系统、社保卡、网站三位一体的服务新模式初步形成。全市社保卡发卡率达全市户籍总人口的 60% 以上，社保卡成为办理人社业务的唯一电子身份凭证。加强门户网站、手机 APP、政务微信等服务手段建设，拓宽便民服务渠道，“枣庄人社”手机 APP 移动应用服务，满足社会公众随时随地查询社保信息、办理业务等日益多样化的服务需求。

（枣庄市人力资源和社会保障局）

东营市

2015年，东营市各级人力资源社会保障部门紧紧围绕经济社会发展大局，坚持以“保障民生、服务发展”为根本宗旨，以开展“三严三实”专题教育为有利契机，按照“统筹城乡、一体发展、问题导向、改革统揽”的基本思路，攻坚克难，创新进取，改进作风，提升水平，取得了显著成效。

【就业工作】 全市实现城镇新增就业4.88万人，新增农村劳动力转移就业3.96万人，均超额完成省定任务。新增“三支一扶”等基层服务项目岗位70个，全年共接收应届高校毕业生12674人，实现就业11445人，就业率90.3%。举办各类招聘会301场次（其中大型38次），参加招聘企业8800余家，提供岗位9.4万个，求职者12.1万人次。新开发公益性岗位1089个，落实公益性岗位安置人员补贴1793万元；为3242名灵活就业困难人员发放社会保险补贴1144万元，帮扶70户城乡双零就业贫困家庭的150名成员就业，确保了“双零就业家庭”动态消零；全市城镇登记失业率2.15%，控制在了4%的年度目标内。

创业带动就业。以市政府名义印发了《关于进一步做好新形势下就业创业工作的实施意见》《关于印发东营市实施就业优先战略行动方案的通知》等重要文件，进一步完善就业创业政策体系，激发创新创业活力，推动大众创业、万众创新。新建成省级大学生创业示范园1处、省级人力资源服务产业园1处、市级创业孵化示范基地和创业示范园区4处，为扶持创业提供了强大的平台支撑。东营创新创业大学建成了“三站、两室、一馆”项目，培训8745人次。加大金融支持，全市创业贷款担保基金规模达3.02亿元，新增发放创业担保贷款6.05亿元，实现成功创业5100余人，带动就业1.15万余人，扶持小微企业51家；提升创业政策落实水平，减轻小微企业资金压力，发放各项创业补贴1133万元，支出小额担保贷款贴息资金297万元。

农民工三项行动。充分发挥农民工工作联席会议作用，做好各部门单位协调，搞好政策配套、资金扶持、师资建设，开展以新型农民学校为基础推进统筹农民工职业技能提升培训试点工作，进一步提高农民工培训质量和效率，全市共组织各类农民工培训4.7万人。重点贯彻落实好“一书两金一卡”制度和同舟计划，建筑行业农民工参加社会保险1.4万人，查处拖欠工资920万元。突出解决了农民工合同签订与拖欠工资报酬、建筑行业农民工参加工伤保险等问题，切实维护了农民工的合法权益。

【社会保障】 加大参保征缴力度，各险种参保人数和基金征缴额保持同步增长，全市职工基本养老、职工基本医疗、失业、工伤、生育保险参保人数分别达47.22万人、66.76万人、27.59万人、61.07万人、46.88万人；居民养老、医疗保险参保人数分别达74.08万人、127.3万人，参保率分别为99.9%和99.7%。全市社会保险综合覆盖率达到94%，基金累计结余130.3亿元（含胜利油田8.73亿元）。提高社保待遇水平，企业职工基本养老金由去年月人均2118元提高到2320元；居民养老保险基础养老金提高至每人每月130元，其中东营区、河口区160元，广饶县、垦利县150元，待遇在全省位居前列；城乡居民医保人均财政补助由360元提高到400元；失业保险待遇由每人每月830元提高到900元；做出工伤认定2026起，办理劳动能力鉴定1147人次。加快社会保障“一卡通”建设，全市累计发放社保卡130万张。

全民参保登记。与财政、公安、工商等六部门联合印发实施方案，市政府召开试点工作推动会议，进行动员部署。全市参保缴费信息基本实现与公安、工商、民政、教育、质监等部门的信息共享，建立全民参保登记信息数据库，对全市233万人的参保信息数据与公安户籍信息进行逐一比对，共比对出公安部门户籍中没有参保信息及信息错误人员11.11万人，完成入户调查工作。通过开展参保登记工作，社会保险各险种参保人数有了较大增长，社会保险综合覆盖率达到94%，超额完成省科学发展观目标考核任务。

机关事业单位养老保险制度改革。以市政府名义印发《东营市机关事业单位工作人员养老保险制度改革实施方案》，印发相关改革配套文件，与财政部门进行年度收支测算，开发新的机关事业单位征缴系统，实现与核三系统的对接，并完成机关事业单位工作人员基本工资标准调资工作。

居民基本医保付费方式改革。为从根本上解决居民医保基金运营风险，在稳定居民医保待遇水平的前提下，在全省率先建立起以总额控制为目标、“按病种分值付费为主，按人头付费、按床日付费、按定额付费、按项目付费为辅”的居民医保复合式付费机制。制度运行一年来，医疗机构主动控费意识明显增强，垫支压力从根本上解除；医疗费用总额明显下降，虚高费用得到压缩；医保管理更加客观合理，各级政府间责任进一步厘清；居民医保待遇得到有效保障，过度医疗现象得到遏制；基金整体运行平稳有序，实现了收支平衡、略有结余的目标。

【人才工作】 实施事业单位特设岗位设置管理制度，激发人才队伍活力，吸引和稳定优秀人才；继续实施“名校英才进东营”和“百名博士进东营”等活动，选聘博士毕业生12人、名校硕士毕业生8人。坚持公开、公平、公正，面向社会考录公务员132人，事业单位公开招聘793人。加强专业技术人才队伍建设，对市直114名四级以上专业技术人员进行首次年度考核，新增4家单位成功申报博士后科研工作站；新增享受国务院政府津贴1人，省突出贡献中青年专家2人；与组织部共同牵头成立了东营市高层次人才发展促进会和东营博士联谊会。启动了“三项工程”和“两项活动”等一批高技能人才队伍建设重点工程，新增省首席技师4人、山东省技术能手3人，市首席技师10人，新增高技能人才6356人，1人荣获国务院颁发特殊津贴，7人获省级高技能人才表彰奖励，市技师学院被评为国家级高技能人才培训基地，山东金岭集团有限公司被评为山东省技师工作站，开展职业技能鉴定2.77万人。加大人才智力引进力度，组织20家企业参加了“校园直通车－武汉站”招聘会、第13届深圳中国国际人才交流大会、大连2015中国海外学子创业周等活动，为企业引进各类人才108人；全市实施省级及以上引智项目8个，争取省级引智经费130万元，引进外国专家231人，36个项目通过黄蓝经济区引进急需人才资助项目审批，支持资金达380万元，引进国内外高层次人才101人次。接收安置军转干部31人、随调家属5人。坚持以考促学，组织各类人事考试及报名38次、报名人数6.14万人次。

【人事管理】 **集中治理“吃空饷”问题。**与市委组织部联合制定加强机关事业单位人事管理的政策意见，对病事假、年休假、借调、考核等事项作出具体明确的规定，进一步严肃组织人事纪律。制定《东营市中小学合同制教师管理试行办法》，将签订劳动合同的教师纳入政府购买服务范围进行管理，实行公开招聘，解决长期存在的“大班额”问题；加强高层次教师队伍建设，研究制定《东营市名师引进和管理暂行办法》，以更加优惠的政策吸引外地名师来东营任教，并坚持引进市外名师和培养本地名师并重，优惠政策同样适用于本地名师，防止出现“招来女婿气走儿”的情况；印发了《事业单位特设岗位设置管理试行办法》，事业单位在符合规定条件时可突破现有岗位限制申请特设岗位，用于招聘急需紧缺专业人才或高聘现有高层次人才；制定了《市直机关事业单位公开遴选（选聘）工作人员暂行办法》，规定市直聘用有基层工作经历人员需统一组织、集中进行、公开招聘，切实避免由各单位自行组织造成的选拔标准不统一、程序结果不透明等问题。

县以下机关公务员职务与职级并行。在县以下机关建立公务员职务与职级并行制度，对于加强基层公务员队伍建设，调动广大基层公务员干事创业的积极性具有积极的推动作用。国家和省文件下发后，结合我市实际，对相关政策进行了细化，进一步明确了职级的设置、晋升的条件程序和晋升后的待遇，提高了制度实施的可操作性和可控性，各项制度得到有效稳定落实。

【劳动关系】 按照省一类档次上调了企业最低工资标准，由每人每月1500元上调到1600元。规范劳务派遣工作，全市共许可劳务派遣公司73家。各级调解仲裁机构共处理劳动争议案件3869起，涉案金额8678余万元，按期结案率100%。劳动监察机构立案查处违法案件507件，为2080名劳动者追发工作待遇2171.7万元，移交拒不支付劳动报酬案件4起，有力维护了劳动者的合法权益。

【基层公共服务】 按照入口统一、流程衔接、数据整合、信息共享的基本原则，将就业、社保、人事人才等基本业务流程进行了全部梳理，进一步优化和精简流程，加快业务与信息化深度融合。年内，一体化试点已完成框架建设和软件开发，并组织了3次测试演练，取得了良好效果，计划于2016年1月正式启用一体化，届时将实现综合制柜员、市域一体化、全市“通存通兑”、业务跟踪倒计时、事务流推送等一体化管理。

【“三严三实”专题教育】 坚持抓住县级领导干部这个“关键少数”，以上率下，带头抓好学习，利用周一班子例会和周五集中学习，进一步加强党员干部学习研讨的常态化、机制化、规范化工作。先后到渤海垦区革命纪念馆、廉政教育基地等进行正反两个方面的现场教育，认真组织开展学习研讨活动，真正把思想摆进去、把工作摆进去。坚持立说立行、即知即改，及时调整工作重心，针对党建责任不实、工作不接地气、精神消极懈怠、民生服务有差距等问题问题，定好了任务书，设计了路线图，定期督导调度，坚决杜绝“耍花枪”“做样子”，确保各项工作得到落实。

（东营市人力资源和社会保障局）

烟台市

全市人社系统主动适应新常态，聚焦改革创新，狠抓任务落实，深入推进“一个工程、十大体系”建设，人社事业发展整体呈现出稳中有进、质效提升的良好态势。精准发力抓创业、促就业，就业局势持续稳定。聚焦热点抓改革、惠民生，社会保障水平稳步提高。

【就业创业】 全市新增城镇就业15.1万人，农村劳动力转移就业3.2万人，高校毕业生就业率90%以上。提报市政府出台了实施就业优先战略、发展众创空间等文件，稳岗补贴政策全面落实，惠及职工37.8万人。创业大学、创客学院以及众创空间等10多处新型创业服务平台启用，新增3处省级创业示范基地。成功举办了中国人力资本论坛，“中国创翼”青年创业创新大赛华东区复赛等大型活动。全省首次人力资源市场建设现场会在烟台市召开。

政策调控。提报市政府出台了实施就业优先战略、发展众创空间等文件，全面落实稳岗补贴政策，累计发放就业创业扶持资金1亿元、创业小额担保贷款4亿元、稳岗补贴资金近8000万元，惠及4000多户企业、37.8万人，有效发挥了政策促就业、防失业的双向调控作用。大众创业呈现全新局面。建设了烟台创业大学、创客学院以及众创空间等10多处新型创业服务平台，新增3处省级创业示范基地，推进创业教育和服务机制创新，公共创业服务标准得到广泛应用，有1.5万人参加创业培训，相继举行了“中国创翼”青年创业创新大赛华东复赛、烟台首届创新创业高峰论坛等大型活动，塑造出“创业烟台”的良好形象。重点群体就业保持稳定。深入实施大学生创业引领和未就业毕业生就业促进计划，引领1300名高校毕业生自主创业，招募“三支一扶”大学生183人，就业率稳定在90%以上。完成了市县农民工综合服务平台建设，抓好统筹农民工职业技能培训试点，全市免费培训农民工 2.2 万人。公共就业服务进一步加强。完善重点项目拉动就业长效机制，对 200 户重点企业开展用工跟踪服务和技能培训。推出网络、现场双线招聘服务，举办各类招聘会 1500 场次，服务企业 1.2 万户，促进就业近 10 万人。协调引进外来劳动力 6.1 万人，保障了企业急需的用工需求。

【社会保障】 平稳启动机关事业单位养老保险制度改革，统一规范企业职工养老保险补缴政策。调整完善居民医保参保缴费政策，全面落实了大病保险待遇。扩大工伤、生育保险统筹范围并降低了缴费费率。启动实施了社保全民参保登记计划，参保人数总体稳中有增，养老金等 8 项社保待遇标准进一步提高。按照省要求，完成了近 90 亿元养老保险基金上解运营任务。社保卡持卡人数突破 400 万人。

【人才工作】 优化环境聚才智、促转调，人才支撑发展能力显著加强。年内引进各类人才 3 万余人，博士、硕士 3200 余人；海外留学人才 430 人；引进外国专家 685 人次，其中有 4 个外国院士团队。承办了人力资源社会保障部海外赤子走进蓝色经济区、千人计划专家下基层等重大活动。开展了全市人才资源统计调查工作。烟台市 1 名选手代表国家参加了第 43 届世界技能大赛并获奖。欧美同学会留学报国基地正式落户烟台市。新增 2 个博士后工作站，2 个省级技师工作站，人才载体承载吸纳能力显著增强。

人力资源服务。围绕提升产业发展影响力，举办中国人力资本论坛（烟台站）。邀请 18 位世界级人力资源服务机构的顶尖权威到会，围绕 11 个主题进行了演讲、交流。参会企业总量达 1367 家，其中省级百强企业、上市公司、知名外企 215 家，涵盖金融、电子信息、生物医药、建筑、制造等多个行业和领域。促成山东烟台人力资源服务产业园与 HRoot、ADP 等多家企业签署了 4 类合作协议。围绕促进交流合作，承接全省人力资源市场建设现场会，这是全省首次召开人力资源市场建设领域的现场会。组织评审市级重点扶持人力资源服务业项目 12 个，获批省级重点项目 5 个。围绕加强行业自律，指导企业组建人力资源协会，会员企业近 100 户，200 多位专家学者参与。围绕产业品牌培育，先后多次到上海等地学习考察，组织本地企业参加全国性人力资源服务展会，并邀请安德普翰、万宝盛华等国际知名企业负责人来烟台授课，促成企业与多个全球知名机构建立长期合作关系，迅速推动烟台市人力资源服务业产业规模、企业数量和经营业绩快速增长。全市已培育各类人力资源服务机构 163 家，从业人员 2000 余人。年营业收入突破 20 亿元。立足于打造全国有特色的人力资源服务业聚集区和人力资源综合服务示范区，投资 2 亿元建设了烟台市人力资源服务业产业园，一期 3 万平方米，2014 年 10 月投入使用。园区瞄准国际国内领军企业，组织专门队伍，逐户上门招商，现已入驻企业 34 户。园区被省厅评为首批省级人力资源服务产业园，在中国人事科学研究院发布的全国排行榜上，综合实力位居第 7 位。

【人事制度改革】 **人事管理规范化水平不断提升**。全市考录公务员 416 人，招聘事业单位工作人员 3000 余人，完成了 285 名军转干部安置任务。

公务员培训。开展自主选学工作，培训基层干部 4.2 万余人次。组织全市机关、企事业单位工作人员进行在职培训，设置培训课程 42 个，聘请北京大学、清华大学、中国人民大学等高校优秀专家学者进行现场授课。灵活采用“自选培训”和“上门送教”两种形式开展。自选培训由干部个人登录网上选课系统自选课程，到指定地点集中授课；上门送教主要针对县（市、区）和参训人数较多的市直部门（单位），由单位统一选课，授课教师上门授课，参训单位组织相关干部参训。市直部门公务员参加培训率达到 100%。全市蓝色经济旅游规划与开发建设培训项目被列入省 2015 年“服务业千人培训工程”，获得省 15 万元资金支持。

【工资收入分配】 **国企负责人薪酬制度改革启动实施**。最低工资标准继续提高。县以下机关建立职务与职级并行制度进展顺利。机关事业单位工作人员基本工资标准调整、乡镇人员补贴等兑现落实。

【劳动关系】 **落实责任抓执法、保稳定，和谐劳动关系建设进一步深入**。全国构建和谐劳动关系综合试验区研讨会在烟台市召开。办结劳动人事争议案件7200余起。企业军转干部维稳体系不断完善，保持了总体稳定。

劳动监察。市县劳动监察指挥中心全部建成联网，处结劳动监察投诉举报案件2000余起。把握信息化、大数据时代发展趋势，纵深推进劳动保障监察信息化建设，着力打造移动终端现场执法、指挥中心调度执法、大数据支撑执法“三位一体”的信息化监察执法平台，实现执法模式的转变升级。充实完善劳动保障管理基础数据库。更新信息网络系统硬件配置，规范网上数据采集、业务办理，系统已收录入用人单位信息6.8万个，电子地图标注6.6万户，有效发挥信息数据分析决策的基础支撑作用。更新换代“劳动保障移动监察执法系统”。市直及14个县市区劳动保障监察机构全部配备启用了定位更准确、功能更完备、运行更高效的升级版本，执法效能显著提升。移动终端现场执法设备具备了GPS定位上传等12个功能模块，市直及14个县市区劳动保障监察机构全部配备启用，创造性地实现了操作同步进行、数据实时更新，有效突破了传统执法手段落后、效率不高的瓶颈，执法效能显著提升，巡查面同比扩大20%，呈现出较强的实用价值。全力推进全市劳动保障监察指挥中心建设。全市劳动监察机构在去年的基础上又投入资金177万元，完成了市本级及14个县市区劳动保障监察指挥中心建设，配备了25部单兵执法仪和7部车载云台系统，在全省首家实现市、县、乡劳动保障监察指挥中心三级联动。设立了内外网举报投诉联动平台，研究起草了《烟台市劳动保障监察网上服务系统管理办法》，维权服务渠道进一步拓宽，实现了执法模式由地域分散向信息统筹执法的转变，监察执法集约化水平和快速反应能力不断提高。

（烟台市人力资源和社会保障局）

潍坊市

2015年，潍坊市人力资源和社会保障局全面落实市委、市政府决策部署，坚持稳中求进、以“转”促“进”，牢牢把握“民生为本、人才优先”的工作主线，深入实施就业优先和人才强市战略，加快完善覆盖城乡的社会保障体系，积极构建和谐稳定的劳动关系，各项工作取得了显著成效。就业目标全面完成，统一规范的公共就业服务体系更加完善；社会保障制度建设进一步完善，保障水平稳步提高；人才队伍建设整体推进，以高层次、高技能人才为重点的各类人才队伍不断壮大；人事制度改革不断深化，公务员选拔任用、激励保障、监督制约机制进一步完善；收入分配制度改革不断深入，机关事业单位工资管理进一步规范，企业工资集体协商机制进一步完善；维权体系更趋健全，劳动合同制度和集体合同制度实施取得新进展，协调劳动关系三方机制进一步完善。一年来，先后荣获全国人力资源和社会保障宣传工作先进单位、全省人力资源社会保障工作先进集体、山东省人力资源和社会保障宣传工作先进单位、山东省级文明单位、年度绩效考核先进单位等市级以上荣誉称号等20余项荣誉。

【就业工作】 面对持续加大的经济下行压力，坚持把稳定和扩大就业作为宏观调控的重要目标，加快转变就业增长方式，积极鼓励和扶持大众创业、万众创新，城乡就业继续保持稳定增长。全市实现城镇新增就业12.26万人，完成年度计划的122.6%，农村劳动力转移就业10.22万人，完成年度计划的102.2%。城镇登记失业率控制在2.93%的较低水平，城乡就业连续12年实现“双十万”目标。

就业政策。制定《关于做好新形势下就业创业工作的实施意见》《小额担保贷款管理办法》《创业带动就业扶持资金管理办法》等一系列政策意见，提高了一次性创业补贴和创业培训补助标准，各县市区及时出台配套措施，狠抓贯彻落实，切实发挥政策效力。

高校毕业生就业。大学生创业工作取得新突破，在全省率先成立了大学生就业创业管理服务机构潍坊市大学生创新创业管理服务中心，实现全市高校毕业生创新创业的规范化管理、专业化服务，五年来高校毕业生总体就业率稳定在90%以上，在全省高校毕业生就业创业第三方群众满意度调查中，始终位居全省首位。

创业载体建设。把创业载体建设作为促进创业成果转化、激发创新创业活力的重要平台，在中心城区高标准规划建设了中国潍坊国际人才创业孵化中心和山东半岛大学生创业孵化中心，指导推动各县市区新建各类创业孵化器115个，新增省级创业孵化示范基地（园区）4家，全市市级以上各类创业孵化基地（园区）达到35家，其中省级11家，总量居全省前列。顺应大众创业、万众创新的新趋势，积极探索创业载体公司化运营、专业化服务新模式，加快发展“创客空间、创业咖啡、创新工场”等新型创业孵化载体，成立了星科创业孵化器发展有限公司和创筹孵化器运营发展有限公司，设立了青庐创业咖啡、潍坊创业大学梦工厂等新型孵化平台，促进各类创业创新要素聚集交流对接，在更大范围、更高层次推进大众创业、万众创新。积极推动潍坊创业大学创新发展，完善以创业大学为龙头，辐射各县市区“一中心、多基地、广辐射、有特色”的创业人才培育体系，依托驻潍各高校和创业大学同学会积极组织开展创业培训和创业实践活动，全市共组织创业培训2.35万人。

创业带动就业。充分发挥小额贷款扶持创业的作用，市级新设立1亿元的创业带动就业扶持资金，全市创业贷款担保机构达到15家，担保基金规模达到4.1亿元，共发放创业担保贷款15.2亿元，居全省前列。

公共就业服务。完善人力资源市场服务功能，优化调整服务流程，创新“互联网+就业”服务新模式，深入实施就业信息村村通工程，就业服务效率和水平明显提升，举办各类招聘洽谈会902场次，提供就业岗位达35万个次。组织开展首届创业知识竞赛和兴农创业大赛，评选表彰了大学生十大创业之星和优秀大学生创业者，成功举办了2015中国潍坊互联网+创业创新大会，进一步营造了促进大众创业的良好氛围。

【社会保险】 **养老保险**。稳步推进机关事业单位养老保险制度改革，顺利完成了视同缴费的测算和新老办法比对，制定《潍坊市机关事业单位工作人员养老保险制度改革实施办法》。继续完善企业养老保险待遇调整机制，连续第十年调整提高企业退休人员养老金，全市34.2万名企业退休职工养老金月人均增长261元，高于全省平均水平。调整完善各项社会保险政策，城乡居民基础养老金提高到每人每月85元，为146万城乡老年居民发放养老金16.87亿元，发放率始终保持在100%。

失业保险。稳步推进扩大失业金支出范围试点，失业保险金标准调整提高到950元，安排扩大失业保险基金额度1.5亿元，用于支出职业培训补贴、社会保险补贴、岗位补贴、小额贷款担保贴息等项目，失业保险保生活、促就业、防失业的功能进一步强化。

医疗保险。调整完善医疗保险政策，进一步扩大职工重特大疾病保障制度支付范围，门诊特殊慢性病病种增加到72种，降低了居民医保一级医院住院起付标准，医疗保障能力不断增强。加快推进职工长期护理保险试点，制定《定点护理机构医疗护理服务质量考核办法》，有4240人次享受到长期护理保险待遇。

工伤保险。完善以工伤保险为主体，商业保险为补充的多层次工伤保险体系，大力推进建筑业农民工参保工作，制定《潍坊市建筑业参加工伤保险实施办法》，将从事房屋建筑和市政基础设施建设的建筑企业纳入工伤保险范围，启动实施建筑业“同舟计划”，积极推进建筑业工伤保险专项扩面行动。

社会保险经办。创新实施社会保险费预征缴模式和临时养老金发放办法，进一步规范用人单位社保参保缴费，降低了社平工资延迟发布对社保费征缴和养老待遇发放的影响。调整降低了全市1.5万家用人单位工伤保险费率，费率综合下降0.23个百分点，进一步减轻了用人单位负担。潍坊市被国家人力资源社会保障部确定为“社会保险国家标准制定工作组成员单位”，参与制定《社会保险精算核心数据规范》，并参加多项全国性的精算课题研究，为社保基金的安全有效运行发挥了重要作用。提升鉴定质量，成立潍坊市劳动能力鉴定中心，组织劳动能力鉴定12批4868人次，到省复鉴维持率高于全省平均水平5个百分点。

【人才队伍建设】 **高层次人才**。加大海内外高层次人才引进力度，全市新增3名外国专家入选国家第五批“外专千人计划”，2名外国专家荣获省政府“齐鲁友谊奖”，共引进外国专家563人次，组织执行引智项目326个，解决关键性技术和管理难题近400个，获批上级引智专项资金426万元。创新实施专业技术领军人才创新能力三年提升计划，全市共拥有国务院特贴专家124人，山东省有突出贡献的中青年专家56人，潍坊市拔尖人才1184人，博士后科研工作站达到30家。

技能人才。高技能人才队伍建设取得积极成效，全市建立国家级技能大师工作室3家，省级技师工作站9个，市级技师工作站30个，全年新增高技能人才2.3万人，组织职业技能鉴定11.2万人。

【人事制度改革】 **公务员管理**。完善创新公务员管理体制，拟定了政府《雇员管理办法》，积极探索推进政府雇员制度试点。扎实做好公务员考录工作，共考录公务员690人，修订完善平时量化绩效考核办法，认真做好公务员平时量化考核，进一步提升了考核的科学性和公平性。

事业单位人事制度改革。稳步推进事业单位岗位设置管理，事业单位岗位设置管理目标已完成94.8%，推行聘用制度的事业单位覆盖率达到100%。

军队转业干部安置。军转安置任务圆满完成，企业军转干部解困维稳工作成效明显，共接收安置军转干部261名，其中计划分配160名，自主择业101名，接收随调家属17名，军转干部安置率、安置政策落实率均达到100%。

【工资收入分配】 **公务员工资津贴**。改革完善机关事业单位工资制度，调整机关事业单位工作人员基本工资标准，建立基本工资标准正常调整机制。稳步推进县以下机关职务与职级并行工作，共有7616人晋升到上一职级。

企业工资调控。深入推进国有企业负责人薪酬制度改革，在全省率先制定《潍坊市市管企业负责人薪酬制度改革实施方案》（以下简称《实施方案》），《实施方案》由市委、市政府印发实施。加强企业工资的指导调控，连续第六年调整提高最低工资标准，制定发布了全市人力资源市场工资指导价位和行业人工成本信息，充分发挥市场对企业工资分配的基础性调节作用，促进企业工资的正常增长。

【劳动关系】 **劳动合同管理**。全面加强劳动合同管理，深入落实集体合同制度，积极推行劳动用工网上备案，依法规范劳务派遣，切实规范了企业用工行为。全市劳动用工网上备案人数达到116.05万人，全市企业用工动态监管机制进一步完善。

劳动人事争议调解仲裁。以提升劳动人事争议处理效能为核心，以开展示范仲裁院建设活动为重点，全面加强劳动人事争议调解处理能力建设，不断提升劳动人事争议处理的标准化、规范化、专业化水平。全市共建立基层调解组织4615个，调解案件1912件，调解成功率为93.25%，各级仲裁机构受理争议案件3007件，结案率为100%。

劳动保障监察。综合运用各种监察执法方式，加大劳动保障监察执法力度，依法查处各类违法案件3722起，责令支付工资报酬8602.14万元，补签劳动合同2.05万份，追缴社会保险费698.25万元，有效维护了用人单位和劳动者的合法权益。

【信息化建设】 信息化建设实现新的突破，基础设施日趋完善，网络覆盖范围更加广泛，业务支撑能力不断增强。全面推进“电子社保”建设，大力提升网上经办服务，业务支撑能力不断增强，全市开通单位达到1.2万家，开通率达98.5%，社保卡发行达到701万张。

（潍坊市人力资源和社会保障局）

济宁市

2015年，济宁市人力资源社会保障部门立足民生为本、人才优先，坚持稳中求进、从严从实，圆满完成全年目标任务。市人社局在市直部门考核中，获得了“全市科学发展综合考核先进集体”“社会稳定信访工作先进单位”“群众满意先进单位”“双创双争创新创优奖”等多项奖励。

【就业工作】 全市实现城镇新增就业6.43万人，完成年度任务的106%；新增农村劳动力转移就业7.45万人，完成年度任务的105%；失业人员再就业3.89万人，完成年度任务的102%；就业困难人员就业6245人，完成年度任务的104%。全市开展就业培训8.47万人，完成年度任务的107%。其中，职业技能培训6.72万人、完成年度任务的106%，创业培训1.75万人、完成年度任务的109%。

就业创业政策。印发《关于优化就业创业政策的通知》，将小微企业的一次性创业补贴提高到1.2万元，将初级工培训补助标准由700元/人提高到800元/人，中级工、高级工的培训补助标准由800元/人、900元/人统一提高到1200元/人，对安排就业困难人员就业的各类用人单位按照当地社会平均工资的50%-60%给予岗位补贴和社会保险补贴。印发新的就业专项资金管理办法，提高了资金使用效益。全市各项就业补贴资金支出2亿元、比去年同期增长25%，享受补贴人数13.62万人。

就业政策宣传。改版升级济宁就业创业网，开展就业政策入千企宣讲活动90期，在城区50个重点区域公交站牌开展就业政策宣传，向各类群体发送就业创业扶持信息9万多条，中国劳动保障报到济宁市进行了“创业中国·城市篇”专题采访。结合精准扶贫，制作就业政策宣传牌，悬挂全市所有村（居）。全年共在各类媒体发表稿件155篇，推动就业政策的宣传。

就业培训。开展培训质量提升年活动，深入推进就业培训进乡镇、进农村、进社区、进企业“四进”活动，将培训送到群众家门口。在驻济8所监狱全面开展就业培训进监狱活动。在全市就业培训机构全部安装电子监控系统，对培训全过程进行实时监控，确保培训质量。以泗水县为试点开展统筹农民工职业技能培训工作。新增济宁技师学院、山东理工职业学院2处就业培训实训示范基地。

大众创业。启动建设济宁市创业大学，指导高新区创业大学和山东理工学院创业学院投入运营。建立市级创业担保贷款公共服务中心，实现与经办银行联合办公，一站式服务。建立贷审会制度，开发信息管理系统，打造信息化、数字化贷款管理平台。全市发放创业担保贷款6.95亿元，直接扶持1.15万人创业，带动就业5.64万人。评选了13个市级创业型乡镇（街道）、10个市级创业型社区，为推动大众创业提供了良好平台。

基层公共就业服务。全力推进“数字化就业社区”“充分就业社区”“就业服务标准化社区”建设，23家省级充分就业社区均基本达标。加强工作人员业务能力和素质培训，提升服务水平，提高群众对服务工作的满意度，今年2月份“市就业创业服务大厅”被市直机关工委授予“共产党员先锋岗”称号。

就业精准扶贫和援企稳岗。制定就业精准扶贫方案，免费开展就业技能培训1100人，推荐扶贫对象就业1480人。在全省率先印发《关于进一步做好创业担保贷款支持精准扶贫工作的通知》，为贫困农户提供1000元—20000元的信用担保贷款，并给予全额财政贴息，帮扶贫困人口脱贫致富。积极落实失业保险援企稳岗政策，为518户企业发放稳岗补贴7524.39万元，惠及职工43.71万人。

【社会保障工作】 全市五项社会保险覆盖率达到90.7%，全市居民医疗费报销比例达到51.47%。社会保险扩面新增参保9.2万人次，完成全年计划的102%；征缴社保基金183亿元，完成全年计划的105%。

社会保险制度。全市机关事业单位养老保险制度改革按时启动、顺利实施、平稳运行。建立职工大病医疗保险制度，提高居民大病保险报销额度，一个年度内职工和居民的基本医疗保险和大病保险最高报销额总数均提高到45万元。作为“全国工伤预防试点城市”，健全了工伤预防、补偿、康复“三位一体”的制度体系。

社会保险待遇。为全市19.7万名企业退休人员调整提高养老保险待遇，人均月增加269元。为全市60岁以上的城乡居民提高基础养老金标准，每人每月提高到85元，每年增加基金支出6.7亿元。失业保险待遇提高到每人每月900元，伤残津贴每人每月提高260元，1.2万人享受生育医疗费零负担待遇。城乡居民基本医疗保险制度顺利实施，基本医疗保险和大病保险最高报销数额为45万元。全年为全市29.7万名机关事业和企业离退休人员发放养老金96.1亿元，为全市119万名城乡居民发放养老金13.1亿元，为82.8万名住院参保人员报销医疗费54.4亿元，支付工伤生育和失业保险金5亿元，全年各项社保基金共支出169亿元。各项社会保险待遇做到了按时足额发放。

社会保险基金管理。上半年集中3个月的时间共检查医院4887家、药店875家，补缴养老保险的3612人，对堵塞漏洞和规范经办起了重要作用。社会保险稽核参保单位2350家、502家人均上调缴费基数458元，每月多收基金526万元。认真落实基金上解和调剂制度，向省上解养老、失业保险基金2693万元，向省归集企业养老保险投资运营基金18.5亿元，向县市区调剂基金3.2亿元，确保了退休人员养老金的按时发放。

社会保险经办服务。认真落实“一票征缴”制度，积极推进“电子社保”建设，全市已有11929家参保单位开通网上申报缴费业务，为职工群众提供优质服务。全市累计制发社会保障卡680万张，实现参保缴费、就医购药、住院报销“一卡通”。

【人才队伍建设】 人才政策。配合市委组织部印发《关于实施孔孟之乡儒学研究和传播人才专项工程的意见》，研究制定《济宁市市级留学人员创业园认定和管理办法》《济宁市博士后专项资金使用管理办法》，相关人才政策进一步完善。

人才智力引进。开展“人才服务进千企”活动，面向国内外发布《济宁市高层次人才（团队）需求目录》，组织企业参加“山东—名校人才直通车”活动，开展“孔孟之乡、山东济宁”校园人才招聘活动，引进国内外高层次人才2804人，其中博士201人，引进5个海外创新创业团队。

人才平台建设。新增3家国家博士后科研工作站，总量达到14家；率先实施市级博士后创新实践工作站建设，有7家站招收进站博士12人。邀请清华大学、同济大学、上海交大等19所教育部直属工科院校来济宁开展人才交流，建立长期合作关系。与清华大学第3次续签博士生实践基地合作协议，有20名博士生在14家企事业单位开展科研实践。在全省率先启动实施“留学人员来济创业启动支持计划”，欧美同学会留学报国济宁基地成功挂牌。

高技能人才。围绕产业发展需求，加快推进高技能人才振兴三年行动计划，择优评定21家技能大师工作室、10家高技能人才培养示范基地，全市累计培养高技能人才1.5万人、完成100.2%，其中技师、高级技师3449人、完成107.8%，鉴定后发证4.97万人、完成103.5%，新增“山东省首席技师”7人。加快技工教育改革发展，推进中职学校实行“双证互通”，省政府批准兖州高级技校改建为济宁市工业技师学院。济宁市被确定为“全国第二批百城技能振兴专项活动城市”。

【劳动关系】 运行机制。在全省第一个启动劳动关系和谐城市创建工作，提请市委、市政府印发《济宁市创建劳动关系和谐城市实施方案》，成立由市领导任组长、26个部门单位为成员的领导小组，协调推进工作开展。

保障机制。加强劳动用工管理，全市备案企业9810家、职工51.9万人。加强企业工资宏观调控，全市月最低工资标准调整为1450元和1300元，国有企业负责人薪酬改革工作顺利实施。在全省率先建立农民工工资支付保障“一书两金一卡”和“工资预储金”制度，从源头上解决拖欠农民工工资问题。

监察执法。强化部门联动、一体执法，积极推进“劳动维权110”品牌建设，全市共查处各类劳动保障违法案件980件，为9423名劳动者追回工资报酬8049万元，督促缴纳社会保险费8753万元。

矛盾调处。坚持基层为主、预防为主，建立企业法律风险防控机制，完善劳动人事争议仲裁组织体系，全市基层调解组织达到2488家，90%以上的争议矛盾在基层得到化解。

【人事管理】 **公务员队伍**。全市招考公务员473名，市直机关遴选工作人员44名。积极破解基层公务员晋升空间狭窄的问题，在全市乡镇机关新设置非领导职数742个，其中主任科员368个。表彰全市人民满意的公务员集体10个、人民满意的公务员20名。圆满完成2015年度军转干部和随军家属安置任务，全市企业军转干部保持总体稳定。

事业单位。创新事业单位招聘机制，首次参加全省统一笔试，全面取消户籍限制，放宽应聘年龄，严禁设置指向性条件，保障了招聘的公平公正，全市公开招聘事业单位工作人员2801名。事业单位因事设岗、竞聘上岗、按岗聘用、合同管理的聘用制目标基本实现。

机关事业单位收入分配制度改革。工资制度改革全部实施到位，涉及全市机关事业单位工作人员18.9万人，人均月净增资675元（含房补），工资结构进一步优化。县以下机关公务员职务与职级并行制度启动实施，全市首批晋升职级人员6953人，人均月增资约380元。事业单位实施绩效工资实施工作全面入轨，率先建立了事业单位绩效工资调节金制度，激发了事业单位内部活力。

【机关建设】 **“三严三实”专题教育**。市人力资源社会保障局党委认真落实市委部署要求，以严的标准、实的作风扎实开展专题教育，局领导班子成员讲党课、学习研讨、专题民主生活会和组织生活会、整改落实等各项规定动作有序实施。

机关党建。市人力资源社会保障局党委坚持把党建工作与业务工作同部署、同落实、同检查、同考核。建立基层党组织书记述职评议制度，严格党内生活，班子成员认真落实双重组织生活制度，督促指导各基层党组织认真开展“三会一课”、民主评议党员工作，推进党内生活更加制度化、规范化。成立了局机关党委和机关工会，进一步加强了党建工作力量。

干部队伍建设。制定干部教育培训计划，办好“干部大讲堂”，组织系统内56名干部到国家公务员高培中心进行业务培训。分四个批次，组织实施局机关和9个事业单位的科级干部选拔任用工作，激发了广大干部干事创业的激情。

作风建设。开展“作风建设集中整治月”和“窗口服务提升年”活动，定期对重点领域和关键环节进行监督检查，保持严抓严管的浓厚氛围。重新梳理修订《工作流程与规范暨廉政风险防控措施》，开展“守纪律讲规矩”知识测试。扎实做好干部联户、驻村帮扶工作，组织开展送培训、送政策、送温暖活动，树立人力资源社会保障部门的良好形象。

（济宁市人力资源和社会保障局）

泰安市

2015年，泰安市人力资源社会保障系统紧紧围绕“以人为本，幸福民生”的部门宗旨和“仁爱包容，勤廉创优”的核心理念，倾力打造“真情人社”服务品牌，各项工作取得新成绩。市人力资源社会保障局被全国文明委表彰为全国文明单位，被授予全省人民满意示范单位荣誉称号并立集体二等功，连续荣获全市科学发展综合考核先进单位、政风行风建设先进单位、“五型”机关建设示范单位、十大文明示范行业等荣誉称号。市社会保障服务中心被中华妇女联合会表彰为全国巾帼建功先进集体，被省总工会表彰为山东省职工职业道德建设标兵单位并获得山东省富民兴鲁劳动奖状。

【就业创业】 全市城镇新增就业6.86万人，新增农村劳动力转移就业8.46万人，城镇登记失业率2.07%。

创业带动就业。以市政府名义印发《关于进一步做好新形势下就业创业工作的实施意见》《实施就业优先战略行动方案》，出台系列政策措施，全市就业创业政策体系更加健全。启动泰安创业大学建设，建成泰山职业技术学院和泰安技师学院两个校区，集创业教育、创业实训、创业服务、创业孵化等多种功能于一体的创业创新型人才培养载体初步建立。开展争创省级创业平台活动，泰山科技创业孵化基地被认定为“山东省创业孵化示范基地”，山东农业大学大学生创新创业孵化基地被认定为“山东省大学生创业孵化示范基地”。开展市级创业示范平台创建活动，认定市级创业孵化基地、创业示范园区6家，农民工返乡创业园2家。巩固国家级创业型城市成果，继续实施创业型街道（乡镇）、社区建设，评估认定市级创业型街道（乡镇）12个、创业型社区30个。推进“创业融资时时通”工作，将小额担保贷款覆盖范围扩大到大学毕业生、复退军人、返乡农民工等全部创业人员，贷款额度提高到10万元，劳动密集型小企业提高到300万元，全年为3477名各类创业人员发放贷款4.55亿元，贴息资金3056万元。全市扶持创业1.35万人，带动就业4.23万人。

大学生就业创业。依托省级大学生创业孵化基地，在8所驻泰高校全部建立创业培育中心，形成一基地多中心的大学生创业孵化格局。泰安市自主创业大学生薛强被评为第三届“山东大学生十大创业之星”。全面实施高校毕业生实名制跟踪服务，登记接收毕业生12543人，就业率99.5%。对未就业的特困家庭毕业生实行“一对一”就业指导、重点推介和免费培训，实名登记的608名特困家庭毕业生全部实现就业。加强高校毕业生就业见习基地建设，建成省级见习基地5处，市、县级基地163处，参加见习1577人，见习人员留用率85%以上，期满就业率97%。实行毕业生就业“一站式”便捷服务，加强就业服务微平台建设，完善“菜单式”服务模式，推进人才服务进校园、进企业、进社区。组织举办“山东省2015年秋冬季高校毕业生旅游服务类就业市场”，进场招聘单位238家，提供就业岗位8300个，签订就业协议1853人，达成就业意向3420个。协助驻泰高校组织举办各类就业市场近百场次，大型毕业生专场招聘活动21次，提供就业岗位4.5万余个，发布毕业生需求信息1.8万余条。

农村劳动力转移就业。深入实施农民工3年3项行动计划，大力推广完善职业培训、就业服务、劳动维权“三位一体”工作机制，落实农民工创业带动就业扶持政策，为农民工提供贷款1001笔，发放贷款1.14亿元。组织开展农民工培训资金统筹试点工作，农民工参加就业技能培训3.06万人，创业培训1.06万人。新泰市作为省统筹农民工职业技能培训试点，统筹现有各类农民工职业培训资源，实现农民工培训“六统一”：统一培训机构管理、统一培训信息系统、统一培训标准、统一职业技能鉴定、统一培训补贴标准、统一培训资金发放。

就业公共服务。依托市县两级人力资源市场，通过“日常招聘+委托招聘+专场招聘”三种形式，打造特色招聘服务模式。举办“就业援助月”“春风行动”“民营企业周”等招聘活动，组织开展“就业政策惠民生”“一帮一爱心促就业结对帮扶”等服务活动，实现就业服务360度无缝覆盖，共组织用工洽谈会387场，提供用工岗位10.4万个次，进场应聘9.3万人次，推荐介绍就业7.5万人次。加强定点培训机构规范管理，通过公开统一招标，确定全市定点培训机构67家，累计培训7.18万人次，发放培训补贴4020.6万元。扎实做好东平湖库区移民成方连片抓党建促脱贫就业帮扶工作，组织沿湖54个行政村开展培训30期次，培训学员1636人。

【社会保险】 全面启动全民参保登记计划，推动社会保险在制度全覆盖基础上实现人群全覆盖，社会保险保障能力不断增强。全市各项社会保险参保人数净增12.43万人次，收缴保险费151.22亿元，同比增长15.1%，收缴率95%以上。全市参加城镇职工养老保险128.92万人，收缴保险费76.68亿元；参加居民养老保险284.91万人，收缴保险费17.65亿元；参加职工医疗保险104.26万人，收缴保险费（基本医疗）26.53亿元；参加居民医疗保险422.79万人，收缴保险费21.22亿元；参加失业保险61.3万人，收缴保险费2.7亿元；参加工伤保险88.9万人，收缴保险费4.47亿元；参加生育保险77.94万人，收缴保险费1.97亿元。全市发放社会保险金131.39亿元，同比增长15.5%。全市发放机关企事业单位离退休人员养老金69.18亿元；为82.9万名居民发放养老金9.03亿元；支付职工医疗保险基金15.97亿元、居民医疗保险基金20.05亿元、失业保险金0.91亿元、工伤保险基金3.94亿元、生育保险基金1.45亿元。

养老保险。印发《泰安市人民政府关于机关事业单位工作人员养老保险制度改革的实施意见》及《实施办法》，全面启动机关事业单位养老保险制度改革工作。落实机关事业单位离退休人员待遇调整有关规定，为全市5.4万名机关事业单位离退休人员调整了待遇，月人均增加基本养老金351元、津贴225元。实现企业退休人员养老金11连涨，月人均增加养老金253元，惠及13.99万人。调整提高380名市直企业离休人员及建国前老工人待遇水平，人均增加903元。居民基本养老保险基础养老金由月人均75元提高至月人均85元，实现4连涨，惠及82.9万人。积极做好企业职工基本养老保险基金委托运营工作，结合各县市区基金支撑能力、结余基金存储等因素，实行阶梯式增长的办法确定各地归集数额，第一期21.6亿元全部归集到位。提升社会保险经办服务水平，实现市直企业退休人员养老待遇计发“零等待”、网上服务“零距离”。开展被征地农民社保资金分解落实工作专项行动，全市分解落实资金3.68亿元，占资金总额的51%，为17.3万名被征地农民建立养老保险个人账户，为2.8万名被征地农民发放养老金983.31万元。

失业保险。继续开展失业保险基金扩大支出范围试点工作，全市安排扩大支出试点资金8553.5万元，实际支出用于社会保险补贴、岗位补贴、小额贷款担保基金等各类资金5880.6万元。贯彻落实失业保险支持企业稳定岗位政策，认定符合条件的困难企业37家，发放稳岗补贴3640.11万元。其他企业按照2014年度缴纳失业保险费总额的30%给予稳岗补贴，全市1255家企业共获批补贴资金2155.52万元。调整失业保险金标准，全市统一提高为每人每月900元。

医疗保险。圆满完成泰安市委市政府确定的“完善城乡居民医疗保险体系，实现城乡居民基本医疗保障服务均等化”为民要办实事，统筹城乡的居民基本医疗保险制度更加健全。城镇职工基本医疗保险年度最高支付限额提高到10万元，居民医疗保险统筹基金最高支付限额提高到16万元，门诊慢性病病种扩大到30种。完善居民大病保险制度，居民大病保险最高支付限额提高到30万元，年内为3.34万名参保居民减轻个人负担1.22亿元。全面实行医疗付费总额控制办法，推进以总额预付方式为主，按病种支付、按人头付费、限额付费相结合的复合式付费方式，有效降低不合理医疗费用。扩大职工医疗保险个人账户结存基金支出范围，在确保医疗保险基金安全、个人账户主要保障医疗所需的前提下，开展个人账户结存基金用于大众化、基础性健身消费试点。建立基本医疗保险定点医疗机构定期巡查机制，每季度组织对定点医疗机构进行专项巡查。

工伤保险。全面推进“三位一体”工伤保险体系建设，完善工伤职工康复认定工作流程，规范工伤康复程序，组织对市直3家定点康复机构进行评估通报。印发《泰安市机关和参照公务员法管理单位工作人员工伤保险实施办法》，实现工伤保险制度全覆盖。推进建筑业参加工伤保险工作，1.6万名建筑行业农民工受益。坚持劳动能力鉴定“绿色通道”制度，全年为1578名工伤职工进行劳动能力鉴定。组织开展“工伤保险宣传月”活动，广泛宣传工伤保险政策法规，职工工伤维权意识进一步增强。

生育保险。坚持生育基金月通报、反馈机制，稳步推进生育费用目录内项目“零负担”。下调缴费费率，将全市生育保险费率由用人单位职工工资总额的1%下调到0.5%，有效减轻企业负担。

社会保险基金监管。组织开展社会保险基金账户管理及保值增值情况、机关事业单位养老保险基金、社会保险基金预决算三项检查，确保基金安全完整。首次实现社保基金预算经人代会审议批准，财政部门批复后向社会公开，迈入人大及社会监督介入社保基金监管的新常态。稳步推进社保基金网络监督工作，共核查疑点信息600余条，协助外地市核查疑点信息34条，收回违规领取养老金8.5万元。完善社保基金监管举报奖励制度，鼓励社会力量参与打击欺诈、套取基金等违法违规行为。会同公安机关建立社会保险欺诈案件查处移送工作机制，有效打击社会保险欺诈案件。

【人才队伍】 **人才引进**。按照“大活动引领、大项目带动、大合唱聚力”的工作思路，大力引进国外人才智力。全年累计引进外国专家（海外人才）376人次。1名外国专家获省政府“齐鲁友谊奖”，1名留学人员获泰山产业领军人才工程（科技创业类）专家称号，2个留学人员创业项目获省留学人员来鲁创业启动支持计划重点类项目。围绕全市重点行业和领域组织实施引智项目，组织实施获批的引进外国专家项目11个，其中国家外专局重点外国专家项目1个、高端外国专家项目1个，智惠山东项目2个，引智示范推广项目3个，出国（境）培训项目2个，常规项目2个，争取引智资助经费300余万元。发挥引智成果示范带动作用，新建市级引智成果示范基地10处，审核推荐2家市级基地申报省级基地，1家省级基地申报国家级基地。组织参加第十三届中国国际人才交流大会，洽谈投递外国专家项目36项，海外人才项目14项，初步达成引进海外人才意向51人。做好外国专家管理服务工作，全年审核办理外国专家来华许可23个，新办、延期和注销外国专家证54个。组织来自12个国家50多名外国专家参加植树造林活动，建成外国专家“泰山友谊林”，搭建起外国专家在泰交流互动平台。泰山啤酒有限公司聘请的德国专家卢特哈德先生的事迹，在国家外专局《国际人才交流》杂志、大众网、新浪网等媒体作了专题报道，反响良好。

专业技术人才队伍建设。继续深化“四个一批”梯次人才培养格局，高层次人才培养选拔力度不断加大，年内新增省有突出贡献中青年专家1人、达到23人。新增国家级博士后科研工作站4家、达到13家。健全完善专业技术人员远程培训网络平台，采取在线报名、在线培训、在线考试的方式组织实施专业技术人员公共科目培训，报名培训6.5万人次，培训网络化、信息化、规范化水平不断提高。泰安市专业技术人员公共科目培训网络平台建设的先进经验，被省厅推荐在全省推广。充分发挥业务部门作用，认真组织开展专业技术人员专业知识培训，确定专业知识培训项目199项，培训人数突破6万余人次。严格职称申报推荐程序，严格标准条件，严格审查申报材料，全面推行网上职称数据直报，工作程序不断简化，工作效率不断提高。经过个人申报、单位审核、主管部门推荐，向省高评委推荐高级职称材料308份，通过评审有738人分别取得各专业（系列）中级职务资格、160人取得中小学高级教师职务资格、149人取得卫生副高专业技术职务资格。

高技能人才队伍建设。深入开展“百城技能振兴专项活动”，扎实推进高技能人才队伍建设，新增高技能人才1.41万人，省首席技师5人，省技术能手3人。组织开展高技能人才评选表彰工作，评选表彰泰安市首席技师20人，泰安市有突出贡献技师40人，命名表彰2015年度泰安市技术能手40人。认真组织实施“金蓝领”项目培训，成功申报省级“金蓝领”项目培训基地3处，年内通过“金蓝领”培训项目培养技师771人、高级技师269人。加强技师工作站建设，新增省技师工作站1个，市技师工作站12个。成功举办2015年全市技能大赛，设立36个比赛工种，2203人参赛。组织参加首届山东省“技能兴鲁”职业技能大赛，获得团体二等奖和优秀组织奖。加快推进技工院校改革发展，泰安技师学院正式挂牌设立，全市8所技工院校中有技师学院3所，高级技校4所，年招生1.16万人，毕业生就业率达98%以上。组织开展全市民办职业培训学校年检，评定优秀办学单位20所，良好办学单位15所，合格办学单位25所，10所学校被勒令限期整改，1所学校年检不合格，依据国家有关规定撤销其办学资格。清理职业资格证书，规范职业技能鉴定行为，加强国家题库市级库建设，组织全国全省新职业统一鉴定，推进技师、高级技师社会化考评。年内取消职业资格许可和认定事项145项，职业技能鉴定316批次、4.5万人次。组织开展技工院校学生创新创意大赛，获得省决赛一等奖3个、二等奖4个、三等奖6个。

【人事管理】 **公务员管理**。坚持公平公正、公开透明，为全市各级党政机关（参照公务员法管理单位）考录公务员（参照公务员法管理单位人员）406人。举办公务员面试考官培训班，培训面试考官150名。扎实开展争做人民满意公务员活动，表彰“泰安市模范公务员”29名，并给予记三等功奖励；2014年度“泰安市优秀公务员”80名。授予130名在乡镇基层工作满30年的公务员“泰安市奉献基层奖”，并给予记三等功奖励。扎实开展 “人民满意示范单位”和“人民满意公务员示范岗” 创建活动，提出示范单位创建“五型”机关、示范岗创建“五好”处科室的创建目标，泰安市3个集体被授予全省“人民满意示范单位”或“人民满意公务员示范岗”并记集体二等功。有序推进公务员平时考核试点工作，进一步加强公务员队伍建设，健全完善机关作风建设长效机制。在全省公务员平时考核试点工作现场观摩交流会上，泰安市食品药品监督管理局作书面经验交流。加强平时考核试点单位管理，2个试点单位因工作不力、进展缓慢被取消试点资格。从严控制行政表彰奖励，审批实施市级奖励表彰项目41项，其中以市委、市政府名义35项，部门联合名义6项，表彰先进单位2115个、先进个人1399名。认真做好省级以上奖励表彰评选推荐工作，推荐候选集体58个、候选个人84名。深化公务员“四类培训”，举办乡镇科级公务员任职培训班1期，培训64人；县（市、区）直部门科级公务员任职培训班1期，培训64人；市直部门（单位）科级公务员任职培训班1期，培训60人；公安系统科级公务员任职培训班2期，培训100人；新录用公务员初任培训班2期，培训408人；泰安市现代服务业业务骨干培训班1期，培训51人。稳慎推进机构改革体制调整划转人员公务员过渡登记工作，通过考试、考核、公示完成公务员过渡登记210人；为31名已退休划转人员补办了公务员（参照公务员法管理单位人员）身份确认手续。规范公务员日常管理，审核批复2014年度市直行政机关公务员年度考核4055人，其中优秀等次756人、称职等次3262人、未定等次35人、未参加考核10人、不称职等次2人。严格落实奖励审批制度，审批记三等功奖励133人、嘉奖623人。依法审核登记公务员57人、参照管理单位工作人员101人。畅通“出口”，为4人办理退出公务员登记手续，2人办理辞职备案手续。依法做好政府人事任免工作，提请人大常委会决定任免22人次，任免政府工作人员156人次。

事业单位人事管理。规范事业单位公开招聘工作，首次实行全市同步笔试，为全市事业单位招聘工作人员1806人。更新完善岗位聘用实名制系统，实行事业单位岗位使用审核备案制度，实现了岗位聘用的实名动态管理。规范聘用合同管理，将合同签订情况与事业单位工作人员年度考核挂钩，利用考核的激励约束作用，推动聘用合同签订工作深入开展。加强事业单位工作人员绩效考核，考核部门、单位279个，批复市直事业单位工作人员和机关工勤人员14632人，2471人被确定为优秀等次，其中739人记功。稳慎推进基础教育综合改革、县级公立医院改革及事业单位改制划转等涉及人事制度方面的改革，制定出台《关于进一步加强中小学教师考核工作的实施意见》《关于推进中小学教师县管校聘管理改革的实施意见》《关于推进县（市、区）域内义务教育学校校长教师交流轮岗的实施意见》等文件。

军队转业干部安置。坚持公开透明，做好市直军转干部安置工作，接收军转干部86名（其中：计划安置47名，自主择业39名）、随调配偶2人。首次将公开选岗计划分“副团职及以上干部”选岗计划、“正营职及以下干部和技术干部”选岗计划，公开选岗办法更加科学合理。注重培训实际效果，成功举办“全市2013、2014年度军转干部教育培训班”，71名军转干部参加培训。

人事考试。坚持以考试安全为本，强化忧患意识，严格考务管理，严肃考风考纪，人事考试安全顺利实施。全年完成各类考试报名35项，报名8.8万人；组织实施人事考试20项，参考9.8万人，累计动用考点学校70余个次，考场3517个。建立健全人事考试通报制度，将相关情况及时下发各考点和违纪考生单位，达到惩防并举、惩前毖后的效果。多部门联动开展人事考试环境综合治理专项行动，严厉打击利用无线电设备及互联网作弊的活动，净化人事考试环境。

【工资收入分配】 机关事业单位工资福利。结合机关事业单位养老保险制度改革，同步完善机关事业单位工资制度，全市11.67万名职工基本工资调标工作全面完成，月人均增资1300元。根据省政府批复，完成市直机关事业单位人员津贴补贴调整工作，调整市直机关公务员津贴补贴标准（涉及0.62万人），月人均增加430元。参照公务员各职级人员的增长幅度，同步增长事业单位绩效工资总量（涉及1.62万人），将增长部分全部纳入奖励性绩效工资。调整完成后，事业单位年人均奖励性绩效工资已逾万元，占年人均绩效工资总量30%左右，激励机制已经显现。县以下机关公务员职务与职级并行制度顺利实施，6个县市区全部完成首批晋升人员工资待遇审批工作，涉及3613人。完成2016年度事业单位绩效工资总量核定工作，涉及市直事业单位345个、工作人员16211人。会同有关部门印发《泰安市市直机关事业单位津贴补贴专项清理规范工作实施方案》，对违规发放津贴补贴情况进行清理规范。

企业工资宏观管理。做好市管企业负责人薪酬制度改革，分步推进全市国有企业负责人薪酬制度改革工作，对薪酬情况进行了调查摸底、测算论证并牵头起草《市管企业负责人薪酬制度改革实施方案》。及时调整公布全市最低工资标准，从3月1日起，泰山区、新泰市、肥城市月最低工资标准由1350元调整为1450元，小时最低工资标准由13.5元调整为14.5元；岱岳区、宁阳县、东平县月最低工资标准由1200元调整为1300元，小时最低工资标准由12元调整为13元。不断加大对最低工资标准规定落实情况的监督管理力度，依法查处违规行为。发布全市企业工资指导线，2015年泰安市企业工资指导线以2014年全市企业在岗职工平均工资45485元为基数，工资增长基准线为10%，上线（预警线）为18%，下线为4%。认真落实农民工工资支付保障制度，审核19户建筑单位农民工工资保证金返还申请，返还保证金1374.8万元。做好企业薪酬调查工作，全市共调查各类企业309户，涉及职工12.2万人，为发布全市劳动力市场工资指导价位奠定良好基础。

【劳动关系】 劳动合同管理。深入推进小微企业劳动合同制度实施，从源头上规范劳动合同管理，保障劳动者合法权益。组织开展2015年“春暖行动”，以建筑业、采矿业、制造业、住宿餐饮业、居民服务业为重点，开展对小微企业劳动用工情况的调查摸底和监督检查，督促用人单位为农民工补签劳动合同5376份。与旅游、建设部门联动推进劳动合同签订工作，全市28家旅行社、36家建筑工程公司依法与职工签订了劳动合同，涉及职工5425人。加强劳务派遣单位管理，严格标准条件、审批程序，严把劳务派遣企业“入口关”，为8家新开办劳务派遣业务的企业发放了劳务派遣行政许可证，对44家已取得劳务派遣行政许可证的单位进行了年检。深化和谐劳动关系创建活动，评选表彰劳动关系和谐企业19家并授予“泰安市劳动关系和谐企业”奖牌，协调泰安市总工会为其中10家企业负责人颁发“振兴泰安”劳动奖章。

劳动人事争议调解仲裁。积极争创劳动人事争议示范仲裁院，全面提升仲裁院标准化、规范化、专业化水平。新泰市、肥城市仲裁院已通过全省示范仲裁院验收。印发《关于明确劳动人事争议案件受理处理管辖范围有关问题的通知》，理顺案件管辖权限。督促指导企事业单位、街道（乡镇）、社区建立健全劳动人事争议调解组织，提升用人单位自主解决争议的能力。严格落实调解标识、工作职责、工作程序、《调解员证》、调解员管理“五统一”要求，提高调解组织管理服务水平和公信力。推荐2家基层平台申报第三批调解预防示范单位，对第二批3家全省非公有制企业调解预防示范单位进行督查验收。完善劳动人事争议案件处理工作规程，实行主、副仲裁员办案制度，采取一人主办、一人协办的方式办理劳动人事争议案件，相互衔接、相互补位。实行庭前例会分析制度、庭后会审制度。健全完善劳动人事争议仲裁委员会运行机制，调整仲裁委员会成员，首次召开泰安市劳动人事争议仲裁委员会全体会议，讨论通过并印发《泰安市劳动人事争议仲裁委员会成员会议制度》。在泰安市总工会（职工服务中心）建立仲裁派出庭，拟定了仲裁派出庭运行规则，扩大仲裁庭影响力。加大终局裁决力度，稳步提高一裁终局率，劳动人事争议案件一裁终局率达 27%。建立裁审衔接制度，主动与法院沟通衔接，实现劳动人事争议裁决书和法院判决书的信息共享，避免同一案件仲裁、法院审理结果出现较大差异，维护法律权威。全市共处理案件 1146 件，其中案外调解处理 195 件，立案受理 951 件，当期结案 934 件，当期结案率 98%，按期结案率 100%，结案案件涉案金额 2386 万元。

劳动监察。以市委办公室、市政府办公室名义印发《关于进一步加强农民工工资支付工作督导检查的通知》，进一步完善农民工工资支付督导检查制度。联合有关部门组织开展全市农民工工资支付情况专项检查，共检查各类用人单位 413 户，涉及职工 4.27 万人，下发责令整改通知书 166 份，为 1329 名农民工补发工资 188.5 万元。联合有关部门组织开展清理整顿人力资源市场秩序专项行动，对 96 家职介机构进行整顿，对 12 家职介机构发出限期整改令，清理无照无证的“黑职介”18 家，为求职者追回求职费用 3.6 万元。组织开展用人单位遵守劳动用工和社会保险法律法规情况专项检查，着力查处企业违法用工和未参加社会保险等违法行为。建立健全劳动监察、行政执法与刑事司法联动机制，先后向公安机关移交欠薪逃逸案 10 起，目前已侦结 5 起。组织开展 2014 年度用人单位劳动保障年检，检查市直各类用人单位 516 户，涉及职工 5.89 万人，新增参保职工 2659 人，补签劳动合同 3679 份，补发拖欠工资 419 万元，补缴社会保险费 623 万元。全市劳动保障监察共受理举报投诉 942 起，其中非立案处理 581 起，立案 361 起，结案 358 起，结案率达 99.2%，劳动保障监察“利剑”和“杠杆”作用充分发挥。

【公共服务平台】 巩固基层平台规范化建设成果，会同泰安市编办、泰安市财政局联合转发了《关于加强乡镇（街道）人力资源社会保障公共（就业）服务平台建设的意见》，明确了乡镇（街道）人社所的机构、人员和经费保障，首次提出“乡镇（街道）在调整人力资源社会保障所长时，要事先征求县级人力资源社会保障部门意见”。努力提升基层平台工作人员能力水平，牵头举办全市基层平台业务骨干培训班 2 期，200 余人次参加培训。加强基层平台培训讲师团建设，组织推荐 13 名讲师参加省厅专题培训并通过资格认定。按照省厅统一部署，在全市范围内组织开展全口径人才资源统计调查工作，共调查用人单位 2.54 万家、村委会 4057 个，进村入户调查 354.36 万人次，摸清了全市人才资源状况。加强市级数据中心建设，优化调整“云数据中心”软硬件资源配置，提升数据中心整体性能。顺利完成业务专网安全专项整治和信息系统安全加固工作，代表山东省接受中央网信办网络安全专项检查，网络及业务系统通过检查组攻击性测试，系统整体安全得到检查组认可。加强部门文化建设，探索实践了“五个一”工作法，即：坚持一个核心理念、打造一个服务品牌、建立一套规章制度、推出一系列服务措施、完善一以贯之抓作风的长效机制。10 月 14 日，人力资源社会保障部副部长孔昌生来泰调研时对部门文化建设给予充分肯定。

（泰安市人力资源和社会保障局）

威海市

2015年，在威海市委、市政府的正确领导下，威海市人力资源和社会保障局牢牢把握“走在前列”目标定位，坚持“民生为本、人才优先”工作主线，统筹城乡的就业创业质量不断提高，市域一体的社会保障体系日益完善，高层次和高技能人才引进培养机制不断健全，机关事业单位人事管理更加规范，工资制度改革稳步推进，劳动者合法权益得到有效维护，“人社公共服务一体化信息便民工程”实现创新突破，各项目标任务全面完成，多项工作经验在全国、全省推广。

【就业创业】 全市城镇新增就业4.2万人，农村劳动力转移就业1.7万人，“3545”等大龄就业困难群体实现就业再就业2300人，就业转失业人员实现再就业1万人，城镇登记失业率1.53%。

创业就业政策。优化创业政策，全市发放创业补贴1752笔，共计581.35万元；发放创业担保贷款3.3亿元，同比增长43.5%，直接扶持2950人实现自主创业，吸纳带动就业9250人，其中为劳动密集型小企业发放贷款14笔3190万元，实现零突破。为953家企业吸纳的2225名大龄就业困难人员发放社会保险补贴和岗位补贴4684.2万元，为20家企业吸纳的211名农村新成长劳动力发放一次性就业岗位补贴40万元，为10171名“4050”灵活就业人员发放社会保险补贴2495万元。

大众创业。市委、市政府首次专门召开全市创业大会，印发《关于进一步促进大众创业的意见》（威发〔2015〕5号）等系列政策文件，推动大众创业体制机制和政策体系更加完善。深入开展67个省市两级创业型镇街和社区建设，高标准建成覆盖全市的32处创业孵化基地（园区），其中认定市级创业孵化示范基地17家，新增省级创业孵化示范基地（园区）3家，总数达7家。联合中小企业局、金融、科技、银行、担保机构等部门在市政务服务中心设立了一站式“创业服务大厅”，与电视台联合打造“创业秀场”专题栏目，成立创业指导专家委员会，充实创业培训师资库，创新创业大学“一点多校”办学模式，在各区市、孵化基地、社区和高校设立分校12处，全年共完成创业实训近4000人，创业成功率超过10%，推荐1人入选全省“双创之星”。

公共就业服务。组织开展“春风行动”“就业援助月”“农民工恳谈日”等就业服务专项活动，组织实施就业创业培训五年规划，开展各类就业培训4.2万人。举办各类大型招聘活动67场，开办市场招聘日活动350场，进场单位7164家次，现场达成招聘意向4.06万人。组织走访就业困难人员家庭370户，132名登记认定的就业困难人员全部实现就业再就业。

农村劳动力转移就业。围绕市委市政府提出的“农村居民市民化”目标，创新农村劳动力转移就业培训机制，结合实施农民工技能提升等3年行动计划，在国家级开发区、六大重点区域建设了7个培训基地和12个中心镇培训点开展“点餐式”培训。积极开展“实用技术培训进镇村”“就业培训进园区”“三项技能培训进拆迁村”等就业创业培训下基层活动，组织“就业大篷车”送岗下乡14场次，免费培训农村居民2.8万人。

高校毕业生就业。成功举办了第19届高校毕业生供需见面会，360家企业提供就业岗位1.12万个，省内外1.3万名高校毕业生参会，现场达成就业意向8000多个。按照“小规模、多批次、专业化、网络化”原则，组织开展高校毕业生就业服务月、就业服务周、春季毕业生招聘会等各类招聘活动60多场次，累计提供就业岗位2.8万个。继续组织实施“三支一扶”计划，招募大学生117人。将离校未就业毕业生纳入就业失业全员登记管理服务范围，广泛开展未就业毕业生就业服务工作。鼓励小微企业吸纳高校毕业生就业，共为10家小微企业吸纳的74名高校毕业生发放社会保险补贴63.4万元。推进高校毕业生就业见习工作，新增毕业生就业见习基地13家，组织641名毕业生上岗见习，发放2014年度见习补贴43.6万元。全年各类用人单位共接收毕业生8644人，回生源地未就业毕业生就业率达98.7%。

破解招工难题。以150家代表性企业为监测点，准确获取企业用工信息，形成了2015年企业用工形势分析报告。组织60多家企业赴河北、山西、甘肃等劳动力富集地区招工，并争取邯郸市就业服务局在威海市设立联络处，建立了长期用工合作机制，全年引进外来劳动力2.3万人，有力保障了企业生产经营需要。

就业社区建设。加快“数字就业社区”建设，开展“威海市充分就业星级社区”评估认定工作，评定“威海市充分就业星级社区”52家，全市被认定的国家级充分就业示范社区1家，省级充分就业星级社区14家，市级充分就业和谐社区196家。

【社会保障】 **企业职工基本养老保险**。企业职工基本养老保险参保78.8万人，基金收入179.6亿元，发放养老金50.8亿元。连续第11年提高企业离退休人员养老金水平，涉及18.9万人，人均月调增240.32元。

机关事业单位养老保险。全市机关事业单位参保7.3万人，基金收入25.8亿元。威海市政府印发《关于机关事业单位工作人员养老保险制度改革的实施意见》（威政发〔2015〕16号），标志着威海市机关事业单位养老保险制度改革正式启动。

居民基本养老保险。进一步完善政策制度，做好居民与职工养老保险制度相互衔接。全市居民基础养老金标准统一提高到了每人每月95—110元，全市参保居民88.7万人，参保率达到99%，44.7万老年居民领取养老金待遇6.5亿元。

被征地农民养老保险。研究做好新老被征地农民保障制度的衔接、待遇计发、账户资金管理等工作，完善被征地农民信息网络管理系统，较好地解决被征地农民历史遗留问题。组织开展全市逐镇村摸底调查统计工作，彻底摸清被征地农民有关情况，指导各区市制定保障方案，落实保障资金，办理新参保人员1600人，落实个人账户保障资金2263.9万元。

职工基本医疗保险。全市职工医疗保险参保91.6万人，基金收入26.4亿元，共为14.2万名参保职工支付医疗待遇17.6亿元。新增市级定点医疗机构6家，新增市级门诊慢病定点医疗机构16家，申请慢性病定点医疗机构的参保职工不受参保地限制，可在全市范围内就近选择并申请门诊慢病待遇资格。

居民基本医疗保险。全市居民基本医疗保险参保159.6万人，参保率达到99%，政府补助标准提高到390元，基金收入8.03亿元，为18.9万名居民支付医疗待遇9.2亿元。提请市政府修订了《威海市居民基本医疗保险规定》（威政发〔2015〕32号），将威海市长期居住的外来人口纳入保障范围，实现居民“同城同待遇”。取消参保居民市内转诊转院限制，城乡参保人员实现市域范围内自由选择就医。

居民大病保险。推行居民大病保险与居民基本医疗保险一并即时结算机制，提高居民大病保险报销的时效性，有效缓解了重大疾病群体经济负担。居民大病保险人均筹资标准为32元，均从居民基本医疗保险基金中划拨，参保居民个人不缴费。最高补偿额提高到30万元，全年共为3.1万名居民补偿医疗费7451万元。

医疗费用结算。继续探索总额预付、按病种结算、定额结算为主体的医疗保险结算制度，全市范围内全部实现直接结算，减轻了个人垫付压力，方便了群众报销。进一步扩大定额结算病种范围，年内新增胆系结石手术治疗、主动脉夹层支架置入术、先天性心脏病手术治疗等定额结算病种50个、总数达81个，定额结算标准内，参保职工个人零负担，参保居民只负担20%—40%，全年共为4.6万多名参保人员减轻负担3.5亿元。

工伤保险。全市工伤保险参保71.4万人，基金收入3.2亿元，为8326名工伤职工和989名供养亲属发放工伤保险待遇3.58亿元。印发《关于调整工伤保险基准费率有关问题的通知》（威人社发〔2015〕45号），调整一级至四级工伤职工伤残津贴、生活护理费和工亡职工供养亲属抚恤金标准，有效保障了工伤职工合法权益。会同城建、安监、工会等部门制定《威海市开展建筑业“同舟计划”工作方案》（威人社办发〔2015〕101号），做好建筑业农民工参保工作。工伤认定与劳动能力鉴定实行网上申报，劳动能力鉴定部分标准被人社部采用为国家标准。全年认定工伤案件5382起，组织劳动能力鉴定3590人次，为166名工伤职工进行了工伤康复。

失业保险。全市失业保险参保56.03万人，失业保险金发放标准提高到950元，基金收入3.88亿元，为2.49万名失业人员发放失业保险金及支付医疗保险费2.11亿元。做好失业保险稳岗补贴发放和扩大支出试点工作，为全市符合条件的546户化解产能严重落后、节能减排、兼并重组等五类企业和其他类企业发放稳岗补贴2110万元。

生育保险。全市职工生育保险参保60.4万人，基金收入2亿元，为16566名女职工支付生育医疗待遇2.1亿元。建立了机关事业单位生育保险制度，生育保险实现城乡各类群体“全覆盖”和生育、孕检费用“零负担”。适当下调生育保险缴费费率，企业生育保险费率由1%下调至0.5%，灵活就业人员为本人缴费基数的0.5%缴纳。

社会保险市级统筹。提请市政府印发《关于完善社会保险市级统筹制度的意见》（威政发〔2015〕13号），将职工养老保险、职工医疗保险、失业保险、工伤保险、生育保险和居民养老保险、居民医疗保险纳入市级统筹范围，对各项社保基金实行全市“统收统支”管理模式，建立扩面征缴责任分担和基金支出风险控制机制，有效提高了基金共济水平和抗风险能力。

社会保险基金监督。创新社保长期待遇领取资格“大认证”机制、医保反欺诈机制，将66万名领取长期社保待遇人员全部纳入认证范围，认证率达到96%。圆满完成社保基金安全评估国家级试点，稳妥实施养老保险基金委托运营工作，开展社会保险基金账户管理及保值增值情况专项检查、居民医疗保险基金专项检查等工作，建立基金违规违纪网上举报平台，加大了基金监督检查力度，基金运行保持安全稳健。市人力资源社会保障局被评为“全省社会保险基金监督工作先进单位”。

【人才队伍建设】 **留学人员创新创业**。印发《威海市引进海外高层次人才服务绿色通道暂行办法》（威人社发〔2015〕57号）《威海市高层次人才服务窗口运行管理暂行办法》（威人社办发〔2015〕99号），为吸引海外留学人员来威创新创业打造良好的政策环境。组织举办第四届“海外博士威海行”暨“英创杯”国际创新创业大赛活动，21名海外博士与33家企业代表进行现场洽谈交流，签订重点项目合作协议3个，达成合作意向8个。积极争取上级支持，实现省政府与人力资源社会保障部共建威海留学人员创业园。拓宽海外高层次人才引进渠道，新建海外引才工作站3个、总数达6家。全年共认定留学人员创业企业7家，发放留学人员企业一次性创业资助资金110万元，推荐吕杨、王新刚、张原彰、许国昌等4名回国创业留学人员获“泰山产业领军人才工程科技创业类（海外）”称号。

人才引进。认真落实威海“英才计划”，牵头制定企业博士聚集、万名大学生聚威创业等5个配套文件，引才育才用才政策体系不断健全。举办“第四届威海市人才引进校企合作恳谈会”，组织40多家企业参加“山东——名校人才直通车”等活动，达成人才引进意向3200多人。组织实施山东半岛蓝色经济区人才发展项目，引进高端人才16人，落实扶持资金140万元。全年引进各类人才2.5万人，其中硕士以上学历1139人。

专业技术人才队伍建设。稳妥推进高等学校教师职称制度改革，组织4000多名专业技术人员申报职称资格评审，3341人取得相应资格。完善继续教育基地管理、学分登记、项目备案及评估管理办法，开展专业技术人员知识更新工程培训7万人次。积极争取人力资源社会保障部“万名专家服务基层行动计划”再次落户威海市，来自中国工程院的苏义脑、方滨兴、尤政等3名院士和重点高校、科研院所的20名知名专家学者，对全市重点产业项目、技术难题“会诊把脉”，为19

家企业解决技术难题36项，有16名专家与企业达成合作意向。完善博士后工作激励和管理机制，新增国家级博士后科研工作站4家，新引进博士后科研人员13名，评选设站单位科研资助项目8个，博士后创新资助项目22项，合作导师科研资助项目3个，拨付资金经费171万元。首次对设站满三年的19家博士后工作站集中考核评估，确定威高集团、威海市商业银行2家博士后工作站为“优秀”等次。认真做好专家服务工作，首次将首席技师、文化名家、乡村之星等纳入医疗保健体检范围。推荐1名专家获“百千万人才工程”国家级人选荣誉称号，实现威海市零的突破，2名专家获省突贡专家荣誉称号。

高技能人才队伍建设。修订《威海市“金蓝领”培训项目管理办法》（威人社发〔2015〕29号），开展“金蓝领”培训8399人。推进企业技师工作站建设，新建技师工作站15家，推荐威海广泰空港设备有限公司获批山东省技师工作站。组织开展各类专项职业技能竞赛活动10次，组织参加全国、全省职业技能竞赛活动，金猴集团7名选手在全国首届皮具设计制作竞赛中全部跻身前20强，其中1人获亚军。深化技工教育改革，扶持文登区高级技工学校成功申报技师学院，威海技术学院成功入选首批职业技能竞赛省级集训基地，推进技工学校与274家企业签订校企合作协议，组织三角集团、广泰空港等技能人才缺口较大企业与山西等地职业技术院校进行对接，有效缓解企业技能人才需求压力。全年新增高技能人才9163人，开展职业技能鉴定4.8万人，推荐7人获省首席技师、10人获省技术能手、10人入选省职业能力建设项目评审专家库成员，选拔市首席技师20人、市有突出贡献技师29人。

引进国外智力。组织实施引智项目68个，有12个项目列入国家和省引智项目计划，其中“菲涅尔式光热发电太阳能吸收膜技术研发”项目列入国家外专局高端外国专家项目，“直接转矩控制策略变频器”等2个项目列入省外专局高端外国专家项目，“耐腐蚀性光谱选择吸收膜的研发”列入省外专局“引领齐鲁”高端外国专家项目，“矮砧苹果繁育与栽培技术示范推广”等2个项目列入省外专局重点引智推广项目，争取各级引智经费440万元。加强外国专家管理，引进外国专家585人次，办理外国专家来华工作证278件，审批2家单位获得聘请外国文教专家资格，全市聘教资格单位达40家。推荐罗马尼亚专家阿迪获得“齐鲁友谊奖”，并作为我省3位优秀外国专家代表之一，出席在京举行的外国专家新春座谈会，受到李克强总理的亲切接见；威海金太阳光热发电设备有限公司比利时专家约翰文作为我省4位优秀外国专家代表之一，出席了抗战胜利70周年阅兵仪式，并参加我省首届外国专家建言会。加强出国（境）培训工作，认真审核并办理了畜牧、养老、环保等领域13人随省团出国培训手续。

人力资源服务业。研究出台《关于加快发展人力资源服务业的实施意见》（威人社办发〔2015〕1号），联合市财政局印发《威海市市级人力资源服务业发展资金管理办法》（威财社〔2015〕4号），每年设立200万元的专项资金，大力扶持人力资源服务业发展。

【人事管理】 **公务员管理**。全市176个职位计划招考公务员311名，报考考生10540人，经过笔试、面试、体检考察等环节，共录用291人。扎实抓好平时考核工作，全面推行经常性和竞争性考核办法。认真执行上级规定，严格控制和规范评比达标表彰活动，全年推荐省委、省政府以上表彰先进集体2个，先进个人4名；省直部门与省人力资源社会保障厅联合表彰先进集体26个，先进个人36名。高标准完成2014年度公务员统计工作，提高了公务员管理工作信息化水平。组织市直部门开展了科级以下干部档案专项审核工作，共审核档案500余本，补充档案材料9000余份。全年转入公务员档案215本，转出96本，提供查借阅档案600余人次，接收存档材料约3000份。

事业单位人事管理。圆满完成2015年度事业单位公开招聘工作，事业单位笔试首次与省同步进行，共招聘工作人员1399人。顺利完成事业单位岗位设置工作，为全市900多个事业单位调整核准了岗位，审核市属90多个事业单位岗位竞聘工作方案，为6000多人办理竞聘备案核准工作。规范市属事业单位进人制度，共为市级事业单位选配工作人员40人。会同有关部门提出县级公立医院综合改革、城市公立医院改革，基础教育综合改革、区市域内义务教育学校校长教师交流轮岗制度及推进中小学教师县管校聘管理改革意见，推荐文登区申报国家事业单位职员制试点，并指导做好试点准备工作。

军队转业干部安置。顺利完成军转干部考试、计划安置军转干部选岗和报到工作，全市共接收安置军转干部153人，选择计划安置62人，选择自主择业安置91人。开展军队转业干部教育培训，对2015年安置的108名军转干部进行了集中培训。认真做好军转干部档案审查工作，首次将军转干部档案“三龄两历一身份”内容前移到档案交接环节。做好自主择业军转干部服务工作，为860人按时兑现各种待遇。

工资制度改革。在全市县以下机关建立公务员职务与职级并行制度，全市2400多名公务员晋升了职级，约占县以下机关公务员的32%，有力地调动了基层公务员工作积极性。顺利完成了个人养老保险缴费基数计算、乡镇机关事业单位工作人员乡镇补贴、机关事业单位基本工资调整等工作，调整后机关事业单位人员基本工资在工资构成中的比重由24%提高到40%左右。以市政府办公室文件印发了《关于深入推进机关事业单位“吃空饷”问题集中治理工作的通知》（威政办字〔2015〕6号），制定了“吃空饷”治理工作实施方案，建立长效工作机制，有效杜绝了“吃空饷”现象的发生。

人事考试。组织实施的人事考试工作由8项增加到16项，参考人数由3.4万人次增加到6.5万人次。全年考试任务有31项，累计组织考务培训32次，动用监考人员3090人次，巡视人员1300多人次，考场1545个。升级建设基础设施，开展安全和保密警示教育30多次，经常性地组织考试风险排查，确保试卷安全，连续7年实现“零事故，零差错，零投诉”。

【劳动关系调解和权益维护】 **劳动关系管理**。制定《深入开展和谐劳动关系创建工作三年规划（2015—2017）》（威人社办发〔2015〕100号），深入开展和谐劳动关系创建工作。将全市最低工资标准由每月1500元调整为1600元，确定了企业工资指导线，发布284个职位（工种）的人力资源市场工资指导价位，新增旅游业、家政服务业等16个岗位的指导价位，督促指导企业依据效益合理增加职工工资。做好企业工资收入分配“三项制度”备案工作，备案率达90%以上。开展企业薪酬调查工作，完成全市638家样本企业的薪酬调查任务，拟定《威海市市管企业负责人薪酬制度改革实施意见》。实施劳动合同制度，组织开展“春暖行动”，补签农民工劳动合同5000多份，企业劳动合同签订率达96%以上。

劳动保障执法监察。完善日常巡查、书面审查、专项检查、举报专查、部门联动的劳动保障监察机制，联合有关部门在全市组织开展了农民工工资支付情况、清理整顿人力资源市场秩序、用人单位遵守劳动用工和社会保险法律法规情况等专项整治行动，全年共检查用人单位5041户次，书面审查用人单位6231户，受理举报投诉案件1136起，预警处置突发性群体案件45起，追讨工资待遇及社会保险费3229.65万元。依法申请法院强制执行案件12起，移交公安机关涉嫌拒不支付劳动报酬犯罪案件3起，涉及金额104万元。进一步推进劳动保障“两网化”管理，建立一级网格1个，二级网格7个，三级网格73个，配备专兼职监察员、协管员440人，采集26324户用人单位信息，涉及劳动者61.82万人，协调解决劳资纠纷497起，及时上报群体性突发事件15起。

劳动人事争议处理。加强调解组织建设，全市共建立基层调解组织3103个，其中镇、街道调解组织74个，企业劳调会2335个，区域性、行业性调解组织12个，事业单位调解组织682个，基本实现了城乡社区和企业全覆盖，近30%的简单劳动争议化解在了基层。创新建立了人民调解、司法调解、仲裁调解“三调联动”工作机制，完善“调、裁、审”相衔接的办案模式，全市共立案受理劳动人事争议案件1961起，当期审结1955起，结案率为99%，为企业和职工挽回经济损失8706.05万元。威海市仲裁院被人社部确定为全国五家劳动人事争议处理效能建设示范点之一，威海市和威海市文登区、乳山市劳动人事争议仲裁院分别被评为“全省示范劳动人事争议仲裁院”。

【信访咨询】 来信来访。全年共接待群众来信来访1927件，涉及3723人次，其中收到群众来信271件，群众来访1644件，到市信访部门协助接访12次。

行风热线。全年参加行风热线节目2次，解答和处理群众反映各类问题49件，回复和处理网上行风热线群众反映的各类问题228件，群众满意度为100%。

12333咨询。全年共接听群众来电48069个，网上客服对话3839次，办理市长信箱信件430件、局长信箱信件156件，回复局网站留言7761条、政务微博留言358次。

【公共服务】 主动探索创新公共服务理念和服务模式，在全国首创了“人社公共服务一体化信息便民工程”，通过“互联网+”，率先将社保业务与信息技术高度融合，打破了原有业务布局和行政区划限制，统一全市的经办服务标准和服务规范，制定出台了社保费征缴、基金管理等20个政策文件，梳理再造236项业务流程和近千个业务环节流程图，完成260万参保人员数据质量整理，率先开发建设电子档案和电子签章系统，在城乡基层和大医院、银行网点等公共场所布设1250台自助终端机，把80多项业务下沉到城乡基层，拓宽“窗口+网上+自助+掌上”四位一体便民服务渠道，所有经办人员在“市、县、镇、村”四级一体化平台上按“流程驱动”办理业务，变群众办事“多头办理”为“一口受理”、变“群众奔波”为“信息跑腿”，实现了社保业务“同城通办”和“同城同质同效”。10月28日，一体化系统正式上线，经过2个月的运行，80%的用人单位通过网上办事大厅完成社保业务办理，10.6万档案托管人员通过自助终端缴纳社保费8.1亿元，市级经办窗口工作量由原来每天收费800–1000笔减少至每天20多笔。威海市一体化建设经验在新华社内参等媒体报刊网站上进行专题介绍和报道，威海市社会保险电子档案建设被人力资源社会保障部确定为全国第二批18个电子社会保险示范城市之一，全省仅2家。

【法制建设】 制定行政约谈实施细则，完善行政执法目标考核办法，全面推进依法行政。推行行政权力清单和责任清单制度，梳理权力清单116项、责任清单42项，制定事中事后监督制度18项，并全部在市政府、编办、政务服务中心和局网站实行“四网同步公开”。严格合法性审核，组织完成2项重大行政决策、9项规范性文件和31项经济合同的合法性审查工作，审查率、备案率均达100%。对2014年以前出台的101件规范性文件进行全面清理，清理结果在局网站公开。积极开展“普法宣传月”活动，举办大学生就业专题讲座15场次，组织参加省市法律培训和行政执法能力培训16次，干部职工依法行政能力不断提升。市人社局作为市直单位唯一考核点顺利通过省“六五”普法依法治理检查验收。

（威海市人力资源和社会保障局）

日照市

2015年，日照市人力资源和社会保障局紧紧围绕市委、市政府“解放思想求创新、转型升级促发展”和“突破园区、聚力招引”等重大决策部署，坚持问题导向，转换工作思路，加快改革创新，狠抓落实执行，在服务民生和发展中实现了新的突破。被省委、省政府、省军区表彰为全省军队转业干部安置工作先进单位，被省委省政府表彰为全省老干部工作先进集体，被省文明委授予省级文明单位称号；被评为人社部宣传工作先进单位；被省人力资源社会保障厅表彰为宣传工作先进单位和人事考试考务工作考评先进单位；被省财政厅、省人力资源社会保障厅联合表彰为社会保险统计报表工作先进单位。

【就业创业】 出台《关于大力推进大众创业建设乐业日照的意见》《关于深入实施就业优先战略行动的通知》，就业创业政策体系进一步完善。全市实现城镇新增就业4.49万人、农村劳动力转移就业2.37万人，分别完成省任务的172.59%、118.40%，高校毕业生总体就业率96.37%，城镇登记失业率2.0%、低于控制目标1.5个百分点，共拨付各类就业创业补贴1.51亿元，同比增长168.08%，惠及7.2万人。就业困难人员再就业1678人，完成计划的167.8%。充分发挥创业担保贷款作用，借助遍布城乡的人力资源社会保障公共服务基层平台，全市新发放创业担保贷款8.89亿元，直接扶持创业7030人、带动就业3.29万人。其中6个乡镇发放创业担保贷款超过2000万元，卧龙山街道达到7230万元。

创业服务培训。积极推进市级公共创业服务平台建设，日照创业大学正式启用，市级大学生创业孵化基地进入项目征集阶段。筹集建立5亿元创投基金，建立创业服务云平台，大力推进创业创新。新增8家大学生就业见习基地，全市达到120家，有689名未就业大学生通过见习实现就业。日照银行、日照海汇集团和五征集团等3家企业被评为山东省首批省级大学生就业见习示范基地，全民创业氛围初步形成。实施“加强就业培训提高就业与创业能力五年规划”，开展就业技能培训4.16万人，其中创业培训7614人。支持农民工返乡创业就业，为返乡农民工发放创业担保贷款6690.5万元，带动就业4621人。继续开展扩大失业保险基金支出试点，执行企业稳岗补贴政策，扩大支出用于促进就业创业资金1.16亿元，发放两批稳定就业岗位补贴2017万元、惠及企业730家、职工11.8万人，积极应对经济下行的压力，促进就业稳定。

【社会保障】 按照缴费就低、待遇就高、目录就宽、服务就优的原则，建立统筹城乡的居民基本医疗保险制度，克服各区县结算系统“碎片化”等难题，自2015年起全市执行统一待遇标准，统一更换使用人社系统的网络和结算软件，实行市级统筹，基金统收统支，比省政府要求提前2年。城乡居民基本医疗保险整合工作得到国家人社部和省人社厅的高度评价，并在全省人力资源社会保障工作会议上做典型发言。全面实施大病保险，覆盖所有参保居民和职工，职工大病保险走在全省前列，提前完成国家和省的“十三五”任务。在全省率先建立制度，实现基本医疗保险、大病保险与社会医疗救助制度相互衔接，形成制度保障合力。在扎实做好调研测算的基础上，推动机关事业单位养老保险制度改革，实现新老制度平稳过渡，全面启动业务经办工作。按照先行试点、分步推开、逐步完善的原则，探索开展长期护理保险试点。

落实全民参保登记计划。全市城镇职工基本养老（不含离退休）参保人数达到47.44万人、净增3.09万人；基本医疗保险261.05万人，其中职工38.01万人、净增2.18万人，居民223.04万人；失业保险26.03万人、净增2.62万人；工伤保险35.38万人、净增1.80万人；生育保险28.38万人、净增1.77万人；全市居民养老保险参保140.70万人。

医疗保险范围调整。将26种药品纳入基本医疗保险基金支付范围，将0～6岁残疾儿童抢救性康复治疗项目纳入居民基本医疗保险基金支付范围，将苯丙酮尿症纳入居民门诊特殊疾病病种范围。调整工伤保险费率，建立费率浮动机制。及时调整各项社会保险待遇，连续11年提高企业退休人员养老待遇、月人均增加246.7元，居民基础养老金标准由每人每月75元提高到85元，居民基本医疗保险财政补助标准由320元提高到380元，大病保险报销限额由20万元提高到30万元，失业保险金标准由每人每月850元提高到900元。继续推进被征地农民参加养老保险工作，新增被征地村（社区）77个、涉及3万人。年末各项社会保险基金收入84.56亿元、支出65.56亿元，累计结余145.20亿元，整体支撑能力进一步增强。

【人才工作】 积极发挥政府人才综合管理部门和招才引智工作线牵头单位的职能作用，制定出台《日照市人才引进政策》和《招才引智工作考核办法》，将市委、市政府确定的三年招才引智目标任务分解到区县和园区，形成了上下衔接的一体化考核体系。各区县及时跟进，像莒县、开发区第一时间制定出台了适合本地实际的政策措施。积极建设人才创新发展院、企业发展研究院两个“蓄水池”，成立人才开发办公室，设立“人才服务窗口”，将引进的高层次人才等纳入机关事业单位养老保险覆盖范围。组织开展“海外高层次人才日照行”“高层次人才故乡行”等系列招才引智活动。莒县在国庆期间也举行了人才故乡行活动，借助有关培训积极推介政策，效果都很好。大力实施蓝色经济引智项目，24个项目获省以上资助490万元。先后赴上海、西安、武汉等地参加大型人才招聘活动10余次，与300余名人才达成了引进意向。全年共招引高层次创新人才162人、创业团队20个、创新团队40个，其中院士4人、国家千人计划专家6人、国务院特殊津贴专家10人。山东双港活塞股份有限公司的德国孔纳德教授入选“外专千人计划”，实现了我市零的突破。市中医院与加拿大七橡树医院合作成立中加国际健康管理中心，成为国内首家符合国际标准的医学干预健康管理机构。

人才队伍建设。评选表彰第五批市有突出贡献的中青年专家19人，新增省有突出贡献专家1人。组织开展专家休养考察活动，放宽援疆专业技术人员职称评聘条件。组织培训专业技术人员1.8万名、组织参加各类高级研修班160余人次。新增博士后工作站1家。举办日照市首届“技能之星”职业技能竞赛系列活动，近4万名职工参加。评选产生10名市首席技师，新增6名山东省首席技师、居全省第3名。五征集团技师工作站在成功创建省技师工作站的基础上，被认定为国家级技能大师工作室。全年新增高技能人才6249人、完成年度计划的124.98%，职业技能鉴定4.29万人、取得职业资格证书3.78万人，完成年度计划的134.9%。办理外国专家证205件、外国专家来华工作许可证53件。设立“日照友谊奖”，表彰8名外国专家。邀请新加坡专家对全市900余名政府职能部门管理人员和技术人员开展专题培训。

【收入分配制度改革】 出台《日照市园区职员制人事制度试行办法》《日照市园区职员薪酬制度试行办法》，园区职员制和职员薪酬制改革工作取得突破性进展，指导日照经济技术开发区和日照高新技术产业开发区实施。落实机关事业单位工资和津贴补贴制度改革及县以下公务员职务与职级并行制度改革，是全省最早完成任务质量最好的2个市之一。加快推进国有企业负责人薪酬制度改革，在全省率先完成国有企业负责人薪酬制度改革实施意见，是进度最快质量最好的4个市之一。针对体制改革力度较大的实际，为教育、供热、水务等体制调整积极做好人员变动、身份转换及待遇落实等工作。积极做好机关及参公单位公务用车改革涉及司勤人员安置相关政策的制定。规范政府表彰奖励，由125项精简为8项，精简幅度超过90%。认真开展“吃空饷”问题集中治理，处理193人。表彰日照市第二届“人民满意的公务员”20人和“人民满意的公务员集体”10个。公开招录公务员172名，公开招聘事业单位工作人员1073人，妥善安置35名计划分配军转干部，为自主择业军转干部发放退役金7332万元；招募131名“三支一扶”大学生到基层岗位和社区服务；举办各类招聘会96场，提供就业岗位5.26万个、参会应聘6.35万人次，1.02万人达成初步就业意向；组织人事考试17批次、3.52万人参加。

【劳动关系】 积极推进工资集体协商，开展企业薪酬调查，及时发布劳动力市场工资指导价位和行业人工成本信息，适时提高最低工资标准。企业职工月最低工资标准由1350元调整为1450元，小时最低工资标准由13.5元调整为14.5元。加大《劳动法》《劳动合同法》宣传力度，充分利用劳动保障监察年检及日常巡查等手段，提高劳动合同和集体合同签订率。大力组织开展争创全省示范仲裁院活动，市劳动人事争议仲裁院和莒县劳动人事争议仲裁院成为全省首批示范劳动人事争议仲裁院。扎实开展劳动人事争议仲裁工作，全市共处理劳动人事争议案件2030件、同比增加71.74%，涉及劳动者2152人、同比增加69.98%，结案率100%，涉案金额约5490万元。推进劳动人事争议调解仲裁办案系统推广应用，实现上线运行。加大劳动保障监察执法力度，组织开展清理整顿人力资源市场秩序、劳动用工和社会保险专项检查及农民工工资支付专项检查等监察执法活动。主动检查用人单位5734户、涉及劳动者27.45万人；追发劳动者工资等待遇4225.03万元，其中农民工工资2917.51万元；督促缴纳社会保险费 3690.62 万元。

【公共服务】 取消人事档案管理费，减轻代理单位及个人负担。积极优化用卡环境，完成社保卡制卡 165 万张，实行持卡在定点药店购药优惠 3% 的政策，推行社保卡代替就诊卡。积极推进人力资源社会保障信息化网络建设，重新规划全市人力资源社会保障网络，拓宽市县、县镇网络宽带，规划建设 2000 余条专线。继续加强基层平台建设，做好经办人员培训，将创业担保贷款等 69 项职能下沉到位。在市级人力资源社会保障服务大厅机关事业单位养老保险窗口实行“柜员制”服务，实现“一岗多能”；探索设置“国有企业人事服务”和“引进人才服务”综合柜员窗口。认真做好工伤认定，规范劳动能力鉴定。此外，扎实开展“三严三实”专题教育，抓好党风廉政建设，认真做好规划财务、法制建设、群众信访和政策宣传等基础性工作。

（日照市人力资源和社会保障局）

莱芜市

2015 年，莱芜市人力资源和社会保障局在市委市政府的领导下，紧紧围绕莱芜市发展大局，以城乡就业、社会保障、人事人才工作、构建和谐劳动关系为重点，攻坚克难，勇于创新，狠抓落实，各项任务指标圆满完成并取得较好成绩。

【就业工作】 以为大项目用工服务、扩大和稳定就业以及促进创业带动就业为出发点和落脚点，认真完善落实政策措施，强化就业创业服务，全年全市实现城镇新增就业 20700 人，实现农村劳动力转移就业 25600 人，城镇登记失业率 2.5%，就业局势稳定。

就业创业扶持。制定印发《莱芜市实施就业优先战略行动方案》和《关于进一步做好新形势下就业创业工作的意见》，将一次性创业补贴标准由 1 万元提高到 1.2 万元，并放宽到符合条件的新注册个体工商户，给予 2000 元的创业补贴，增强了政策针对性，提高了政策含金量。制定了《关于贯彻落实鲁人社发〔2015〕39 号文件优化有关创业政策的通知》《关于推进创业孵化载体建设进一步落实创业扶持政策的通知》等配套政策，明确了操作办法。及时落实各项就业创业优惠政策，共发放社会保险补贴 390.84 万元；公益性岗位人员岗位补贴 696 万元；为创业人员发放小额担保贷款 9500 万元，落实贴息资金 850 万元。

企业用工帮扶。深入开展了大项目用工“一对一”专项服务、十大重点产业百家骨干企业用工“一对一”专项服务、百家重点企业困难“摸排消”活动，为每家企业逐一建立了用工需求台账，并实行动态管理，累计为大项目企业招聘员工 4310 人，开展岗前培训 234 人，开展提升培训 2000 余人。

就业创业培训。继续实施政府购买培训成果制度，面向城乡各类人员开展就业创业培训。制定《关于统筹农民工职业技能培训试点工作的实施方案》，对涉及农民工培训的项目从培训规划、实名信息管理、培训机构、补贴标准等方面实施统筹管理。招标确定了 19 家定点培训机构，对培训过程加强了监管，累计开展就业创业培训 22000 人。

创业孵化载体建设。制定《关于组织实施 2015 年度市级创业示范平台评估认定工作的通知》，在全市评估认定了 2 家市级创业孵化示范基地、创业示范园区，按规定给予一次性奖补。推进济莱“大学生创业园”建设，在前期与山东联荷联系协商共建“大学生创业园”的基础上，又与济南迪亚实业有限公司达成初步共建协议。规范创业大学运行管理，开展了创业项目征集活动，经过风险评估，有 22 个项目通过评审获得入驻资格，入驻项目达到了 48 家。开展技能培训班 3 期、复退军人和大学生创业培训班 4 期。做好“发现双创之星”选拔推荐工作，2名创业者被选为创客代表。

公共就业服务体系。制定《关于进一步做好城乡统一就业失业登记制度实施工作的通知》，实行统一的城乡就业登记制度。发挥各级人力资源市场功能，在定期开展集中招聘的基础上，组织举办了“春风行动”“就业援助月”“民营企业招聘周”“高校毕业生就业服务月”等系列专项就业援助活动，累计提供就业岗位6.5万个。部署开展数字化就业社区建设工作，在全市建设2家“数字就业示范社区”、20家“数字就业规范社区”。

高校毕业生就业。全市高校毕业生就业率达到95%以上。充分利用山东高校毕业生离校未就业实名管理系统和大学生就业微信平台，实行市、区、乡镇（街道）、村（居）四级平台联动机制，认真开展对离校未就业毕业生摸底调查，提供有针对性的就业服务。认真组织开展高校毕业生就业服务月、就业服务周、高校毕业生专场招聘会、围绕大项目用工需求开展高校毕业生就业双向对接活动等，为高校毕业生送政策、送指导、送信息。积极组织多家企业参加了“济南都市圈”高校毕业生就业供需双选会，在人才招聘引进方面收到良好效果。圆满完成了“三支一扶”招募工作，共招募29名“三支一扶”大学生。不断增加就业见习规模，全市就业见习基地达到42家。积极开展就业见习工作，为43人申报了11.13万元的省级就业见习补贴。

军队转业干部安置。按照公开、平等、竞争、择优原则，经过档案考核赋分确认、笔试考试公示、公开选岗等程序，安置了15名军转干部。加强与企业军转干部的交流沟通，在春节、“两会”、七一、毛泽东逝世纪念日等敏感节点，多次召开座谈会、通报会，耐心细致地做好思想政治工作，引导他们自觉维护稳定大局。加强与维稳、公安、信访等部门协作，取得情报信息和处置措施的主动权，提高对群体性突发事件的防范控制能力，维护了总体稳定大局。

【社会保障】 **城乡居民养老保险**。抓好居民养老保险参保工作，全市参保人数达到50.31万人，参保率99.5%。将基础养老金月标准提高至90元，共有18.27万人按时足额领取养老金，全年累计发放养老金20697.03万元。通过全市居民养老保险系统，为莱芜市户籍80周岁以上的符合条件的居民发放了高龄补贴。抓好被征地农民养老保险资金落实工作，全市2011—2013年被征地农民养老保障资金已到账22222.42万元，完成总资金的97.46%；落实个人账户93016人次，政府补贴资金17907.77万元，完成总资金的80%。2014年新征土地5636.75亩，涉及政府补贴养老保障资金7422万元，已到账2828万元。资金到账率及个人账户落实率位居全省前列。

城镇职工基本养老保险。全市城镇职工基本养老保险参保人数达到26.68万人，基金征缴数37.96亿元。平稳有序落实鲁人社发〔2015〕29号文件精神，制定企业职工养老保险补缴政策问答，严格按标准做好补缴工作，全市共办理补缴手续24124人，实现基金收入19.3亿元。顺利完成全市企业退休人员养老金“十连调”，月人均增资245元。积极开展企业退休人员社会化管理服务等级评定，扎实推进企业离退休人员社会化管理服务工作，社区管理率99.5%。认真做好养老保险关系转移接续工作，严格按照规定时限要求为跨省市流动就业人员、退伍军人转接养老保险关系。积极做好社会保险稽核工作，全年书面稽核和实地稽核人数分别达142798人和122176人，核查享受待遇人数87835人，顺利完成年度稽核任务。

城镇基本医疗保险。城镇职工医保参保达到27.36万人，共收缴基金7.2亿元。全面推进整合后的居民医疗保险制度运行工作，将所有居民医保信息录入社保系统，并与职工医保实现了统一系统管理。实现970家村居卫生室实现门诊联网，23家镇卫生院住院即时结算，按时足额兑付大病保险待遇，大大减轻了患者负担。全力做好2016年度居民医保参保缴费工作，认真解决关闭破产国有和集体企业退休人员医保问题。积极推进医疗费用总额控制和定额管理，在提高参保人员报销水平的同时确保了医保基金的安全运行。做好省内异地就医人员联网结算服务，最大限度地为异地安置和转诊人员看病就医提供便捷服务。全省联网医院达135家，济南联网31家。异地联网结算城镇职工2291人，支付3767万元；居民5033人，支付4120万元。

工伤保险。工伤保险参保人数达到26.44万人，工伤保险基金征缴8.1亿元。印发《关于机关事业单位工作人员工伤保险有关问题的通知》，将机关工作人员纳入工伤保险。根据不同行业的工伤风险程度，对工伤保险费率政策进行了调整，把原来的三类费率调整为八类，并合理确定用人单位的工伤保险费率，同时全面建立工伤保险费费率浮动机制，制定了新的行业费率浮动办法，为参保单位减轻负担750余万元。完成工伤全残人员和供养亲属调待，一至四级工伤人员伤残津贴、生活护理费和供养亲属抚恤金月人均增加额分别为246.51元、42.82元、73.62元，调整后的月人均计发标准分别为2723.36元、1416.13元、995.80元，保障了工伤人员和工亡人员供养亲属权益。

失业保险。全市失业保险参保人数达到18.1万人，收缴失业保险金8100万元。自2015年7月1日起，将失业保险金发放标准由每人每月850元调整为900元，为4576名失业人员按时足额发放失业保险金2956万元、为其缴纳基本医疗保险费593万元。

生育保险。全市生育保险参保总人数达到18.7万人，生育保险基金征缴4132万元。印发《关于完善生育保险政策有关问题的通知》，将机关事业单位工作人员纳入生育保险作出明确规定，实现实体单位社会保险制度全覆盖。7月份，对企业生育保险原执行的1%的费率进行下调，规定矿山、钢铁冶炼企业按照在职职工工资总额的0.5%缴费，其他类型企业按0.8%缴费，减轻企业负担360余万元；10月份，生育保险缴费费率再次进行了下调，将所有类型参保企业缴费费率统一调整为0.5%，再次为全市参保企业减轻负担900余万元。

社会保险经办和基金监督。加强社会保险费稽核征缴，加强内控管理，切实收好、管好、用好各项基金。进一步整合经办资源，大力推进“电子社保”建设，进一步完善了社保系统平台，数据更加准确，依托各业务平台，进一步创新服务方式，使各项社保经办更加方便快捷。信息化水平不断提高，社会保障卡发行系统、12333电话咨询服务等信息系统不断完善，完成社会保障卡75万张。

【人才队伍建设】 高层次人才队伍建设。重点围绕十大重点产业发展和服务基层需要，扎实推进“5158人才引进工程”，部署开展了高层次人才需求信息调研工作，对全市规模以上企业及部分高校、医院高层次人才需求情况进行了摸底，制定了高层次人才引进计划和实施方案。指导用人单位做好高层次人才招聘工作，全年共引进博士研究生4人，硕士研究生209人，同时通过项目合作、技术入股、留学回国创业团队开发等形式吸引国内外高层次人才，高层次人才引进工作的覆盖面进一步拓展，服务经济社会发展的能力进一步增强。

专业技术人才队伍建设。累计组织500多名专业技术人员参加了五大领域七个专业的培训，对全市1.4万余名专业技术人员进行了公需科目培训。举办“高层次人才千村百企行”活动，从全市抽调566名具有副高级以上职称的专家开展24次专家服务活动，均已全部完成。承办山东省耕地质量提升高级研修班，主要涉及秸秆综合利用、土壤改良修复、畜禽粪便综合治理、重金属污染治理、土壤农残治理、农膜污染治理等6个专题内容，有来自全省12个地市从事植保、土肥、环保、畜牧等系列的60名专业技术人员参加，收到了良好效果。

高技能人才队伍建设。不断培养壮大高技能人才队伍，全市新增省首席技师3人、新增省技术能手3人、新增省级技师工作站1家。同时，“金蓝领”高级技师培训基地获得省人力资源社会保障厅批准，对400名企业技能人才进行技师培训，着力提升企业技能水平。成功举办了第八届莱芜市职业技能大赛，设置32个竞赛工种，新增了电子商务、导游、摄影等高新技术和普及型职业工种，预赛选手达到5000余名，决赛有36家企事业单位的460名选手参加。

国内外人才智力引进。围绕全市特色产业和十大优秀项目，积极申报示范推广项目和高端外国专家项目。全年共组织实施引智项目3个，引进外国专家20余人次，引进并转化推广国外优良品种12个，获得省级引智资助经费70万元。办理来华工作许可1件，新增1名“齐鲁友谊奖”获奖专家，新增引智成果示范推广基地1家。组织实施出国境培训项目1个，审核出国培训23人次。

【人事制度改革】 **公务员管理**。圆满完成82名公务员的考录工作。做好2015年市直政府公务员的考核表彰工作，提高了干事创业积极性。抓好公务员教育培训工作，抽调市、区、乡100名学员按时参加了市委党校为期一个月的第33、34期科级干部任职进修班。根据山东行政学院2015年度培训计划，会同市委组织部完成了6个班次的学员调训任务。在新录用公务员初任培训中，继续推行新录用公务员职业导师制，采用“师傅带徒弟”的办法，发挥职业导师的“传、帮、带、管”作用。在全市深入推进双示范创建活动，市发改委被授予全省“人民满意示范单位”称号，市科技局高新技术发展及产业化科、钢城区里辛街道社会事务办公室被授予全省“人民满意公务员示范岗”称号，分别记集体二等功。干部任免、考核管理工作不断规范。积极稳妥做好超职数配备科级干部消化整改工作。

事业单位人事管理。坚持“公开、平等、竞争、择优”的原则，周密组织并顺利完成2015年全市事业单位公开招聘工作，共聘用316人。扎实推进专业技术岗位竞聘上岗工作，共有92个市直单位557人聘任到新的岗位上。坚持制度管人，不断完善相关制度，全力打造“阳光职称”。着力贯彻实施事业单位人事管理条例，积极推行事业单位人员聘用制，新聘任人员合同签订率达到100%。

【工资收入分配】 **机关事业单位工资管理**。按时完成机关事业单位调整基本工资标准工作，优化工资结构，基本工资占比达到近40%，共为14089人审批提高了基本工资，人均月增资1310元，同时为4020人调整提高了基本离退休费。印发《关于市直机关单位调整津贴补贴和事业单位增加绩效工资等有关问题的通知》，为机关单位按加权平均增资300元的标准调整了津补贴，并同步提高事业单位基础性绩效工资标准。同时为退休退职人员调整退休补贴。做好了全市机关事业单位“吃空饷”问题专项治理工作共清查“吃空饷”单位1个，“吃空饷”个人30人，涉及资金152.03万元。实施县级以下公务员职务职级并行制度，有40%的县级以下公务员的待遇得到提高。

企业工资管理。完善各项制度的发布和落实制度。发布2015年最低工资标准，自3月1日起，最低工资标准由每人每月1350元调整为1450元，小时最低工资标准由每小时13.5元调整为14.5元。对102家企业33578名企业工作人员的薪酬状况进行调查，发布2015年企业工资指导价位，指导企业做好工资分配政策的调整。

【劳动关系协调和权益维护】 **劳动关系协调**。加大劳动合同备案力度，全年网上备案企业767家，备案劳动合同75453份。开展劳务派遣业务的12家企业进行监督检查，规范劳务派遣企业的管理，督促企业依法经营。同时对年检中发现的问题，下发整改通知书，责令企业限期整改，待整改合格后，发放年检合格通知。稳妥推进机关事业单位未纳入正式职工管理人员劳动保障权益保障工作的实施。严格标准，加大非标准工时、连续工龄、集体合同审批审查力度。

劳动人事争议调解仲裁。仲裁实体化建设取得新进展，市、区两级仲裁机构已建成标准化仲裁庭2个，到位专职仲裁员16人。完善基层调解组织建设，建立基层调解组织416个。印发适用“一裁终局”处理的意见，加大调解仲裁力度，全市各级劳动人事争议仲裁院受理劳动争议案件251件，涉及劳动者360人，涉案金额1521.3万元，当期结案247件。

劳动保障监察执法。认真开展投诉举报案件查处和专项检查督查工作，累计受理投诉举报案件503件，涉及劳动者8690人，累计追讨工资9600余万元，补缴社会保险费170余万元，案期内结案率100%。对44家人力资源服务机构进行了清理整顿，审查了101家用人单位的劳动保障制度，营造良好的用工环境。认真落实贯彻“一书两金一卡”制度，严格执行“属地管理，分级负责，谁主管谁负责”，落实领导包案制度，有力抓好农民工工资支付保障工作。

【基层公共服务平台建设】 进一步加强市、区、乡镇、村四级公共服务体系功能，信息网络延伸到基层，有力促进了人社工作的重心下移和服务延伸。信息一体化建设加快推进，对门户网站进一步优化开发和利用，人力资源就业信息查询、社会保障网上服务大厅、社会保险网上申报缴费、12333 服务查询和社会保障卡等服务有效运行。

（莱芜市人力资源和社会保障局）

临沂市

2015 年，临沂市人力资源社会保障部门在市委、市政府的正确领导下，围绕“民生为本、人才优先”这条主线，开拓创新，积极作为，就业创业、社会保障、人事人才、劳动关系、执法维权和自身建设等各项工作都取得了新的成绩。市人力资源社会保障局被省人力资源社会保障厅、省公务员局授予“全省人力资源社会保障系统先进集体”，被市委、市政府授予“全市部门工作综合考核一等奖”“全市三引一促工作先进单位”“全市招商引资工作先进单位一等奖”“全市招才引智工作先进单位”“全市平安临沂建设先进单位”“全市信访工作先进单位”“商城国际化工作先进单位”，被市政府授予“全市依法行政工作先进集体”等一系列荣誉。

【就业创业】 坚持就业优先战略，积极落实积极就业政策，建立健全面向城乡劳动者的公共就业服务体系，统筹推进重点群体就业，超额完成就业目标任务，就业局势保持持续稳定。全年共实现城镇新增就业 13.4 万人，完成年度计划的 168.2%，年末，城镇登记失业率为 2.35%；新增农村劳动力转移就业 17.1 万人，完成年度计划的 110.3%。

就业创业扶持政策。积极优化大众创业政策环境和制度环境，建立健全经济发展和扩大就业的联动机制。市政府制定出台《关于推动大众创业万众创新的意见》（临政发〔2015〕20 号）《关于进一步做好新形势下就业创业工作的意见》（临政发〔2015〕28 号）《关于建立经济发展和重要政策就业联动机制的意见》（临政办发〔2015〕35 号）和《关于印发临沂市实施就业优先战略行动方案的通知》（临政办发〔2015〕35 号）等政策措施，为做好新形势下的就业创业工作提供了政策保障。全市实际支出就业资金 2.6 亿元，其中，补充小额担保贷款基金 8187 万元，落实小额担保贷款贴息资金 4801 万元、社保补贴 5334 万元、职业培训补贴 3754 万元、高校毕业生就业见习补贴 657.7 万元、一次性创业补贴 1150 万元、创业岗位开发补贴 30 万元、职业技能鉴定补贴 54 万元、岗位补贴 1248 万元。

创业带动就业。通过实施企业“二次创业”、大学生“自主创业”、农民工“返乡创业”、青年群体“网上创业”等多渠道促进以创业带动就业，实现了创业人员数量和城乡就业岗位的双增长。创业担保贷款基金规模累计达到 3.3 亿元，当年新发放创业担保贷款 6.93 亿元，直接扶持 7872 人成功创业，带动就业 3.1 万人，当年新增个体工商户 7.2 万户，私营企业 2.6 万户，创业参与率达到 9.1‰。大力推进创业载体建设，创建省级创业示范平台 2 家，评估认定市级创业示范平台 9 家。临沂创业大学于年底建成启用，依托临沂大学创业学院创业教育优势，引进北京市华普亿方软件科技有限公司，打造创新创业平台。

职业技能培训。以服务产业升级为主线，以打造技能型人才队伍为重点，充分发挥“全国百强职业培训示范城市”优势，整合职业培训资源，发挥各高等院校、职业院校及各类培训机构、企业的主体作用，采取府校合作等多种模式，大力实施人力资源素质提升计划，以提升就业质量，优化就业结构，促进产业转型升级。连续 8 年组织开展了“劳动之星”技能竞赛，第八届“劳动之星”竞赛涉及 47 个职业工种，参赛人数达到 20

多万人，在全社会营造“尊重劳动、尊重知识、尊重技能、尊重创造”的良好氛围。全市共组织就业技能培训8.3万人，创业培训1.5万人，分别完成年度计划任务的104%、140.76%。

高校毕业生就业创业。实施离校未就业高校毕业生就业促进计划、高校毕业生创业引领计划，推进高校毕业生创新就业。全市回生源地应届高校毕业生实现就业2.6万人，总体就业率达到96.8%。大力实施“三支一扶”招募计划、大学生“村官”、拓宽社区就业服务项目、落实服务期间各项待遇和期满优惠政策等措施，全市共组织招募142名大学生到基层就业。认真完善各项就业见习制度规范，建立了事前定计划、事中抓跟踪、事后强效果的工作机制，全市新增市级高校毕业生就业见习基地1家、省级高校毕业生就业见习示范基地5家，全市就业见习基地累计达到113家，当年组织1763名高校毕业生参加就业见习，期满后85%以上被见习企业留用。加强就业创业指导服务，实现毕业生实名制登记全覆盖，依托临沂大学生就业服务微信平台，对所有登记的离校未就业毕业生积极提供政策咨询、就业创业指导、就业推荐等动态跟踪服务，实名登记率和服务覆盖率为100%。积极搭建求职招聘平台，先后开展了“高校毕业生就业服务月”“高校毕业生就业服务周”“高校毕业生网络招聘月”等专项活动，积极组织参加了“山东—名校人才直通车”吉林大学、西安交通大学、南京大学、清华大学等站点的招聘活动。实施大学生创业引领计划，充分发挥临沂商城引领创业、吸纳就业强的优势，在政策咨询、项目开发、风险评估、创业培训、开业指导、融资服务、税费减免、跟踪服务等方面，扶持大学生自主创业1000多名，带动就业3000多人。

困难群体就业。建立健全以专项活动促就业、政策扶持稳就业的就业援助机制，对登记失业的“4050”人员、零就业家庭、残疾人等重点就业困难群体，建立了帮扶台账，制定了个性化帮扶方案，实行精准帮扶。组织开展了以“就业帮扶，真情相助”为主题的“就业援助月”活动，帮助1727名就业困难人员实现就业，其中零就业家庭成员实现就业129人。积极落实扶持政策稳定困难人员就业，通过认真落实《山东省公益性岗位开发管理办法》，大力开发公益性岗位，有效发挥了公益性岗位安置就业困难群体就业的作用。全年共开发各类公益性岗位1600余个，先后安置各类就业困难人员2300余名。

公共就业服务体系。健全完善市、县（区）、乡镇（街道）、社区（行政村）四级信息网络，加快数字化就业社区建设，积极打造“临沂市半小时公共就业服务圈”。大力推进农民工综合服务体系建设，形成了“西有兰山、南有罗庄、东有河东”的零工市场服务格局，实现市区农民工综合服务的全覆盖，三处零工市场累计接待农民工36万人次，累计服务农民工灵活就业127万人次，收到了党委政府得民心、打工群体得实惠、用工秩序得规范等多重效果，成为为民解忧工作的新品牌。创新开展了“五进四送两播放”民生服务活动，即“就业创业政策进校园、进企业、进社区、进农村、进家庭，送政策、送岗位、送培训、送服务”和“镇街播放政策宣传片、村村广播就业政策”活动，宣传就业创业政策，优化就业创业环境。积极开展“就业援助月”“春风行动”及“秋冬季山东省高校毕业生就业集中招聘会”等一系列公共就业服务活动，举办各类招聘会202场，累计7736家（次）单位入场招聘，提供就业岗位1.28万个，达成就业意向4.43万人，较大程度地缓解了就业难和招工难问题。

【社会保险】 紧紧围绕“人人享有基本社会保障”的目标，坚持“全覆盖、保基本、多层次、可持续”的方针，积极调整完善社会保险政策，稳步提高待遇水平，不断提升经办管理服务水平，加快建设覆盖城乡的社会保障体系。全年共征缴各项社会保险费184.3亿元，按时足额发放184.9亿元，累计基金结余267.4亿元，同比增长21.1%，社会保险覆盖范围进一步扩大，基金支撑能力进一步增强。

社会保险政策。市政府印发《机关事业单位工作人员养老保险制度改革实施方案》（临政发〔2015〕22号），机关事业单位养老保险改革正式启动，实现养老保险“并轨”，同时在全省率先完成机关事业单位养老保险原统筹期间个人账户返还工作。居民医保整合并轨制度运行平稳，集中力量完成了基本医疗保险三个目录的规范完善管理工作，及时开展了居民大病保险与基本医疗保险的一站式直接补偿。当年可用基金41亿元，结余约2.96亿元，实现收支平衡、待遇水平稳步提高。全面建立居民大病医疗保险制度，办理大病补偿10.1万人次，实际报销金额达到4.43亿元，有效缓解了群众“因病返贫”“因病致贫”的问题。

企业基本养老保险。全市企业基本养老保险参保人数为82.6万人，净增参保人数2.8万人，征缴养老保险费48.9亿元，完成年度征缴计划的112.1%，支付养老金52.4亿元，累计基金结余108.3亿元。纳入统筹离退休、退职人员23.5万人，社区化管理率达到99.1%。连续11年上调全市企业退休人员基本养老金，月人均增加249.6元，达到2210.3元，增长10%。

机关事业养老保险。机关事业养老保险参保人数为23万人，征缴养老保险金38.5亿元，完成年度征缴计划的108.9%，支付养老金32.7亿元，累计基金结余3.27亿元，离退休人员7.8万人。

失业保险。失业保险参保人数为59.3万人，净增参保人数为3.1万人，征缴失业保险金2.95亿元，完成年度征缴计划的109.3%，期末享受失业保险待遇的1.3万人，失业保险金支出为3.4亿元，其中支付失业保险金1.31亿元，累计基金结余8.99亿元。自7月起，将失业保险金从每人每月850元上调至900元，惠及全市1.29万名正在享受失业保险待遇的失业人员。对符合申请稳岗补贴条件5类63家困难企业进行了认定，核准稳岗补贴819.7万元，惠及职工2.59万名。继续执行扩大失业保险支出范围试点和失业保险促进创业带动就业政策，审核通过554家企业，涉及补贴资金1772万元。

城镇职工医疗保险。城镇职工基本医疗保险参保人数为109.4万人，其中农民工为2.6万人。城镇职工基本医疗保险金收入为27.2亿元，完成年度征缴计划的113.7%，支出28.3亿元，累计基金结余31.8亿元。自2015年4月1日起，将职工基本医保制度改革前已办理退休退职手续且未参加医保人员全部纳入统筹，个人不缴费，所需费用由统筹基金承担，终身享受基本医保住院统筹待遇、门诊慢病补助待遇。

居民医疗保险。居民医疗保险参保人数为917.4万人，医疗保险金收入为45.6亿元，累计基金结余23亿元。全年共发生大病合规费用34.88亿元，大病保险实际赔付支出4.43亿元，住院大病补偿患者10.1万人次；制定出台了《临沂市居民基本医疗保险付费总额控制实施意见》，总体上基本实现基金收支平衡、略有节余。

工伤保险。工伤保险参保人数为100.2万人，其中农民工参保人数为26.2万人，净增参保人数为47743人，征缴保险金2.3亿元，完成年度征缴计划的108.2%，支出1.9亿元，累计基金结余4.4亿元。

生育保险。生育保险参保人数为53万人，净增参保人数为2.91万人，征缴保险金1.34亿元，完成年度征缴计划的113.5%，支出1.1亿元，累计基金结余2.3亿元。自10月份起，将生育保险费率调整为用人单位工资总额的0.5%。

居民养老保险。居民养老保险参保人数为537.5万人，征缴保险金17.6亿元，支出18.7亿元，累计基金结余85.3亿元，期末领取养老金人数为163万人。

经办管理服务。异地就医结算工作进展顺利，共有5098人实现在省内148家异地医院联网即时结算，发生医疗费用总额为1.29亿元，人均花费2.53万元，统筹基金即时支付7950万元。全面推进“网上社保”和信息化建设，持卡总人数达到500万人。健全完善与市检察院服务保障民生工作联席会议制度，对劳动能力鉴定实行全程司法监督，全年共组织劳动能力鉴定3506人次。积极推进基金监管软件联网应用，严格内部审计，加强征缴稽核，确保基金安全完整。

【人才队伍建设】 紧紧围绕推进经济转型发展，结合实施“三引一促”和推进企业“二次创业”，着力实施重点人才工程，统筹抓好人才队伍建设和人才智力引进，人才总量不断扩大，人才结构更加合理，人才支撑作用持续增强。

引进国外人才智力。通过多种渠道和途径，聘请外国专家325人次，帮助解决蔬菜栽培、病虫害防治、机械铸造等农业、工业、卫生等领域技术难题746项。成功举办“百名外国专家沂蒙行活动”，22个国家188名专家齐聚临沂，达成合作意向276项，签约81项。坚持以“大项目带动”为工作重心，注重项目申报的针对性和专业性，获得国家和省级引智经费资助815.5万元。加强引智基地建设，“蜜桃优良品种引进与示范推广”获批国家级引智成果示范推广项目，“韩国现代高效生态农业模式推广”等4个项目获批省级引智成果示范推广项目，组织评选 “蜜桃优良品种栽培技术推广”等5处市级引智成果示范推广基地，全市共有国家级引智示范基地和单位各1处，省级引智示范基地10处，市级引智示范基地26处，有力地促进了引智成果的转化推广。临沂市妇幼保健院聘请的意大利籍专家齐阿帕先生等2人荣获山东省人民政府“齐鲁友谊奖”， 共有1名外国专家荣获中国政府“友谊奖”，26名外国专家荣获山东省“齐鲁友谊奖”，61名外国专家荣获临沂市“沂蒙友谊奖”。 加强出国（境）培训项目审核，严格执行国家有关出国（境）培训规定，为20人办理了因公出国（境）培训审核手续，有3个项目列入2015年省出国（境）培训项目计划。

专业技术人才队伍。健全完善国务院政府特殊津贴人员、山东省有突出贡献的中青年专家、临沂市有突出贡献的中青年专家选拔和专业技术职务资格评审四位一体的高层次专业技术人才选拔管理体系。全年新增百千万人才工程国家级人选1人、享受国务院特殊津贴专家4人、省市有突出贡献中青年专家12人，拥有百千万人才工程国家级人选2人，享受国务院特殊津贴专家55人，省市有突出贡献的中青年专家126人。认真做好专业技术人员继续教育、职称评审工作，全市共有专业技术人才53.69万人，高中初级人才结构比为6：32：62。坚持把加强博士后科研工作站建设作为集聚高层次人才、推进产学研结合重要载体，扎实做好设站申报、专家评估和管理服务工作。全年新增博士后科研工作站7家，总数达到25家，成为推进产学研和企业技术创新的重要平台。深入实施专业技术人才知识更新工程，确定了“基地培训＋专项业务培训”新模式，开展有专业特色的继续教育培训，切实提升专业技术水平。

技能人才队伍。深入实施高技能人才振兴计划，新增高技能人才1.3万人，完成年度计划的119.9%，高技能人才总量达到13.9万人。技工院校办学规模和教学质量持续提升，目前，全市拥有技工院校9所，其中国家级重点技工学校4所，设置专业（工种）109个，在校生达到3万人，当年毕业人数7333人，一次性就业率达到99%。加快技师工作站建设，建立省级技师工作站2个，市级技师工作站55个。组织开展首席技师、有突出贡献技师的评选活动，分别评选出省、市首席技师5名和20名，全市省、市首席技师分别达到47人和175人；省、市有突出贡献的技师分别达到21人和100人，省、市技术能手分别达到23人和525人。扎实推进“金蓝领”技师培训，共组织“金蓝领”培训考试2187人；组织社会化考评技师、高级技师2180人。

【人事制度改革】 **公务员管理**。深入开展带头创先争优争做人民满意公务员和职业道德培训活动，健全完善年度考核、平时考核、非领导职务设置、表彰奖励和教育培训制度。坚持凡进必考制度，组织考录公务员818名。全市纳入公务员法管理的共有29988人（其中，公务员25248名，参照公务员法管理4740名）。

事业单位管理。认真贯彻实施《事业单位人事管理条例》，健全事业单位岗位设置、竞聘上岗、公开招聘、考核奖惩等，提高事业单位人事管理规范化。采取市县区上下联动、分级管理、分类分期实施的“市县联考”招聘模式，公开招聘事业人员3574名。

工资福利与离退休工作。调整完善机关事业单位工资制度，人均月增资600元；提高了乡镇机关事业单位工作人员的乡镇工作补贴标准， 补贴水平不低于月人均200元。

军队转业干部安置工作。认真贯彻落实军转安置政策，圆满完成80名军转干部和17名随调家属的安置任务，达到了本人、家庭、单位和部队“四满意”。 顺利完成了自主择业军转干部的退役金年定期增资、津贴补贴调整、预（决）算工作，共发放退役金1852万元。

人事考试。健全人事考试工作联席会议制度，狠抓安全保障措施，顺利完成了公务员考录、事业单位公开招聘等各类人事考试考务组织工作，涉及16.2万人次，做到了优中选优、公平正义。

【劳动关系】 坚持依法行政，规范行政处罚自由裁量权，寓服务于执法之中，既依法维护广大劳动者的合法权益，也为用人单位创造良好的生产经营环境，构建和谐稳定的劳动关系，实现职工权益和企业发展“双赢”。

劳动关系宏观调控。以贯彻落实新修订的《劳动合同法》为契机，全面推行劳动合同制度、用工备案制度和三方机制建设，规范劳务派遣，推进同工同酬；进一步完善职工工资正常增长机制，提高最低工资标准，七区、九县每月最低工资分别调整为1450元和1300元。

劳动人事争议调解仲裁。注重基层调解组织、非公有制企业和事业单位调解组织规范化建设，提升调解仲裁效能，5处仲裁院入选了全省首批示范仲裁院。受理各类人事劳动争议案件2773起，涉及职工4749人，审理结案2623起，同期结案率95%。

劳动保障监察执法。实行一体执法和联合执法，完善市、县区、乡镇（街道）三级管理网格，建立“覆盖城乡、统一规范、高效便捷”的监管执法信息和监控平台，监察执法效能进一步提升。全年共检查用人单位3.1万户，涉及劳动者100.2万人次，责令用人单位与劳动者补签劳动合同4.1万份，追发拖欠工资4402万元，督促缴纳社会保险费620万元；依法取缔非法职介机构33家，清退风险抵押金和职介费7.7万元。

【三引一促】 认真贯彻落实紧贴市委、市政府“三引一促”决策部署，成立专门的工作机构，走出去对接企业48家，请进来客商60余人次，签订合作意向4项，落地项目2个，项目到位资金5.8亿元，引进各类人才39名。

【自身建设】 全面开展“三严三实”专题教育，确保在深化“四风”整治、巩固和拓展教育实践活动成果上见实效。按照中央“八项规定”和省市委实施办法，深入开展了办公用房、公务用车、公务接待、滥发津补贴等专项治理，严格控制“三公”经费开支，2015年公务接待费支出同比下降了56%。进一步畅通群众诉求渠道，“12345”和“12333”服务热线共解答人社方面问题4.29万个、办理工单2980件，网站在线咨询和微博微信平台答复群众各类问题1.5万人次，坚持一把手参加“行风热线”，接听解决问题100多个。扎实做好“结亲连心”“第一书记”任职村帮扶工作，帮助沂南县大庄镇河村社区提升了办公场所、村容村貌、道路等基础设施建设。

（临沂市人力资源和社会保障局）

德州市

2015年，德州市人力资源社会保障工作按照全市建设协同发展示范区决策部署，紧紧围绕“三大任务”，全面构建“六点工作体系”，积极推进“五个转变”，面对经济下行压力加大的不利因素和深化改革进入深水区的新形势，开拓进取，攻坚克难，积极作为，圆满完成各项工作任务，保障改善民生取得新成绩，服务促进发展迈出新步伐，维护社会稳定再上新台阶，深化改革实现新突破，引智工作、依法行政、信访、宣传等工作在全省全市会议上作典型发言。在全市推动科学发展、建设协同发展示范区综合考评中，德州市人社局得分连续四年位列本组27个单位第一名，受到市委市政府大会表彰。

【就业创业】 全市城镇新增就业6.09万人，完成全年计划的117.2%；城镇失业人员再就业1.85万人，完成102.84%；就业困难群体就业4630人，完成154.33%；新增农村劳动力转移就业8.58万人，完成100.96%；开展就业技能培训6.36万人，完成

111.84%；开展创业培训1.29万人，完成123.3%；城镇登记失业率为2.8%，低于3.5%的年度控制目标。印发《关于建立健全经济发展与就业创业联动机制的意见》（德政字〔2015〕68号），建立经济发展与就业联动机制。印发《规范国有企业招聘行为实施办法》（德人社〔2015〕2号），建立国有企业公开招聘制度，实现招聘信息、过程和结果“三公开”，促进了公平就业。

创业带动就业。推出了新一轮创业扶持政策，将一次性创业补贴和创业岗位开发补贴分别由1万元、2000元提高到1.5万元、3000元。组建资源共享市级创业导师和创业项目库，首批入库创业导师86个、创业项目46个。抓好创业载体建设，市级创业孵化基地奖补标准由50万元大幅提高到200万元，对利用闲置房地产的提高到300万元，印发《德州市创业孵化基地和创业园区认定管理暂行办法》，规范了市级创业孵化基地和园区的认定管理工作，新街口文化产业园被评为全市首家省级创业示范园。全市建成大学生创业载体22个，其中省级2个、市级6个，认定创业型街道（社区）60个。制定印发了《德州市创业大学建设管理暂行办法》，建成了德州创新创业大学。积极做好创业担保贷款发放，全年为2260名创业者、64家小微企业发放创业担保贷款3.51亿元，带动就业1.61万人。

就业创业培训。印发《关于进一步完善职业培训补贴和技能鉴定补贴政策有关问题的通知》，在省级补助标准的基础上，整体按20%的比例提高了德州市培训补贴标准，将享受人员范围由4类扩大到7类。在全省率先举办“培训项目双选会”，县市区和定点培训机构签订合作协议，支持就业创业培训9.2万人，推动了优质培训资源共享和培训质量提高。牵头抓好“京津冀劳动力输送基地”建设，与京津冀地区建立长期劳务合作关系，开展“进校园”“进农户”“培训送企惠民”等特色培训项目，印发《关于统筹农民工职业技能培训试点工作的通知》，选择庆云县启动了省级农民工职业技能培训试点工作，形成了部门工作和政策资金双合力。全年就业创业培训7.66万人，输送京津冀劳动力2万人。

高校毕业生就业。开通了就业微信平台，关注人群达到1万人。深入实施系列行动计划，拓展就业岗位，招募“三支一扶”志愿者163人，通过公益性岗位帮助30多名家庭困难大学生就业，推荐120多名家庭困难高校毕业生参加国有企业招聘，全市就业见习基地达到173处（其中省级4处），见习大学生2100人。举办各类公益性招聘活动80余场次（其中区域性大型招聘活动4次），高校毕业生到企业就业比例达到65%。全年大学生就业1.92万人，初次就业率达到88%以上。

重点群体就业。深入做好农民工工作，印发了《德州市农民工职业技能提升3年行动计划等3项行动计划实施方案》（德政办字〔2015〕3号），明确了农民工工作的任务目标和工作措施，在技能提升、公共服务和权益维护等方面加大推进力度。提高困难群体补贴标准，加大公益性岗位开发安置力度，帮助4630名“4050”等困难人员实现就业。

公共就业服务。公布首批创建数字就业社区名单，完成2个示范社区和12个规范社区的创建工作；14个省级充分就业星级社区顺利通过复核验收，乐陵市市中街道振兴社区被国家人社部评为国家级充分就业社区；省级创业型街道（乡镇）和社区通过了省级中期督导检查。以山东省公共招聘服务网、德州劳动就业网为基础，搭建了市、县、镇、社区四级共享、内外网互联互通的网上公共职介平台，实现了全市职介信息资源的共用共享。

【社会保障工作】 **企业养老保险**。全市参保47.27万人，比2014年净增1.32万人。征缴基金29.56亿元。企业退休人员养老金实现“11连涨”，为10.7万名企业退休人员月均增加养老金264元，全年共为11.69万名离退休人员发放养老金30.26亿元。印发了《关于统一和规范企业职工养老保险补缴政策的通知》（德人社〔2015〕64号）、《关于参加企业职工基本养老保险人员延长缴费有关问题的通知》，统一和规范了企业职工养老保险费补缴、延缴政策，使更多的人享有了社会保障。

机关事业单位养老保险。全市参保14.51万人，征缴基金24.15亿元，比2014年增收2.67亿元。

共为5.56万名离退休人员发放养老金25.80亿元。市政府印发了《德州市机关事业单位工作人员养老保险制度改革实施方案》(德政发〔2015〕16号),召开会议进行部署,全面启动了机关事业单位养老保险制度改革。通过召开新闻发布会、印发宣传手册、举办政策解读和业务培训班等,推动改革顺利进行。

城乡居民社会养老保险。全市参保304.58万人,共为86.57万名60岁以上参保居民支付养老金9.17亿元。居民基础养老金从每人每月75元提高到85元,实现"四连增",86万老年人喜得政策红利。

医疗保险。新的城乡居民医保政策顺利启动实施,二、三级医院报销比例较原新农合分别提高5个百分点,居民医疗待遇水平明显提高。印发了《关于调整城乡居民基本医疗保险特殊疾病患者门诊透析治疗相关政策的通知》(德人社〔2015〕77号)、《关于提高2015年度大额医疗费用患者待遇的通知》(德人社〔2015〕98号),城乡居民基本医疗保险特殊疾病患者门诊透析治疗年度支付限额由3万元提高到5.5万元,还实行了"三次报销",居民大病保险实现全省联网结算,最高报销额度由20万元提高到30万元,最大程度政策惠民,全年医保新政共减轻群众负担3亿多元,共支付医保待遇31.5亿元。印发《关于调整居民基本医疗保险有关待遇的通知》(德人社〔2015〕97号)、《关于提高居民基本医疗保险使用中医药治疗支付标准的通知》(德人社〔2015〕99号)等文件,决定从2016年1月1日起,一级、二级、三级医院住院报销比例各提高2个百分点,中医药治疗的支付标准提高10个百分点,增加5种特殊疾病病种,普通门诊年度支付限额由70元提高到80元。

失业保险。全市参保36.01万人,比2014年净增1.49万人。征缴基金1.31亿元,比2014年增收2064万元,支出失业保险金1.29亿元。失业保险金标准由800元/月调整为850元/月,2366名失业人员享受失业待遇。

工伤保险。全市参保59.89万人,征缴基金1.58亿元,支付工伤保险金1.15亿元。为4073人支付工伤保险费1.14亿元。全市共受理工伤认定申请2529件,全部出具认定结论,其中认定工伤2515人,不予认定工伤14人。全市共组织劳动能力鉴定1481件。为1—4级工伤人员提高了待遇标准,其中伤残津贴每人每月分别增加275元、265元、255元、245元。

生育保险。全市生育保险参保39.53万人,新增扩面1.5万人,征缴基金8000万元。全年共为9797人支付生育保险金5945万元。全市生育医疗保险定点机构实现生育医疗费用联网结算,解决了生育职工垫资问题。

【人才队伍建设】 **体制机制创新**。积极探索人社部门政府人才工作综合管理部门职能作用发挥的实现路径,成立了京津冀协同发展人才资源推进组,组织、人社部门共同牵头19个职能部门协同推进人才工作,实现了人才管理运行机制的创新。

招才引智工作。组织开展了"三个100"企业人才需求调查、人才资源全面调查、农村劳动力资源调查、留学归国人员摸底调查四大基础性调查,编制发布了《德州市高层次紧缺人才需求目录》,组织50多家企业分别赴清华大学及南京、西安、长春、武汉等高校密集城市,参加"山东——名校人才直通车"引进人才活动,组织举办13次人才招聘会,搭建用人单位与求职人才洽谈平台,引进紧缺急需高层次人才1000余人。

人才培养培训。举办"西部经济隆起带公务员示范培训班""现代服务业高级管理人才培训班",5.8万人参加专业技术人员知识更新工程,数量创历史新高,新增高中级专业技术人员1147人,其中高级254人。新增享受国务院特殊津贴专家3人、省首席技师5人、市突贡(优秀)专家60人,新增技能人才3.36万人,其中高技能人才6088人。在"泰山产业领军人才工程""齐鲁友谊奖""留学回国人员来鲁创业启动支持计划"等省级人才评选表彰中,德州市各有1人上榜。评选表彰全市有突出贡献中青年专家和优秀中青年专家各30名、第六批市首席技师20人。

人才创新平台载体建设。新增4个博士后科研工作站,总数达到16个,位居全省第五。成功建立中国新能源和生物产业引智试验区,成为全国第四个国家级综合引智平台，实现了人才平台建设的重大突破。制定了“1+5”引智政策体系，举办引智试验区揭牌仪式暨外国专家德州行活动，国家外专局局长张建国、省政府副省长赵润田为试验区揭牌，与4个高端外国专家组织签订了合作协议，216家企业与美国、德国等12个国家的近百名高端专家对接洽谈，达成了151个对接合作意向，并以创建引智试验区为契机，大力开展引智项目申报工作，成功立项并执行引智示范推广项目5项，其中国家级2项、省级3项，引智工作走在了全国前列。

【劳动关系协调】 **劳动关系协调**。完成全市64家劳务派遣单位的年检工作，建立劳动用工备案和职工名册制度，劳务派遣人数下降4912人，全部转成与用人单位直接签订劳动合同，有效规范了全市用工秩序。企业职工工资实现合理增长。将最低工资标准由1200元提高到1300元，发布2015年全市企业工资指导线，发布了428个职位（工种）的工资指导价位，促进了职工工资随企业效益合理增长。

劳动人事争议调解仲裁。已建立规模以上企业劳动争议调解委员会1367个，组建率超过90%，调解仲裁组织体系更加完善。全市受理劳动争议仲裁案件1030起，当期结案975件，当期结案率94%，德州市仲裁院被评为省“人民满意公务员示范单位”。

劳动保障监察执法。通过劳动保障年检、专项检查等执法活动，共检查用人单位601家，涉及职工9.1万人，依法督促用人单位补缴社会保险费9600多万元，补发工资7200多万元，补签劳动合同5600多份，规范单位规章制度220多件，处理复议应诉案件15起，行政诉讼案件26起。

信访维稳。积极妥善处理来信来访、“12345”市民热线、民生在线、承诺热线等各类民生诉求、咨询，共办理各类民生诉求1550件，受理群众电话咨询、求助2100件，全部做到转办及时，跟踪到位，按期回复率99%，合理诉求满意率97%，为群众解决了大量实际问题，有效化解了矛盾纠纷。

【人事制度改革】 **人员考录**。严格程序、严格标准，顺利完成了全市543名公务员的考录、遴选工作，推行“两监督”“四抽签”“两代表一委员”面试旁听制度，打造了“阳光考录”品牌。

军队转业干部安置。首次在市区副团职及以下实行“公开选岗，高分先选”办法，完成了34名军转干部的安置工作（机关安置30人，事业单位安置4人），军转安置工作更趋科学合理。同时，严格落实责任制，完善解困维稳长效机制，扎实做好稳控工作，畅通沟通渠道，提高服务质量，企业军转干部解困稳定工作进一步加强。

工资福利改革。印发了《德州市县以下机关建立公务员职务与职级并行制度实施办法》（德人社〔2015〕88号），启动实施了县以下公务员职务与职级并行制度，破解基层公务员“晋升难、待遇低”矛盾；完善了机关事业单位工资制度，提高基本工资比重，优化工资结构；为乡镇工作人员连续两年增加了津补贴，稳定基层工作人员队伍。

考试鉴定工作。严肃纪律，严格规定，充分发挥考试、评价鉴定职能，全年共组织31类5.2万人次的人事考试报名审核工作，圆满完成18类12.3万科次的考务组织工作，办理各类证书1.3万本，各县市区组织事业单位公开招聘1.37万人次考试。开展职业技能鉴定3.3万人，其中新职业3669人、高级班统考3560人、金蓝领统考1053人，技师、高级技师社会化考评168人。

【自身建设】 **作风建设**。进行经常性学习研讨，全年进行了五次“三严三实”专题集中学习，查摆问题，整改提升。开设“人社政策大讲堂”，对《人力资源社会保障政策问答》学习读本组织全体干部职工进行业务政策学习；开展优质服务窗口创建、“三个十”评选表彰（“十佳服务标兵”“十佳优质服务窗口”“十佳优秀服务科室”）和“进百企、入千村、走万户”寻计问策大走访活动，转变了工作作风。

制度建设。制定了《党组议事规则》《三重一大实施细则》等规章制度，重大问题实行党组集体决策，做到民主决策、科学决策；实施“制度保廉”工程，查找人力资源社会保障工作廉政风险点，制定制度有效防范。坚持科技促廉，完善了社保基金财务业务一体化管理平台，探索出一条基金安全管理、高效管理的新路子。

廉政建设。开展述廉述责，组织干部到德州监狱接受教育，构建了不想腐、不敢腐、不能腐的工作机制，保证了工作安全、干部安全。夯实法制工作基础，厘清了83项权力清单、36项责任清单，做到权责统一、权责对等，举办法律法规电视知识竞赛，使遵法守法、依法行政成为人力资源社会保障干部的自觉行动。

（德州市人力资源和社会保障局）

聊城市

2015年，聊城市人力资源社会保障部门主动适应新常态，抢抓机遇，锐意进取，改革创新，真抓实干，全市人力资源社会保障事业实现了健康可持续发展。连续5年保持了省级文明单位荣誉，连续多年被市委、市政府评为城镇化建设、平安建设、安全生产、计划生育等先进单位；聊城市劳动保障监察局被人力资源社会保障部等部委表彰为“清理规范人力资源市场秩序工作先进单位”。

【就业创业】 全市城镇新增就业6.23万人，完成省下达任务的124.7%；城镇登记失业率控制在3.01%以内，优于省下达年度控制目标0.69个百分点；新增农村劳动力转移就业7.89万人，完成省下达任务的109.6%。

就业政策体系。市委、市政府印发《关于进一步做好新形势下就业创业工作的意见》（聊政发〔2015〕43号）《关于印发〈聊城市实施就业优先战略行动方案〉的通知》（聊政办发〔2015〕25号）等系列文件，市人力资源社会保障、财政等部门制定《关于实施政府购买职业培训服务工作的通知》《关于明确就业困难人员灵活就业社保补贴有关政策的通知》等一系列配套文件，形成新一轮就业创业政策体系。市、县两级安排就业专项资金预算5245.2万元，较去年同期增长9.2%，设立了3000万元的创业扶持资金。

创业带动就业。加强创业载体建设，市创业孵化基地已入驻创业实体113家，带动就业1300余人，总注册资金达1亿元，年产值预计超过1.2亿元，被认定为“省级创业孵化示范基地”。加强聊城创业大学建设，采用“创业培训、创业服务、创业实战、创业金融”四位一体教学模式，形成了符合聊城实际、特色鲜明的“创业指导＋政策扶持＋孵化服务”新模式，在全省创业大学推进会上作了典型发言。指导各县（市、区）结合当地产业特色，建设创业孵化平台，新认定市级创业孵化示范基地（园区）6家。举办助推“大众创业、万众创新”系列活动，组建了创业指导专家志愿团，为创业者提供各种精细化服务。抓好小额担保贷款工作，发放贷款5.02亿元，同比增长20%。人社部《人力资源社会保障工作信息》刊发专题信息，推介聊城市创业工作经验。

高校毕业生就业。开展高校毕业生实名制登记1.51万人，服务率100%。整理转递档案1.46万份。招募“三支一扶”大学生151人，牵头组织了“三支一扶”督导调研活动。新增省级就业见习示范基地4家，市级就业见习基地24家，征集见习岗位3156个，组织开展就业见习双选活动3次。开展“双创之星”评选推荐工作，2名创业高校毕业生被省选定为“发现双创之星”候选人。制定印发了《聊城市大学生创业引领计划》《聊城市高校毕业生就业促进计划》等系列文件，与济南等七市联合主办了第二届“济南都市圈（1+6）”高校毕业生就业大型招聘会，组织开展了聊城大学招聘会、高校毕业生“就业服务月”“就业服务周”等活动。

重点群体就业。举办用工招聘会上百场，服务城乡劳动者14.2万人，提供劳动维权和法律咨询服务1.3万人次。被列为全省统筹农民工职业技能培训工作两个试点市之一，制定印发了《聊城市统筹农民工职业技能培训工作方案》等系列文件。李亚新、张俊强、赵书强被评为“全国优秀农民工”。在全市范围内开展了农村劳动力资源和外来务工人员情况调查。开发公益性岗位724个，对就业困难人员进行托底安置。全年失业人员再就业1.83万人，困难群体就业5032人，分别完成省下达任务的121.7%、125.8%。

公共就业服务。以创建“四型社区”为抓手，以推进公共就业服务下沉为出发点和落脚点，深入推动“半小时公共就业服务圈”建设。聊城市东昌府区湖北社区被评为“国家级充分就业社区”，聊城市在省职业介绍专业委员会研讨会上做典型发言。作为全省五个试点市之一，市、县、乡三级和部分社区接入了新版公共就业人才管理服务信息系统，在全省公共就业人才管理服务信息系统应用推广会议上做了典型发言。抓好公共就业服务队伍建设，全市共举办各类培训班30个班次，培训人员400余人次。

就业创业培训。印发《关于实施政府购买职业培训服务工作的通知》，打破培训地域限制，对经公开招标方式确定的市以上人社、教育部门批准设立的培训机构，可在全市范围内承担五年培训规划项目。全面应用公共就业和人才服务信息系统，实行“开班申请、抽查监督、结业考试、补贴核拨”全程实名制管理；开通了微信监督平台，对培训情况进行实时监督考核。全年免费组织就业创业技能培训6.9万人。

【社会保障体系建设】 全市各项社会保险扩面征缴工作均圆满完成省下达的任务目标，基金征缴总额达到117.58亿元，同比增长23.7%，实现了跨越发展。按时足额拨付各项社会保险待遇101.07亿元，基金收支首次实现“双百亿”。

城镇企业职工养老保险。全市参保职工42.97万人，完成省下达任务的100.4%；全市征缴养老保险费31.55亿元，同比增收4.97亿元，完成省下达任务的114.5%。做好连续第十一次调整企业退休人员养老金工作，月人均增资255.2元。全市企业离退休人员11.5万人，按时足额拨付离退休费32.3亿元，基金累计结余25.28亿元（含做实个人账户部分）。市政府印发了《关于完善企业职工基本养老保险市级调剂金制度的通知》（聊政办发〔2015〕10号），明确了调剂金上解下拨办法、财政分级兜底责任和奖励激励措施。全市共审核认定企业职工正常退休9421人，特殊工种提前退休432人，因病退休和退职315人。

机关事业单位养老保险。全市参保总人数13.92万人，扩面净增长4738人，完成省下达任务的103%。征缴基金25.19亿元，完成省下达任务的123.5%。全市机关事业单位离退休人员4.71万人，按时足额拨付待遇21.95亿元，基金累计结余3.78亿元。

城乡居民社会养老保险。全市参保居民达298.26万人，征缴基金15.95亿元。按时足额为87.4万名60周岁以上符合条件的老年居民发放养老金9.22亿元，基金累计结余25.89亿元。按照省统一部署，把居民养老保险基础养老金由每人每月75元提高到85元。召开全市被征地农民养老保障工作现场会，已落实个人账户社会保障补贴资金7.5亿元，惠及被征地农民20余万人，走在了全省前列。

退休服务管理工作。启动“银龄安康工程”，为654名退休职工购买“老年人意外伤害组合保险”。完成全市企业退休人员及遗属认证工作，协助省内外认证3543份，协助认证率走在全省前列。开展创建社会化管理服务规范社区活动，全市共有“山东省企业退休人员社会化管理服务AAA级单位”5个，企业退休人员社区管理服务率达到100%。11月，全省退管服务工作会议在聊城召开，我市做了典型发言。

医疗保险工作。全市参保职工59.9万人，比上年增长1.34万人，完成省下达任务的100.8%；基金征缴16.85亿元，完成征缴任务的112.4%；基金支出14.68亿元，基金累计结余21.33亿元。全市参保居民达到502.25万人，基本实现全覆盖，居民医保基金收入24.21亿元，基金支出20.48亿元，基金累计结余12.35亿元。进一步完善城乡居民医保政策，政府补助标准由320元提高到380元，市属一、二、三级医院由报销53%分别提高到80%、70%、60%。积极推进居民大病保险工作，全年已补偿3.75万人次、1.28亿元。加强对定点医疗机构和药店的全方位检查，印发了《定点零售药店管理办法》，实行了医保基金先审计后拨付制度。出台了职工长期护理保险办法，先期确定了一家基层医院开展居家护理业务试点，已有近300名失能人员接受居家护理服务。

失业保险工作。全市参保人员33.3万人，征缴基金1.36亿元，分别完成省下达任务的100.3%、113.5%；基金累计结余4.72亿元。失业救济金发放标准由每人每月800元提高到850元，全年共为1.18万人发放失业金7893万元。实施了失业保险援企稳岗政策，切实减轻了企业负担。全面落实失业人员参加就业创业培训政策，培训失业人员3400人，培训后再就业率达到90%。

工伤保险工作。全市工伤保险参保职工48.22万人，完成省下达任务的100.8%；其中农民工参保人员16.36万人。全市征缴基金1.795亿元，完成省下达任务的112.2%。全年共为4009名工伤职工支付工伤保险待遇1.2亿元，基金累计结余3.02亿元。全市共受理工伤认定申请2585件，认定（视同）工伤2542件，为570人鉴定了伤残等级。调整了一至四级工伤职工伤残津贴、生活护理费和供养亲属抚恤金标准。聊城市被列为全省工伤预防试点市。

生育保险工作。全市参保人数23.05万人，比上年新增1.38万人，完成省下达任务的103.4%；基金征缴7184万元，完成全年任务的102.6%。全年共拨付生育保险待遇4748万元，基金累计结余1.76亿元。

社会保险基金监管工作。开展社保基金账户管理、保值增值和机关事业单位养老保险基金筹集、管理、使用情况两项专项检查。制定《关于加强全市社会保险欺诈案件查处和移送工作的通知》（聊人社字〔2015〕176号），建立聊城市社会保险欺诈案件移送和查处联席会议制度。修正和重新发布聊城市社保基金监督举报奖励办法，公布社会监督举报电话。

【人才队伍建设】 **高层次人才队伍建设**。联合国家外国专家局经济技术开发司、省外国专家局举办了“山东聊城外国专家供需交流会暨技术项目洽谈会”，邀请102名外国高端专家来聊服务，组织全市300余家企事业单位参会，达成长期合作意向142项，签订合作协议35项；聊城市人民政府与山东省外国专家局签署了战略合作协议。成功申报引智项目5个，举办了外国专家金融运作和养老服务两场专题讲座。组织参加中国第十三届国际人才交流大会，完成项目洽谈4个，与德国、以色列等多个外国专家组织达成长期合作意向。组团参加“山东—名校人才直通车”等高层次引才活动，达成人才意向340余项。

高技能人才培养工作。全市技工院校共招收新生7117人，毕业生就业率达98.2%。新设立民办职业培训机构1所，培训“金蓝领”学员885名，组织开展了交通运输、电力等行业职业技能大赛。举办了“2015年度就业创业工作问题论坛”“聊城市高技能人才论坛”，邀请国际就业创业问题专家、人力资源社会保障部领导作专题讲座。建成了全省首家传统技能鉴定基地——聊城市传统技能（鉴定基地）创展中心，开展职业能力鉴定2.94万人，2.76万人获得了相应职业资格证书。新增高技能人才5141人，完成省下达任务的102.8%。

人才管理服务工作。市政府印发《聊城市博士后工作管理暂行办法》（聊政办发〔2015〕8号），新增国家级博士后科研工作站2家。举办人才招聘会56场，服务各类人才3.6万人。评选表彰市有突出贡献中青年专家18名、市首席技师15名，新增国务院特殊津贴专家2名、省有突出贡献中青年专家1名、省首席技师4名。开展聊城市首届专家休假考察活动，组织15名优秀基层人才到省对口部门挂职研修。进一步规范职称评审工作，先后印发了《关于进一步加强和规范职称评审工作的意见》等文件，编印了《职称工作政策文件汇编》，规范了职称评审程序，评审通过中高级职称1291人。

【人事制度改革】 **人事考试工作**。全年组织人事考试30项，服务考生6万余人，办理、审核、发放各类证书及成绩单1.82万本（份）。争取财政支持，建立100个标准化考场，走在了全省前列。

公务员管理工作。录用公务员301名。举办公务员任职培训和初任培训班，共培训新录用公务员466人、新提拔职务公务员212人。首次将公务员培训委托省外高等院校举行，委托浙江大学举办一期全市现代服务业高级研修班，培训服务业人才50人。承接了省公务员局“送教上门”培训工作，培训公务员400余人。选调68名公务员参加省公务员局组织的10个培训班。评选全市人民满意示范单位5个、人民满意公务员示范岗8个，推荐获批全省“人民满意示范单位”和“人民满意公务员示范岗”各1个。

事业单位人事管理工作。圆满完成2015年事业单位公开招聘工作，全市新聘工作人员1417人。推进事业单位岗位聘用工作，建立了岗位动态调控机制，完成岗位聘用的单位3421个，岗位聘用人员11.88万人，基本确立以岗位管理制度为核心的事业单位人事管理制度。做好事业单位工作人员和机关工勤人员年度考核工作,组织考核人员1.2万人。开展事业单位工作人员在企业兼职（任职）清理工作，清理相关人员700多人。实施专业技术人才知识更新工程，登记备案、发证4万余人。举办3期省级高级研修项目培训，培训人员200余人。

涉军安置维稳工作。严格落实安置计划，2015年下达退役士兵安置计划65人，接收安置军转干部55人、随调家属5人，安置随军家属14人。抓好自主择业军转干部管理服务，按时为企业军转干部发放了生活补贴。

【工资收入分配制度改革】 **机关事业单位工资管理工作。**市政府印发了《关于规范和落实机关事业单位工作人员带薪年休假工作的通知》（聊政办字〔2015〕88号），市人社局召开了全市规范和落实带薪年休假制度部署会议。做好机关事业单位工作人员新增物业补贴审批、基本工资普调工作。做好县以下机关建立公务员职务职级并行制度改革工作，进一步提高了乡镇机关事业单位工作人员津贴补贴水平。开展“吃空饷”集中治理工作，清理“吃空饷”人员42人。为2.9万余名市直机关事业单位在职和离退休人员调增了津贴补贴。为2万名市直机关事业单位考核称职、合格以上在职人员晋升了级别或薪级工资。全年市直审批退休500余人，完成日常工资审批2000余人次。

企业工资收入分配管理工作。自3月1日起，对全市最低工资标准进行调整，调整后执行标准为月最低工资1300元、小时最低工资13元。公布了2015年度企业工资指导线。按照全省部署，组织实施市属国有企业负责人薪酬制度改革工作。

【劳动关系协调和权益维护】 **劳动关系协调工作。**做好劳务派遣监督管理工作，为47家劳务派遣单位颁发了经营许可证。抓好劳动合同备案管理，积极推进集体劳动合同签订工作。联合市工会、市企业家协会、市工商联，制定了和谐劳动关系建设实施方案，举办市直和市属开发区劳动关系协调员培训班。

劳动人事仲裁调解仲裁工作。全面提升仲裁院规范化水平，建成省级示范仲裁院5家。全年培训仲裁员、调解员1800余人，在《中国人力资源社会保障》等杂志发表文章10余篇。加强裁审衔接，联合市司法局在市、县两级劳动人事争议仲裁机构建立法律援助工作站，定期与法院召开复杂案件跟踪反馈会议。完善基层调解工作机制，建立基层调解组织1903个。全市共受理劳动人事争议1112件，涉及劳动者2040人，涉案金额为2783.40万元，按期结案率100%。

劳动保障监察执法工作。市委、市政府出台《关于加强农民工工资支付保障工作的意见》（聊办发〔2015〕35号）。坚持书面审查、日常巡查、投诉举报、专项检查和市长热线专查相结合，全市共检查用人单位5420户次，涉及劳动者27.3万人次，催缴社会保险费1.22亿元，为8210名劳动者追讨工资6530.2万元，移交法院、公安部门案件14起。强化省际区域执法合作，聊城、商丘、徐州、宿州等苏鲁豫皖四省九市建立了劳动监察联动协作机制。我市在2015年全省劳动监察会议上做了典型发言，市劳动保障监察局被人社部表彰为“全国清理整顿人力资源市场秩序专项检查”先进单位。

信访维稳工作。针对群众反映诉求难、维护权益难问题，专门在一楼大厅设立了维权服务中心，建立了信访、劳动监察、劳动人事争议仲裁“三位一体”的维权联动工作机制，各县级领导干部轮流接访，科级干部服务大厅轮流值班，“一揽子”解决群众问题，受到了广泛好评。局维权服务中心被评为“全市人民满意的公务员示范岗”。

【信息化建设】 按照省人力资源社会保障

厅安排，规划组建了城乡居民社会保险管理信息系统、机关事业单位养老保险信息系统、全省人社系统人事管理系统等5个业务系统。其中，聊城市《公共人才就业服务信息系统》建设和使用工作，走在了全省前列，并在全省会议上作了典型发言。大力推行网上政务公开，依托聊城政务网、聊城人力资源和社会保障信息网、聊城人事考试网等平台，全年主动公开政府信息1200余条，市人社局被评为“全市政府网站运维先进单位”“全市政务公开工作先进单位”。

【法制建设】 开展规范性文件清理工作，清查规范性文件130余件，公布废止失效文件40份。编印了《市人社局行政权力与管理服务事项手册》，编制了市人社局“权力清单”和“责任清单”，让每一项工作都有章可循、依法办事。做好行政应诉和行政复议工作，受理行政诉讼案件17件，维持9件，撤销4件，4件尚在处理之中；受理行政复议案件13件，维持10件，撤销3件。狠抓法制教育，印发了《关于认真学习鲁人社办发〔2015〕31号文件的通知》《行政执法文书标准格式的通知》《行政诉讼法》学习材料等，举办了全市人社系统行政诉讼法培训讲座。开展“就业之路·法律同行”普法宣传月活动，出动宣传车14辆、发放宣传纸3.2万余份，服务大中专毕业生2.4万余名。

【其他工作】 制度建设。坚持一项权力建立一项制度、一项工作建立一套程序，先后出台了职称评审、财务管理、企业退休审批、医疗生育经办等36项制度规定，规范完善了12项内部程序，下放了企业正常退休审批、工伤认定、慢性病审批、劳务派遣许可等职能，简化工作流程，提高办事效率，让群众享受公平便利。

行风建设。组织参加“政风行风热线”栏目5次，参加“12345”市长热线上线1次，受理群众咨询投诉问题85件，全部按时办结。市人社局连续多年被市委、市政府评为“政风行风建设先进单位”。认真承办人大政协建议提案，按时办理人大建议、政协提案24件，市人社局连续多年被评为“全市提案建议办理工作先进单位”。

文明创建。连续两年开展为困难群众捐款捐物活动，共募集捐款3.5万元、冬衣600余件、棉被400床，送到了贫困群众手中。积极做好“慈心一日捐”救助贫困孤儿等活动，市人社局被评为“全市慈善工作先进单位”。市本级连续5年被评为省级文明单位，阳谷县、东阿县成功创建省级文明单位，莘县等县成功创建市级文明单位，打造了富有聊城特色的人社服务品牌。

（聊城市人力资源和社会保障局）

滨州市

2015年，滨州市人力资源和社会保障局主动适应经济新常态下人力资源和社会保障工作的新特点，深入实施积极就业创业政策，全面推进人才强市战略，不断提高社会保障水平，深化人事制度改革和工资收入分配制度改革，努力构建和谐劳动关系，坚持统筹兼顾，突出重点，各项工作平稳运行。先后获得全国清理整顿人力资源市场秩序专项行动取得突出成绩单位、全国巾帼文明岗，全省社会保险基金监督工作先进单位、全省人社系统宣传工作先进单位，法治滨州创建先进单位、全市优秀执法机关、政务信息工作先进单位、先进基层党组织等荣誉称号，连续6年被评为省级文明单位，全市人力资源社会保障事业发展迈入新阶段。

【就业工作】 就业服务。加快建立覆盖城乡的五级公共就业创业服务体系，依托“数字就业社区”“充分就业社区”“创业型社区”“就业服务标准化社区”四大社区创建活动，建设“半小时公共就业服务圈”，提升公共就业服务社区覆盖率。全市“省级充分就业星级社区”总数达到7个，新建成“数字就业示范社区”4个，同时启动建设了一批“数字就业规范社区”。依托公共就业服务系统，通过 LED 大屏、滨州就业网、山东省就业网、山东公共招聘网等信息发布渠道，实现劳动力资源信息、用工信息的快速传递。为全市 506 个用工单位发布各类用工信息 1952 条、2.97 万个岗位。全年实现城镇新增就业 6.04 万人，完成省下达就业工作目标任务 3.2 万人的 188.7%。全市城镇登记失业率为 2.19%，低于省下达 3.6% 控制目标。

就业扶持。扎实开展就业援助月活动，帮助 1275 名就业困难人员实现就业，全市招用就业困难人员并享受扶持政策的企业 46 家，企业招用的登记认定的困难人员 333 人。积极开展第二轮“联百乡包千村”就业帮扶活动，督促有帮扶任务的县区人社局局长分别与“第一书记”签订了省直就业帮扶“责任书”，印制发放《致“第一书记”的一封信》和《“第一书记”就业帮扶工作手册》，确保每位“第一书记”熟悉、掌握并运用好就业帮扶各项政策。积极开发公益性岗位，落实企业吸纳就业扶持政策，新开发公益性岗位安置 461 人，鼓励各类企业吸纳就业 938 人，通过落实灵活就业社会保险补贴，帮扶就业困难人员实现灵活就业 625 人。

高校毕业生就业创业。全面启动新一轮创业引领计划，扎实推进“九清服务”和“六位一体”就业创业助推行动，进一步落实和完善促进高校毕业生就业创业的政策措施，积极拓展高校毕业生自主创业的就业渠道。成功研发高校毕业生移动端和电脑端档案查询系统，累计为 2.1 万余名高校毕业生和社会流动人员提供了档案查询服务。高校毕业生就业率 93.5%，超出省计划目标 8.5 个百分点，实名登记率 99.99%，超出省计划目标 4.99 个百分点，有就业意愿的特困生就业率 100%。新增一家省级创业示范载体并争取奖补资金 200 万元，4 家企业成功申报首批山东省高校毕业生就业见习省级示范基地。

创业带动就业。加强创业创新政策落实，扩大失业保险基金支出范围，安排试点资金 5935 万元。积极争取省级就业补助资金、培训资金、失业保险调剂金、创业补助资金等各类资金 1.3 亿元。加大创业担保贷款支持力度，发放创业担保贷款 2.18 亿元， 其中为中小企业发放贷款 4400 万元，实现创业带动就业 2.97 万人。依托滨州技术学院积极推进创业大学建设，于年底挂牌启用。新增一处省级创业示范园区，全市省级创业平台达到 4 处。

就业创业培训。加强对定点培训机构的管理指导，通过政府招标新确定定点培训机构 77 家。打破地域部门限制，提高培训补助标准，将培训补贴标准提高到初级工 700 元 / 人、中级工 800 元 / 人、高级工 900 元 / 人、创业培训 1600 元 / 人。全年共培训各类人员 61724 人，完成省目标任务的 100.36%。其中，职业技能培训 50757 人，完成省目标任务的 100.11%；创业培训 10967 人，完成省目标任务的 101.55%。

【社会保险】 **城镇职工基本养老保险**。稳步提高参保人员社会保障水平，自 2005 年连续第十一年上调企业退休人员养老金，全市 10 万余名企业退休人员人均月增加待遇 235.17 元。会同财政部门，在全省率先制定实施《企业职工基本养老保险市级调剂金管理暂行办法》，确保全市企业职工基本养老金按时足额发放。截至 2015 年 12 月 31 日，全市企业养老保险参保人数 47.4 万人，扣除补缴因素完成省全年净增计划的 231%；实际缴费人数 44.7 万人，扣除补缴因素完成省全年净增计划的 245%；征缴收入 39.8 亿元，完成省计划的 137.8%。2015 年 9 月 9 日召开全市机关事业单位工作人员养老保险制度改革工作会议，全面启动改革工作，10 月全市正式开始以新基数为基础进行基金征缴。全市机关事业单位保险参保人数达 9.4 万人，完成省下达计划的 99.56%，比去年同期减少 0.4%，征缴收入 16 亿元，完成省计划的 103.4%，共计发放机关事业单位参保人员离退休费 18.6 亿元。

居民基本养老保险。自 1 月 1 日起，在全市正式运行城乡统筹的居民基本医疗保险制度，居民基本养老保险基础养老金标准由每人每月 75 元提高到 85 元。被征地农民社会养老保险资金落实到个人账户工作取得突破，落实资金 8977 万元，涉及被征地农民 7.24 万人。全市城乡居民基本养老保险覆盖率达 89.96%，参保人数 189.2 万人，完成省计划 105.8%；其中，62.57 万名 60 周岁以上老人每月享受基础养老金，社会化发放率 100%。

失业保险。切实发挥失业保险保生活、促就业、防失业三大功能，从 7 月份开始，失业保险金标准由原来的每人每月 800 元提高到 850 元，这是自 2007 年起第九次上调失业金标准。同时，继续降低失业保险征缴水平，实行 1.5% 的征缴费率。印发《关于贯彻落实鲁人社发〔2015〕23 号文件进一步明确失业保险支持企业稳定岗位有关问题的通知》（滨人社发〔2015〕33 号）文件，对符合条件规定化解产能严重过剩、淘汰落后产能、节能减排、主辅分离、兼并重组 5 类企业，按不超过该企业及其职工上年度实际缴纳失业保险费总额的 50% 给予稳岗补贴。全市第一批报送 25 家企业，按要求审核落实补贴政策 322 万。全市失业保险参保人数达 41.8 万人，比去年底净增 1.7 万人，完成全年参保计划的 100%；失业保险基金收入 2.21 亿元，当期结余 6167 万元，累计结余 4.62 亿元，基金支付保障能力不断增强。

医疗保险。稳步提高医疗保险财政补助和待遇支付水平，城乡居民医保财政补助标准从每人每年 320 元提高到 380 元，全市统筹基金分别为 26.86 万人次的参保职工和 985.94 万人次的参保居民支付各类医疗费用 6.93 亿元、14.55 亿元，两项医保支出金额较上年同期增长幅度都在 30% 以上。不断完善医疗保险机制，全面实施居民大病保险制度，共为全市符合条件的 1281 名参保职工支付大额医疗补助 3661 万元，居民大病保险累计办理居民大病保险案 3.42 万人次，理赔 9433.71 万元；制定异地就医转诊、备案、结算等办法，实现了统筹区域内和省内异地就医即时结算，提高参保人在就业地的医疗保障水平，截至 2015 年 12 月 31 日，全市居民医保累计办理异地安置 406 人，转诊 13850 人次，省联网医院即时结算 4038 人次。进一步提高医疗保险覆盖率，全市基本医疗保险参保人数 370.2 万人，其中居民基本医疗保险参保人数 315.1 万人，职工基本医疗保险参保人数 55.1 万人，全市医疗保险覆盖率 96.1%。

工伤和生育保险。为加强机关事业单位的工伤管理，保障因工作遭受事故伤害或患职业病的工作人员的工伤权益，2015 年 10 月，市人力资源社会保障局印发《关于滨州市机关事业单位工作人员参加工伤保险有关问题的通知》，自 2016 年 1 月 1 日起，机关公务员和参公事业单位工作人员将全部纳入工伤保险制度实施。工伤保险覆盖率达 68.07%，参保人数 45.3 万人，比 2014 年底净增 29774 人，完成省全年净增计划的 249%；生育保险覆盖率达 47.44%，参保人数 28.1 万人，比去年底净增 2.02 万人，完成省全年净增计划的 201%。

社保基金监管。积极开展全市社保基金账户管理及保值增值情况、机关养老保险基金等各专项检查，自基金监管软件系统上线以来，已对养老、医疗、生育、失业四大险种 1.43 万条疑点信息数据逐条核查，并对发现的问题及时进行了纠错整改，共计收回各项保险基金 21.97 万元，停发居民养老保险基金 5.25 万元。进一步完善社会保险基金监督机制，与市财政局联合下发《关于贯彻落实〈山东省社会保险基金监督举报奖励暂行办法〉的通知》（滨人社字〔2015〕297 号文件），就如何贯彻落实好奖励办法提出了具体意见。

【人才队伍建设】 专业技术人才队伍建设。进一步加强人才载体建设，新增华纺股份有限公司、沾化县冬枣研究所、山东绿都生物科技有限公司三家博士后科研工作站，总量达到 13 家。落实 2015 年度各级各类专家选拔推荐和学术技术带头人培养计划，评选出 30 名市突贡专家和 90 名学术带头人培养人选，全市省级突贡专家达到 13 人。完成 7.07 万名专业技术人员继续教育工作，全年共审核高级专业技术职务材料 507 份，审核中级专业技术职务材料 719 份。

技能人才队伍建设。全市新增山东省首席技师 6 人、高技能人才 6393 人，8 人获得第十一届滨州市首席技师荣誉称号，34 人获得技师职业资格，43 人获得参加省人社厅组织的高级技师评审资格。加强技工院校建设，在技工院校中大力推行“一体化”教学模式，探索出“冠名班”订单培养模式、校企共建实训基地模式、企业举办技工学校等多种校企结合培养高技能人才模式。全市技工院校招生 1377 人（其中非全日制 88 人），毕业生 365 人（其中高级班 258 人），为企业发展提供了大量的专业的技能型新生力量。举办首届技工院校学生创新创意学生作品大赛市级选拔赛，并向省厅推荐了9项发明制作和10项创新创意作品，经省厅专家现场及网络综合评审，滨州市高级技工学校的3D打印机获得发明制作类二等奖，滨州市技师学院推荐的两个作品获得创新创意类三等奖。

国内外人才智力引进。发布4期《滨州市人才智力需求目录》，涉及人才需求单位264家，提供岗位6920个。积极开展“外国专家服务年”活动，提高人才服务能力，建立滨州市外国专家管理工作联席会议制度，争取省级引进国外智力经费105万元，市级配套引智经费106余万元。新获“齐鲁友谊奖”1人次，全市“齐鲁友谊奖”获得者达到9人。

【人事制度改革】 **公务员管理**。积极稳妥完成全市2015年度公务员考录工作，共录用公务员270名。按时完成2014年1.28万名公务员年度考核备案工作，其中优秀等次2239人，优秀等次比例17.5%。顺利完成2014年度公务员统计工作，并被省委组织部、省人社厅、省公务员局评为“全优报表单位”。

事业单位人事管理。重新梳理和规范各级事业单位公开招聘各个环节，进一步提高招聘考试的科学性，全市发布招聘计划1185个，共审核各县区简章16份。稳慎推进全市各项事业单位人事制度改革工作，按照实施基础教育综合改革和深化医药卫生体制改革的有关要求，积极配合相关部门做好改革的调研、考察、研讨工作，并参与全市相关改革文件起草制定。完成全市2014年度7.34万名事业单位工作人员和1269名机关参照事业单位管理工勤人员的年度考核工作，优秀等次分别占15.22%、11.74%。

军队转业干部安置。坚持公平公正，阳光操作，全年接收军转干部25人（选择计划分配16人、自主择业9人），随调家属2人。16人全部安置到行政机关，公务员岗位安置率100%，随调家属得到妥善安置。认真做好部分企业军转干部解困和稳定工作，为在岗困难企业军转干部提高了工资和生活补贴标准及养老金缴费基数，并根据家庭困难程度，为企业军转干部发放救助金27.2万元、一次性生活补助31.3万元。

【收入分配制度改革】 **机关事业单位工资管理**。印发《关于县以下机关建立公务员职务与职级并行制度的实施意见》（滨办发〔2015〕27号）文件，完成全市六县四区首批3182名符合条件的公务员职级晋升审批工作。1月和9月开展两次整治“吃空饷”专项行动，承办“吃空饷”举报案件9起，并对县区开展了专项督查活动，从严从快处理各类长期病假、违纪违规受处分人员的工资待遇问题，推动形成长效机制。组织完成全市2631个机关事业单位，9万名在职人员工资标准调整和3.60万名离退休人员增发基本退休费工作。

企业工资管理。调整企业最低工资标准和非全日制用工小时最低工资标准，调整后滨城区、博兴县、邹平县月最低工资标准1450元，惠民县、阳信县、无棣县、沾化县月最低工资标准1300元。组织全市企业薪酬调查与劳动用工备案工作业务培训班，培训薪酬调查企业200家，劳务派遣企业30家，顺利完成对8万余人的薪酬调查，并计算公布了全市2015年度劳动力市场部分岗位工资指导价位，发布职位（工种）121个，为用工单位和劳动者完善工资关系提供了指导。推动全市深化国有企业负责人薪酬制度改革工作，制定《滨州市国有企业负责人薪酬制度改革实施方案》。

【和谐劳动关系构建】 **劳动关系协调**。逐步健全劳动关系三方协调机制，并定期召开联席工作会议，为维护和谐劳动关系制定了指导性意见和建议。继续稳步推进劳动用工备案工作，全市备案企业1000余家，备案职工突破20万人，职工备案率达到70%以上。对2013、2014年取得劳务派遣行政许可资质的27家企业进行了年检，3家企业被吊销劳务派遣许可证，5家企业限期整改。认真开展行政许可工作，对符合审批条件的2家企业发放了劳务派遣行政许可证，全市取得劳务派遣行政许可的企业达26家。

劳动人事争议调解仲裁。基层劳动争议调解组织体系框架基本形成，实现辖区内各乡镇街道及规模以上企业调解组织全覆盖，各调解组织在争议预防和调解工作中，发挥的第一道防线作用日趋明显。共受理劳动人事争议案件2780件，涉及职工2782人，涉案金额5541.39万元。其中，仲裁机构立案受理1661件，审理结案1632件，调解结案928件，裁决结案620件，终局裁决262件，一裁终局率35%；其他方式结案84件，按期结案率100%；各类劳动人事争议调解组织受理1119件，涉及人数1121人，调解结案918件，调撤率82%。

劳动保障监察执法。坚持投诉举报快速查处，对劳动者投诉举报反映的问题，建立工作台账，分类进行立案查处，在调查核实的基础上，做到有案必查，快处快结。全市受理投诉举报2471起，立案查处1486起，涉及职工1.15万人；办结上级转办案件129起，按期结案率100%，所有案件零差错。开展2014年度劳动保障监督审查工作，对全市用人单位遵守劳动保障法律、法规情况进行了全面审查，共审查用人单位2528家，下达责令改正867份。同时，根据不同行业不同企业的特点，先后开展了清理整顿人力资源市场秩序、农民工工资支付情况、小型企业用工情况等专项执法检查，检查用人单位2110家，涉及职工1.94万人，依法取缔无证经营职业中介51家。连续三年获得“全国清理整顿人力资源市场秩序专项行动取得突出成绩单位称号”。

【基础工作和信息化建设】 印发《滨州市2015年基层公共服务平台工作人员培训方案》，改革培训方式，将市级集中培训和县区分散培训相结合，系统培训与专题培训相结合，提高培训效率。组织选拔全市基层平台培训讲师团，为下一步全面做好平台能力提升培训做好准备。完成与公安户籍信息的共享比对，全面启动农村居民社会保障卡发行，全市城镇职工和城乡居民发卡总量达到333.4万张，完成率在全省名列前三。推动社保卡读卡器具在基层服务网络的配置，基层平台和村卫生室均已具备了社保一卡通服务能力。不断加强信息化建设，社会保险网上申报和自助缴费服务系统上线，各县（区）全面启动运行；对一体化信息系统持续进行本地化改造，社保登记和就业登记实现了共享联动，共享协同机制进一步完善；对网上服务大厅进行改造、扩容，推出“滨州人社”微信公众号和“滨州人社”手机客户端两个移动服务平台。

【法制建设】 结合贯彻全省法治人力资源社会保障建设工作座谈会精神，按照全市统一要求，完成《滨州市人力资源和社会保障局权力清单》《滨州市人力资源和社会保障局责任清单》两本书，以及《行政审批事项业务手册》和《行政审批事项服务指南》各六本小册子的编辑印制工作。按照省人力资源社会保障厅统一部署，在全市人社系统开展了“就业之路，法律同行”的主题宣传月活动。在全省人社系统法治人社建设工作座谈会上作典型发言。在全省法治人社建设培训班作经验介绍。

【自身建设】 **党风廉政建设**。研究印发《党风廉政建设和反腐败工作实施意见》，全面构建了落实党风廉政建设责任体系，并制定党风廉政建设和反腐败工作任务分工意见，对26项党风廉政建设年度目标任务进行责任分解。进一步明确了落实党风廉政建设主体责任约谈工作和“一岗双责”责任倒查机制的主体、范围及方式，强化各项责任落实，逐级签订《党风廉政建设责任书》，并将落实执行情况作为干部业绩评定、奖励惩处、选拔任用的重要依据，进一步促进了党风廉政建设主体责任的有效落地。

工作作风建设。印发《进一步加强窗口单位作风建设的通知》和《关于进一步落实服务大厅管理制度的通知》，继续抓好窗口单位改进作风专项行动和“金牌服务机关”创建活动，持续开展作风纪律明察暗访工作，对服务大厅作风纪律执行情况进行定期通报。参与4期“行风热线”和中国滨州在线访谈，并对群众反映问题进行及时调查处理。

（滨州市人力资源和社会保障局）

菏泽市

2015 年，全市人力资源社会保障部门扎实开展了“三严三实”专题教育，党员干部作风明显改进；精心开展了市委部署的“双联双创”活动，帮扶困难家庭，实施精准扶贫，取得阶段性成效；连续两年开展了挂职“第一副所长”工作，基层服务平台规范化建设取得新突破；在全市人社系统开展了“能力提升年”活动，全员素质水平有效提升，公共服务效能明显增强。一年来，面对错综复杂的国内外形势，菏泽市人力资源社会保障部门坚持改革创新、转型发展，主动适应和引领经济新常态，卓有成效地开展了工作。进一步完善“三级就业创业服务体系”，精准推进大众创业万众创新，就业形势总体稳定，就业规模持续扩大，城镇新增就业、农村劳动力转移就业、困难群体就业实现了连年增长；社会保险参保人数持续增加，社会保障水平稳步提高；人才队伍规模不断扩大，人才比较优势初步显现；人事制度管理、工资收入分配、构建和谐劳动关系等各项工作均实现了新进展。菏泽市 6 个单位被省人力资源社会保障厅表彰为全省人社系统先进集体，2 名同志记二等功，3 名同志记三等功；市人力资源社会保障局被表彰为菏泽市党委系统信息和法制工作先进单位，被授予全市电子商务工作先进集体荣誉称号。市人力资源社会保障局成功创建省级文明单位。

【就业创业】 **高校毕业生就业创业服务。** 高校毕业生放在就业工作首位，实施就业优先战略和更加积极的就业政策，畅通大学生到城乡基层和中小微型企业就业的渠道。举办各类毕业生就业招聘会 46 场，提供就业岗位 4 万余个，组织 1986 名参加就业见习，为 678 名困难家庭毕业生提供就业援助，招募“三支一扶”大学生 134 人，新增创业高校毕业生 861 人，高校毕业生就业率达到 93.4%。有 4 家就业见习基地被认定为山东省首批高校毕业生就业见习省级示范基地。规范了国有企业招聘行为，落实各项创业扶持政策，开展了大学生电商创业培训，完成省大学生创业引领计划任务。实施大学生就业促进计划，将离校未就业高校毕业生全部纳入公共就业人才服务范围，做到了个人情况清、毕业情况清、就业情况清，服务覆盖率达到了 99.3%。

大众创业万众创新。 组织召开全市全民创业大会，菏泽市委、市政府印发《关于进一步促进全民创业的意见》20 条优惠政策，在全省率先设立了“市长创业奖”，每年评选 10 名优秀创业者，给予物质奖励，享受市劳模待遇。制定了《关于做好新形势下就业创业工作的意见》《关于实施菏泽市就业优先战略行动方案的通知》《菏泽市全民创业先进先锋报告会实施方案》《菏泽市“市长创业奖”评选表彰活动方案》等 10 项细则性工作措施，完善了全市全民创业的政策体系。在菏泽电视台、菏泽日报开设了“全民创业在行动”“全民创业·榜样” “巾帼电商创业先锋”等 10 多个专栏。联合市委宣传部从全市千万创业者中遴选 9 名优秀创业者，组建“全民创业先锋”报告团，举办巡回报告会。开展“市长创业奖”评选活动，评定 11 名“市长创业奖”获奖人选；举办菏泽第三届创业大赛决赛，涉及农业、制造业、医疗、环保等多个行业领域。

全民创业实训实战平台。 “实训平台”即与上海壹模式集团成功合作，投资建成 5000 平方米、涵盖 18 个功能区域的国内高标准创业实训孵化基地，举办创业培训 47 期，培训学员 2083 人，孵化电商企业 41 家。“实战平台”即与上海壹模式集团联合打造的“壹邦壹品” “壹商邦”电商交易平台，孵化了线上与线下农产品供应链，创建全国电商领域“互联网+”的“菏泽模式”，被市委市政府列为全民创业“1号工程”。建立全民创业基金、创业项目库、创业导师库、创业信息库等“一金三库”资源储备，为全民创业提供有效的资金、项目和人才保障。

创业载体建设。认定市级创业孵化基地和园区17处，全市孵化基地和园区达到26处。曹县中小企业孵化园被省人力资源社会保障厅认定为省级创业示范园区，奖补资金500万元。依托市高新区创业孵化器，筹建3万平方米，集创业教学、实训、展示、交流、孵化、指导6大功能区域为一体的菏泽创业大学。大力推进科技孵化器、大学生创业园、创业一条街等孵化基地和园区建设，承载更多的优质创业项目。

返乡创业。在杭州、上海、广州举办“返乡创业、建设菏泽”座谈会，发放《返乡创业政策大礼包》《创业故事汇》《创业政策汇编》等政策资料，播放菏泽招商引资专题片。在北京、上海、天津、深圳等11个城市，依托当地菏泽商会，建立返乡创业服务站，统一加挂机构牌子，邀请菏泽籍在外工作及创业成功人士800余人举行创业座谈会，传递政府关怀，激发创业热情，全市已有1300余名在外创业成功人士陆续返乡投资创业。积极参加全国“发现双创之星”大型主题活动，对涌现出的创业创新典型层层推荐参评，纪德力被评为全国“双创之星”。

农民工就业。大力实施农民工“职业技能提升、权益保障、公共服务”三年行动计划，制定鼓励和支持农民工、农民工工作政策措施。《中国劳动保障报》、中国就业网等媒体在农民工专版以《从农民工到城市人是怎样实现的》为题，刊发了菏泽市构建服务农民工工作新格局，打造“二大服务平台”“三大重点工程”“二大行动计划”的经验做法。任志玲等5位优秀农民工荣获国务院表彰。

就业精细化服务。精心举办“春风行动”“民营企业招聘周”“就业政策宣传月”等系列活动，组织专场招聘活动126次，发放春风卡等宣传资料18.5万份，提供服务13.1万人，本地企业吸纳农村劳动者就业5.95万人，跨地区有组织劳务输出4.98万人，组织参加职业技能培训1.6万人，提供劳动维权服务和法律援助1.28万人。开展“四大社区”建设活动，推进公共就业服务向基层下沉，以建设“半小时公共就业服务圈”为目标，积极创建充分就业星级社区、创业型街道社区、数字就业示范社区和就业服务标准化社区。新增城镇就业10.9万人、农村劳动力转移就业20.1万人，城镇登记失业率控制在3.18%的较低水平。

“三级就业创业服务体系”。进一步完善急需型、双需型、特需型“三级就业创业服务体系”主体内容，在北京组织举办专题研讨会，被国家部委和科研单位的专家一致誉为“菏泽品牌”“菏泽模式”“菏泽创造”，省委全面深化改革领导小组办公室《改革情况交流》第18期、省政府《决策参阅》第39期，专文刊发菏泽市三级就业创业体系的经验做法，《菏泽市构建“三级就业创业服务体系”的探索和实践》荣获省政府系统优秀调研成果一等奖。全年实现急需型就业5000余人、双需型就业7.5万人、特需型就业创业2.1万人，创业带动就业8万余人。

【社会保障】 **扩面征缴**。强化征缴稽核，加大措施力度，参保人数持续增加，保障水平稳步提高。社会保险参保人数达到1569.2万人次，其中居民医保参保830.3万人；完成职工和居民养老、职工医疗、工伤、失业、生育基金收入119.8亿元。职工基本养老、职工基本医疗、失业、工伤、生育保险参保人数分别达到78.9万人、70.2万人、35.5万人、58.2万人、33.1万人，比“十一五”末分别增长25.2%、12.5%、24.5%、37.9%、148.8%。

机关事业单位养老保险制度改革。召开全市养老制度改革会议，做好改革各项准备工作。深入调查摸底，做好数据测算，举办业务骨干培训班，规范改革操作实施程序，印发全市机关事业养老制度改革实施方案，印发到各县区和市直有关部门。组织专门力量编制程序，清理老制度个人缴费历史数据资料。着手建立新的机关事业养老保险数据库，加快机关事业单位养老保险按新制度征缴保费并办理相关业务。

医疗保险政策。调整城镇职工基本医疗保险待遇和企业职工生育保险缴费比例，自2016年1

月1日起，医疗保险统筹基金最高支付限额由8万元提高到10万元；大额医疗社会救助金最高支付限额由12万元提高到40万元；一个医疗年度内，基本医疗保险统筹基金和大额医疗社会救助金合并计算最高支付限额为50万元。企业职工生育保险缴费比例由原来的1%调整为0.5%。启动居民大病保险医疗费用补偿工作，实际补偿大病保险医疗费用1.9亿元。

社会保险待遇。连续11年提高企业基本养老金标准，人均月增加272元，增长13.8%；居民基础养老金领取标准由每人每月75元提高到85元，对参保缴费500元以上人员补贴标准提高到60元；及时调整工伤人员待遇，1—4级全残人员伤残津贴人均月增加251元，生活护理费人均月增加124元；失业保险金标准由每人每月800元调整为850元。

【人才队伍建设】 高层次人才。印发《关于做好高学历及专业技术人才引进培养工作的通知》，将全年引进人才工作任务分解到各县区，层层落实责任；建立领导干部联系县区机制，定期走访县区、企事业单位，帮助解决人才工作遇到的实际问题；建立调度督导和需求信息动态管理机制，对各县区人才引进工作进展情况实行一月一调度。组织企事业用人单位赴武汉大学、吉林大学、南京大学、清华大学等高校参加“山东—名校人才直通车”招聘活动；举行清华大学博士生社会实践菏泽基地启动仪式，清华大学14名博士生分赴全市8个实践单位，开展为期6个周的社会实践，帮助解决技术难题，拓宽创新思路，取得扎实成效。全年引进、培养高学历及专业技术人才2390人。

专业技术人才。深化职称制度改革，实行网络化申报评审，选取水利工程专业（中级）为试点，确保职称评审公平公正；推荐上报副高级以上职称1090人，地方戏曲传承研究院祝凤臣，被评为山东省有突出贡献的中青年专家。建成全市专业技术人员继续教育网络管理平台，完成12万名专业技术人员继续教育公需科目培训考试。人力资源社会保障部批准菏泽尧舜牡丹生物科技有限公司、山东晨农健康产业有限公司两家企业设立博士后科研工作站，全市博士后科研工作站达到3个。

高技能人才。落实国家助学金制度，落实中职免学费制度，全市技工院校招生6635人；加快高技能人才建设，全市新增高技能人才4598人。菏泽花冠集团有限公司被省厅批准建立山东省技师工作站，目前全市拥有技师工作站达到9个。职业技能鉴定3.67万人，全部颁发了国家职业资格证书。

引进外国智力。全市引进外国专家24人次，其中经济技术类10人次，科教文卫类14人次，项目领域涉及卫生、教育、生物医药和电气等领域。美国专家周志亮博士执行的“心血管系列药物的开发”高端项目；德国医学科学家康纳德·威尔克教授到市立医院执导外科项目等。

【人事制度改革】 公务员管理。面向社会录用557名人员，举办新录用公务员初任培训班，组织500名市直机关科级以下公务员进行职业道德教育，举办两期省公务员局公务员培训“送教上门”活动。推进公务员平时考核试点工作，规范完善表彰奖励工作，科学设置、严格审核，确保表彰奖励的公开公平。

事业单位人事管理。严格执行岗位设置政策规定，为市直29个事业单位、县区71个事业单位进行了岗位设置或岗位调整，为2256人办理了岗位聘用审核备案。公开招聘市直及县区事业单位人员3611人。对1.35万名事业单位与机关工勤人员进行年度考核。

军队转业干部安置工作。坚持人岗相适，阳光安置军转干部44人、随调家属18人。自主择业军转干部管理服务不断优化，企业军转干部保持总体稳定。

人事考试工作。推行精细化管理服务，建立局领导包考点工作机制，严格查处违法作弊行为，营造诚信考试的良好环境，组织各类人事考试5.5万人次，发放专业合格证书8318份。

挂职人社所“第一副所长”工作。召开基层平台建设现场观摩会，总结经验、推广典型、改进工作，持续推动基层平台建设达标升级。加大组织领导力度，推荐4名工作能力突出的“第一副所长”兼任4个县的人社局副局长，全年轮训经办人员、村协理员1.2万余人次，为群众解难题、办实事3000余件次。49个约束性服务项目全部下沉基层办理，实现有机构、有场地、有人员、有经费、有制度的“五有”目标。

搭建“鹊桥会”。同市委组织部、市编办等部门印发《菏泽市解决工作人员夫妻两地分居工作方案》，选定卫计系统作为试点，建立市级对接平台，采取人员对调方式解决夫妻两地分居问题，在取得试点经验的基础上，2016年起在全市范围内全面推开。每年7月召开对接协调会，根据申请人意愿和岗位需求，进行对接并公示，公示期满根据人事管理权限办理调配手续，成功对调6人。

【工资收入分配】 完成市直机关事业单位工作人员基本工资标准调整和离退休人员增加离退休费审批工作，分别月增基本工资925.86元、月增离退休费383.09元；完成市直机关5249名工作人员调整津贴补贴标准、6801名离退休人员离退休补贴审批工作，分别月增资410.5元、391.2元。市委、市政府两办印发《菏泽市关于县以下机关建立公务员职务与职级并行制度实施办法》。企业最低工资标准由上年的1200元／月提高到1300元／月，规定企业工资增长的基准线、上线、下线，明确工资增长数额；调整企业职工防暑降温费标准，由原来的每月80元—120元调整为每月140元—200元。

【劳动者权益维护】 开展农民工工资支付专项检查，妥善处理农民工集体讨薪事件39起，督促用人单位补发农民工工资8332万元；开展清理整顿人力资源市场秩序专项行动，责令退赔劳动者中介服务费、押金24.2万元；推进劳动监察两网化建设，实现全市网格化、网络化管理全覆盖。全市劳动人事争议调解仲裁机构共受理劳动人事争议500余件，通过调解和仲裁为职工挽回经济损失2000余万元。完善协调劳动关系三方机制，大力推进实施劳动合同制度，落实集体合同攻坚计划，劳动合同、集体合同签订率分别达到99.5%和95%。

【综合基础性工作】 人力资源市场管理。开展人力资源服务机构年检工作，在局门户网站进行公示。提高从业人员的专业素质和服务水平，实现持证上岗，组织各类人力资源服务机构从业人员45人参加省人力资源社会保障厅培训。菏泽市天润人力资源公司、麟州人力资源公司被省人力资源社会保障厅命名为省级诚信服务示范机构，并获得20万元人力资源服务业资金补助。菏泽技师学院人力资源服务业培训项目顺利通过省人力资源社会保障厅批准。

基层公共服务平台建设。全市5个县建成县级综合服务中心并通过省人力资源社会保障厅规范化验收，3个县区完成建设任务；170个乡镇（办事处）设立人力资源社会保障所，5394个社区（行政村）设立人力资源社会保障服务站。

创建文明服务。在市人力资源社会保障局综合服务大厅设置1台4区33个服务窗口，配备66名工作人员。展示“魅力人社文化”，在醒目位置制作温馨提示：“为您服务是我的职责，您的满意是对我的珍贵奖赏”“在追求卓越中展示人社干部风采”等，让群众感到温暖和关爱。在基层人力资源社会保障所、窗口服务单位，开展优质服务窗口、文明示范岗、青年先锋号创建活动，推行礼貌用语、禁止了服务忌语。7月，市总工会在市人力资源社会保障局成立市职工法律维权中心，并授予市人力资源社会保障综合服务中心“工人先锋号”荣誉称号。

信息化建设。召开全市信息化建设工作会议，完成居民养老保险数据系统省级集中，启用新数据中心，制作社会保障卡290万张；社会保险“核心三版”信息系统上线运行，整合市直参保职工基本信息13.8万人。推进机关事业单位信息化平台建设，完善人事管理系统业务流程，并实现上线运行。

法治人社建设。开展以“走进大学生”为主题的12333咨询日活动，举办以“就业之路·法律同行”为主题的大型公益讲座，在牡丹广场组织“两法一条例”集中宣传活动，参加以“推进依法行政，建设法治人社”为主题的国家宪法日集中宣传活动。大力压缩行政审批项目，将原有17项精简为7项，下放到窗口单位一站式办理；建立行政审批、行政权力、行政责任三张清单，健全行政职权运行流程图，阳光接受社会监督。加大政府信息公开力度，将所有不涉密的行政权力事项在局门户网站上依法公布。完善行政复议和行政应诉制度，全年办理行政复议案件10件，全部予以维持。加强规范性文件“三统一”，清理市人力资源社会保障局文件10份，申报2016年市政府规范性文件制定计划6份。

【机关党建和干部作风建设】 坚持党建工作和业务工作两手抓两手硬，把机关党建与业务工作一同谋划、一同部署、一同检查、一同考核，做到既要管事也要管人、管思想、管作风，增强党员干部的党章党规党纪意识，强化纪律约束，把纪律和规矩挺在前面，打造一支忠诚、干净、担当的干部队伍。严格落实党风廉政建设主体责任和监督责任，认真履行“一岗双责”，对党员严格教育、严格管理、严格监督。组织举办武警成武中队先进事迹报告会，组织全体人员到武警成武中队参观学习，双方结成警民共建单位。以开展“三严三实”专题教育为契机，深入推进党员干部作风建设，印发开展“三严三实”专题教育实施方案和党组中心组2015年理论学习计划，局领导班子成员定期组织学习研讨，带头查摆问题，深入谈心谈话，广泛征求意见，提出有针对性的整改措施。召开“三严三实”专题民主生活会，得到市委督导组的充分肯定。认真执行中央八项规定，精简会议经费，建立专人派车、专人加油、专人统计能耗制度，节假日对办公车辆集中封存，控制车管费用。制定关于严禁党员干部婚丧事宜大操大办的规定，对婚丧嫁娶作出统一规定，杜绝了大操大办、递礼金随份子现象。会议经费较上年同期减少3%，“三公”经费同比下降18%，公务用车运行维护费下降16%。

“能力提升年”活动。在全市人社系统扎实开展职业能力、执行力、应对能力“三个能力”提升活动，着重解决工作人员“想落实、会落实、落实好”的问题。采取“中层干部轮讲、外出学习参观、集中统一测试”的方式，促进全市人社系统工作人员提素质、上水平。各党组成员、科室单位和每名工作人员均列出能力提升计划，逐项抓好落实。举办全市人社系统业务知识测试，考试成绩在市局门户网站公布。分两批组织市县区中层以上干部赴浙江大学进行理论学习研修。以“提升能力做标兵，精通业务创先锋”为主题，主办全市人社系统“建行杯”业务知识竞赛。

（菏泽市人力资源和社会保障局）

政策法规

一、就业创业

山东省人力资源市场条例

（2015年7月24日 山东省第十二届人民代表大会常委会第十五次会议通过，自2015年10月1日起施行）

第一章 总 则

第一条 为了规范人力资源市场活动，维护劳动者、用人单位和人力资源服务机构的合法权益，培育和发展人力资源市场，根据有关法律、行政法规，结合本省实际，制定本条例。

第二条 本省行政区域内通过人力资源市场进行的求职招聘、人力资源服务以及对人力资源市场的促进保障和监督检查，适用本条例。

第三条 人力资源市场活动应当遵循合法、诚信、公开、平等的原则。

第四条 劳动者依法享有平等就业和自主择业的权利。用人单位依法享有自主用人的权利。

任何单位和个人不得侵害劳动者、用人单位和人力资源服务机构的合法权益。

第五条 县级以上人民政府人力资源社会保障部门负责本行政区域内人力资源市场的服务和管理工作。

机构编制、发展改革、公安、民政、财政、教育、商务、工商行政管理、价格等部门，按照职责分工，共同做好人力资源市场的服务和管理工作。

第二章 促进与保障

第六条 县级以上人民政府应当将人力资源市场建设纳入国民经济和社会发展规划，逐步加大人力资源市场投入，健全统一开放、竞争有序的人力资源市场体系。

第七条 县级以上人民政府应当将人力资源服务业作为发展服务业的重点领域，通过政策引导、资金扶持、环境营造，促进人力资源服务业发展。

第八条 县级以上人民政府应当促进公共人力资源服务机构和基层公共人力资源服务平台建设，将服务经费纳入财政预算，建立经费保障机制，完善公共人力资源服务体系。

县级以上人民政府应当制定扶持激励政策，积极培养引进急需紧缺高层次人才，服务经济社会发展。

第九条 鼓励社会力量参与人力资源市场建设。

社会力量举办的人力资源服务机构提供公益性人力资源服务的，县级以上人民政府应当按照有关规定给予补贴。

第十条 县级以上人民政府可以采取政府购买服务的方式，委托人力资源服务机构开展人力资源服务活动。

第十一条 县级以上人民政府支持人力资源服务机构创建自主品牌，对获得中国驰名商标、省著名商标和省服务名牌的，应当按照有关规定给予奖励。

第十二条 省人民政府人力资源社会保障部门应当建立统一的人力资源市场监测体系，推进公共服务信息平台建设，实现政府有关部门、用人单位、人力资源服务机构和人力资源服务行业协会的人力资源信息共享。

县级以上人民政府人力资源社会保障部门应当完善人力资源信息网上采集、归类、分析和发布制度，促进人力资源开发利用和合理配置。

第三章 人力资源服务

第十三条 人力资源服务是为劳动者求职、用人单位招聘、人力资源开发配置提供的各类服务，主要包括下列活动：

（一）职业介绍和职业指导；

（二）人力资源供求信息的收集、整理、储存和发布；

（三）绩效薪酬管理咨询、创业指导、职业生涯规划；

（四）人力资源素质测评；

（五）人力资源培训；

（六）高级人才寻访；

（七）举办人力资源交流会；

（八）人力资源管理服务外包；

（九）人力资源互联网信息服务；

（十）受用人单位或者劳动者委托，代办社会保险事务；

（十一）法律、法规未禁止的其他人力资源服务活动。

第十四条 县级以上人民政府设立的公共人力资源服务机构应当提高服务质量和效率，按照国家制定的服务规范和标准，依法免费提供公共人力资源服务。

第十五条 设立人力资源服务机构（职业中介机构、人才中介服务机构），应当取得人力资源服务许可，并在许可范围内开展活动。

取得人力资源服务许可应当具备下列条件：

（一）有明确的章程和管理制度；

（二）有与其业务范围和规模相适应的场所、设施和三名以上专职工作人员；

（三）法律、法规规定的其他条件。

第十六条 申请人力资源服务许可，应当向设区的市或者县（市、区）人民政府人力资源社会保障部门提交下列材料：

（一）人力资源服务申请表；

（二）章程和管理制度；

（三）场所、设施的使用权或者所有权证明；

（四）负责人身份证明和专职工作人员的相关材料；

（五）开展人力资源互联网信息服务的，需要提供互联网信息服务业务经营许可证；

（六）法律、法规规定的其他材料。

拟开展劳务派遣业务的，可以依法一并提交劳务派遣许可申请和相关材料。

第十七条 设区的市或者县（市、区）人民政府人力资源社会保障部门，应当自受理行政许可申请之日起十五个工作日内作出决定；对符合条件的，依法作出准予行政许可的书面决定，同时向申请人颁发人力资源服务许可证，注明许可范围；对不符合条件的，依法作出不予行政许可的书面决定，说明理由，并告知申请人享有依法申请行政复议或者提起行政诉讼的权利。

第十八条 人力资源服务机构变更名称、住所、负责人等事项的，应当自变更之日起三十日内向作出行政许可决定的人力资源社会保障部门备案；人力资源社会保障部门应当及时向社会公布变更事项。

第十九条 人力资源服务机构开展岗前或者能力提高等人力资源培训的，应当注重提高劳动者的职业素质和职业技能，培训内容不得违反法律、法规规定。

第二十条 人力资源互联网信息服务提供者应当建立信息录入、发布审查和投诉核查处理机制，保证发布的人力资源信息合法、真实、有效。

人力资源互联网信息服务提供者在业务活动中收集劳动者和用人单位个人电子信息，应当遵循合法、正当、必要的原则。

第二十一条 人力资源服务机构从事高级人才寻访服务，应当保护其所知悉的委托单位的商业秘密，并为高级人才的求职意愿保密。

第二十二条 人力资源服务机构可以与用人单位订立人力资源管理服务外包合同，向用人单位提供人力资源业务流程、招聘流程、薪酬福利等外包服务。

第二十三条 人力资源服务机构从事流动人员人事档案管理服务的，按照国家有关规定办理。

第二十四条 人力资源服务机构举办人力资源交流会，应当按照有关规定提前制定活动方案，核实招聘单位的资质证明和招聘资料，并向社会公布交流会信息。

人力资源服务机构应当自交流会结束之日起十五个工作日内，向举办地的县（市、区）人民政府人力资源社会保障部门报告交流会举办情况。

第二十五条 人力资源服务机构应当在服务场所明示人力资源服务许可证、服务内容和程序、收费项目和标准、监督机关和电话等。

人力资源服务机构应当建立服务信息档案，如实记录服务对象、服务过程、服务结果和收费情况等。

第二十六条 人力资源服务机构应当于每年3月1日前向设区的市或者县（市、区）人民政府人力资源社会保障部门报送上一年度报告，并对年度报告的真实性、合法性负责。年度报告的主要内容应当包括业务开展、经营业绩、设立分支机构等情况。

第二十七条 人力资源服务机构可以依法成立行业协会，促进公平竞争，规范服务行为，维护行业成员的合法权益，推进诚信文化建设，加强行业自律，促进行业发展。

第二十八条 人力资源服务机构不得有下列行为：

（一）提供虚假求职和招聘信息；

（二）发布包含歧视性内容的招聘信息；

（三）为无合法身份证件的求职者或者无合法证照的用人单位提供人力资源服务；

（四）介绍未满十六周岁的未成年人就业；

（五）介绍求职者从事法律、法规禁止的职业；

（六）扣押求职者的居民身份证和其他证件，或者向求职者收取押金；

（七）未经求职者、用人单位同意公开其信息，或者出售、非法向他人提供求职者、用人单位信息；

（八）伪造、涂改、转让人力资源服务许可证；

（九）以欺骗、贿赂等不正当手段取得人力资源服务许可；

（十）以胁迫、欺诈等方式提供人力资源服务；

（十一）其他违反法律、法规规定的行为。

第四章 求职与招聘

第二十九条 劳动者年满十六周岁，可以通过人力资源服务机构、人力资源招聘活动、人力资源信息网络等求职。

第三十条 求职者应当如实向人力资源服务机构或者用人单位提供个人基本情况以及与应聘岗位直接相关的专业知识、技能水平、工作经历等情况，并出示有关证明。

第三十一条 用人单位招聘人员时，应当向求职者提供平等的就业机会和公平的就业条件，不得实施就业歧视。

第三十二条 用人单位委托人力资源服务机构，或者通过人力资源招聘活动招聘人员的，应当提供招聘简章，并出示营业执照（副本）或者有关部门批准其设立的文件、经办人的身份证件和用人单位的委托招聘证明。

招聘简章应当载明用人单位基本情况、岗位名称、招用人数、工作内容、工作地点、录用条件、用工类型、劳动报酬、社会保险和福利、劳动保护和职业危害等。

第三十三条 用人单位应当对求职者的个人信息予以保密，除依法应当公开的内容外，未经求职者同意，不得公开或者利用其个人信息。

第三十四条 用人单位不得向求职者收取报名费、登记费和培训费等费用，不得以提供担保等名义向求职者收取财物。

第三十五条 用人单位招聘从事涉及公共安全、人身健康、生命财产安全等特殊工种的劳动者，应当录用依法取得相应职业资格证书的人员。

第五章 监督检查

第三十六条 县级以上人民政府人力资源社会保障部门应当健全人力资源市场监管体系，完善监管制度，加强对人力资源服务机构和人力资源市场活动的监督检查。

第三十七条 县级以上人民政府人力资源社会保障部门应当加强人力资源市场诚信体系建设，建立守信激励和失信惩戒机制，依法开展行业信用评价，实施信用分类监管。

第三十八条 县级以上人民政府人力资源社会保障部门应当加强公共人力资源服务机构管理，定期对其完成各项任务情况进行绩效考核。

第三十九条 县级以上人民政府人力资源社会保障部门应当完善人力资源服务许可制度，在本机关网站公开行政许可程序、期限和需要提交的材料目录，以及准予行政许可的人力资源服务机构名录等信息。

第四十条 县级以上人民政府人力资源社会保障部门依法对人力资源市场进行检查时，可以采取下列措施：

（一）进入被检查单位进行检查；

（二）询问有关人员，查阅服务信息档案；

（三）要求被检查单位提供与检查事项相关的文件资料，并作出解释和说明；

（四）采取记录、录音、录像、照相或者复制等方式收集有关情况和资料；

（五）法律、法规规定的其他检查措施。

被检查单位应当如实提供相关统计数据和信息。

第四十一条 县级以上人民政府人力资源社会保障部门应当建立举报投诉制度，公布举报投诉电话，依法及时处理有关举报投诉。

第六章　法律责任

第四十二条 违反本条例规定的行为，法律、行政法规已规定行政法律责任的，从其规定；法律、行政法规未规定行政法律责任的，依照本条例的规定执行。

第四十三条 违反本条例规定，公共人力资源服务机构向劳动者收取费用的，由其主管机关责令限期改正，将违法收取的费用退还劳动者，并对直接负责的主管人员和其他直接责任人员依法给予处分。

第四十四条 违反本条例规定，未取得人力资源服务许可从事职业中介或者人才中介活动，擅自扩大许可范围的，由县级以上人民政府人力资源社会保障部门责令停止违法行为，没收违法所得，并处一万元以上五万元以下的罚款。

第四十五条 违反本条例规定，人力资源服务机构未在服务场所履行明示义务，未建立服务信息档案或者未履行记录义务，未按照规定报送年度报告的，由县级以上人民政府人力资源社会保障部门责令限期改正；逾期不改正的，记入机构信用档案，并向社会公布。

第四十六条 违反本条例规定，人力资源服务机构提供虚假求职和招聘信息，为无合法证照的用人单位提供人力资源服务，介绍求职者从事法律、法规禁止的职业，伪造、涂改、转让人力资源服务许可证的，由县级以上人民政府人力资源社会保障部门责令改正，没收违法所得，并处一万元以上五万元以下的罚款；情节严重的，吊销人力资源服务许可证。

第四十七条 违反本条例规定，用人单位提供虚假招聘信息的，由县级以上人民政府人力资源社会保障部门责令改正，处三千元以上三万元以下的罚款。

第四十八条 县级以上人民政府人力资源社会保障部门和其他有关部门有下列行为之一的，对直接负责的主管人员和其他直接责任人员依法给予处分；构成犯罪的，依法追究刑事责任：

（一）不依法作出行政许可决定的；

（二）在办理行政许可、实施监督检查工作中，索取或者收受他人财物或者谋取其他利益的；

（三）不依法履行监督职责或者监督不力，造成严重后果的；

（四）其他滥用职权、玩忽职守、徇私舞弊的行为。

第四十九条 违反本条例规定，侵害求职者或者用人单位合法权益，造成财产损失或者其他损害的，依法承担民事责任；构成犯罪的，依法追究刑事责任。

第七章　附　则

第五十条 设立中外合资、合作人力资源服务机构或者从事对外劳务合作活动的，依照有关法律、行政法规和国家有关规定执行。

第五十一条 本条例自2015年10月1日起施行。1997年6月6日山东省第八届人民代表大会常务委员会第二十八次会议通过、2004年11月25日山东省第十届人民代表大会常务委员会第十一次会议修正的《山东省人才市场管理条例》和1998年11月21日山东省第九届人民代表大会常务委员会第五次会议通过、2004年11月25日山东省第十届人民代表大会常务委员会第十一次会议修正的《山东省劳动力市场管理条例》同时废止。

山东省退役士兵安置办法

（2015年1月23日 山东省人民政府令第287号）

《山东省退役士兵安置办法》已经2015年1月23日省政府第49次常务会议通过，现予公布，自2015年4月1日起施行。

省长 郭树清

第一章 总 则

第一条 为了规范退役士兵安置工作，保障退役士兵合法权益，根据《中华人民共和国兵役法》《退役士兵安置条例》等法律法规，结合本省实际，制定本办法。

第二条 本省行政区域内退役士兵安置的相关工作适用本办法。

第三条 本办法所称退役士兵，是指依照《中国人民解放军现役士兵服役条例》的规定退出现役的义务兵和士官。

第四条 退役士兵安置坚持城乡一体、多元安置、统筹兼顾、体现优待的原则。

退役士兵安置实行以扶持就业为主，自主就业、安排工作、退休、供养等多种方式相结合的制度。

第五条 国家机关、社会团体、企业事业单位，都有依法接收安置退役士兵的责任和义务。在招收录用工作人员或者聘用职工时，同等条件下应当优先招收录用或者聘用退役士兵。退役士兵报考公务员、事业单位职位的，在军队服现役经历视为基层工作经历。

接收安置退役士兵的单位按照国家规定享受优惠政策。

第六条 县级以上人民政府应当加强对退役士兵安置工作的领导，建立退役士兵安置工作机制，将退役士兵接收安置和教育培训工作纳入国防动员以及双拥考核评比目标体系，将退役士兵安置工作经费和专项经费列入本级财政预算。

第七条 县级以上人民政府退伍军人和军队离退休干部安置领导小组负责本行政区域内退役士兵安置工作的统筹协调和监督检查。

县级以上人民政府退役士兵安置工作主管部门，负责本行政区域退役士兵安置工作。

各级机构编制和县级以上人民政府教育、公安、财政、人力资源社会保障、住房城乡建设、国有资产管理、税务、工商行政管理等部门应当在各自职责范围内做好退役士兵安置工作。

第八条 全社会应当尊重、优待退役士兵。退役士兵应当遵守有关退役士兵安置的法律法规，服从人民政府的安置。

第九条 对在退役士兵安置工作中作出突出贡献的单位和个人，按照国家有关规定给予表彰、奖励。

第二章 接收与移交

第十条 县级以上人民政府退役士兵安置工

作主管部门对于符合规定条件的退役士兵，应当根据国务院退役士兵安置工作主管部门和中国人民解放军总参谋部制定的退役士兵年度移交计划进行接收。

第十一条 退役士兵安置地为退役士兵入伍时的户口所在地。入伍时是普通高等学校在校学生，退出现役后不复学的，其安置地为入学前户口所在地；退出现役后复学的，其安置地为入伍时户口所在地。

第十二条 退役士兵有下列情形之一的，可以易地安置，并享受与安置地退役士兵同等安置待遇：

（一）服现役期间父母户口所在地变更的，可以在父母现户口所在地安置；

（二）符合部队有关现役士兵结婚规定且结婚满二年的，可以在配偶或者配偶父母户口所在地安置；

（三）因其他特殊情况，由部队师（旅）级单位出具证明，经省级以上人民政府退役士兵安置工作主管部门批准易地安置的。

第十三条 退役士兵有下列情形之一的，根据本人申请，经省人民政府退役士兵安置工作主管部门批准，可以按照有利于退役士兵就业、医疗、生活的原则确定其安置地：

（一）因战致残的；

（二）服现役期间平时荣获二等功以上奖励或者战时荣获三等功以上奖励的；

（三）是烈士子女的；

（四）父母双亡的。

第十四条 符合政府安排工作条件的初级士官，在设区的市行政区域内跨县（市、区）易地安置的，由设区的市人民政府退役士兵安置工作主管部门批准；跨设区的市行政区域易地安置的，由省人民政府退役士兵安置工作主管部门批准。符合政府安排工作条件的中级以上士官，跨县（市、区）易地安置的，由省人民政府退役士兵安置工作主管部门批准。

第十五条 自主就业退役士兵应当自批准退出现役之日起三十日内，持退出现役证件、部队行政介绍信到安置地县（市、区）人民政府退役士兵安置工作主管部门报到。

符合政府安排工作条件的退役士兵，持接收安置通知书、退出现役证件和部队行政介绍信，在规定时间内到指定的安置地县级以上人民政府退役士兵安置工作主管部门报到。跨设区的市易地安置的初级士官和服现役满十二年以上的退役士官，由省人民政府退役士兵安置工作主管部门统一出具接收安置通知书。

退休、供养的退役士兵应当到规定的安置地人民政府退役士兵安置工作主管部门报到。

第十六条 退役士兵档案由所在部队团以上单位，按照国家档案管理的有关规定，移交给安置地县级以上人民政府退役士兵安置工作主管部门。

第十七条 县级以上人民政府退役士兵安置工作主管部门应当按照国家档案管理有关规定办理退役士兵档案的接收、保管、查阅和转递工作，并建立退役士兵基础信息数据库。

自主就业的退役士兵档案，由县级以上人民政府设立的公共就业人才服务机构免费管理。

安排工作的退役士兵档案，由安置地人民政府退役士兵安置工作主管部门移交给退役士兵接收单位管理。

退休、供养的退役士兵档案，由安置地人民政府退役士兵安置工作主管部门移交给相应的服务管理机构管理。

第十八条 县级以上人民政府退役士兵安置工作主管部门应当在退役士兵档案审核完毕且退役士兵报到后，为退役士兵开具落户介绍信；退役士兵持落户介绍信到指定的公安机关办理户口登记，公安机关应当及时办理。

第十九条 士兵被开除军籍或者除名的，离队时不予办理退役手续，由入伍前户口所在地公安部门办理落户手续，不享受退役士兵相关待遇。

第二十条 退役士兵发生与服役有关的问题，由其原部队负责处理；发生与安置有关的问题，由安置地县级以上人民政府负责处理。

第三章　自主就业

第二十一条 退役士兵符合下列情形之一的，

由安置地县级以上人民政府扶持自主就业：

（一）不符合安排工作或者退休、供养条件的；

（二）符合安排工作条件，但退役时选择自主就业的。

第二十二条 县级以上人民政府应当组织协调公共就业和人才服务机构为退役士兵提供就业指导和服务，搭建信息网络平台，采取组织职业介绍、就业政策咨询、就业推荐、专场招聘会等方式，扶持退役士兵自主就业。

第二十三条 自主就业的退役士兵按照国家和省有关规定，享受就业服务、小额担保贷款、个体经营减免费用和税收等方面的优惠政策，县级以上人民政府及其有关部门应当予以支持。

第二十四条 对自主就业的退役士兵，由安置地县级以上人民政府根据实际情况发给一次性经济补助。自主就业退役士兵一次性经济补助标准由省人民政府民政、财政等部门拟定，报省人民政府批准后执行，并随着经济社会发展适时调整。

自主就业的退役士兵根据服现役年限领取一次性经济补助。服现役年限从批准入伍之日起算，到下达退役命令之日止。服现役年限按周年计算后，剩余月数不满六个月的按照六个月计算，超过六个月不满一年的按照一年计算。自主就业退役士兵一次性经济补助按照国家规定免征个人所得税。

第二十五条 县级以上人民政府及其有关部门应当鼓励用人单位招收录用或者聘用自主就业的退役士兵。对符合规定条件的接收自主就业退役士兵的企业，在新增加的岗位中，当年新招用自主就业退役士兵，与其签订一年以上期限劳动合同并依法缴纳社会保险费的，以及退役士兵从事个体经营并符合规定条件的，按照国家和省有关税费优惠政策执行。

第二十六条 有劳动能力的残疾退役士兵，优先享受国家规定的残疾人就业优惠政策。

第二十七条 自主就业退役士兵入伍前通过家庭承包方式承包的农村土地，承包期内不得违法收回或者强制流转；通过招标、拍卖、公开协商等非家庭承包方式承包的农村土地，承包期内其家庭成员可以继续承包；承包的农村土地被依法征收、征用或者占用的，与其他农村集体经济组织成员享有同等权利。

自主就业的退役士兵回入伍时户口所在地落户，属于农村集体经济组织成员但没有承包农村土地的，可以申请承包农村土地，村民委员会或者村民小组应当优先解决。

第二十八条 自主就业的退役士兵，由省人民政府退役士兵安置工作主管部门统一发给自主就业证书。

第四章　安排工作

第二十九条 退役士兵符合下列条件之一的，由县级以上人民政府安排工作：

（一）士官服现役满十二年的；

（二）服现役期间平时荣获二等功以上奖励或者战时荣获三等功以上奖励的；

（三）因战致残被评定为五级至八级残疾等级的；

（四）是烈士子女的。

符合前款规定条件的退役士兵，在艰苦地区和特殊岗位服现役的，在同等条件下优先安排工作；因精神障碍基本丧失工作能力的，由安置地人民政府予以妥善安置。

第三十条 省、设区的市、县（市、区）人民政府，按照国防义务均衡负担的原则，分级负责符合安排工作条件退役士兵的工作安排，保障其第一次就业。

第三十一条 省退役士兵安置计划，由省人民政府退役士兵安置工作主管部门会同机构编制、人力资源社会保障、国有资产管理等部门拟订，由省人民政府下达。设区的市、县（市、区）退役士兵安置工作主管部门根据上级退役士兵安置计划，会同有关部门拟订具体计划，由本级人民政府下达。

第三十二条 承担安置任务的单位应当按照安置地县级以上人民政府下达的计划，及时接收安置符合安排工作条件的退役士兵，不得以劳务派遣等形式代替接收安置。

财政支付工资的各类工勤辅助岗位遇有空缺

时，应当首先用于接收由政府安排的符合岗位条件的退役士兵。

国有、国有控股和国有资本占主导地位的企业，在新招录职工时应提供不少于招收聘用人员数量百分之五的工作岗位用于安置退役士兵。

第三十三条 退役士兵安排工作实行文化考试与档案考核相结合的安置方式，公平、公正、公开安排退役士兵选岗就业。

退役士兵档案考核分值权重不得低于考试考核总分值的百分之六十。

第三十四条 安置地人民政府应当在接收退役士兵的六个月内，完成本年度安排退役士兵工作的任务。退役士兵年度内待安排工作期间，安置地人民政府应当按照不低于当地城镇居民最低生活保障标准，按月发给生活补助费。

第三十五条 承担安排退役士兵工作任务的单位应当按时完成所在地人民政府下达的安排退役士兵工作任务，在退役士兵安置工作主管部门开出介绍信一个月内安排退役士兵上岗，并与退役士兵依法签订期限不少于三年的劳动合同或者聘用合同。符合订立无固定期限劳动合同的应当订立无固定期限劳动合同。

合同存续期内单位依法关闭、破产、改制的，退役士兵与所在单位其他人员一同执行国家的有关规定。接收退役士兵的单位裁减人员的，应当优先留用退役士兵。

第三十六条 由人民政府安排工作的退役士兵，服现役年限和符合本办法规定的待安排工作时间计算为工龄，享受所在单位同等条件人员的工资、福利待遇。

第三十七条 非因退役士兵本人原因，接收单位未按照规定安排退役士兵上岗的，应当从所在地人民政府退役士兵安置工作主管部门开出介绍信的当月起，按照不低于本单位同等条件人员平均工资百分之八十的标准逐月发给退役士兵生活费至其上岗为止。

第三十八条 对安排工作的残疾退役士兵，所在单位不得因其残疾与其解除劳动关系或者人事关系。

安排工作的因战、因公致残退役士兵，按规定享受与所在单位工伤人员同等的生活福利和医疗待遇。

第三十九条 符合安排工作条件的退役士兵无正当理由有下列情形之一的，视为放弃安排工作待遇：

（一）不按照规定时间到退役士兵安置部门报到且超过三十日的；

（二）拒不服从退役士兵安置工作主管部门安排工作的；

（三）退役士兵安置工作主管部门下达安排工作通知一个月内，未到退役士兵安置工作主管部门办理安排工作手续的；

（四）办理安排工作手续后，未按规定期限到承担安排退役士兵工作任务单位报到的。符合安排工作条件的退役士兵在待安排工作期间被依法追究刑事责任的，取消其安排工作待遇。

第五章　退休与供养

第四十条 中级以上士官符合下列条件之一的，作退休安置：

（一）年满五十五周岁的；

（二）服现役满三十年的；

（三）因战、因公致残被评定为一级至六级残疾等级的；

（四）经军队医院证明和军级以上单位卫生部门审核确认因病基本丧失工作能力的。

因战致残被评定为五级至六级残疾等级的中级以上士官，本人自愿放弃退休安置选择由人民政府安排工作的，可以依照本办法相关规定办理。

第四十一条 省人民政府退役士兵安置工作主管部门根据国家退休士官安置计划，集中核查退休士官档案资料、审定安置去向等，制订全省退休士官接收安置计划，下达退休士官接收安置任务。

设区的市和县（市、区）人民政府退役士兵安置工作主管部门，应当根据上一级人民政府退役士兵安置工作主管部门的退休士官接收安置计划，制订本级退休士官接收安置计划，下达退休士官接收安置任务，并按照国家和省有关规定办理退休士官接收安置手续。

接到退役士兵安置工作主管部门开具的接收安置通知书后，相关服务管理机构应当及时接收退休士官，并负责做好对其的服务、管理工作。

第四十二条 因战、因公致残被评定为一级至四级残疾等级的中级以上士官，本人自愿放弃退休安置的，可以选择由国家供养。

第四十三条 被评定为一级至四级残疾等级的义务兵和初级士官退出现役的，由国家供养终身。

国家供养分为集中供养和分散供养。符合下列条件之一的，可以集中供养：

（一）因残疾原因需要经常进行医疗处置的；

（二）日常生活需要护理，不便于分散供养的；

（三）独身生活，不便于分散供养的。

在实行集中供养或者分散供养前，安置地退役士兵安置工作主管部门、移交退役士兵的部队、残疾退役士兵本人或者其监护人应当协商签订残疾退役士兵供养协议，并报省退役士兵安置工作主管部门签发接收安置残疾退役士兵通知书。

分散供养的残疾退役士兵购（建）房所需经费的标准，按照安置地县（市、区）经济适用住房平均价格和六十平方米建筑面积确定；没有经济适用住房的地方按照普通商品住房价格六十平方米建筑面积确定。购（建）房所需经费由中央财政专项安排，不足部分由地方财政解决。购（建）房产权归分散供养的残疾退役士兵所有。分散供养的残疾退役士兵自行解决住房的，按照上述标准将购（建）房费用发给本人。

第四十四条 符合退休、供养条件的退役士兵实行计划交接，其生活、住房、医疗等保障，按国家和省有关规定执行。

第六章 教育培训

第四十五条 县级以上人民政府应当加强对自主就业退役士兵教育培训工作的组织领导。

教育培训工作坚持以促进就业为目的、以市场需求为导向、以中等职业教育和技能培训为主体、以高等职业教育、成人教育和普通高等教育为补充，本着退役士兵自愿参加、自选专业、免费培训的原则组织实施。

设区的市人民政府退役士兵安置工作主管部门负责本行政区域内退役士兵教育培训工作。

省人民政府退役士兵安置工作主管部门可以根据实际工作需要，进行跨区域调整和统筹安排，组织退役士兵参加省内易地教育培训。

第四十六条 县级以上人民政府退役士兵安置工作主管部门应当会同教育、财政、人力资源社会保障等部门，可以通过采取政府购买服务等方式，从师资力量、实训设施、教学质量、就业渠道好的教育培训机构中，确定退役士兵教育培训定点机构。

第四十七条 自主就业的退役士兵退出现役一年内可以选择在安置地设区的市人民政府确定的承训机构免费参加一次职业教育或技能培训；教育培训期限最短不少于三个月；期满经考试考核合格的，发给相应的学习（培训）证书、职业资格证书并推荐就业。

确有特殊原因当年不能报名参加培训的，经当地县级以上人民政府退役士兵安置工作主管部门批准后，可参加次年的短期技能培训。

第四十八条 县级以上人民政府应当建立健全退役士兵教育培训目标考核体系和教育培训机构定期考核机制，加强对教育培训机构的监督和指导。对未完成规定教育培训任务和要求的定点教育培训机构，取消其承办退役士兵教育培训资格。

第四十九条 自主就业退役士兵进入中等职业学校学习，报考成人高等院校或者普通高等学校的，按照国家有关规定享受优待。

第七章 社会保险关系转移接续

第五十条 退役士兵服现役年限与入伍前和退出现役后参加基本养老保险的缴费年限合并计算，待安置期按照国家有关规定执行，享受国家和所在单位规定的与工作年限有关的相应待遇。

第五十一条 县级以上人民政府人力资源社会保障行政部门，应当依照国家和省有关规定，会同同级人民政府退役士兵安置工作主管部门，配合军队的军人保险管理部门，做好退役士兵社会保险关系的接续工作。

第五十二条 对自主就业的退役士兵，凭退役士兵安置工作主管部门出具的介绍信，由社会保险经办机构按照国家有关规定办理社会保险关系转移接续手续。对安排工作的退役士兵，由接收单位按照国家有关规定办理社会保险关系转移接续手续。

第五十三条 社会保险行政部门和经办机构应当为退役士兵提供相关法律、法规和政策咨询等服务，及时为退役士兵办理社会保险接续手续。

第八章 法律责任

第五十四条 县级以上人民政府退役士兵安置工作主管部门及其工作人员、参与退役士兵安置工作的单位及其工作人员有下列行为之一的，由其上级主管部门责令改正，对相关责任人员依法给予处分；相关责任人员构成犯罪的，依法追究刑事责任：

（一）违反规定审批退役士兵安置待遇的；

（二）在审批退役士兵安置工作中出具虚假鉴定、证明的；

（三）未履行退役士兵安置工作职责或者未落实退役士兵扶持政策措施的；

（四）截留、挪用、侵占退役士兵安置专项经费的；

（五）在退役士兵安置工作中利用职权谋取私利的；

（六）其他违反退役士兵安置规定，损害退役士兵合法权益的。

第五十五条 违反本办法，接收安置退役士兵的单位有下列情形之一的，当地人民政府退役士兵安置工作主管部门责令限期改正；逾期不改的，根据《退役士兵安置条例》对国家机关、社会团体、事业单位主要负责人和直接责任人依法给予处分，对企业按照涉及退役士兵人数乘以当地上年度城镇职工平均工资十倍的金额处以罚款，并对接收安置单位及其主要负责人予以通报批评：

（一）拒绝或者无故拖延执行人民政府下达的安排退役士兵工作任务的；

（二）未依法与退役士兵签订劳动合同、聘用合同的；

（三）非因残疾退役士兵本人原因而与其解除劳动关系的。

第五十六条 退役士兵有下列情形之一的，由县级以上人民政府退役士兵安置工作主管部门取消其相关安置待遇：

（一）伪造或者非法获取有关文件、证明材料骗取安置待遇的；

（二）在政府安排工作的考试考核中弄虚作假的；

（三）采取其他违法方式弄虚作假骗取安置待遇或者在安置工作过程中从事违法活动的。

第九章 附 则

第五十七条 本办法自2015年4月1日起施行。1989年1月13日山东省人民政府发布的《山东省实施〈退伍义务兵安置条例〉细则》（鲁政发〔1989〕5号）同时废止。

山东省人民政府
关于进一步做好新形势下就业创业工作的意见

（2015年9月7日 鲁政发〔2015〕21号）

各市人民政府，各县（市、区）人民政府，省政府各部门、各直属机构，各大企业，各高等院校：

为贯彻落实《国务院关于进一步做好新形势下就业创业工作的意见》（国发〔2015〕23号）和《国务院办公厅关于支持农民工等人员返乡创业的意见》（国办发〔2015〕47号）等文件精神，

进一步做好我省新形势下就业创业工作，现提出以下意见：

一、深入实施就业优先战略

1. **实施就业优先战略行动**。把市场就业导向、经济转型升级需求和劳动者就业创业意愿紧密结合起来，在全省部署实施就业优先战略行动，促进就业与产业转型升级、新型城镇化、信息化等发展战略的良性互动、深度融合。把稳定和扩大就业作为经济运行合理区间的下限，将城镇新增就业、调查失业率纳入国民经济和社会发展规划及年度计划，对稳定和扩大就业的转型升级项目、创业创新项目、教育培训项目等，特别是新上项目，各级财政专项资金优先给予支持。将就业创业工作纳入政绩考核，细化目标任务、政策落实、就业创业服务、资金投入、群众满意度等指标。（省发展改革委、省人力资源社会保障厅牵头，省委组织部、省经济和信息化委、省教育厅、省科技厅、省财政厅、省住房城乡建设厅、省农业厅、省商务厅、省统计局、国家统计局山东调查总队参加）

2. **发挥小微企业就业主渠道作用**。扶持发展小微企业。落实国家规定的小微企业增值税、营业税和企业所得税等税收优惠政策，以及金融机构与小型微型企业签订借款合同免征印花税等税收政策，完善公共产品小微企业优先采购政策。发挥小微企业发展聚集优势，争创国家级小微企业创业创新基地示范城市。建立小微企业目录，对小微企业发展状况开展抽样统计。鼓励小微企业吸纳就业。对小微企业新招用劳动者的，按照规定给予创业岗位开发补贴、社会保险补贴和岗位补贴等。农民专业合作社、家庭农场以及社会化服务组织等可与小微企业同等享受就业创业扶持政策。（省财政厅、省人力资源社会保障厅、省地税局牵头，省经济和信息化委、省科技厅、省农业厅、省商务厅、省工商局、省中小企业局、省国税局参加）

3. **积极预防和有效调控失业风险**。落实降低失业保险费率政策，全省统一执行1.5%的失业保险缴费费率，进一步减轻企业负担。从2015年起，将失业保险支持企业稳定岗位的政策适用范围由化解产能严重过剩、淘汰落后产能、节能减排、主辅分离、兼并重组5类困难企业，扩大到所有采取有效措施不裁员、少裁员，稳定就业岗位、依法足额缴纳失业保险费的企业。符合条件的上述5类困难企业，按照企业及其职工上年度实际缴纳失业保险费总额的50%给予稳岗补贴；其他企业一般按照企业及其职工上年度实际缴纳失业保险费总额的30%给予稳岗补贴，各市可根据企业困难情况适当提高补贴标准，最高不超过50%。稳岗补贴所需资金由失业保险基金列支，补贴资金主要用于职工生活补助、缴纳社会保险费、转岗培训和技能提升培训等支出。建立失业动态监测、预测预警和预防调控“三位一体”工作机制和经费保障机制。研究制定应对失业风险的就业应急预案。（省人力资源社会保障厅牵头，省发展改革委、省经济和信息化委、省财政厅、省国资委、省统计局、国家统计局山东调查总队参加）

二、积极推进大众创业

4. **加强新型创业创新平台建设**。总结推广创客空间、创业咖啡、创新工场等新型孵化模式，加快发展市场化、专业化、集成化、网络化的众创空间，形成市场主导、风投参与、企业孵化的创业生态系统。各地可认定一批众创空间，有条件的地方可对众创空间的房租、宽带网络、公共软件等给予适当补贴。鼓励各地盘活商业用房和破产、困难企业闲置厂房等资源作为众创空间，为创业者提供成本较低的场所。允许众创空间等新型孵化机构，从省、市奖补资金中拿出部分资金，通过入股、借款等形式，扶持入驻初创小微企业发展。对符合国家规定条件的众创空间等新型孵化机构适用科技企业孵化器税收优惠政策。学习推广海尔“人人创客”做法，鼓励企业由传统的管控型组织向新型创业平台转型，让员工成为平台上的创业者。调整完善创业示范平台奖补政策，对直接购买或租赁已开发闲置房地产楼盘作为创业孵化示范基地和创业示范园区的，最高给予1000万元的一次性奖补。有条件的市对原创业孵化基地补助资金，可按政府购买服务原则调整支出方向，对认定的孵化基地按规定为创业者提供创业孵化服务的（不含场租减免），按实际孵化成功（注册登记并搬离基地）户数给予创业孵化补贴。（省人力资源社会保障厅、省科技厅牵头，省财政厅、省住房城乡建设厅、省商务厅、省国资委、省地税局、省中小企业局、省国税局参加）

5. 拓宽创业投融资渠道。充分发挥省级创业投资引导基金作用，不断扩大基金规模。发挥省级天使投资引导基金的作用，鼓励创投机构、大型骨干企业参股创立天使投资基金，重点投向种子期或初创期科技型、创新型小微企业。设立省级新兴产业创业投资引导基金，支持新兴产业领域早中期、初创期企业发展。有条件的地方可整合设立高校毕业生创业基金，完善管理体制和市场化运行机制，实现基金滚动使用，为高校毕业生创业就业提供支持。鼓励有条件的市设立创业投资引导基金、天使投资引导基金等，建立政府引导资金和社会资本共同支持初创中小企业发展的风险投资机制。完善小微企业融资担保风险补偿机制，推行小微企业融资担保代偿补偿制度，到 2017 年省级小微企业融资担保代偿补偿资金不少于 5 亿元。鼓励支持创业企业在创业板、中小板上市融资或在新三板、区域股权交易市场挂牌融资。鼓励支持大中型企业参股创业企业或创业企业之间相互参股，共担风险，共同发展。推动多渠道股权融资，依法开展股权众筹融资试点，积极探索和规范发展互联网金融等融资新模式。（省发展改革委、省财政厅牵头，省科技厅、省人力资源社会保障厅、省国资委、省金融办、省中小企业局、中国人民银行济南分行参加）

6. 调整完善创业担保贷款。将小额担保贷款调整为创业担保贷款，符合条件的各类创业人员创业担保贷款最高额度为 10 万元，按照中国人民银行公布的贷款基准利率可上浮 3 个百分点，给予全额贴息；符合条件的小微企业创业担保贷款最高额度为 300 万元，贷款期限不超过 2 年，并按照中国人民银行公布的同期限贷款基准利率的 50% 给予贷款贴息。对还款及时、无不良信贷记录的，允许再申请一次创业担保贷款，期限不超过 2 年。积极探索创新反担保方式，对创业园区、创业孵化基地以及大型商场、加盟连锁企业给予一定的创业贷款反担保信用额度，允许其在信用额度内为其所辖企业、商铺提供反担保。建立创业担保贷款奖励机制，对担保基金规模当年增长 5% 以上的，由中央财政按当年新增担保基金总额的 5% 给予风险补偿；对当年新发放的创业担保贷款，按照贷款总额的 1% 给予奖励性补助，由中央和省各承担 0.5%，其中省级补助从创业带动就业扶持资金中列支。对从事网络创业的，按规定落实创业担保贷款及贴息政策。（省人力资源社会保障厅牵头，省财政厅、团省委、省妇联、省工商联、中国人民银行济南分行参加）

7. 加大降免费力度。建立涉企收费目录清单管理制度，不在目录内的涉企行政事业性收费项目一律取消，凡未纳入行政审批前置服务收费目录清单内的行政审批前置服务一律不得向企业收费。对不执行清单管理的乱收费行为，由物价部门会同有关部门予以查处。全面清理规范强制垄断性经营服务收费，规范行业协会商会、中介组织涉企收费行为，落实完善创业负担举报反馈机制。对个体工商户、小微企业，自首次注册登记之日起 3 年内免收各类行政事业性收费。（省财政厅、省物价局牵头，省人力资源社会保障厅、省工商局参加）

8. 完善创业补贴政策。对首次领取小微企业营业执照、正常经营满 12 个月的创业者，给予不低于 1.2 万元的一次性创业补贴。有条件的市可将一次性创业补贴政策放宽到符合条件的新注册个体工商户，给予不低于 2000 元的补贴。各地创业孵化基地、创业园区应优先为有创业能力的毕业年度高校毕业生、就业困难人员等提供创业场所，按规定给予场地租赁费用减免。有条件的市对毕业年度的高等院校、技师学院毕业生和就业困难人员租用经营场地创业，并且未享受场地租赁费用减免的，可给予一次性创业场所租赁补贴。（省人力资源社会保障厅牵头，省财政厅、省工商局参加）

9. 调动专业人员创业积极性。认真贯彻落实《中共山东省委山东省人民政府关于深入实施创新驱动发展战略的意见》（鲁发〔2015〕13 号），调动高等院校、科研院所等事业单位专业技术人员创业积极性。经与单位协商一致，专业技术人员可带着科研项目和成果离岗到企业开展创新工作或创办企业，或在完成本单位布置的各项工作任务前提下，兼职从事科技成果转化活动，兼职收入归个人所有。鼓励在鲁高等院校允许全日制在校学生休学创业。凡创办企业的学生，所创办的企业与所学专业相关的，可视为其参加实习、实训或实践教育的时间，并按相关规定计入学分。完善科技人员创业股权激励政策，放宽股权奖励、股权出售的企业设立年限和盈利水平限制。在鲁高等院校、科研院所科技人员创办的企业，其知识产权等无形资产可按至少50%、最多70%的比例折算为技术股份。（省人力资源社会保障厅、省科技厅牵头，省委组织部、省教育厅参加）

10. 鼓励农民工等人员返乡创业。鼓励引导有意愿的农民工、高校毕业生、退役士兵因地制宜围绕休闲农业、农产品深加工、乡村旅游、农村服务业等到农村创业。支持农村网上创业，推广“淘宝村”发展经验，建设一批“电商示范村”。对创办农民专业合作社、家庭农场、农业社会化服务组织等新型农业经营主体的，落实定向减税和普遍性降费政策，符合农业补贴政策支持条件的，可按规定同等享受相应的政策支持。整合创建一批农业创业创新示范基地和见习基地、农民工返乡创业园，各地高科园区、科技园区可拿出部分空闲的土地、楼宇、设施专门为大学生、返乡农民工创业创新提供平台，符合条件的纳入省级创业孵化示范基地和创业示范园区奖补范围。对政府主导、财政支持的农村公益性工程和项目，可采取购买服务、政府与社会资本合作等方式，引导农民工等返乡人员创设的企业和社会组织参与建设、管护和运营。在返乡创业较为集中地区探索通过发行中小微企业集合债券、公司债券等方式融资，进一步提高返乡创业的金融可获得性。（省人力资源社会保障厅牵头，省发展改革委、省经济和信息化委、省科技厅、省财政厅、省国土资源厅、省住房城乡建设厅、省农业厅、省商务厅、省地税局、省金融办、省物价局、中国人民银行济南分行、省国税局参加）

11. 发挥创业示范引领作用。鼓励创建创业型城市、创业型街道（乡、镇），加强创业服务体系建设。省里每年在各市推荐的符合当地产业发展规划和区域特色的优秀创业项目中，遴选不少于100个省级优秀项目。重点扶持100家左右具备领军潜力和持续发展能力的大学生新创企业，在经营场所、创业担保贷款等方面进行重点扶持，同时向投资引导基金参股子基金给予重点推介。选树创业典型人物，对新选树的“山东省十大大学生创业之星”“山东省十大返乡创业农民工”“山东省创业大赛”前十名，给予适当奖励，所需资金从省级创业带动就业扶持资金中列支。（省人力资源社会保障厅牵头，省发展改革委、省教育厅、省科技厅、省财政厅、省中小企业局、省总工会、团省委、省妇联、省工商联参加）

三、促进高校毕业生等重点群体就业

12. 鼓励高校毕业生到基层就业。把高校毕业生就业摆在就业工作首位。完善工资待遇进一步向基层倾斜的办法，健全高校毕业生到基层工作的服务保障机制，鼓励毕业生到乡镇特别是困难乡镇工作。“三支一扶”等服务基层项目毕业生到乡镇事业单位服务满1年后，如有岗位空缺，经考核合格，可与所在单位签订不少于3年的聘用合同。加大从服务基层项目人员中考录基层公务员力度，经过3年至5年，定向考录比例一般应达到当年乡镇公务员录用计划的30%以上。县及县以下事业单位招聘要结合当地服务期满基层项目毕业生数量，按不少于当年服务期满毕业生总数30%的比例，拟定定向招聘计划。将政府购买基层公共管理和社会服务岗位，纳入“社区就业计划”，每年开发2000个岗位，用于吸纳择业期内未就业高校毕业生。对小微企业新招用毕业年度高校毕业生，签订1年以上劳动合同并缴纳社会保险费的，给予1年社会保险补贴，从就业专项资金中列支。（省人力资源社会保障厅牵头，省委组织部、省经济和信息化委、省教育厅、省民政厅、省财政厅、省水利厅、省农业厅、省卫生计生委、团省委参加）

13. 鼓励高校毕业生参加就业见习。落实完善见习补贴政策，各市、县（市、区）对见习期满留用率达到70%以上的见习单位，政府见习补助比例提高10个百分点。省级对见习期满留用率达到 70% 以上的财政困难县（市、区），补助比例提高 10 个百分点。将求职补贴调整为求职创业补贴，对象范围扩展到已获得国家助学贷款的毕业年度高校毕业生，城乡低保家庭、城市零就业家庭、农村贫困家庭和有残疾人证的毕业生补助标准为 1000 元 / 人，其他人员补助标准为 600 元 / 人。技师学院高级工班、预备技师班和特殊教育院校职业教育类毕业生可参照高校毕业生属地享受相关就业补贴政策。（省人力资源社会保障厅牵头，省教育厅、省财政厅参加）

14. 加强对困难人员就业援助。合理确定就业困难人员范围，规范认定程序，加强实名制动态管理和分类帮扶。坚持市场导向，鼓励其到企业就业、自主创业或灵活就业。对用人单位招用就业困难人员，签订且实际履行劳动合同并缴纳社会保险费的，在一定期限内给予社会保险补贴和岗位补贴。社会保险补贴和岗位补贴期限最长不超过 3 年，对初次核定享受补贴政策时距退休年龄不足 5 年的人员，可延长至退休。对通过市场渠道确实难以实现就业的，可通过公益性岗位予以托底安置，对家庭生活特别困难、在公益性岗位工作期满后仍难以就业，且工作期间考核优秀的女性 45 周岁、男性 55 周岁以上的人员，经设区的市人力资源社会保障局审核、公示，省人力资源社会保障厅备案后，可适当延长工作期限，续签劳动合同，续签合同最长期限不得超过 3 年。续签合同期满后仍不能实现就业的，按规定享受失业保险待遇。各市、县（市、区）要规范公益性岗位开发和管理，科学设定公益性岗位总量，适度控制岗位规模，制定岗位申报评估办法，建立定期核查机制，严格按照法律规定安排就业困难人员，不得用于安排非就业困难人员。加强对就业困难人员在岗情况的管理和工作考核，完善就业困难人员享受扶持政策期满退出办法，做好退出后的政策衔接和就业服务。加大对困难人员就业援助力度，确保零就业家庭、最低生活保障家庭等困难家庭至少有一人就业。建立健全社会救助与就业的联动机制，对实现就业或自主创业的最低生活保障对象，在核算家庭收入时，可以扣减必要的就业成本，在一定期限内的劳动所得不计入家庭收入。（省人力资源社会保障厅牵头，省民政厅、省财政厅参加）

四、加强职业技能培训

15. 搭建资源整合的培训平台。完善政府购买职业技能培训服务机制，统筹编制全省职业技能培训规划和年度计划，统筹现有各类教育培训资源，整合职业培训项目和资金，建立统一的实名制信息管理平台和培训机构准入与退出机制，对培训的全过程实行动态管理，逐步实现同一地区、同一专业培训质量标准和补贴标准统一，防止低水平、重复培训。2016 年，在全省先期实现农民工职业技能培训资源整合。（省人力资源社会保障厅牵头，省教育厅、省财政厅、省住房城乡建设厅、省农业厅、省商务厅、省总工会、团省委、省妇联、省残疾人联合会参加）

16. 加强高层次职业技能培训。对符合职业技能培训补贴范围人员参加中、高级职业技能培训并取得职业资格证书、专项职业能力证书或创业培训合格证书的，按国家规定逐步完善全额补贴机制，调动培训机构和劳动者积极性。做大做强“金蓝领”培训项目，强化紧缺急需高技能人才培养，适当提高培训补助标准。实施“创业齐鲁训练营”项目，每年选拔 500 名有持续发展和领军潜力的初创企业经营者，参加高层次进修学习或交流考察。（省人力资源社会保障厅牵头，省财政厅参加）

17. 创新职业技能培训模式。大力开展“订单式”培训，对企业与培训学员签订劳动合同并开展培训的，可先行拨付部分职业培训补贴。推行现代学徒制培训模式，支持企业以新招用和转岗人员为重点开展培训。搭建互联网移动培训平台，建立线上与线下相结合、集中与分散相结合的新型培训模式，方便劳动者接受职业技能培训。对通过互联网移动在线培训学习的，记入学习课时。推广创业大学培训模式，推动创业大学在高等院校、中等职业学校、技工院校、各地创业孵化基地（创业园区）和创业培训机构等设立分校（创业学院）或教学点、教学站。到 2018 年，在全省范围内建设 20 家左右省级示范创业大学。推广“创业教育 + 模拟实训 + 苗圃实践 + 跟踪扶持”培训模式，建立培训、实训、孵化、服务相结合的一

体化创业培训机制，提高创业者创业意识、创业能力和创业成功率。（省人力资源社会保障厅牵头，省财政厅参加）

五、创新公共就业创业服务

18. 健全公共就业创业服务体系。完善公共就业服务体系创业服务功能，加强公共就业创业服务能力建设，充分发挥公共就业人才服务、高校毕业生就业指导服务、中小企业服务等机构的作用，为创业者提供从项目推介到成功创业的全过程、“一条龙”创业指导。健全公共就业创业服务经费保障机制，切实将县级以上公共就业创业服务机构和县级以下（不含县级）基层公共就业创业服务平台经费纳入同级财政预算。将职业介绍补贴和扶持公共就业服务补助合并调整为就业创业服务补贴，支持各地按照精准发力、绩效管理的原则，创新就业创业服务供给模式，向社会力量购买基本就业创业服务。（省人力资源社会保障厅牵头，省财政厅参加）

19. 加快公共就业服务信息化建设。实施“智慧就业”工程，运用“大数据”技术，建设省级集中一体化的人力资源基本信息库和企业用工岗位信息库，推动经济和信息化、人力资源社会保障、教育、民政、公安、财政、工商、税务、统计等部门数据的互联互通、协同共享，实现就业管理服务的全程信息化。结合“互联网+”行动，开发就业创业服务微信平台、移动终端、电子地图等，开展个性化、订制化服务，实行精准服务。加强社区就业创业服务智能化建设，用2年时间实现全省社区就业创业无人值守自助服务。支持社会机构利用政府数据开展专业化就业服务，推进就业信息的共享开放。各级财政要将就业创业服务补助资金重点向“智慧就业”工程倾斜。（省人力资源社会保障厅牵头，省发展改革委、省经济和信息化委、省教育厅、省科技厅、省公安厅、省民政厅、省财政厅、省地税局、省统计局、省工商局、省国税局、国家统计局山东调查总队参加）

20. 提升就业创业服务水平。加快建设“山东半小时公共就业服务圈”建设，继续推进充分就业社区、创业型社区、数字就业社区建设。在此基础上，整合资源，打造集充分就业型、创业创新型、智慧就业型、标准服务型为一体的四型就业社区。省里每年评选一定数量的示范单位，给予一次性奖补，所需资金从创业带动就业扶持资金中安排。规范公共就业创业服务，明确标准，缩短流程，简化手续，对系统中已有记录且保持有效的信息资料无需登记对象再提交，取消重复和不必要的表格、单据等填写内容和证明材料，做到“一窗式”受理、“一站式”办结、“一条龙”服务。搭建创业服务云平台，打造网上创业大集、众创空间、投融资中心、人才超市、创业社交等于一体的网络互动载体，为创业者提供一体化、个性化、智能化服务。（省人力资源社会保障厅牵头，省科技厅、省民政厅、省财政厅、省金融办参加）

21. 完善就业失业登记办法。以常住地为登记点，对法定劳动年龄内、有劳动能力、有就业事实或就业要求、符合我省就业失业登记条件的城乡劳动者，在常住地的公共就业创业服务机构进行就业失业登记。建立就业创业政策均享制度，对就业失业登记的城镇常住人员，在常住地连续居住6个月以上且在当地参加社会保险6个月以上的，保障其与本地户籍人员享受同等的就业创业扶持政策。（省人力资源社会保障厅负责）

22. 建立健全就业创业统计监测体系。健全就业统计指标，完善统计口径和统计调查方法，逐步将性别、非农就业等指标纳入统计监测范围，开展“大数据”就业监测，探索建立创业工作统计指标。进一步加强和完善劳动力调查制度，扩大调查范围，增加调查内容。依托行业组织，建立健全行业人力资源需求预测和就业状况定期发布制度。加大就业统计调查监测人员、经费和软硬件等保障力度，推进就业统计监测信息化建设。（省人力资源社会保障厅、省统计局牵头，省公安厅、省财政厅、国家统计局山东调查总队参加）

各地、各部门要加强组织领导，把促进就业创业摆上重要议程，认真落实本意见提出的各项任务，结合本地、本部门实际，创造性地开展工作，研究配套政策和具体措施。要根据就业状况和工作目标，在财政预算中合理安排就业创业相关资金。要注重舆论引导，加强政策解读，大力宣传就业创业工作经验做法和典型事迹。对在就业创业工作中取得显著成绩的单位和个人，按有关规定予以表彰奖励。有关地区不履行促进就业职责，造成恶劣社会影响的，对当地政府有关负责人及具体责任人实行问责。

山东省人民政府办公厅
关于印发山东省实施就业优先战略行动方案的通知

（2015 年 9 月 2 日　鲁政办发〔2015〕37 号）

各市人民政府，各县（市、区）人民政府，省政府各部门、各直属机构，各大企业，各高等院校：

《山东省实施就业优先战略行动方案》已经省政府同意，现印发给你们，请认真贯彻执行。

山东省实施就业优先战略行动方案

就业是民生之本，事关经济发展和民生改善大局。为贯彻落实党中央、国务院关于就业创业工作的一系列部署要求，适应经济发展新常态，应对新挑战、抓住新机遇、实现新发展，省政府确定实施就业优先战略行动。现制定以下行动方案：

一、总体要求

实施就业优先战略行动，要以建设“创业齐鲁·乐业山东”为统领，把稳定和扩大就业作为经济运行合理区间的下限，合理确定经济增长速度和发展模式，科学把握宏观调控的方向和力度，加强财税、金融、产业、贸易等经济政策与就业政策的配套衔接，将市场就业导向、经济转型升级需求和劳动者就业创业意愿有机结合起来，充分整合利用各类资源，进一步优化就业结构和就业环境，全面提升就业管理服务水平，推动就业发展动力转换、就业增长方式转型和就业体制机制创新，以稳增长促就业，以鼓励创业就业带动经济增长，实现就业增长与经济增长趋势相一致、就业结构与产业转型升级要求相适应、就业质量与各类群体的就业创业意愿相契合。

二、重点任务

（一）就业与全面深化改革互动融合。进一步明确劳动者、市场、政府在就业创业发展中的角色定位，破除影响制约就业创业的制度性、体制性障碍，以就业创业领域的改革创新，促进全面深化改革。

1. 完善市场就业机制。尊重劳动者市场就业主体地位，破除影响就业的户籍、社保、编制、职称评审等制度性障碍，对“互联网 +”形成的新型就业形态，支持劳动者以非全日制就业、自由职业、居家就业、家庭帮工、网络创业、新社会组织就业等形式，顺利实现就业。培育壮大人力资源市场主体，解决就业创业服务社会化发育不足问题。扶持人力资源服务业发展，运用以奖代补等手段，培育各类人力资源服务集聚园区，大力发展多层次、多元化人力资源服务机构，用 3 年时间培育 1—2 家在全国具有影响力的行业领军企业。加强人力资源市场法治建设，营造市场就业的法治环境。加快政府举办的劳动力市场、人才市场整合，按照统一领导、统一制度、统一管理、统一服务标准、统一信息系统的要求，建成覆盖城乡、功能齐全、布局合理、便捷高效的公共就业和人才服务体系。（省人力资源社会保障厅牵头，省编办、省发展改革委、省公安厅、省财政厅、

省法制办参加）

2. 实施阳光就业工程。建立政府购买公共就业和人才服务制度，按照精准发力、绩效管理的原则，根据政府向社会力量购买服务指导目录，引入专业机构、咨询机构、行业协会等社会力量提供就业创业服务产品；建立公共就业创业工作第三方评价制度，引入第三方社会机构，参与就业绩效考核、创业示范平台评估认定、职业技能培训绩效考评和就业创业工作群众满意度调查等，接受社会监督；建立公共就业人才服务责任清单制度，明确服务标准，精简办事流程，承诺办结时限，提高服务效能；建立公共就业创业信息公开发布制度，公开发布用人单位需求信息、国有企业公开招聘信息、公益性岗位信息、职业（工种）工资指导价位等，保障劳动者平等获取就业创业信息权利。（省人力资源社会保障厅牵头，省发展改革委、省财政厅、省国资委参加）

3. 营造绿色就业环境。健全完善零门槛、零负担的商事制度，培育宽松便捷、国内领先的营商生态，落实城乡统筹、普惠共享的就业创业服务制度，营造国内一流的就业创业环境。打破省内地域、部门限制，促进劳动者在就业创业地与当地居民同等享受政策扶持和公共服务。（省人力资源社会保障厅牵头，省财政厅、省商务厅、省地税局、省工商局、省物价局、中国人民银行济南分行、省国税局参加）

（二）就业与产业转型升级互动融合。推动人力资源向人力资本转变，将人口红利转化为人才红利，以优化就业结构，促进产业转型升级。

1. 实施产业升级技能支撑计划。围绕三次产业转型升级，整合人力资源社会保障部门“加强就业培训提高就业与创业能力五年规划”、教育部门“素质技能培训计划”、住房城乡建设部门“住房城乡建设行业农民工再温暖工程”、农业（扶贫）部门“雨露计划”、商务部门“家政服务工程”、工会组织“工友系列培训”、共青团组织“青年系列培训”、妇联组织“妇女系列培训”、残联组织“残疾人系列培训”等培训项目，建立项目统筹、标准统一、管理规范、覆盖城乡的大培训机制，全面实行“企业订单、劳动者选单、培训机构列单、政府买单”的“四单式”培训模式，探索现代学徒制培训模式，分产业、分行业、分门类开展就业技能培训、岗位技能提升培训和转岗培训，每年培训各类技能人才 50 万人。（省人力资源社会保障厅牵头，省发展改革委、省经济和信息化委、省教育厅、省住房城乡建设厅、省农业厅、省商务厅、省总工会、团省委、省妇联、省残联参加）

2. 实施农民职业化培养工程。将农民职业化培训纳入“加强就业培训提高就业与创业能力五年规划”培训范围，研究制定职业农民认定标准，开展农机修理工、农作物植保员、水生物养殖工、栽培工等新型职业农民的职业培训及考核鉴定，颁发相应等级的国家职业资格证书。设置符合职业农民特点的专业职称，打通申报评审渠道。每年培训 10 万名懂技术、会经营、善管理的本土新型职业农民，引导 10 万名农民工、高校毕业生、退役军人转变为新型职业农民。（省人力资源社会保障厅、省农业厅负责）

3. 实施服务业中高端岗位增长计划。把服务业作为新增就业的主阵地，优化服务业发展环境，落实发展服务业各项扶持政策，引导更多劳动者在服务业就业创业，提高服务业吸纳就业的能力。重点服务于金融、房地产、物流、现代家政、文化、养老、医疗卫生、教育培训、旅游等服务行业发展，着力开发科技含量高、吸纳就业能力强的智力密集型、技术密集型中高端岗位，促进更多的高校毕业生、专业技术人员就业，力争在服务业中高端岗位就业的高校毕业生年均增长 10%。（省发展改革委、省经济和信息化委、省人力资源社会保障厅牵头，省教育厅、省科技厅、省住房城乡建设厅、省商务厅、省文化厅、省卫生计生委、省金融办参加。共同牵头单位按照行政序列排列，下同）

（三）就业与企业发展互动融合。适应劳动力供求新变化，着力破解招工难与就业难矛盾，引导企业吸纳就业，将人力资源优势转化成企业发展优势。

1. 建设山东省企业用工监测服务平台。2016 年年底前，建成加工制造业用工监测、服务业用工监测、小微企业用工监测、劳务派遣类企业用工监测、“蓝黄”两区和“一圈一带”区域用工监测等平台，采取企业直报和网络监测相结合方式，分产业、分行业、分区域对重点企业用工情况实施动态监测，摸清企业人力资源结构现状和发展需求，并结合人力资源市场供求信息，形成全省统一的企业用工和劳动者求职对接平台。（省人力资源社会保障厅牵头，省发展改革委、省经济和信息化委、省统计局、省中小企业局、国家统计局山东调查总队参加）

2. 实施重点企业人力资源支撑计划。紧密结合经济发展战略，把主营业务收入超过30亿元或纳税额超过2000万元或出口额超过3000万美元的传统企业、主营业务收入超过10亿元的高新技术企业、在建拟建项目投资超过10亿元的企业、世界500强或中国500强投资企业等作为重点对象，既为企业提供用工指导、员工招聘、人才引进、技能培训、档案代理等基本服务，又提供远程见工、猎头招聘、企业人力资源管理等拓展服务，给企业发展提供强有力的人力资源支撑。加大营销、设计、融资等方面人才的培养和引进力度，培育和推广我省自主品牌，进一步提高企业发展质量和效益。（省发展改革委、省经济和信息化委、省人力资源社会保障厅、省国资委负责）

3. 实施“互联网+”就业增长计划。大力支持“互联网+”就业创业，加强互联网应用培训，不断提高互联网普及应用水平，促进更多企业与互联网融合发展，形成新的产业模式和新的就业形态，创造更多就业岗位。对“互联网+”形成的协同制造、现代农业、智慧能源、普惠金融、公共服务、高效物流、电子商务、便捷交通、绿色生态、人工智能等中小微企业，吸纳高校毕业生和就业困难人员的，按规定给予一定期限的社会保险补贴；符合条件的，给予定额培训补贴。力争在新产业模式中就业人数年均增长5%。（省发展改革委、省经济和信息化委牵头，省人力资源社会保障厅、省农业厅、省商务厅、省国资委、省统计局、省金融办、省中小企业局参加）

4. 实施企业稳岗计划。把推进改革和转型升级的速度、强度与保持就业局势稳定有机结合起来，落实减负政策，将失业保险费率由3%调至1.5%，支持企业发展；落实稳岗政策，对化解产能过剩、淘汰落后产能、节能减排、主辅分离、兼并重组5类困难企业及其他企业，采取有效措施不裁员、少裁员、稳定就业岗位的，由失业保险基金按规定给予稳定岗位补贴；落实安置政策，将淘汰落后产能奖励资金、依据兼并重组政策规定支付给企业的土地补偿费首先用于职工安置，妥善做好职工分流安置和再就业工作，避免发生规模性、区域性、行业性集中失业风险。（省发展改革委、省经济和信息化委、省财政厅、省人力资源社会保障厅、省国土资源厅、省国资委负责）

（四）就业与新型城镇化互动融合。围绕人的城镇化这一核心，在推动新型城镇化过程中，创造新的就业机会，扩大就业容量，实现统筹城乡就业和城乡一体化协调发展。

1. 深入推进“农民工3项行动计划”。统筹推进“农民工3项行动计划”与“新型城镇化6项行动实施方案”，建立绩效评估体系，认真落实各部门工作目标责任，做到严格督查、严格问责；建立统计分析报告制度，对各项工作进展情况进行定期汇总分析，对任务措施落实情况进行定期通报；建立专项督导机制，定期开展督查活动。（省人力资源社会保障厅牵头，省住房城乡建设厅参加）

2. 启动实施“小城镇乐业工程”。把“百镇建设示范行动”与农村新型社区建设、农业富余劳动力就地就近就业创业紧密结合起来，制定鼓励二三产业项目、企业向小城镇转移政策，特别是鼓励支持发展农产品加工、休闲农业、乡村旅游、农村服务业等劳动密集型产业项目，创造更多就业岗位；完善落实户籍改革配套政策，彻底放开小城镇落户限制，促进有能力在城镇稳定就业和生活的农业转移人口落户城镇，加快产业和人口向小城镇聚集。到2020年，人口规模达到3000人以上、非农就业比重超过70%的农村新型社区达到2000个左右；及时摸清“城中村”居民、被征地农民就业创业和职业培训需求，开展送岗位、送技能活动，确保有培训意愿的人员至少接受一次职业培训。（省住房城乡建设厅牵头，省发展

改革委、省经济和信息化委、省公安厅、省民政厅、省人力资源社会保障厅、省国土资源厅、省农业厅参加）

3. 加快建设“山东半小时公共就业服务圈”。以打造充分就业型社区、创业创新型社区、智慧就业型社区、标准服务型社区“四型社区”为基础，以公共就业服务均等化、标准化、专业化、信息化为手段，建设以2公里为半径、半小时为时限的“山东半小时公共就业服务圈”，为城乡居民提供丰富、便捷、高效、精准的公共就业创业服务，实现公共就业创业服务的全省全覆盖。到2017年，全省城乡社区基本达到“半小时公共就业服务”标准。（省人力资源社会保障厅牵头，省民政厅参加）

（五）就业与创业创新互动融合。着力推进创业齐鲁建设，从创业能力、创业平台、创业示范、创业服务、创业文化入手，全面优化创业创新环境，大力推进大众创业、万众创新。

1. 实施创业创新能力提升计划。在高等院校深入开展创业创新教育进课堂、创业培训实训进校园活动，建设一批创业训练营、创业苗圃、创业见习基地等创业创新实践平台，提高大学生的创业创新意识和创业创新能力。全面推进创业大学建设，到2015年年底，各设区的市至少建立1所创业大学。自2016年起，创业培训任务全部由创业大学承担，培训后创业活动参与率不低于90%，创业成功率不低于20%。（省教育厅、省人力资源社会保障厅牵头，省财政厅参加）

2. 实施创业平台建设计划。以建设链条化、专业化、集成化、市场化的孵化体系为目标，以省级创业孵化示范基地和创业示范园区为龙头，运用市场化手段，大力推进创客空间、创业咖啡、创新工场等便利化、全要素、开放式的新型孵化平台建设，促进产业资源、创业资本、高端人才等创业创新要素和各类服务向创业平台集聚，实现创新与创业相结合、线上与线下相结合、孵化与投资相结合，形成一批有效满足大众创业创新需求、具有较强专业化服务能力的新型创业服务平台，提供高质量的创业增值服务。到2017年，在全省建成30个高水平专业公共技术创新和服务平台；到2018年，建设160家左右省级创业孵化示范基地和创业示范园区。（省人力资源社会保障厅牵头，省科技厅、省财政厅、省文化厅参加）

3. 实施创业示范引领计划。加强创业型城市、创业型街道（乡、镇）创建工作，到2018年，创建10个国家级、30个省级创业型城市（县、区），100个省级创业型街道（乡、镇）；开展“小微企业创业创新基地城市示范”创建工作，力争到2020年我省1—2个城市入围国家示范城市；培养培育一批领军型创业人才、团队和企业，每年重点扶持100家左右具备领军潜力和持续发展能力的大学生新创企业，选树“十大大学生创业之星”“十大返乡创业农民工”“十大最具发展潜力的小微创业企业”“十大天使投资基金”，发挥引导示范作用。（省财政厅、省人力资源社会保障厅牵头，省发展改革委、省经济和信息化委、省教育厅、省科技厅、省商务厅、省工商局、省中小企业局、省总工会、团省委、省妇联、省工商联、中国人民银行济南分行参加）

4. 实施创业服务助推计划。依托各级公共就业和人才服务机构、各类创业孵化基地、创业园区，为创业者提供从项目推介到成功创业的全过程、“一条龙”服务，为小微企业提供培训、融资、人才等专业化服务。建立以企业家为主体，包括技术、财务、法律、金融等各方面专业人才的创业导师队伍和“网上辅导＋导师指导”的创业辅导体系，为创业者提供更有针对性、更精细化的创业指导服务；探索“创业导师＋专业孵化＋天使投资”新型创业服务模式，搭建创业项目和融资对接平台，为创业者提供立体化创业服务。（省人力资源社会保障厅牵头，省发展改革委、省经济和信息化委、省教育厅、省科技厅、省司法厅、省财政厅、省地税局、省工商局、省金融办、省中小企业局、省总工会、团省委、省妇联、省工商联、中国人民银行济南分行、省国税局参加）

5. 实施创业文化培育计划。定期举办山东省创业大赛、中国泰山创业论坛、创业创新项目推介和成果展示活动，广泛开展创业创新年、创业宣传月、创业文化节等形式多样的宣传活动，鼓励各级、各高等院校举办各类创业赛事和创业研讨活动，宣传成功创业典型，普及创业创新知识，推介成功创业案例，倡导敢为人先、敢冒风险、宽容失败的新风尚，培育具有山东特色的创业文化。（省人力资源社会保障厅牵头，省委宣传部、省发展改革委、省经济和信息化委、省教育厅、省科技厅、省民政厅、省财政厅、省文化厅、省地税局、省工商局、省政府研究室、省中小企业局、省总工会、团省委、省妇联、省工商联、中国人民银行济南分行、省国税局参加）

（六）就业与人才培养互动融合。将就业和人才强省战略紧密结合起来，建立以就业为导向、与经济社会发展需求相适应的人才培养新机制、新格局、新模式。

1. 建立以就业创业为导向的高等院校招生—培养—就业一体化人才培养新机制。2015 年起，省内高等院校全面落实高校毕业生就业质量年度报告制度，省级层面根据各专业就业质量状况大数据，实施高校毕业生分专业人才培养状况报告制度和山东省重点产业、区域发展人才需求报告制度，完善学科专业预警、退出管理办法，探索建立就业创业导向的学科专业结构和人才培养类型结构调整新机制，促进人才培养与经济社会发展、创业就业需求紧密对接。支持特色、优势专业发展，逐步限制、取消落后和过剩专业，形成专业设置“负面清单”。（省教育厅、省人力资源社会保障厅牵头，省发展改革委、省经济和信息化委参加）

2. 构建以培养高技能人才为目标的“大职教”格局。鼓励按专业长线贯通培养应用型本科毕业生，完善职业教育与本科院校“3+4”“3+2”对口贯通分段培养模式，深入推进职业院校、技工学校“双证互通”“模式互鉴”，促进高职教育与技师教育合作培养。对接产业发展需求，加快推进技工院校省级示范专业群建设，实现技工院校转型发展。进一步改革完善职业资格证书制度，深化提升“金蓝领”培训项目，完善高技能人才多元评价体系，广泛开展岗位练兵、技术比武和职业技能竞赛，着力培养适应产业发展需求、技艺精湛、素质过硬的技能人才和高素质劳动力。（省教育厅、省人力资源社会保障厅负责）

3. 打造以人岗有效对接为目的的校企、校地合作人才培养新模式。推广“引校进企”“引企进校”等做法，完善校企联合招生、联合培养、一体化育人等现代学徒制度，拓宽校企、校地合作领域，延伸合作链条，促进学以致用、用以促学、学用相长。依托重点区域发展战略和战略性新兴产业布局，同步规划现代职业教育支撑体系。在重大项目建设过程中，支持同步寻求对应产业链的人才培养合作院校，促进职业教育链和产业链有机融合。（省教育厅、省人力资源社会保障厅牵头，省发展改革委、省经济和信息化委参加）

（七）就业与信息化互动融合。构建以省级平台为基础的一体化就业信息化格局，做到平台统一、数据融合、信息共享、业务协同，实现全方位、智能化就业管理服务，提升公共就业服务的效率、层级和满意度。

1. 建立非农就业统计调查体系。建立山东省非农产业就业人员统计调查体系，开展非农就业人口统计调查试点，进一步摸清全省非农就业人口基本情况，准确掌握全省劳动力的规模、结构，形成就业大数据，通过整合、管理和挖掘，为宏观调控、制定经济社会发展政策和就业管理服务提供可靠数据支撑。（省人力资源社会保障厅、省统计局牵头，省公安厅、省财政厅、国家统计局山东调查总队参加）

2. 实施“智慧就业”工程。建设省级集中的人力资源基本信息库，加强实名制信息数据采集，真正实现同人同省同库。建设“山东公共招聘网”，建立企业用工需求信息库和求职人员信息库，实现各类就业信息统一发布，供求信息网上对接。开发山东省就业创业服务微信平台和就业创业服务移动应用程序（APP）等，开展主动精准推送业务，实现“一对一”个性化、订制化就业创业服务。开发山东省就业创业电子地图，将各级公共就业创业服务机构和创业孵化基地、创业园区以及用人单位精确定位，网格管理，动态展示就业创业信息。大力推广社区就业创业服务智能化，用 2 年时间在所有社区实现无人值守自助式就业创业服务。（省人力资源社会保障厅牵头，省发展改革委、省经济和信息化委、省教育厅、省科技厅、

省财政厅参加）

3. 构建一体化就业创业信息服务平台。按照统一建设、省级集中、业务协同、资源共享的原则，搭建全省集中统一公共就业信息平台，实现人力资源社会保障、教育、财政、税务、民政、公安、工商等部门数据的相互联通、协同共享。搭建全省集中统一的就业、失业信息动态监测平台，构建就业形势分析和预测体系，为工作决策提供数据支持。（省人力资源社会保障厅牵头，省发展改革委、省经济和信息化委、省教育厅、省科技厅、省公安厅、省民政厅、省财政厅、省工商局、省地税局、省国税局参加）

三、保障措施

（一）加强组织领导，建立长效机制。省就业和农民工工作联席会议定期对实施就业优先战略行动方案情况进行督促、指导。各市、省直有关部门要根据就业优先战略行动方案，研究制订相应的工作方案和具体措施，于9月底前报省就业和农民工工作联席会议办公室。（省人力资源社会保障厅牵头，各有关部门参加）

（二）部门协同联动，形成整体合力。各有关部门要各司其职、各尽其责、齐抓共管、通力合作。要结合本部门职能特点，围绕营造良好就业创业氛围、完善扶持政策、加快平台建设、拓宽融资渠道、健全服务体系等方面，积极开展工作，迅速形成广泛参与、共同推进就业优先战略行动的工作格局。（省人力资源社会保障厅牵头，各有关部门参加）

（三）明确责任目标，加强跟踪评估。建立科学的评估指标体系，采用第三方评估形式，以各项工作措施的细化、落实和推进为重点，对就业优先战略行动方案实施情况进行跟踪监督和评估总结。（省人力资源社会保障厅牵头，各有关部门参加）

（四）大力宣传引导，营造良好氛围。加大就业优先战略行动的宣传引导，利用平面媒体、电视广播媒体、互联网等各种载体，宣传推广就业优先战略行动的经验和做法。加强经验交流，通过调研和案例推广、召开座谈会和现场会等方式，相互学习和借鉴，推进就业优先战略行动深入开展。（省委宣传部牵头，各有关部门参加）

山东省人力资源和社会保障厅
关于建立建设项目和重要政策就业联动机制的意见

（2015年4月15日　鲁人社发〔2015〕22号）

各市人民政府，各县（市、区）人民政府，省政府各部门、各直属机构，各大企业：

根据《中华人民共和国就业促进法》《山东省就业促进条例》有关规定，以及《山东省人民政府办公厅关于促进创业带动就业的意见》（鲁政办发〔2013〕25号）要求，经与省发展改革委、省经济和信息化委、省教育厅、省科技厅、省公安厅、省民政厅、省司法厅、省财政厅、省国土资源厅、省住房城乡建设厅、省农业厅、省商务厅、省国资委、省工商局、省法制办、省残疾人联合会、省工商联、中国人民银行济南分行共同研究，并报省政府同意，现就全省建立建设项目和重要政策就业联动机制，提出以下意见：

一、总体要求

建立建设项目与就业工作联动机制，实现招商引资、项目立项、土地征收、项目实施与就业联动，形成建设项目底子清、用工需求情况明、资源配置效果好的良好格局。建立重要政策与就业工作联动机制，实现政策制定与就业风险评估同步进行、政策实施与失业风险防控同步进行，形成改革发展、宏观调控、产业调整、社会管理等方面政策与促进就业政策配套联动的良好局面。

二、建立建设项目与就业联动机制

（一）项目招商与就业联动。各级、各有关部门在引进各类项目时，要把吸纳城乡劳动者就业作为项目引进评估的重要内容，予以统筹考虑。招商引资达成初步意向后，招商协议应明确有关就业事项。

（二）项目审批、核准和备案与就业联动。各级人力资源社会保障部门要积极与项目主管机关、项目实施单位沟通联系，及时掌握各类政府投资建设项目、企业投资建设项目、外商投资项目和其他项目对就业的影响。项目实施单位要按照有关规定，在项目可行性研究报告“社会效益评价”部分，对项目实施可能对就业、社会保障、劳动力培训等产生的影响进行分析。对于项目实施或建成后可能造成现有就业岗位流失、所涉及领域就业吸纳能力下降或被征地农民增加等负面影响的，项目主管部门要加强与人力资源社会保障部门的沟通，在项目立项、日常管理、后续保障中予以统筹考虑。

（三）土地征收与就业联动。建设项目实施过程中，涉及土地征收造成被征地农民增加的，在土地征收公告发布后，国土资源部门要将被征地农民基本情况报同级人力资源社会保障部门。县（市、区）人力资源社会保障部门要会同国土资源部门、乡镇政府（街道办事处）及时摸清被征地农民就业创业和职业培训需求等，结合征地补偿安置情况，制定被征地农民安置分流方案，报县（市、区）政府审定。人力资源社会保障部门要及时将被征地农民基本信息、需求信息录入就业联动信息管理系统。

（四）项目实施与就业联动。各级人力资源社会保障部门要按照属地化原则，建立建设项目跟踪服务制度，及时为辖区内建设项目提供服务。及时掌握项目进展及劳动用工、职业培训等需求，录入就业联动信息管理系统，实现动态管理。要在充分发挥市场决定作用的同时，根据项目实施单位需求，通过举办招聘会、人才引进、劳务合作等多种方式，为建设项目提供人力资源服务。要落实好职业培训补贴、社会保险补贴、岗位补贴、稳岗补贴、小额担保贷款、税费减免等就业扶持政策，鼓励项目单位吸纳高校毕业生、农民工、就业困难人员、未就业残疾人、被征地后失业人员等群体就业。

三、建立重要政策与就业联动机制

（一）政策制定与就业联动。各级政府及其有关部门研究制定改革发展、宏观调控、产业调整、社会管理等方面政策时，要统筹考虑政策实施可能对就业吸纳能力、就业岗位、公平就业、就业创业环境、就业质量等方面产生的影响，按照规定进行社会稳定风险评估，并将政策实施可能对就业产生的重要影响作为风险评估报告的重要组成部分。各级发展改革、经济和信息化部门在拟定淘汰落后产能、化解产能过剩计划等重要经济政策时，要征求人力资源社会保障部门的意见。

（二）政策实施与就业联动。牵头部门要对出台的重要政策实施情况进行评估。政策实施过程中对就业产生重大影响的，要向人力资源社会保障部门反馈。对政策实施过程中出现的失业风险、劳动权益纠纷等问题，人力资源社会保障部门要会同相关部门，根据就业形势需要，适时启动应急预案，指导企业及时做好职工分流安置和社会保障工作，加大对失业人员的就业创业政策扶持力度。

四、保障措施

（一）建立就业联动定期沟通机制。各级就业工作议事协调机构要加强组织协调，及时研究解决就业联动机制实施过程中遇到的困难和问题。建立就业联动定期沟通机制，由就业工作议事协调机构办公室和发展改革、经济和信息化、财政、国土资源、住房城乡建设、商务、农业等相关部门负责人参加，定期研究项目招商、项目建设、重要政策等情况。经就业工作议事协调机构成员单位提议，可临时召开相关单位参加的会议，对重要问题进行研究。

（二）建立定向职业技能培训制度。实施建设项目技能人才储备计划，各级人力资源社会保障部门要根据建设项目劳动用工需求和产业发展规划，结合技能人才供给状况，通过政府购买成果等方式，组织职业培训机构开展技能人才储备培训。对建设项目开展新录用人员职业技能培训的，按规定落实定额职业培训补贴政策。对自身没有能力开展职工培训的，依法对其职工教育经费实行统筹，由人力资源社会保障部门会同有关部门统一组织在岗职工技能提升培训或转岗培训。辖区内建设项目造成的失业人员、被征地农民中有培训愿望的人员，各级人力资源社会保障部门要全部将其纳入就业培训计划，按规定给予职业培训补贴和职业技能鉴定补贴。对列入省、市节能减排重点企业名单和淘汰落后产能计划范围，依法参加失业保险并履行缴费义务的企业，开展职工转岗培训或岗位技能提升培训的，按规定落实职业培训补贴政策。

（三）**建立就业联动工作管理制度**。人力资源社会保障部门要建立就业联动信息管理系统，及时汇总建设项目和重要政策对就业影响评估情况，作为预测就业形势、研究就业政策的重要依据。各级、各有关部门要将实施就业联动机制情况作为落实政府促进就业责任的重要内容，对于无故拖延或瞒报、迟报、漏报相关信息，造成严重影响的，要追究相关部门和人员的责任。

中共山东省委组织部、山东省人力资源和社会保障厅、山东省教育厅 山东省民政厅、山东省财政厅、山东省水利厅、山东省农业厅、山东省卫生和计划生育委员会、共青团山东省委 关于做好2015年我省高校毕业生“三支一扶”计划实施工作的通知

（2015年6月3日 鲁人社发〔2015〕35号）

各市党委组织部，政府人力资源社会保障局、教育局、民政局、财政局、水利局、农业局、卫生计生委，团委：

现将中共中央组织部、人力资源社会保障部等9部门联合下发的《关于做好2015年高校毕业生“三支一扶”计划实施工作的通知》（人社部发〔2015〕34号）转发给你们，并就做好我省2015年度高校毕业生“三支一扶”计划实施工作通知如下：

一、高度重视“三支一扶”计划实施工作。各市要把“三支一扶”计划实施工作放到促进经济社会发展的大局中去谋划、放在全省高校毕业生就业创业工作整体中去推进，高度重视，狠抓落实，力争取得新突破。要进一步加强对“三支一扶”工作的组织领导，根据实际工作需要，健全本地“三支一扶”工作领导小组，完善工作机制。各部门、单位要加强沟通协调，发挥职能优势，积极协作，共同研究解决工作中的重点难点问题，形成推动工作健康发展的合力。

二、统筹做好选拔招募工作。2015年山东省“三支一扶”计划选拔招募工作仍由省“三支一扶”工作协调管理办公室统一部署，采取网上报名、全省统一笔试、各市自行组织面试的方式进行。招募工作的具体时间安排为：7月上旬网上报名、资格审查，7月中旬全省统一进行笔试，7月下旬各市组织面试、体检、考察、公示，7月底前全面完成招募工作。

三、及时更新全国“三支一扶”工作管理信息系统。各市要及时采集、上传、维护、更新各类信息，确保信息准确、真实、有效。8月15日前，上传2015年本市新招募人员基本信息；8月31日前，根据上岗实际情况，进一步更新有关数据；12月31日前，完善每一位在岗人员和服务期满人员的各类数据，做好数据储备工作，为制定调整

政策和工作决策提供依据。

四、系统总结“三支一扶”计划实施情况。 2015年是实施第二轮高校毕业生“三支一扶”计划的最后一年，各市要组织开展第二轮“三支一扶”计划实施情况的总结评估工作。要结合当地实际，深入开展调研摸底，系统总结2011年以来“三支一扶”计划的开展情况、主要成效，认真总结经验做法，深入分析存在的问题及原因，提出推进“三支一扶”计划的政策措施，并形成书面评估报告，于9月15日前报送省“三支一扶”工作协调管理办公室。

五、做好“三支一扶”大学生的日常管理、考核、期满优惠政策落实工作。 “三支一扶”大学生的日常管理工作、日常及期满考核工作、期满优惠政策等，要认真落实《关于做好2015年高校毕业生“三支一扶”计划实施工作的通知》（人社部发〔2015〕34号）和《关于做好2014年山东省高校毕业生“三支一扶”计划实施工作的通知》（鲁人社发〔2014〕35号）等文件规定，切实做好服务期满毕业生就业工作，确保全省“三支一扶”计划实施工作顺利推进。

山东省人力资源和社会保障厅
关于进一步做好城乡统一就业失业登记制度实施工作的通知

（2015年4月20日　鲁人社字〔2015〕191号）

各市人力资源社会保障局：

2014年5月24日，省人力资源社会保障厅印发《关于完善城乡统一就业失业登记制度的通知》（鲁人社办发〔2014〕76号），在我省确立城乡统一的就业失业登记制度。根据《人力资源社会保障部关于修改〈就业服务与就业管理规定〉的决定》（人力资源社会保障部令第23号）和《人力资源社会保障部关于进一步完善就业失业登记管理办法的通知》（人社部发〔2014〕97号）精神，结合我省实际，现就有关事项补充通知如下。

一、规范就业失业全员登记管理服务

各市要按照人力资源社会保障部、省人力资源社会保障厅的部署，对照《关于完善城乡统一就业失业登记制度的通知》（鲁人社办发〔2014〕76号）要求，对法定劳动年龄内、有劳动能力、有就业要求符合我省就业失业登记条件的城乡劳动者，在常住地的公共就业和人才服务机构进行就业失业登记。对符合登记条件的人员，不得以人户分离、户籍不在本地或没有档案等为由不予受理。

二、落实就业失业登记人员公平待遇

（一）制定公共就业服务和人才服务项目清单。 各级人力资源社会保障部门所属的公共就业和人才服务机构均要制定本单位公共就业服务项目清单，公开发布，保障就业失业登记的城镇常住人员享有与本地户籍人员同等的劳动就业权利，并有针对性地为其免费提供政策法规咨询、职业指导、职业介绍等基本公共就业和人才服务。

（二）建立就业创业政策均享办法。 对登记就业创业人员，要确保按规定及时落实就业创业扶持政策。同时，结合户籍制度和社会保障制度改革进度，对就业失业登记的城镇常住人员在常住地连续居住6个月以上且在当地参加社会保险6个月以上的，保障其与本地户籍人员同等的就业创业扶持政策。

三、优化就业失业登记程序

（一）统一规范登记流程。 各地要按照《关于完善城乡统一就业失业登记制度的通知》（鲁人社办发〔2014〕76号）要求，做好城乡就业失业登记人员识别，统一规范登记流程，确保“操

作程序便捷高效、登记信息完整准确、数据标准统一规范”。

（二）简化登记所需材料。以方便群众为原则，简化登记手续，对系统中已有记录且保持有效的信息资料无需登记对象再提交，取消重复和不必要的表格、单据等填写内容和证明材料，为用人单位和劳动者办理就业失业登记提供便利。

（三）推行数字化登记模式。充分利用各级公共就业服务的网络、微信等平台，实行网上或掌上就业失业登记，有条件的地方可采取“前台自主提报、后台审核通过、网络自主打印”等形式进行登记打印相关证明材料。

四、启用《就业创业证》

（一）做好《就业创业证》印制更名工作。根据人力资源社会保障部统一要求，将《就业失业登记证》更名为《就业创业证》。《就业创业证》由省厅统一式样，市、县（市、区）人力资源社会保障部门负责印制，免费发放，所需经费从就业专项资金中列支。《就业创业证》的式样继续按照鲁人社办发〔2014〕76号文件执行（封面和内页第1页（暗码）的“就业失业登记证”字样变更为“就业创业证”）。各地已发放的《就业失业登记证》继续有效，不再统一更换。

（二）改革高校毕业生证件发放办法。按照属地管理的原则，毕业年度内高校毕业生在校期间，凭学生证向学校所在地公共就业和人才服务机构申领《就业创业证》，或委托所在高校就业指导中心向学校所在地公共就业和人才服务机构代为申领；毕业年度内高校毕业生离校后直接向就业创业地公共就业和人才服务机构申领《就业创业证》。各级要规范发放程序，做好数据统计，确保发放到位。

五、建立业务协同和信息共享机制

（一）建立就业失业登记与其它人力资源社会保障业务协同和信息共享机制。各地要结合本地实际，进一步改进和优化业务流程，建立就业失业登记与社会保险登记、劳动用工备案之间的业务协同和信息共享机制，做好相关信息的比对核验，不断创新和拓宽就业登记信息采集渠道。对用人单位为劳动者实名办理社会保险登记或劳动用工备案的，以及劳动者以个体工商户或灵活就业人员身份办理社会保险登记的，相关信息经确认后纳入公共就业服务管理信息系统进行管理。

（二）试点推行《就业创业证》与“社会保障卡”合一。选择有条件的地区进行试点，推进“社会保障卡”在就业领域的推广应用工作，以其加载的就业失业登记信息电子记录，逐步替代纸质的就业失业登记证明。试点完成后，积极在全省推广实行。

六、积极推进“数字就业”建设

（一）加强就业失业登记的动态管理。各级要把就业失业登记作为就业信息化管理服务的入口，以“数字就业社区”创建为载体，做好对劳动者就业失业登记信息的动态管理，对进行就业失业登记并视为发放《就业创业证》的，要在公共就业服务管理信息系统中进行《就业创业证》发放操作。及时掌握辖区内劳动者的就业失业状态，运用信息化手段，加快“数字就业”建设。

（二）加强就业信息监测。按照《关于建立全国就业信息监测制度的通知》（人社部发〔2010〕86号）要求，建立健全就业失业登记信息采集录入质量管理制度，做好就业失业登记信息的比对整理，对就业失业登记中的重复、失效和不完整信息进行清理，逐步实现同一劳动者相关信息的唯一性。

（三）加强数据比对。要以实名制就业监测数据为基础，做好与就业失业统计报表数据的比对分析工作，及时查找相同指标数据不一致的原因，并有针对性地予以解决，为加强人力资源管理、支持宏观决策奠定基础。

本通知自2015年6月1日起施行，有效期至2020年5月31日，原有规定中与本通知不一致的，以本通知规定为准。各地工作中出现的新情况、新问题，要及时向省厅报告。

山东省人力资源和社会保障厅、山东省财政厅

关于 2014 年度山东省加强就业培训提高就业与创业能力五年规划（2014—2018）绩效考评情况的通报

（2015 年 5 月 19 日 鲁人社字〔2015〕231 号）

各市人力资源社会保障局、财政局：

2015 年 4 月至 5 月，省人力资源社会保障厅、省财政厅组织对 17 市 2014 年度“山东省加强就业培训提高就业与创业能力五年规划（2014—2018）”（以下简称“培训项目”）实施情况进行了绩效考评，现将有关情况通报如下：

一、考评工作情况

由省人力资源社会保障厅、省财政厅通过市地自查和省级复查两个阶段，对全省 17 个市及所辖县（市、区）实施情况进行综合考评。

（一）市地自查。各市人力资源社会保障、财政部门高度重视，成立绩效考评工作小组，制定考评方案，联合成立领导小组，依据《山东省加强就业培训提高就业与创业能力培训项目绩效考评办法》等一系列文件和通知要求，对本辖区培训项目实施情况进行了全面深入的考评，认真总结了“培训项目”实施以来在创新培训政策、培训模式、机构管理等方面取得的好经验、好做法。自查过程中，各市结合当地实际，创新机制、科学设计、严格考评，形成了详实的考评报告。

（二）省级复查。经省人力资源社会保障厅对各市考评报告全面审核，并由省人力资源社会保障厅、财政厅委托山东实信有限责任会计师事务所、北京永拓会计师事务所山东分所、山东光大恒泰会计师事务所按照每市不少于 50% 的标准抽查各县（市、区），每县（市、区）检查全部培训机构的要求，对全省 16 个市（青岛自查），68 个县（市、区），561 个定点培训机构的任务完成情况、政策落实情况、定点培训机构建设与管理情况和培训资金使用管理情况进行了实地复查。3 家会计师事务所通过查看台账资料、实地考查、现场抽查、电话访问等形式进行复查，全面掌握了各市培训项目实施情况和经验做法，准确了解各市自查工作和规划实施过程中存在的问题及原因，为 2015 年培训项目实施和资金使用提供了依据。

二、培训项目取得的成效

（一）培训规模持续扩大。2014 年，全省组织开展各类职业技能培训 116.79 万人，其中组织就业技能培训 95.28 万人，创业培训 21.51 万人，完成全年培训任务的 102%；实施岗位技能提升培训计划，开展技能和高级技师培训 5 万人；实施离校未就业高校毕业生技能就业专项行动，开展高校毕业生就业技能培训和创业培训 8.3 万人。

（二）培训质量显著提升。参加职业技能培训并通过考核取得培训项目合格证书人数 112.1 万人，培训合格率达 96% 以上；参加职业技能鉴定并取得相应等级证书的 79.73 万人，占培训合格人数的 68.2%，其中取得初级职业资格证书 65.62 万人，取得中级职业资格证书 10.11 万人，取得高级职业资格证书 4 万人。

（三）专业设置日趋科学。各市顺应当地社会经济发展需要和劳动者愿望，在培训专业设置上更加灵活，在课程安排上更加贴合学员情况和实际应用。据统计，各市共开展专业培训 200 多种，其中电子商务、数控加工、家政服务和电商创业专业比较热门，成为培训主流专业。

（四）培训机构社会化程度日益提高。通过整合社会资源，充分发挥各类民办职业培训机构分布广、工种全、市场感受力强的特点，搭建技

能人才培养的社会化平台。各市通过政府采购招投标形式确定定点培训机构1347个，其中民办职业培训机构666个，开展各类培训近62.46万人，涌现出一批如“山东蓝翔”“阳光大姐”“山东星火”等在全国有一定知名度、年培训过万人的民办职业培训机构，社会培训机构参与职业培训的热情不断高涨。

（五）**培训资金投入逐年增加**。省、市、县（市、区）三级共投入财政资金6.79亿元，其中省级4.5亿元，占总投入的66.2%，比2013年增加75%；市级1.53亿元（包括失业保险扩大支出0.68亿元），占总投入的22.5%，比2013年增加240%；县级0.76亿元，占总投入的0.11%，比2013年增加170%。全省职业技能培训补助资金总支出4.5亿元，结余2.28亿元。

三、培训项目实施情况

省人力资源社会保障厅、财政厅组织实施“山东省加强就业培训提高就业与创业能力五年规划（2014—2018）”，将全省就业技能培训、岗位技能提升培训和创业培训纳入项目化管理轨道，建立了面向城乡全体劳动者的职业培训制度，形成了人力资源社会保障部门牵头、相关部门配合、社会广泛参与的职业培训工作格局。

（一）**培训政策体系不断完善，普惠制度初步建立**。先后制定出台《山东省人民政府关于进一步加强职业培训促进就业工作的意见》（鲁政发〔2011〕35号）、《山东省高技能人才队伍建设中长期规划（2012—2020年）》《山东省加强就业培训提高就业与创业能力五年规划（2009—2013）》《山东省加强就业培训提高就业与创业能力五年规划（2014—2018）》《山东省农民工职业技能提升3年行动计划》（鲁政办字〔2014〕106号）等“一个意见、三个规划、一个行动计划”，职业培训的政策体系进一步健全完善，劳动者已基本享受到普惠性的职业培训补贴和技能鉴定补贴等政策。

（二）**打破区域界限，扩大培训范围**。进一步打破省内地域限制、部门限制，对有就业创业愿望和能力的全体城乡劳动者开展职业技能培训，重点对城镇失业人员、农村转移劳动力、高校毕业生（含毕业学年大学生）、城乡未能继续升学的初高中毕业生（“两后生”）、企业在岗职工、退役军人、残疾人和即将刑满释放的服刑人员开展职业技能培训。在省内跨区域参加职业技能培训的城乡各类劳动者，在就业地给予相应的职业技能培训补贴。2014年全省实际申领职业培训补贴人数73.08万人，支付职业培训补贴4.5亿元。

（三）**推行“四单式”培训，增强培训的有效性**。围绕我省产业结构调整、升级改造和当地特色产业发展，全面推广“企业订单、劳动者选单、培训机构列单、政府买单”的四单式培训。通过与用工企业、定点培训机构分别签订就业和培训协议，摸清重点企业和新进大项目的企业用工需求、技能需求。定点培训机构根据企业用工培训订单，区别不同对象、不同层次，有针对性地设计培训项目和培训课程。引导有就业愿望的劳动者根据自身特点和工作能力选择培训项目，确保“培训一人、就业一人，就业一人、培训一人”。同时，推行“培训学校＋龙头企业”“培训基地＋就业基地”等模式，通过“定单、定向、定位”的“三定”方式进行培训，注重实际操作技能，提高培训有效性和就业稳定性。

（四）**政府购买成果，坚持项目化运作**。通过政府采购招标，鼓励符合条件的省内高校、职业院校、技工院校、就业训练中心、民办职业培训机构和企业积极承担政府职业技能培训，按照“条件公开、自愿申请、竞争择优、社会公示”的原则，明确要求培训机构认定工作委托政府采购代理机构通过公开招标方式确定，从源头上确保了定点培训机构资质符合要求。同时，以项目运作的方式实施培训项目，统筹使用就业专项资金和扩大失业保险基金支出资金实现补贴培训，制定了全省统一的职业培训补贴标准、省级职业培训补贴标准，职业培训补贴资金由省、市、县三级政府补助资金构成。2014年，市、县两级财政筹集资金超过1000万元的市有青岛、潍坊、济宁、威海、莱芜等市；全省人均职业培训补贴603元，比2013年增加55元，职业培训补贴达到800元/人的有济南、青岛、济宁、东营、威海等市。

（五）开展校企合作，加强技工院校专业建设。积极探索多种有效的校企合作模式，与企业合作办学、合作育人、共同发展，实习与就业一体，实现校企互利双赢。协调有关行业、企业与学校组建技工教育集团、专业教学联盟等，实现教育与产业的紧密衔接。在全省技工院校遴选确定28个专业进行省级一体化教学试点，组织实施技工院校百强专业建设和省级示范专业群建设项目，提高技工教育发展水平。以提高品牌效应和培养质量为核心，精心遴选培训基地，完善各项制度和措施，积极开展技师和高级技师提升培训，大幅提升培训层次和水平。

（六）实行实名制管理，建立绩效考评机制。依托全省公共就业服务信息系统建立内外网信息互通的就业培训实名制信息管理平台，实现从报名、培训、考核、就业、资金申请到补贴全过程网上管理。通过电视、网络、报纸等媒体，将当地培训情况和补贴政策落实情况向社会公开，自觉接受来自学员、社会群众、新闻媒体等的监督。同时，淄博、枣庄、东营、潍坊、日照、临沂等市运用现代化信息监控系统对培训过程进行全方位监控。建立培训项目社会化管理机制，完善对培训成本、培训质量和就业效果进行综合性考核与评价管理，省人力资源社会保障厅、财政厅委托会计师事务所对各市、县（市、区）绩效考评情况进行检查，作为下年度项目实施、调整的重要依据。

四、培训项目实施中存在问题及下步工作要求

从绩效考评情况看，我省培训项目实施取得了较好成绩，能满足我省产业结构调整、升级改造和当地特色产业发展的基本需求，但是仍然存在不足，主要表现为：

（一）培训专业设置与企业技能人才需求不匹配。从目前培训情况看，培训方式单一、培训专业设置集中，难于同时满足各类群体多样化需求，特别是近年来各市引进大项目对技能培训的需求过于专业，传统培训专业不能满足用工需求。同时，培训机构因资金投入低、实训能力不强等原因多选择初级技能培训，高层次、精细化培训较少，致使培训层次偏低，在一定程度上影响了就业的稳定性。另一方面，个别地方重培训数量，职业技能鉴定把关不严，培训人员能力不能满足企业用人需求。

（二）劳动者、用人单位对培训认识不足，积极性不高。大部分农村劳动力就业以生存、改善生活为目的，安于现状不愿意参加培训，企业新录用职工在不影响企业生产情况下参加学徒培训，时间得不到保障，参加积极性不高。另外，部分企业缺乏长远发展意识，对在岗职工提升技能培训，存在着“培训时怕误工、培训后怕跳槽”的思想顾虑，企业对技能提升培训积极性不高。

（三）社会培训发展不平衡。民办职业培训机构是短期职业技能培训的重要组成部分，由于民办职业培训机构资金投入少、培训层次低，大多数培训机构满足不了政府购买培训的条件，民办职业培训机构作用得不到充分发挥。同时，我省职业院校、技工院校虽然在培训师资、设施、设备和资源等方面具有明显优势，但受制于就业资金属地化管理和校区大多集中在大中城市等原因，优质培训资源利用率低。

（四）政府财政投入不足与资金结余矛盾并存。从考核情况看，省级拨付培训补助资金使用不足，市、县两级配套资金落实难，未达到全省职业培训补贴标准800元/人的市有淄博、枣庄、烟台、潍坊、泰安、日照、莱芜、临沂、德州、聊城、滨州、菏泽等12个市，导致培训机构培训积极性不高，培训质量难以得到保障、培训层次难以得到提升。

同时，从考核结果看，全省培训资金结余达2.28亿元，其中，省级财政补助资金结余1.82亿元，市级结余4096万元，县级结余532万元。结余资金超过2000万的市有烟台、潍坊、济宁、德州、聊城等市。结余原因主要是：2014年为培训项目实施第一年，定点培训机构认定工作开展晚，影响培训工作和资金拨付；职业培训补贴政策中“6个月就业期”的考核指标要求严格，影响资金拨付进程。

（五）培训考核等监管手段不到位。由于培训监管机制不健全、日常监管缺少手段、监管机构人员不足等原因，职业培训无法真正实现全程有效监管。部分培训机构组织培训偷工减料、冒

名顶替被培训等问题也不同程度地存在。

各市要依据绩效考评的相关情况，继续组织好2015年度相关工作，强化培训实名制管理，加大对培训过程的监督力度，简化培训补贴程序，加快资金拨付进度，提高培训质量，使全省劳动者职业技能水平得到进一步提升，就业质量明显提高。同时，各市要根据通报情况，对会计师事务所复查中出现问题进行整改，加快资金拨付，完善培训资料，收回错误发放的培训补贴资金。

山东省人力资源和社会保障厅
关于在全省开展“职业指导与创业指导+”行动的通知

（2015年5月25日 鲁人社字〔2015〕251号）

各市人力资源社会保障局：

为落实国务院《关于进一步做好新形势下就业创业工作的意见》（国发〔2015〕23号）关于“创新就业创业服务供给模式”和省政府关于“探索‘就业+’模式”的部署要求，充分发挥职业指导与创业指导在推进新形势下就业与创业工作中的积极作用，结合人力资源社会保障部相关工作安排，省厅决定在全省开展“职业指导与创业指导+”行动，现就有关事项通知如下：

一、活动主题

职业创业指导“+” 就业创业“佳”

二、活动时间

2015年5月—12月

三、活动对象

（一）指导服务对象：需要职业指导与创业指导的企业和人员，重点是劳动密集型企业、创业型中小微企业和高校毕业生、农民工、就业困难人员等重点就业群体。

（二）实施指导人员：山东省首席职业指导师、创业指导师，公共就业服务机构和高校、技工院校就业指导中心从事职业指导、创业指导的一线工作人员，社会就业创业服务机构中从事职业指导、创业指导的专业人员。

四、活动内容

以各级公共就业机构职业指导师与创业咨询师队伍为主体，协调、组织、吸纳各方面力量，广泛开展活动，促进就业创业成功率提升，推进实现更高质量就业创业。

（一）“职业指导与创业指导+企业”

开展“职业指导与创业指导企业行”活动，以用工集中的劳动密集型企业或创业型中小微企业为重点，将职业指导与创业指导服务向企业延伸。

（二）“职业指导与创业指导+社区”

开展“职业指导与创业指导社区行”活动，以就业困难人员、失业人员、农民工相对集中社区为重点，将职业指导与创业指导服务向社区延伸。

（三）“职业指导与创业指导+校园”

开展“职业指导与创业指导校园行”活动，以高等院校、职业院校、技工学校为重点，将职业指导和创业指导服务向校园延伸，帮助大中专学生提前了解就业政策，确定就业定位，提升就业能力，规划职业生涯，培养良好的就业意识，更快地适应就业市场的需要，提高自身就业竞争力和适应力，以实现更高质量的就业。

（四）“职业指导与创业指导+培训机构”

开展“职业指导与创业指导培训机构行”活动，以“就业创业培训计划”定点机构、创业大学、创业实训孵化基地为重点，针对各类不同群体、创业者所处的不同就业创业阶段或不同就业创业方向，实现就业创业服务与职业技能培训、创业

培训、创业实训相结合。

（五）“职业指导与创业指导＋移动互联网”

开展“职业指导与创业指导网上行”活动，以山东就业网、山东公众创业网、山东公共招聘网、山东高校毕业生就业信息网及各市公共就业服务网站、微信平台为载体，开设职业指导与创业指导服务栏目或模块，实行移动互联网形式的职业指导与创业指导服务。

五、活动形式

（一）“创业齐鲁 乐业山东”大讲堂

在企业、社区、学校、培训机构、移动互联网平台，组织举办或开设“创业齐鲁 乐业山东”大讲堂，分析当前就业创业形势，解读当前就业创业政策，介绍推荐公共就业创业服务（服务内容、服务流程）等。特别是要利用大讲堂组织开展好人社局长进校园活动。

（二）职业指导与创业指导专座

在公共就业创业服务机构服务大厅、基层公共就业创业服务平台设置职业指导与创业指导席，并与就业援助月、春风行动、民营企业招聘周、高校毕业生就业服务月等专项活动相结合，对有求职或创业需求人员进行现场即时服务。

（三）职业指导与创业指导服务点

在学校就业指导中心、培训定点机构、创业大学、创业实训孵化基地等设立职业指导与创业指导服务点，积极联系相关专业人员，为求职人员或创业人员提供职业生涯规划、岗位项目信息、政策宣传、求职面试技巧、创业指导等交流互动服务。

（四）职业素质测评与创业能力测评

针对求职人员和创业人员的兴趣、能力等特点，运用相关工具或软件开展专业测评，并结合本人情况和当前就业形势，提供测评结果的解读，帮助确定就业或创业方向。

（五）职业能力与创业能力实训大赛

在普遍开展就业技能或创业能力实训的基础上，适时举办职业生涯规划大赛、就业能力大赛、创业实训大赛，传播和普及职业生涯规划和创业实训理念，促进求职者和创业人员树立正确职业价值观和创业价值观。

（六）职业指导与创业指导沙龙

针对有职业指导与创业指导需求的企业和人员，举办形式多样的职业指导、创业指导沙龙，通过“一对一”“面对面”形式提供针对性的个体指导。也可通过QQ群、微信群等渠道，开展特色化指导。

六、工作要求

（一）精心组织实施，营造活动开展的良好氛围。各市要高度重视，充分认识此项活动的重要意义，组织支持业务骨干投入活动中，并积极与企业、学校、社区沟通建立良好的合作关系，务求活动实效。要加强活动宣传，按月在每月的月底向省厅报送工作动态，积极营造良好氛围。

（二）发挥示范带头，推荐确定山东省首席职业指导师与创业指导师。各市要充分利用好优秀职业指导师、创业指导师力量，建立由指导师、企业代表、人力资源经理代表、优秀毕业生代表等组成的指导专业团队，精心组织，发挥实效。省里将适时选拔组织部分优秀职业指导师开展“职业指导与创业指导齐鲁行”同业交流活动。山东省首席职业指导师与创业指导师由每市各推荐3名，务于2015年6月8日前报省厅（见附件1）。

（三）注重案例撰写，做好职业指导与创业指导案例征集。

1. 案例内容结构。总结挖掘富有时代特征、主题鲜明、内容新颖的职业指导和创业指导案例，内容以反映帮助就业者成功就业、指导创业者解决在创业过程中的困难为主线，分为回放、诊断、指导3个部分，可在此基础上增加。同时也可添加在指导过程中运用到的技术、技巧、工具等内容的方法介绍。

2. 案例规格要求。除了对故事人物、事件的描述，还应注重展现反映就业者和创业者真实体验的思想活动。案例可适当作文字修辞，但案例中所讲述的人物、事件等关键要素不得虚构，人物名称应当注意使用化名，篇幅在2000字以内，并配3张相关图片，格式为JPG（JPEG）格式、在1600×1200像素以上。案例作者提供真实姓名、通讯地址、联系电话、电子邮箱。每市提报案例数量不少于5篇，并于2015年6月19日前报省厅。

3. 案例推选使用。省里将根据案例质量和提报要求，向中国就业培训技术指导中心推荐，案例作者将参与中国就业促进会的征集奖励评选，结果将在2015年中国高级职业指导师年会上公布。

联系人：董廷杰　赵建旭

电　话：（0531）86905013 86906088

邮　箱：dongtingjie@sina.com

附件：

1. 山东省首席职业指导师与创业指导师推荐表（略）

2. 山东省“职业指导与创业指导+”案例征集首页样式（略）

山东省人力资源和社会保障厅
关于报送2015年全省非师范类大中专毕业生就业方案和办理就业报到手续的通知

（2015年6月8日　鲁人社字〔2015〕263号）

各市人力资源社会保障局，各高等院校、研究生培养单位、中等专业学校：

为做好2015年全省非师范类大中专院校毕业生离校时的就业方案编制、报送和就业手续办理工作，现就有关事项通知如下：

一、调整高校毕业生就业方案编报方式

为进一步简化就业方案编报程序，提高就业信息的准确度，我厅对2015年非师范类高校毕业生就业方案编报工作方式进行调整：

（一）严格落实学校对就业证明材料的审核责任。各学校在编制就业方案时，要认真审核存档有关材料，严格按规定录入信息，不得漏项、缺项，严禁虚报、瞒报。对因审核不认真出现的错派、误派问题，均由学校负责。同时，今年将对学校上报的就业方案信息进行电话抽查，对于毕业生反映就业信息造假的，一经查实暂缓该校就业手续办理。

（二）毕业生离校前进行未就业实名登记。各学校锁定就业方案前，须组织所有山东生源待就业毕业生在“山东高校毕业生就业信息网”（以下简称“信息网”）进行离校未就业实名登记。

（三）毕业生对本人就业信息进行签字确认。各学校锁定就业方案后，须组织毕业生对本人就业方案信息进行签字确认。

（四）简化就业方案报送后的审核程序。就业方案经学校审核报送，通过我厅审核后将依照报送内容打印、签发就业报到证（以下简称报到证），不再查看各校收集的各类就业证明材料。

中专学校毕业生的就业方案编报方式仍按原规定办理。

二、就业方案的报送方式和范围

（一）报送方式。2015年非师范类毕业生就业方案的编制、报送统一使用“信息网”。具体报送方式为：各学校、研究生培养单位（以下简称“各学校”）先登陆“信息网”的“学校管理专区”编制就业方案，并组织所有山东生源待就业毕业生进行离校前未就业实名登记，然后进入“报送就业方案锁定”栏目，点击“锁定就业方案数据”按钮，完成就业方案报送工作。

按照全国高等学校学生信息咨询与就业指导中心要求，普通高校毕业生就业数据须一并报送“全国高校毕业生就业管理与监测系统”。

（二）报送范围。国家计划招收的普通院校（含研究生培养单位）毕业研究生、本专科毕业生、高等职业技术教育毕业生和中专毕业生。

三、学校编制就业方案

各学校编制就业方案时，登陆“信息网”的“学校管理专区”，在经省人力资源社会保障厅审核

的生源资格库基础上，使用“毕业生就业信息管理”“协议书审核（系统生成）”“协议书审核（学生录入）”“省外协议书审核”“灵活就业信息管理”“劳动合同信息管理”“自主创业信息管理”等栏目，审核录入与毕业生就业信息相关的字段内容。

（一）就业协议书的审核录入。毕业生在省内就业且已在网上签约的（含毕业生使用网上“录入省内就业协议书”功能签约的就业协议书），其就业信息由网上自动生成，学校负责审核并存档协议书；毕业生使用《全国普通高等学校毕业生就业协议书》签约到省外就业的，可由其本人录入就业信息，学校负责审核（主要审核是否符合该省接收毕业生要求），也可由学校使用“录入省外就业协议书”功能，审核后直接录入。毕业生与用人单位签约，其就业协议书未经学校在网上审核存档的，不能进入就业方案库。

（二）多形式就业材料的审核录入。毕业生多形式就业且不具备签约条件的，各学校按以下要求进行审核：

1. 毕业生与接收单位签订劳动合同的，依据劳动合同复印件重点审核劳动合同起止日期。其中劳动合同终止日期在 2015 年 12 月 31 日之前的视为灵活就业；

2. 毕业生自主创业的，审核营业执照复印件；

3. 毕业生应征入伍的，审核入伍通知书复印件；

4. 毕业生与外省接收单位签订就业协议但不办理户口迁移的，审核签订的就业协议书（不再填写毕业生灵活方式就业证明）；

5. 毕业生申请出国学习的，审核毕业生本人提交书面申请；出国工作的，审核接收单位出具证明；

6. 毕业生灵活就业的，审核毕业生本人提交的灵活方式就业证明；

7. 毕业生暂不就业的，审核毕业生提交的暂不就业申请。

以上信息原则上由毕业生根据本人实际情况，登录“信息网”“毕业生管理专区”，使用“劳动合同信息录入”“自主创业信息录入”“灵活就业信息录入”等栏目，将相关信息录入“信息网”，学校负责审核；也可由学校根据毕业生提供的相关证明材料，登陆“学校管理专区”，使用“劳动合同信息管理”“自主创业信息管理”“灵活就业信息管理”等栏目，审核后直接录入。

毕业生与外省接收单位签订就业协议但不办理户口迁移的，通过“灵活就业信息录入”栏目录入协议书信息，“申请类型”选择“非派遣省外签约”。

毕业生申请出国、应征入伍的，报到证将直接签发回生源地人力资源和社会保障部门。学校使用“毕业生就业信息管理”栏目中“修改就业信息”功能修改“毕业去向”字段。修改后，“信息网”将自动锁定其签约功能。

（三）升学、户档留校、录取为服务西部志愿者的材料的审核录入。毕业生升学、户档留校、录取为服务西部志愿者的，由学校负责审核，并使用“毕业生就业信息管理”栏目中“修改就业信息”功能修改“毕业去向”字段。其中服务西部的，在“是否服务西部”字段选“是”；已参加研究生复试并调档的，按升学对待；申请户档留校、服务西部的，按缓派对待，暂不签发报到证。

（四）暂不毕业材料的审核录入。毕业生已经确定为暂不毕业的，凭学校教务部门出具的材料，由学校使用“毕业生就业信息管理”栏目，将“毕业去向”字段改为“不毕业”。

（五）预征入伍材料的审核录入。报名参加 2015 年高校毕业生预征入伍的毕业生，凭学校教务部门（或武装部）出具的预征入伍名单，由学校使用“信息网”的“毕业生就业信息管理”栏目修改相应字段。

（六）未就业毕业生的离校信息由网上自动生成。其中：未落实就业单位的普通高校毕业生和高职毕业生，其就业去向为生源地所在设区的市人力资源和社会保障局；中专学校毕业生为生源所在县（市、区）人力资源和社会保障局；外省生源的为各省（市、自治区）指定的毕业生就业主管部门。

四、山东生源待就业毕业生离校前未就业实名登记

各学校锁定就业方案前，须组织所有山东生

源待就业毕业生，登陆“信息网”的“离校未就业实名管理服务”栏目进行未就业实名登记，并确保毕业生相关信息完整准确。

五、毕业生对本人就业信息进行签字确认

各学校锁定就业方案后，使用“信息网”的“上报就业方案锁定”栏目下的“导出就业方案信息签字确认表”功能，打印《就业方案信息签字确认表》，由毕业生本人进行签字确认后，加盖学校公章报我厅审核。未经毕业生本人确认的，一律不得报送。

六、特困生求职补贴发放登记

2015 年特困家庭高校毕业生求职补贴已陆续发放到各高校，请严格按照我厅审核的特困生名单以及拨付标准，在毕业生离校前将求职补贴发放到位。办理报到证签发手续时，一并将特困生就业补贴本人领取签字表（复印件每页加盖学校公章）报我厅存档（签字表应包含学校名称、学号、姓名、身份证号、补贴金额、领取签字、个人联系电话等信息）。

七、报送就业方案和签发《报到证》时间

2015 年全省报送就业方案和签发报到证时间定于 6 月 12 日至 7 月 10 日，各学校要严格按照规定时间（见附件 1）报送就业方案和办理报到证签发手续，逾期不报的暂缓办理。各市属中专学校报送就业方案的时间，由各市在以上时间内自行安排。

八、签发《报到证》

就业方案报送后，省人力资源社会保障厅负责签发高校和省属中专学校毕业生报到证；各市人力资源社会保障局负责签发市属中专学校的报到证。其中，市属中专学校毕业生到省属单位、中央驻鲁单位、外省单位就业和派回外省生源地的，由各市人力资源社会保障局将打印好的《报到证》送省厅盖章。签发报到证期间，各高校要做好以下工作：

（一）提交就业工作情况书面报告，汇报就业工作情况。高校毕业生就业工作部门主要负责人汇报 2015 届毕业生就业情况，主要包括以下内容：就业工作基本情况；特困家庭毕业生求职补贴发放情况和就业情况；优秀毕业生的就业情况；毕业生的思想状况；毕业生就业工作中，特别是今年的就业方案实行毕业生确认办法后存在的问题和建议等。

（二）打印毕业生就业工作调配表。各学校使用“信息网”提供的数据下载功能，下载本校就业方案数据库，在此数据基础上，编制打印《2015 年山东省毕业生就业工作调配表》一式两份（见附件 2），加盖学校公章后一并报送我厅，其中结业生要在备注栏中注明“结业生”字样。

九、建立校级就业指导人员信息备案制度

为进一步加强高校就业指导人员队伍建设，更加高效地为毕业生提供就业指导服务，请各高校填报《校级就业指导机构专职人员信息登记表》（见附件 3），加盖学校公章后连同学校就业指导机构成立文件、人员聘任文件原件于办理报到证签发手续时报送我厅，并将《校级就业指导机构专职人员信息登记表》电子版发送至 sdgxbysjyc@163.com。今后，校级就业指导机构、专职人员调整情况要及时将相关信息报送我厅。

十、有关要求

（一）严格遵守国家和省有关办理毕业生离校手续的规定。各学校要自觉接受毕业生对就业方案的监督，及时处理和解决毕业生在就业方案信息确认时提出的问题，杜绝毕业生“被就业”现象的发生。严禁以扣发毕业证、报到证等为由，逼迫毕业生签假协议（包括各种人事代理公司）、造假证明，追求虚假就业率。

（二）扎实开展毕业生离校后的就业状况跟踪服务工作。对离校后落实就业单位的毕业生，要指导其及时办理网上签约和相关就业手续。对收集到的就业信息要及时录入到“山东高校毕业生离校未就业实名登记服务系统”中，做好 2015 年度就业质量年度报告编报的准备工作。

（三）认真做好毕业生档案转递工作。各学校发放报到证后，要及时为毕业生办理离校手续，认真整理毕业生档案，将档案转递到有关单位和部门，并将档案转递信息录入到信息网系统中，以便毕业生或接收单位查询。

（四）及时做好就业方案报送后相关手续的办理。为保证工作的顺利进行，各学校就业方案

报送后不再调整。签发《报到证》期间，未落实就业单位的毕业生签约工作照常进行。离校时就业报到证签发回户籍地的毕业生需办理调整手续的，7 月 15 日以后办理。离校时报到证已签发到就业单位的毕业生需办理改派手续的，8 月 15 日以后办理。

以下手续由各学校办理：

1. 户口、档案留校的转出手续。户口、档案暂留学校的毕业生，在择业期内落实就业单位的，由学校在每月的最后一个工作周到省厅办理就业手续。

2. 暂不毕业或结业生的手续。就业方案已将毕业生列为暂不毕业，或已签发报到证后学校教务部门又确定为结业的，由学校负责到省厅办理结业生报到证手续。

3. 毕业生调整改派等相关手续，均按照鲁人社〔2014〕49 号文件要求办理。

各市可参照本通知制定市属中专学校毕业生就业方案编报办法。

2015 年签发《报到证》的工作地点为：济南市燕子山庄 1 号楼（济南市历下区经十路 14668 号）。

联系电话：0531-51669698（总台）。

签发《报到证》期间，各市、各学校工作人员食宿费自理。

附件：

1. 学校报送毕业生就业方案及签发就业报到证时间安排（略）

2.2015 年山东省毕业生就业工作调配表（略）

3. 校级就业指导机构专职人员信息登记表（略）

山东省人力资源和社会保障厅
做好国有企业招聘信息公开的通知

（2015 年 1 月 14 日　鲁人社办发〔2015〕3 号）

各市人力资源社会保障局：

现将《人力资源社会保障部关于国有企业招聘应届高校毕业生信息公开的意见》（人社部发〔2014〕79 号）转发给你们。请结合省人力资源社会保障厅、省国资委《关于进一步规范国有企业招聘行为的意见》（鲁人社发〔2014〕10 号），一并做好规范我省国有企业招聘行为工作。

规范国有企业招聘行为，建立国有企业招聘信息公开发布制度，是促进公平就业，让劳动者共享改革发展成果的需要，是国有企业自身发展的要求。各级各部门各单位要认真贯彻执行人力资源社会保障部和省里意见，扎实做好这项工作。省人力资源社会保障厅将在山东公共招聘网建立国有企业公开招聘信息统一发布平台，并在省、市、县（市、区）人力资源社会保障门户网站同步建立链接。各级人力资源社会保障部门在做好信息发布的同时，结合岗位需求，积极为国有企业提供人力资源服务，指导协助国有企业做好公开招聘工作。

附件：国有企业公开招聘信息工作流程

国有企业公开招聘信息工作流程

一、发布平台

在山东公共招聘网正式上线运行前，省大中专学校毕业生就业指导中心依托山东高校毕业生就业信息网建立省属、中央驻鲁国有企业及分支机构公开招聘信息专区，省劳动就业办公室依托山东就业网建立其他国有企业公开招聘信息专区，公开发布国有企业招聘信息和招聘结果。两个专区之间互设链接，方便各类求职者查询相关信息。各市、县（市、区）依托本级人力资源社会保障门户网站，建立国有企业公开招聘信息专区。省里发布的招聘信息将与各市、县（市、区）建立链接，按国有企业所属层级同步发布。山东公共招聘网正式上线运行后，山东高校毕业生就业信息网、山东就业网的国有企业公开招聘信息专区，将统一切换至山东公共招聘网的国有企业公开招聘信息专区。

二、工作流程

（一）网上实名登记。国有企业按照规定分别在招聘专区实名登记，上传企业资质证书的电子图片。省大中专学校毕业生就业指导中心、省劳动就业办公室对国有企业提交资料确认后，为企业分配账号和密码。

（二）提交招聘信息。国有企业于招聘实施7个工作日前，根据本单位招聘计划和安排，将公开招聘信息提交到国有企业公开招聘信息专区，并以电子图片格式上传相关正式文件。招聘信息主要包括招聘职位、招聘数量、岗位要求、报名方式、资格审查、考试方式、联系方式、监督渠道等内容。招聘职位面向应届高校毕业生的，要特别予以注明。

（三）确认招聘信息。省大中专学校毕业生就业指导中心、省劳动就业办公室及时通过对国有企业提交的招聘信息内容进行预览。如发现公开招聘信息不符合相关政策法规或信息有误的，及时将信息反馈申请发布企业，由企业修正后再次申请提交。

（四）发布招聘信息。省大中专学校毕业生就业指导中心、省劳动就业办公室对国有企业公开招聘信息确认后，自动发布在省里国有企业公开招聘信息专区，并链接到国有企业所属层级的相关市、县（市、区）国有企业公开招聘信息专区。

三、其他事项

国有企业招聘中的就业服务、结果备案、监督检查等工作，按鲁人社发〔2014〕10号文件规定执行。

山东省人力资源和社会保障厅

关于公布山东省首批高校毕业生就业见习省级示范基地名单的通知

（2015年9月16日 鲁人社办发〔2015〕79号）

各市人力资源社会保障局，各高等院校：

按照我厅《关于评选山东省首批高校毕业生就业见习省级示范基地的通知》（鲁人社〔2014〕139号）要求，经自主申报、市级初审、考察评估等环节，确定济南伊利乳业有限公司等75家单位为山东省首批高校毕业生就业见习省级示范基地（以下简称省级示范基地），现予以公布。

各市、各高校要进一步加大对省级示范基地的工作指导和扶持力度，落实见习补贴等相关政策，及时总结和推广经验，充分发挥省级示范基地在当地的引领和示范作用。各省级示范基地要按照高校毕业生就业见习工作的有关要求，完善见习制度，规范见习管理，提高见习质量，扩大见习规模，进一步发挥示范带头和区域辐射作用，为推动当地就业见习工作广泛开展做出更大贡献。

山东省首批高校毕业生就业见习省级示范基地名单

济南

济南伊利乳业有限责任公司
济南玫德铸造有限公司
山东韩都衣舍电商集团有限公司
济南黄河路桥工程公司
华安财产保险股份有限公司山东分公司
山东法因数控机械股份有限公司
中航物业管理有限公司济南分公司

青岛

青岛亨达股份有限公司
青岛石化检修安装工程有限责任公司
青岛市市政工程集团有限公司
利群集团股份有限公司
中启胶建集团有限公司
莱西市建筑总公司
海利尔药业

淄博

山东齐都药业有限公司
山东华联矿业股份有限公司
山东新星集团有限公司
山东扳倒井股份有限公司
山东泰宝防伪技术产品有限公司

枣庄

滕州市华海建材集团有限公司
山东泰和水处理科技股份有限公司
枣庄市薛城舜耕中学
山东丰源集团股份有限公司

东营

山东海科化工集团有限公司
富海集团有限公司
山东金岭集团有限公司

烟台

山东捷瑞数字科技股份有限公司
山东舒朗服装服饰股份有限公司
烟台荣昌制药股份有限公司
烟台恒邦集团有限公司
烟台市振华百货集团股份有限公司

潍坊

潍坊英轩实业有限公司
山东惠发食品股份有限公司
山东青能动力股份有限公司
孚日集团股份有限公司
潍坊市三建集团有限公司

济宁

山东荣信煤化有限责任公司
曲阜天博汽车零部件制造有限公司
辰欣药业股份有限公司
山东金城机械有限公司
山东鲁抗医药股份有限公司

泰安

泰山石膏股份有限公司
山东岱银纺织集团股份有限公司
特变电工山东鲁能泰山电缆有限公司
瑞星集团
新泰市人民医院

威海

家家悦集团股份有限公司
迪沙药业集团有限公司
威海市立医院

日照

日照银行股份有限公司
海汇集团有限公司
山东五征集团有限公司

莱芜

山东泰山钢铁集团有限公司
山东九羊集团有限公司

临沂

华盛江泉集团
山东临工
山东远通汽车贸易集团有限公司

临沂天元建设集团
山东冠鲁集团有限公司

德州

古贝春集团有限公司
景津环保股份有限公司
泰山体育产业集团有限公司
中澳控股集团有限公司

聊城

聊城市第三人民医院
山东省邮政公司聊城市分公司
山东泉林纸业有限责任公司
聊城交通汽运集团有限责任公司

滨州

山东滨农科技有限公司
山东绿都生物科技有限公司
滨州泰裕麦业有限公司
无棣利德金融电子有限公司

菏泽

山东尚舜化工有限公司
山东东明石化集团有限公司
山东玉皇化工集团有限公司
洪业化工集团股份有限公司

山东省人力资源和社会保障厅 关于认定2015年省级创业示范平台的通报

（2015年9月21日　鲁人社办发〔2015〕80号）

各市人力资源社会保障局：

根据《山东省人民政府办公厅关于促进创业带动就业的意见》（鲁政办发〔2013〕25号）和《山东省实施创业孵化基地和创业园区项目管理办法》（鲁人社发〔2014〕15号）等有关文件精神，省人力资源社会保障厅对各地申报的省级创业示范平台，本着好中选优原则，经过材料初审、集中答辩、现场实地评审、公示等程序，认定山东联荷凤凰山电子商务产业园等11家创业孵化基地为山东省创业孵化示范基地，认定海尔创客加速平台等13家创业园为山东省创业示范园区，认定山东英才学院大学生创新创业孵化基地等7家大学生创业孵化基地为山东省大学生创业孵化示范基地，认定济南市历下区山东财经大学大学生创业园等4家大学生创业园为山东省大学生创业示范园区（名单附后）。

被认定的省级创业示范平台要严格按照有关文件要求，规范管理，落实好各项优惠扶持政策，规范使用奖补资金，培育发展一大批小微企业，促进创业带动就业。要把省级示范平台做大做强，切实发挥示范带动作用，引领全省创业载体建设再上新水平。各级、各有关部门要向省级示范单位学习，统筹规划，合理布局，培育扶持一批有特色、有前景，具有一定示范和辐射带动作用的创业孵化基地和创业园区，为创业者提供良好的创业环境和创业服务。

附件：2015年省级创业示范平台名单

2015年省级创业示范平台名单

一、山东省创业孵化示范基地（11家）

山东联荷凤凰山电子商务产业园
济南迪亚创业孵化基地
青岛高层次人才创业中心

中国（即墨）服装品牌孵化中心
烟台高新区电力电工孵化基地
曲阜市创新创业基地
金乡县亿九科技孵化器
泰安市泰山科技创业孵化基地
乳山市创业孵化基地
临沂市沂蒙大姐创业服务中心
聊城市创业孵化基地

二、山东省创业示范园区（13 家）

海尔创客加速平台
青岛（市北）家庭服务就业创业广场
齐鲁塑化创业园
淄博高新技术创业服务中心
潍坊阳光 100 创业园区
临朐县全民创业园
昌乐县鄌郚乐器创业园
济宁高新区软件园
威海南海新区蓝色创业谷
临沂拓普网络股份有限公司
山东新街口文化产业园
惠民县黄河三角洲和苑绿化苗木大市场创业园
曹县中小企业创业示范园

三、山东省大学生创业孵化示范基地（7 家）

山东英才学院大学生创新创业孵化基地
山东科技大学大学生创业孵化基地
淄博市淄川区大学生创业孵化中心
鲁东大学创业孵化基地
烟台海外人才创业园
潍坊学院大学生创业孵化基地
山东农业大学大学生创新创业孵化基地

四、山东省大学生创业示范园区（4 家）

济南市历下区山东财经大学大学生创业园
枣庄市薛城区新起点大学生创业服务有限公司
东营市胜利大学生创业园
山东巨蟹云大学生电商创业园区

二、社会保障

（一）综合

山东省人力资源和社会保障厅、中国人民银行济南分行、中国银行业监督管理委员会山东监管局 关于做好查询划拨未依法缴纳社会保险费的用人单位存款账户工作的通知

（2015 年 1 月 28 日　鲁人社发〔2015〕7 号）

各市人力资源社会保障局，人民银行（山东省）各市中心支行、分行营业管理部，各银监分局：

为了维护公民参加社会保险和享受社会保险待遇的合法权益，根据《中华人民共和国社会保险法》《中华人民共和国商业银行法》《金融机构协助查询、冻结、划拨工作管理规定》和《社

会保险费申报缴纳管理规定》等法律法规规章的规定，现就人力资源社会保障部门通过银行或者其他金融机构查询、划拨未依法缴纳社会保险费的用人单位存款账户工作（以下称查询划拨工作）通知如下：

一、充分认识做好查询划拨工作的重要意义

社会保险费是社会保险基金的重要组成部分，是社会保险制度运行的物质基础。规范和强化社会保险费的征缴对于确保社会保险基金应收尽收、维护社会保险制度平稳运行和可持续发展，具有十分重要的意义。依法缴纳社会保险费是用人单位的法定义务和责任。《社会保险法》第六十三条规定，用人单位逾期仍未缴纳或者补足社会保险费的，社会保险费征收机构可以向银行和其他金融机构查询其存款账户；并可以申请县级以上有关行政部门作出划拨社会保险费的决定，书面通知其开户银行或者其他金融机构划拨社会保险费。因此，查询划拨工作是纠正用人单位未依法缴纳社会保险费违法行为的重要措施，是社会保险基金安全完整的重要保障，是保障广大人民群众享受社会保险权益的前提和基础。各级人力资源社会保障部门、各银监分局要高度重视查询划拨工作，认真贯彻落实法律规定，确保查询划拨工作顺利进行。

二、明确查询划拨工作的职责和程序

（一）查询工作职责和程序。对于未按时足额缴纳社会保险费且逾期未改的用人单位，人力资源社会保障部门向用人单位开户银行或者其他金融机构查询其存款账户，银行或者其他金融机构应予配合。各市人力资源社会保障部门如需查询用人单位开户银行情况，应向省人力资源社会保障厅提出申请，省人力资源社会保障厅专门查询人员应当自收到申请之日起10个工作日内办理开户银行查询，并将查询结果及时反馈市人力资源社会保障部门。人力资源社会保障部门向开户银行或者其他金融机构查询用人单位存款账户时，应当由二名以上工作人员持本人工作证或有关证件，出具商请查询用人单位存款账户的函（见附件1）。开户银行或者其他金融机构应当及时出具账户信息和存款情况证明并盖章。

（二）划拨工作职责和程序。经查询，未依法缴纳社会保险费的用人单位存款账户余额不小于欠费数额的，社会保险经办机构应提取、整理准确、完整的材料和信息，并提交划拨欠缴社会保险费申请书（见附件2），向人力资源社会保障部门提出划拨申请。人力资源社会保障部门应及时审核并发出缴纳社会保险费催告书（见附件3），催告缴纳期限一般不超过3个工作日，逾期仍未缴纳的，应及时作出划拨欠缴社会保险费决定书（见附件4），由二名以上工作人员持本人工作证或有关证件，将划拨欠缴社会保险费决定书和协助划拨欠缴社会保险费通知书（见附件5）送交银行或者其他金融机构。银行或者其他金融机构收到人力资源社会保障部门的协助划拨社会保险费通知书后，审查划拨欠缴社会保险费决定书和协助划拨欠缴社会保险费通知书填写的被执行用人单位的开户银行名称、户名和账号、大小写金额。查明被执行用人单位银行账户有款可付的，应当立即划拨；当日无款或不足划拨的，应当及时通知人力资源社会保障部门，待用人单位账户有款时，尽快予以划拨。划拨的社会保险费存入社会保险财政专户。

（三）特殊情况的处理。一是异地查询划拨问题。作出查询、划拨决定的人力资源社会保障部门与协助执行的银行或者其他金融机构不在同一辖区的，可以直接到协助执行的银行或者其他金融机构办理查询、划拨工作，不受辖区范围的限制。二是二家以上人力资源社会保障部门划拨存款的处理原则。二家以上的人力资源社会保障部门对同一存款划拨时，银行或者其他金融机构应根据最先收取的协助划拨欠缴社会保险费通知书办理划拨。人力资源社会保障部门对具体执行哪一个机关的划拨通知有争议的，由争议的机关协商解决或者由其共同上级机关决定。

三、加强协调配合

人力资源社会保障部门要高度重视查询划拨工作，积极主动地向银行或者其他金融机构通报相关情况，严格执行《社会保险法》《社会保险费申报缴纳管理规定》等法律法规的规定，规范

法律文书，按照法定的程序、时限办理查询划拨工作，对银行或者其他金融机构查询划拨中提供的情况和资料，应当依法保守秘密。银行或者其他金融机构应当按照本通知规定协助人力资源社会保障部门做好查询划拨工作。人力资源社会保障部门与协助执行的银行或者其他金融机构查询划拨的意见不一致，可以提请双方的上级部门共同协商解决。

本通知自2015年3月10日起施行，有效期至2020年3月9日。

附件：

1. 商请查询用人单位存款账户的函（略）
2. 划拨欠缴社会保险费申请书（略）
3. 缴纳社会保险费催告书（略）
4. 划拨欠缴社会保险费决定书（略）
5. 协助划拨欠缴社会保险费通知书（略）

山东省人力资源和社会保障厅、山东省财政厅
关于印发山东省社会保险基金监督举报奖励暂行办法的通知

（2015年3月18日 鲁人社发〔2015〕14号）

各市人力资源社会保障局、财政局：

现将《山东省社会保险基金监督举报奖励暂行办法》印发给你们，请结合实际认真抓好贯彻落实。

山东省社会保险基金监督举报奖励暂行办法

第一条 为进一步加强社会保险基金监管，调动社会力量参与社会保险基金管理监督的积极性，防范和制止侵害社会保险基金的违法违规行为，维护参保人员的合法权益和社会保险基金安全完整，根据《中华人民共和国社会保险法》《社会保险基金监督举报工作管理办法》（原劳动和社会保障部令第11号）等有关规定，制定本办法。

第二条 本省行政区域内的公民、法人和其他社会组织（以下简称举报人）对养老保险基金、医疗保险基金、失业保险基金、工伤保险基金和生育保险基金等各项社会保险基金（以下简称社会保险基金）在征缴、管理、支付等环节发生的违法违规行为进行举报，适用本办法。

举报人负有管理、经办、监督社会保险基金等法定职责的，不适用于本办法。

第三条 县级以上社会保险行政部门负责本行政区域内的社会保险基金监督举报奖励工作。社会保险行政部门可根据情况委托社会保险经办机构或社会中介机构对举报事项进行核查。

社会保险行政部门应当设立社会保险基金监督举报电话、电子邮箱，并向社会公布举报电话、传真、电子邮箱和通讯地址等。

第四条 本办法所称违反社会保险基金管理规定行为的举报范围包括：

（一）单位或个人有下列违法违规行为之一的：

1. 单位采取涂改、伪造、藏匿、变造原始材料或提供虚假证明材料的方式，瞒报、少报参保人数和缴费工资基数，少缴社会保险费的；

2. 单位伪造、变造材料，虚构、隐瞒事实，骗取社会保险基金的；单位协同个人、其它机构

骗取社会保险基金的；单位通过其它方式骗取社会保险基金的；

3. 个人伪造、变造材料，虚构、隐瞒事实，骗取社会保险基金的；个人利用他人身份和社会保险证明违规享受社会保险待遇、骗取社会保险基金的；个人协同他人、单位或其它机构骗取社会保险基金的；

4. 弄虚作假办理劳动能力鉴定骗取社会保险基金的；

5. 其他违反规定，造成社会保险基金损失的行为。

（二）定点医疗机构、定点零售药店等社会保险服务机构有下列违法违规行为之一的：

1. 将非参保人员的医药费用纳入社会保险基金支付的；

2. 采用串换项目等方式，将非社会保险基金支付范围的医药费用纳入社会保险基金支付的；

3. 将交通肇事、医疗事故等发生的不符合医疗保险支付范围的医药费用纳入社会保险基金支付的；

4. 违反规定提高收费标准、擅自设立收费项目等不合理增加社会保险基金支出的；

5. 分解收费、多计多收医药费用，伪造病历、处方，挂床住院虚计费用等骗取社会保险基金的；

6. 采用刷卡退付现金等手段，套取社会保险基金的；

7. 其他违反规定，造成社会保险基金损失的行为。

（三）社会保险经办机构及其工作人员有下列违法违纪行为之一的：

1. 未严格执行社会保险费征缴有关政策规定，违规降低缴费比例、减免社会保险费，或与缴费单位串通，以虚假资料逃缴、少缴社会保险费，造成社会保险基金流失的；

2. 未严格审查和核算享受社会保险待遇的资格和标准，或利用职权伪造、篡改社会保险档案，或与相关单位、个人串通，以虚假资料冒领、骗取社会保险待遇，造成社会保险基金流失的；

3. 与社会保险服务机构及享受社会保险待遇人员串通，非法套取社会保险基金的；

4. 为未取得定点服务资格的医疗机构或零售药店提供社会保险资金结算服务的；

5. 贪污、截留、挤占、挪用社会保险基金的；

6. 滥用职权、徇私舞弊、玩忽职守，致使社会保险基金遭受损失的；

7. 其他违反规定，造成社会保险基金损失的行为。

（四）社会保险行政部门及其工作人员有下列违法违规行为之一，并造成社会保险基金损失的：

1. 违反规定为不符合条件的人员办理退休的；

2. 违反规定为不符合条件的人员认定工伤的；

3. 其他违反规定，造成社会保险基金损失的行为。

第五条　举报人可采用来访、信函、电话或电子邮件等方式进行举报，举报事项应当事实清楚。

第六条　下级社会保险行政部门对上级社会保险行政部门交办的举报案件，应当及时办理，并按要求向交办单位书面报告调查处理意见和处理结果。

上级社会保险行政部门发现下级社会保险行政部门对举报案件的处理不适当或有错误的，应当责成下级社会保险行政部门重新处理，必要时可以直接调查处理。

第七条　凡符合受理范围的举报，社会保险行政部门应当自受理之日起 30 日内办结。情况复杂的可以适当延长，但最长不得超过 60 日。

第八条　举报人要求答复本人所举报案件办理结果的，社会保险行政部门应当负责将办理结果告知举报人。

第九条　举报人举报事项经查证属实的，社会保险行政部门及社会保险经办机构应及时追回违法违规基金，并接受财政、审计部门的监督。

第十条　举报人举报事项同时符合以下条件的，给予奖励：

（一）有明确被举报主体的；

（二）实名举报的；

（三）举报的内容符合本办法第四条规定且事实清楚、证据充分的；

（四）举报人提供的主要违法违规事实、证据事先未被社会保险行政部门或社会保险经办机构掌握的；

（五）举报反映的问题经查证属实的。

第十一条 给予奖励单位在案件查结后30日内，通知符合奖励条件的举报人领取奖金。

举报人应持本人居民身份证或其他有效身份证件及社会保险基金违法违规案件举报奖励通知书到社会保险行政部门领取奖金。联名举报的，奖金由举报第一署名者或者第一署名者委托的其他署名者领取。同一事项向多个受理单位举报，只能获得一次奖励，由负责直接查处的单位给予奖励。

举报人不能亲自领取的，可由代理人代为领取。由代理人代为领取的，必须出具举报人的书面委托书、举报人和代理人的居民身份证或其他有效身份证件以及社会保险基金违法违规案件举报奖励通知书。

举报人自接到社会保险基金违法违规案件举报奖励通知书之日起30日内领取奖金，30日内未领取奖金的，视为自动放弃。

第十二条 对举报人的奖励金额按查证属实的违法违规金额的1%予以奖励，最多不超过5000元。对举报案情重大，且一次性追回社会保险基金超过50万的，对举报人按追回基金的1%增发奖金，最多不超过10000元。

第十三条 对编造事实、恶意举报的行为，社会保险行政部门依法追究举报人的责任；举报事项造成严重后果、涉嫌犯罪的，移交司法机关处理。

第十四条 本办法所规定奖励资金由同级财政列入年度预算。举报奖励专项资金由社会保险行政部门，按照财务制度规定单独列账，专款专用。专项资金的使用情况应接受财政、审计部门的监督。

第十五条 各级社会保险行政部门应当为举报人保密，妥善保管举报奖励有关材料及凭证。对举报人宣传报道，须征得举报人同意。

第十六条 本办法由省人力资源社会保障厅负责解释。

第十七条 本办法自2015年6月1日起施行，有效期至2017年5月31日。

山东省人力资源和社会保障厅
关于生产经营严重困难单位缓缴社会保险费有关问题的通知

（2015年5月14日 鲁人社发〔2015〕31号）

各市人力资源社会保障局，各有关单位：

根据《中华人民共和国社会保险法》和《实施〈中华人民共和国社会保险法〉若干规定》（中华人民共和国人力资源社会保障部令第13号），结合我省实际，现就用人单位因不可抗力造成生产经营严重困难时期暂缓缴纳社会保险费（以下简称“缓缴社会保险费”）有关问题通知如下：

一、缓缴条件

依法参加社会保险并按规定履行缴费义务的用人单位，符合以下情况之一的，可以申请缓缴社会保险费：

（一）因不可抗力，造成生产经营严重困难，无力支付职工最低工资连续6个月以上的。

（二）因不可抗力，造成无法正常生产经营6个月以上，职工仅发生活费的。

（三）其它因法定事由可以缓缴的情况。

二、申报材料

申请缓缴时应提供以下材料：

（一）缓缴社会保险费的申请，申请中应注明单位基本情况、造成生产经营严重困难原因等相关内容，属于政府行为的，提供政府出台的相关文件或规定。

（二）经社会中介机构审计的上年度财务报告。

（三）提出缓缴申请时1年内的会计报表、银行存款日记账及银行对账单、工资统计报表等。

（四）依法参加社会保险并按时足额缴费的证明。

三、申报程序

（一）用人单位在市（指设区的市，下同）以下（含市级）社保经办机构参保的，应向统筹所在市人力资源社会保障行政部门提出缓缴社会保险费的申请。申报程序如下：

1. 用人单位携带相关材料到市人力资源社会保障行政部门提出申请。

2. 经市人力资源社会保障行政部门初审，符合缓缴条件的，由市人力资源社会保障行政部门向省人力资源社会保障厅提出书面申请，连同相关材料一并报送省人力资源社会保障厅。

3. 省人力资源社会保障厅受理后，30日内完成审核，符合条件审核通过的，下发同意缓缴的批复，用人单位与社保经办机构签订缓缴协议，明确缓缴期间双方的权利与责任；审核未通过的，告知具体原因。

（二）用人单位在省社会保险事业局参保的，可直接向省人力资源社会保障厅提出申请。省直管用人单位中，部分险种在市级及以下社保经办机构参保的，应先向该险种参保地的市人力资源社会保障行政部门提出缓缴申请。市人力资源社会保障行政部门进行初审，初审通过后，报省人力资源社会保障厅。

四、缓缴期限

缓缴期限一般不超过1年。其中，医疗、生育保险缓缴期限一般不超过6个月。

对于首次缓缴期不足一年的，缓缴期满，用人单位仍无法恢复正常经营，可在缓缴期满前60日内，再次提出缓缴申请。连续申请不得超过两次，且两次缓缴期限累计不超过1年。医疗、生育保险首次缓缴期满，不再受理再次缓缴申请。

五、若干具体问题说明

（一）缓缴期间，用人单位应继续按月申报应缴纳的社会保险费。缓缴期满，用人单位应当按时足额补缴相应社会保险费，缓缴期间免收滞纳金。缓缴期满未再次提出缓缴申请，或再次申请未通过，且未能按时足额补缴社会保险费的，按《中华人民共和国社会保险法》和《实施〈中华人民共和国社会保险法〉若干规定》（人力资源社会保障部令第13号）有关规定加收滞纳金。

（二）缓缴期间职工各项社会保险待遇不受影响。职工到达退休年龄或需办理社会保险关系转移的，用人单位应单独为其足额缴纳社会保险费，保障职工合法权益。

（三）非因不可抗力造成生产经营困难，需要延期缴纳社会保险费的，仍按《社会保险费申报缴纳管理规定》（中华人民共和国人力资源和社会保障部令第20号）有关规定执行。

（四）本通知自2015年7月1日起施行，有效期至2020年6月30日。国家相关政策规定出台后，改按国家政策规定执行。

山东省人力资源和社会保障厅、山东省公安厅
转发人社部发〔2015〕14号文件
加强全省社会保险欺诈案件查处和移送工作的通知

（2015年5月27日　鲁人社发〔2015〕32号）

各市人力资源社会保障局、公安局：

现将《人力资源社会保障部公安部关于加强社会保险欺诈案件查处和移送工作的通知》（人社部发〔2015〕14号）转发给你们，并就加强全省社会保险欺诈案件查处和移送工作通知如下：

一、高度重视社会保险欺诈案件查处和移送工作

全省各级人力资源社会保障部门、公安机关要从依法治国，维护人民群众利益的高度，充分认识打击社会保险欺诈违法犯罪的重要意义，履职尽责，密切配合，依法移送和查处涉嫌社会保险欺诈犯罪案件，凡是以欺诈、伪造证明材料或者其他手段骗取社会保险基金支出、社会保险待遇，涉嫌违法犯罪，并符合法律规定标准的案件，人力资源社会保障部门均应依法向同级公安机关移送。

二、建立健全社会保险基金行政执法与刑事司法有效衔接机制

全省各级人力资源社会保障部门和公安机关要按照《行政执法机关移送涉嫌犯罪案件的规定》（国务院令第310号），细化案件移送标准，规范案件移送程序。要建立联席会议制度，定期召开联席会议分析社会保险欺诈形势和任务，协调解决移送工作中存在的问题，研究提出加强预防和查处措施。省人力资源社会保障厅社会保险基金监督处、省公安厅刑事侦查局具体负责社会保险欺诈案件查处移送组织指导工作。

三、广泛开展社会保险法律法规宣传

通过多种形式，广泛宣传社会保险法、刑法解释以及相关法律法规和政策制度，向社会公布依法查处的社会保险欺诈典型案件，促进社会各方面增强社会保险诚信守法意识，增进对社会保险制度的理解和支持，并积极参与社会保险基金社会监督，形成共同防范和打击社会保险欺诈的良好社会氛围。

四、认真组织历年发现问题的查处和移送工作

全省各级人力资源社会保障部门、公安机关要及时向上级部门报送社会保险基金欺诈案件查处和移送情况。各市人力资源社会保障部门要对历年社会保险基金专项检查、日常监督、网络监督、投诉举报以及劳动保障监察、社会保险经办等工作中发现的涉及社会保险基金的违法违规问题，组织进行一次全面梳理核查，核查工作要责任到人，建立核查档案。对违法事实清楚、证据确凿的应当依法进行行政处理或行政处罚，对涉嫌社会保险欺诈的案件依法移送公安机关。梳理核查结果、移送情况于2015年6月30日前汇总报省人力资源社会保障厅。

附件：

山东省社会保险欺诈案件查处和移送联席会议成员名单（略）

（二）养老保险

山东省人民政府
关于机关事业单位工作人员养老保险制度改革的实施意见

（2015年2月15日 鲁政发〔2015〕4号）

各市人民政府，各县（市、区）人民政府，省政府各部门、各直属机构，各高等院校：

为贯彻落实《国务院关于机关事业单位工作人员养老保险制度改革的决定》（国发〔2015〕2号），结合我省实际，现提出以下实施意见：

一、实施范围

本意见适用于我省按照公务员法管理的单位、参照公务员法管理的机关（单位）、事业单位及其编制内的工作人员。

二、实行社会统筹与个人账户相结合的基本养老保险制度

基本养老保险费由单位和个人共同负担。单位缴纳基本养老保险费的比例为本单位工资总额的 20%；个人缴纳基本养老保险费（以下简称个人缴费）的比例为本人缴费工资的 8%，由单位代扣代缴。个人工资超过省或市上年度在岗职工平均工资 300% 以上的部分，不计入个人缴费工资基数；低于省或市上年度在岗职工平均工资 60% 的，按 60% 计算个人缴费工资基数。

凡国家和省统一规定的工资和津贴补贴项目，均应纳入个人缴费工资基数。精神文明奖等只适用于部分单位工作人员的项目，不纳入缴费工资基数。纳入个人缴费工资基数的具体项目，按照与纳入统筹的养老保险待遇项目相对应的原则确定。

按本人缴费工资 8% 的数额建立基本养老保险个人账户，全部由个人缴费形成。个人账户储存额（含本息，下同）只用于工作人员养老，不得提前支取，每年按照国家统一公布的记账利率计算利息，免征利息税。参保人员死亡的，个人账户余额可以依法继承。

三、改革基本养老金计发办法

自本意见实施之日起，实行新的基本养老金计发办法，建立待遇与缴费挂钩机制，多缴多得，长缴多得，提高单位和职工参保缴费的积极性。

（一）本意见实施后参加工作、个人缴费年限累计满 15 年的人员，退休后按月发给基本养老金。基本养老金由基础养老金和个人账户养老金组成。退休时的基础养老金月标准以省或市上年度在岗职工月平均工资和本人指数化月平均缴费工资的平均值为基数，缴费每满 1 年发给 1%。个人账户养老金月标准为个人账户储存额除以计发月数，计发月数详见附件。

（二）本意见实施前参加工作、实施后退休且缴费年限（含视同缴费年限，下同）累计满 15 年的人员，在发给基础养老金和个人账户养老金的基础上，再依据视同缴费年限长短，发给本人指数化月平均缴费工资一定比例的过渡性养老金。

按照合理衔接、平稳过渡的原则，自改革之日起，设立 10 年过渡期，过渡期内退休的人员，按改革后计发办法（简称新办法）计发的基本养老金低于按改革前退休费计发办法（简称原办法）计发的待遇的，按照原办法计发的待遇发给基本养老金；按新办法计发的基本养老金高于按原办法计发的待遇的，高出部分分年度按比例予以封顶限制。

具体办法，由省人力资源社会保障厅会同有关部门按照国家规定制定并指导实施。

（三）本意见实施后达到退休年龄但个人缴费年限累计不满 15 年的人员，其基本养老保险关系处理和基本养老金计发比照《实施〈中华人民共和国社会保险法〉若干规定》（人力资源社会保障部令第 13 号）和我省有关规定执行。

（四）本意见实施前已经退休的人员，继续按照国家和省规定的原待遇标准发放基本养老金，同时执行基本养老金调整办法。其中，符合规定的待遇项目，经审核确认后，纳入基本养老保险基金支付；其他待遇项目，仍从原渠道列支。

（五）机关事业单位离休人员，不纳入机关事业单位养老保险制度改革范围，继续按照国家和省统一规定发给离休费，并调整相关待遇。所需资金从原渠道列支，可由原所在单位负责发放，或委托社会保险经办机构代发。

四、建立基本养老金正常调整机制

根据国务院统一部署，结合我省经济发展、物价水平、工资增长等因素，省政府统筹安排机关事业单位和企业退休人员的基本养老金调整，合理确定调整办法和调整水平。逐步建立兼顾各类人员的养老保险待遇正常调整机制，分享经济社会发展成果，保障退休人员基本生活。

五、加强基金管理和监督

逐步建立健全基本养老保险基金省级统筹。现阶段，我省暂实行省级基金调剂制度，明确各级政府征收、管理和支付的责任；在全省范围内统一基本养老保险制度和有关政策，统一缴费基数和比例，统一基本养老保险待遇，统一编制和实施基本养老保险预算，统一信息系统平台和相关业务流程。

机关事业单位基本养老保险基金单独建账，与企业职工基本养老保险基金分别管理使用。基金实行严格的预算管理，纳入社会保障基金财政专户，实行收支两条线管理，专款专用。依法加强基金监管，确保基金安全。

六、做好养老保险关系转移接续工作

参保人员在同一统筹范围（指设区的市，含省直，下同）内的机关事业单位之间流动，只转移养老保险关系，不转移基金。参保人员跨统筹范围流动或在机关事业单位与企业之间流动，在转移养老保险关系的同时，基本养老保险个人账户储存额随同转移，并以改革后本人各年度实际缴费工资为基数，按12%的总和转移基金，参保缴费不足1年的，按实际缴费月数计算转移基金。转移后基本养老保险缴费年限（含视同缴费年限）、个人账户储存额累计计算。

七、建立职业年金制度

机关事业单位在参加基本养老保险的基础上，应当为其工作人员建立职业年金。单位按本单位工资总额的8%缴费，个人按本人缴费工资的4%缴费。工作人员退休后，按月领取职业年金待遇。职业年金的具体办法，由省人力资源社会保障厅、省财政厅根据国家规定制定。

八、建立健全确保养老金发放的筹资机制

机关事业单位及其工作人员应按规定及时足额缴纳养老保险费。各级社会保险经办机构应切实加强基金征缴，做到应收尽收。各级政府应积极调整和优化财政支出结构，加大社会保障资金投入，确保基本养老金按时足额发放。同时，要为建立职业年金制度提供相应的经费保障，确保机关事业单位养老保险制度改革平稳推进。

对于基本养老保险和职业年金缴费确有困难的非财政供款单位，经审核确认后，可由同级财政给予适当补助。

九、做好与现行开展的机关事业单位养老保险统筹政策的衔接

各地现行开展的机关事业单位养老保险统筹，要按照新制度即行并轨。改革前，各地已积累的统筹基金并入新制度统一使用，应收未收的养老保险费要确保征缴到位。对于各地统筹期间的个人缴费部分，除由财政代缴的外，原则上，改革前已退休人员自改革之月、未退休人员自退休之月一次性发放给本人。具体发放方式，由各设区的市结合实际确定。

十、逐步实行社会化管理服务

提高机关事业单位社会保险社会化管理服务水平，普遍发放全国统一的社会保障卡，实行基本养老金社会化发放。继续加强街道、社区人力资源社会保障工作平台建设，加快老年服务设施和服务网络建设，为退休人员提供方便快捷的服务。

十一、提高社会保险经办管理水平

各地要根据机关事业单位工作人员养老保险制度改革的实际需要，加强社会保险经办机构能力建设，适当充实工作人员，提供必要的经费和服务设施。社会保险经办机构应做好机关事业单位养老保险参保登记、缴费申报、关系转移、待遇核定和支付等工作。要按照国家统一制订的业务经办流程和信息管理系统建设要求，建立健全管理制度，由省级统一集中管理数据资源，实现规范化、信息化和专业化管理，不断提高工作效率和服务质量。

省直机关事业单位、驻鲁中央国家机关所属单位基本养老保险的管理工作，按照国家规定实行属地化管理。省人力资源社会保障厅负责在省社会保险经办机构参保单位的基本养老保险管理工作，同时集中受托管理其职业年金基金。

本意见自2014年10月1日起实施，我省已有规定与本意见不一致的，按本意见执行。

附件：个人账户养老金计发月数表

个人账户养老金计发月数表

退休年龄	计发月数	退休年龄	计发月数
40	233	56	164
41	230	57	158
42	226	58	152
43	223	59	145
44	220	60	139
45	216	61	132
46	212	62	125
47	207	63	117
48	204	64	109
49	199	65	101
50	195	66	93
51	190	67	84
52	185	68	75
53	180	69	65
54	175	70	56
55	170		

山东省人力资源和社会保障厅、山东省财政厅

关于印发山东省机关事业单位工作人员养老保险制度改革实施办法的通知

（2015 年 7 月 28 日 鲁人社发〔2015〕46 号）

各市人力资源社会保障局、财政局，省委各部门，省政府各部门、各直属机构，省人大常委会办公厅，省政协办公厅，省法院，省检察院，各民主党派省委，各人民团体，各驻鲁中央国家机关所属单位：

经省政府同意，现将《山东省机关事业单位工作人员养老保险制度改革实施办法》印发给你们。各市要根据国务院和省政府要求，结合本地实际，研究制定本市具体实施方案，对组织领导、具体任务、工作进度、监督检查等做出统筹安排。各部门要制定工作方案，明确工作任务、分工和要求。各市具体实施方案经市政府同意后，于2015 年 8 月底前报省人力资源社会保障厅、省财政厅。

省人力资源社会保障厅、省财政厅将加强对各市人力资源社会保障部门和财政部门、省直各部门和单位人事管理机构的业务培训。各市、各部门也要结合实际，开展不同层次的业务培训工作，提高工作人员的政策水平和业务能力。要广泛开展宣传工作，坚持正确的舆论导向，准确解读各项政策，让广大干部群众充分理解和积极支持改革。重大问题要及时报告省人力资源社会保障厅、省财政厅。

山东省机关事业单位工作人员养老保险制度改革实施办法

根据《国务院关于机关事业单位工作人员养老保险制度改革的决定》(国发〔2015〕2号)、《山东省人民政府关于机关事业单位工作人员养老保险制度改革的实施意见》(鲁政发〔2015〕4号，以下简称《实施意见》)和《人力资源社会保障部财政部关于贯彻落实〈国务院关于机关事业单位工作人员养老保险制度改革的决定〉的通知》(人社部发〔2015〕28号)规定，结合我省实际，制定本办法。

一、关于参保范围

(一)参保的事业单位范围。参加机关事业单位养老保险的事业单位是指，根据《中共山东省委、山东省人民政府关于贯彻中发〔2011〕5号文件精神分类推进事业单位改革的实施意见》(鲁发〔2011〕16号)等有关规定，目前划分为承担行政职能的事业单位和从事公益服务的事业单位(含公益一类、二类、三类事业单位)。

对于划分为从事生产经营活动的事业单位，已参加企业职工基本养老保险的仍继续参加；尚未参加的，暂参加机关事业单位基本养老保险，待其转企改制到位后，自转企改制基准日起，按有关规定纳入企业职工基本养老保险范围。

对于目前尚未确定分类类型的事业单位，已参加企业职工基本养老保险的仍继续参加；尚未参加的，暂参加机关事业单位基本养老保险，待其分类类型确定并改革到位后，纳入相应的养老保险制度。

(二)参保的工作人员范围。根据省政府《实施意见》要求，严格按照机关事业单位编制和人事管理规定确定参保人员范围。编制外人员应依法参加企业职工基本养老保险。对于编制和人事管理不规范的单位，要先按照有关规定进行清理规范，待明确工作人员身份后再纳入相应的养老保险制度。

各地在原机关事业单位养老保险统筹期间，已纳入参保范围的编制外人员，应划转至企业职工基本养老保险继续参保，原统筹期间的个人缴费相应转入本人企业职工基本养老保险个人账户。其中，改革前(2014年10月1日前，下同)已经人力资源社会保障部门核准领取养老金的人员，可保留在机关事业单位基本养老保险范围，原统筹期间的个人缴费并入机关事业单位基本养老保险基金。编制外人员的具体划转办法，由各市(指设区的市，下同)结合实际确定。

对于参加机关事业单位养老保险的单位中的编制内劳动合同制工人，按照国家和省相关规定，参加机关事业单位养老保险，具体办法另行确定。

二、关于缴费基数

(一)单位缴费基数。根据机关事业单位工资制度特点，省政府《实施意见》规定的本单位工资总额为参加机关事业单位养老保险工作人员的个人缴费工资基数之和。

(二)个人缴费基数。机关单位(含参公管理的单位)工作人员的个人缴费工资基数，包括本人上年度工资收入中的以下部分：①基本工资；②国家统一的津贴补贴(指警衔津贴等国家统一规定纳入原退休费计发基数的项目)；③规范后的津贴补贴(地区附加津贴)；④年终一次性奖金。

事业单位工作人员的个人缴费工资基数，包括本人上年度工资收入中的以下部分：①基本工资；②国家统一的津贴补贴(指教龄津贴、护龄津贴、特级教师津贴等国家和经国家批准由省统一规定纳入原退休费计发基数的项目)；③绩效工资。

除上述项目外，其余项目(包括改革性补贴、奖励性补贴等)暂不纳入个人缴费工资基数。纳入个人缴费工资基数的具体项目，按照与纳入统筹的养老保险待遇项目相对应的原则，由省人力资源社会保障厅、省财政厅统一确定。其中，纳入统筹的养老保险待遇项目以省政府规定的待遇项目（标准）为准，其它自行增加的项目和提高的标准，仍从原渠道列支。

三、关于过渡期内养老保险待遇的计发

全省实行统一的过渡办法。对于改革前参加工作、改革后退休的“中人”设立10年过渡期，过渡期内实行新老待遇计发办法对比，保低限高。即：新办法计发待遇（含职业年金待遇）低于老办法待遇标准的，按老办法待遇标准发放，保持待遇不降低；高于老办法待遇标准的，超出的部分，第一年（2014年10月1日至2015年12月31日）退休的人员发放超出部分的10%，第二年（2016年1月1日至2016年12月31日）退休的人员发放20%，依此类推，到过渡期末年（2024年1月1日至2024年9月30日）退休的人员发放超出部分的100%。过渡期结束后退休的人员执行新办法。

按上述办法对比确定实发养老金，需要调增或调减新办法待遇标准时，均相应调增或调减按新办法计算的基本养老金，职业年金待遇不变。

（一）老办法待遇计发标准。具体计算公式如下：

老办法待遇计发标准

$$=(A\times M+B+C)\times\prod_{n=2015}^{N}(1+G_{n-1})$$

A：2014年9月工作人员本人的基本工资标准；

B：2014年9月工作人员本人的职务职级（技术职称）等对应的退休补贴标准；

C：按照国办发〔2015〕3号文件和我省有关规定相应增加的退休费标准；

M：工作人员退休时工作年限对应的老办法计发比例；

G_{n-1}：参考第n-1年在岗职工工资增长等因素确定的工资增长率，n∈〔2015，N〕，且$G_{2014}=0$；

N：过渡期内退休人员的退休年度，N∈〔2015，2024〕。2014年10月1日至2014年12月31日期间退休的，其退休年度视同为2015年。

（二）新办法待遇计发标准。具体计算公式如下：

新办法待遇计发标准＝基本养老金＋职业年金待遇。其中，基本养老金＝基础养老金＋过渡性养老金＋个人账户养老金。

1. 基础养老金＝退休时省或市上年度在岗职工月平均工资×（1+本人平均缴费工资指数）÷2×缴费年限（含视同缴费年限，下同）×1%。其中，本人平均缴费工资指数＝（视同缴费指数×视同缴费年限＋实际平均缴费指数×实际缴费年限）÷缴费年限。

视同缴费指数，遵循改革前后待遇平稳过渡和衔接的原则，由省人力资源社会保障厅在统一测算基础上，设定与机关事业单位职务职级（技术职称）相对应的《视同缴费指数表》，工作人员退休时，根据本人退休时的职务职级（技术职称）等，对应《视同缴费指数表》确定本人视同缴费指数。《视同缴费指数表》的具体设定办法，另行制定。

实际平均缴费指数＝（$Xn/C_{n-1}+X_{n-1}/C_{n-2}+\cdots\cdots+X_{2016}/C_{2015}+X_{2015}/C_{2014}+X_{2014}/C_{2013}$）/N实缴；

Xn、X_{n-1}、$\cdots X_{2014}$为参保人员退休当年至2014年相应年度本人各月缴费工资基数之和，C_{n-1}、$C_{n-2}\cdots C_{2013}$为参保人员退休上一年至2013年相应年度省或市在岗职工年平均工资；

N实缴为参保人员实际缴纳养老保险费年限。

2. 过渡性养老金＝退休时省或市上年度在岗职工月平均工资×本人视同缴费指数×视同缴费年限×1.3%。

3. 个人账户养老金＝退休时本人基本养老保险个人账户累计储存额÷计发月数。其中，计发月数按国家统一规定执行。

4. 职业年金待遇，按照《国务院办公厅关于印发机关事业单位职业年金办法的通知》（国办发〔2015〕18号）和我省有关规定执行。

四、关于视同缴费年限的认定

对于改革前曾参加企业职工基本养老保险、改革后参加机关事业单位基本养老保险的工作人员，其参加企业职工基本养老保险的实际缴费年限应予确认，不认定为视同缴费年限，并与参加机关事业单位基本养老保险的实际缴费年限合并计算。其他情形视同缴费年限的认定，按照国家和省有关规定执行。在本人退休时，根据其实际缴费年限、视同缴费年限及对应的视同缴费指数等因素计发基本养老金。

对于从机关事业单位辞职和按规定辞退的编制内工作人员，辞职、辞退后参加企业职工基本养老保险的，其改革前原在机关事业单位的连续工龄，按规定认定为视同缴费年限，并与参加企业职工基本养老保险的实际缴费年限合并计算。在本人退休时，按照企业基本养老金计发办法计发基本养老金。

五、关于各级政府的基金管理责任

全省执行统一的机关事业单位基本养老保险制度和政策，统一基本养老保险缴费比例和缴费基数，统一基本养老金计发办法、统筹项目和标准以及基本养老金调整办法，统一编制和实施基本养老保险基金预算，统一基本养老保险业务经办规程和管理制度。基本养老保险基金实行统一管理，各市结余基金由省授权市代管。市、县（市、区）对本辖区内机关事业单位养老保险基金收支缺口承担主体责任，省级建立机关事业单位养老保险基金调剂制度，所需资金由省财政预算安排，通过均衡性转移支付对各市予以补助。

六、关于部分工作人员退休时加发退休费政策的调整

改革后获得省部级以上劳模、有重大贡献的高级专家等荣誉称号的工作人员，在职时给予一次性奖励，退休时不再提高基本退休费计发比例，奖励所需资金不得从养老保险基金中列支，由奖励单位或本单位按规定明确所需资金列支渠道。

对于改革前已获得此类荣誉称号的工作人员，本人退休时给予一次性退休补贴并支付给本人，资金从原渠道列支。具体计算公式：一次性退休补贴标准 = 本人退休时的月基本工资 × 提高的计发比例 × 计发月数。其中，在确定提高的计发比例时，仍按老办法对提高后不超过本人基本工资100% 的规定执行；计发月数，按照平衡衔接的原则确定为 180 个月。符合原有加发退休费情况的其他人员，按照上述办法处理。

七、关于退休审批和有关参保政策

改革后，机关事业单位工作人员退休审批程序不变，仍按现行干部管理权限执行。经批准退休的人员，由所在单位报参保地人力资源社会保障部门办理领取基本养老金资格核准和待遇核定手续后，实行基本养老金社会化发放。

按照国家有关政策和干部管理权限，符合提前退休或者延长退休年龄的工作人员，经批准，可以提前或者延缓退休，按规定办理相关手续后，以其实际的缴费情况计发养老金。其中，经批准延长退休年龄的人员，应当继续参保缴费，直至延缓退休期满。少数人员年满 70 岁时仍继续工作的，个人可以选择继续缴费，也可选择不再继续缴费。待正式办理退休手续时，按规定计发养老待遇。

八、关于原机关事业单位养老保险统筹政策的规范衔接

各地要妥善处理原统筹政策与省政府《实施意见》的衔接问题，确保政策统一规范。各地原统筹期间的养老保险结余基金并入机关事业单位基本养老保险基金统一使用，严禁挤占挪用，防止基金资产流失。

改革后，对于符合纳入机关事业单位基本养老保险条件的人员，其改革前在机关事业单位的工作年限作为视同缴费年限，退休时按照有关规定计发待遇。原统筹期间的个人缴费（含本息，下同）发放给本人。其中，已退休的人员，可一次性发放；未退休的人员，可待本人退休时一次性发放，也可先划转至改革后的本人职业年金个人账户，退休时，该部分个人缴费不计入新老办法标准对比范围，一次性发放给本人。具体发放办法，由各市结合实际确定。

九、关于 2014 年 10 月 1 日至机关事业单位养老保险启动实施期间有关问题的处理

2014 年 10 月 1 日至机关事业单位养老保险启动实施期间（以下简称此期间），工作人员经组织批准调动工作且符合参加机关事业单位养老保险条件的，由调入单位办理其参保手续并补缴此期间的养老保险费；经组织批准从机关事业单位调动到企业工作，或辞职、辞退、开除的，由原单位办理其参保手续并补缴此期间相应时间段的养老保险费后，按有关规定转续其养老保险关系。

此期间达到退休年龄的机关事业单位工作人员，可先按现行退休政策及时办理退休手续，暂

按老办法计发相应的退休费待遇，今后按国家和省规定的“中人”过渡办法重新核定养老金。

十、关于养老保险经办管理

驻济省直机关事业单位的基本养老保险和职业年金管理工作，实行省级集中经办管理，由省社会保险经办机构负责经办。驻济以外省直单位，原则上由设区的市集中经办管理。市、县级机关事业单位的经办管理方式，由各市政府确定。

驻鲁中央国家机关所属单位参照本办法执行，其基本养老保险和职业年金管理工作，实行省级集中经办管理。

本办法自2014年10月1日起施行，有效期至2019年9月30日，已有规定与本办法不一致的，按本办法执行。

本办法由省人力资源社会保障厅、省财政厅负责解释。

山东省人民政府办公厅
转发省人力资源社会保障厅、省教育厅、省财政厅
关于开展非营利性民办学校教师养老保险与公办学校教师同等待遇试点工作的指导意见的通知

（2015年12月28日 鲁政办发〔2015〕57号）

各市人民政府，各县（市、区）人民政府，省政府各部门、各直属机构，各大企业，各高等院校：

省人力资源社会保障厅、省教育厅、省财政厅《关于开展非营利性民办学校教师养老保险与公办学校教师同等待遇试点工作的指导意见》已经省政府同意，现转发给你们，请认真贯彻实施。

关于开展非营利性民办学校教师养老保险与公办学校教师同等待遇试点工作的指导意见

根据《省委办公厅省政府办公厅关于推进基础教育综合改革的意见》（鲁办发〔2014〕55号）、《山东省人民政府办公厅关于贯彻落实鲁政发〔2012〕49号文件推进现代职业教育体系建设的实施意见》（鲁政办字〔2013〕126号），结合我省实际，现就开展非营利性民办学校教师养老保险与公办学校教师同等待遇试点工作提出以下指导意见：

一、目标任务

按照党的十八大和十八届五中全会提出的建立更加公平更可持续的社会保障制度的要求，以增强公平性、适应流动性、保证可持续性为重点，在非营利性民办学校开展教师参加机关事业单位养老保险试点，实现非营利性民办学校教师养老保险与公办学校教师同等待遇，促进民办教育发展，推动教育体制改革。2015年，我省已在青岛、潍坊、德州3市率先启动试点；2016年，在全省启动试点。

二、基本原则

（一）坚持公平原则。以贯彻《中华人民共和国教师法》为依据，以非营利性办学为前提，以教师为参保对象，健全完善民办学校教师养老保险制度，使民办学校教师与公办学校教师享受同等的养老保险待遇。

（二）坚持权利义务相对应原则。引导非营利性民办学校及其教师，依照国家和省关于机关事业单位养老保险制度改革的有关政策，切实履行缴费义务，享受相应的养老保险待遇，形成责任共担、成果共享机制。

（三）坚持自愿原则。充分尊重非营利性民办学校和教师的意愿，允许非营利性民办学校及其教师，根据自身实际选择参加机关事业单位或企业职工养老保险，保证教师在公办学校与民办学校之间养老保险关系顺畅转移接续，促进人才合理流动和优化配置。

（四）坚持先行试点、稳步推进的原则。统筹规划、合理安排，逐步扩大试点范围，确保试点积极稳妥实施。

三、参保范围

（一）参保的非营利性民办学校范围。本意见所指非营利性民办学校，包括民办普通高等学校、民办中等职业学校、民办技工院校、民办普通中小学，其他学校暂不纳入。本意见印发前已按规定认定为非营利性民办学校的，不再重新认定；对于今后学校法人属性发生变更的或者新设立的民办学校，参照《山东省教育厅等4部门关于印发〈山东省民办普通中小学（幼儿园）分类认定办法（试行）〉的通知》（鲁教职发〔2015〕1号）有关规定执行。

被认定为非营利性民办学校的，应通过董事会、教代会形成决议，以学校为单位，自愿选择参加机关事业单位养老保险或企业职工养老保险。参保类型一经确认，原则上不再变更。

（二）参保的人员范围。同时具备以下条件的非营利性民办学校教师，可参照公办学校教师标准参加机关事业单位养老保险：按照《中华人民共和国教师法》规定，取得国家规定的教师资格；从事教育教学工作；与所在学校签订劳动合同。

符合上述条件的公办学校中具有教师资格且在教师岗位的编制外人员，可参照本意见执行。

非营利性民办学校中其他教辅人员，按照国家和省有关规定参加企业职工养老保险。

各市可结合实际，作出补充规定。

四、参保办法

非营利性民办学校教师参加机关事业单位养老保险的相关政策，参照《国务院关于机关事业单位工作人员养老保险制度改革的决定》（国发〔2015〕2号）、《山东省人民政府关于机关事业单位工作人员养老保险制度改革的实施意见》（鲁政发〔2015〕4号）等有关规定执行。

（一）符合条件的非营利性民办学校及其教师，按照属地原则参加当地机关事业单位养老保险，并按规定缴纳基本养老保险费和职业年金。

（二）非营利性民办学校教师参加机关事业单位养老保险，核定基本养老保险和职业年金缴费基数时，参照当地公办学校教师同类人员的标准和办法执行。

（三）非营利性民办学校及其教师参加机关事业单位养老保险的时间，按所在市确定的试点时间执行。

五、养老金计发

参加机关事业单位养老保险的非营利性民办学校教师退休时，按国家和省有关规定计发基本养老金和职业年金待遇。待遇计发办法，统一按机关事业单位养老保险制度改革后的新办法执行，不设立过渡期，不实行新老待遇计发办法对比。

六、养老保险关系转移接续

（一）公办学校教师到非营利性民办学校任教的，按国家和省有关规定办理养老保险关系转移接续手续，其机关事业单位养老保险制度改革前在公办学校的工作年限，按规定认定为视同缴费年限，并与改革后的实际缴费年限合并计算。

（二）原参加企业职工养老保险的非营利性民办学校教师，试点后参加机关事业单位养老保险的，以及被机关事业单位或公办学校录（聘）用的，按国家和省有关规定办理养老保险关系转移接续手续，其参加企业职工养老保险与参加机关事业单位养老保险的缴费年限合并计算。

（三）试点后参加机关事业单位养老保险的非营利性民办学校教师，因学校终止办学等原因退出教师岗位，或流动到企业工作以及灵活就业的，按国家和省有关规定办理养老保险关系转移接续手续，其参加机关事业单位养老保险与参加企业养老保险的缴费年限合并计算。

七、财政补助

当地财政部门应充分考虑学校缴费规模，对参加试点的非营利性民办学校给予适当补助。省级财政将对纳入试点范围（不含青岛市）的民办普通高等学校予以补助。

八、组织实施

各市要制定具体工作方案，积极稳妥开展试点。要准确把握政策，加强宣传引导，做好工作预案，切实维护社会稳定。各级人力资源社会保障部门负责非营利性民办学校教师参加养老保险工作和非营利性民办技工院校的确认工作。各级社会保险经办机构具体承办非营利性民办学校教师参加养老保险的业务工作。各级教育部门负责教师资格的确认工作和其他非营利性民办学校的确认工作。各级财政部门负责安排资金，做好对非营利性民办学校缴费给予补助的有关工作。非营利性民办学校负责申请办理养老保险参保登记、养老保险费申报缴纳等手续。

各市要积极探索和总结试点经验，妥善解决试点中出现的矛盾和问题，确保试点工作顺利进行。重要情况要及时向省人力资源社会保障厅、省教育厅、省财政厅报告。

山东省人力资源和社会保障厅、山东省财政厅
关于提高居民基本养老保险基础养老金最低标准的通知

（2015 年 3 月 16 日 鲁人社发〔2015〕13 号）

各市人民政府，各县（市、区）人民政府：

经省政府同意，自 2015 年 1 月 1 日起我省居民基本养老保险基础养老金最低标准提高至每人每月 85 元。此次增加的基础养老金金额不得冲抵或替代各地自行提高的基础养老金。各地要尽快将提高后的养老金及时足额发放到位。

山东省人力资源和社会保障厅、山东省财政厅
关于 2015 年调整企业退休人员基本养老金的通知

（2015 年 4 月 29 日 鲁人社发〔2015〕25 号）

各市人民政府、各养老保险省直管企业：

根据人力资源社会保障部、财政部《关于 2015 年调整企业退休人员基本养老金的通知》（人社部发〔2015〕6 号）精神，结合我省实际，经省政府同意，并报人力资源社会保障部、财政部批准，从 2015 年 1 月 1 日起，调整企业退休、退职人员基本养老金。现就有关事项通知如下：

一、调整范围

2014 年 12 月 31 日前已按规定办理退休、退职手续并按月领取基本养老金的企业退休、退职人员（不含按鲁政办发〔2011〕64 号文件等有关规定，办理一次性补缴参保手续的人员，下同）。

二、调整标准和办法

（一）普遍调整。对符合条件的退休人员，按以下三部分计算增加养老金：

1. 定额调整。每人每月增加 125 元。

2. 与缴费年限挂钩调整。根据退休人员缴

费年限长短划分为7个档次，月增加额为30至90元（具体见下表）

缴费年限	增加额（元/月）
15年及以下	30
16年~20年	40
21年~25年	50
26年~30年	60
31年~35年	70
36年~40年	80
41年以上	90

缴费年限含视同缴费年限，但不含特殊工种折算增加的年限。缴费年限不足1年的，按1年计算。

3. 与本人养老金水平挂钩调整。按2014年12月本人月基本养老金的3.3%计算增加。

（二）适当倾斜。在普遍调整的基础上，对下列人员再给予适当倾斜：

2014年12月31日前，年满70周岁不满75周岁（以办理退休手续时按规定确定的出生年月计算，下同）、年满75周岁不满80周岁和年满80周岁以上的退休人员，每人每月分别提高20元、40元和80元。其中，2014年1月1日至12月31日期间达到70周岁、75周岁和80周岁的，每人每月再分别提高250元、150元和280元。

（三）退职人员的调整办法。对符合条件的退职人员，按退休人员普遍调整的办法分三部分增加养老金。第一部分按退休人员标准的80%计算增加，即每人每月增加100元；第二部分和第三部分按与退休人员相同的办法增加。

同时，对符合本通知第二条第（二）款规定的年龄条件的退职人员，参照该项规定执行。

三、资金列支渠道

这次调整基本养老金所需资金，参加基本养老保险社会统筹的，从统筹基金中列支；未参加社会统筹的，从原渠道列支。

四、几个具体问题的规定

（一）企业退休人员基本养老金的调整范围不含按劳人险〔1983〕3号文件规定办理退休手续的建国前老工人。企业建国前老工人基本养老金的调整办法，另行制定。

（二）按本通知调整养老金的退职人员，是指按《劳动保险条例》第13条丙款和原鲁革发〔1972〕143号、国发〔1978〕104号文件规定办理退职手续并按月领取退职生活费的人员。

（三）本人月基本养老金基数，按鲁劳社发〔1999〕82号文件及有关规定执行。

（四）本次调整基本养老金，一律计算到角，角以下四舍五入。

五、审批程序

调整企业退休人员基本养老金时，养老保险管理工作规范、基础信息齐全准确的，由负责统筹的社会保险经办机构直接办理，报同级人力资源社会保障行政部门审批。尚不具备条件的，可由企业或企业主管部门协助办理。

这次调整企业退休人员基本养老金水平，充分体现了党中央、国务院和省委、省政府对广大企业退休、退职人员的亲切关怀。各市、各部门、各企业一定要高度重视，切实加强组织领导，认真抓好贯彻落实。要加大资金筹措力度，尽快将增加的养老金发到企业退休、退职人员手中。调整基本养老金工作完成后，各市要进行认真总结，将总结报告连同《2015年调整企业退休人员基本养老金汇总表》一并报省人力资源社会保障厅、省财政厅。

附件：

2015年调整企业退休人员基本养老金汇总表（略）

山东省人力资源和社会保障厅、山东省财政厅 关于统一和规范企业职工基本养老保险费补缴政策的通知

（2015 年 5 月 4 日 鲁人社发〔2015〕29 号）

各市人力资源社会保障局、财政局：

为妥善处理《中华人民共和国社会保险法》实施前我省用人单位欠缴养老保险费和职工中断缴费、应保未保等问题，统一和规范全省企业职工基本养老保险补缴政策，根据《中华人民共和国社会保险法》、人力资源和社会保障部《实施〈中华人民共和国社会保险法〉若干规定》（人力资源和社会保障部令第 13 号），现就有关事项通知如下：

一、补缴范围和条件

（一）我省企业职工中仍与单位存续劳动关系、未到达法定退休年龄，因各种原因应保未保、中断缴费或欠费的，可补缴 2011 年 6 月 30 日（含）以前应保未保年限的企业职工基本养老保险费。

（二）具有我省户籍，曾在我省机关、企事业单位、社会团体等有过工作经历，但因各种原因解除劳动关系或离开原单位，未参加企业职工基本养老保险或中断缴费的男年满 45 周岁、女年满 40 周岁的人员，可凭有效原始材料，以个人身份补缴 2011 年 6 月 30 日（含）前的企业职工基本养老保险费。

（三）具有我省户籍，2011 年 6 月 30 日（含）以前领取工商营业执照的个体工商户，可以个人身份补缴领取工商营业执照至 2011 年 6 月 30 日（含）以前的企业职工基本养老保险费。

2011 年 7 月 1 日（含）以后，发生应保未保、中断缴费或欠费情形的，按照《中华人民共和国社会保险法》等有关法律规定执行。

二、补缴基数和比例

（一）以单位职工身份补缴的，用人单位和个人可按申报并经参保地社会保险经办机构核定的历年缴费基数和缴费比例为其补缴基本养老保险费（含本金和利息）。无法确定历年工资收入的，以所在市（指设区的市，含养老保险省直管企业，下同）执行的历年在岗职工平均工资的 60% 为基数补缴。利息以历年公布的企业职工基本养老保险个人账户记账利率计算。补缴费用由单位和个人分别负担，一次性缴清。

（二）以个人身份补缴的，均以补缴时所在市执行的上年度在岗职工平均工资的 60% 为基数，按 20% 的比例，补缴历年基本养老保险费。补缴费用由个人负担，一次性缴清。

三、个人账户和缴费工资指数

（一）以单位职工身份补缴的，补缴费用全额到位后，社会保险经办机构将补缴费用按规定分别计入统筹基金和个人账户。

（二）以个人身份补缴的，补缴费用全额到位后，社会保险经办机构以上年度在岗职工平均工资的 60% 为基数，按 8% 的比例为参保人员计入或补建基本养老保险个人账户。今后在省内转移养老保险关系或计发基本养老金时，按上述办法补缴期间历年的缴费工资指数均统一认定为 0.6，并在其个人账户信息中作特别标记。

四、补缴年限和年龄限定

（一）男年满 45 周岁未满 60 周岁、女年满 40 周岁未满 55 周岁的人员，以个人身份补缴的，一次性补缴的年限不得超过 10 年，补缴时间不得早于所在市实施基本养老保险“统账结合”的时间，其中个体工商户补缴时间不得早于领取工商营业执照的时间。

补缴后继续缴费至男年满 60 周岁、女年满 55 周岁时，补缴及实际缴费年限累计满 15 年的，可

按规定办理领取基本养老金手续；不满15年的，可延长缴费至满15年，再按规定办理领取基本养老金手续。延长缴费的具体办法按国家和我省有关规定执行。

（二）男年满60周岁、女年满55周岁的人员，以个人身份补缴的，可一次性补缴15年，按规定办理领取基本养老金手续。

（三）在计算养老金待遇时，计算个人账户养老金的计发月数，按照《国务院关于完善企业职工基本养老保险制度的决定》（国发〔2005〕38号）有关规定执行，70周岁以上人员统一按70周岁的计发月数确定。

以上年龄计算均截止2014年12月31日。

五、审核程序

以单位职工身份补缴的，由单位提出书面申请，在单位参保地社会保险经办机构办理补缴手续；以个人身份补缴的，按属地原则，在现户籍所在地社会保险经办机构申请办理补缴手续。市级人力资源社会保障部门要对此进行审核备案。申办补缴时，应提供以下材料：

1. 本人身份证、户口簿。

2. 本人原始档案、《劳动合同》、用工登记表、工资台账等证明其工作经历的相关原始资料。

3. 个体工商户应提供工商营业执照。

六、其他问题

（一）以个人身份补缴、有过工作经历、按本通知规定补缴及实际缴费年限满15年，且能够提供有效原始材料的，实行个人缴费制度前按国家和省有关规定可以计算为连续工龄的年限，可认定为视同缴费年限。

（二）按本通知规定补缴企业职工基本养老保险费的参保人员，已参加居民基本养老保险的，其居民基本养老保险个人账户暂予封存，到达法定退休年龄时，按照人力资源社会保障部、财政部《关于印发〈城乡养老保险制度衔接暂行办法〉的通知》（人社部发〔2014〕7号）和《山东省人力资源和社会保障厅山东省财政厅关于城乡养老保险制度衔接有关事项的通知》（鲁人社发〔2014〕36号）规定办理城乡养老保险制度衔接手续；已享受居民基本养老保险待遇或定期遗属生活困难补助费的，自办理补缴手续领取基本养老金待遇的当月起停发其原待遇。

（三）各市自行出台的规定与本通知规定不一致的，按本通知执行。今后国家有新规定的，按国家规定执行。

本通知自2015年7月1日起施行，有效期至2020年6月30日。

山东省人力资源和社会保障厅
关于参加企业职工基本养老保险人员延长缴费有关问题的通知

（2015年5月12日 鲁人社发〔2015〕30号）

各市人力资源和社会保障局，省社会保险事业局：

根据《中华人民共和国社会保险法》《实施〈中华人民共和国社会保险法〉若干规定》（人力资源社会保障部令第13号）等有关规定，现就参加企业职工基本养老保险人员（以下简称参保人员）延长缴费的有关问题通知如下：

一、本通知所称延长缴费，是指参保人员达到法定退休年龄时累计缴费年限（含按规定确认的视同缴费年限，下同）不满15年的，可以申请延长缴费至满15年。

二、参保人员申请延长缴费时，按下列办法分别确定继续缴费地：

（一）《国务院办公厅关于转发人力资源社会保障部财政部城镇企业职工基本养老保险关系

转移接续暂行办法的通知》（国办发〔2009〕66号）、《山东省人民政府办公厅关于转发省人力资源社会保障厅省财政厅山东省企业职工基本养老保险关系转移接续实施办法的通知》（鲁政办发〔2010〕50号）实施后，没有再跨省或省内跨市（指设区的市，下同）流动就业转移基本养老保险关系的人员，继续缴费地为其当前基本养老保险关系所在地。

（二）国务院办公厅国办发〔2009〕66号、省政府办公厅鲁政办发〔2010〕50号文件实施后，跨省或省内跨市流动就业转移基本养老保险关系的人员，基本养老保险关系在户籍地的，继续缴费地为户籍地；基本养老保险关系不在户籍地的，继续缴费地为缴费年限满10年所在地；每个参保地的缴费年限均不满10年的，继续缴费地为户籍地。

三、参保人员延长缴费，若符合条件、在企业继续就业参保的，按照国家和省有关规定由企业和个人共同缴纳基本养老保险费；未在企业继续就业参保的，可以申请在继续缴费地参照当地灵活就业人员的办法缴纳基本养老保险费。

四、参保人员申请延长缴费的，按下列办法办理：

（一）参保人员应当在达到法定退休年龄前3个月内，提出延长缴费的申请，并自达到法定退休年龄的次月起按时足额缴纳基本养老保险费。

本人未及时申请或者因各种原因，在延长缴费期间未按时足额缴费的，可按省有关规定补缴；也可不再补缴，继续延长缴费直至缴费满15年。

（二）《中华人民共和国社会保险法》实施前（即2011年6月30日前）参保的人员，延长缴费5年后仍不满15年的，可以一次性缴费至满15年（以下简称一次性缴费）。具体缴费数额，按照缴费当年的基数和比例确定。一次性缴费后，相应计算缴费年限，缴费指数统一按照缴费当年的指数确定。

（三）参保人员延长缴费至满15年（《中华人民共和国社会保险法》实施前参保的人员含一次性缴费的年限）的，按规定办理退休手续后，自全部缴费到账的次月起，按月领取基本养老金。

五、参保人员延长缴费，应当由本人提出书面申请，报继续缴费地社会保险经办机构审核。其中，符合条件、在企业继续就业参保的，须经用人单位同意，报当地人力资源社会保障行政部门审核备案。

六、本通知自2015年7月1日起施行，有效期至2020年6月30日。2011年7月1日至本通知施行之日期间，符合本通知规定的参保人员可按本通知规定补办相关手续。

山东省人力资源和社会保障厅
关于公布2015年度企业职工基本养老保险缴费及计发待遇基数的通知

（2015年6月3日　鲁人社字〔2015〕261号）

各市人力资源社会保障局，有关养老保险省直管企业：

根据省统计局2014年度统计年报，2014年度全省在岗职工平均工资（城镇非私营单位在岗职工平均工资口径）为52460元，全省职工平均工资（城镇非私营单位从业人员平均工资口径）为51825元。在确定2015年度企业职工基本养老保险缴费及计发待遇基数时，以此为依据。

山东省人力资源和社会保障厅
关于公布2015年度企业职工基本养老保险个人账户记账利率的通知

（2015年10月29日　鲁人社办发〔2015〕88号）

各市人力资源社会保障局，各养老保险省直管企业：

根据《山东省人民政府关于印发〈山东省统一企业职工基本养老保险制度实施办法〉的通知》（鲁政发〔1997〕109号）规定，参考同期银行居民储蓄存款利率等因素，经省政府同意，确定2015年度企业职工基本养老保险个人账户记账利率为4.25%，请遵照执行。

（三）医疗保险

山东省人力资源和社会保障厅、山东省财政厅、山东省残疾人联合会
关于将0—6岁残疾儿童抢救性康复治疗项目纳入居民基本医疗保险基金支付范围的通知

（2015年3月6日　鲁人社发〔2015〕11号）

各市人力资源社会保障局、财政局、残疾人联合会：

为提高残疾儿童医疗保障水平，切实降低残疾儿童家庭医药费用负担，根据《山东省人民政府办公厅关于印发山东省残疾人"整体赶平均、共同奔小康"行动方案（2014—2017年）的通知》（鲁政办发〔2014〕34号）和省政府《残疾人工作专题会议纪要》（〔2014〕32号）精神，经研究，确定将0-6岁残疾儿童康复治疗项目纳入居民基本医疗保险基金支付范围，现将有关事宜通知如下：

一、对已参加居民基本医疗保险符合条件的0—6周岁（含6周岁）听力语言残疾儿童、脑瘫儿童、白内障儿童、智力残疾儿童、孤独症儿童、肢残儿童、低视力儿童和因预防接种异常反应导致的残疾儿童，经二级以上医疗机构诊断证明符合康复治疗条件的，将其康复、医疗费用纳入基本医疗保险支付范围，具体支付办法由各市确定。不足部分由当地政府给予补助。

二、对符合国家和省残疾儿童抢救性康复救助条件的儿童，仍按照《关于印发山东省0—6岁残疾儿童抢救性康复救助实施办法的通知》（鲁残联发〔2013〕4号）规定给予救助，有关费用不再纳入居民基本医疗保险基金支付范围。

三、将0—6岁残疾儿童康复治疗项目纳入居民基本医疗保险基金支付范围后，各市人力资源社会保障部门要按照康复治疗需要，将符合条件的医疗康复机构纳入基本医疗保险定点范围，根据康复医疗机构的特点，有针对性制定管理办法，实行协议管理。要加强动态管理考核，并建立退出机制，对违反管理规定的医疗康复机构，按规

定严肃处理，直至取消定点资格。

四、将（0—6岁）残疾儿童康复项目纳入居民基本医疗保险，对残疾儿童进行抢救性康复治疗，是保障残疾人权益、提高人口质量、弘扬人道主义、促进社会和谐和文明进步的重要举措。各级各有关部门一定要从坚持立党为公、执政为民的高度，充分认识做好残疾儿童抢救性康复工作的重要性，加强联系，密切配合，认真研究相关标准和具体实施办法，对符合条件的残疾儿童给予必要的医疗保障。

山东省人力资源和社会保障厅、山东省财政厅、山东省卫生和计划生育委员会关于转发人社部发〔2014〕93号文件进一步做好基本医疗保险异地就医医疗费用结算工作的通知

（2015年3月31日 鲁人社发〔2015〕19号）

各市人力资源社会保障局、财政局、卫生和计划生育委员会：

现将人力资源社会保障部、财政部、国家卫生和计划生育委员会《关于进一步做好基本医疗保险异地就医医疗费用结算工作的指导意见》（人社部发〔2014〕93号）转发给你们，并结合实际，就进一步做好我省基本医疗保险异地就医医疗费用结算工作通知如下：

一、明确推进异地就医结算工作的目标任务

2015年，进一步完善省内异地住院医疗费用直接结算办法和经办流程。2016年，实现省内异地就医住院联网结算执行参保地政策；根据国家跨省异地就医结算工作部署，改造省级异地就医结算信息系统，做好与国家级异地就医结算平台对接工作，按要求实现跨省异地安置退休人员住院医疗费用直接结算。

二、规范省内异地就医直接结算

目前，省内异地就医结算仍按《关于各市转诊及异地安置人员在济南住院医疗费用联网结算有关问题的通知》（鲁人社办发〔2011〕147号）、《关于调整转诊及异地安置（居住）人员住院医疗费用联网结算支付标准的通知》（鲁人社办发〔2014〕157号）规定执行。各市要按本通知要求做好异地就医直接结算工作，避免出现手工报销问题。要严格规范异地转诊转院程序，在分级诊疗、转诊率、按病种付费、医疗保险基金总量控制等方面细化要求，加强监管，提高医疗保险基金的使用效率。对符合要求且已办理长期异地安置（居住）手续的参保人员，经本人申请，参保地医疗保险经办机构可将个人账户资金划转给个人，以方便参保人员门诊就医、购药时使用。

研究探索通过预付备用金等方式，逐步实现市与市、省与市医疗保险经办机构之间异地就医费用直接结算。对异地就医造成的就医地经办机构增加的必要工作经费，由就医地经办机构同级财政统筹安排。

二、推进跨省异地就医直接结算

根据国家跨省异地就医工作部署，推进跨省异地安置退休人员住院医疗费用直接结算，并逐步将其他长期跨省异地居住人员纳入住院医疗费用直接结算范围。

四、提升异地就医信息化管理水平

积极推进全省统一的药品、诊疗项目、医疗服务设施、医用材料、门诊大病疾病、定点医疗机构数据库建设。进一步完善全省异地就医结算信息系统，做好与国家级异地就医结算平台对接工作，为实现跨省异地就医住院医疗费用联网结

算提供信息化支撑。

五、完善异地就医医疗服务监控机制

各市要进一步采取有效措施，强化异地就医监督管理，将异地就医人员身份确认、费用控制、服务质量等纳入就医地协议管理和定点医疗机构考核内容；完善总量控制、单病种付费与定额管理相结合的复合型付费方式，加大稽核监督力度，积极探索利用商业保险机构的专业力量开展就医费用核查，防范和打击各种医疗保险欺诈行为。各市人力资源社会保障、财政、卫生和计划生育行政部门要加强协调配合，共同推进异地就医医疗费用结算工作的开展。

山东省人力资源和社会保障厅、山东省发展和改革委员会、山东省财政厅、山东省卫生和计划生育委员会、山东省民政厅、中国保险监督管理委员会山东监管局、中国保险监督管理委员会青岛监管局
关于居民大病保险商业保险机构承办资格有关事项的通知

（2015 年 4 月 16 日 鲁人社发〔2015〕21 号）

各市人力资源社会保障局、发展改革委、财政局、卫生计生委、民政局、保监分局：

为做好居民大病保险商业保险机构选定工作，根据《山东省人民政府办公厅关于开展居民大病保险工作的意见》（鲁政办发〔2014〕13 号）和省人力资源社会保障厅等部门《关于印发山东省居民大病保险工作实施方案的通知》（鲁人社发〔2014〕48 号）规定，经省政府同意，现就商业保险机构承办资格有关事项通知如下：

一、“在所有市、县（市、区）设有分支机构”，是指商业保险机构取得承办居民大病保险资格后，在其所有承办区域内的市、县（市、区）设有分支机构。

二、商业保险机构设立的分支机构，具体由保险监管部门认定并出具证明材料。

三、“信息系统与定点医疗机构和统筹地区基本医疗保险信息平台实现有效对接”，是指商业保险机构承办居民大病保险应按照省人力资源社会保障厅信息化建设的有关标准和要求，建立和完善居民大病保险信息系统，与相应的人力资源社会保障部门信息系统进行对接，与定点医疗机构互联互通。

山东省人力资源和社会保障厅
关于进一步做好定点医疗机构医保费用结算拨付工作的通知

（2015 年 12 月 9 日 鲁人社字〔2015〕499 号）

各市人力资源社会保障局：

近年来，各级人力资源社会保障部门不断加大就医管理、医保费用审核工作力度，优化工作流程，提升信息化智能审核水平，较好地保证了参保人员

医疗费用的即时结算和定点医疗机构费用结算拨付工作。但目前也存在少数市、县（市、区）对定点医疗机构医保费用拨付不及时问题，导致医疗机构垫付资金压力大，影响到医疗机构的正常运转。为进一步做好定点医疗机构医保费用结算拨付工作，确保医疗保险制度健康运行，促进定点医疗机构的改革发展，现将有关问题通知如下：

一、不断完善医保服务协议，进一步明确医疗费用结算拨付时限。

各市要按照社会保险法以及人力资源社会保障部《关于进一步推进医疗保险付费方式改革的意见》（人社部发〔2011〕63号）、《关于开展基本医疗保险付费总额控制的意见》（人社部发〔2012〕70号）、《关于印发基本医疗保险付费总额控制经办规程的通知》（人社厅发〔2012〕113号）、《关于印发基本医疗保险定点医疗机构医疗服务协议范本（试行）的通知》（人社险中心函〔2014〕112号）等文件规定和省里提出的贯彻意见要求，不断完善协议内容，在与定点医疗机构充分协商的基础上，将医疗费用付费方式、支付标准和审核结算时间进一步具体化，明确费用申报、费用拨付时限要求，双方严格履行协议规定。

各市都要根据基金收支预算实行总额控制，不断探索完善总额预付办法。要根据不同定点医疗机构级别、类别、特点以及承担的服务量等因素，将总控指标落实到每一个定点医疗机构，以及每一结算周期（一般按月），并体现在医保经办机构和定点医疗机构的协议中。医保经办机构要根据协议的规定，及时足额向定点医疗机构拨付医疗费用。对按照结算办法规定，由医疗机构分担的超支医疗费用，要明确医疗机构不得计算为经办机构拖欠医疗费用。要根据基金总控预算和结算周期，进一步加大周转金拨付力度，保证医疗机构正常运转需要。对于因发现违规等情况一时难以定性的费用，应按照违规费用“追溯以往”原则，待核实确认后，可在下月或年度费用清算时中予以扣除。

二、优化居民大病保险经办流程，实现大病保险费用统一结算拨付。

各市要按照《关于居民大病保险资金拨付有关问题的通知》（鲁人社字〔2015〕296号）要求，及时将大病保险资金拨付至承办商业保险机构，确保居民大病保险工作顺利进行。各市人力资源社会保障部门与承办商业保险机构要密切配合协调，按照“一条龙、一站式、一个窗口”服务的要求，开发完善大病保险结算功能模块及信息化管理系统，优化居民大病保险经办流程，确保定点医疗机构发生的医保费用及时足额结算拨付。2015年在定点医疗机构发生的大病费用，最迟要于2016年2月底前结清。从2016年开始，对定点医疗机构费用的结算拨付做到月结月清。

要把居民基本医保、大病保险纳入一体化结算拨付系统和医疗服务监管体系。各市要将大病保险费用与基本医保费用一并纳入定点医疗机构总控预算管理，根据预算指标，由保险公司按月将大病保险资金拨付医保经办机构，医保经办机构与定点医疗机构一并结算拨付基本医保和大病保险资金。要按照省、市医保政策规定和协议要求，由医保经办机构统一组织或进行必要授权，与商业保险公司密切配合，充分发挥商业保险公司优势，共同做好定点医疗机构医疗服务监督工作，避免多头检查、重复检查。

三、建立沟通协调机制，确保全省异地联网费用及时结算拨付。

各市要根据《关于各市转诊及异地安置人员在济南住院医疗费联网结算有关问题的通知》（鲁人社办发〔2011〕147号）和《关于做好各市转诊及异地安置人员在济南住院医疗费联网结算有关业务经办工作的通知》（鲁社保函〔2012〕11号）等有关规定要求，医保经办机构与异地联网定点医疗机构之间、各市医保经办机构之间都要建立起沟通协调机制及相互协查机制，密切配合，共同做好省内异地就医联网费用审核结算工作。

异地联网定点医疗机构每月要在规定的时限内将发生费用的有关申请、汇总表单等寄送医疗保险经办机构；各市经办机构对费用进行审核并与医疗机构核对无误后，每月将费用及时足额拨付相关医疗机构；对于审核对账有问题的，各市要及时与定点医疗机构进行沟通，一次性告知补寄的相关材料，需要较长时间审核的医疗费用，应先行拨付，待审核明确后从次月及以后的拨付费用中予以扣除。各市要对 2015 年度发生的异地联网费用进行一次认真的核对，并于年底前结清。

各市要组织对 2015 年以来定点医疗机构发生的职工医保、居民医保及异地联网费用结算拨付情况进行一次全面认真自查，按照本通知要求，逐一落实责任，对按规定应结未结的费用抓紧审核拨付，于年底前全部拨付到位；对因结算拨付费用不及时，影响参保人员正常就医和造成其他不良社会影响的，省里将予以通报并严格追责问责；对以往制度形成的拖欠费用，要分清责任，向定点医疗机构说明原因，积极帮助做好相关工作。请各市将自查情况，包括本地医保费用结算拨付办法、费用结算拨付及工作措施等情况，于 2015 年 12 月 25 日前报省厅职工医保处。

山东省人力资源和社会保障厅
关于明确居民大病保险合规医疗费用范围的通知

（2015 年 7 月 29 日　鲁人社办发〔2015〕68 号）

各市人力资源社会保障局：

为做好居民大病保险补偿结算工作，根据省人力资源社会保障厅等 6 部门《关于印发居民大病保险工作实施方案的通知》（鲁人社发〔2014〕48 号）精神，现就居民大病保险合规医疗费用范围明确如下：

一、列入《山东省基本医疗保险、工伤保险和生育保险药品目录（2010 年版）》的基本医疗保险药品，住院（含当地规定的门诊慢性病或门诊大病）个人首先自付的药品费用。

二、《山东省基本医疗保险诊疗项目目录》和《山东省基本医疗保险医疗服务设施项目范围》中排除的不予支付项目外的医疗费用中，大型仪器检查、部分治疗项目个人首先自付的费用，高值医用材料、医疗服务设施（如床位费等）限价内个人自付的费用等。

三、居民基本医疗保险政策规定范围内（含住院、当地规定的门诊慢性病或门诊大病），起付线以下个人负担费用、起付标准以上最高支付限额以下个人分担费用、最高支付限额以上个人负担费用。

四、转外就医发生的医疗费用中，按规定先由个人支付的部分不纳入大病保险补偿范围。

五、经省人力资源社会保障厅统一谈判纳入的抗肿瘤分子靶向类药品和部分特效药品费用的具体补偿办法和执行时间，待确定药品品种后另行规定。

望各市按照以上规定，尽快对大病保险管理系统进行调整，做好与基本医疗保险的衔接工作，为广大参保居民提供更加优质、便捷的即时结算服务。

本通知自 2015 年 7 月 29 日起施行，有效期至 2020 年 7 月 28 日。

（四）工伤保险

山东省人力资源和社会保障厅、山东省住房城乡建设厅、山东省安全生产监督管理局、山东省总工会关于转发人社部发〔2014〕103号文件明确建筑业参加工伤保险有关问题的通知

（2015年3月24日 鲁人社发〔2015〕15号）

各市人力资源社会保障局、住房城乡建设局（委）、安全生产监督管理局、总工会：

现将人力资源社会保障部、住房城乡建设部、国家安全生产监督管理总局、全国总工会《关于进一步做好建筑业工伤保险工作的意见》（人社部发〔2014〕103号）转发给你们，并结合我省实际，提出以下意见，请一并贯彻执行。

一、建筑施工企业对相对固定的职工，应按用人单位参加工伤保险；对不能按用人单位参保、建筑项目使用的所有职工（包括总承包单位和依法分包的专业承包单位、劳务分包单位使用的农民工，但不包括已按用人单位参加工伤保险的职工，下同），按建设项目参加工伤保险。按建设项目为单位参加工伤保险的，应在建设项目所在地参保。

按建设项目为单位参加工伤保险的房屋建筑和市政基础设施工程，建设单位在办理施工许可手续时，应当提交建设项目工伤保险参保证明，作为保证工程安全施工的具体措施之一；安全施工措施未落实的项目，住房城乡建设主管部门不予核发施工许可证。

对没有依法参加工伤保险的建筑施工企业，住房城乡建设行政主管部门不予颁发安全生产许可证。对已取得安全生产许可证后不按规定缴纳工伤保险费的建筑施工企业，由住房城乡建设行政主管部门依法暂扣或吊销安全生产许可证。

二、按建设项目为单位参加工伤保险的，以项目工程总造价的一定比例计算缴纳工伤保险费，计算公式为：工伤保险费＝项目工程总造价×定额人工费占项目工程总造价的比例×建筑行业工伤保险基准费率。

在建工程项目，以剩余的项目工程总造价的一定比例计算缴纳工伤保险费，计算公式同上。

三、按建设项目为单位参加工伤保险的，建设项目确定中标企业后，建设单位在项目开工前将工伤保险费一次性拨付给施工总承包单位，由施工总承包单位为该建设项目使用的所有职工统一办理工伤保险参保登记和缴费手续。

四、按建设项目为单位参加工伤保险的，建设项目的工伤保险期限与《建设工程施工合同》规定的合同工期一致，即自建设工程开工之日起至合同竣工之日止（在建工程项目的工伤保险期限自参保之日起至合同竣工之日止）。提前竣工的，建设项目的工伤保险期限在工程竣工之日终止；合同工期延长的，承包单位于合同工期到期15日前向参保地社会保险经办机构办理建设项目工伤保险期限顺延手续。

五、各地社会保险经办机构要对按建设项目为单位参加工伤保险的职工实行实名制登记，通过网络、传真等便捷的申报方式，方便建筑施工企业及时报送参保职工信息。职工遭受事故伤害后，建筑施工企业要在48小时内采取书面、电话或网络等形式向当地人力资源社会保障部门和住房城乡建设部门报告。同时，积极救治受伤害职工，保护事故现场，配合有关部门调查。

六、人力资源社会保障、住房城乡建设、安全监管部门和工会组织要形成部门协调配合机制，

建立建筑业参加工伤保险工作联席会议制度，定期组织开展建筑业参保情况联合督查，齐抓共管，全面推进建筑业工伤保险工作，切实维护建筑业职工工伤权益。

本通知自2015年4月10日起施行，有效期至2020年4月9日。

山东省人力资源和社会保障厅、山东省财政厅
关于转发人社部发〔2015〕71号和72号文件
落实调整工伤保险费率政策
加强工伤保险基金管理有关问题的通知

（2015年9月14日　鲁人社发〔2015〕52号）

各市人力资源社会保障局、财政局：

现将人力资源社会保障部、财政部《关于调整工伤保险费率政策的通知》（人社部发〔2015〕71号）、《关于做好工伤保险费率调整工作进一步加强基金管理的指导意见》（人社部发〔2015〕72号）转发你们，并结合我省实际，就做好文件精神贯彻落实工作提出如下要求，请一并遵照执行。

一、科学制定行业基准费率具体标准和费率浮动具体办法。各市要在测算分析和广泛征求意见的基础上，抓紧确定工伤保险行业基准费率具体标准、制定费率浮动具体办法，建立健全工伤保险费率机制，确保自2015年10月1日起，执行新的费率政策。各市行业基准费率具体标准、费率浮动具体办法，要于2015年9月20日前，报省人力资源社会保障厅、财政厅备案。今后，各地调整基准费率具体标准、费率浮动具体办法，应及时报备。

二、合理确定用人单位的费率。新参加工伤保险的用人单位，初次确定费率时，按所在行业基准费率执行。已按规定参加工伤保险的用人单位，按新的行业风险分类重新划分行业类别，如原执行的费率高于行业基准费率的，在本行业内规定的费率档次按就低就近原则执行；如原执行的费率低于行业基准费率的，在本行业内规定的费率档次按就高就近原则执行；以后确定其费率按费率浮动的具体办法执行。

对符合浮动条件的用人单位，严格按规定的费率档次进行上浮或下浮。

三、进一步加强参保和征缴工作。加强工伤保险参保和基金征缴，是维护职工合法权益和增强基金支撑能力的重要措施。在费率适当降低的情况下，应进一步采取有效措施，深挖参保、征缴潜力，不断提高参保率和征缴率。尚未启动公务员和参照公务员法管理的事业单位、社会团体的工作人员参加工伤保险试点的市，应在2015年底前启动，将其纳入工伤保险制度范围。

四、增强基金的共济能力。规范工伤保险基金市级统筹，尚未实现基金统收统支管理的市，要研究制定基金市级统筹办法，在2015年底前实现基金的统收统支管理。进一步落实工伤保险储备金制度，确保储备金足额到位。

五、切实抓好政策的贯彻落实。各市要充分认识调整完善工伤保险费率政策的重要性，把握原则要求，加强组织领导，搞好部门间协同配合，共同促进工伤保险相关政策的落实。在贯彻实施工伤保险费率政策调整和完善基金管理工作中如遇重大问题，应及时报省人力资源社会保障厅、财政厅。

山东省人力资源和社会保障厅、山东省住房城乡建设厅、山东省安全生产监督管理局、山东省总工会关于印发山东省开展建筑业“同舟计划”工作方案的通知

（2015 年 5 月 11 日 鲁人社字〔2015〕221 号）

各市人力资源社会保障局、住房城乡建设局、安全生产监督管理局、总工会：

根据人力资源社会保障部开展“同舟计划”的要求，经研究，决定在我省开展以建筑业工伤保险专项扩面行动为主要内容的“同舟计划”，现将工作方案印发给你们，请结合本地实际，认真抓好贯彻落实。计划推进过程中有何问题，请及时与有关部门取得联系。

山东省开展建筑业“同舟计划”——建筑业工伤保险专项扩面行动计划工作方案

为贯彻落实《关于进一步做好建筑业工伤保险工作的意见》（人社部发〔2014〕103 号）精神，扎实开展我省建筑业参加工伤保险专项扩面行动，维护建筑业职工特别是农民工的工伤保障权益，制订本工作方案。

一、指导思想

全面贯彻落实党的十八大和十八届三中、四中全会精神，以邓小平理论、“三个代表”重要思想、科学发展观为指导，认真学习贯彻习近平总书记系列讲话精神，牢固树立以人为本、执政为民的理念，深入贯彻落实党中央、国务院关于切实保障改善民生的要求，统筹规划，分步实施，全面推进建筑施工企业依法参加工伤保险工作，切实维护建筑业从业人员特别是农民工工伤保障权益。

二、主要目标

总体目标：用三年左右时间，结合全民参保登记计划的实施，实现建筑业从业人员全部参加工伤保险，同时建立按项目参保和优先办理工伤保险的工作机制。

年度目标：专项行动于 2015 年启动，2016 年推开，2017 年完成，实施期 3 年。

2015 年，新开工房屋建筑和市政基础设施工程建设项目全部参加工伤保险；在建项目 60% 以上参加工伤保险。初步建立按项目参保和优先办理工伤保险的工作机制。同时推进交通、铁路、水利等建筑施工企业参加工伤保险。

2016 年，建设项目基本实现全部参保，大部分交通、铁路、水利等建筑施工企业参加工伤保险。完善按项目参保和优先办理工伤保险的工作机制。

2017 年，全部建筑企业及从业人员参加工伤保险，全面加强按项目参保的管理能力和服务能力。

三、2015 年工作安排

第一阶段（4—5 月）：制定方案，摸清底数，理顺工作流程

1. 制定工作方案。各市要结合本地实际，制定本地三年行动计划具体实施方案。实施方案要明确以下内容：本地推进建筑业参保的总体目标、主要任务和工作要求；年度目标、工作任务和进度安排；费率调整机制等本地化的政策措施；经办管理的具体流程；任务分工、相关部门责任及沟通协调机制；经费、人员、信息技术、窗口平台、组织领导、宣传培训、督导调度、评估奖惩等各

项保障措施。各市具体实施方案要在 2015 年 5 月 31 日前报省人力资源社会保障厅、省住房城乡建设厅备案。

2. 全面摸清底数。5 月份集中摸清情况，包括：本地区建筑企业数量、相对固定从业人员及其参加工伤保险情况，在建项目数量、工程造价和用工情况，拟建项目数量、工程造价及拟用工情况等基本情况（见附件 1）。各市人力资源社会保障部门会同住房城乡建设部门摸清底数，于 2015 年 5 月 20 日前将附件 1 分别报送至省直对口部门。

3. 明确建筑业参保经办流程。各级社会保险经办机构要按照人力资源社会保障部社保中心《关于印发建筑业按项目参加工伤保险经办规程（试行）的通知》的要求，明确参保登记、待遇支付等工作流程，并通过各级人力资源社会保障服务中心、官方网站及时对外公布，方便建筑施工企业申报。

4. 加强信息管理。各市社会保险经办机构要加强对参保职工信息管理，根据按项目参保的新要求，针对从业人员流动频繁、生产经营场地基础条件差等实际情况，开发适应项目参保和建筑用工管理特点的信息系统，并实现与按单位参保系统有序衔接，与全民参保登记计划有机结合。与住房城乡建设部门探索建筑业用工信息系统联网，共享相关信息。

5. 做好政策培训，认真开展建筑业参加工伤保险集中宣传活动。各市要将建筑业从业人员尤其是农民工作为宣传的重点对象，充分利用广播、电视、报纸、杂志、互联网、微信、公告栏等多种方式，特别是要以 2015 年工伤保险集中宣传活动为契机，大力宣传建筑业参加工伤保险尤其是按项目参保的政策措施，帮助其全面了解国家政策和各项权利，提高维权意识，营造良好的社会氛围。要制定全面培训的工作计划，层层开展动员培训，提高工作人员的政策水平和经办能力，确保政策落地。

第二阶段（6—12 月）：细化措施，落实政策，建章立制

1. 细化落实措施，全面落实各项政策。各市要从实际出发，制定方便快捷的工作流程，建立健全各项工作机制，保障政策尽快落地。人力资源社会保障部门要健全劳动关系确认机制，落实和完善全员参保、动态实名、概算提取、一次性缴费、工伤认定、劳动能力鉴定、工伤待遇支付、先行支付等政策要求，创新按项目参保经办管理服务，方便建设项目和从业人员参保并享受待遇。住房城乡建设部门要落实施工许可证和安全生产许可制度，严格用工管理，督促建筑企业应保尽保。建立和完善人力资源社会保障、住房城乡建设、安监和工会组织等部门间协调议事、信息互通、联合督导等机制，切实推进各项工作的落实。

2. 建立按月调度制度。从 2015 年下半年起按月调度各市工作进展情况。7 月份开始，每月 5 日前（遇节假日顺延），各市人力资源社会保障部门将截止到上月底的建筑业参加工伤保险情况（附件 2）汇总报省人力资源社会保障厅。省人力资源社会保障厅、住房城乡建设厅、安监局、总工会将于 2015 年下半年共同召开工作情况调度会议，掌握了解工作进展，分析破解工作难点。

3. 建立工作简报制度。各市要注意发现、收集、整理本地好的典型和做法，及时报送省人力资源社会保障厅。对于遇到的重点难点问题，将进一步统一意见，明确政策。

4. 建立督查制度。按照《关于转发人社部发〔2014〕103 号文件明确建筑业参加工伤保险有关问题的通知》（鲁人社发〔2015〕15 号）要求，各市人力资源社会保障、住房城乡建设、安监部门和工会组织，要建立督导调度制度，定期开展建筑业职工特别是农民工参保维权情况的专项督查，并及时通报。省人力资源社会保障厅、住房城乡建设厅、安监局和总工会将成立督导组，分别于 6 月份和 11 月份开展督查。6 月份将重点督查各市按建设项目参保启动、经办流程建立、工伤认定、劳动能力鉴定、许可证发放执行等情况。

5. 加快推进全民参保登记计划。按工作安排，2015 年要以“同舟计划”为重点推进全民参保登记计划的实施。要结合全民参保登记计划，通过信息比对、入户调查、动态更新等步骤，加快建立和完善全民参保登记数据库，并通过全民参保登记数据库支持按项目参保的动态实名制管理。

第三阶段（10—12 月）督查检查，评估总结，明确后续工作

1. 开展自查。10 月开始，各市要对本地专项行动实施情况进行自查，充分运用第三方评估、明察暗访、满意度调查等多种检查方式，从多个角度检查工作实效。重点检查许可证发放执行、劳动用工管理、动态实名制落实、年度工作计划执行、参保扩面计划完成、基金收支平衡、经办管理服务效率和质量等情况。要总结经验，分析问题，提出改进工作的意见和建议，形成自查报告，并于 11 月 10 日前报人力资源社会保障厅和住房城乡建设厅。

2. 开展联合督查评估。在各市自查的基础上，省人力资源社会保障厅联合住房城乡建设厅等部门制定具体的评估方案，确定督查评估的主要内容，主要指标和督查方式，全面了解和评估各市落实文件精神、保障建筑业从业人员工伤待遇情况，总结好的经验做法，发现和解决工作中存在的问题和困难。

3. 制定 2016 年、2017 年工作计划。各市于 12 月份，确定下一年度扩面计划、工作任务和主要措施及 2016 年、2017 年“同舟计划”的具体工作安排。

四、工作要求

（一）加强组织领导。组织实施建筑业“同舟计划”是贯彻落实党中央、国务院关于完善社会保障制度，推进全民参保的实际行动。各市要高度重视“同舟计划”的实施，将“同舟计划”列入重要议事日程，加强领导，统一思想，制定规划，明确职责分工。要积极争取党委政府的重视支持，争取建筑企业和职工的理解和认可，共同推进“同舟计划”的落实。

（二）加强协调配合。人力资源社会保障、住房城乡建设、安监等部门和工会组织要协调配合，建立建筑业参保联席会议制度，明确分管领导和联络员，安排专人负责；要定期进行交流，共享项目开工、项目用工、参加工伤保险、安全生产监管、职工维权等信息；要高度重视专项督查工作，抽调人员组成联合督查组，定期开展督查，督促政策落地，维护建筑业职工权益。

（三）创新管理服务。要探索适合建筑业按项目参保的登记、缴费、认定、鉴定、待遇支付、基金管理、信息管理的标准规范与实现方式，做好与已有参保方式的衔接。结合全民参保登记计划的实施，不断完善按项目参保方式的经办管理与服务。督促建筑施工企业和建设项目积极配合“同舟计划”的实施，加强劳动用工管理，指定专人组织开展参加工伤保险以及工伤申请等工作。

附件：

1. 建筑业及建设项目基本情况（略）

2. 建筑业参加工伤保险情况（略）

山东省人力资源和社会保障厅、山东省财政厅
关于开展工伤预防试点工作的通知

（2015 年 9 月 24 日 鲁人社字〔2015〕417 号）

各市人力资源社会保障局、财政局：

为进一步完善工伤保险制度，促进工伤预防工作的开展，预防和减少工伤事故和职业病的发生，依据《工伤保险条例》和《山东省贯彻〈工伤保险条例〉实施办法》，经研究，决定在部分设区的市（以下简称市）开展工伤预防试点。现将有关事项通知如下：

一、充分认识开展工伤预防试点工作的重要意义

工伤预防是工伤预防、补偿、康复“三位一体”工伤保险制度的重要组成部分。开展工伤预防试点工作，体现了以人为本的执政理念，有利于从

源头上减少工伤事故的发生，从根本上保障职工生命安全和身体健康；有利于增强用人单位和职工的守法维权意识，促进各项工伤保险政策及安全生产措施的落实；有利于为全面推进工伤预防工作积累经验、打好基础；有利于维护工伤保险基金安全，提高基金使用效率。

二、试点工作目标和原则

（一）工作目标。探索建立科学、规范的工伤预防工作模式，进一步完善我省工伤预防制度。

（二）工作原则。坚持“审慎稳妥，逐步推开”的原则，先选择部分具备条件的市进行试点，待条件成熟后再逐步推开；坚持“政府主导，专业运作”的原则，人力资源社会保障部门要发挥主导作用，有关部门积极配合，相应的社会、经济组织负责预防项目具体实施，实现预防项目的专业化运作；坚持“规范管理，确保安全”的原则，明确流程，规范管理，加强监督，确保基金使用安全。

三、试点市确定

全省选择3—5个市开展工伤预防试点工作。试点市应具备以下条件：一是工伤保险基金已实现规范的市级统筹；二是在保证待遇支付和储备金留存的前提下，工伤保险基金有一定结余；三是工伤保险工作基础好，管理规范，具备本地区工伤保险完整数据、统计分析手段和能力；四是从事相关宣传、培训业务的社会、经济组织相对成熟。

符合试点条件的市，由市人力资源社会保障局会同市财政局提出申请，于2015年9月30日前上报有关材料。省人力资源社会保障厅、财政厅根据申请情况，审核、考察后确定。

四、试点工作内容

（一）工伤预防费使用比例。在保证工伤保险待遇支付和储备金留存的前提下，用于工伤预防的费用控制在试点市上年度工伤保险基金征缴收入的1.5%以内。

（二）工伤预防费使用项目。工伤预防费主要用于开展工伤预防的宣传、培训以及法律、法规规定的其他工伤预防项目。试点市可利用电视、广播、报纸、网络、手机等媒体，通过宣传画、手册、标语等方式开展工伤预防宣传；通过举办培训班、专题讲座等方式开展工伤预防培训。宣传、培训工作的开展要实行项目预算管理，严禁直接提取预防费用。

（三）项目实施流程

1. 项目确定。试点市人力资源社会保障局根据工伤发生情况和工伤保险工作需要，确定下一年度工伤预防的具体实施项目，编制项目实施方案。

2. 项目的组织实施。试点市人力资源社会保障局应参照政府采购法规定的程序，采取政府购买服务的方式，从具备相应资质的社会、经济组织中选择提供具体服务的组织；委托市社会保险经办机构与选定的组织签订合同，明确双方的权利和义务。

3. 实施项目的社会、经济组织应具备的基本条件：一是依法登记注册，从事相关宣传、培训业务3年以上并具有良好市场信誉；二是有足够数量的可承担实施工伤预防宣传、培训项目任务的专业人员；三是有相应的硬件设施和技术手段；四是具备相应的资质；五是依法应具备的其他条件。

4. 项目验收。项目完成后，由试点市人力资源社会保障局、财政局组织验收。

5. 费用支付。试点市在编制工伤保险基金预算时，按照确定的工伤预防具体实施项目和上年度预算执行情况，将工伤预防费列入下一年度工伤保险基金预算。确定实施的工伤预防项目，由市社会保险经办机构根据合同规定先支付30%的费用；项目完成，经验收合格后，再支付余款。

（四）加强绩效评估和监督。试点市应积极探索工伤预防费使用的绩效评估办法，提高预防费的使用效率。工伤预防项目实施情况要主动接受参保单位和社会各界的监督。

五、工作要求

1. 加强组织领导。试点市人力资源社会保障部门要建立健全试点工作领导机构，负责试点工作的组织实施；要从实际出发，研究制定切实可行的试点工作方案和相关政策，因地制宜开展工作；要加强与财政、卫生行政、安全生产监督管理等部门的沟通协调，发挥各部门的特点和优势，共同推进工伤预防工作开展。

2. 规范项目运作。试点市要细化各环节工作流程，加强对项目实施的监督评估，确保试点工作规范、有序开展。要突出宣传、培训重点，注重宣传、培训实效。要严格费用支付，提高基金使用效率，确保基金支付合法合规。

3. 建立联络员制度。试点市人力资源社会保障局、财政局要分别明确联络员，负责工伤预防试点联络工作。同时，建立经常性工作沟通会商制度，确保试点工作顺利开展。

4. 建立报告制度。试点市每年 2 月底前应将本年度工伤预防项目实施方案，以及上一年度工伤预防项目实施情况总结（包括项目确定、具体执行及基金支出等）分别报送省人力资源社会保障厅和省财政厅。试点工作中遇到的重大问题，要及时报告。

（五）失业保险

山东省人力资源和社会保障厅、山东省发展改革委员会、山东省经济和信息化委员会、山东省财政厅 进一步明确失业保险支持企业稳定岗位有关问题的通知

（2015 年 4 月 20 日　鲁人社发〔2015〕23 号）

各市人力资源社会保障局、发展改革委、经济和信息化委、财政局：

为贯彻落实人力资源社会保障部等 4 部委《关于失业保险支持企业稳定岗位有关问题的通知》（人社部发〔2014〕76 号）精神，结合实际，现就我省失业保险支持企业稳定岗位有关问题明确如下：

一、政策范围

对采取有效措施不裁员、少裁员，稳定就业岗位的企业，由失业保险基金给予稳定岗位补贴（以下简称“稳岗补贴”）。补贴政策主要适用以下企业：

（一）化解产能严重过剩企业。指按《国务院关于化解产能严重过剩矛盾的指导意见》（国发〔2013〕41 号）和《山东省人民政府关于贯彻国发〔2013〕41 号文件化解过剩产能的实施意见》（鲁政发〔2014〕4 号）等相关规定，对钢铁、水泥、电解铝、平板玻璃、船舶以及省政府确定的炼油、轮胎等产能严重过剩行业中，制定淘汰过剩产能方案并实施的企业。

（二）淘汰落后产能和节能减排企业。指按《国务院关于进一步加强淘汰落后产能工作的通知》（国发〔2010〕7 号）和《山东省人民政府关于贯彻国发〔2010〕7 号文件进一步加强淘汰落后产能工作的通知》（鲁政发〔2010〕46 号）等相关规定，对电力、煤炭、钢铁、水泥、有色金属、焦炭、造纸、制革、印染等行业，列入国家、省和市淘汰落后产能和节能减排计划并实施的企业。

（三）主辅分离企业。指列入国家、省和市主辅分离计划，与主业脱钩或分离的企业。

（四）兼并重组企业。指在日常经营活动之外发生法律结构或经济结构重大改变的交易，并使企业经营管理控制权发生转移，包括实施兼并、收购、合并、分立、债务重组等经济行为，签署相关协议并生效的企业。

（五）经国务院或省政府批准的其他行业、企业。

以上企业均为具体实施化解产能严重过剩、淘汰落后产能、节能减排、主辅分离、兼并重组的企业，不包括企业集团。

二、基本条件

（一）各市实施稳岗补贴应同时具备以下条件：

上年失业保险基金滚存结余具备一年以上支

付能力；失业保险基金使用管理规范。

（二）企业申请稳岗补贴应同时具备以下条件：

企业生产经营活动符合国家及所在区域产业结构调整政策和环保政策；企业依法参加失业保险并足额缴纳失业保险费；企业上年度未裁员或裁员率（非企业原因解除、终止劳动合同的人员除外）低于本市上年末城镇登记失业率；企业财务制度健全、管理运行规范。

三、资金使用

对符合上述政策范围和基本条件的企业，在实施兼并重组、化解产能过剩、淘汰落后产能、节能减排以及主辅分离期间，可以按照不超过该企业及其职工上年度实际缴纳失业保险费总额的50% 享受稳岗补贴，所需资金从各市失业保险基金中列支。稳岗补贴主要用于职工生活补助、缴纳社会保险费、转岗培训和技能提升培训等相关支出。

兼并重组、化解产能过剩、淘汰落后产能、节能减排以及主辅分离期间，指经政府相关部门（含行业主管部门）批准或认定的调整优化产业结构的起止期限。

符合条件的企业每年度只能申领一次稳岗补贴。2014 年符合条件的，可在 2015 年内提出申请。

四、申报和审核

（一）企业申报

稳岗补贴工作每年集中申请办理两次，符合条件的企业可在每年第一季度或第三季度向其失业保险参保地设区的市级人力资源社会保障部门提出申请，并按照要求报送相关材料，具体包括申请报告（内容主要包括企业基本情况、所属类型、补贴项目、上年度期初期末职工人数、裁员人数和原因、稳定岗位采取的主要措施及效果、失业保险参保人数和缴费情况等），稳定就业岗位补贴申请表，企业化解产能严重过剩、淘汰落后产能、节能减排、主辅分离、兼并重组的文件，社会保险经办机构出具的上年度企业足额缴纳失业保险费证明，企业在银行开立的基本账户等。

（二）审核认定

人力资源社会保障部门受理企业申请后，于每年 4 月份和 10 月份会同申报企业行业主管部门或政府有关部门进行企业类型认定工作，先认定企业类型后，再对企业申请稳岗补贴的基本条件进行审定，初步确定补贴企业名单和补贴数额，在各市人力资源社会保障部门门户网站上公示相关信息，接受社会监督，公示期不少于 5 个工作日。经公示无异议后，人力资源社会保障部门下发文件，确定补贴企业名单和补贴数额。经批准享受补贴的企业，次年需再次申请稳岗补贴的，可以不用重新进行企业类型认定。

（三）资金拨付

财政部门根据人力资源社会保障部门审定的企业名单和补贴数额，及时拨付补贴资金到社会保险经办机构支出户，由经办机构拨付到企业账户。

五、组织实施

（一）加强组织领导。失业保险支持企业稳定岗位是产业结构调整优化过程中一项重要政策。各市要高度重视，加强组织领导，人力资源社会保障、发展改革、经济和信息化、财政等部门要加强协调配合、各司其职，并督促企业在政策实施过程中采取切实有效措施稳定职工队伍，维护社会稳定。

（二）强化基金管理。各市要充分考虑基金支付能力，按照“突出重点、总量控制、严格把握、动态监管”的原则，将稳岗补贴支出纳入失业保险基金预算管理，严格执行社会保险基金收支两条线的规定，合理制定失业保险基金使用计划，加强监管，规范运作，切实保证基金有效使用和支付可持续。稳岗补贴资金在“其他费用支出”中增设“稳定岗位补贴”二级科目进行核算。

（三）加强跟踪监测。各市人力资源社会保障部门要将享受稳岗补贴的企业纳入失业动态监测范围，单独进行监测，及时跟踪了解企业岗位变化动态，监测企业职工队伍稳定情况，评估稳岗补贴政策实施效果。建立稳岗补贴项目月度统计上报制度，及时跟踪政策落实情况和成效。财政部门要对辖区内失业动态监测工作给予必要经费支持。人力资源社会保障和财政部门适时组织开展政策绩效评估，根据实际调整完善政策。

各市人力资源社会保障、发展改革、经济和信息化、财政等部门要结合本地实际，制定失业保险稳岗补贴具体实施办法，报省人力资源社会保障厅、财政厅备案。政策执行中遇到的重大问题要及时向省人力资源社会保障厅、财政厅报告。

本通知自2015年6月1日起施行，有效期至2020年12月31日。《关于印发失业保险支持企业转岗培训和岗位技能提升培训补贴办法的通知》（鲁人社发〔2014〕21号）同时废止。

附件：

稳定就业岗位补贴申请表（略）

山东省人力资源和社会保障厅、山东省财政厅 关于失业保险缴费费率有关事项的通知

（2015年4月21日 鲁人社发〔2015〕24号）

各市人民政府：

根据《人力资源社会保障部财政部关于调整失业保险费率有关问题的通知》（人社部发〔2015〕24号）精神，为进一步建立健全失业保险缴费费率动态调整机制，减轻企业负担，经省政府同意，现就失业保险缴费费率有关事项通知如下：

一、在国务院修订《失业保险条例》调整缴费费率之前，各市统一执行1.5%的失业保险缴费费率政策。

二、国务院修订《失业保险条例》调整缴费费率后，按照国家统一规定进行调整。

山东省人力资源和社会保障厅、山东省财政厅 关于做好新形势下失业保险支持企业稳定岗位工作的通知

（2015年9月29日 鲁人社发〔2015〕55号）

各市人力资源社会保障局、财政局，省社会保险事业局：

为贯彻落实《山东省人民政府关于进一步做好新形势下就业创业工作的意见》（鲁政发〔2015〕21号）有关要求，根据省人力资源社会保障厅、财政厅等4部门《关于贯彻落实人社部发〔2014〕76号文件进一步明确失业保险支持企业稳定岗位有关问题的通知》（鲁人社发〔2015〕23号）等有关规定，现就进一步做好新形势下失业保险支持企业稳定岗位工作有关事项通知如下：

一、政策适用范围和实施主体

从2015年起，将失业保险支持企业稳定岗位政策适用范围由鲁人社发〔2015〕23号文件规定的化解产能严重过剩、淘汰落后产能、节能减排、主辅分离、兼并重组5类企业（以下简称困难企业），扩大到所有采取有效措施不裁员、少裁员，稳定就业岗位、依法足额缴纳失业保险费的企业（以下简称其他企业）。

按照失业保险基金市级（指设区的市，下同）统筹制度，各市符合条件企业的稳岗补贴工作，由市人力资源社会保障局负责；省级符合条件企业的稳岗补贴工作，由省社会保险事业局负责。各级人力资源社会保障部门要将稳岗补贴政策，通过失业保险征缴或待遇审核发放窗口等途径，通知到参保单位。

二、稳岗补贴条件

统筹地区实施稳岗补贴应同时具备以下条件：上年失业保险基金滚存结余具备一年以上支付能力；失业保险基金使用管理规范。企业申请稳岗补贴应同时具备以下条件：企业生产经营活动符合国家及所在区域产业结构调整政策和环保政策；企业依法参加失业保险并足额缴纳失业保险费；企业上年度未裁员或裁员率（裁员率等于上年度裁员人数除以上年末职工人数，裁员人数不包括非企业原因解除、终止劳动合同的人员）低于本市上年末城镇登记失业率，其中省级参保企业上年度裁员率低于全省上年末城镇登记失业率；企业财务制度健全、管理运行规范。

三、支出项目和补贴标准

困难企业和其他企业的稳岗补贴支出项目执行鲁人社发〔2015〕23号文件规定，具体申请项目由企业根据稳岗需求确定。困难企业在实施化解产能严重过剩、淘汰落后产能、节能减排、主辅分离、兼并重组期间，按照企业及其职工上年度实际缴纳失业保险费总额的50%给予稳岗补贴；其他企业按照企业及其职工上年度实际缴纳失业保险费总额的30%给予稳岗补贴，各级（指省、设区的市级，下同）人力资源社会保障部门可根据其他企业困难情况适当提高补贴标准，最高不超过50%。

四、申报审核和资金拨付程序

困难企业申请稳岗补贴的程序执行鲁人社发〔2015〕23号文件规定。

其他企业申请稳岗补贴的程序如下：

（一）企业申报

符合条件企业于每年5月底前，向其失业保险参保地市级失业保险经办机构提出申请，每年申请一次，并按照要求报送相关材料，具体包括申请报告（内容主要包括企业基本情况、所属类型、补贴项目、上年度期初期末职工人数、裁员人数和原因、稳定岗位采取的主要措施及效果、劳动合同签定履行情况，失业保险参保人数和缴费情况等），稳定就业岗位补贴申请审批表，社会保险经办机构所属稽核部门出具的上年度企业足额缴纳失业保险费证明，企业在银行开立的基本账户证明等。市级人力资源社会保障局可根据申报企业多少，确定县级（指县、市、区级，下同）所属符合条件企业是否由本级初审后再上报市级人力资源社会保障部门。省级符合条件企业向省社会保险事业局提出申请，并按照要求报送相关材料。2014年符合条件的企业，可在2015年10月底之前提出申请。

符合条件企业没有在规定时间内申请上年度稳岗补贴的，视为放弃申请资格。

（二）审核认定

市级失业保险经办机构收到企业（或县级转来企业）申请及相关资料后，在20个工作日内，对企业申请稳岗补贴的基本条件进行初审，将符合条件的补贴企业和补贴数额花名册及相关资料，送市人力资源社会保障局审核。市人力资源社会保障局在10个工作日内完成企业上报资料复核工作，对符合条件的企业及补贴金额，在市人力资源社会保障部门门户网站上公示相关信息，接受社会监督，公示期不少于5个工作日，公示结束后，确定符合条件的企业名单及补贴金额。各市人力资源社会保障局可根据申请企业数量多少，建立失业保险经办机构和行政部门的联合审核公示制度，缩短审核时间，提高工作效率。省级参保企业申请稳岗补贴，由省社保局于20个工作日内完成初审后，省人力资源社会保障厅在10个工作日内完成审核，并按规定公示。

（三）资金拨付

各级失业保险经办机构根据公示无异议的企业名单及补贴数额，及时向财政部门申请资金。财政部门在10个工作日内拨付稳岗补贴资金到失业保险经办机构支出户，由经办机构将资金拨付到企业账户。

五、监督与管理

各级人力资源社会保障部门、社会保险经办机构要严格规范内部审批流程，严格按规定对企业足额缴纳失业保险费情况进行审核，建立核查台账，并将相关资料存档备查。对提供虚假申报材料的企业，取消当年稳岗补贴申请资格，并在人力资源社会保障部门门户网站上予以通报；对事后发现存在弄虚作假的企业，除已关闭破产的之外应全额追回稳岗补贴，记入当年失业保险基金其他收入，并按规定追究相关人员审核责任。

各级人力资源社会保障部门可根据本文件规定，统筹使用当年失业保险基金收入和滚存结余基金落实稳岗补贴政策，并按程序调整基金收支预算。要保证失业保险金待遇正常支出。各级人力资源社会保障、财政、审计等部门要加强对稳岗补贴资金发放情况的监督检查，规范基金运作，合理调剂基金，保障基金支付可持续性。

六、报表管理

各市失业保险经办机构及时填报《失业保险稳岗补贴发放情况表》，并于每季度第一个月3日前报山东省社会保险事业局。对化解产能严重过剩、淘汰落后产能、节能减排、主辅分离、兼并重组企业稳岗补贴情况需要单独统计。如一户企业同时涉及一项以上产业结构调整情况，只按照其中一项填写。

联系部门及电话：

山东省人力资源和社会保障厅 0531-86900653

山东省社会保险事业局 0531-81915815

附件：

1. 稳定就业岗位补贴申请审批表（略）

2. 失业保险稳岗补贴发放情况表（略）

3. 失业保险稳岗补贴发放情况表填报说明（略）

（六）生育保险

山东省人力资源和社会保障厅、山东省财政厅关于贯彻落实人社部发〔2015〕70号文件适当降低生育保险费率的通知

（2015年9月21日 鲁人社发〔2015〕53号）

各市人力资源社会保障局、财政局：

为贯彻落实人力资源社会保障部、财政部《关于适当降低生育保险费率的通知》（人社部发〔2015〕70号）精神，结合我省实际，做好适当降低生育保险费率有关工作，现就有关问题通知如下：

一、各统筹地区要根据上一年基金收支和结余情况，以及国家规定的待遇项目和标准测算基金结余情况，研究落实适当降低生育保险费率工作，合理确定费率。

基金累计结余超过9个月待遇支付额度的统筹地区，要按照“以支定收、收支平衡”的原则，结合当地实际，将生育保险费率调整到用人单位职工工资总额的0.5%以内。

基金累计结余不超过9个月待遇支付额度的统筹地区，要加强基金监测和管理，每季度进行一次风险评估，做好相应政策调整准备，保障基金平稳运行。

基金累计结余低于3个月待遇支付额度的，要制定预警方案，拟订加强支出管理、临时补贴、调整费率等措施，及时向同级政府和省人力资源社会保障厅、省财政厅报告。

二、各统筹地区要加强生育保险基金监测和管理，按月监测基金运行情况，及时了解基金动态变化，充分考虑计划生育相关政策调整、本地出生人口情况及待遇支付情况等因素，在确保生育保险待遇落实到位的前提下，将基金累计结余控制在6—9个月待遇支付额度的合理水平。要进一步完善基金市级统筹机制，加快实现基金市级统收统支，提高基金抗风险能力。

三、各统筹地区人力资源社会保障部门、财政部门要加强配合，共同研究落实适当降低生育保险费率工作，于2015年9月30日前，将基金测

算情况和贯彻执行适当降低费率政策情况报省人力资源社会保障厅、省财政厅。符合适当降低费率规定的地区要制定具体实施方案，确保2015年10月1日起执行新的费率政策。

四、各统筹地区在政策调整过程中出现的新情况、新问题，要及时与省人力资源社会保障厅、省财政厅进行沟通，并采取有效措施，确保生育保险工作落实到位。

三、人才队伍建设

（一）专业技术人才

山东省人民政府
关于授予尤霍·江珀宁先生等21名外国专家齐鲁友谊奖的决定

（2015年10月28日 鲁政字〔2015〕224号）

各市人民政府，省政府各部门、各直属机构，各大企业，各高等院校：

随着我省对外开放的不断扩大，越来越多的外国专家来我省工作，在各行各业中发挥了重要作用。为表彰外国专家在推动我省经济建设和社会发展中作出的突出贡献，省政府决定授予尤霍·江珀宁先生等21名外国专家齐鲁友谊奖。希望各市、各部门（单位）按照有关规定，进一步做好外国专家的管理服务工作，努力为各国优秀人才在我省施展才华创造良好条件，为推动经济文化强省建设提供更加坚强的人才保障和智力支持。

附件：2015年度“齐鲁友谊奖”获奖专家名单

2015年度“齐鲁友谊奖”获奖专家名单

序号	专家姓名	国籍	申报单位
1	尤霍·江珀宁	芬兰	济南圣泉集团股份有限公司
2	李元植	韩国	青岛丽东化工有限公司
3	约翰·泰彼林	澳大利亚	山东大学
4	塞尔吉奥·布瑞秋	意大利	临沂鲁商铂尔曼大酒店
5	菲利普·博纳	法国	潍坊拓普机械制造有限公司
6	瓦申克·瓦西里·费里波维奇	乌克兰	烟台华正科信实业有限公司
7	肯尼斯·托马斯·维克多·格兰坦	英国	山东省科学院
8	久保田守	日本	山东东佳集团股份有限公司

续表

序号	专家姓名	国籍	申报单位
9	阿迪·丹·尼姆	罗马尼亚	三角轮胎股份有限公司
10	魏明谦	澳大利亚	山东省医学科学院
11	西嘉阁娜·葛丽娜	乌克兰	烟台华正科信实业有限公司
12	克劳斯·迪特尔·默茨	德国	山东奥冠新能源科技有限公司
13	恩里科·齐阿帕	意大利	临沂市妇幼保健院
14	李峰	美国	山东省农业科学院
15	哈夫·施密特	德国	寿光市鲁寿种业有限公司
16	片冈英夫	日本	山东宜能新材料股份有限公司
17	马克·罗林森	英国	莱尼电气系统（济宁）有限公司
18	住本勉	日本	特变电工昭和（山东）电缆附件有限公司
19	禹善柱	韩国	山东现代威亚汽车发动机有限公司
20	利普	德国	济南历城区蔬菜技术服务中心
21	明可勒	德国	山东龙马重科有限公司

山东省人民政府

关于授予雅克·奥克谢特等4名外国友人“山东省荣誉公民”称号的决定

（2015年12月4日　鲁政字〔2015〕262号）

各市人民政府，省政府各部门、各直属机构，各大企业，各高等院校：

为表彰外国友人为我省经济社会发展和对外友好交流与合作方面作出的重要贡献，省政府决定授予雅克·奥克谢特等4人“山东省荣誉公民”称号。

各级、各部门要充分发挥荣誉公民的作用，共同为我省对外交流合作和友好事业发展作出更大贡献。

附件：授予“山东省荣誉公民”称号人员名单

授予“山东省荣誉公民”称号人员名单

姓名	性别	国籍	推荐单位
雅克·奥克谢特 Jacques Auxiette	男	法国	省政府外事
金光亿 Kim Kuang Ok	男	韩国	山东大学
麦克·贺伯特 Michel Humbert	男	法国	烟台市政府
格哈特·卢特哈德 Gerhard Luthardt	男	德国	泰安市政府

山东省人民政府办公厅
关于公布泰山学者攀登计划专家名单的通知

（2015 年 2 月 9 日 鲁政办字〔2015〕16 号）

各市人民政府，各县（市、区）人民政府，省政府各部门、各直属机构，各大企业，各高等院校：

省委、省政府确定，陈代荣等 19 人为泰山学者攀登计划专家。现将名单公布如下：

陈代荣　山东大学
张怀金　山东大学
李华军　中国海洋大学
薛长湖　中国海洋大学
姚　军　中国石油大学（华东）
王国宏　海军航空工程学院
李平华　山东农业大学
卢新明　山东科技大学
张书圣　临沂大学
刘会洲　中国科学院青岛生物能源与过程研究所
陈松林　中国水产科学研究院黄海水产研究所
王军成　山东省科学院
董合忠　山东省农业科学院
张福仁　山东省医学科学院
史伟云　山东省医学科学院
赵家军　山东省立医院
刘占杰　海尔集团公司
尹学军　青岛科而泰环境控制技术有限公司
周松林　阳谷祥光铜业有限公司

山东省人民政府办公厅
关于公布山东省引进海外高层次人才名单的通知

（2015 年 2 月 9 日 鲁政办字〔2015〕18 号）

各市人民政府，各县（市、区）人民政府，省政府各部门、各直属机构，各大企业，各高等院校：

省委、省政府确定，邹定国等 64 人为我省引进海外高层次创新人才，吴训伟等 38 人为我省引进海外高层次创业人才，同时授予“泰山学者海外特聘专家”称号。现将名单公布如下：

一、山东省引进海外高层次创新人才（64 人）

邹定国　浪潮集团有限公司
曲廷瑜　山东省齐鲁干细胞工程有限公司
尤霍·江珀宁（JuhoHermanniJumppanen）
济南圣泉集团股份有限公司
杜永刚　海尔集团技术研发中心
谢　涛　海尔集团技术研发中心
孙远慧　山东海洋工程装备有限公司
思格弗里德·罗兰德（SiegfriedRuhland）
青岛特锐德电气股份有限公司
陈　伟　青岛旭能生物工程有限责任公司
何增国　枣庄市杰诺生物酶有限公司
杨静华　新发药业有限公司

吴伟东　山东成林光电技术有限责任公司
卢　军　山东绿叶制药有限公司
梁绍勤　山东诺迈博生物医药科技有限公司
沙炳东　烟台东诚药业集团股份有限公司
哈夫·施密特（RalfSchmidt）
　　　　寿光市鲁寿种业有限公司
司马玉　山东安能输送带橡胶有限公司
艾晓岚　山东联诚汽车混合动力科技有限公司
邱宗文　威海市泓淋电子有限公司
白　伟　威海新标海洋育种科技有限公司
俞华沣　威高集团有限公司
吕维加　山东威高骨科材料有限公司
劳伦茨·汤姆森（LaurenzThomsen）
　　　　山东海之宝海洋科技有限公司
王兆一　山东珅诺基药业有限公司
吴俊军　山东凯森制药有限公司
李　恒　临沂市康发食品饮料有限公司
马尔切洛·阿尔贝蒂尼（MarcelloAlbertini）
　　　　山东常林机械集团股份有限公司
吴　锜　德州尧鼎光电科技有限公司
刘威理　山东天鼎丰非织造布有限公司
莱新格·克里斯蒂安（ReisingerChristian）
　　　　山东雅美科技有限公司
达尼·里奇斯（DanielLischinski）
　　　　山东大学
蒋文新　山东大学
郭　灵　山东大学
楼　崚　山东大学
谭保才　山东大学
董　波　中国海洋大学
徐景平　中国海洋大学
肖艳梅　山东农业大学
郑元杰　山东师范大学
唐　捷　青岛大学
李　磊　青岛大学
孙　静　青岛科技大学
李庆党　青岛科技大学
刘　哲　曲阜师范大学
林天然　青岛理工大学
翟　蓉　烟台大学
李　忌　烟台大学
魏　迪　临沂大学
李晨钟　聊城大学
塔哈·法鲁克·马哈巴（TahaFaroukMarhaba）
　　　　山东建筑大学
尤再进　鲁东大学
熊化保　济宁医学院
张汉霆　泰山医学院
张春祥　滨州医学院
周耀旗　德州学院
曹义海　山东大学齐鲁医院
王　剑　山东大学齐鲁医院
初鑫钊　山东省科学院
石　峰　山东省科学院
罗加法　山东省农业科学院
邢明照　青岛大学附属医院
张晓春　青岛市市立医院
曹剑武　中国兵器工业第五二研究所烟台分所
闫　波　济宁医学院附属医院兖州院区
刘玉森　聊城市人民医院

二、山东省引进海外高层次创业人才（38人）

吴训伟　济南高新技术产业开发区
周晓辉　济南高新技术产业开发区
郑　建　济南高新技术产业开发区
苏贤斌　济南高新技术产业开发区
路国梁　济南高新技术产业开发区
黄振华　济南高新技术产业开发区
胡尚慧　济南高新技术产业开发区
王连成　济南高新技术产业开发区
阎跃鹏　济南高新技术产业开发区
董传友　济南高新技术产业开发区
刘甚秋　济南高新技术产业开发区
迟瑞东　山东信息通信技术研究院
徐勤卫　山东信息通信技术研究院
吴汉光　山东信息通信技术研究院
张立敬　山东济北经济开发区
周晓光　青岛高新技术产业开发区
赵　毅　青岛高新技术产业开发区
于广威　青岛高科技工业园
李红卫　青岛高科技工业园

吴卫平　青岛市南区软件及动漫游戏产业园
常　海　青岛高科技工业园
刘志翔　青岛李沧新起点大学生创业孵化中心
陆大培　淄博高新技术创业服务中心
刘明生　淄博高新技术创业服务中心
卫　欣　枣庄市山亭区冯卯镇回乡创业园
陈光森　东营经济技术开发区
陈　维　烟台留学人员创业园区管理服务中心
陈国庆　烟台留学人员创业园区管理服务中心
邹　伟　烟台市高新技术产业开发区
张国华　潍坊生物医药创新创业服务中心
于更立　济宁高新区留学生创业园
袁黎明　威海火炬高技术产业开发区高新技术创业服务中心
姚　庭　威海火炬高技术产业开发区高新技术创业服务中心
约翰·费阿德里安·文（JuhaFransAdrienVen）威海南海新区
孟　坤　莱芜莱城工业区
毛有斌　临沂高新技术创业服务中心
孟祥辉　德州经济技术开发区
郁小兵　滨州滨城区市西街道办事处工业园

山东省人力资源和社会保障厅
关于山东省深化技工学校教师职称制度改革试点工作实施方案

（2015年3月31日　鲁人社发〔2015〕20号）

青岛、潍坊、德州市人力资源和社会保障局，省直有关部门：

根据省政府部署要求，拟在部分市和省直部门直属技工院校进行深化技工学校教师职称制度改革试点。现将《山东省深化技工学校教师职称制度改革试点工作实施方案》印发给你们，请结合实际，认真组织实施。

深化技工学校教师职称制度改革试点工作，是进一步加强教师队伍建设，推动技工学校转型发展的重要举措。各试点市和省直有关部门要充分认识深化改革试点的重大意义，积极争取党委、政府的领导和支持，切实按照改革试点工作实施方案的要求，加强领导，精心组织，突出重点，周密部署，统筹处理好各方面关系，积极稳妥地搞好实施工作，按时完成改革的各项工作任务。

山东省深化技工学校教师职称制度改革试点工作实施方案

为适应技术技能型人才培养需要，进一步提高技工学校教师队伍的整体素质，促进技工学校教育事业科学发展，更好地为全省经济和社会发展服务，根据国务院《关于加快发展现代职业教育的决定》（国发〔2014〕19号）和山东省人民政府《关于加快建设适应经济社会发展的现代职业教育体系的意见》（鲁政发〔2012〕49号）等有关政策规定，经研究，决定在青岛、潍坊、德州3市和省直部门直属8所技工院校事业单位开展深化技工学校教师职称制度改革试点工作。现结合实际，制订以下实施方案：

一、深化技工学校教师职称制度改革的指导思想和总体要求

深化技工学校教师职称制度改革，坚持以

党的十八大、十八届三中、四中全会精神和习近平总书记关于人才工作的重要论述精神为指导，遵循技工学校教育发展规律，按照深化职称制度改革的方向和要求，健全完善符合技工学校教师职业特点的职称（职务）制度，充分发挥技工学校教师在技术技能型人才培养中的作用，激励广大教师不断进取，推动技工学校教师专业技术职务资格水平评价工作制度化、规范化、科学化。

深化技工学校教师职称制度改革，按照有利于推动现代职业教育事业又好又快发展，有利于推进技工学校教师队伍建设，有利于吸引和稳定理论与技能兼备的优秀人才长期从教、终身从教的总体要求，坚持以人为本、分类管理的原则，坚持民主、公开、竞争、择优的原则，坚持重师德、重能力、重业绩和重贡献的原则，注重对教师教书育人、实践能力和科研水平的综合评价，大力推进技工学校教师队伍建设。

二、深化技工学校教师职称制度改革试点的实施范围

深化技工学校教师职称制度改革试点在以下范围内进行：

（一）试点市技师学院、高级技工学校、技术学院和技工学校以及省直部门试点直属技工院校中从事教育教学工作并已取得教师资格的在编在岗教师。

（二）试点市职业培训技术教研室中专职从事教育研究工作，并已取得相应教师资格的在编在岗教研人员。

（三）既挂职业学校（包括高等职业院校、中等职业学校）牌子又挂技工学校牌子的学校，同时设置了中职（高职）和技校教师岗位的，所属教师应根据所在岗位参加职称评审，不得同时参加两个系列专业技术职务资格评审。因工作需要变更岗位的，须按照评审程序参加改系列评审。

（四）民办技工学校的教师可参照本实施方案及有关规定参加技工学校教师职称评审；也可以自主评聘专业技术职务，由学校颁发本校范围内有效的专业技术职务资格证书或聘用证书。

三、深化技工学校教师职称制度改革试点的主要内容

深化技工学校教师职称制度改革试点，重点围绕拓展教师职业发展通道，完善评价标准，创新评价办法，形成以能力和业绩为导向，以社会和业内认可为核心，覆盖各类技工学校教师的评价机制，建立与事业单位岗位聘用制度相衔接的职称制度。改革的主要内容包括：

（一）**健全制度体系**。改革原技工学校教师职称体系，增设正高级讲师（正高级实习指导教师）职务级别。

改革后的技工学校教师职务分为初级职务、中级职务和高级职务，初级职务名称分为教员（三级实习指导教师）和助理讲师（二级实习指导教师）；中级职务名称为讲师（一级实习指导教师），高级职务名称分为高级讲师（高级实习指导教师）、正高级讲师（正高级实习指导教师）。

改革后的技工学校教师职称（职务）分别与事业单位专业技术岗位等级相对应：正高级讲师（正高级实习指导教师）对应专业技术岗位一至四级，高级讲师（高级实习指导教师）对应专业技术岗位五至七级，讲师（一级实习指导教师）对应专业技术岗位八至十级，助理讲师（二级实习指导教师）对应专业技术岗位十一至十二级，教员（三级实习指导教师）对应专业技术岗位十三级。

（二）**制定评价标准**。适应建立现代职业教育体系的要求，着眼于技工学校教师队伍长远发展，制定技工学校教师正高级水平评价标准。评价标准要充分体现技工学校教师职业特点，注重师德素养，注重实践教学和技能培养，注重校企合作、工学结合，注重教学、学习、实训相结合的教育教学方法，注重教育教学一线实践经历，引导教师立德树人，爱岗敬业，积极进取，不断提高职业教育的能力和水平。

（三）**创新评价机制**。进一步健全同行专家评议制度，完善评审委员会工作程序和评审规则，建立评审专家责任制。改进评价方式方法，关注育人，注重教学和实践，鼓励科研教研，综合评价，继续探索社会、企业和业内认可的多种评价方式。

全面推行公示制度，增强职称工作透明度。

（四）实现与事业单位岗位聘用制度的有效衔接。技工学校教师职称评审在核定的岗位结构比例和数量内进行。对现有职称和聘用情况进行过渡登记，存入教师个人档案。学校出现岗位空缺时，评聘工作按照个人申报、单位推荐、专家评审、核准公布、按岗聘用的基本程序进行。鼓励技工学校教师跨校评聘。发挥学校在用人上的主体作用，实现技工学校教师职务聘任和岗位聘用的统一。

四、方法步骤及时间安排

深化技工学校教师职称制度改革试点实施工作有计划、有步骤地进行，大体分为以下三个阶段，争取用1年左右的时间完成。

（一）准备阶段（2014.8—2015.3）

深入调查研究，摸清底数，掌握了解情况；修改完善改革工作实施方案及配套文件。

（二）实施阶段（2015.4—2015.11）

1. 动员部署。印发实施方案及配套文件，召开深化技工学校教师职称制度改革试点工作会议，对改革试点工作进行动员部署，明确目标任务，提出工作要求。

2. 人员过渡登记。按照原技工学校专业技术职务和现聘任的职务等级直接过渡到改革后的职称（职务）体系，并统一办理过渡登记手续。对已经取得技工学校教师专业技术职务资格但未聘用到相应岗位的人员，资格予以保留，待相应岗位出现空缺时，可按规定程序参加竞聘上岗。

3. 竞争推荐。学校（单位）教师岗位出现空缺的，根据工作需要和教师队伍素质情况确定推荐数量，组织开展竞争推荐工作。通过竞争推荐且已取得相应专业技术职务资格的，由学校（单位）直接聘用；未取得相应专业技术职务资格的，须按规定程序和要求参加职称评审，通过评审的，再由学校（单位）聘用到相应专业技术岗位。

4. 组织评审。对已通过竞争推荐但未取得相应专业技术职务资格的，按照有关规定参加技工学校教师职称评审。

技工学校正高级讲师（正高级实习指导教师）水平评价基本标准条件和评审要求另行制定下达。

5. 岗位聘用。根据岗位设置和人员聘用制有关规定，对通过职称评审的，组织按岗聘用，兑现工资。

（三）总结阶段（2015.11—2015.12）

按照改革试点实施工作要求，认真组织自查和检查，对技工学校教师职称制度改革试点取得的经验进行全面总结，进一步完善改革政策、评审条件及配套文件，提出进一步深化完善改革的意见建议。

五、组织领导

深化技工学校教师职称制度改革试点工作，是进一步加强技工学校教师队伍建设，推动全省技工学校教育科学发展的重要举措，是大力实施科教兴鲁和人才强省战略，建设现代职业教育体系和经济文化强省的重要措施，各级各部门（单位）要高度重视，在各级党委、政府的统一领导下，认真抓好组织实施工作。

（一）加强领导，精心组织。设区的市人民政府和省直主管部门要切实加强对改革工作的领导，按照改革的有关政策要求精心组织实施。

（二）分工负责，密切配合。各级人力资源社会保障部门和省直有关主管部门要加强对深化技工学校教师职称制度改革试点实施工作的综合管理和指导监督，并切实做好改革试点实施工作的具体组织和落实；各学校（单位）要按照核准的岗位设置方案和工作安排，认真做好技工学校教师职称制度改革试点中人员过渡登记、职称申报推荐、岗位聘用和聘后管理等工作。

（三）科学谋划，稳妥推进。正确处理好改革、发展和稳定的关系，深入做好教职工的思想教育工作，通过多种方式广泛宣传改革试点工作的主要精神和重大意义，充分调动教师理解支持改革、积极参与改革的积极性，把推进改革与全面履行职责、与加强教师队伍建设、与推进技工学校教育科学发展有机结合起来，确保改革试点工作有序进行。

附件：

1. 山东省深化技工学校教师职称制度改革试点人员过渡办法（略）

2. 山东省深化技工学校教师职称制度改革试点职称评审办法（略）

山东省人力资源和社会保障厅、山东省教育厅

关于深化高等学校教师职称制度改革的实施意见

（2015年9月15日 鲁人社发〔2015〕51号）

各市人力资源社会保障局、教育局，省直各有关部门（单位），各有关企业，各高等院校：

为进一步加强高等学校师资队伍建设，落实高等学校办学和用人自主权，推动高等学校加快发展，根据《事业单位人事管理条例》（国务院第652号令）和国家深化职称制度改革的有关精神，在总结我省8所高等学校职称制度改革试点经验的基础上，经研究，决定在我省高等学校开展深化教师职称制度改革。现提出如下意见：

一、指导思想和目标任务

（一）指导思想。坚持以党的十八大和十八届三中、四中全会精神为指导，遵循高等教育发展规律，认真贯彻实施《高等教育法》《事业单位人事管理条例》，按照事业单位人事制度改革和深化职称制度改革的要求，建立健全与事业单位聘用制度和岗位管理制度相衔接、符合高等学校教师职业特点的职称制度。

（二）目标任务。适应事业单位实行岗位管理、公开招聘、按岗聘用、合同管理和实现由身份管理向岗位管理、由固定用人向合同用人转变的改革要求，坚持政府依法宏观管理，单位依法自主用人，进一步落实高校用人自主权，政府部门不再组织评审高校教师专业技术职务资格，不再颁发专业技术职务资格证书，由学校自主评价、按岗聘用，建立竞争择优、能上能下，有利于优秀人才脱颖而出的用人机制，进一步调动和激发广大教师的积极性和创造性，努力建设一支师德高尚、业务精湛、结构合理、充满活力的高素质、专业化教师队伍，推动我省高等教育科学发展。

二、主要内容

（一）坚持因事设岗。高等学校根据职责任务和工作需要，按照国家和省有关规定拟定岗位设置方案，报人力资源社会保障部门备案。

（二）组织公开竞聘。学校教师岗位出现空缺时，根据岗位性质、任职条件和师资情况确定学校内部竞聘上岗或面向社会公开招聘。学校根据自身发展需要，结合学科专业特点，参照《高等学校教师职务试行条例》（职改字〔1986〕11号）或《山东省高等职业学校教师水平评价基本标准条件（试行）》（鲁人社发〔2013〕45号）的基本要求，自主制定岗位任职条件。岗位任职条件要体现重品德、重业绩、重能力、重社会服务的导向，并注重人岗匹配。符合岗位条件，已取得相应专业技术职务资格和未取得相应专业技术职务资格的教师均可参加竞聘。

（三）严格竞聘程序。实行竞聘上岗的，由学校按照竞聘上岗规定，结合本单位实际，科学制定《竞聘上岗实施方案》，严格按照程序组织实施。实行公开招聘的，严格按照公开招聘有关规定实施。

（四）实行业内评价。竞聘上岗的业内评价，由学校成立评价委员会（或专家委员会）或委托第三方评价机构，对竞聘人员的品德、知识、能力和业绩等情况进行评价，提出拟聘推荐人选。评价委员会（或专家委员会）实行专家责任制，组成人员由高等学校从事教学、科研工作的专业技术人员组成，也可吸收一定数量的校外专家。公开招聘的业内评价，按照公开招聘有关规定实施。

（五）加强聘用管理。学校按照《事业单位人事管理条例》有关规定和《竞聘上岗实施方案》确定的程序组织竞聘后，经集体研究在推荐人选中确定岗位拟聘人员并公示；拟聘人员经公示无异议的，学校根据岗位的工作需要、专业特点和要求，合理确定具体聘期，按有关规定与其签订

聘用合同并颁发聘书。

三、实施范围

（一）我省的本、专科高等学校（含独立学院、高等职业院校）和成人高等学校纳入改革的实施范围。

（二）高校教师系列外的其他系列专业技术人员参照本意见改革内容，由学校自主评价、按岗聘用，并颁发聘书。其中，国家规定实行“以考代评”和“考评结合”的系列，专业技术人员须按照有关规定参加相应考试，考试合格后由学校择优聘任。

（三）民办高校教师职称评聘，按照省人力资源社会保障厅、省教育厅《关于民办高校职称评审有关问题的通知》（鲁人社字〔2015〕198 号）规定执行。

（四）设区的市以上党校、行政学院、社会主义学院以及参照高等学校教师进行职称评审的其他学校（单位），按照本意见规定执行。

四、管理与监督

深化高等学校教师职称制度改革，是进一步加强教师队伍建设，推动高等教育科学发展的重要举措，是大力实施科教兴鲁和人才强省战略，建设经济文化强省的重要措施，各地、各部门（单位）要高度重视，认真抓好组织实施工作。

（一）精心组织，分工负责。改革实施工作由人力资源社会保障、教育部门共同负责，要按照现有职能分工，切实履行政府依法宏观管理职责。人力资源社会保障部门要加强改革实施工作的综合管理，教育部门和学校主管部门具体负责改革实施工作的指导监督，各高校（单位）要履行好用人自主权，精心组织好改革实施工作。

（二）严格程序，严肃纪律。各高校（单位）要按照核准的岗位设置方案和改革要求，认真做好职称改革工作，确保标准公开、程序公平、结果公正；要制定科学规范的竞聘上岗方案，建立健全聘用工作组织，明确岗位任职条件，规范竞聘程序，严格公示制度，接受群众全程监督。

（三）放管结合，加强监督。按照政府转变职能、简政放权、放管结合的要求，人力资源社会保障部门依照相关法规和政策加强对高校教师职称评聘工作的监督管理，教育部门和学校（单位）主管部门对学校（单位）开展自主评价、按岗聘用的情况进行评估和检查，提出教师队伍建设的意见建议。省人力资源社会保障厅会同省教育厅每年随机抽取若干高校（单位）进行复核，对复核中发现的问题，高校（单位）要及时予以处理。对标准把握不严、程序不规范，造成投诉较多、争议较大或复核中发现问题严重的高校（单位）将给予警告，并责成学校（单位）立即纠正；对违纪违规的，要按照有关规定追究相关人员的责任。

（四）科学谋划，稳妥推进。各高校（单位）要正确处理好改革、发展和稳定的关系，把推进改革与加强教职工管理结合起来，深入做好教职工的思想教育工作，通过多种方式广泛宣传职称改革工作的主要精神和重要意义，充分调动教师理解支持改革、积极参与改革的积极性，把推进改革与全面履行职责、加强教师队伍建设和促进高等教育科学发展有机结合起来，确保改革实施工作平稳有序进行。

本意见自 2015 年 9 月 21 日起施行，有效期至 2020 年 9 月 20 日。

山东省人力资源和社会保障厅

关于公布山东省 2014 年享受政府特殊津贴人员名单的通知

（2015 年 2 月 12 日 鲁人社字〔2015〕78 号）

各市人力资源社会保障局，省直各部门（单位），各大企业，各高等院校：

根据《中共中央、国务院关于继续实行政府特殊津贴制度的通知》（中发〔2011〕12 号）精神，人力资源社会保障部组织开展了 2014 年享受政府特殊津贴人员选拔工作。经层层推荐，专家评审，并报经国务院批准，我省田夫林等 121 名专家被批准享受 2014 年政府特殊津贴（具体名单见附件）。现将有关事项通知如下：

一、政府特殊津贴制度是党和政府关心和爱护广大专业技术人才、高技能人才，加强高层次、高技能人才队伍建设的一项重大举措。享受政府特殊津贴人员是我省高层次人才的重要组成部分。各有关单位要充分认识政府特殊津贴制度的重要意义，把实施政府特殊津贴制度作为贯彻落实十八大和十八届三中、四中全会精神的一项重要举措切实抓紧抓好。要采取多种有效措施，为充分发挥享受政府特殊津贴人员的作用创造条件，支持他们在科技创新、成果转化、人才培养、决策咨询等方面发挥积极作用；鼓励他们深入城乡基层和中小企业开展服务，充分发挥他们在服务经济社会发展中的引领支撑作用。

二、享受政府特殊津贴人员是推动科技进步、经济发展、文化繁荣和社会和谐的骨干力量，在实现中华民族伟大复兴中国梦的进程中发挥着重要作用。各有关单位要大力宣传享受政府特殊津贴人员的突出业绩和重大贡献，弘扬他们科学求实、敬业奉献的精神。在全社会大兴识才、爱才、敬才、用才之风，开创人人皆可成才、人人尽展其才的生动局面。享受政府特殊津贴人员要珍惜荣誉，增强社会责任感，带动广大高层次、高技能人才为实现“两个一百年”奋斗目标和中华民族伟大复兴的中国梦不懈奋斗。

三、根据中发〔2011〕12 号文件有关规定，对 2014 年享受政府特殊津贴人员，每人一次性发放 20000 元津贴，由中央财政专项列支拨款，免征个人所得税。津贴款核拨发放工作由省留学人员和专家服务中心负责，具体事宜另行通知。

四、请派员持本人身份证、单位介绍信于 2015 年 3 月 31 日前到省人力资源社会保障厅领取《政府特殊津贴证书》。其中，专业技术人才证书到专业技术人员管理处领取，高技能人才证书到职业能力建设处领取。

附：政府特殊津贴人员名单

山东省 2014 年享受政府特殊津贴人员名单

山东省

1. 张建祥 鲁泰纺织股份有限公司副总经理、服装工程研究院党支部书记，高级工程师
2. 于伟利 枣庄市实验学校中学高级教师
3. 王　凌 枣庄市立医院副院长，主任医师
4. 张凤山 山东华泰纸业股份有限公司总工程师，工程技术应用研究员

5. 姜中武　山东省烟台市农业科学研究院副院长，农业技术推广研究员
6. 朱济义　烟台市产品质量监督检验所所长，工程技术应用研究员
7. 张庆泉　烟台毓璜顶医院主任医师、教授
8. 王　航　康跃科技股份有限公司副总经理，高级工程师
9. 王冰林　山东省潍坊市农业科学研究院副院长，副研究员
10. 马　胜　潍坊市益都中心医院中医针灸康复中心主任、党委书记，主任医师
11. 闫中瑞　济宁市第一人民医院神经内科主任，主任医师
12. 王长生　山东石横特钢集团有限公司技术副总工程师，工程技术应用研究员
13. 张开利　山东泰山啤酒有限公司总工程师，工程技术应用研究员
14. 孟　岩　威海广泰空港设备股份有限公司总经理，高级工程师
15. 隋海明　山东省文登整骨医院骨显微外科主任、手外科主任，主任医师
16. 寇光智　日照金禾生化集团股份有限公司董事长，工程技术应用研究员
17. 刘翠珍　日照市新营小学校长、支部委员，正高级教师
18. 高进华　史丹利化肥股份有限公司山东省高效复合肥工程技术研究中心主任，高级工程师
19. 刘学键　临沂经济开发区人民医院副院长，主任医师
20. 郭庆文　山东隆科特酶制剂有限公司副总经理，高级工程师
21. 姜桂廷　景津环保股份有限公司技术中心主任，高级工程师
22. 卞建钢　德州德药制药有限公司董事长、总经理、研发中心主任、党委书记，高级工程师
23. 张　彬　聊城市人民医院院长、党委副书记，主任医师
24. 崔秀山　山东省聊城第一中学校长、学校党委副书记，中学高级教师
25. 罗维新　华纺股份有限公司副总经理、总工程师、工程部党支部书记，高级工程师
26. 叶永强　菏泽市立医院普外科主任、肝胆外科主任、支部书记，主任医师
27. 陈学森　山东农业大学园艺科学与工程学院党委委员，教授
28. 赵玉刚　山东理工大学机械工程国家级实验及教学示范中心主任、工程机械学院党总支委员，教授
29. 陈喜山　青岛理工大学矿业工程研究所所长，教授
30. 张树生　山东交通学院航空学院教授
31. 赵树高　青岛科技大学像塑材料与工程教育部重点实验室主任，教授
32. 王冬青　青岛大学自动化工程学院教授
33. 卢新明　山东科技大学信息科学与工程学院教授
34. 王守仁　济南大学摩擦学研究所所长，教授
35. 李　峰　山东中医药大学药学院生药系主任，教授
36. 范　辉　山东工商学院科研处处长、科研学报支部书记，教授
37. 王瑞明　齐鲁工业大学科技处处长兼学科建设办公室主任，教授
38. 白成林　聊城大学物理科学与信息工程学院院长，教授
39 郭春凤　临沂大学机械工程学院副院长，教授
40. 谢书阳　滨州医学院科研处处长，教授
41. 曹晓群　泰山医学院化工学院院长，教授
42. 徐　静　德州学院纺织服装工程学院院长、党总支组织委员，教授
43. 单　虎　青岛农业大学动物科技学院院长，教授
44. 王宜举　曲阜师范大学管理学院副院长，教授
45. 赵慧峰　鲁东大学历史文化学院教授

46. 董旭花　山东女子学院教育学院教授
47. 魏　建　山东师范大学文学院语言文学研究所所长，教授
48. 窦　青　潍坊学院音乐学院院长，教授
49. 曲伶俐　山东政法学院刑事司法学院院长、学院党总支副书记，教授
50. 张志元　山东财经大学金融学院常务副院长、区域经济研究院院长，教授
51. 董占军　山东工艺美术学院研究生处处长，教授
52. 陈华新　山东建筑大学艺术学院院长，教授
53. 李靖莉　滨州学院科研处处长、科研处党支部书记，教授
54. 王世慧　山东艺术学院音乐学院党总支书记，教授
55. 李　刚　山东省环境保护科学研究设计院副院长、党委委员，工程技术应用研究员
56. 宋少文　山东省水文局副局长、党委委员，工程技术应用研究员
57. 丁新华　山东省地图院院长、党总支书记，山东省遥感技术应用中心工程技术应用研究员
58. 郭　文　山东省海洋生物研究院副院长、党委委员，研究员
59. 朱洪祥　山东省建设发展研究院院长、党总支书记，工程技术应用研究员
60. 迟　斌　山东省种子管理总站站长、党支部书记，农业技术推广研究员
61. 徐金光　山东省林木种苗和花卉站站长、站党总支书记，工程技术应用研究员
62. 王　欣　山东省立医院内科副主任、血液科主任，主任医师、教授
63. 钱秋海　山东中医药大学附属医院内科副主任、内分泌内科主任，主任医师/教授
64. 孙　青　山东省千佛山医院病理科主任，主任医师
65. 张宗亮　山东警察学院学报编辑部主任，教授
66. 郑同修　山东省文物考古研究所所长、总支书记，研究馆员
67. 刘晓伟　山东省计量科学研究院副院长、国家黄金钻石制品质量监督检验中心主任，工程技术应用研究员
68. 潘宝玉　山东省地质测绘院总工程师，教授级高级工程师
69. 徐丽华　山东省食品药品检验所副所长、党委委员，主任药师
70. 田夫林　山东省动物疫病预防与控制中心副主任，农业技术推广研究员
71. 杨志俊　山东省举重摔跤柔道运动管理中心国家级教练
72. 刘丽秀　山东省化工研究院省生物化学工程重点实验室常务副主任，工程技术应用研究员
73. 李传敬　山东省文学艺术联合会文学创作一级
74. 李维江　山东棉花研究中心研究员
75. 孟昭东　山东省农业科学院玉米研究所副所长、所党委书记，研究员
76. 刘建华　山东省分析测试中心主任、副书记，研究员
77. 公茂庆　山东省寄生虫病防治研究所副所长，研究员
78. 庄维民　山东社会科学院研究员
79. 张德春　大众报业集团（大众日报社）理论评论部主任，高级编辑
80. 贾英健　中国共产党山东省委员会党校哲学教研部副主任，教授
81. 张岱州　山东省药学科学院副院长、注册临床部主任，主任药师
82. 冯　勇　济钢集团有限公司技术中心结构用钢研发推进部副部长，工程技术应用研究员
83. 崔慧萍　中国重汽集团有限公司技术发展中心汽车传动设计院总工程师、

九三学社济南市委委员、重汽支社主委，工程技术应用研究员

84. 赵瑞东　山东超越数控电子有限公司总经理、总工程师、党总支书记，工程技术应用研究员

85. 刘　钦　山东黄金集团有限公司矿产资源部经理，工程技术应用研究员

86. 王振平　兖矿集团有限公司副总工程师，工程技术应用研究员

87. 佟德辉　潍柴动力股份有限公司副总裁，工程技术应用研究员

88. 刘金涛　青岛海信空调营销股份有限公司高级技师

89. 赵有喜　山东高阳建设有限公司高级技师

90. 王其平　枣庄技师学院高级技师

91. 王绍智　中石化胜利油建工程有限公司职工培训中心高级技师

92. 邓介强　烟台工贸技师学院高级技师

93. 泮月华　北汽福田汽车股份有限公司诸城奥铃汽车厂高级技师

94. 宋斌继　威海建设集团股份有限公司高级技师

95. 张念利　山东五征集团有限公司高级技师

96. 訾金军　山东华盛农业药械有限责任公司高级技师

97. 王晓菲　山东德棉集团有限公司高级技师

98. 顾秀明　山东滨州渤海活塞股份有限公司高级技师

99. 好　强　山东至唐文华发展有限公司高级技师

济南市

1. 汪运山　济南市中心医院副院长，主任医师

2. 申培轩　济南职业学院院长，教授

3. 孙韶华　济南市供排水监测中心副主任，工程技术应用研究员

4. 朱薇薇　济南市中心医院儿科主任，主任医师

5. 盛振文　山东协和学院董事长、院长，教授

6. 李庆杰　济南市文学创作研究室济南美术家协会副主席，中学高级教师

7. 于鹤咏　济南市京剧院院长、党支部书记，一级舞美设计师

8. 韩　凯　章丘市人民医院院长，副主任医师

9. 张志刚　济南二机床集团有限公司董事长、总经理，工程技术应用研究员

10. 刘元琦　山东同圆设计集团有限公司董事、副总裁，工程技术应用研究员

11. 申作伟　山东大卫国际建筑设计有限公司董事长，工程技术应用研 究员

青岛市

1. 沙广利　青岛市农业科学研究院研究员

2. 孙先亮　山东省青岛第二中学校长，高级教师

3. 谭　兰　青岛市市立医院副院长，神经内科主任

4. 范国强　青岛画院一级美术师

5. 荆红卫　青岛市广播电视台广播新闻中心主任，主任记者

6. 尹学军　隔而固（青岛）振动控制有限公司总经理，高级工程师

7. 刘鲁民　青岛蔚蓝生物集团有限公司技术中心主任，副教授

8. 于俊生　青岛市海慈医疗集团主任医师

9. 吴荣华　青岛科创新能源科技有限公司总工程师，研究员

10. 崔云龙　青岛东海药业有限公司总经理兼技术中心主任，副教授

11. 谭丽霞　海尔集团公司集团高级副总裁兼首席财务官，高级会计师

山东省人力资源和社会保障厅、山东省教育厅

关于调整规范教学研究机构专业技术岗位设置结构比例指导标准的通知

（2015 年 1 月 5 日 鲁人社办发〔2015〕1 号）

各市人力资源社会保障局、教育局：

为加强教学研究机构人才队伍建设，更好地研究指导中小学和职业学校、技工学校教学工作，根据国家《事业单位岗位设置管理试行办法》（国人部发〔2006〕70 号）、《山东省中小学岗位设置结构比例指导标准》（鲁人社办发〔2013〕37 号）及有关规定，经研究决定，对各级独立设置的教学研究机构专业技术岗位设置结构比例指导标准予以适当调整，统一规范。现就有关问题通知如下：

一、调整后各级教学研究机构的专业技术岗位等级结构比例如下：

二、本岗位设置结构比例指导标准适用于经机构编制部门批准并注册的独立设置的各级各类教学研究机构。调整后教学研究机构专业技术岗位不再执行中小学岗位设置结构比例。

三、教学研究机构所需专业技术人员，主要从中小学现聘优秀教师和对中小学教育、职业教育有深入研究的人员中选聘产生。

四、教学研究机构岗位类别、名称、等级、岗位类别结构比例以及专业技术正高级岗位的设置等有关问题，仍按《山东省中小学岗位设置结构比例指导标准》（鲁人社办发〔2013〕37 号）规定执行。

五、岗位结构比例指导标准是事业单位岗位设置管理的基础和依据，政策性强，各级各部门各单位要认真执行，抓好落实。其中，高级专业技术岗位应根据事业发展要求和人员队伍状况逐步聘用到位，空缺岗位主要用于培养、引进高层次急需人才。

单位类型	高级				中级				初级			
	合计	五级	六级	七级	小计	八级	九级	十级	小计	十一级	十二级	十三级
	≤ %	≤ %	≤ %	≤ %	≤ %	≤ %	≤ %	≤ %	≥ %			
设区的市	40	12	14	14	45	14	17	14	根据工作需要设置			
县（市、区）	35	9	13	13	43	13	17	13				

中共山东省委组织部、山东省人力资源和社会保障厅、山东省教育厅、山东省公安厅、山东省人民政府外事办公室 关于印发山东省引进高层次高技能人才服务绿色通道规定（试行）的通知

（2015年12月8日 鲁人社发〔2015〕63号）

各市人民政府，各县（市、区）人民政府，省政府各部门、各直属机构，各大企业，各高等院校：

为更好吸引高层次高技能人才来鲁创业创新，我们会同省编办、科技厅、财政厅、住房城乡建设厅、交通运输厅、卫生计生委、国资委、地税局、工商局、金融办，人民银行济南分行、青岛海关、济南海关、济南铁路局等部门，共同研究制定的《山东省引进高层次高技能人才服务绿色通道规定（试行）》，已经省政府同意，现印发给你们，请认真贯彻实施。

山东省引进高层次高技能人才服务绿色通道规定（试行）

第一章 总 则

第一条 为更好吸引高层次高技能人才来鲁创新创业，建立引进人才服务绿色通道，根据全省人才发展体制机制改革总体部署和《中共山东省委山东省人民政府关于深入实施创新驱动发展战略的意见》（鲁发〔2015〕13号）要求，制定本规定。

第二条 建立引进高层次高技能人才服务绿色通道，在省人才工作领导小组领导下，由省委组织部、省人力资源社会保障厅会同省直相关部门共同组织实施。

第三条 本规定所指引进高层次高技能人才的方式主要包括调动、聘用、在我省领办创办企业等。

第二章 服务对象

第四条 本规定所称高层次人才，是指从省外、国（境）外引进的以下人才：

（一）中国科学院院士、中国工程院院士，国家最高科学技术奖获得者，国家自然科学奖、技术发明奖、科学技术进步二等奖及以上的前2位完成人，国医大师；

（二）国家“千人计划”“万人计划”和“创新人才推进计划”入选者，长江学者，国家有突出贡献中青年专家、全国杰出专业技术人才、国家杰出青年科学基金获得者和国家级重点学科、重点实验室学术技术带头人，享受国务院政府特殊津贴专家以及其他省、部级以上管理的高层次人才；

（三）发达国家科学院、工程院院士，国际性学术科研组织会员、会士，世界500强企业高级管理人员，国际知名大学终身教职人员，国家级和省级对外表彰奖项获得者以及入选国家级和省级高端重点项目的外国专家；

（四）在重点领域和关键技术岗位上有3年以上工作经历、属于我省急需紧缺专业的具有学历学位的博士，具有创新创业业绩的正高级职称人才，以及其他经认定的急需紧缺高层次人才。

第五条 本规定所称高技能人才，是指从省外、国（境）外引进的以下人才：

（一）世界技能大赛金、银、铜牌获得者，中华技能大奖获得者，全国技术能手，国家级技能大师工作室主要负责人，省级政府选拔的最高层次的技能领军人才；

（二）“双师型”高技能人才、高级技师（一级）、具备绝技绝活的特殊技能人才以及其他经认定的急需紧缺高技能人才。

第六条 引进的高层次人才中的第（四）类和高技能人才中的第（二）类，年龄一般应在55周岁以下。

第七条 高层次高技能人才，柔性引进的，每年在山东工作时间不少于3个月；急需紧缺的，经批准可放宽到不少于2个月。

第八条 用人单位引进高层次高技能人才需要享受本规定绿色通道服务的，应当填写《山东省引进高层次高技能人才审核认定申报表》（附件），并提供相关证明材料，上报行业主管部门；无主管部门的，报所在设区市人力资源社会保障部门。各行业主管部门或设区市人力资源社会保障部门对用人单位上报的相关材料进行审核，提出初步意见后报送省人力资源社会保障厅。属高层次人才中的（一）至（三）类和高技能人才中的（一）类人才的，经省人力资源社会保障厅审核认定、省人才工作领导小组批准后，直接颁发《山东省引进高层次高技能人才服务绿卡》（以下简称《服务绿卡》）；属高层次人才中的（四）类和高技能人才中的（二）类人才的，由省人力资源社会保障厅组织相关部门及相关领域专家对其进行评审，报省委组织部研究、省人才工作领导小组审定后，对评审通过的人才颁发《服务绿卡》。引进的高层次高技能人才获得泰山学者或泰山产业领军人才资格的，直接颁发《服务绿卡》。

第九条 高层次高技能人才凭《服务绿卡》，享受本规定中的绿色通道服务。

第三章　服务内容

第十条 出入境和居留服务。经公安部审核批准的持外国护照入境的海外引进人才，可申请换发5年多次有效、每次停留不超过180天的R字签证；需在中国工作或长期居留的，凭人力资源社会保障、外国专家管理等部门出具的工作许可等证明材料，可申请2至5年有效的外国人居留证件；符合在华永久居留条件的，可以申请外国人永久居留证，作为其在华的合法身份证件，享受我国法律规定的基本民事权利和义务。永久居留业务自受理之日起50个工作日内办结；签证业务在3个工作日内办结；居留许可业务在5个工作日内办结。

对引进高层次高技能人才和团队成员及其随行家属给予签证和居留等便利。对经认定的外籍高层次高技能人才，取消来鲁工作许可的年龄上限，可根据情况签发2至5年有效的外国专家证，2日内一次办结。

第十一条 户籍办理。引进人才及其配偶、未到法定结婚年龄子女要求将户口迁入我省的，可以选择在省内合法稳定住所落户，无合法稳定住所的可以选择在工作地集体户落户。由落户人或者落户人委托接收单位持《服务绿卡》和有关材料到拟落户地公安派出所提出申请；公安机关应简化程序，优先办理，符合落户条件且手续齐全的，自受理之日起15个工作日内办结。华侨和外籍高层次高技能人才按照国家有关法律法规和政策规定执行。

第十二条 工商服务。引进人才申办企业，即时承办，限时办结。积极为引进人才投资决策提供行业发展情况等信息咨询服务。

第十三条 税务服务。引进人才在鲁创办企业，按规定享受相关税收优惠待遇。

（　）引进人才创办企业在申报办理税务登记时，可优先办理；经审核符合条件的，当场发放税务登记证件。

（二）引进人才创办的企业在办理其他涉税事项时，可享受纳税绿色通道服务，优先办理各项涉税事宜。税务部门为其提供预约服务、咨询服务等个性化服务项目。

（三）从海外引进的高层次高技能人才，取得的一次性补助，按照国家税收有关规定，免征个人所得税；5年内境内工资收入中的住房补贴、伙食补贴、搬迁费、探亲费、子女教育费和交通费等，按照国家税收法律法规的有关规定，予以税前扣除。

（四）从海外引进的高层次高技能人才在我省购买机动车时，可按规定免征1辆自用国产小汽车车辆购置税。

第十四条 海关服务。引进人才进出境时，海关给予通关便利。

（一）海关指定专门机构和人员及时办理引进人才个人进出境物品审批、验放等手续。对在节假日或者非正常工作时间以分离运输、邮递或者快递方式进出境的物品，有特殊情况需要及时验放的，海关可以预约加班，在约定的时间内为其办理物品通关手续。

（二）回国定居或来华工作连续1年以上（含1年）的引进人才可免税进境合理数量范围内的下列科研、教学物品：科学研究、科学试验和教学用的少量的小型检测、分析、测量、检查、计量、观测、发生信号的仪器、仪表及其附件；科学研究和教学必需的少量的小型实验设备；各种载体形式的图书、报刊、讲稿、计算机软件；标本、模型；教学用幻灯片；实验用材料。

（三）回国定居或来华工作连续1年以上（含1年）的引进人才可免税进境合理数量范围内的以下自用物品：首次进境的个人生活、工作自用的家用摄像机、照相机、便携式收录机、便携式激光唱机、便携式计算机每种1件；日常生活用品（衣物、床上用品、厨房用品等）；其他自用物品（国家规定应当征税的20种商品除外）。

第十五条 金融服务。外汇管理部门、外汇指定银行积极为引进人才提供个性化金融服务。

（一）各级外汇管理局、外汇指定银行为引进人才设立的外商投资企业优先开立外汇资本金账户、经常项目外汇账户，提供外汇资本金结汇等服务，优先办理贸易项下进出口托收、信用证、汇款等业务。

（二）引进人才来我省设立的外资、合资、合作企业取得的人民币利润，或在本省工作期间取得的合法人民币收入，或需对外支付的进口货款和私人汇款，可按有关规定到银行办理汇兑手续及相关金融服务。

（三）在部分商业银行、保险公司等金融机构，设立引进高层次高技能人才金融服务窗口，为引进人才提供个性化、专业性服务。

第十六条 科研服务。经认定引进的高层次人才，在不涉及国家秘密或商业秘密的前提下，需要借助省内科研平台进行资料查阅、实验和产品研发的，对其使用的科研场地、仪器设备等按有关规定给予支持。

第十七条 住房保障。支持各地、各单位购买合适的商品住房作为人才公寓、人才周转房等。引进人才购买自用商品住房的，不受省内限购政策限制，房屋登记部门优先办理房屋登记。符合享受住房补贴政策的，用人单位应一次性发放住房补贴。引进人才未购买自用住房的，用人单位应当为其租用便于其生活、工作的住房，同时按规定提供相应的租房补贴。

第十八条 配偶随迁。引进人才配偶一同来鲁并愿意在山东就业的，原则上由用人单位根据有关政策规定妥善安排其工作。暂时无法安排的，用人单位可以按照所在市城镇居民最低工资标准的2倍，以适当方式为其发放生活补贴，最多发放3年。

第十九条 子女入学。加快推动国际学校建设，保障海外高层次人才子女优先入学。引进人才的未成年子女（无论户口随迁与否）愿意随父母来鲁就学，选择当地基础教育公办学校（含幼儿园）就读的，由当地教育部门按规定优先为其协调办理入学手续，不得收取政府规定以外的任何费用。选择国际学校或民办学校的，由当地教育部门负责协调入学，并协助办理相关手续。外籍子女报考省内高等院校的，按照招收外国留学生的有关规定优先录取。

第二十条 医疗保健。引进人才符合省直保健证办理条件的，由用人单位提出申请，省卫生计生委按规定办理省直保健证，凭证可到省直保健定点医疗机构就诊，费用按原渠道解决。用人单位每年为引进人才免费安排一次健康体检，有条件的地方可给予专项财政补助。

第二十一条 社会保险。引进人才及其配偶、子女到我省居住，已就业的，按照国家和省的相关规定，优先办理各项社会保险关系转移接续，随到随办。社会保险经办机构为其提供专门的预约、业务咨询等快捷便利的服务，受理材料后即时审核，限时办结。

第二十二条 职称评定。从海外引进的高层次人才，不受本人国内任职和年限限制，按照业绩、能力、水平可直接申报相应的专业技术职务资格，其海外工作经历、学术和专业技术贡献，可作为参评依据。

第二十三条 岗位聘用。全职引进到事业单位工作的高层次高技能人才，凭《服务绿卡》不受单位岗位总量和最高等级结构比例限制，可根据资格条件先聘用到相应岗位，再由岗位主管部门予以确认或追加。

第二十四条 编制管理。引进国家级、省级重点人才工程的高层次高技能人才到事业单位工作，经认定获得《服务绿卡》的，可在用人单位编制员额内直接办理入编手续，不受用编进人计划限制；已满编超编的，可先使用事业单位精简压缩等方式收回的编制办理入编手续，待自然减员后，改为占用用人单位编制。

第二十五条 薪酬管理。引进国家级、省级重点人才工程的高层次高技能人才到事业单位工作的，经认定获得《服务绿卡》的人员，其薪酬不纳入单位绩效工资总量基数。

第二十六条 交通服务。引进的高层次高技能人才在省内机场、火车站、码头乘机（车、船）时，凭《服务绿卡》可享受贵宾通道服务。在机动车注册登记、驾照申领审验、车辆年检时，可优先办理。

第四章 服务机构

第二十七条 引进高层次高技能人才服务涉及多个职能部门和单位，各有关部门、单位要认真履行职责，按照统分结合、分级负责的原则，构建分工合作、运转协调、服务周到、快捷高效的引进人才服务绿色通道。

第二十八条 省人力资源社会保障厅负责对“绿色通道”的建立运行进行协调、指导和督促，组织各有关部门、单位制定办理流程并监督实施。

第二十九条 在省人力资源社会保障厅设立“山东省引进高层次高技能人才服务窗口”。

各设区市人力资源社会保障部门引进人才服务机构和引进高层次高技能人才较多的县（市、区）人力资源社会保障部门应设立“引进高层次高技能人才服务窗口”（简称“引进人才服务窗口”，下同），按照属地原则，负责为所属区域引进人才协调办理相关手续和落实政策。需省直有关部门办理的事项，应按要求备齐材料及时报送省引进人才服务窗口协调落实。

第三十条 各级引进人才服务窗口应尽快设立网上服务专区，实现互联互通、信息资源共享和网上受理、网上办事，打造网上“一站式”服务平台。引进高层次高技能人才服务涉及的部门要按照国家和省有关规定细化特殊政策和服务内容，设立服务绿色通道，明确服务内容的办理程序、受理材料、办结时限和责任人，提供便捷、高效的服务。

第三十一条 各级引进人才服务窗口和用人单位应当安排服务专员，负责为引进人才提供政策咨询、协调办理各项审批手续等服务。

第三十二条 省引进人才服务窗口根据服务项目和省直各有关部门提供的材料，编制《山东省引进高层次高技能人才服务手册》和《山东省引进高层次高技能人才服务需求登记表》（以下简称《登记表》），各设区市引进人才服务窗口根据服务项目以及市直各有关部门提供的材料，编制本市引进高层次和高技能人才服务手册，采用“征集需求、一窗接件、并联预审、集中反馈、专员办理、统一建档”的方式，为引进人才提供全方位、全过程服务。

（一）征集需求。各级引进人才服务窗口向用人单位发放《登记表》。用人单位服务专员向引进人才全面介绍引才政策，准确了解引进人才服务需求，认真填写《登记表》，并按照《登记表》所提事项帮助引进人才整理相关材料，其中需要用人单位落实的，由用人单位向服务窗口出具相关证明。

（二）一窗接件。各级引进人才服务窗口受

理用人单位服务专员递交的《登记表》和相关申请材料。

（三）并联预审。各级引进人才服务窗口将相关材料传送至有关部门，有关部门在5个工作日内完成预审，并将预审意见反馈给各级引进人才服务窗口。

（四）集中反馈。各级引进人才服务窗口汇总各有关部门预审意见，将预审结果一次性反馈给用人单位。用人单位根据反馈意见，一次性补齐相关材料。

（五）专员办理。各级引进人才服务窗口持《服务绿卡》和相关材料到有关部门办理手续。各有关部门根据预审意见对材料进行审核，在规定时限内办结相关手续。对确需引进人才本人办理的项目，应尽可能提供上门服务或预约服务。对因条件限制等原因一时无法解决的，各级引进人才专门服务机构应做好与用人单位及引进人才的沟通、解释工作，由省引进人才服务窗口及时汇总并向省人才工作领导小组办公室报告。

（六）统一建档。各级引进人才服务窗口为引进人才建立需求档案，实行跟踪服务。省人力资源社会保障厅牵头建立山东省引进高层次高技能人才信息库，提供定期更新、动态管理的网络化、信息化服务，及时了解掌握引进人才有关情况。

第五章　服务保障

第三十三条　建立省引进高层次高技能人才绿色通道服务联席会议。联席会议由省委组织部牵头，省人力资源社会保障厅具体组织，各有关部门组成。联席会议一般每年召开一次，必要时可临时召开会议。

第三十四条　实行引进高层次高技能人才服务工作评估制度。省人力资源社会保障厅定期对各设区市、各部门和用人单位的引进人才服务工作进行评估，向省人才工作领导小组报送总体情况和意见建议。人才投诉等有关情况根据需要纳入省人才工作目标责任制考核。对引进人才服务工作中出现的故意拖延和推诿扯皮等行为，根据规定对有关部门负责人和责任人给予问责处理。

第三十五条　落实经费保障。各级财政部门应安排经费保障引进人才工作开展，各有关单位要严格按规定使用和管理，切实加强监管，确保专款专用。

第三十六条　建立动态管理机制。引进的人才有违法、违纪或违反其他相关规定行为的，由用人单位提出意见，经省人力资源社会保障厅审核，报省委组织部审定后，收回《服务绿卡》，取消其享受的相关待遇。

第三十七条　经认定引进的高层次高技能人才，除享受本规定的相关优惠政策外，同时享受用人单位提供的其他优惠政策。

第六章　附　则

第三十八条　各设区市可以结合本地实际，制定具体实施办法。

第三十九条　本规定自2016年1月15日施行，有效期至2018年1月14日。

附件：山东省引进高层次高技能人才审核认定申报表（略）

（二）技能人才

山东省人民政府办公厅
关于公布2014年度山东省首席技师名单的通知

（2015年5月5日 鲁政办字〔2015〕75号）

各市人民政府，各县（市、区）人民政府，省政府各部门、各直属单位，各大企业，各高等院校：

为大力实施人才强省战略，加强高技能人才队伍建设，充分调动广大技能劳动者学技术、比贡献的积极性和创造性，更好地为建设经济文化强省服务，根据《山东省首席技师选拔管理办法》（鲁政办发〔2011〕63号）要求，经逐级推荐、选拔，省人才工作领导小组研究同意并报省政府批准，现将2014年度山东省首席技师名单（共94名）公布如下：

牛余峰　济南元首针织股份有限公司
孙环慧（女）　济南市技师学院
李　峰　济南二机床集团有限公司
王道香（女）　济南市历城区兆林个人形象设计服务中心
郭　磊　青岛前湾集装箱码头有限责任公司
盖志强　山东中烟工业有限责任公司青岛卷烟厂
徐继强　青岛琅琊台集团股份有限公司
吕俊江　中国人民解放军第四八零八工厂
杜瑞峰　山东新华制药股份有限公司
邵先军　山东扳倒井股份有限公司
张钦永　山东泰宝防伪技术产品有限公司
赵联银　山东鲁南机床有限公司
郑　伟　滕州市建筑安装工程集团公司
马士顺　山东泉兴矿业集团有限责任公司
岳远明　中石化胜利油建工程有限公司一分公司
王永贵　山东蓝海股份有限公司
郭新照　东营市技师学院
于　涛　山东蓬翔汽车有限公司
林　浩　烟台环球机床附件集团有限公司
王振利　烟台恒邦集团有限公司
王绍勇　烟台市城镇劳动就业训练中心
张晓军　山东银鹰化纤有限公司
谭　焱　国网山东临朐县供电公司
高东圣　寿光富康制药有限公司
张国海　昌乐县劳动技工学校
孔令明　国网山东省电力公司济宁供电公司
孔祥亮　曲阜孔府家酒业有限公司
张龙建　山东宁建建设集团有限公司
李　波　济宁润华汽车销售服务有限公司
康荣斌　济宁高新区香港大厦
于益如　山东晨阳新型碳材料股份有限公司
李国栋　泰安市泰山宾馆有限责任公司
范维全　山东泰安交通运输集团有限公司
李　晶（女）　山东宁联机械制造有限公司
石永梅（女）　泰安市金泰联医药有限公司
徐东升　威海顺意电机有限公司
邓陆军　山东荣城建筑集团有限公司
于洪军　威海公共交通集团有限公司
张玉明　威海卫大厦
李为刚　山东双港塞股份有限公司
王新山　山东日照尧王酒业集团有限公司
赵昌德　山东金马工业集团股份有限公司
常　城　日照港集团有限公司
黄现刚　山东鲁碧建材有限公司
王瑞华　莱芜市泰豪汽车工业贸易有限公司

刘　义　山东莱芜煤矿机械有限公司
关开芹（女）　临沂市技师学院
米光明　临沂市技师学院
诸葛祥涛　天元建设集团有限公司
李秀兵　临沂市陶然居旅游有限公司
张　辉　齐河县张辉黑陶工作室
肖　林（女）　山东龙力生物科技股份有限公司
洪德学　阳谷祥光铜业有限公司
高　磊　中色奥博特铜铝业有限公司
唐　林　滨州市技术学院
张红伟　山东滨州渤海活塞股份有限公司
司秀燕（女）　山东基德生态科技有限公司
张保红　菏泽高级技工学校
王洪立　菏泽牡丹医药有限责任公司
王金亮　花冠集团酿酒有限公司
曲亚冰　山东技师学院
胡德文　山东劳动职业技术学院
刘广起　山东工程技师学院
曹景磊　山东凤凰制药股份有限公司
刘登奎　山东凤凰制药股份有限公司
王　鹏　山东新华制药股份有限公司
李修启　枣庄市沃丰水泥有限公司
赵卫忠　山东黄金矿业（莱州）有限公司焦家金矿
邢正江　山东金色童年有限责任公司
曹云霞（女）　山东如意科技集团有限公司
刘庆会（女）　山东魏桥创业集团有限公司
张　琳　中国石油化工股份有限公司齐鲁分公司腈纶厂
关怀刚　中国石油化工股份有限公司齐鲁分公司橡胶厂
王世恩　山东景芝酒业股份有限公司
贾存银　山东省建设建工（集团）有限责任公司
于炳安　烟建集团于建友国家级技能大师工作室
耿启龙　青岛赛维电子信息服务股份有限公司淄博分公司
陶翠霞（女）　山东力明科技职业学院
张　珉　中国重型汽车集团有限公司
滕　军　济南锅炉集团有限公司
贾廷波　国网山东省电力公司日照供电公司
姜　涛　国网山东省电力公司济南供电公司
李召荣　肥城矿业集团有限责任公司
张　军　山东煤炭技师学院
戚　涛　山东黄河河务局供水局德州供水分局
张春明　济钢集团有限公司
崔佃军　兖州煤业股份有限公司鲍店煤矿
华武峰　兖州煤业股份有限公司济宁三号煤矿
于　峰　山东钢铁股份有限公司济南分公司
姚庆勇　济南铁路局聊城车务段
刘东章　中石化胜利石油工程有限公司海洋钻井公司
李学忠　中石化胜利油田分公司油气集输总厂
李　军　中石化胜利油田分公司滨南采油厂
宋京吉　山东省转业军官培训中心

山东省人力资源和社会保障厅
关于授予田洪欣等 149 人山东省技术能手称号的通报

（2015 年 3 月 13 日　鲁人社字〔2015〕123 号）

各市人力资源社会保障局，省直有关部门、单位：

为加快推进全省高技能人才队伍建设，引领带动广大劳动者钻研技术业务，走岗位成才之路，根据《山东省高级技能人才评选奖励办法》（鲁劳社〔2002〕33号）及有关规定，经各市人力资源社会保障局、省直有关部门（单位）推荐和省人力资源社会保障厅研究，决定授予田洪欣等149人“山东省技术能手”称号。

希望各位省技术能手要以此为新起点，更好发挥模范带头作用，再接再厉，拼搏进取，不断学习新知识、掌握新技能、创造新业绩、作出新贡献。希望广大劳动者以省技术能手为榜样，牢固树立劳动光荣、技能成才的观念，立足本职、爱岗敬业，积极参加职业技能竞赛和岗位练兵、技术比武活动，不断提高职业素养和技能水平。

各级人力资源社会保障部门、省直有关部门（单位）要坚持以党的十八大和十八届三中、四中全会精神为指导，深入学习贯彻习近平总书记系列重要讲话精神，高度重视和统筹推进高技能人才队伍建设。要采取多种方式，加强对省技术能手等高技能人才先进事迹的宣传，弘扬劳动光荣、技能宝贵、创造伟大的时代风尚，形成有利于高技能人才成长和发挥作用的制度环境，努力培养和造就一支规模宏大、素质优良、技能精湛的高技能人才队伍，为建设经济文化强省作出更大贡献。

附件:2014年度山东省技术能手名单

2014年度山东省技术能手名单

济南市职业技能竞赛（3人）

田洪欣　山东冠世针织有限公司

朱　鹏　中国重汽济南卡车股份有限公司

李　燕　济南市阳光大姐服务有限公司

青岛市职业技能竞赛（3人）

张云鸿　青岛啤酒股份有限公司

刘彦军　中交一航局第二工程有限公司

李　鹏　南车青岛四方机车车辆股份有限公司

淄博市职业技能竞赛（2人）

李云芳　淄博市公共汽车公司车辆保养厂

朱海华　淄博市张店宾馆

枣庄市职业技能竞赛（3人）

李忠华　山东能源枣矿集团蒋庄煤矿

梁　盟　国网山东省电力公司枣庄供电公司

郝玉坤　山东华源数控股份有限公司

东营市职业技能竞赛（3人）

陈春梅　东营市宏远纺织有限公司

梁新斌　东营方圆有色金属有限公司

王　宁　山东永泰集团有限公司

烟台市职业技能竞赛（3人）

于瑛正　烟台市联民物业集团有限公司

时恒于　山东德信建设集团股份有限公司

王　晓　烟台新时代大厦

潍坊市职业技能竞赛（3人）

李清松　山东工业技师学院

王亭佳　高密市高级技工学校

方培亮　诸城市高级技工学校

济宁市职业技能竞赛（1人）

王余胜　山推工程机械股份有限公司

泰安市职业技能竞赛（3人）

刘　谦　泰安北方车辆有限责任公司

吴传利　泰安航天特种车有限公司

管桂玲　泰安市真爱化妆职业培训学校

威海市职业技能竞赛（3人）

邹　超　威海公共交通集团有限公司

王　刚　文登威力工具集团有限公司

刘方华　乳山宾馆有限公司

莱芜市职业技能竞赛（3人）

杨福昌　山东汇金股份有限公司

郭　磊　山东鲁碧建材有限公司

郭爱寅　山东力创科技有限公司

临沂市职业技能竞赛（3人）

王亮亮　山东临工工程机械有限公司

刘　婷　临沂经济技术开发区富中富饭店

关开芹　临沂市技师学院

德州市职业技能竞赛（3人）

王新龙　山东中茂实业集团有限公司贵都大酒店

周志岐　山东景津环保股份有限公司

王　娟　德州阳光大姐家政服务有限公司

聊城市职业技能竞赛（3人）
牛庆淮　山东工程技师学院
赵秀法　中通客车控股股份有限公司
王海军　聊城市技师学院
滨州市职业技能竞赛（3人）
刘洪俊　山东滨州渤海活塞股份有限公司
刘忠民　滨州市滨城区腾达酒店
姜甜甜　滨州市技师学院
菏泽市职业技能竞赛（2人）
李　鹏　国网菏泽供电公司
侯圣伟　兖煤菏泽能化有限公司赵楼煤矿
2014年中国技能大赛山东省选拔赛（10人）
赵子文　淄博市技师学院
左效忠　山东技师学院
左玉明　山东技师学院
王新颖　山东工业技师学院
刘善正　山东劳动职业技术学院
谢吉国　山东工程技师学院
赵延鲁　山东工程技师学院
张　凯　淄博市技师学院
王俊涛　淄博市技师学院
刘有芳　莱芜技师学院
第十届山东省青年职业技能大赛（3人）
黄文荣　山东电力建设第二工程公司
郭　满　山钢股份莱芜分公司
侯鲁建　菏泽烟草发屋美容美发学校
第五届山东省化工行业职业技能大赛（4人）
马洪光　兖矿鲁南化工有限公司
朱玉英　兖矿鲁南化工有限公司
杨记领　山东新和成药业有限公司
杨贵雪　山东东明石化集团有限公司
山东省轻工联社系统职业技能竞赛（11人）
徐兴伟　济南赛维家电服务有限公司
李元超　山东青岛职业技术学院
李兴乾　山东体彩管理中心
康　正　山东康泰实业有限公司
王德杰　山东康泰实业有限公司
栾绍文　山东康泰实业有限公司
胡新苗　济南市德功龙山黑陶艺术有限公司
孙连伟　德州梁子黑陶文化有限公司
解印权　中国柳编文化艺术馆
宋祥强　山东国强五金科技有限公司
马峻伯　青岛亨达股份有限公司
首届山东省乡镇财政业务技能竞赛（3人）
秦海鸣　临沂市郯城县杨集镇财政所
马志坤　安丘市兴安街道财政所
赵宗元　安丘市大汶河旅游开发区财政所
首届山东省旅游饭店行业服务技能大赛(4人)
孟贵红　山东大厦
王桂丽　日照碧波大酒店
程金宝　济南舜耕山庄
秦绪强　青岛海情大酒店
全省第四届消防职业技能竞赛（5人）
倪江民　济南市公安消防支队茂陵山中队
刘君辉　山东省金盾消防安保服务有限公司威海分公司
谭　征　枣庄市台儿庄古城旅游发展有限公司
李　强　山东华卫建设集团有限公司
顾　宝　沂水县公安消防大队冯家庄中队
山东省水利行业职业技能大赛（2人）
李建军　山东水利工程总公司
康善泉　德州市水利局水利施工处
山东省孤残儿童护理员职业技能竞赛（1人）
张莎莎　淄博市社会福利院
2014年山东省特种设备职业技能竞赛(3人)
田青伟　山东滨州北迅电梯设备有限公司
刘晓云　莱芜钢铁集团有限公司
张　林　烟台华健检测工程有限公司
第五届全省气象行业职业技能竞赛（1人）
干兆江　淄博市沂源县气象局
山东省邮政储汇业务员职业技能竞赛（1人）
徐永娟　临沂市平邑县邮政局
全省电力行业职业技能竞赛（2人）
宋维庭　国网济宁供电公司
祝　超　国网山东夏津县供电公司
山东省黄金行业职业技能竞赛（5人）
颜克林　山东黄金矿业（莱州）有限公司焦家金矿
何立敏　山东黄金矿业（玲珑）有限公司
张俊风　山东黄金矿业（莱州）有限公司

焦家金矿
宫福祝　山东金洲矿业集团有限公司
张杰超　山东黄金矿业股份有限公司新城金矿

山东省第六届“银联杯”商业服务业收银员职业技能竞赛（1 人）

丁艳秋　山东潍坊百货集团股份有限公司

首届山东省电动自行车整车装配技能竞赛（2 人）

张晓建　山东比德文动力科技有限公司
钱萌萌　山东比德文动力科技有限公司

“华兴杯”全省机械行业职业技能竞赛（1 人）

冯展帅　山东五征集团有限公司

山东省纺织行业职业技能竞赛暨全国选拔赛（2 人）

杨　阳　滨州魏桥科技工业园有限公司
郝景钊　愉悦家纺有限公司

2014 年度山东省建材行业"方达康杯"职业技能竞赛（1 人）

扈永涛　山东儒商智信工业机械有限公司

山东省第二届摄影行业职业技能大赛（2 人）

从　鑫　青岛罗曼庭婚纱摄影有限公司
王　琳　青岛安琪摄影化妆工作室

山东省第二届健康餐饮暨低盐低油美食技能竞赛（1 人）

宋中辉　山东蓝海酒店集团

第一届山东中烟工业有限责任公司烟叶分级职业技能竞赛（1 人）

张怀禹　山东中烟物资采购中心

胜利油田第十八届职业技能竞赛（7 人）

张秀成　胜利采油厂
高子欣　东辛采油厂
孝　强　油气集输总厂
孟令东　电力管理总公司
路　飞　海洋钻井公司
李　勇　井下作业公司
陈　鹏　黄河钻井总公司

全国动物防疫职业技能竞赛山东省选拔赛（1 人）

肖传仕　烟台开发区动物卫生监督所

2014 年山东联通员工技能竞赛（2 人）

公伟姣　山东省保时通信息网络有限公司淄博分公司
戚文敏　中国联通济南市分公司网络优化中心

第 43 届世界技能大赛全国选拔赛（3 人）

臧国才　烟台城乡建设学校
张泰坤　烟台城乡建设学校
韩正一　日照市技师学院

第六届全国数控技能大赛（12 人）

安　硕　日照市技师学院
徐　锐　日照市技师学院
李龙龙　日照市技师学院
历昌发　山东技师学院
周广岩　山东技师学院
齐高典　山东技师学院
王天磊　山东技师学院
崔光煜　山东工业技师学院
高　鹏　淄博市技师学院
徐　伟　淄博市技师学院
佟绍海　威海职业学院
岳书豪　威海职业学院

第六届全国交通运输行业职业技能大赛（1 人）

郭希辉　青岛港国际股份有限公司物流分公司

2014 年全国第三届载货汽车装调工职业技能大赛（2 人）

杨　波　北汽福田汽车股份有限公司诸城奥铃汽车厂
王海朋　北汽福田汽车股份有限公司诸城奥铃汽车厂

2014 年全国纺织行业"西樵杯"染化料配制工职业技能竞赛（3 人）

苏风驰　愉悦家纺有限公司
赵红贺　华纺股份有限公司
郭冬梅　华纺股份有限公司

2014 年全国纺织行业"大生杯"穿经工职业技能竞赛（3 人）

李　敏　山东德棉集团有限公司
李兴芝　威海魏桥科技工业园有限公司
郭　娜　魏桥纺织股份有限公司

2014 年全国纺织行业"佰源杯"纬编工职业技能竞赛（3 人）

姜正涛　青岛即发集团股份有限公司
杨敬刚　青岛即发集团控股有限公司

蓝传杰　青岛即发集团控股有限公司

2014 年全国制鞋业职业技能竞赛（2 人）

王安宝　金猴集团威海鞋业有限公司
张小林　金猴集团威海鞋业有限公司

山东省人民政府办公厅
关于公布泰山学者优势特色学科人才团队及领军人才名单的通知

（2015 年 9 月 15 日　鲁政办字〔2015〕162 号）

各市人民政府，各县（市、区）人民政府，省政府各部门、各直属机构，各大企业，各高等院校：

经省人才工作领导小组研究，省政府确定，山东农业大学作物优质抗逆的遗传调控团队等 4 个团队为泰山学者优势特色学科人才团队，山东农业大学作物优质抗逆的遗传调控团队李传友等 4 人为泰山学者优势特色学科人才团队领军人才。现将名单公布如下：

李传友　山东农业大学作物优质抗逆的遗传调控团队
张春巍　青岛理工大学结构振动控制创新团队
周玉成　山东建筑大学绿色建筑智能化研究团队
张春阳　山东师范大学单分子检测研究团队

山东省人力资源和社会保障厅
关于转发人社部函〔2015〕67 号文件
做好我省第二批百城技能振兴专项活动的通知

（2015 年 5 月 5 日　鲁人社字〔2015〕213 号）

各有关市人力资源社会保障局：

现将人力资源社会保障部《关于开展第二批百城技能振兴专项活动的通知》（人社部函〔2015〕67 号）转发给你们，并结合我省实际，就做好活动相关组织工作通知如下：

一、充分认识百城技能振兴专项活动的重要意义

开展百城技能振兴专项活动是人力资源社会保障部贯彻落实《国务院关于加强职业培训促进就业的意见》（国发〔2010〕36 号）和《国家高技能人才振兴计划》的重要举措，是通过以点带面的示范效应，全面推动职业培训工作，努力提升就业质量，积极为当地经济社会发展提供技能人才支撑的专项活动。各有关市要充分认识开展这项活动的重要意义，进一步增强责任感和使命感，切实把这项活动当作加强技能人才队伍建设，推动当地经济社会发展的大事来抓。

二、认真研究制定实施方案

各有关市要按照人社部函〔2015〕67 号通知要求，深入调查研究，紧密结合实际，抓紧研究制定实施方案，明确开展专项活动的目标任务、具体内容、保障措施、实施方法步骤及时间安排等，并于2015年5月20日前将实施方案（含电子版）报省人力资源社会保障厅，经审核后，统一报送人力资源社会保障部。

三、精心组织实施，确保按时完成任务

开展百城技能振兴专项活动，时间紧、任务重、要求高，各有关市要加强领导，落实责任，重点在配套政策制定、组织具有特色的活动、加强资金保障、搞好舆论宣传等方面研究提出切实可行的具体措施。要统筹规划，突出重点，强化措施，创新工作机制，及时研究解决工作中遇到的困难和问题，为全面开展职业培训，推动技能人才队伍建设积累经验，探索路子。

附件：人力资源社会保障部关于开展第二批百城技能振兴专项活动的通知

人力资源社会保障部
关于开展第二批百城技能振兴专项活动的通知

各省、自治区、直辖市和新疆生产建设兵团人力资源社会保障厅（局）：

为进一步贯彻落实党的十八届三中全会精神，加快构建劳动者终身职业培训体系，全面推进职业培训工作，我部决定在全国开展第二批百城技能振兴专项活动。请你们结合本地实际，指导各相关城市落实目标任务，抓好组织实施。请各地于2015年5月底前将各相关城市的实施方案报我部职业能力建设司。

附件：

1. 全国第二批百城技能振兴专项活动工作方案
2. 全国第二批百城技能振兴专项活动城市名单

全国第二批百城技能振兴专项活动工作方案

为进一步贯彻落实党的十八届三中全会精神，加快构建劳动者终身职业培训体系，落实《国务院关于加强职业培训促进就业的意见》和《国家高技能人才振兴计划实施方案》要求，全面推进职业培训工作，我部决定在全国开展第二批百城技能振兴专项活动。现制定如下工作方案：

一、指导思想

认真贯彻落实党的十八大、十八届三中、四中全会精神，积极实施就业优先战略和人才强国战略，围绕加快构建劳动者终身职业培训体系，在全国选择一批工作基础好、推动力度大的城市，开展技能振兴专项活动，进一步完善政策制度、创新工作机制、强化工作措施，通过以点带面的示范效应，全面推动职业培训工作取得新进展，加快培养数以亿计的高素质技能劳动者，为产业转型升级和经济社会发展提供技能人才支撑。

二、目标任务

通过开展技能振兴专项活动，率先在重点城市构建劳动者终身职业培训体系，形成职业培训促进就业和稳定就业的良性互动工作格局；率先在重点城市建立培养体系完善、考核评价科学、激励保障健全的技能人才工作机制，培养大批与经济社会发展相适应的技能人才；率先在重点城市建设全国高水平的职业培训和技能人才队伍建设的综合示范区，为推动全国技能振兴改革发展提供新经验、探索新路径、创建新模式。

三、主要内容

（一）构建劳动者终身职业培训体系。要加

快构建覆盖全体劳动者，贯穿劳动者职业生涯，适应劳动者需求的职业培训体系，实现职业培训的普惠性、终身性和有效性。把新成长劳动力、失业人员、在职职工、退役士兵、农民工、大学生等城乡全体劳动者全部纳入职业培训范围，大规模开展职业培训，基本消除劳动者无技能从业现象，实现培训对象广覆盖。改革职业培训模式，大力开展就业技能培训、岗位技能提升培训和创业培训，兼顾短期、中期和长期培训，提高培训的针对性和有效性，努力满足劳动者提升职业能力的差异化需求，实现培训类型多样化。完善从初级工、中级工、高级工到技师、高级技师不同层次的职业技能培训，畅通技能劳动者职业发展通道，实现培训等级多层次。健全职业培训标准，完善管理制度，加强信息系统建设，改进政府购买成果机制，加强对培训对象、培训过程、培训质量、资金使用的全方位监管，实现职业培训规范化、标准化、信息化，实现培训管理规范化。

（二）完善职业培训和技能人才培养体系。充分发挥市场机制在资源配置中的决定性作用，坚持公办、民办并举，形成以企业为主体、职业院校为基础、社会多方参与的大培训格局，动员各类优质资源向职业培训集聚，实现培养载体多元化。充分发挥企业的主体作用，加强职工培训机构建设，对新招用职工、转岗职工和在岗职工开展岗前培训和技能提升培训。建立企业新型学徒培训制度，实施以“招工即招生、入企即入校、企校双师联合培养”为主要内容的企业新型学徒制试点，鼓励企业与技工院校、职业培训机构合作开展学徒培训，推动企业高技能人才培训。健全技师研修培训制度，加快技师培养步伐。充分发挥技工院校的基础作用，积极构建以技师学院为龙头、高级技工学校为骨干、普通技工学校为基础的覆盖城乡劳动者的技工教育培训网络。指导技工院校按照国家技能人才培养标准要求，创新技能人才培养模式，全面推进一体化课程教学改革，提升技能人才培养能力，加快构建专业结构适应产业发展、校企融合贯穿培养过程、课程教学体现工学结合，技能人才培养层次和规模与经济社会发展更加匹配的现代技工教育体系。鼓励和引导社会力量开展职业培训和技能人才培养工作，大力推进民办职业培训机构发展，发挥市场机制在资金筹措、培训机构建设、生源组织、过程监管、效果评价等方面的积极作用，激发社会办学活力和潜力。

（三）完善技能人才评价使用体系。充分发挥职业资格证书制度在引导培训、促进就业和加强技能人才培养等方面的作用，大力加强职业技能鉴定工作，逐步健全以职业能力为导向，以工作业绩为重点，注重职业道德和职业素质的技能人才多元评价体系。社会化职业技能鉴定要适应我国经济发展、产业结构调整和岗位技能对技能人才的要求，完善评价的工作流程，加强质量监督。院校职业资格认证要按照职业技能标准要求和企业对技能人才的需求，把“职业技能标准”融合到“课程标准”中去，使教学内容与职业技能标准相衔接，提高学生的就业、创业、创新能力。企业技能人才评价要以国家职业技能标准为基础，根据其生产技术、工艺装备和产品类型等不同要求，采取考核鉴定、考评结合、业绩评审等灵活多样的方式，重点评价企业职工执行操作规程、解决生产问题、完成工作任务的能力，进一步突破年龄、资历、身份和比例的限制，对在技能岗位工作并掌握高超技能、作出重大贡献的骨干技能人才，可破格或越级参加职业资格考评。鼓励企业畅通技能人才职业发展通道，制定技能人才与工程技术人才职业发展贯通办法。完善技师、高级技师聘任制和高技能人才带头人制度，探索建立企业首席技师制度。

（四）健全技能人才激励机制。建立健全技能人才竞赛、表彰和激励机制。进一步完善职业技能竞赛制度，广泛开展各种形式的群众性技术比武、技能竞赛活动。指导企业从生产实际出发，将技能竞赛活动与日常生产任务相结合、与提升职工队伍素质相结合、与促进技术技能革新相结合，促进企业职工学习新技术、推广新工艺、使用新方法，确保各类技能竞赛活动取得实效。对企业开展的符合职业技能竞赛组织实施要求的技能竞赛活动，可纳入政府组织的职业技能竞赛计划。注重培养和选拔优秀青年技能人才参加各类职业技能竞赛，为青年技能人才参加世界技能大赛创造条件。对在职业技能竞赛中取得优异成绩的选手，按照规定给予表彰奖励，符合条件的晋升相应职业资格。进一步健全以政府奖励为导向，企业奖励为主体，辅以必要的社会奖励的技能人才表彰和奖励机制。健全和完善培训、考核、使用与待遇相结合的激励机制，引导企业工资分配向技能人才倾斜，鼓励企业建立高技能人才技能职务津贴和特殊岗位津贴制度。

四、保障措施

（一）加强组织保障。各相关城市要成立技能振兴专项活动工作领导小组，建立在政府统一领导下，人力资源社会保障部门统筹协调，有关部门各司其职、密切配合的工作机制，推进技能振兴专项活动。省级人力资源社会保障部门要加大对技能振兴专项活动的人力、物力、财力的投入，确保技能振兴专项活动的顺利实施。

（二）加大政策扶持。各相关城市要按照《国务院关于加强职业培训促进就业的意见》和《国务院办公厅关于加强企业技能人才队伍建设的意见》等文件要求，出台本地加强职业培训促进就业和加强技能人才队伍建设的意见，进一步完善相关配套政策措施，积极构建有利于支持和促进职业培训事业发展和技能人才队伍建设的政策体系。

（三）加强资金保障。各相关城市要进一步加大就业专项资金的投入，明确公共财政支持职业培训和技能人才队伍建设工作的资金渠道。各级人力资源社会保障部门要积极协调财政、发展改革等部门，统筹高技能人才专项工作经费、教育费附加、企业职工教育统筹经费等资金用于技能振兴专项活动。有条件的城市，可按规定对技能振兴专项活动给予支持。人力资源社会保障部将在国家“高技能人才培训基地建设项目”“技师培训项目”“技能大师工作室建设项目”以及国家技能人才评选表彰、高技能人才享受国务院政府特贴等方面对各相关城市给予支持和倾斜。

（四）加强舆论宣传。各相关城市要加强技能振兴专项活动的舆论宣传，大力宣传党和国家关于加强职业培训促进就业、技能人才工作的方针政策，大力宣传职业培训促进就业的重要作用以及技能人才在经济建设和社会发展中的突出贡献，提高职业培训工作和技能人才的社会地位，树立职业英模、弘扬工匠精神，努力营造有利于职业培训事业发展和高技能人才成长的良好氛围。

五、实施步骤

全国第二批百城技能振兴专项活动为时两年，实施工作分三个阶段进行：第一阶段（2015 年 3—5 月）：印发《关于开展第二批百城技能振兴专项活动的通知》，启动专项活动相关工作；各相关城市制定具体实施方案和工作安排。第二阶段（2015 年 6 月—2016 年 9 月）：全面推动技能振兴专项活动工作；指导各相关城市做好第二批专项活动相关工作；各相关城市结合本地实际，落实专项活动实施方案，完成专项活动各项工作任务。第三阶段（2016 年 10—12 月）：对各相关城市的专项活动开展工作绩效评估，总结经验。

全国第二批百城技能振兴专项活动城市名单

序号	地区	数量	实施城市（地区、州、盟）
1	北京	3	丰台区、大兴区、门头沟区
2	天津	3	滨海新区、津南区、宝坻区
3	河北	4	唐山市、保定市、秦皇岛市、定州市
4	山西	3	运城市、临汾市、朔州市
5	内蒙古	2	呼和浩特市、鄂尔多斯市
6	辽宁	3	沈阳市、阜新市、朝阳市
7	吉林	3	辽源市、通化市、白山市
8	黑龙江	3	牡丹江市、佳木斯市、伊春市

续表

序号	地区	数量	实施城市（地区、州、盟）
9	上海	3	嘉定区、虹口区、宝山区
10	江苏	5	无锡市、苏州市、南通市、盐城市、宿迁市
11	浙江	5	温州市、湖州市、嘉兴市、台州市、舟山市
12	安徽	4	蚌埠市、芜湖市、宣城市、铜陵市
13	福建	4	厦门市、泉州市、龙岩市、三明市
14	江西	4	九江市、景德镇市、鹰潭市、丰城市
15	山东	5	东营市、烟台市、济宁市、泰安市、德州市
16	河南	5	开封市、焦作市、漯河市、鹤壁市、济源市
17	湖北	4	咸宁市、荆州市、黄石市、孝感市
18	湖南	4	郴州市、益阳市、岳阳市、娄底市
19	广东	5	汕头市、梅州市、惠州市、茂名市、云浮市
20	广西	3	钦州市、百色市、玉林市
21	海南	1	海口市
22	重庆	3	江北区、九龙坡区、北碚区
23	四川	4	绵阳市、内江市、雅安市、凉山州
24	贵州	2	安顺市、铜仁市
25	云南	2	玉溪市、大理州
26	西藏	1	日喀则市
27	陕西	4	渭南市、安康市、汉中市、宝鸡市
28	甘肃	2	天水市、金昌市
29	青海	1	海西州
30	宁夏	1	吴忠市
31	新疆	3	乌鲁木齐市、克拉玛依市、巴州
32	新疆兵团	1	第一师阿拉尔市

山东省人力资源和社会保障厅
关于转发人社部函〔2015〕69 号文件
开展职业资格清理整顿和检查督查工作的通知

（2015 年 5 月 29 日　鲁人社字〔2015〕262 号）

各市人力资源社会保障局，省直各部门（单位），行业协会，各大企业：

现将《人力资源社会保障部关于开展职业资格清理整顿专项督查活动的通知》（人社部函〔2015〕69 号，以下简称《通知》）转发给你们，并结合我省实际提出如下意见，请认真贯彻执行。

一、高度重视，认真贯彻《通知》精神

职业资格清理整顿工作是国务院部署的一项重要任务。国家先后下发了国发〔2014〕27号、国发〔2014〕50号、国发〔2015〕11号、国办发〔2007〕73号、人社部发〔2014〕53号等相关文件，部署开展取消调整和清理整顿职业资格工作，取得了阶段性成果。各市、各部门、各单位要认真学习、深刻领会上述文件及《通知》精神，统一思想认识，充分认识做好各类职业资格清理整顿工作的重要性、必要性，严格按照《通知》要求，抓紧做好职业资格清理整顿和检查督查工作。

二、加大力度，全面深入开展清理整顿和检查督查工作

（一）工作内容

1. 各市、省直各部门（单位）、行业协会、各大企业是否已对国务院公布取消的职业资格停止相关认定工作。

2. 各市有无自行设置职业资格情况，自行设置的职业资格是否已取消。省直各部门（单位）、行业协会、各大企业对于没有法律、法规或国务院决定作为依据的准入类职业资格，是否已取消；自行设置的水平评价类职业资格是否已取消。

3. 各市、省直各部门（单位）、行业协会、各大企业就取消的职业资格是否已制定后续措施和办法，是否已建立职业资格组织实施工作长效机制。

4. 清查各市、省直各部门（单位）、行业协会、各大企业目前尚在组织实施的职业资格情况，包括：资格名称、设置部门（单位）、实施部门（单位）、设置依据及收费情况等。

（二）工作步骤

本次清理整顿和检查督查分三个阶段进行。

1. 部署动员阶段（6月）。各市、省直各部门（单位）、行业协会、各大企业按照统一部署，及时传达国家和省开展清理整顿和检查督查工作的要求，部署开展本市、本部门、本行业、本单位职业资格清理整顿和检查督查工作，于6月20日前上报负责此项工作的机构、联系人及联系电话。

2. 自查抽查阶段（6—7月）。各市、省直各部门（单位）、行业协会、各大企业对本市、本部门、本行业、本单位的各类职业资格设置实施情况进行自查。对于没有法律法规或国务院决定作为依据自行设定的各类职业资格予以取消并向社会公布，并于7月10日前将《已取消的职业资格情况统计表》和《尚在组织实施的职业资格情况统计表》（含电子版）报省人力资源社会保障厅。省人力资源社会保障厅将根据国家要求，组成督查组赴有关市和省直部门（单位）进行重点抽查，具体时间另行通知。

3. 总结报告阶段（8月）。各市、省直各部门（单位）、行业协会、各大企业认真梳理本市、本部门、本行业、本单位实施各类职业资格总体情况，深入分析职业资格实施和管理中存在的问题及原因，有针对性地提出意见和建议，写出总结报告（含电子版），于8月20日前报省人力资源社会保障厅。

三、严格要求，做好迎接国家抽查工作准备

职业资格清理整顿是深化行政审批制度改革、推动政府职能转变，为大众创业、万众创新创造良好条件的重要举措。根据国家的统一部署和省政府的要求，省人力资源社会保障厅将及时汇总我省职业资格清理整顿和检查督查情况，按时报省政府和人力资源社会保障部，并加强与有关部门的沟通配合，做好迎接国家督查组的重点抽查工作。

附件：

1. 人力资源社会保障部关于开展职业资格清理整顿专项督查活动的通知

2. 已取消的职业资格情况统计表（略）

3. 尚在组织实施的职业资格情况统计表（略）

人力资源社会保障部

关于开展职业资格清理整顿专项督查活动的通知

各省、自治区、直辖市及新疆生产建设兵团人力资源社会保障厅（局），国务院各部门（直属机构、社会组织、集团公司）人事劳动保障工作机构：

根据十二届全国人大一次会议审议通过的《国务院机构改革和职能转变方案》和《国务院办公厅关于清理规范各类职业资格相关活动的通知》（国办发〔2007〕73号）要求，我部牵头组织开展了减少职业资格许可认定和职业资格清理工作，取得了阶段性成果。为落实国务院领导同志批示要求，巩固职业资格清理成果，深化职业资格制度改革，我部拟于近期开展职业资格清理整顿专项督查活动，推动职业资格管理改革工作取得新进展。现将有关事项通知如下：

一、督查依据

（一）《国务院机构改革和职能转变方案》《国务院关于取消和调整一批行政审批项目等事项的决定》（国发〔2014〕27号、国发〔2014〕50号、国发〔2015〕11号）。

（二）《国务院办公厅关于清理规范各类职业资格相关活动的通知》（国办发〔2007〕73号）。

（三）《人力资源社会保障部关于减少职业资格许可和认定有关问题的通知》（人社部发〔2014〕53号）。

二、督查内容

督促检查各地区、各部门（直属机构、社会组织、集团公司）贯彻落实上述文件情况和尚在组织实施的各类职业资格及相关考试、发证等活动。具体包括：

（一）各地区、各部门（直属机构、社会组织、集团公司）是否已对国务院公布取消的职业资格停止相关认定工作。

（二）各地区有无自行设置职业资格情况，自行设置的职业资格是否已取消。各部门（直属机构、社会组织、集团公司）对于没有法律、法规或国务院决定作为依据的准入类职业资格，是否已取消；自行设置的水平评价类职业资格是否已取消。

（三）各地区、各部门（直属机构、社会组织、集团公司）就取消的职业资格是否已制定后续措施和办法，是否已建立职业资格组织实施工作长效机制。

（四）清查各地区、各部门（直属机构、社会组织、集团公司）目前尚在组织实施的职业资格情况，包括：资格名称、设置部门（单位）、实施部门（单位）、设置依据及收费情况等。

三、督查方式

采取自查与抽查相结合、走访与座谈相结合等方式。

四、督查时间

2015年5月—9月。

五、督查步骤

本次督查分三个阶段进行。

（一）部署动员阶段（5月）。各地区、各部门（直属机构、社会组织、集团公司）按照统一部署，及时传达本次督查活动要求，部署开展本地区、本部门（直属机构、社会组织、集团公司）职业资格清理整顿专项督查活动。

（二）自查抽查阶段（5—8月）。各地区、各部门（直属机构、社会组织、集团公司）对本地区、本部门（直属机构、社会组织、集团公司）的各类职业资格设置实施情况进行自查。同时，我部将组成督查组赴有关地区和部门进行重点抽查，具体时间另行通知。

（三）总结报告阶段（9月）。各地区、各部门（直属机构、社会组织、集团公司）认真梳理本地区、本部门（直属机构、社会组织、集团公司）各类职业资格设置实施总体情况，深入分析本地区、本部门（直属机构、社会组织、集团公司）职业资格管理中存在的问题及原因，有针对性地提出意见和建议，并向我部报送工作总结。在此基础上，我部将及时总结此次督查情况并将督查结果上报国务院。

六、有关要求

（一）各地区、各部门（直属机构、社会组织、集团公司）要高度重视职业资格清理整顿专项督查工作。此次督查工作是贯彻落实国务院关于减少职业资格许可认定工作、深化行政审批制度改革的重要举措，是全面摸清职业资格底数、建立职业资格目录清单管理制度的重要途径，是加强职业资格监督管理、推动政府职能转变的重要体现。各地区、各部门（直属机构、社会组织、集团公司）要提高对职业资格清理整顿专项督查工作重要性和必要性的认识，加强领导，周密部署，精心组织。

（二）各地人社部门要会同纪委（监察）、编办、发展改革（物价）、财政、审计、税务、工商等部门，共同做好职业资格清理整顿专项督查工作，加强协调，密切配合，加大工作力度，彻底摸清本地区内正在组织实施的职业资格情况，督促检查已取消职业资格在本地区的落实情况。各部门（直属机构、社会组织、集团公司）也要建立相应工作机制，督促检查本部门（直属机构、社会组织、集团公司）已取消职业资格的落实情况，清查尚在组织实施的职业资格情况。

（三）各地区、各部门（直属机构、社会组织、集团公司）要在梳理分析的基础上进行认真总结，并填写《已取消的职业资格情况统计表》和《尚在组织实施的职业资格情况统计表》。请各地区、各部门（直属机构、社会组织、集团公司）于9月底前将总结报告和统计表（含电子版）上报我部。

山东省人力资源和社会保障厅、山东省财政厅
关于印发山东省开展企业新型学徒制试点工作方案的通知

（2015年10月12日　鲁人社办发〔2015〕82号）

各市人力资源社会保障局、财政局，各有关技工院校：

为进一步推进企业职工培训工作，创新技能人才培养模式，加强企业高技能人才队伍建设，人力资源社会保障部、财政部确定在山东等12个省、自治区、直辖市开展企业新型学徒制试点工作。为做好试点工作，根据《人力资源社会保障部办公厅财政部办公厅关于开展企业新型学徒制试点工作的通知》（人社厅发〔2015〕127号）有关要求，我们制定了《山东省开展企业新型学徒制试点工作方案》（以下简称《试点方案》），现将《试点方案》印发给你们，请认真贯彻执行。

山东省开展企业新型学徒制试点工作方案

为进一步推进企业职工培训工作，创新技能人才培养模式，根据《人力资源社会保障部办公厅财政部办公厅关于开展企业新型学徒制试点工作的通知》（人社厅发〔2015〕127号）有关要求，

制定本工作方案。

一、指导思想

以党的十八大和十八届三中、四中全会精神为指导，以服务就业和经济社会发展为宗旨，适应现代企业发展和产业转型升级要求，创新企业技能人才培养模式，改革传统的学徒培养方式，探索开展企业新型学徒制试点，健全完善企业技能人才工作新机制，为提高劳动者职业能力和职业素养，促进企业发展和经济发展方式转变提供支撑。

二、工作目标及试点单位的确定

2015 年至 2017 年，在全省选择 15 家左右大中型企业作为试点单位，每家企业选拔 100 人左右参加新型学徒制培训。以企业为主体，通过企校合作等方式，推行以“招工即招生、入企即入校、企校双师联合培养”为主要内容的企业新型学徒培养模式；完善政策措施和培训服务体系，加快企业后备技能人才的培养。

三、企业新型学徒制主要内容

（一）培养对象和培养目标。试点企业中与本企业签订 6 个月以上劳动合同的技能岗位新招用人员和新转岗人员，企业可结合生产实际自主确定培养对象。学徒的培养由企业结合岗位需求确定，培养目标以中、高级技术工人为主，培养期限为 1—2 年。

（二）培养模式和内容。按照政府引导、企业为主、院校参与的原则，采取“企校双制、工学一体”的培养模式，即由企业与培训条件较好、培养质量较高的技师学院或高级技工学校等教育培训机构（以下简称“培训机构”）采取企校双师带徒、工学交替培养、脱产或半脱产培训等模式共同培养新型学徒。培养内容主要包括专业知识、操作技能、安全生产规范、职业素养等。技工院校应积极承担学徒的教学培训任务，要结合企业生产管理和学徒工作生活的实际情况，采取弹性学制，实行学分制管理。鼓励和支持学徒利用业余时间分阶段完成学业。要建立健全与新型学徒制相适应的教学管理制度，制订弹性学制和学分制的教学质量评价体系和考核制度，学徒累计学分达到规定要求的，可获得技工院校毕业证书。

（三）培养主体职责。学徒培养的主要职责由企业承担。企业应与学徒签订培养协议，明确培养目标、培训内容与期限、考核办法等内容。企业委托培训机构承担学徒的具体培训任务，应签订合作协议，明确培训的方式、内容、期限、费用、双方责任等具体内容，保证学徒在企业工作的同时，能够到培训机构参加系统的专业知识学习和技能训练。承担企业学徒培养任务的院校，与企业签订合作协议后，对企业学徒进行非全日制学制教育学籍注册，加强在校学习管理。学徒培训期满，经鉴定考核合格，可按规定取得相应职业资格证书或培训合格证书。

（四）培训师资来源。企业选拔优秀高技能人才担任学徒的企业导师。企业导师负责指导学徒进行岗位技能操作训练，帮助其逐步掌握并不断提升技能水平和职业素养，使之能够达到相应的职业技能标准和岗位要求，具备从事相应技能岗位工作的基本能力。培训机构要选择具备相应的专业知识和操作技能的优秀一体化教师作为学徒的专职指导教师，负责指导学徒在培训机构的教学任务。

四、企业新型学徒制投入机制

（一）学徒的基本工资。学徒在学习培训期间，按照劳动合同约定，由企业根据学徒实际工作贡献支付不低于当地最低工资标准的学徒基本工资。

（二）企业导师津贴。承担带徒任务的企业导师享受导师带徒津贴，津贴标准由企业确定，津贴由企业承担。

（三）培训费用。企业按照合作协议约定，向培训机构支付学徒培训费用，从企业职工教育经费中列支；企业对学徒开展在岗培训、业务研修等企业内部发生费用，符合有关政策规定的，可从企业职工教育经费中列支。符合有关政策规定的，由政府提供职业培训和职业技能鉴定补贴。

（四）补贴标准。人力资源社会保障部门会同财政部门对开展学徒制培训的企业按规定给予职业培训补贴，补贴资金从就业专项资金列支。具体补贴数额按企业支付给培训机构培训费用（以培训费发票为准）的 60% 确定，每人每年的补贴标准原则上应控制在4000元至6000元的合理区间，补贴期限不超过2年。培训后未能取得中级以上职业资格证书的，按补贴标准的50%给予补贴；培训合格并通过职业技能鉴定取得中级以上职业资格证书（未颁布国家职业技能标准的职业应取得培训合格证书）的，按补贴标准的100%给予补贴。

五、企业新型学徒制日常管理

（一）招收学徒备案。试点企业在开展每年学徒培训前1个月内将有关备案材料报所在市人力资源社会保障部门备案，备案材料包括：学徒培养计划、企业与学徒签订的培养协议、企业与培训机构签订的合作协议、学徒花名册及身份证复印件、劳动合同复印件等材料。

（二）考核鉴定。试点企业在年度培训任务完成后向所在地市级人力资源社会保障部门提出申请，按照鉴定程序组织技能鉴定。与省属技工院校合作试点的，向省人力资源社会保障厅提出申请，由省职业鉴定指导中心组织鉴定。如岗位为行业特有工种，可申请有具备条件的省行内特有工种职业技能鉴定站组织鉴定。

（三）补贴申领。企业新型学徒制职业培训补贴由市人力资源社会保障部门、财政部门根据学徒取得职业资格证书和培训合格证书的情况按标准拨付相应培训补贴，实行先支后补、按年度事后结算的办法。

1.试点企业在年度培训任务和考核鉴定完成后，由企业向所在市人力资源社会保障部门申请职业培训补贴，经人力资源社会保障部门审核后，同级财政部门按规定将补贴资金支付到企业在银行开立的基本账户。与省属技工院校合作试点的，向省人力资源社会保障厅申请。

2.试点企业申请职业培训补贴时应提供以下材料：除前述备案材料外，还应附职业资格证书或培训合格证书复印件、培训机构出具的行政事业性收费票据（或税务发票）、企业在银行开立的基本账户等凭证材料。

六、企业新型学徒制试点实施步骤

新型学徒制试点工作为期两年，分启动、实施、总结三个阶段进行：

（一）启动阶段（2015年10月）。制定试点工作实施方案，确定试点企业，启动试点工作。

新型学徒制试点企业的基本条件为：企业重视技能人才队伍建设；建立较完善的企业职工培训制度；建立待遇与技能挂钩的激励机制；技能劳动者占企业职工比例达60%以上，能选拔100人左右参加学徒制培训。

新型学徒制试点企业按照自愿申报、综合评审的方式确定。

1.申报推荐。各申报企业须提交《山东省新型学徒制试点企业申报表》（一式3份，见附件），经所在市人力资源社会保障局审核后，于2015年10月30日前函送（附电子版）省人力资源社会保障厅。

2.评审遴选。省人力资源社会保障厅组织专家对申报方案进行评审、遴选，择优选择目标明确、方案完善的申报单位，作为我省新型学徒制首批试点企业。

（二）实施阶段（2015年11月—2017年9月）。有关市人力资源社会保障局指导试点企业制订试点工作实施细则，完善相关政策制度，有序开展试点工作。

（三）总结阶段（2017年10月）。对各企业试点工作进行总结，修改完善企业新型学徒制政策。

七、工作要求

（一）各市人力资源社会保障局及相关部门要进一步提高认识，增强责任感和紧迫感，把推行企业新型学徒制作为加强技能人才队伍建设和职业培训的重要工作内容，认真组织实施。人力资源社会保障部门要会同财政部门落实企业新型学徒制补贴政策；要建立与试点企业的联系制度，加强工作指导，统筹推进试点工作。

（二）各试点企业要切实落实培训主体职责，把试点工作细化、具体化，形成具有可操作性的试点实施细则，明确试点目标、试点措施、进度安排、保障条件、责任主体、风险分析和应对措施等。要坚持边试点边研究，及时总结提炼，把试点工作中的好做法和好经验上升成为理论，形成推动新型学徒制发展的政策措施，促进理论与实践同步发展。

（三）试点工作结束后，有关市人力资源社会保障部门、财政部门要对试点工作进行认真分析，总结经验和不足，向省人力资源社会保障厅、财政厅报送本地企业试点工作总结和政策建议。

附件：山东省新型学徒制试点企业申报表（略）

四、人事制度改革

山东省人民政府办公厅
转发省人力资源社会保障厅、省委组织部、省编办、省财政厅、省审计厅
《关于深入推进机关事业单位“吃空饷”问题集中治理工作的实施意见》的通知

（2015年1月7日 鲁政办发〔2015〕1号）

各市人民政府，各县（市、区）人民政府，省政府各部门、各直属机构，各高等院校：

省人力资源社会保障厅、省委组织部、省编办、省财政厅、省审计厅《关于深入推进机关事业单位“吃空饷”问题集中治理工作的实施意见》已经省政府同意，现转发给你们，请结合实际，认真贯彻落实。

关于深入推进机关事业单位“吃空饷”问题
集中治理工作的实施意见

为全面贯彻落实《国务院办公厅转发人力资源社会保障部等部门关于开展机关事业单位“吃空饷”问题集中治理工作意见的通知》（国办发〔2014〕65号）要求，深入推进我省机关事业单位“吃空饷”问题治理工作，现提出以下实施意见。

一、准确把握政策，规范认定“吃空饷”情形

本次集中治理工作的范围为全省各级机关事业单位及其编制内工作人员和相关离退休人员。根据我省实际情况，这次开展“吃空饷”问题集中治理工作，应在巩固前期清理工作成果的基础上，重点集中整治以下问题：

（一）单位“吃空饷”问题。机关事业单位隐瞒事实、虚报人员编制或实有人数套取财政资金的，属于单位“吃空饷”。

（二）个人“吃空饷”问题。有关人员不在岗而违纪违规领取工资、津贴补贴的，属于个人“吃空饷”，主要包括以下情形：

1. 在机关事业单位挂名并未实际到岗上班，领取工资、津贴补贴的；

2. 因旷工或因公外出、请假期满无正当理由逾期不归等原因，按照规定应与单位终止人事关系，但仍在原单位领取工资、津贴补贴的；

3. 已与单位终止人事关系或已办理离退休手续，仍按在职人员领取工资、津贴补贴的；

4. 已死亡或被人民法院宣告死亡、失踪，仍由他人继续领取工资、津贴补贴的；

5. 受党纪政纪处分及行政、刑事处罚等，按规定应停发或降低工资待遇，但仍未停发或按原标准领取工资、津贴补贴的；

6. 其他违纪违规领取工资、津贴补贴的。

二、强化责任，认真组织核查

（一）2015 年 1 月，各机关事业单位要按照界定的“吃空饷”情形，全面开展自查自纠。2015 年 1 月底前，各级要对机关事业单位自查自纠情况开展专项督查。各市、省直各部门（单位）要在 2015 年 2 月上旬，将《“吃空饷”集中治理情况统计表》（见附件 2）及逐级汇总核查后的“吃空饷”问题集中治理工作情况报送省人力资源社会保障厅，并抄送省委组织部、省编办、省财政厅、省审计厅，主要内容包括：集中治理工作开展情况、机关事业单位在编在岗人数、“吃空饷”人数及清理处理情况、查处责任人员及建立长效机制情况等。省人力资源社会保障厅将会同有关部门对各市及省直部门（单位）深入开展“吃空饷”集中治理工作情况进行抽查。

（二）各机关事业单位在自查自纠过程中，要在单位内部对编制内人员工资发放情况进行公示，接受干部职工监督。各级主管部门要切实发挥管理职能，严格监督所属单位的自查自纠工作，发现问题要及时纠正，防止弄虚作假。对未按要求开展自查自纠工作的所属单位，要督促其限期整改。

（三）县以上各级组织、机构编制、财政、人力资源社会保障、审计等部门要对“吃空饷”问题集中治理情况联合进行督查，并向社会公布举报信箱、电话、电子邮箱等，受理群众举报，对收到的举报线索，要认真查处，并向实名举报人进行反馈。要根据掌握的机构编制、人员基本信息、工资统发信息等，逐级对报送的情况进行核查，对机关事业单位“吃空饷”问题集中治理情况进行抽查，对群众反映强烈的单位要重点检查。通过层层核查，做到数据准、底数清和清理到位、责任追究到位。

（四）各机关事业单位主要领导是第一责任人，领导班子是集体责任人。要把这次集中治理工作作为党的群众路线教育实践活动深化整改和加强作风建设的一项重要内容，作为确保财政供养人员只减不增的重要措施。对在“吃空饷”问题治理工作中隐瞒不报、敷衍了事、弄虚作假、顶风违纪的单位和人员，要从严追究相应责任，并予以通报。

三、严肃纪律，严格清理查处

（一）对出现“吃空饷”问题的机关事业单位和人员，要追缴“吃空饷”资金，上缴同级财政；对占编“吃空饷”单位，机构编制部门要核减相应编制，财政部门要核减相应预算和经费，对造成“吃空饷”负有第一责任和集体责任的领导人员以及相关责任人员，要按照有关规定，追究党纪政纪责任，涉嫌违法犯罪的，要及时移交司法机关。

（二）对“吃空饷”人员，要依据不同情形进行处理。对在机关事业单位挂名未实际到岗工作的，要进行清退；对应当终止人事关系的，要按照规定作出人事处理决定，办理相关手续；对已与单位终止人事关系或已办理离退休手续的，要核销工资关系；对工资和津贴补贴处理未到位的，要按照政策及时处理到位。对利用职权让亲属或他人在机关事业单位“吃空饷”的领导干部，要依法依规予以严肃处理。

（三）对调出机关事业单位仍在原单位领取工资、津贴补贴的人员，要按照政策规定予以纠正；对虽未在原单位领取工资、津贴补贴但按照规定应当终止人事关系的人员，以及已达到退休年龄未按规定办理退休手续的人员，要尽快办理人事关系终止或退休手续。

四、综合治理，建立长效机制

（一）进一步强化机关事业单位人事管理。机关事业单位要全面了解和掌握国家有关规定，严格执行组织人事和财经政策。要严格人员考核管理，加大日常考核力度，防止因管理松懈造成新的人员在编不在岗；严格人事管理流程，规范机关事业单位工作人员流动、退休、亡故、处分、辞职辞退、解除聘用合同等环节的管理，及时修改或核销人员信息资料，并相应调整处理有关工资待遇。

（二）进一步完善政策，堵塞管理漏洞。要全面分析、查找机构编制、财经、人事等政策制度及其执行方面存在的薄弱环节，健全完善各项政策和管理制度。组织、人力资源社会保障部门要加大对机关事业单位人事管理“进、管、出”环节的综合管理力度，严格执行公务员登记制度，完善事业单位工作人员实名统计制度；机构编制部门要积极推进机构编制信息公开，全面推行机构编制实名制管理制度；财政部门要加强财政资金管理；审计部门在部门预算执行、地方财政收支和党政主要领导干部经济责任等审计项目中，要把查处机关事业单位“吃空饷”问题作为审计工作的重要内容。加快实现机构编制、组织、人力资源社会保障、财政部门相关数据与信息共享和对接。

（三）进一步加强对机关事业单位人员管理工作的监督。机关事业单位要及时采集、随时更新工作人员信息和工资信息，在内部定期公示，并对反映的情况及时核实处理。组织、机构编制、财政、人力资源社会保障等部门要开展定期和不定期专项监督检查，严格规范机关事业单位人事管理。要加强社会监督，进一步健全监督举报制度，公布监督举报电话、网站，随时受理举报并及时调查核实。要加强舆论监督，对新闻媒体反映的“吃空饷”问题，要及时核查，并反馈调查结果。对情节特别严重的典型案例，要通过媒体进行曝光，并向社会公开治理结果。

五、加强领导，确保扎实有效

按照中央要求，我省成立机关事业单位“吃空饷”问题集中治理领导小组，领导小组办公室设在省人力资源社会保障厅。各级、各部门要成立由政府、部门负责同志牵头的集中治理工作领导小组，明确职责分工，强化工作责任，形成工作合力，精心部署落实。要加强宣传引导，为集中治理工作营造良好氛围，同时要密切关注舆情，正确引导舆论。在治理过程中要准确把握和落实有关政策，注意做好政策解释和相关人员的思想政治工作。

附件：

1. 山东省“吃空饷”问题集中治理工作领导小组成员名单（略）

2. “吃空饷”问题集中治理情况统计表（略）

中共山东省委组织部、山东省人力资源和社会保障厅
关于印发山东省事业单位公开招聘工作规程的通知

（2015 年 1 月 26 日 鲁人社发〔2015〕6 号）

各市党委组织部、政府人力资源社会保障局，省直各部门（单位）、各高等院校：

现将《山东省事业单位公开招聘工作规程》印发给你们，请认真贯彻执行。

山东省事业单位公开招聘工作规程

第一章 总 则

第一条 为规范事业单位公开招聘工作，根据《事业单位人事管理条例》（中华人民共和国国务院令第 652 号）、《事业单位公开招聘人员暂行规定》（原人事部令第 6 号），结合我省实际，制定本规程。

第二条 事业单位新聘用工作人员，除国家和省政策性安置、按照人事管理权限由上级任命、

涉密岗位等人员外，应当面向社会公开招聘。

第三条 公开招聘应当坚持德才兼备的用人标准和公开、平等、竞争、择优原则。坚持政府宏观管理与落实事业单位用人自主权相结合，统一规范、分类指导、分级管理。

第四条 各级组织、人力资源社会保障部门是事业单位公开招聘工作的主管机关。公开招聘主管机关与事业单位的主管部门负责对事业单位公开招聘工作进行指导、监督和管理。

第五条 事业单位公开招聘工作人员按照下列程序进行：

（一）制定公开招聘方案；

（二）公布招聘岗位、资格条件等招聘信息；

（三）审查应聘人员资格条件；

（四）考试、考察；

（五）体检；

（六）公示拟聘人员名单；

（七）订立聘用合同，办理聘用手续。

第二章　制定公开招聘方案

第六条 事业单位开展公开招聘工作，应当根据岗位空缺情况，在下达的年度招聘计划内，制定公开招聘方案，报事业单位公开招聘主管机关核准备案。

第七条 公开招聘方案由招聘单位或者其主管部门制定，主要包括以下内容：

（一）招聘单位名称及单位岗位设置总数、空缺岗位数；

（二）拟招聘的岗位、专业及所需资格条件；

（三）招聘的组织方式和时间；

（四）考试的方法；

（五）招聘信息发布的渠道等。

第八条 省直属事业单位的公开招聘方案报省事业单位公开招聘工作主管机关核准备案；省直各部门所属事业单位的招聘方案经其主管部门同意后，报省事业单位公开招聘工作主管机关核准备案；省级垂直管理部门系统所属事业单位的招聘方案，由其省级主管部门统一制定，报省事业单位公开招聘工作主管机关核准备案。

设区的市及其工作部门所属事业单位的招聘方案报设区的市事业单位公开招聘工作主管机关核准备案。

县（市、区）及其工作部门和乡镇（街道办事处）所属事业单位的招聘方案，经县（市、区）事业单位公开招聘工作主管机关同意后报设区的市事业单位公开招聘工作主管机关核准备案。

第三章　公布招聘信息

第九条 事业单位招聘工作人员应当面向社会公布招聘信息。公布的招聘信息应当符合公开招聘工作的规定要求，岗位资格条件应当科学合理，不得设置歧视性条件或要求。

第十条 招聘信息的主要内容包括：

（一）招聘单位的情况简介；

（二）招聘岗位、招聘人数；

（三）应聘人员条件；

（四）招聘办法及考试、考察的时间、内容、范围；

（五）报名时间、方法途径；

（六）需要说明的其他事项。

第十一条 事业单位公开招聘信息公布时间不得少于7个工作日。招聘信息须在同级事业单位公开招聘工作主管机关网站、事业单位主管部门网站、招聘单位网站上同时公布。根据工作需要，可以在人力资源市场网站或者其他媒体上一并公布。招聘信息一经公布，应当严格执行，不得擅自更改。

第四章　审查应聘人员资格条件

第十二条 公开招聘报名及资格审查工作由招聘单位或其主管部门具体负责实施。招聘单位或其主管部门应当选派专人对应聘人员的资格条件进行严格审查，确定符合招聘条件的人员，并对资格审查结果负责。事业单位公开招聘主管机关负责对资格审查进行指导监督。

第十三条 资格审查应当严格按照公布的公开招聘简章中确定的资格条件进行，坚持统一标准，统一尺度。事业单位公开招聘工作人员的资格审查工作，贯穿公开招聘工作的全过程。

第十四条 公开招聘主管机关或招聘单位主

管部门应当按照公布的招聘简章中规定的开考比例确定招聘计划，对达不到规定比例的，取消或核减招聘计划。对紧缺专业岗位或乡镇事业单位公开招聘报名后形不成竞争的，经设区的市以上事业单位公开招聘主管机关批准，可适当降低开考比例。

第五章　考试和考察

第十五条　公开招聘采取笔试、面试、测试、现场操作、考察等多种方式进行。考试内容应当为招聘岗位所必需的基本知识、业务能力和工作技能。考试科目与方式根据行业、专业及岗位特点确定。笔试、面试考务工作严格按照考务有关规定执行。

招聘初、中级岗位人员一般采取笔试和面试相结合的方式。

招聘高级专业技术岗位人员和急需的高层次、短缺人才，具有高级专业技术职务或博士学位的人员，可以采取专业测试、答辩、试讲、面谈交流等方式。经设区的市以上事业单位公开招聘主管机关同意，可以采取直接考察的方式。

招聘工勤岗位人员，一般采取专业笔试和专业测试相结合的方式。根据岗位需要，可以采取技能操作、专业能力测试的方式。

第十六条　严格笔试组织程序。试题命制根据招聘简章制定命题工作方案，明确有关要求，笔试考务工作严格按照有关操作要求执行。

第十七条　面试人选从达到笔试合格分数线的应聘人员中，按照招聘岗位的招聘计划由高分到低分按比例依次确定，并向社会公布。除引进的高层次和紧缺专业技术人员外，面试人选按照不低于1:3不高于1:5的比例，由招聘单位根据岗位条件确定。

第十八条　招聘单位笔试合格人数出现空缺的，取消招聘岗位；达不到招聘比例的，按照实有合格人数确定。面试人选面试前未在规定时间内向招聘单位提交有关材料的，视为弃权。经审查不具备应聘条件的，取消其面试资格。因弃权或取消面试资格造成的空缺，从达到笔试合格分数线的应聘人员中，根据招聘岗位和招聘人数由高分到低分依次确定，并按照规定程序面向社会公布。

第十九条　面试重点测评应聘者的岗位适应能力，主要考察应聘者的职业道德、专业知识和业务能力。面试应当根据岗位特点和专业要求，可以采用结构化面试、专业测试、情节模拟、试讲、答辩及实际操作等方式进行，具体方式由招聘单位确定。

第二十条　面试工作一般按照以下程序进行：

（一）制定面试方案，报事业单位公开招聘主管机关审核备案；

（二）面试试题命制及准备相关测评材料；

（三）组建面试考官小组；

（四）实施面试；

（五）公布面试成绩。

第二十一条　面试方案包括面试的原则、形式、内容、程序、时间、地点和成绩计算方法，面试考官的组成以及监督办法等。面试前应当将面试方案中考生须知的信息告知考生。制定面试方案时，应当保证同一岗位的考生由同一组考官、在同一天内进行面试。

第二十二条　坚持面试工作方案备案制度。经事业单位公开招聘主管机关批准自行组织笔试、面试的部门和单位，应当将面试工作方案在面试开始前一周报事业单位公开招聘主管机关备案，并严格按照备案的面试工作方案组织实施。

第二十三条　面试考官小组由本单位和外聘考官组成，其中，专业技术岗位面试一线专业技术人员在考官中的比例不少于三分之二（含外聘考官中的一线专业技术人员）。面试考官小组人数为奇数，一般为7、9、11人，面试考官小组设主考官1名。

第二十四条　对招聘单位有监督权限的纪检监察人员不得担任面试考官。面试考官和工作人员凡与应聘人员有规定的亲属关系、同事关系或其他可能影响招聘公正的，须实行回避制度。

第二十五条　面试成绩实行百分制，按评分标准评定。按照每个测评要素去掉一个最高分、一个最低分后综合计算平均成绩的办法，确定应试人员面试成绩。面试成绩保留小数点后两位、尾数四舍五入。面试成绩必须经考场监督人员签名确认，在每个岗位或每场面试结束后，由主考官当场向应聘人员宣布。

第二十六条 考试总成绩一般按笔试成绩和面试成绩各占50%的比例百分制合成，笔试成绩、面试成绩、考试总成绩均计算到小数点后两位数，尾数四舍五入。根据考试总成绩，按不高于1:1.5的比例确定进入考察范围人选。面试人员达不到规定比例的岗位，可设定面试合格分数线，达到合格分数线的进入考察范围。同一招聘岗位应聘人员出现总成绩并列的，按笔试成绩由高分到低分确定人选。

第二十七条 招聘单位或者其主管部门组织对通过考试的应聘人员的思想政治表现、道德品质、业务能力、工作实绩等情况进行考察，并对其资格条件进行复查。

第六章 体 检

第二十八条 招聘单位或者其主管部门对考察合格人员，按招聘人数1 ∶ 1的比例确定进入体检范围人选。

第二十九条 事业单位公开招聘体检一般应在县级以上综合性医院进行。体检标准和项目参照《公务员录用体检通用标准（试行）》（国人部发〔2005〕1号）和《关于修订〈公务员录用体检通用标准（试行）〉的通知》（人社部发〔2010〕19号）执行，国家另有规定的从其规定。

第三十条 应聘人员未按照规定时间、地点参加体检的，视为自动放弃。应聘人员按照规定需要复检的，不得在原体检医院进行。复检只能进行1次，结果以复检结论为准。

第三十一条 对放弃考察、体检资格或者考察、体检不合格造成的空缺是否递补，由同级事业单位公开招聘主管机关确定，并在公开招聘简章中予以明确。

第七章 公示拟聘人员名单

第三十二条 对考试、考察、体检合格的应聘人员，经招聘单位集体研究，按照应聘人员考试、考察、体检情况确定拟聘人员名单，并由招聘单位或其上级主管部门报事业单位公开招聘主管机关统一进行公示，公示期为7个工作日。

第三十三条 公示内容应当包括招聘单位名称、招聘岗位情况以及拟聘人员的基本情况。

第三十四条 拟聘人员公示期满，对没有问题或者反映问题不影响聘用的，由聘用单位或其主管部门提出聘用意见，报公开招聘主管机关办理备案手续；对反映问题影响聘用并查实的，不予聘用。

第八章 订立聘用合同和办理聘用手续

第三十五条 公示合格的拟聘用人员，由聘用单位或其主管部门提出聘用意见，并填写《事业单位聘用人员情况汇总表》和《事业单位聘用人员登记表》，按照干部人事管理权限规定报事业单位公开招聘主管机关备案。符合聘用条件的，由事业单位公开招聘主管机关发放《事业单位招聘人员通知书》。

第三十六条 经事业单位公开招聘主管机关备案后，聘用单位法定代表人或其委托人与受聘人员签订聘用合同，确立人事关系，并按规定办理相关手续。事业单位与聘用人员签订聘用合同，一般不低于3年。

第三十七条 事业单位公开招聘的人员按规定实行试用期制度，试用期包括在聘用合同期限内，试用期一般不超过6个月，属初次就业的，试用期一般为12个月。试用期满合格的，予以正式聘用；不合格的，取消聘用。

第九章 管理与监督

第三十八条 事业单位公开招聘人员实行回避制度。凡与招聘单位负责人员有夫妻关系、直系血亲关系、三代以内旁系血亲或近姻亲关系的应聘人员，不得应聘该单位人事、纪检、财务、审计等岗位，也不得在有直接上下级领导关系的岗位工作。

招聘单位负责人员和招聘工作人员在办理人员聘用事项时，涉及与本人有上述亲属关系或者其他可能影响招聘公正的，也应当回避。

第三十九条 各级组织、人力资源社会保障部门切实履行事业单位公开招聘工作主管机关的职责，建立严格的制度规范，加强管理，强化监督，指导事业单位依法行使用人自主权。

设区的市级事业单位公开招聘主管机关要强化对县级以下事业单位公开招聘工作的监督、指导，不断提升公开招聘工作规范化、科学化水平。

第四十条 事业单位主管部门要认真履行对所属事业单位公开招聘工作的指导、监督和管理职责。

第四十一条 公开招聘工作应当做到信息公开、过程公开、结果公开，主动接受社会及纪检监察机关的监督。

第四十二条 公开招聘主管机关和事业单位主管部门应当及时受理有关投诉或者举报。对有关投诉或者实名举报的调查处理情况，应当向投诉人或者实名举报人反馈；对新闻媒体反映问题的调查处理情况，应当及时向社会公布；对违反干部人事纪律及有关规定的行为要予以制止和纠正，保证公开招聘工作的公开、公平、公正。

第四十三条 公开招聘主管机关和招聘单位要畅通信息渠道，第一时间向新闻媒体发布招聘信息，积极回应社会关切。研究制定公开招聘突发事件应急预案，加强舆情研判，一旦出现重大舆情要妥善处置并及时向同级党委、政府和上级事业单位公开招聘主管机关报告。

第十章 违纪违规处理

第四十四条 对违纪违规行为的认定与处理，应当做到事实清楚、证据确凿、程序规范、适用规定准确。

第四十五条 各级事业单位公开招聘主管机关按照职责权限，对应聘人员违纪违规行为进行认定与处理。

第四十六条 对违反公开招聘纪律的应聘人员违纪违规行为的处理，参照《公务员录用考试违纪违规行为处理办法（试行）》（人社部发〔2009〕126号）处理。

第四十七条 对违反公开招聘纪律的工作人员违纪违规行为的处理，依据《行政机关公务员处分条例》（中华人民共和国国务院令495号）、《事业单位工作人员处分暂行条例》（中华人民共和国人力资源和社会保障部监察部令18号）等有关规定给予处理；涉嫌犯罪的，移送司法机关依法追究刑事责任。

第十一章 附 则

第四十八条 由国家机关举办或者其他组织利用国有资产举办的、纳入机构编制管理范围的事业单位公开招聘适用本规程。

参照公务员法管理事业单位不适用本规程。

第四十九条 本规程由中共山东省委组织部、山东省人力资源和社会保障厅负责解释。

第五十条 本规程自2015年3月1日起实施，有效期至2020年2月29日，此前与本规程规定不一致的，按本规程执行。

中共山东省委组织部、山东省编制办公室、
山东省人力资源和社会保障厅、山东省财政厅、山东省总工会

关于维护机关事业单位未纳入正式职工管理人员劳动保障权益的通知

（2015年1月26日 鲁人社发〔2015〕5号）

各市党委组织部、编办、人力资源社会保障局、财政局、总工会，省直各部门（单位），各高等院校：

为深入贯彻实施《劳动合同法》，维护职工的劳动保障权益，经省委、省政府领导同志同意，现就机关事业单位规范未纳入正式职工管理人员

的管理、保障其合法权益有关问题通知如下：

一、全省各级党的机关、人大机关、行政机关、政协机关、审判机关、检察机关、群众团体机关和各民主党派、工商联机关，各级各类事业单位和驻鲁部队（以下称“机关事业单位”），应当严格按照有关规定补充和使用工作人员。机关事业单位确因工作需要使用未纳入正式职工管理的人员，应当通过政府购买服务方式解决，严格控制在机构编制部门核定的数额内，按照《劳动合同法》的规定订立劳动合同，依法进行管理。

二、机关事业单位不得在公务员岗位或者行政执法、涉密等关键岗位使用未纳入正式职工管理的人员。

三、机关事业单位使用未纳入正式职工管理的人员，应当参加企业职工基本养老保险、职工基本医疗保险、工伤保险、失业保险和企业职工生育保险，缴纳住房公积金。

四、机关事业单位使用未纳入正式职工管理的人员，应当制定符合同工同酬分配原则和单位实际的劳动报酬分配办法。未纳入正式职工管理的人员与本单位同性质劳动者实行相同的劳动报酬分配办法，本单位无同性质劳动者的，参照当地人力资源市场工资指导价位，做到同工同酬。未纳入正式职工管理的人员的工资水平原则上应不低于所在地同类职业人力资源市场指导价位的低位数。

五、机关事业单位应当按照有关规定做好未纳入正式职工管理的人员考核奖惩、职称评审等工作，保障未纳入正式职工管理的人员在考核奖励、培训、考试、职称评审等方面的合法权益。

六、劳动保障监察机构对机关事业单位未纳入正式职工管理的人员劳动保障权益情况要进行定期检查。未纳入正式职工管理的人员认为用人单位侵害其合法权益向劳动保障监察机构举报投诉的，劳动保障监察机构应当依照《劳动保障监察条例》的规定处理。

七、未纳入正式职工管理的人员与机关事业单位发生劳动争议，向劳动人事争议调解仲裁机构申请调解仲裁的，劳动人事争议调解仲裁机构应当依照《劳动争议调解仲裁法》的规定处理。

八、机关事业单位现有未纳入正式职工管理人员因工作需要继续使用的，应按照本通知要求逐步进行规范。

本通知自2015年4月1日起施行，有效期至2018年3月31日。省直有关部门和各市、县机关事业单位在本通知下发前对机关事业单位未纳入正式职工管理的人员劳动合同、社会保险以及劳动报酬等作出的规定，与本通知规定不一致的，按照本通知规定执行。

中共山东省委组织部、山东省人力资源和社会保障厅
关于2015年省属事业单位公开招聘工作人员有关问题的通知

（2015年3月6日　鲁人社发〔2015〕12号）

省直各部门（单位），省属各高等院校：

为切实做好2015年省属事业单位工作人员公开招聘工作，按照《事业单位人事管理条例》（国务院令第652号）和《事业单位公开招聘人员暂行规定》（原人事部令第6号）、《山东省事业单位公开招聘工作规程》（鲁人社发〔2015〕6号）、《关于进一步做好事业单位公开招聘工作的通知》（鲁人社字〔2015〕84号）等有关要求，现就有关问题通知如下：

一、公开招聘的组织

（一）事业单位新进专业技术人员、管理人员和工勤人员，除国家和省政策性安置、按干部

人事管理权限由上级任命及涉密岗位等确需使用其他方法选拔任用人员外，一律实行公开招聘。

（二）省属事业单位招聘工作人员，要根据岗位空缺情况，在下达的用编进人计划内，按照有关规定和要求，制定招聘方案和招聘简章，并填写《省属事业单位公开招聘工作人员岗位汇总表》（见附件 1，以下简称《汇总表》），经主管部门审核同意，报省事业单位公开招聘主管机关备案后组织实施。

（三）省属事业单位公开招聘工作人员，按照岗位的等级、类别和专业条件要求，采取不同的方式组织进行。招聘的基本程序按照《省属事业单位公开招聘工作基本流程》（见附件 2）执行。

1. 招聘初级专业技术岗位和初级管理岗位人员，采取笔试和面试相结合的方式进行。招聘信息的发布、网上报名和笔试工作由省事业单位公开招聘主管机关负责组织，其中允许择业期内高校毕业生报考的岗位信息，招聘单位须登录山东高校毕业生就业信息网（www.sdbys.cn），按照相关程序同时发布。资格审查、面试、考察体检等工作，在省事业单位公开招聘主管机关的指导下，由招聘单位或其主管部门负责。

2. 招聘中级管理岗位和中、高级专业技术岗位人员，采取专业笔试和面试相结合的方式进行。考试总成绩按笔试成绩和面试成绩各占 50% 的比例百分制合成。由招聘单位或其主管部门根据备案的招聘方案，按规定程序、时间组织实施。其中，高级专业技术岗位人员的招聘，也可采取答辩、试讲、面谈交流等方式进行，或采取直接考察的方式组织。招聘中级管理岗位人员的，须报备案主管部门同意后，按规定程序组织实施。

3. 招聘工勤岗位人员，采取专业笔试和专业测试相结合的方式进行，也可根据岗位需要采取技能操作、专业能力测试的方式组织。由招聘单位或其主管部门根据备案的招聘方案，按规定程序、时间组织实施。

4. 省直属高等院校的招聘，由单位根据备案的招聘方案，按规定程序、时间组织实施。其中，招聘初级专业技术岗位和初级管理岗位人员可参加由省事业单位公开招聘主管机关统一组织的笔试；招聘本科及以下学历的初级岗位工作人员，须参加省属事业单位初级岗位笔试统一考试。

按规定由招聘单位或其主管部门组织的公开招聘，笔试、面试结束后应依照相关程序及时公布笔试、面试成绩，确定面试、考察体检范围人员名单。拟聘用人员确定后，招聘单位或其主管部门应按管理权限及时办理公示及聘用备案手续。公示、备案材料主要包括招聘人员基本信息、相关证明材料、面试人选基本情况、笔试面试成绩、招聘过程中违纪违规及存在不诚信情形人员信息、招聘工作情况总结等。招聘方案的备案工作截止到 2015 年 10 月底，聘用人员的备案工作应在本年度内完成。

（四）相关政策的落实

1. 根据国家和省里有关规定，由我省统一组织招募和选派的“选聘高校毕业生到村任职”“三支一扶”计划、“大学生志愿服务西部计划”等服务基层项目人员（以下简称服务基层项目人员），服务满 2 年、考核合格，3 年内（指 2011 年、2012 年、2013 年招募和选派人员，含 2013 年续聘的大学生村官）报考的，实行定向招聘。已享受优惠政策被录用为公务员或招聘为事业单位工作人员的，不再享受该优惠政策。省属事业单位的定向招聘岗位，由各招聘单位或其主管部门报省事业单位公开招聘主管机关确定。定向招聘岗位一般为普通管理岗位或专业条件要求较宽的专业技术岗位。

2. 曾受过刑事处罚和曾被开除公职的人员，在公务员招考和事业单位公开招聘中被认定有严重违纪违规行为且不得报考的人员，在读全日制普通高校非应届毕业生、现役军人，以及法律规定不得聘用的其他情形的人员不得应聘。应聘人员不能报考与本人有应回避亲属关系的岗位。高校毕业生在校期间的社会实践、实习、兼职等不作为工作经历，工作经历年限按足年足月累计。

二、初级专业技术岗位和管理岗位的招聘

（一）招聘岗位

初级专业技术岗位和初级管理岗位的招聘工作实行统一报名、统一笔试、分类面试的方式进行。笔试工作由省事业单位公开招聘主管机关统一组织实施，面试工作由招聘单位或其主管部门组织

实施。招聘单位根据岗位空缺和工作需要确定招聘岗位，并填写《汇总表》，经省事业单位公开招聘主管机关审核汇总后面向社会公布。招聘岗位所需的专业条件要明确、具体，易于操作和界定，对允许报考的相近专业逐一列出，专业名称应参考教育部公布的学科目录，不得设置歧视性、指向性条款；招聘岗位要求工作经历的，以2015年4月16日为截止日期；除科研医疗单位部分专业性较强的岗位外，学历性质一般不作限制；同一主管部门所属不同招聘单位的相同、相近岗位，可适当归并，集中招聘；面试人选按不低于1:3不高于1:5的比例，由招聘单位根据岗位条件确定。其中，招聘人数较多的岗位经省事业单位公开招聘主管机关批准，可适当降低面试人员比例。报名结束后，对应聘人数达不到规定比例的招聘岗位，计划招聘1人的，取消招聘岗位；计划招聘2人（含）以上的，按规定的比例相应核减招聘人数。招聘信息一经确定并向社会公布，不得变更。

（二）招聘范围和条件

初级岗位应聘人员除符合事业单位新进人员基本条件要求外，年龄应在40周岁以下（1974年4月16日以后出生），同时具备招聘岗位规定的专业条件要求。

（三）报名时间和方式

1. 个人报名

报名时间：2015年4月16日9:00—4月20日16:00

查询时间：2015年4月16日11:00—4月21日16:00

应聘人员登录山东人事考试信息网（www.rsks.sdrs.gov.cn），如实填写、提交相关个人信息资料，报名与考试时使用的身份证件必须一致。每人限报一个岗位，兼报者取消应聘资格，应聘人员在资格待审核期内可修改报名信息，后一次自动替换前一次信息。待审核期为2小时，自完成提交报名信息算起。报名截止后，招聘单位不受待审核期限制，可直接进行审核。招聘单位初审通过，报名信息不能更改。应聘人员有恶意注册报名信息，扰乱报名秩序等行为的，查实后取消其本次报考资格且5年内不得参加事业单位公开招聘。在读全日制普通高校非应届毕业生不能应聘，也不能用已取得的学历学位作为条件应聘。

2. 单位初审

初审时间：2015年4月16日11:00—4月21日16:00

招聘单位要指定专人负责资格初审工作，在报名期间（节假日不休息）查看本单位的网上报名情况，根据应聘人员提交的信息资料进行资格审查，并及时公布初审结果。对具备报名资格并符合应聘条件的，不得拒绝报名；对未通过初审的人员，要说明理由；对提交材料不全的，应注明缺失内容，并退回应聘人员补充。如招聘单位在待审核期满后48小时内，未对报名信息进行处理，则视为初审通过。网上报名期间，招聘单位公布的咨询电话应安排专人值班，提供咨询服务。

3. 网上缴费

缴费时间：2015年4月16日11:00—4月22日16:00

应聘人员在待审核期满后至查询截止时间前登录网站，查询初审结果。通过资格初审的人员，在规定时间内登录山东人事考试信息网进行网上缴费，逾期不办理网上缴费手续的，视作放弃。缴费成功人员于2015年5月19日9:00—5月23日开考前半小时登录该网站打印准考证，以及《省属事业单位公开招聘报名登记表》和《应聘事业单位工作人员诚信承诺书》（参加面试时使用）。

根据省物价部门核定的标准，考务费的收取标准为每人每科40元。

拟享受减免考务费的应聘人员，不实行网上缴费，在招聘单位审核通过后，在规定时间内携带相关证明材料到山东省人事考试中心（济南市燕子山路2号）办理减免考务费审核确认手续。审核成功后，考生确认完成。

（四）资格审查

省属事业单位公开招聘工作人员的资格审查工作，贯穿招聘工作的全过程。招聘单位或其主管部门应当选派专人对应聘人员的资格条件进行严格审查，确定符合招聘条件的人员，并对资格审查结果负责。进入面试的应聘人员，需按招聘岗位要求，向招聘单位提交本人相关证明材料及

1寸近期同底版免冠照片2张。相关证明材料主要包括：全日制普通高校应届毕业生应聘的，提交身份证、学校核发的就业推荐表，并能够正常毕业；其他人员应聘的，提交国家承认的学历学位证书（须在2015年4月16日之前取得）、身份证；在职人员应聘的，提交有用人权限部门或单位出具的同意应聘介绍信，对出具同意应聘介绍信确有困难的在职人员，经招聘单位同意，可在体检和考察时提供；报考定向招聘岗位的服务基层项目人员，还需提供相关服务基层项目的证明材料。

（五）考试内容和方法

考试分为笔试和面试。

1. 笔试

笔试根据专业不同分为综合、卫生和教育三大类，各类均考一科。综合类考试内容为公共基础知识，包括法律法规、政治经济理论、时政方针、科技知识、省情省况等基础性知识和综合写作；卫生类考试内容为公共基础知识和医药卫生专业基础知识两部分，分别占整个试题分数的30%和70%，专业基础知识部分按医疗、药学、检验、中医、护理五类分别命题；教育类考试内容为公共基础知识和教学基础知识（包括教育学、心理学知识和专业知识）两部分，分别占整个试题分数的30%和70%。笔试采用百分制计算应聘人员的成绩。为保证新进人员基本素质，笔试设定最低合格分数线，由省事业单位公开招聘主管机关根据岗位招聘人数和笔试情况确定。

笔试采取统一考试、统一标准、统一阅卷的方式进行。

笔试时间：2015年5月23日

综合类：上午9:00—11：30

教育类、卫生类：下午14:00—16：30

2. 面试

在省事业单位公开招聘主管机关的指导下，由招聘单位或其主管部门按备案的面试方案组织实施，面试方案的备案应在面试前一周完成。面试工作体现岗位特点和专业要求，可采用专业测试、结构化测试、情景模拟、试讲、答辩及实际操作等多种方式组织。面试要严格组织程序，认真执行回避制度，面试考官和工作人员凡与应聘人员有规定的亲属关系、同事关系或其他可能影响招聘公正的，必须实行回避。

面试人选从达到笔试合格分数线的应聘人员中，根据招聘岗位和招聘人数由高分到低分按比例依次确定，并按规定程序面向社会公布。笔试合格人数出现空缺的岗位，取消招聘；达不到招聘比例的，按实有合格人数确定。面试人选在面试前3天仍未向招聘单位提交有关材料的，则视为弃权。经审查不具备报考条件的，取消其面试资格。因弃权或取消资格造成的空缺，按笔试成绩依次递补。面试结束后，按笔试成绩和面试成绩各占50%的比例百分制合成考试总成绩，笔试成绩、面试成绩、考试总成绩均计算到小数点后两位数，尾数四舍五入。根据考试总成绩，确定进入考察体检范围人选。面试人员达不到规定比例的岗位，可设定面试合格分数线，达到合格分数线的进入考察体检范围。同一招聘岗位应聘人员出现总成绩并列的，按笔试成绩由高分到低分确定人选。

（六）考察体检

按照招聘岗位，根据应聘人员考试总成绩，由高分到低分按不高于1:1.5的比例，确定进入考察范围人选，组织考察。对考察合格人员，按招聘人数1:1的比例确定进入体检范围人选。招聘单位或者其主管部门应成立考察体检工作小组，具体负责考察体检工作。体检一般应在县级以上综合性医院进行，体检标准和项目参照《公务员录用体检通用标准（试行）》（国人部发〔2005〕1号）和《关于修订〈公务员录用体检通用标准（试行）〉的通知》（人社部发〔2010〕19号）执行，国家另有规定的从其规定。应聘人员未按规定时间、地点参加体检的，视为自动放弃。对按规定需要复检的，不得在原体检医院进行，复检只能进行1次，结果以复检结论为准。考察可根据岗位条件要求采取多种方式进行，应侧重思想政治表现、道德品质以及业务能力和工作实绩等方面情况，并对应聘人员是否符合规定的岗位资格条件，提供相关信息、材料是否真实准确等进行复审。考察体检工作小组要实事求是，全面、客观、公正地评价被考察对象，并写出书面考察意见。对放弃考察体检资格或考察、体检不合格造成的空缺，可从进入同一岗位考察范围的人员中依次等额递补。

（七）公示聘用

对考试、考察、体检合格的拟聘用人员，由省事业单位公开招聘主管机关统一公示，公示期为7个工作日。拟聘用人员名单公示后不再递补。公示期满，对没有问题或者反映问题不影响聘用的，由聘用单位或其主管部门提出聘用意见，报省事业单位公开招聘主管机关办理备案手续。对反映问题影响聘用并查实的，不予聘用。符合聘用条件的，发放《事业单位招聘人员备案通知书》，凭《事业单位招聘人员备案通知书》办理相关手续。聘用单位和受聘人员按规定签订聘用合同，确立人事关系。受聘人员按规定实行试用期制度，期满合格的正式聘用，不合格的解除聘用合同。

三、组织领导和监督检查

（一）省属事业单位新进人员公开招聘工作，政策性强，涉及面广，社会各界比较关注，各部门、各单位要高度重视，切实加强组织领导。要认真贯彻执行国家和省关于事业单位公开招聘的政策规定，坚持标准条件，严格工作程序，确保公开招聘工作顺利进行。

（二）严格按照《山东省事业单位公开招聘工作规程》，科学、规范、有序进行，最大限度地实行政务公开。招聘单位要及时面向社会公布招聘工作的进展情况，做到信息公开、过程公开、结果公开，接受社会和群众的监督。省事业单位公开招聘主管机关将积极配合纪检、监察部门，加强对公开招聘工作的监督检查，对违反公开招聘考试纪律的应聘人员，参照《公务员录用考试违纪违规行为处理办法（试行）》（人社部发〔2009〕126号）处理，对招聘工作中存在不诚信情形的应聘人员，将纳入事业单位公开招聘违纪违规与诚信档案库；对违反公开招聘纪律的工作人员违纪违规行为的处理，依据《行政机关公务员处分条例》（国务院令495号）、《事业单位工作人员处分暂行条例》（中华人民共和国人力资源和社会保障部监察部令18号）等有关规定给予处理；涉嫌犯罪的，移送司法机关依法追究刑事责任。

附件：

1.省属事业单位公开招聘工作人员岗位汇总表（略）

2.省属事业单位公开招聘基本工作流程（略）

中共山东省委组织部、山东省人力资源和社会保障厅
关于进一步做好事业单位公开招聘工作的通知

（2015年2月17日　鲁人社字〔2015〕84号）

各市党委组织部、政府人力资源社会保障局，省直各部门（单位）、各高等院校：

自2007年以来，我省认真贯彻执行《事业单位公开招聘人员暂行规定》，全面推行事业单位新进工作人员公开招聘制度，一大批高素质的优秀人才充实到事业单位，实现了公开招聘制度在全省各级各类事业单位的全覆盖。但随着形势的发展，我省事业单位公开招聘工作也出现了一些矛盾和问题。为进一步提高公开招聘工作的科学化水平，根据《事业单位人事管理条例》和《山东省事业单位公开招聘工作规程》等政策规定，经研究，决定自2015年开始，对公开招聘的考试组织方式作适当调整，对其他环节作进一步规范，现将有关事项通知如下：

一、进一步创新公开招聘组织形式

在保持现行事业单位分级管理体制不变的前提下，坚持自愿选择、基本统一、资源共享的原则，在保持高、中级岗位现有招聘方式的同时，稳步

推进初级岗位公开招聘实行全省或以设区的市为单位在同一时间进行笔试考试。考试时间提倡与省同步，确有特殊情况的，也可自主确定笔试时间。

（一）考试形式和内容。公开招聘采取笔试、面试、测试、现场操作、考察等多种形式进行。考试内容应为招聘岗位所必需的基本知识、业务能力和工作技能。考试科目与方式根据行业、专业及岗位特点确定。笔试、面试考务工作严格按照考务有关规定执行。招聘初、中级岗位人员一般采取笔试和面试相结合的方式。招聘高级专业技术岗位人员和急需的高层次、短缺人才，具有高级专业技术职务或博士学位的人员，可以采取专业测试、答辩、试讲、面谈交流等方式，经设区的市以上事业单位公开招聘主管机关同意，可以采取直接考察的方式。招聘工勤岗位人员，一般采取专业笔试和专业测试相结合的方式，根据岗位需要，也可以采取技能操作、专业能力测试的方式。

（二）考试时间安排。省直事业单位初级岗位笔试时间一般安排在每年的 5 月下旬。凡使用省里笔试试题的市、县（市、区），其考试时间须与省同步。

（三）省直公开招聘考试科目。省直笔试考试科目为综合、教育、卫生三大类，必要时卫生类专业知识部分按医疗、药学、检验、中医、护理五类分别命题。

（四）考试试卷使用。使用省人事考试中心命制考试试卷的市、县（市、区），须按照统一要求，办理试卷预订手续。

（五）考务组织。设区的市或县（市、区）均可设置考场。笔试考务工作可以由各级人事考试机构组织，也可委托教育、卫生等行业主管部门组织，具体由各设区的市确定，严格按照有关操作要求执行。

二、严格执行公开招聘各项政策规定

事业单位公开招聘坚持“公开、平等、竞争、择优”的原则，应拓宽选人视野，广泛吸纳各类优秀人才，严禁设置与岗位要求无关的资格条件和歧视性、指向性条款。

（一）不得设置歧视性条件。事业单位公开招聘除国家另有规定的外，不得设置民族、种族、性别、宗教信仰等歧视性条件。

（二）规范岗位专业条件设定。公开招聘专业条件的设定应认真参照教育部相关专业学科目录进行规范设定和表述。

（三）规范报考年龄条件。事业单位公开招聘可以在招聘简章中明确年龄要求，一般按以下标准掌握：初级岗位 40 周岁以下，中级岗位 45 周岁以下，高级岗位 50 周岁以下。

三、严格执行公开招聘工作程序

事业单位公开招聘要认真贯彻执行《山东省事业单位公开招聘工作规程》，严格按照规范的程序和方法步骤进行。

（一）严格招聘程序。事业单位公开招聘工作，应根据岗位空缺情况，在核准的年度用编进人计划内，制定招聘方案，严格招聘程序，确保事业单位公开招聘的公平、公正、公开。坚决杜绝擅自变通，违规操作，“绕道进人”，“萝卜招聘”等现象发生。

（二）科学合理设置招聘条件。招聘单位要科学合理设置招聘条件，提高受聘人员的岗位匹配度。避免招聘条件设置过宽、过高或过严，造成报考人员与招聘计划比例过大、个别岗位无符合条件人员报考或报考比例过小。

（三）严格资格审查。公开招聘报名及资格审查工作在招聘主管机关的指导下，由招聘单位或其主管部门具体负责实施。资格审查工作，贯穿公开招聘工作的全过程。资格审查应严格按照公开发布的招聘简章中确定的资格条件，坚持统一标准，统一尺度。招聘单位或其主管部门应当选派专人对应聘人员的资格条件进行严格审查，确定符合招聘条件的人员，并对资格审查结果负责。

（四）提高招聘考试的科学性。事业单位公开招聘坚持分级分类命题的原则，应选拔政治素质高、责任心强、公道正派、学识渊博、业务造诣深的专家入闱命题，指定具有丰富经验和高度责任心的人员审题，不断提高命题工作的科学化水平。

（五）强化考试安全管理。要严格考务工作规程，建立健全安全保密制度，制定考试应急预案，加强巡视监督，预防试卷失密、泄密或其他影响考试秩序的事件发生。要严肃工作纪律，坚决遏制考试作弊、弄虚作假等违纪违规行为。

四、加强新聘人员管理

事业单位与新聘用人员应当按照国家有关法律、政策规定，在平等自愿、协商一致的基础上，签订聘用合同，明确单位和新聘人员与工作有关的权利和义务。用人单位要充分发挥聘用合同的保障、约束和规范作用，切实加强对新聘人员的管理。

（一）及时签订聘用合同。公示合格的拟聘用人员，由聘用单位或其主管部门提出聘用意见，按照管理权限报事业单位公开招聘主管机关备案；符合招聘条件和程序规定的单位，由事业单位公开招聘主管机关发放通知书。聘用单位法定代表人或委托人应及时与受聘人员签订聘用合同，确立人事关系，按规定办理工资、社会保险、档案等相关手续。

（二）完善聘用合同内容。事业单位应根据《山东省事业单位聘用合同（范本）》的有关内容，结合单位和工作岗位实际，依法完善聘用合同的具体条款和内容，切实维护单位和工作人员双方的合法权益。

（三）明确最低服务年限。事业单位按照有关规定，可在招聘简章和聘用合同中明确约定最低服务年限，聘用合同一经签订，双方应严格履行。

事业单位公开招聘政策性强，涉及面广，各级各部门要高度重视，切实加强领导，精心组织实施。要加大创新力度，积极探索符合事业单位用人特点的公开招聘方法，不断完善公开招聘体制。要畅通信息渠道，充分发挥媒体作用，积极宣传公开招聘政策，第一时间向新闻媒体发布招聘信息，积极回应社会关切。要加强舆情研判，研究制定公开招聘突发事件应急预案，一旦出现重大舆情要妥善处置并及时向同级党委、政府和上级事业单位公开招聘主管机关报告。要及时受理有关投诉或者举报，对有关投诉或者实名举报的调查处理情况，应当向投诉人或者实名举报人反馈；对新闻媒体反映问题的调查处理情况，应当及时向社会公布。要加强监督，严守法纪，对违规进人和招聘过程中弄虚作假、营私舞弊等违纪违规行为进行严肃查处，确保事业单位公开招聘工作健康平稳规范有序开展。

本通知自2015年3月5日起实施，有效期至2020年3月4日。

山东省人力资源和社会保障厅、山东省财政厅
关于省属事业单位转制为企业有关问题的处理意见

（2015年10月8日　鲁人社发〔2015〕56号）

省直各部门（单位），各高等院校：

为便于省属事业单位转制工作的实施，根据《省委、省政府关于推进事业单位改革的意见》（鲁发〔2004〕15号）、《省委办公厅省政府办公厅关于省属经营开发服务类事业单位改企转制的实施意见的通知》（鲁厅字〔2005〕41号）和《中共山东省委山东省人民政府关于贯彻中发〔2011〕5号文件精神分类推进事业单位改革的实施意见》（鲁发〔2011〕16号）及《省委办公厅省政府办公厅关于印发分类推进事业单位改革配套文件的通知》（鲁办发〔2014〕31号），现就有关问题提出如下处理意见：

一、关于转制单位在职职工身份转换问题

省属事业单位经批准转制为企业后，原单位要正式行文通知解除其与在职职工的人事劳动关系。转制后的企业，应与在职职工按照《劳动法》《劳动合同法》及有关法律、法规和政策规定订立劳动合同。转制单位须按规定填写《省属事改

企单位转入企业人员养老保险个人账户一次性补贴核准表》，经主管部门审核后报省人力资源社会保障厅核准，作为计发转制单位编制内在职职工养老保险一次性补贴的根据。

二、关于驻济省属事业单位转制后职工参保缴费问题

（一）养老保险

驻济省属事业单位转制为企业后，其养老保险经办工作由省社会保险经办机构负责并登记和管理。转制单位先行注销原单位在机关事业单位养老保险的参保登记，再按规定到省社会保险经办机构办理企业参保登记，并为职工办理养老保险关系转移接续，在职职工在机关事业单位养老保险的个人账户储存额转入企业养老保险个人账户。

从转制基准日起，转制单位和个人应按企业职工基本养老保险有关规定缴纳养老保险费。缴费比例按转制后单位和职工应缴年份的相关规定执行。以全省在岗职工平均工资作为确定职工缴费基数上下限和转制后退休人员计算基本养老金的依据。

转制单位尚未建立企业年金制度的，在职职工的职业年金个人账户由原管理机构继续管理运营；在转制单位建立企业年金制度后，原职业年金个人账户资金转移至企业年金个人账户。

（二）医疗、工伤、生育保险

驻济省属事业单位转制为企业后，离休人员继续执行原医疗保障办法，所需资金按原渠道解决；退休（退养）人员随转制后企业在职职工一起按规定参加省级直管单位基本医疗保险，享受相应医疗保险待遇；转制前已参加了驻济省属机关事业单位补充医疗保险的，转制后可以继续参加补充医疗保险。

驻济省属事业单位转制为企业后，按规定参加属地的工伤、生育保险。

（三）失业保险

驻济省属事业单位转制为企业后，其失业保险经办工作继续由省社会保险经办机构负责并分类登记和管理。转制前已在省社会保险经办机构参加失业保险的，变更为企业失业保险登记，其单位和职工继续按规定参加失业保险并继续缴纳失业保险费。

三、关于转制单位在职职工养老保险一次性补贴及个人账户问题

给予转制单位编制内在职职工养老保险一次性补贴，其补贴标准计算公式中的工作年限，应按机关事业单位养老保险制度改革前（2014 年 10 月 1 日之前）在机关事业单位、军队的视同缴费年限计算。月基本工资按转制基准日当月的岗位工资和薪级工资计算。

给予转制单位在职职工的一次性补贴，由转制后的单位在首次缴纳企业职工基本养老保险费时，一次性交给省社会保险经办机构，全部计入职工企业基本养老保险个人账户。在 2014 年 10 月 1 日（含）机关事业单位养老保险制度改革后，职工在企业与机关事业单位之间流动的，按照国务院《关于机关事业单位工作人员养老保险制度改革的决定》（国发〔2015〕2 号）、山东省人民政府《关于机关事业单位工作人员养老保险制度改革的实施意见》（鲁政发〔2015〕4 号）文件及相关规定，转移接续养老保险关系。

四、关于转制单位转制前已离退休人员生活待遇及发放问题

2014 年 10 月 1 日（含）以前转制的不属财政供养的驻济省属转制单位，自 2014 年 10 月 1 日（含）起，已离退休人员纳入企业职工基本养老保险统筹内的津补贴项目确定为：①根据省人力资源社会保障厅、财政厅《关于印发〈省属事业单位绩效工资实施工作中有关问题处理意见〉的通知》（鲁人社发〔2013〕3 号）规定的纳入退休人员补贴的项目；②根据省人力资源社会保障厅、省财政厅《关于省属改企单位改企前离退休（内退）人员津贴补贴问题的意见》（2010 年 7 月 13 日印发）规定的离休干部 7 项生活补贴、物价补贴、原职务补贴、地方福利补贴、驻济补贴、其他补贴（房租补贴）、禁食猪肉民族补贴、早期归侨工资补差、特需费、乘车费余额、护理费、1~3 个月生活补贴；③省人力资源社会保障厅、省财政厅 2013 年 1 月和 2014 年 1 月调整省属驻济事业单位离退休（退职）人员离退休（退职）补贴标准的新增部分。驻济以

外省属事改企单位纳入统筹内的津贴补贴项目，参照驻地事改企政策执行。按照国发〔1978〕104号文件规定办理退职的人员，符合上述规定的津补贴项目，纳入基本养老保险统筹项目，由企业基本养老保险统筹基金列支，实行社会化发放；其他补贴按原经费渠道解决。

机关事业单位养老保险制度改革之后转制的单位，转制前已退休人员的生活待遇，已纳入机关事业单位基本养老保险基金支付的，改由企业基本养老保险统筹基金列支，实行社会化发放；其他待遇项目，仍从原渠道列支。

转制前已离退休人员的取暖补贴，转制后由企业基本养老保险统筹基金列支。

转制前已离退休人员（含内部退养人员）死亡后，按规定发放的丧葬补助费、一次性救济费（抚恤金）、供养直系亲属生活困难补助费，按规定标准从企业基本养老保险统筹基金中列支。

转制前已离退休人员根据省财政厅鲁财综字〔2000〕7号等文件确定的住房补贴和根据鲁财综〔2014〕20号规定发放的物业补贴所需资金，由转制后的企业承担。单位依据有关政策规定自主给离退休人员发放的津贴补贴项目，可由转制后的企业根据效益情况自行发放，所需经费由转制后的企业承担。

转制单位须按规定填写《省属事改企单位原离退休（退职）人员待遇核准表》，经离退休人员本人认可和主管部门审核后报省人力资源社会保障厅核准，作为省社会保险经办机构办理有关待遇发放的根据。

五、关于内部退养问题

内部退养，是为照顾工龄较长、年龄偏大的事业单位工作人员而出台的一项特殊政策，仅适用于转制为企业的事业单位。内部退养条件中的工作年限为实足年限。符合内部退养条件的工作人员，须由个人书面申请，按干部管理权限批准，并由单位与个人签订内退协议书，双方认为必要时还可进行公证。

内部退养人员的工作年限、职务职级（技术职称）和任职时间计算截止于事业单位转制基准日。内部退养人员除医疗保险（仅缴纳单位缴费部分）应继续缴费至法定退休年龄并按规定享受待遇外，其余按退休人员对待。内部退养人员不列入转制单位的在职人员，不计发一次性补贴，不再参加考核和晋升岗位等级及工资，不计算工龄，不缴纳养老保险费。内部退养人员到达法定正常退休年龄时按规定办理退休手续。

机关事业单位养老保险改革以前转制的，转制单位要根据内部退养人员转制基准日当月的工资情况和计算出的工作年限，比照同等条件退休人员计算其内退期间的生活费〔自2014年10月1日（含）起，应比照同等条件退休人员核增原内退人员剩余内退年限的生活费〕；机关事业单位养老保险改革以后转制的，由省人力资源社会保障部门根据机关事业单位养老保险制度改革有关规定，为机关事业单位养老保险制度改革10年过渡期（2014年10月1日至2024年12月31日）内办理内部退养的人员，分别计算内部退养人员新老办法待遇，并按“保低限高”有关规定核算内部退养人员生活费；过渡期结束后办理内部退养的人员，直接按新办法核算生活费。转制单位按规定填写《省属事改企单位内部退养人员情况和内退期间生活费核准表》，连同个人书面申请和个人与单位签订的内退协议书，经主管部门审核后报省人力资源社会保障厅核准，作为转制单位缴纳内部退养人员内退期间所需费用和发放其生活费的根据。不属财政供养的内部退养人员内退期间生活费及待遇调整增加的待遇，可由单位发放，或者由单位转制时一次性交省社会保险经办机构，由省社会保险经办机构按月代为发放，所需费用从原渠道解决。对应统筹项目外的津补贴等，按照本意见第四条关于退休人员的规定执行。

六、关于女性在职职工退休年龄问题

（一）在未实行人员聘用制度的事业单位中，对办理聘用制干部手续的人员，按省委组织部、原省人事厅《关于企事业单位聘用制女干部退休问题的复函》（〔1997〕鲁人函16号）规定执行。即“对已达工人退休年龄的聘用制女干部，可根据工作需要决定是否继续聘用。继续聘用的，年龄到达55周岁，连续受聘满十年并仍在聘用岗位上工作的，可按录用制干部办理退休手续；予以解聘的，仍按工人办理退休手续”。

（二）在未实行聘用制度的事业单位中，没有办理聘用制干部手续，但以工人身份聘任专业技术职务的女职工，退休年龄按山东省委组织部、原省人事局《关于干部退（离）休工作中几个具体问题的意见》（1990 年 12 月 5 日）中的有关规定执行。即“从工人中聘任的专业技术人员的退休年龄，被聘任为高级专业技术职务的，可按专业技术干部的退休年龄对待；被聘任为中级（含中级）以下专业技术职务的，仍按工人的退休年龄执行”。

（三）已实行人员聘用制度的事业单位，由工勤岗位受聘到管理或专技岗位的工人，在管理或专技岗位聘用满十年（截至管理或专技岗位退休年龄，即男 60 周岁、女 55 周岁，本意见下发前已被聘用的可连续计算）且在所聘岗位退休（退职）的，可按所聘岗位国家规定的条件办理退休（退职）。由工勤岗位受聘到管理或专技岗位的工人，在管理或专技岗位聘用不满十年（截至管理或专技岗位退休年龄，即男 60 周岁、女 55 周岁，本意见下发前已被聘用的可连续计算）且到达国家法定的工人退休年龄的，应当退休（退职）。由工勤岗位受聘到管理或专技岗位的工人，到达国家法定的工人退休年龄且单位批准其退休（退职）的，应当退休（退职）。

（四）根据中组部、人社部《关于机关事业单位县处级女干部和具有高级职称的女性专业技术人员退休年龄问题的通知》（组通字〔2015〕14 号）及其《电话通知》精神，事业单位县处级女干部和具有高级职称（含正、副高级）的女性专业技术人员，可在年满六十周岁时退休。

转制事业单位工人身份聘任（用）为专业技术、管理职务（岗位）的女职工内部退养条件，应根据单位是否开展了人员聘用制度改革和本人的情况，来选择执行上述政策规定。

七、关于转制单位在职人员辞去公职问题

转制单位转制时选择辞去公职的人员，本人须提交辞去公职申请书，按照人事管理权限批准；单位须按规定填写《省属事改企单位辞去公职人员养老保险个人账户一次性补贴和辞职补助金核准表》，经主管部门审核后报省人力资源社会保障厅核准。准予辞职的人员，由原单位发给一次性辞职补助金，工龄每满一年发给一个月的基本工资（岗位工资、薪级工资之和），不满一周年的，不予发给。

转制单位辞职人员按在职人员的办法计算养老保险一次性补贴，并入养老保险个人账户。转制单位将辞职人员个人档案、养老保险个人账户转交省职业介绍机构，待再就业接续养老保险关系时，由省职业介绍机构将养老保险个人账户储存额转入新参保地的社会保险经办机构。辞职人员职业年金有关问题，按国家和省有关规定执行。

八、关于费用支出问题

事业单位转制中处理人事劳动关系和衔接建立各项社会保险制度及转制前已离退休（退养）人员转制后生活待遇、医疗待遇所需费用，按原渠道解决。单位确有困难的，由主管部门统筹解决；主管部门难以解决的，由省人力资源社会保障厅、省财政厅等部门会同省审计厅进行审核认定，经审核认定为特困转制单位的，辞去公职人员一次性辞职补助金、编制内在职职工养老保险一次性补贴、内退人员内退期间统筹项目内生活待遇所需资金、转制前已经离退休（退养）人员住房补贴和物业补贴所需资金，由省财政调剂解决。

本意见仅适用于按照鲁发〔2004〕15 号、鲁厅字〔2005〕41 号、鲁发〔2011〕16 号和鲁办发〔2014〕31 号文件规定实施转制的省属单位和人员。

本意见自 2015 年 10 月 20 日起执行，有效期至 2018 年 10 月 19 日。原山东省人力资源社会保障厅、山东省财政厅《关于省属事业单位改企有关问题的处理意见》（鲁人社〔2009〕29 号）同时废止。

山东省人力资源和社会保障厅、山东省公务员局
关于给予全省“人民满意示范单位”和“人民满意公务员示范岗”记功奖励的通报

（2015年3月2日 鲁人社办发〔2015〕35号）

各市人力资源社会保障局（公务员局），省政府各部门、各直属机构：

2013年以来，按照人力资源社会保障部、国家公务员局部署，我省开展了创建“人民满意示范单位”和“人民满意公务员示范岗”（简称“双示范”）活动。各地各部门结合党的群众路线教育实践活动，以“双示范”创建活动为载体，以作风建设为切入点，规范岗位标准，细化创建措施，狠抓工作落实，建立长效机制，取得了明显成效。广大公务员立足本职，强化宗旨意识，转变作风，改革创新，勤政为民，创造出了让人民群众满意的业绩，涌现出一大批人民满意的公务员集体和岗位。为充分发挥先进典型的示范引导作用，进一步推动“双示范”创建活动的深入开展，根据《公务员奖励规定（试行）》，省人力资源社会保障厅、省公务员局决定，给予济南市公安局交通警察支队历下区大队车辆管理所等20个全省“人民满意示范单位”和济南市工商局驻市行政审批大厅窗口等38个全省“人民满意公务员示范岗”记集体二等功。

希望示范单位和示范岗继续发挥先进典型的引领作用，再接再厉，勇创佳绩。全省广大公务员和公务员集体要以他们为榜样，深入贯彻落实党的十八大和十八届三中、四中全会精神，改进作风、提升能力、勤政为民，争创人民满意的一流业绩，为建成富强民主文明和谐美丽的新山东作出新的更大贡献。

附件：

1. 全省“人民满意示范单位”名单
2. 全省“人民满意公务员示范岗”名单

全省“人民满意示范单位”名单（20个）

济南市公安局交通警察支队历下区大队车辆管理所
济南市槐荫区人民政府道德街街道办事处
胶州市人民检察院
青岛市市北区人民政府台东街道办事处
淄博市审计局
枣庄市交通运输局
广饶县人力资源和社会保障局
蓬莱市北沟镇人民政府
安丘市财政局
济宁市法律援助中心
汶上县农业局
泰安市人力资源和社会保障局
威海市环翠区张村镇人民政府
日照市岚山区虎山镇人民政府
莱芜市发展和改革委员会
德州市劳动人事争议仲裁院
聊城市公安局东昌府分局刑事侦查大队
定陶县信访局
省公安厅出入境管理局
省卫生监督所

全省“人民满意公务员示范岗”名单（38个）

济南市工商局驻市行政审批大厅窗口
济南市市中区城市管理行政执法局经十路（女子）中队
青岛市市南区工商局中山路工商所老曲维权工作室
莱西市公安局青岛路派出所月湖社区警务室
淄博市劳动人事争议仲裁院劳动关系庭
淄博市公安局出入境管理分局办证窗口
枣庄市地税局直属征收局办税服务厅
枣庄市工商局市中分局12315申诉举报指挥中心
东营市住房和城乡建设委员会行政审批科
东营市卫生执法监督局受理发证科
烟台市芝罘区人力资源和社会保障局综合服务中心机关窗口
烟台市审计局财审科
临朐县公安局寺头派出所
潍坊市潍城区人民法院监察室
济宁市社会保险事业局城乡居民养老保险科
济宁市民政局社会救助科
泰安市国库集中支付管理办公室契税与耕地占用税征管科
泰安高新技术产业开发区财政局资金结算科
威海市国土资源局地籍管理科
荣成市城乡建设局驻政务服务中心审批窗口
日照市人力资源和社会保障局专业技术人员管理科
莒县住房和城乡规划建设局驻行政服务中心窗口
莱芜市钢城区里辛街道社会事务办公室
莱芜市科技局高新技术发展及产业化科
费县司法局法制宣传科
德州市公安局交通警察支队直属一大队女子中队
临邑县民政局城乡低保办公室
聊城市行政服务中心规划局窗口
滨州市市长公开电话办公室
菏泽市市长公开电话受理中心
鄄城县人民法院箕山人民法庭
省公安厅高速公路交通警察总队二支队历城二大队
省民政厅信访稳定岗位
省人力资源社会保障厅信访岗位
省国土资源厅政务大厅
省水利厅发展规划处
省审计厅社会保障审计处
省工商行政管理局登记业务大厅

中共山东省委组织部、山东省人力资源和社会保障厅
关于印发山东省事业单位工作人员竞聘上岗试行办法的通知

（2015年12月24日　鲁人社发〔2015〕67号）

各市党委组织部、政府人力资源社会保障局，省直各部门（单位），各高等院校：

现将《山东省事业单位工作人员竞聘上岗试行办法》印发给你们，请结合本地区、本部门（单位）实际情况，认真贯彻执行。

山东省事业单位工作人员竞聘上岗试行办法

第一章　总　则

第一条　为优化事业单位人才成长环境，规范事业单位工作人员竞聘上岗工作，调动工作人员积极性，促进优秀人才脱颖而出，根据国务院《事业单位人事管理条例》及人力资源社会保障部印发的《事业单位岗位设置管理试行办法》等有关规定，制定本办法。

第二条　本办法所称的事业单位工作人员，是指事业单位聘用在管理岗位、专业技术岗位、工勤技能岗位的工作人员。其中，管理岗位人员选拔任用，按照中共中央办公厅印发的《事业单位领导人员管理暂行规定》等有关规定执行。

事业单位工作人员竞聘上岗是指事业单位内部按照规定的权限和程序，通过竞争方式择优产生岗位聘用人选的用人方法。

法律、法规对事业单位产生岗位人选另有规定的，从其规定。

第三条　竞聘上岗贯彻党管干部、党管人才的原则；坚持以人为本和人人皆可成才的科学人才观；坚持民主、公开、竞争、择优的原则；坚持任人唯贤德才兼备的用人标准；坚持注重业务能力和工作实绩的用人导向，逐步构建起能上能下的竞争性用人机制。

第四条　竞聘上岗以岗位设置为基础，在核准的岗位设置总量、类别、等级及其数量内进行。

第五条　竞聘上岗应当以履行岗位职责能力、完成岗位工作任务情况和考核结果为基本条件，采取适合单位以及岗位特点的办法进行。

第六条　事业单位工作人员竞聘上岗一般按现聘岗位类别进行竞聘。根据工作需要且符合岗位任职条件的，专业技术人员、工勤技能人员可相互转岗竞聘相应岗位。

第七条　事业单位出现岗位空缺，可根据工作需要和有关规定，适时组织空缺岗位的竞聘上岗工作。

第二章　竞聘范围

第八条　参加竞聘上岗人员应为单位现有在编在岗工作人员。

第九条　有下列情形之一的，应当实行竞聘上岗：

（一）事业单位出现岗位空缺或新设岗位，拟从单位内部产生人选的；

（二）事业单位出现分设、合并或者职能调整，须对人员进行重新定岗的；

（三）需要实行竞聘上岗的其他情形。

第十条　下列情形不实行竞聘上岗：

（一）确定涉密岗位人选；

（二）确定专业技术一级、二级岗位人选；

（三）事业单位新进人员首次确定岗位的；

（四）聘用合同到期按规定续订合同的；

（五）根据年度考核结果，向低等级岗位调整的；

（六）受处分降低岗位等级的；

（七）不宜实行竞聘上岗的其他情形。

第三章　竞聘条件

第十一条　参加竞聘上岗工作人员应具备下列基本条件：

（一）遵纪守法，具有良好的品行；

（二）具备岗位所需的专业、技能等方面的资格条件；

（三）适应岗位要求的身体条件；

（四）现聘岗位上年度考核结果为合格及以上。

第十二条　专业技术岗位的基本任职条件按照现行专业技术职务评聘有关规定执行。其中高级、中级、初级岗位内部各等级的具体任职条件，由事业单位或者主管部门按照有关规定和本行业、本单位岗位需要、职责任务和专业技术水平要求等因素综合确定。

竞聘实行职业资格准入控制的专业技术岗位，

应当具备准入控制的职业资格。

第十三条 工勤岗位的基本任职条件是：

（一）一级、二级工勤技能岗位，须在本工种下一级岗位工作满5年，并分别通过高级技师、技师技术等级考评；

（二）三级、四级工勤技能岗位，须在本工种下一级岗位工作满5年，并分别通过高级工、中级工技术等级考核；

（三）五级工勤技能岗位，学徒（培训生）学习期满和工人见习、试用期满，并通过初级工技术等级考核。

第十四条 专业技术岗位竞聘一般实行逐级竞聘。业绩显著、贡献突出、行业和群众公认的高层次人才，可越一级竞聘。越级竞聘必须从严掌握，不得在聘期内连续越级竞聘。

第十五条 事业单位工作人员一般不得同时竞聘两类岗位。因行业特点和工作需要，管理岗位人员确需在专业技术岗位上兼职，并按专业技术岗位进行管理的，须按干部人事管理权限审核批准后，在核准的专业技术岗位数额内，参加专业技术岗位竞聘上岗。

第十六条 专业技术岗位工作人员在上一个聘期考核合格且聘期内连续三年考核被确定为优秀档次，或上一个聘期内获得记功以上奖励的，可参加越级竞聘。

第十七条 工作人员年度考核被确定为基本合格档次的，两年内（含考核基本合格年度）不得竞聘高于现聘岗位等级的岗位。

工作人员聘期考核不合格的，不得竞聘高于现聘岗位等级的岗位。

第十八条 工作人员在受警告、记过处分期间，不得竞聘高于现聘岗位等级的岗位。

工作人员在受降低岗位等级处分期间，不得竞聘高于受处分后所聘岗位等级的岗位。

工作人员正在接受立案审查和停职审查期间，不得参加竞聘上岗。

第四章 竞聘程序

第十九条 竞聘上岗应当按照下列程序进行：

（一）制定竞聘上岗方案；

（二）在本单位公布竞聘岗位、资格条件、聘期等信息；

（三）审查竞聘人员资格条件；

（四）考评；

（五）在本单位公示拟聘人员名单；

（六）办理聘任手续。

第二十条 竞聘上岗应结合不同岗位特点，采取笔试、面试、民主测评、同行评议、专家委员会综合评价、技能水平综合评价等多种方式进行，具体方式由事业单位或者主管部门确定。

第二十一条 事业单位拟定的竞聘上岗实施方案，应经主管部门同意，报同级事业单位人事综合管理部门审核后组织实施。

第二十二条 竞聘结果的公示范围应与竞聘范围一致，公示时间不少于5个工作日。

第五章 聘 用

第二十三条 首次聘用到专业技术岗位或首次聘用到高一层次专业技术岗位的，一般应聘用在该层次的最低等级。

第二十四条 拟聘用人员公示无异议的，用人单位要在20个工作日内将聘用结果报同级事业单位人事综合管理部门备案。

第二十五条 事业单位与工作人员要严格履行聘用合同，按照约定的岗位目标、职责、聘用期限进行管理，对所聘人员履行岗位职责和目标任务进行考核，考核结果作为调整岗位、续聘、解聘的重要依据。

第六章 组织机构

第二十六条 事业单位应成立竞聘上岗领导小组，负责本单位竞聘上岗方案的拟定和组织实施。领导小组成员由事业单位负责人、人事、纪检监察部门负责人和职工代表组成。领导小组下设聘用工作机构，具体负责竞聘上岗工作的组织实施。

第二十七条 专业技术岗位竞聘上岗，应成立5人以上组成的专家委员会（其中在高级专业技术岗位专职从事专业技术工作的人员不少于三分之二），具体负责对专业技术岗位应聘人员的品德、知识、能力和业绩等进行综合评价。

专家委员会成员，应当由本领域、行业的高层次专业技术人员组成，必要时聘请外单位专家参加。

第七章　监督管理

第二十八条　县级以上各级人事综合管理部门和事业单位主管部门负责对事业单位竞聘上岗工作进行指导、检查和监督。

第二十九条　竞聘上岗实行回避制度。

与事业单位负责人员有夫妻关系、直系血亲关系、三代以内旁系血亲或者近姻亲关系的工作人员，不得竞聘该单位组织、人事、财务、纪检、监察、审计岗位，以及有直接上下级领导关系的岗位。

聘用工作机构成员、事业单位负责人及外聘专家、本单位同行在组织实施竞聘上岗时，涉及与本人有上述亲属关系或者其他可能影响竞聘结果公正的，应当回避。

第三十条　严肃竞聘上岗工作纪律，对违反岗位设置管理和岗位聘用政策规定，以及弄虚作假、营私舞弊的直接责任人及其有关部门（单位）相关责任人员，按照《事业单位工作人员处分暂行规定》（人力资源社会保障部令第18号）、《关于处理专业技术职务评聘工作中违反政策纪律问题的暂行规定》（鲁人职〔1994〕9号）等有关规定和组织人事纪律严肃查处；构成犯罪的，依法追究刑事责任。

第三十一条　其他人员采取不正当手段影响竞聘结果客观公正的，按照有关规定追究其责任。

第八章　附　则

第三十二条　机关工勤人员竞聘上岗，可参照本办法执行。

第三十三条　本办法由中共山东省委组织部、山东省人力资源和社会保障厅负责解释，各级各部门可结合实际制定具体的实施细则。

第三十四条　本办法自2016年1月1日起施行，有效期至2017年12月31日。原山东省人事厅《关于事业单位专业技术岗位实行竞聘上岗的指导意见》（鲁人发〔2009〕4号）同时废止，事业单位其他有关岗位竞聘的规定与本办法不一致的，按本办法执行。

山东省人力资源和社会保障厅
关于明确高等院校和科研院所科研人员
离岗创业有关问题的通知

（2015年12月31日　鲁人社发〔2015〕69号）

各市人力资源社会保障局、省直各有关部门（单位）、各高等院校：

为认真贯彻落实省委、省政府《关于深入实施创新驱动发展战略的意见》（鲁发〔2015〕13号）和《省政府办公厅转发省科技厅关于加快推进大众创新创业的实施意见的通知》（鲁政办发〔2015〕36号）要求，现就高等院校、科研院所科研人员离岗创业有关问题通知如下：

一、高等院校、科研院所的科研人员，经所在单位同意，可带着科研项目和成果离岗到企业开展创新工作或创办企业。离岗时间不超过3年，离岗期间保留人事关系。离岗期内，高等院校、科研院所不得以离岗创业为由解除其人事关系。

二、高等院校、科研院所应与离岗创业人员、创业企业签订三方协议，明确服务期限、聘用合同变更、科研成果归属、收益分配及各方的权利义务等有关事项。

三、离岗期间，离岗创业人员与原单位其他

在岗人员同等享有职称评聘、岗位等级晋升和社会保险等方面的权利。

四、离岗创业人员参加年度考核，离岗期间的年度工作情况由所在企业出具，考核档次由原单位确定。

五、离岗期间，离岗创业人员由原单位发放国家规定的基本工资，离岗创业人员的年度考核结果为合格及以上档次的，正常增加薪级工资。

六、高等院校、科研院所兼任领导职务的科研人员，辞去领导职务的，可以科研人员身份离岗创业。

七、离岗创业结束，离岗创业人员返回原单位工作的，由原单位根据工作需要和本人条件安排工作；离岗期满，离岗创业人员未回原单位工作的，原单位应当及时解除（终止）人事关系。离岗期间，按规定缴纳社会保险费的，离岗创业年限可计算缴费年限。

八、符合离岗创业条件的人员，由本人书面申请并提供从事创新创业工作的证明材料，经单位同意，按干部人事管理权限审批，并报同级政府人力资源社会保障部门备案。其中，涉密、特殊岗位的科研人员离岗创业的，按照国家和省相关规定执行。

九、本通知自2016年2月1日起执行，有效期至2019年1月31日。

附件：科研人员离岗创业审批表（略）

五、劳动关系

山东省人力资源和社会保障厅、山东省劳动人事争议仲裁委员会
关于明确山东省劳动人事争议仲裁委员会受理劳动人事争议案件管辖范围的通知

（2015年1月8日　鲁人社发〔2015〕2号）

各市人力资源社会保障局、劳动人事争议仲裁委员会：

山东省劳动人事争议仲裁委员会于2010年8月30日经省政府批准，由原省劳动争议仲裁委员会、原省人事争议仲裁委员会整合成立（鲁人社发〔2010〕49号）。2013年5月27日省编办批复山东省人事争议仲裁中心更名为山东省劳动人事争议仲裁院（鲁编办〔2013〕71号），2014年12月1日省编办批复同意省劳动人事争议仲裁院主要职责调整（鲁编办〔2014〕222号）。为进一步理顺省劳动人事争议仲裁委员会与有关市劳动人事争议仲裁委员会受理案件的管辖关系，根据《中华人民共和国劳动争议调解仲裁法》《中华人民共和国公务员法》《中国人民解放军文职人员条例》及中共中央组织部、原国家人事部、解放军总政治部《人事争议处理规定》（国人部发〔2007〕109号）等规定，现将省劳动人事争议仲裁委员会受理劳动人事争议案件的管辖范围明确如下：

一、中央和省属驻济南市的机关、事业单位、社会团体与聘任（用）制工作人员之间发生的人事争议；

二、本省辖区内军级以上军队聘用单位与文职人员发生的人事争议；

三、在全省有重大影响的劳动人事争议；

四、省劳动人事争议仲裁委员会应当受理的其他劳动人事争议。

本通知自印发之日起执行。

山东省高级人民法院、山东省人民检察院、山东省人力资源和社会保障厅、山东省公安厅关于做好我省涉嫌拒不支付劳动报酬犯罪案件查处衔接工作的通知

（2015年3月31日 鲁人社发〔2015〕17号）

各市中级人民法院、人民检察院、人力资源社会保障局、公安局、济南铁路运输中级法院：

现将最高人民法院、最高人民检察院、人力资源社会保障部、公安部《关于加强涉嫌拒不支付劳动报酬犯罪案件查处衔接工作通知》（人社部发〔2014〕100号）转发给你们，并结合我省实际，就做好涉嫌拒不支付劳动报酬犯罪案件查处衔接工作有关事宜明确如下：

一、各级各有关部门要通过召开座谈会、举办培训班、典型案例分析等方式，组织相关业务经办人员深入学习掌握涉及拒不支付劳动报酬罪的相关法律规定，正确理解适用法律条文，做好案件的调查和证据收集等工作，提高案件的办理质量。

二、各级各有关部门要通过广播、电视、报刊、网络等多种渠道，进一步向社会广泛宣传刑法修正案（八）和司法解释有关拒不支付劳动报酬罪的相关规定，让广大用人单位和劳动者知法、懂法、守法、用法，形成预防和打击恶意欠薪犯罪的良好舆论氛围。

三、各级人力资源社会保障部门要依法对用人单位遵守劳动保障法律、法规和规章的情况进行监督检查。通过检查，监督用人单位劳动报酬支付情况，依法受理拖欠劳动报酬的举报、投诉。对涉嫌犯罪的案件，在证据适用方面要加强与公安机关的沟通协调，调查取证要做到事实清楚、证据确凿，按照《行政执法机关移送涉嫌犯罪案件的规定》的要求，严格依照法定程序制作《涉嫌犯罪案件移送书》，在规定期限内将案件向同级公安机关移送，并抄送同级人民检察院备案。严禁不移送或者逾期不移送涉嫌拒不支付劳动报酬案件。

四、各级公安机关对涉嫌拒不支付劳动报酬犯罪案件应及时审查，做到应立案尽立案。立案后，要及时侦办，查明犯罪事实，保障劳动者的合法权益。

五、各级人民检察院要依法及时履行对拒不支付劳动报酬涉嫌犯罪案件的立案监督、审查批捕、审查起诉等职责。

六、各级人民法院要依法及时受理、审理各类劳动报酬纠纷及拒不支付劳动报酬案件。人民法院作为劳动报酬纠纷受理的案件，经审理认为不属劳动报酬纠纷案件而有犯罪嫌疑的，应当裁定驳回起诉，将有关材料移送公安机关或检察机关。

七、各级人力资源社会保障部门要加强与公安机关、人民检察院和人民法院的沟通联系，建立联席会议制度，联席会议由人力资源社会保障部门召集，每半年召开一次，互通打击拒不支付劳动报酬犯罪的有关情况，总结经验，查找不足；对需要协作处理的重大事项进行沟通和协商，达成协作共识；对疑难问题进行研究，提出解决问题的对策和措施；统一工作思路，共同研究部署下一步工作。

山东省人力资源和社会保障厅、山东省劳动人事争议仲裁委员会
关于建立劳动人事争议仲裁案例指导制度的意见

（2015 年 6 月 25 日 鲁人社发〔2015〕37 号）

各市人力资源社会保障局、劳动人事争议仲裁委员会：

为贯彻落实《中华人民共和国劳动争议调解仲裁法》和相关法律法规，统一法律适用，加强仲裁办案指导，提高仲裁办案质量，提升调解仲裁工作效能，维护当事人合法权益，经研究，决定在我省建立劳动人事争议案例指导制度（以下简称案例指导制度），现提出如下意见：

一、充分认识建立案例指导制度的重要意义

案例指导，是指按照一定标准、程序，有计划组织搜集、遴选并发布具有指导性意义的典型案例，为今后类似案件裁决提供参考范例，有利于解决法律规定不具体、适用法律不统一等问题。建立案例指导制度，系统地归纳和积累办案经验指导仲裁实践，是快速提高仲裁质量和效率的有效方式，是推进全省劳动人事争议调解仲裁工作制度不断发展完善的重要手段。各市要高度重视，认真做好案例指导工作，通过典型案例示范引领，进一步统一法律适用，提高仲裁工作效能，提升仲裁公信力和服务社会能力。

二、指导性案例的选编条件

指导性案例是指劳动人事争议仲裁机构裁决已经发生法律效力或裁审一致的，并符合以下条件之一的案例：

（一）涉及面广，影响面大，社会广泛关注的；

（二）法律法规规定比较原则的；

（三）具有典型性的；

（四）疑难复杂难以把握裁决尺度或者新类型的；

（五）其他具有典型指导意义的。

三、指导性案例的结构要求

指导性案例撰写内容主要包括：标题、裁决要点、案情概要、裁决结果和案例点评等。

标题由案件当事人名称和主要案由构成。如“×× 诉 ×× 履行劳动合同争议案”。裁决要点应当合法、合理、准确、精练，具有明确指导性。基本案情应写明审理查明的事实，简明扼要。裁决结果应当合法、公正。案例点评说理精准，恰当，法律效果和社会效果良好。

四、编选指导性案例的组织程序

各市劳动人事争议仲裁委员会对本委和县（市、区）仲裁委员会已经发生法律效力的裁决案件，认为符合指导性案例条件的，可以向省人力资源社会保障厅调解仲裁管理处、省劳动人事争议仲裁院报送。

人民法院、工会组织、专家学者、法律工作者和其他社会各界人士对各级劳动人事争议仲裁委员会已经发生法律效力的裁决，认为符合本意见第二条规定的，可以向做出生效裁决的仲裁委员会提出推荐建议。

各市劳动人事争议仲裁委员会推荐指导性案例，应当填写《案例推荐表》（样式附后），并简要说明推荐理由和依据，按照规定的体例要求撰写好案例及相关材料，同时要报送相关法律文书（如裁决书），并以纸质和电子版两种方式一并报送。对于涉及当事人隐私或不便于公开的事项，要以适当方式妥善处理。

省人力资源社会保障厅调解仲裁管理处、省劳动人事争议仲裁院负责指导性案例的审查、编选工作。指导性案例由省人力资源社会保障厅、省劳动人事争议仲裁委员会确定并统一发布。

各级人力资源社会保障部门、劳动人事争

议仲裁委员会，要对已发布的指导性案例的执行情况进行监督和指导，努力维护案例指导的权威性。各地要按照本意见要求认真抓好落实，具体执行中遇到的有关问题，请及时向省人力资源社会保障厅调解仲裁管理处、省劳动人事争议仲裁院反映。

附件：

1. 指导性案例推荐表（略）

2. 关于备选指导性案例《××××××（标题）》的说明 （略）

山东省人力资源和社会保障厅、山东省社会管理综合治理委员会办公室 关于转发人社部发〔2015〕53号文件 加强全省专业性劳动争议调解工作的通知

（2015年7月10日　鲁人社发〔2015〕40号）

各市人力资源社会保障局、综治办：

现将人力资源社会保障部、中央综治办《关于加强专业性劳动争议调解工作的意见》（人社部发〔2015〕53号，以下简称《意见》）转发给你们，并结合实际，就做好我省专业性劳动争议调解工作通知如下：

一、充分认识做好专业性劳动争议调解工作的重要意义

当前，随着我国改革进入攻坚期和深水区，社会转型进入关键期，各种矛盾纠纷多发易发，影响社会和谐稳定。加强专业性劳动争议调解工作，是以柔性方式化解矛盾的有效途径，是解决专业领域劳动争议的基本方式和“第一防线”，是构建和谐稳定劳动关系的重要抓手，可以最大限度地促使当事人双方取得相互谅解、减少对立情绪、防止矛盾激化，对于创新社会治理体系，提高社会治理能力，维护相关行业领域正常秩序、维护人民群众合法权益，维护社会和谐稳定具有重要意义。各地要从全面贯彻党的十八大和十八届二中、三中、四中全会精神的高度，按照中共中央、国务院《关于构建和谐劳动关系的意见》（中发〔2015〕10号）要求，充分认识加强专业性劳动争议调解工作的重要性，牢固树立“以人为本”理念，不断建立健全专业领域争议调解工作组织和机制，为促进劳动关系和谐与社会大局稳定创造良好环境。

二、加强区域性、行业性劳动争议调解组织和机制建设

各级人力资源社会保障部门要在同级党委、政府的领导下，与综治组织紧密协调，发挥好牵头职责，与有关部门和单位密切配合，形成工作合力，按照《意见》要求，认真抓好商会（协会）、乡镇（街道）等专业性劳动争议调解组织建设。结合贯彻落实《山东省劳动人事争议调解工作暂行办法》（鲁人社发〔2010〕73号）规定，在所属各类经济技术开发区（工业园、商业园、高新技术开发），建立健全劳动争议调解组织，具体负责本区域内的劳动争议预防、调解工作，每个专业性调解组织要配备3－5人的专职或者兼职调解员，力争2015年底前在全省全面建立专业性劳动争议调解组织。

各级要切实加强专业性劳动争议调解工作机制建设，依据劳动争议调解仲裁法，贯彻“预防为主、基层为主、调解为主”的工作方针，进一步明确工作职责，规范操作流程，建立完善制度。加强对专业性调解组织的支持，促进落实工作场所，配备必要的办案、办公设备，改善工作条件。仲裁机构要加强业务指导，搞好调解员培训，督促完善调解工作机制，使调解工作逐步走上法制化、规范化、制度化建设轨道。

三、切实加强对专业性劳动争议调解工作的组织领导

各级人力资源社会保障、综治部门要将加强

专业性劳动争议调解工作列入工作议程，建立调解联席会议、信息通报制度，研究和解决调解工作中的困难和问题。要按照工作分工，明确职责，落实责任，密切配合，充分发挥各自职能优势，采取有效措施，认真抓好工作落实。要加强对专业性调解工作的组织、协调、指导和督促，定期检查考核，及时总结推广先进经验，对做出突出贡献的调解组织和调解人员予以表扬，省人力资源社会保障厅将对工作进展情况适时调度。

各地要注意掌握工作进度，在推进过程中有何意见和问题，请及时向省人力资源社会保障厅和省综治办反馈。

山东省人力资源和社会保障厅
关于下放劳务派遣行政许可管辖权限和开展劳务派遣单位监督检查的通知

（2015 年 3 月 4 日　鲁人社字〔2015〕104 号）

各市人力资源社会保障局：

为深入贯彻落实《中华人民共和国劳动合同法》和《劳务派遣行政许可实施办法》（人力资源社会保障部令第19号），引导劳务派遣规范发展，方便劳务派遣单位组织开展经营活动，现就我省劳务派遣行政许可管辖分工及组织开展 2015 年劳务派遣单位核验工作通知如下：

一、下放劳务派遣行政许可权限

按照山东省人民政府《关于 2014 年第三批取消下放行政审批项目和承接国务院下放行政审批项目等事项的通知》（鲁政字〔2014〕223 号）要求，省厅劳务派遣经营行政许可下放至设区的市人力资源社会保障行政主管部门。自本通知发布之日起，省厅不再受理劳务派遣行政许可申请，在省工商局注册的劳务派遣经营单位按照属地管理的原则，到单位住所所在地申请许可。

省厅管辖权限下放后，劳务派遣经营行政许可由市、县两级人力资源社会保障行政主管部门按照劳务派遣经营单位在工商行政管理部门登记注册管辖范围分别组织实施。县级实施的行政许可是否需报设区的市审核，以及市辖区内的行政许可是否由设区的市统一实施，由各设区的市人力资源社会保障局根据本市情况自行确定。已由省厅许可的劳务派遣单位，同时移交属地管理。

各级人力资源社会保障部门要高度重视劳务派遣管理工作，采取切实有效的措施，严把许可入口，推动劳务派遣规范发展。各设区的市人力资源社会保障部门要加强对县级劳务派遣许可工作的指导和监督，对已经取得劳务派遣行政许可的单位，要加强日常监管。

二、做好 2015 年劳务派遣单位监督检查工作

（一）核验时间

3 月 1 日至 3 月 15 日，各劳务派遣单位自查、总结。

3 月 16 日至 3 月 31 日，各劳务派遣单位向许可和监督管理机关提交核验资料。

4 月 1 日至 4 月 30 日，市、县两级人力资源社会保障部门汇总本地核验资料并将汇总结果报送省厅。

5 月 1 日至 5 月 31 日，省厅汇总全省劳务派遣核验资料。

（二）核验应提交的材料。

按照《劳务派遣行政许可实施办法》的规定，劳务派遣单位应当向许可机关提交如下资料：

1. 劳务派遣单位基本情况表（见附件 1）；

2. 本单位上年度经营情况的报告；

3. 劳务派遣单位设立子公司、分公司基本情况表（见附件 2）；

4. 用工单位情况统计表（见附件3）；

5. 劳务派遣职工基本情况登记表（见附件4）；

6. 本单位上年度财务审计报告；

7. 与用工单位订立的劳务派遣协议；

8. 本单位工资发放财务凭证；

9. 本单位劳务派遣职工参保缴费证明等相关材料。

以上资料1至5需提供原件和电子件，资料6至9需同时提供原件和复印件（其中原件经许可机关核对与复印件一致后返还劳务派遣单位）。

劳务派遣单位向许可和监督管理机关提交的材料中应当包含设立的子公司或者分公司的经营情况及相关资料。劳务派遣单位设立的子公司或者分公司，应当同时向许可或者备案的人力资源社会保障行政部门提交核验资料。

各级人力资源社会保障部门要认真做好2015年劳务派遣监督检查各项工作，对监督检查中发现的问题，要及时督促劳务派遣单位进行整改，拒不整改的单位，要移送劳动监察部门处理。

附件：

1. 劳务派遣单位基本情况表（略）

2. 劳务派遣单位设立子公司、分公司基本情况表（略）

3. 用工单位情况统计表（略）

4. 劳务派遣职工基本情况登记表（略）

5. 劳务派遣单位核验通过通知书（样本）（略）

山东省人力资源和社会保障厅
关于规范劳务派遣用工若干问题的通知

（2015年2月3日　鲁人社办发〔2015〕28号）

各市人力资源社会保障局，省直各部门（单位），各省属企业：

为贯彻落实《全国人大常委会关于修改〈中华人民共和国劳动合同法〉的决定》（以下简称《修改决定》）、《劳务派遣暂行规定》（以下简称《暂行规定》）和《山东省劳动合同条例》，保护被派遣劳动者合法权益，现将规范劳务派遣用工的若干具体问题明确如下：

一、关于过渡期内规范用工比例问题

《暂行规定》施行时用工单位使用被派遣劳动者数量超过用工总量10%的，应当在规定施行之日起2年内调整至10%以下。在2年过渡期内，用工单位应当根据《暂行规定》要求制定调整用工方案，明确降低派遣用工比例的计划、措施和期限，并将调整用工方案于2015年3月1日前报所在地人力资源社会保障行政部门备案。

用工单位未将《暂行规定》施行前使用的被派遣劳动者数量降至符合规定比例之前，不得新用被派遣劳动者。

二、关于合理确定辅助性岗位问题

用工单位要按照《暂行规定》，经职工代表大会或者全体职工讨论，提出方案和意见，与工会或者职工代表平等协商确定适用劳务派遣用工的辅助性岗位范围，在单位内公示，并可以适当的方式征求本单位被派遣劳动者的意见。

三、关于被派遣劳动者劳动合同期限问题

劳务派遣单位不得与被派遣劳动者订立以完成一定工作任务为期限的劳动合同。

四、关于被派遣劳动者试用期不符合录用条件问题

劳务派遣单位与被派遣劳动者第一次签订劳动合同时，在约定的试用期内，劳务派遣单位可以委托用工单位对被派遣劳动者进行考察。被派遣劳动者在试用期内不符合录用条件被用工单位退回的，劳务派遣单位可以依据新修订的《劳动合同法》第三十九条规定解除劳动合同。

五、关于被派遣劳动者经济补偿支付问题

劳务派遣协议应当明确约定劳动合同解除或者终止时经济补偿金的支付责任。劳务派遣协议未就被派遣劳动者的经济补偿作出约定或约定不明确，如果出现新修订的《劳动合同法》中应当支付经济补偿的情形，劳务派遣单位应当依照新修订的《劳动合同法》先行向被派遣劳动者支付经济补偿，劳务派遣单位支付经济补偿后，可以与用工单位就补偿问题进行协商或者通过法律途径解决。

六、关于用工单位不规范使用劳务派遣工责任问题

有下列情形之一的，用工单位应当按照新修订的《劳动合同法》相关规定承担用人单位相应责任：

（1）用工单位使用未取得经营劳务派遣业务行政许可单位派遣劳动者的；

（2）用工单位使用未依法与劳务派遣单位订立书面劳动合同或者劳动合同期满后超过一个月未续订劳动合同的被派遣劳动者的；

（3）用工单位未与劳务派遣单位订立、续订劳务派遣协议使用被派遣劳动者的。

七、关于异地派遣参加社会保险问题

劳务派遣单位跨地区派遣劳动者的，应当在用工单位所在地为被派遣劳动者参加社会保险，按照用工单位所在地的规定缴纳社会保险费，被派遣劳动者按照国家规定享受社会保险待遇。

用工单位未按照上述规定缴纳社会保险费，被派遣劳动者在发生纠纷时要求用工单位承担医疗、工伤等保险待遇的，用工单位应当依法先行承担连带责任。

八、关于派遣用工与外包用工问题

用工单位以承揽、外包等名义按照劳务派遣用工形式使用劳动者的，按照《暂行规定》处理；用工单位以承揽、外包等名义直接使用劳动者的，按照原劳动和社会保障部《关于确立劳动关系有关事项的通知》（劳社部发〔2005〕12号）处理。

九、关于连锁、加盟单位经营劳务派遣业务问题

以连锁、加盟等方式经营劳务派遣业务的单位，按照《公司法》的相关规定承担相应的权利义务责任。

十、关于劳务派遣单位设立分公司异地备案问题

劳务派遣单位跨县（县级市）设立分公司经营劳务派遣业务的，应当书面报告其行政许可机关，按照管理权限报分支机构所在县（县级市）人力资源社会保障部门备案。

本意见自2015年3月1日起施行，有效期至2020年2月29日。

山东省人力资源和社会保障厅、山东省财政厅、山东省安全生产监督管理局、山东省国家税务局、山东省地方税务局
关于调整企业职工防暑降温费标准的通知

（2015年7月29日　鲁人社发〔2015〕45号）

各市人力资源社会保障局、财政局、安全生产监督管理局、国家税务局、地方税务局，省直有关部门，各大企业：

为切实做好夏季高温条件下防暑降温工作，保障企业安全生产和劳动者合法权益，经研究，决定适当调整我省企业职工防暑降温费标准，现将有关事项通知如下：

一、企业职工防暑降温费标准调整为：从事

室外作业和高温作业人员每人每月200元；非高温作业人员每人每月140元。全年按6月、7月、8月、9月共4个月计发，列入企业成本费用。

企业在岗且提供正常劳动的职工列入发放范围。职工未正常出勤的，企业可按其实际出勤天数折算发放。

二、各类企业要切实履行防暑降温工作主体责任，按照《山东省高温天气劳动保护办法》等法律法规要求，建立健全防暑降温制度，落实防暑降温工作措施，调整工作时间，减轻劳动强度，确保夏季生产安全和职工身体健康。

三、各级人力资源社会保障、安全生产监管等部门要加强对企业遵守劳动保障法律法规情况的监督检查力度，有针对性地指导督促企业制定和落实防暑降温各项措施，切实保障职工合法权益。

四、本通知自2015年8月1日起执行，有效期至2018年12月31日。原山东省劳动和社会保障厅、财政厅、安全生产监督管理局、国家税务局、地方税务局《关于调整企业职工夏季防暑降温费标准的通知》（鲁劳社〔2006〕44号）同时废止。

六、工资分配收入改革

山东省人民政府
关于发布2015年企业工资指导线的通知

（2015年2月28日 鲁政字〔2015〕38号）

各市人民政府，各县（市、区）人民政府，省政府各部门、各直属机构，各大企业，各高等院校：

根据我省经济社会发展和企业职工工资状况，经人力资源社会保障部审核，以2014年全省企业在岗职工平均工资50238元（估算数）为基数，确定了2015年企业工资指导线。现发布如下：

（一）企业职工货币工资增长基准线：10%。

（二）企业职工货币工资增长上线（预警线）：18%。

（三）企业职工货币工资增长下线：4%。各类企业应当根据工资指导线，分析企业经济效益、职工工资水平、劳动生产率和人工成本等指标，兼顾企业的承受能力、发展目标等因素，通过工资集体协商，合理确定职工工资增长幅度。垄断企业要严格控制工资增长幅度，国有和国有控股企业要合理确定企业负责人和企业职工的工资水平。

各市应根据本通知制定具体的实施意见，并报省人力资源社会保障厅备案。各类企业应当在政府发布工资指导线30日内，制定贯彻工资指导线实施方案，向人力资源社会保障部门备案。

山东省人民政府
关于公布全省最低工资标准的通知

（2015 年 2 月 28 日 鲁政字〔2015〕39 号）

各市人民政府，各县（市、区）人民政府，省政府各部门、各直属机构，各大企业，各高等院校：

根据我省经济社会发展和职工工资水平增长等情况，经人力资源社会保障部审核，确定调整最低工资标准。现公布如下：

一、调整后的各地月最低工资标准分别为 1600 元、1450 元、1300 元；小时最低工资标准分别为 16 元、14.5 元、13 元（各地最低工资标准见附件）。

二、月最低工资标准适用于全日制就业劳动者；小时最低工资标准适用于非全日制就业劳动者。

三、调整后的最低工资标准从 2015 年 3 月 1 日起执行，鲁政字〔2014〕49 号文件同时废止。

四、各地要加强对《最低工资规定》（原劳动和社会保障部令第 21 号）和最低工资标准的宣传，在当地主要媒体上公布最低工资标准，让用人单位、劳动者和公众广为了解。要进一步加强对用人单位执行最低工资标准情况的监督检查，对违反《最低工资规定》的行为要依法查处，切实维护劳动者合法权益。

附件：各地最低工资标准表

各地最低工资标准表

县（市、区）	月最低工资标准	小时最低工资标准
济南市：历下区、市中区、槐荫区、天桥区、历城区 青岛市：市南区、市北区、黄岛区、崂山区、李沧区、城阳区淄博市：淄川区、张店区、临淄区 东营市所辖县（区）烟台市：芝罘区、福山区、牟平区、莱山区、龙口市、莱州市、蓬莱市、招远市潍坊市：潍城区、寒亭区、坊子区、奎文区、诸城市、寿光市威海市所辖市（区）	1600 元	16 元
济南市：长清区、章丘市、平阴县、济阳县、商河县 青岛市：胶州市、即墨市、平度市、莱西市 淄博市：博山区、周村区、桓台县 枣庄市：市中区、滕州市 烟台市：莱阳市、栖霞市、海阳市、长岛县 潍坊市：青州市、安丘市、高密市、昌邑市、临朐县、昌乐县济宁市：任城区、兖州区、曲阜市、邹城市、微山县 泰安市：泰山区、新泰市、肥城市 日照市所辖县（区）莱芜市所辖区临沂市：兰山区、罗庄区、河东区 滨州市：滨城区、博兴县、邹平县	1450 元	14.5 元
淄博市：高青县、沂源县 枣庄市：薛城区、峄城区、台儿庄区、山亭区 济宁市：鱼台县、金乡县、嘉祥县、汶上县、泗水县、梁山县 泰安市：岱岳区、宁阳县、东平县 临沂市：沂南县、郯城县、沂水县、兰陵县、费县、平邑县、莒南县、蒙阴县、临沭县 德州市所辖县（市、区）聊城市所辖县（市、区）滨州市：沾化区、惠民县、阳信县、无棣县 菏泽市所辖县（区）	1300 元	13 元

山东省人力资源和社会保障厅、山东省财政厅

关于调整企业离休干部基本离休费水平的通知

（2015年8月13日 鲁人社发〔2015〕50号）

各市人民政府，省政府有关部门（单位），各养老保险省直管企业：

经省政府同意，决定自2014年10月1日起提高企业离休干部基本离休费水平。现就有关事项通知如下：

一、调整范围

2014年9月30日前已办理离休手续的企业离休干部。

二、调整办法

符合条件的企业离休干部，每人每月按下列标准增加基本离休费：厅局级正职900元，厅局级副职730元，县处级正职570元，县处级副职480元，乡科级及以下400元。

离休干部无职务的，按参加革命工作时间对应职务增加待遇，即：1942年底前参加革命工作的，按县处级正职增加；1943年1月1日至1945年9月2日参加革命工作的，按县处级副职增加；1945年9月3日至1949年9月30日参加革命工作的，按乡科级正职增加。

在此基础上，对1934年9月30日前出生的离休干部，每人每月再增加100元；1934年10月1日至1939年9月30日期间出生的离休干部，每人每月再增加60元。

三、有关问题的处理

（一）离休干部职务级别，按组织部门的认定为准。经组织批准离休后享受厅局（地专）、处（县）级政治生活待遇的离休干部，可分别按享受职级待遇的副职增加待遇。

（二）按职务增加的待遇低于按本人参加革命工作时间对应职务增加待遇的，可按参加革命工作时间对应职务增加待遇。

（三）此次根据参加革命工作时间对应职务增加待遇的离休干部，不涉及本人职务认定问题。

（四）此次增加的基本离休费，作为计发1至3个月生活补贴的基数。

四、资金列支渠道

增加的基本离休费所需资金，参加了基本养老保险社会统筹的，从统筹基金中列支；未参加社会统筹的，从原渠道列支。

五、审批程序

调整企业离休干部基本离休费时，养老保险管理工作规范、基础信息齐全准确的，由负责统筹的社会保险经办机构直接办理；尚不具备条件的，可由企业或企业主管部门协助办理，同时填报《企业离休干部增加基本离休费花名册》（附件1）和《企业离休干部增加基本离休费审批表》（附件2），经负责统筹的社会保险经办机构审核无误后，报同级人力资源社会保障行政部门批准执行。增加待遇工作结束后，各市要将落实情况报省人力资源社会保障厅。

本次增加基本离休费，体现了党和政府对企业离休干部的亲切关怀。各市、各部门、各企业要高度重视，切实加强领导，认真组织实施，确保资金到位，及时将增加的待遇发放到位。执行中出现的情况和问题，要及时报省人力资源社会保障厅、省财政厅。

附件：

1. 企业离休干部增加基本离休费花名册（略）
2. 企业离休干部增加基本离休费审批表（略）

七、规划财务

山东省人力资源和社会保障厅
关于在全省人力资源社会保障系统开展
公务员平时考核工作的通知

（2015年11月30日　鲁人社字〔2015〕492号）

各市人力资源社会保障局：

为进一步加强全省人力资源社会保障系统公务员日常管理和监督，转变机关作风，提高行政效能，根据中共中央组织部、人力资源社会保障部、国家公务员局部署要求，决定在全省人力资源社会保障系统开展公务员平时考核工作。现将有关事宜通知如下：

一、总体目标和工作原则

贯彻落实党的十八大关于“完善干部考核评价机制”和习近平总书记“考察识别干部，功夫要下在平时”的要求，通过开展公务员平时考核工作，提高公务员管理科学化、精细化水平，努力打造一支信念坚定、为民服务、勤政务实、敢于担当、清正廉洁的人力资源社会保障干部队伍，推动全省人力资源社会保障事业加快转型发展，确保各项工作干出成效、走在前列。

——坚持以工作业绩考核为重点，将业绩考核与岗位职责相结合，领导评鉴与民主评议相结合，平时考核与年度考核相结合，建立评价维度多元、考评层次清晰、责任主体明确的考核模式。

——坚持简便易行，合理设置工作记实和评鉴周期，以推动工作落实为目的，减化考核环节，避免程序繁琐，充分利用现代信息技术作为平时考核的支撑和平台。

——坚持正向激励，将考核作为推动和改进工作的重要措施，引导干部把功夫下在平时，加大平时考核结果使用力度，努力营造干事者得褒奖、平庸者得鞭策的良好风气。

二、考核对象和内容

平时考核适用于全省人力资源社会保障系统除本级党委管理干部以外的在职公务员（含参照公务员法管理事业单位工作人员）。

平时考核以公务员的岗位职责和所承担的工作任务为基本依据，及时记录公务员在德、能、勤、绩、廉等方面的日常表现，重点评价公务员完成日常工作任务、阶段工作目标等情况。

三、考核方法和程序

平时考核一般按确定考核指标、个人工作记实、领导审核评鉴、确定考核结果、考核结果使用等五个步骤进行。各市可结合本地实际，探索符合本地的考核模式，也可借鉴省厅的主要方法和程序。（《省人力资源社会保障厅公务员平时考核办法》印发后发各市参考）

（一）确定考核指标。根据公务员职位职责和工作目标，科学设计考核指标，合理设置考核指标的标准和权重，注重制定和使用量化指标，并建立健全考核指标动态调整机制。考核指标的具体内容，各市可按照不同类别、不同层级、不同岗位公务员的特点和要求确定。

（二）个人工作记实。公务员以日、周、月或阶段性工作为周期记录平时工作情况，并进行自我评价。个人工作记实要求及时、全面、准确、具体，按照时间要素、数量要素、行为要素，准确记录工作所用时间、开展工作地点、工作所取得成效，明确表述个人在每项工作中实实在在发挥的牵头负责、为主承办或协助参与等作用。

（三）领导审核评鉴。主管领导是平时考核工作的直接责任人，根据工作记实情况，按周期对公务员进行评鉴。评鉴过程可采取主管领导直接垂直评鉴方式也可采取多元评鉴方式。根据工作需要，可以探索开展内设机构人员相互测评、服务对象评议等方式，将测评或评议情况体现在平时考核结果中。

（四）确定考核结果。评鉴结束后，可采用分数、名次、等次、评语等形式确定平时考核结果。平时考核结果要向被考核人反馈，并采取适当形式在一定范围内公布。

（五）考核结果使用。对平时考核结果较好的，应及时予以表扬鼓励；对平时考核结果较差的，应及时提醒，提出整改要求，限期改进。将平时考核结果作为年度考核确定等次的基础和依据，年度考核优秀等次人员原则上应在平时考核优秀的人员中产生。要加强对平时考核结果的综合分析和应用，将平时考核结果作为转正定级、交流轮岗、教育培训、提拔使用、奖励惩戒以及解除处分的重要依据。

各市要高度重视平时考核工作信息化建设，充分借助信息化手段提高平时考核工作的效率和水平。对于平时考核信息系统全省不做统一要求，各市可自行研发，也可借鉴省厅做法。

四、实施时间

自2016年起，全省人力资源社会保障系统全面开展公务员平时考核工作。

五、工作要求

（一）切实提高思想认识。平时考核是公务员考核制度的重要组成部分，对于加强公务员日常管理和监督，全面客观准确评价公务员的德才表现和工作实绩，激励公务员更好地履行职责、廉政勤政，具有十分重要的意义。各市要切实提高对公务员平时考核工作的认识，牢牢树立抓考核就是抓管理、抓落实、抓干部培养的理念，把公务员平时考核作为落实“三严三实”要求、加强队伍管理、改进工作作风的重要措施，切实抓紧抓好、抓出成效。

（二）加强组织领导。成立全省人力资源社会保障系统公务员平时考核工作领导小组，省厅主要领导任组长，分管人事工作的厅领导、省公务员局局长任副组长，成员由办公室、人事处（机关党委）、省公务员局考核奖惩处及信息中心等处室、单位主要负责人组成。各市要把推行公务员平时考核工作列入重要议事日程，主要领导要亲自抓、负总责，分管领导靠上抓，相关部门单位密切合作、形成合力，为推行公务员平时考核工作提供组织保障。

（三）探索完善办法。建立健全平时考核制度是当前公务员管理工作的重点，各市要围绕中心工作，结合公务员队伍现状，制定符合各市实际的平时考核工作方案，并按照简便易行、公开透明、注重实效的原则，积极探索创新、不断总结完善公务员平时考核方式方法。要注重考核结果的运用，充分发挥考核在引导激励、转变作风、提高效能等方面的作用。

（四）加强督促检查。各市要加强对平时考核工作的监督检查，及时发现和解决工作中遇到的突出矛盾和问题，总结和推广工作中的好经验好做法，推动平时考核工作深入开展。省厅将适时对各市平时考核工作情况进行督查抽查，确保工作顺利推进。

八、法治建设

山东省人力资源和社会保障厅
关于全面推进“法治人社”建设的实施意见

（2015 年 12 月 17 日　鲁人社发〔2015〕64 号）

各市人力资源社会保障局，省厅各处室、直属单位，省公务员局：

为深入贯彻落实《中共中央关于全面推进依法治国若干重大问题的决定》《中共山东省委关于贯彻落实党的十八届四中全会精神全面推进依法治省的意见》，进一步发挥法治在全省人力资源社会保障事业改革创新、转型发展中的引领、规范和保障作用，根据人力资源社会保障部《关于全面推进人力资源社会保障部门法治建设的指导意见》（人社部发〔2015〕62 号），结合我省实际，现就全面推进全省“法治人社”工作提出以下实施意见：

一、充分认识全面推进“法治人社”建设的重要意义

法治是治国理政的基本方式，是国家治理体系和治理能力的重要依托。党的十八届四中全会对全面推进依法治国作了总体部署，明确提出建设中国特色社会主义法治体系、建设社会主义法治国家的总目标。人力资源社会保障部门作为宏观调控的参与者、社会管理的执行者、公共服务的提供者、社会公平正义的维护者，在全面推进依法治国，加快建设社会主义法治国家历史进程中肩负重大使命。近年来，全省各级人力资源社会保障部门积极推进人力资源社会保障政策法规体系建设，依法履行行政职能，加强行政执法监督，大力宣传普及法律法规，促进了人力资源社会保障事业改革创新、转型发展。但是，同建设法治政府的目标任务相比，同人民群众的期待要求相比，全省“法治人社”建设还存在一定差距，突出表现在政策法规体系还不配套，行政执法程序还不规范，行政执法体制有待完善，以法治思维和法治方式解决问题的能力需要提高。

在新的历史条件下全面推进“法治人社”建设，是贯彻落实十八届四中全会精神和省委决策部署、推进法治政府和法治山东建设的必然要求，是维护社会公平正义、保障和改善民生的重要举措，是加快推进人力资源社会保障事业改革创新、转型发展的重要保障。各级人力资源社会保障部门要充分认识全面推进“法治人社”建设的重要意义，切实增强责任感、使命感和紧迫感，把全面推进“法治人社”建设列入重要议事日程、摆在更加突出的位置，采取有力措施抓实抓好。

二、总体要求和基本原则

（一）总体要求。以党的十八大和十八届三中、四中、五中全会精神以及习近平总书记系列重要讲话精神为指导，深入贯彻省委全面推进依法治省的意见，坚持深化改革与法治建设共同推进，坚持立法、执法、守法、普法一体建设，在全省人力资源社会保障系统加快形成完备的法规政策体系、规范的法治实施体系、高效的法治宣传体系、严密的法治监督体系、有力的法治保障体系，为推进全省人力资源社会保障事业转型发展提供坚实的法治保障。

（二）基本原则

——坚持“法治人社”建设与改革创新相衔接。运用法治思维和法治方式推进各项工作改革创新，把改革决策纳入法治体系，做到重大改革决策于法有据，法治建设主动适应改革和事业发展需要。在改革过程中，充分发挥法治的引领和推动作用，确保各项改革在法治轨道上推进。

——坚持依法行政能力提升与促进人力资源社会保障事业转型发展相适应。全面推进权力依法设置和公开透明运行机制建设，有效提升依法行政和履职尽责能力，做到法无授权不可为、法定职责必须为、用权履职受监督，确保在法治轨道上推进全省人力资源社会保障事业转型发展。

——坚持以人为本与规范管理相结合。围绕“民生为本、人才优先”工作主线，把“法治人社”建设贯穿于就业创业、社会保障、人才队伍建设、人事制度管理、劳动关系、工资收入分配等各个方面，运用法治思维、法治方式推进各项工作制度化、规范化、法治化，提升为民服务质量，保障人民群众依法享有充分的权利和自由、承担应尽的义务，维护社会公平正义。

三、完善“法治人社”法规政策体系

（三）积极推进地方立法。省厅和有关市人力资源社会保障局（指有地方立法权的设区的市）要围绕改革重点，积极推进就业创业、劳动关系、社会保险、人才开发、人事管理、工资收入分配等方面的法规和配套政策体系建设，坚持立、改、废、释并举，提高立法质量，增强立法的及时性、系统性、针对性和有效性。对实践证明行之有效的，提出立法建议，配合立法机关将其上升为法规规章。健全法规规章起草、论证、协调、审定（议）机制，健全向各有关部门（单位）征求立法意见机制，建立法治建设基层联系点制度，推进立法精细化。建立对涉及重大民生问题立法的论证咨询机制，拓宽公民有序参与立法途径，健全法规规章草案公开征求意见和公众意见采纳情况反馈机制，广泛凝聚社会共识。重点推进《劳动人事争议调解仲裁条例》《劳动和社会保障监察条例》《企业工资支付条例》《企业工资集体协商条例》《实施〈中华人民共和国社会保险法〉办法》《失业保险规定》《企业职工生育保险规定》《实施〈女职工劳动保护特别规定〉办法》《社会保险稽查办法》等地方性法规规章的制定或修订工作。

（四）严格规范性文件制定程序。实施规范性文件年度计划管理制度，控制数量，提高质量。严格执行规范性文件制定程序，重大规范性文件制定须经过公开征求意见、专家论证、合法性审查、集体研究决定等程序。加强规范性文件备案审查，不得制发带有立法性质的规范性文件，没有法律、法规、规章依据，规范性文件不得设定减损公民、法人和其他组织权益或者增加其义务的规范，不得增加本部门的权力或者减少本部门的法定职责。严格执行规范性文件统一登记、统一编号、统一发布制度，未经“三统一”的规范性文件无效，不得作为行政管理的依据。落实规范性文件有效期制度，有效期届满的，规范性文件自动失效。有效期届满前6个月，由起草单位对其进行评估，认为仍需执行的，按照规定重新进行“三统一”；需要修订的，按照制定程序办理。实施规范性文件清理和动态管理制度，及时公布现行有效和已经失效的规范性文件目录，方便公民、法人和其他组织查询。

（五）建立重大改革事项综合评估制度。各级人力资源社会保障部门在制定重大改革事项时，要坚持职权法定原则，对属于国家和省职责范围内的事项，不得超越权限制定政策；对上级机关授权的事项，严格按照授权范围、条件、标准、程序等作出规定；对属于职责范围内的事项，要经过充分论证，统筹考虑现实需要和长远发展，确保重大改革事项与上位法协调一致，与全省相关政策保持平衡。对拟出台的调整社会保险待遇、工资收入分配、人事制度改革等方面的重大改革事项，在文件签发之前，应当报送上级人力资源社会保障部门进行综合评估。

四、健全“法治人社”实施体系

（六）依法全面履行行政职能。围绕“民生为本、人才优先”工作主线，全面推进依法行政，依法依规履职尽责，做到法无授权不可为、法定职责必须为、用权履职受监督。积极推进行政审批清单、权力清单和责任清单制度，认真核实本级部门权力的名称、类型、依据、行使主体、流程图和监督方式等，逐一厘清与行政权力相对应的责任事项、责任主体和办理程序等，向社会公布，确保行政权力在阳光下运行。按照规范运行和高效透明的要求，减少权力行使环节，优化权力运行流程，明确和强化工作责任。深化行政审批制度改革，规范内部审批行为，对保留的行政审批事项，实行一个窗口办理、限时办理、规范办理、透明办理，推行网上办理，加强事中事后监管。

（七）健全重大行政决策机制。各级人力资源社会保障部门要把公众参与、专家论证、风险评估、合法性审查、集体讨论决定作为重大行政决策的法定程序，确保重大行政决策制度科学、程序正当、过程公开、责任明确。未经合法性审查或者经审查不合法的，不得提交会议讨论，防止以文件签批等形式作出重大行政决策。建立重大行政决策责任追究制度，对违反决策程序造成决策失误或造成重大损失的，严格按照规定追究责任。建立政府法律顾问制度，充分发挥法律顾问在制定重大行政决策、推进依法行政、防范法律风险中的积极作用。

（八）完善行政执法体制。根据不同层级的事权和职能，按照减少层次、整合队伍、提高效能的原则，合理配置执法力量，推进综合执法。有效整合劳动保障执法职责，着力解决多头执法、重复执法，减少职责交叉，加强工作衔接。推进行政执法重心和执法力量向市、县（市、区）下移，完善市、县（市、区）两级行政执法管理，加强市、县（市、区）劳动保障执法机构队伍建设。严格实行行政执法人员持证上岗和资格管理制度，未经考试合格并取得执法资格的，不得从事执法活动。完善与其他部门联合执法和沟通协作机制。健全与相关司法机关信息共享、案情通报、案例研讨等制度，提高行政执法效能。健全与刑事司法衔接机制，规范案件移送标准和程序，克服有案不移、有案难移、以罚代刑现象，实现行政处罚和刑事处罚无缝对接。

（九）严格规范公正文明执法。各级人力资源社会保障部门要制定和完善行政执法程序规定，全面梳理行政执法事项，细化执法流程，明确执法步骤、环节和时限，确保程序公正。建立健全行政执法全过程记录制度，重点规范行政许可事项、职业资格认定和职工工伤认定、社会保险待遇确认、劳动保障监察执法、社会保险征收与欠费强制划拨等行政执法行为。建立健全行政处罚裁量基准制度，细化、量化行政处罚裁量标准，规范裁量范围、种类和幅度。严格执行重大行政执法决定法制审核制度，未经法制审核或者审核未通过的，不得作出决定。全面落实行政执法责任制，严格确定内设机构、岗位执法人员的执法责任，严肃追究失职、渎职人员的相关责任，防止出现不作为、乱作为和懒政、怠政行为。

（十）建立依法维权和化解纠纷机制。健全人力资源社会保障领域群体性社会矛盾纠纷预警机制、利益表达机制、协调沟通机制、救济救助机制，引导和支持当事人理性表达诉求、依法维护权益。建立健全调解、劳动人事争议仲裁、行政裁决、行政复议等有机衔接、相互协调的多元化纠纷化解机制。将信访纳入法治化轨道，按照法定途径优先分类处理信访投诉请求，确保当事人合法诉求依照法律规定和法定程序得到合法合理的解决。加强劳动人事争议调解仲裁工作，提高仲裁公信力，依法保护当事人合法权益，促进劳动人事关系和谐稳定。依法规范劳动保障监察工作，积极推进劳动保障监察“两网化”建设，切实维护劳动者的合法权益。

（十一）加强行政执法信息化建设。大力推进行政执法信息化建设，建立健全行政执法信息公示制度和执法数据共享机制。对就业失业登记、劳动合同用工备案、行政执法处理、社会保险登记缴费及待遇支付等信息实现互联互通。加强网上执法办案系统建设，逐步实现人力资源社会保障执法信息网上录入、执法程序网上流转、执法活动网上监督。在确保信息安全的前提下，推进跨地区、跨部门人力资源社会保障执法信息共享，健全执法办案信息查询系统，推进行政管理与服务网上受理、办理，法律文书网上公布和查询，为群众提供方便、快捷、优质的信息服务。

五、建立“法治人社”宣传体系

（十二）扎实推进普法宣传。各级人力资源

社会保障部门要深入开展普法宣传，充分利用报纸、电视、广播和互联网等媒介，大力弘扬“法治人社”文化，宣传人力资源社会保障领域的法律法规，宣传遵守法律法规的先进典型和案例，增强全社会遵守法律法规的积极性、主动性，使全体人民都成为法律法规的忠实崇尚者、自觉遵守者、坚定捍卫者。坚持“谁执法谁普法”，整合普法资源，充分发挥劳动保障监察、劳动争议调解仲裁、社会保险经办等为民服务窗口的作用，将依法履行职责、执法检查的过程变成向社会、向群众解释宣传法律法规政策、引导群众自觉学法守法的过程。

（十三）**创新普法宣传方式**。各级人力资源社会保障部门要适应信息技术和现代传媒快速发展的新形势，制定出台就业、社会保险、收入分配、劳动关系等重大敏感政策时，同步制定宣传引导和政策解读方案，用通俗易懂的语言进行解读，真正让群众读得懂、能理解、会运用。遵循品牌化、系列化原则，深入开展“送法进企业”“送法进高校”“送法进社区”等活动，开通人力资源社会保障普法宣传微信平台，将人力资源社会保障法规政策送到职工、高校毕业生、就业困难群众手中，研究解决他们面临的实际困难和问题，营造全社会关心、支持和参与“法治人社”建设的良好社会氛围。

（十四）**推进诚信体系建设**。支持行业协会等各类社会组织发挥行业自律和专业服务功能，发挥社会组织对其成员遵守人力资源社会保障法律法规的行为引导、规则约束、权益维护作用。加强社会诚信建设，建立健全公民和组织人力资源社会保障守法信用记录，完善守法诚信褒奖机制和违法失信惩戒机制，使尊法学法守法用法成为公民和各类用人单位的共同追求和自觉行动。

六、强化“法治人社”监督体系

（十五）**全面推进政务公开**。贯彻实施《政府信息公开条例》，坚持公开为常态、不公开为例外的原则，推进决策公开、执行公开、管理公开、服务公开、结果公开。重点加强预决算、“三公”经费的信息公开，加大对行政许可、社会保险费征收、劳动保障违法案件查处等的公示力度，推进就业创业扶持、社会保险基金管理、公务员和事业单位人员招考、职业资格认定等社会高度关注事项的公开。全面推进办事公开制度，依法公开办事主体、依据、条件、要求、程序和结果。将门户网站作为政务信息公开的第一平台，加强互联网政务信息数据服务平台和便民服务平台建设，自觉接受社会监督和舆论监督。

（十六）**加强行政内部监督**。建立行政执法案例指导制度，加强对下级各类法律文书、行政执法程序、自由裁量基准、法律法规实体适用等方面的指导，提高行政执法整体效益和规范化水平。健全行政复议制度，提高行政复议办案质量。建立行政复议典型案例通报制度，以案析法、以案释法，充分发挥行政复议对规范行政行为、推动依法行政、加强层级监督、解决行政争议的重要作用。健全行政执法评议考核和执法过错追究制度，制定行政执法案卷评查办法，定期开展专项执法检查和案卷评查活动，及时发现和纠正违法和不当执法行为。加强对人力资源社会保障法律、法规、规章和规范性文件实施情况的监督检查，设区的市级以上人力资源社会保障部门要研究制定监督检查计划和工作方案，每年对1至2件人力资源社会保障法律、法规、规章和规范性文件的实施情况进行监督检查，并进行评估和通报。

（十七）**主动接受司法监督**。严格执行新修订的《行政诉讼法》，完善行政诉讼代理制度，建立行政机关负责人出庭应诉制度，做好行政诉讼案件的答辩、出庭、应诉等工作，配合人民法院的审判活动，尊重并严格执行人民法院生效的裁判。完善人民法院裁判的执行监督机制，依法整改违法和不当行政行为。高度重视人民法院的司法建议，认真研究涉诉案件的类型、特点及存在的问题，探索依法改进行政行为的方式方法。行政复议被撤销或行政诉讼败诉的，作出行政行为的处（科）室、单位负责人为第一责任人，有关人员承担相应的责任。

（十八）**自觉接受外部监督**。认真执行向同级人民代表大会及其常委会报告工作、接受询问和质询制度，按要求向同级政治协商会议通报有关情况。认真办理同级人民代表大会、政治协商会议关于人力资源社会保障工作的议案、代表建议、委员提案，切实加强和改进工作。自觉接受监察、审计等部门的专门监督，加强内部监察、审计。建立健全群众举报投诉办理制度，畅通群众监督渠道。高度重视舆论监督，建立健全新闻媒体反映问题的处理机制，对群众举报投诉和新闻媒体反映的突出问题，认真调查核实，依法及时作出处理和反馈。

七、加强对“法治人社”建设的组织领导

（十九）**落实工作责任**。各级人力资源社会保障部门要建立健全部门内部法治工作组织领导机制，统筹推进“法治人社”各项工作。部门主要负责人要切实履行“法治人社”建设第一责任人的责任，将“法治人社”建设纳入工作全局重要位置，与推进事业发展和深化改革一同部署、一同落实、一同检查。要将“法治人社”建设的成效作为衡量本部门领导班子、领导干部及各单位工作实绩的重要内容，纳入政绩考核指标体系，充分发挥考核评价对“法治人社”建设的重要推动作用。

（二十）**加强法制机构队伍建设**。各级人力资源社会保障部门要切实加强法制机构建设，使机构设置、人员配备与法治建设任务相适应，充分发挥法制机构在推进“法治人社”建设中的统筹规划、综合协调、督促指导、考核评价作用，高度重视法制机构在法规、规章和规范性文件起草，以及重大行政决策合法性审核方面的主导作用。加大对法制机构工作人员的培养、使用和交流力度。法制机构要切实加强自身队伍建设，提高法制机构队伍的思想政治素质、业务工作能力和职业道德水准，努力当好本部门领导在依法行政方面的参谋、助手和法律顾问，当好“法治人社”建设的宣传者、组织者、实践者和推动者。

（二十一）**加大经费保障力度**。各级人力资源社会保障部门要将“法治人社”工作经费列入年度预算，为开展法治建设的组织推动、宣传培训、示范创建、信息化建设、考核评议、表彰奖励等提供必要的经费保障。要加强对基层“法治人社”的经费支持，建立重心下移、力量下沉的法治工作机制，改善基层法治建设的基础设施和装备条件，为积极推进“法治人社”建设提供必要的经费保障。

（二十二）**提高干部职工法治思维能力**。健全法治教育培训制度，完善党组（党委）理论学习中心组学习法律和研究法治建设制度，实施中层干部学法用法能力提升培训，实行行政执法人员新法即时培训，促进法治学习制度化、常态化，切实增强干部职工特别是领导干部运用法治思维、法治方式统筹推进各项工作的能力。加强行政执法人员队伍建设，落实行政执法人员持证上岗和资格管理制度。把法治培训作为公务员初任和任职培训的必备内容。通过加强立法调研、执法调研、执法监督检查、案例讨论、工作研讨、召开现场会和经验交流会等形式，把学习运用法律与解决实际问题紧密结合起来，促进干部职工自觉养成平时学法、遇事找法、办事依法、解决问题靠法的行为习惯。积极开展人力资源社会保障理论政策研究，为指导“法治人社”建设提供决策参考。

山东省人力资源和社会保障厅
关于印发山东省人力资源社会保障
重大行政执法决定法制审核办法等4项制度的通知

（2015年12月17日　鲁人社发〔2015〕65号）

各市人力资源社会保障局，省厅各处室、直属单位，省公务员局：

《山东省人力资源社会保障重大行政执法决定法制审核办法》《山东省人力资源社会保障行政执法全过程记录规定》《山东省人力资源社会保障行政执法案卷评查办法》

《山东省人力资源社会保障重大改革事项综合评估办法》等4项制度已经第20次厅长办公会审议通过，现印发给你们，请认真贯彻执行。

山东省人力资源社会保障重大行政执法决定法制审核办法

第一条 为规范全省人力资源社会保障重大行政执法行为，促进公平、公正执法，维护相对人的合法权益，根据《中华人民共和国行政处罚法》《中华人民共和国行政许可法》《山东省行政执法监督条例》等法律、法规规定，制定本办法。

第二条 本办法所称重大行政执法决定，是指各级人力资源社会保障部门针对特定的行政管理相对人，以本部门名义作出的重大、复杂、疑难或者在本辖区范围内有重大社会影响的行政执法行为，主要包括重大行政处罚决定、重大行政许可决定和其他重大行政执法决定。

第三条 下列情形属于本办法规定的重大行政处罚决定：

（一）拟作出给予吊销许可证、对公民处以500元以上罚款、对法人或者其他组织处以20000元以上罚款、没收违法所得数额20000元以上的决定；

（二）拟作出不予行政处罚、减轻行政处罚、从轻行政处罚和从重行政处罚的情节相互冲突，或者有关科（处）室、单位和法制机构意见不一致的决定；

（三）拟作出的其他重大、复杂、疑难的行政处罚决定。

第四条 下列情形属于本办法规定的重大行政许可决定：

（一）拟作出的不予行政许可决定或者撤销行政许可决定；

（二）拟作出的直接涉及申请人与他人之间有重大利益关系，或者涉及重大公共利益的行政许可决定；

（三）拟作出的其他重大、复杂、疑难的行政许可决定。

第五条 本办法所称人力资源社会保障重大行政执法决定法制审核，是指人力资源社会保障部门法制机构（以下简称法制机构），对本部门拟作出的重大行政执法决定进行合法性、适当性审查，并提出书面审核意见或者建议的内部行政执法监督制度。

第六条 人力资源社会保障部门有关科（处）室、单位应当在重大行政执法调查终结、拟定处理决定后，及时将案卷移送法制机构进行审核。

对是否属于重大行政执法决定有异议的，由拟作出重大行政执法决定的科（处）室、单位会同法制机构协商确定。

第七条 法制机构收到案卷后，应当向有关科（处）室、单位出具《重大行政执法决定案卷移交清单》（见附件），并予以登记。

第八条 法制机构应当自收到案卷之日起3个工作日内出具审核意见；因特殊情况需要延长期限的，可以适当延长，但最长不超过3个工作日。

第九条 重大行政执法决定法制审核以书面审核为主。必要时，法制机构可以向案件调查人员了解情况，听取意见建议。

第十条 法制机构对下列事项进行审核：

（一）执法主体是否适格；

（二）事实是否清楚，证据是否确凿；

（三）程序是否合法、规范；

（四）所依据的法律、法规、规章是否正确、充分；

（五）定性是否准确；

（六）内容是否适当；

（七）其他需要审核的内容。

对拟作出重大行政处罚决定的，法制机构还应当审核拟处罚幅度是否符合《全省人力资源社会保障系统行政处罚裁量基准》（鲁人社发〔2013〕43号）规定。

第十一条 法制机构对案卷进行审核后，根据不同情况提出以下相应的书面审核意见，同时将案卷退还并予以登记：

（一）对事实清楚、证据确凿、依据正确、结果适当、程序合法的，出具同意意见；

（二）对事实不清、证据不足的，建议继续调查取证；

（三）对材料或者手续不齐全的，建议补充补齐；

（四）对适用法律不当的，提出纠正意见；

（五）对程序违法的，提出纠正意见；

（六）对超出管辖范围的，提出移送意见；

（七）其他意见建议。

第十二条 有关科（处）室、单位对法制审核意见有异议的，可以要求法制机构重新审核。对法制机构重新审核的意见仍有异议的，可以提请本部门集体研究。

第十三条 重大行政执法决定依法需要进行听证的，按照法律、法规、规章有关规定执行。

第十四条 有关科（处）室、单位应当自作出重大行政执法决定之日起10日内将法律文书送法制机构备案。

对撤销立案或者受理决定的，有关科（处）室、单位应当自作出撤销决定之日起10日内将法律文书送法制机构备案。

第十五条 法制机构审核重大行政执法决定应当留存下列资料：

（一）《重大行政执法决定案卷移交清单》；

（二）有关科（处）室、单位拟作出的重大执法决定法律文书；

（三）法制机构审核意见；

（四）重大行政执法决定法律文书。

第十六条 市、县（市、区）人力资源社会保障部门应当建立重大行政执法决定法制审核制度，定期对内部和下级人力资源社会保障部门重大行政执法决定法制审核情况进行监督检查。

未经法制审核作出重大行政执法决定，经行政复议、行政诉讼被撤销、变更或者确认违法的，按照规定追究有关人员责任。

第十七条 本办法自公布之日起施行。

附件：《重大行政执法决定案卷移交清单》（略）

山东省人力资源社会保障行政执法全过程记录规定

第一条 为规范行政执法行为，维护相对人合法权益，根据《中华人民共和国行政处罚法》《中华人民共和国行政强制法》《山东省行政执法监督条例》和《山东省行政程序规定》等规定，结合工作实际，制定本规定。

第二条 本规定所称人力资源社会保障行政执法全过程记录（以下简称执法全过程记录），是指人力资源社会保障部门在行政执法过程中，通过制作执法案卷或者利用执法记录设备、视频监控设施等手段，对日常巡查、调查取证、案卷制作、行政强制等行政执法活动全过程进行记录。

第三条 各级人力资源社会保障部门应当加强对行政执法人员执法全过程记录的培训和监督检查，严格案卷、声像资料、记录设备管理，充分发挥执法全过程记录制度的监督作用。

第四条 各级人力资源社会保障部门依法享有行政执法权，且持有政府法制部门发放的行政执法证的正式在编人员，可以进行执法全过程记录。

第五条 执法全过程记录，包括文字记录和动态记录两种形式。

文字记录即通过制作案卷，记录行政执法的全过程。

动态记录即利用执法记录设备、视频监控设施等设备，通过录像、录音、拍照等方式，记录行政执法的过程。

第六条 县（市、区）人力资源社会保障行政执法人员，可以协助市级人力资源社会保障行政执法人员进行执法全过程记录。

第七条 执法工作结束后，各级人力资源社会保障部门应当严格按照相关标准制作和装订执法案卷档案，指定专人及时存储执法记录设备记录的声像资料。

人力资源社会保障部门应当按照要求统一存储行政执法案卷和声像资料。

第八条 执法全过程记录案卷按照规定的期限保存。

日常巡查的声像资料保存期限不得少于6个月。

行政处罚一般程序案件和行政强制案件中作为证据使用的声像资料保存期限应当与案卷保存期限相同。

第九条 有下列情形的，应当采取刻录光盘、使用移动储存介质等方式，长期保存执法全过程记录设备记录的声像资料：

（一）当事人对行政执法人员现场执法、办案有异议或者投诉、上访的；

（二）当事人逃避、拒绝、阻碍行政执法人员依法执行公务，或者谩骂、侮辱、殴打行政执法人员的；

（三）行政执法人员参与处置群体性事件、突发事件的；

（四）其他需要长期保存的重要情形。

第十条 行政执法案卷及声像资料是保障人力资源社会保障部门在行政复议、行政诉讼活动中履行举证责任的依据。

第十一条 需要向行政复议机关或人民法院提供执法案卷、声像资料的，由执法全过程记录的单位按照规定提供，并复制留存。

第十二条 对执法案卷、声像资料等执法全过程记录材料，实行严格管理，非因工作需要不得查阅、复制或者拷贝；确因工作需要查阅、复制或者拷贝的，经本单位负责人批准后方可进行。

第十三条 建立执法全过程记录设备声像资料管理制度，按照执法单位名称、执法记录设备编号、执法人员信息、使用时间、案件当事人和案由名称等项目分类存储，严格管理。

第十四条 行政执法人员查处违法行为、处理违法案件，在条件允许的情况下，应当佩戴、使用执法记录设备进行全程录音录像，客观、真实地记录执法工作情况及相关证据；受客观条件限制，无法全程录音录像的，应当对重要环节使用执法记录仪、照相机、摄像机等执法记录设备进行录音录像，并做好执法文书记录。

第十五条 行政执法人员在实施处罚或者采取强制措施、询问当事人时使用执法记录设备记录的，应当事先告知当事人。

第十六条 各级人力资源社会保障部门要定期做好执法记录设备的维护和保养工作，保持设备整洁、性能良好。在进行执法记录时，应当及时检查执法记录设备的电池容量、内存空间，保证执法记录设备正常使用。

第十七条 执法记录设备应当严格按照规程操作，遇到故障应立即停止使用并及时报告，联系专业部门进行维修，不得私自拆装和更换。

第十八条 各级人力资源社会保障部门应当定期对执法记录设备反映的行政执法人员队容风纪、文明执法情况进行抽检，定期对记录的案卷、声像资料进行回放检查，并建立检查台账。

第十九条 各级人力资源社会保障部门应当定期通报执法全过程记录情况，并纳入单位和个人考核，考评结果与评优奖励、年度考核挂钩。

第二十条 行政执法人员在进行执法全过程记录时，不得有下列行为：

（一）利用执法记录设备记录与行政执法无关的活动；

（二）删减、修改执法记录设备记录的原始声像资料；

（三）私自复制、保存或者传播、泄露执法记录的案卷和声像资料；

（四）故意毁坏执法文书、案卷材料、执法记录设备或者声像资料存储设备；

（五）其他违反执法记录管理规定的行为。

第二十一条 本规定自公布之日起施行。

山东省人力资源社会保障行政执法案卷评查办法

第一章　总　则

第一条　为规范行政执法行为，维护公民、法人和其他组织的合法权益，根据《山东省行政执法监督条例》规定，结合工作实际，制定本办法。

第二条　本办法所称人力资源社会保障行政执法案卷（以下简称执法案卷），是指人力资源社会保障行政执法主体在行政处罚、行政许可、行政确认等行政执法活动中形成的法律文书和材料，经整理归档形成的卷宗材料。

第三条　全省人力资源社会保障系统实施行政执法案卷评查，适用本办法。

第四条　案卷评查应当坚持本级自查与上级评查相结合、发现问题与完善制度相结合、评查评议与落实责任相结合的原则。

第五条　案卷评查以本级自查为主，可以自行对其下属机构或者对受其委托实施行政执法组织的执法案卷进行评查。

上级人力资源社会保障部门可以对下级人力资源社会保障部门的执法案卷进行评查。

第六条　执法案卷应当全面客观真实地反映行政执法活动，体现行政执法行为的合法性、合理性和规范性要求。

第七条　人力资源社会保障部门应当建立执法案卷档案管理制度，及时将实施具体行政行为形成的文书材料立卷归档。

第八条　人力资源社会保障部门根据工作需要配备执法案卷管理人员，负责本部门的执法案卷管理工作。

执法案卷管理人员应当履行下列职责：

（一）指导立卷责任人的立卷和归档工作；

（二）负责案卷的接收、审核、保管、利用、编研和统计工作；

（三）按照规定定期将案卷移送档案管理机构；

（四）与案卷管理有关的其他工作。

第二章　案卷评查标准

第九条　案卷评查标准是判定行政执法行为是否合法、合理、规范以及案卷档案制作质量的标准。案卷评查标准详见附件1、2、3。

案卷评查标准采用百分制的评分方法，按照具体行政行为的规范性要求和案卷归档规范设立若干项目，每个项目下设若干要素，并设定相应分值。对不符合要素要求或者案卷归档规范的，扣除相应分值，余分即为案卷得分。

第十条　行政处罚案卷评查下列内容：

（一）行政处罚主体是否合法；

（二）事实认定是否清楚，证据是否确凿，证据与事实是否有直接因果关系；

（三）是否正确适用法律、法规、规章；

（四）是否符合法定程序；

（五）是否超越职权或者滥用职权；

（六）是否存在违反人力资源社会保障行政处罚自由裁量基准的情形；

（七）案卷内容、装订质量是否符合规定。

第十一条　行政许可案卷评查下列内容：

（一）行政许可主体是否合法；

（二）行政许可的法律依据是否准确；

（三）行政许可的材料是否真实、合法、齐全；

（四）办理程序、时限是否合法；

（五）是否对被许可人进行监督检查；

（六）案卷内容、装订质量是否符合规定。

第十二条　行政确认案卷评查下列内容：

（一）行政相对人是否提出确认申请；

（二）确认申请是否属于受理范围；

（三）作出行政确认是否符合法律程序和法律事实；

（四）是否出具文书并告知申请人；

（五）案卷内容、装订质量是否符合规定。

第三章 案卷评查程序

第十三条 案卷评查一般每年组织一次，可以检查全部案卷，也可以按时间段、案卷序号或者其他方式随机抽查部分案卷。以随机抽查方式评查案卷，一般抽查数量不少于10件或者不少于年度案卷数量的10%。实际案卷少于10件的按实际数量检查。

第十四条 开展案卷评查工作应当成立案卷评查小组。评查小组根据工作需要，由评查单位法制、劳动监察、行政许可、行政确认等机构的人员组成。

第十五条 案卷评查按照下列程序进行：

（一）制订评查工作方案，确定案卷评查的有关事项；

（二）确定评查人员，成立评查小组；

（三）在开展案卷评查7日前书面向被评查单位告知评查的时间和要求；

（四）评查小组对照案卷评查标准审查案卷；

（五）评查小组在评查结束后确定评查结果，并将案卷评查情况反馈被评查单位。

第十六条 被评查单位如对评查结果有异议的，应当在收到评查结果之日起3日内向评查小组提出。

评查小组对有异议的案卷进行复核，确认评判有误的予以修正，并最终确定案卷成绩。

第十七条 评查人员评查案卷应当公平、公正，不得隐瞒案卷问题。

评查人员对所评案卷涉及的国家秘密、商业秘密、个人隐私依法负有保密责任。

第十八条 对可能影响公正评查的，评查小组应当要求有关评查人员回避。

第十九条 被评查的单位和相关人员应当如实反映情况，提供有关资料，不得弄虚作假。

第四章 案卷评查结果

第二十条 评查活动结束后，评查单位应当出具评查结果。评查结果分为优秀（90分以上）、良好（80分以上90分以下）、合格（60分以上80分以下）、不合格（60分以下）。

第二十一条 评查单位可以对在行政执法案卷评查中案卷优秀率较高的被评查单位给予通报表扬，对案卷不合格率较高的单位给予通报批评。

评查结果应当作为年终考核等相关考核和内部奖惩的重要依据。

第二十二条 上级人力资源社会保障部门在执法案卷评查中发现执法行为违法或者不当的，应当按照《山东省行政执法监督条例》规定，出具《行政执法监督意见书》或者《行政执法监督决定书》，被评查单位应当自行纠正违法或者不当的行政执法行为。

评查单位在案卷评查中发现不符合案卷评查标准的，应当及时提出处理意见并反馈给被评查单位，被评查单位应当自收到处理意见之日起20日内书面报告整改情况。

第二十三条 有下列情形之一的，由人力资源社会保障部门责令限期改正，逾期未改正的，予以通报批评：

（一）未按规定及时报送评查案卷的；

（二）拒绝接受案卷评查的；

（三）不按时报送评查情况报告的；

（四）弄虚作假、制作虚假案卷的；

（五）对评查发现的问题不及时整改的；

（六）违反本办法的其他行为。

第二十四条 案卷评查人员违反本办法第十七条第二款规定，给当事人、利害关系人造成损害的，依法承担责任。

第五章 附 则

第二十五条 各市人力资源社会保障局可以根据本市工作实际，依照本办法制定实施细则。

第二十六条 本办法自公布之日起施行。

附件：

1.山东省人力资源社会保障劳动监察执法案卷评查标准（略）

2.山东省人力资源社会保障行政许可案卷评查标准（略）

3.山东省人力资源社会保障工伤认定案卷评查标准（略）

山东省人力资源社会保障重大改革事项综合评估办法

第一条 为规范全省人力资源社会保障重大改革事项制定工作，保证重大改革政策统一、协调、平衡，根据《关于深入贯彻落实中央和省委有关指示要求切实加强部门重大决策社会稳定风险评估机制建设的通知》（鲁稳办发电〔2013〕41号）规定，结合实际，制定本办法。

第二条 本办法所称人力资源社会保障重大改革事项，是指各市人力资源社会保障局（指设区的市人力资源社会保障局，下同）制发，或者以本级党委、政府及其办公室（厅）名义印发，与人民群众切身利益密切相关、牵涉面广、可能影响社会稳定的社会保险待遇、工资收入分配、人事制度改革等政策文件。

第三条 各市人力资源社会保障局制定出台重大改革事项，应当符合下列要求：

（一）属于上级机关职责范围内的事项，不得超越权限制定政策；

（二）上级机关授权的事项，严格按照授权范围、条件、标准、程序等作出规定；

（三）属于职责范围内的事项，应当经过充分论证，统筹考虑现实需要和长远发展，确保重大改革与上位法一致，与其他市相关政策保持平衡。

第四条 各市人力资源社会保障局制定出台重大改革事项，应当遵守公众参与、专家论证、风险评估、合法性审查、集体讨论决定等程序，确保重大改革制度科学、程序正当、过程公开、内容适当、责任明确。

第五条 各市人力资源社会保障局代本级党委、政府及其办公室（厅）制定的重大改革决策在提交党委、政府审定之前，或者以本局名义制定的重大改革事项在研究决定之前，应当将重大改革事项文本、起草说明及相关材料报送省人力资源社会保障厅进行综合评估。

第六条 省人力资源社会保障厅收到有关市人力资源社会保障局报送的材料后，应当按照公文程序运转，业务处室、单位研究后分别提出同意、修改后再次提报或者不同意的意见，法规处汇总并进行合法性审核，报厅领导审定。

第七条 省人力资源社会保障厅应当自收到材料之日起10个工作日内出具综合评估意见，并及时反馈。

第八条 有关市人力资源社会保障局按照省人力资源社会保障厅综合评估意见进行修改后，按照公文运转程序研究决定、发布实施。

第九条 省人力资源社会保障厅定期对各市重大改革事项综合评估情况进行通报。重大改革事项未经综合评估引起行政争议或信访事件，影响社会和谐稳定的，依照有关规定追究责任。

第十条 本办法自公布之日起施行。

山东省人力资源和社会保障厅
关于加强人力资源社会保障行政执法程序建设的通知

（2015年3月15日　鲁人社办发〔2015〕38号）

各市人力资源社会保障局，省厅各处室、直属单位，省公务员局：

为深入贯彻落实党的十八届四中全会精神，进一步提高人力资源社会保障依法行政水平，现就加强行政执法程序建设通知如下：

一、充分认识加强行政执法程序建设的重要性和紧迫性

行政执法程序是行政机关依据法律、法规、规章和规范性文件，作出行政许可、行政处罚、行政强制、行政确认、行政征收等影响公民、法人和其他组织权利、义务的具体行政行为所遵循的步骤、方式、时间、顺序的总和，是控制行政执法行为合法、正当运作的强制力量，是促进行政执法过程法治化、民主化、理性化的基础和保障。近年来，全省各级人力资源社会保障部门积极开展行政程序年、基层基础年、作风建设年“三项活动”，行政执法程序建设取得新成效。从行政复议和行政诉讼的结果看，全省人力资源社会保障系统行政执法行为基本做到了事实清楚、证据确凿、程序合法、适用法律依据正确，得到了行政复议机关和人民法院的认可。但在具体执行方面还存在一些问题，比较集中的有，用电话告知代替书面告知受理行政申请，无正常理由延期办理，告知当事人不及时、未告知当事人诉权及救济途径等。党的十八届四中全会对完善执法程序提出了明确要求，要“建立执法全过程记录制度，明确具体操作流程，重点规范行政许可、行政处罚、行政强制、行政征收、行政收费、行政检查等执法行为。”加强人力资源社会保障行政执法程序建设，是贯彻落实十八届四中全会精神全面推进依法治国的重要举措，是推进人力资源社会保障事业在法治轨道上加快转型发展的重要保障，是消除和化解矛盾纠纷，维护人民群众合法权益的必然要求。各级各部门要按照依法治国、依法治省和依法行政的要求，以规范行政执法程序为切入点，针对目前存在的问题，本着“有则改之，无则加勉”的原则，明确重点任务，不断改进完善制度，努力提高工作水平。

二、加强行政执法程序建设的重点任务

（一）规范受理程序

1. 依法受理。各级人力资源社会保障部门收到人民群众申请事项后，应当予以登记并进行初步审查，申请事项属于本部门职权范围、申请材料齐全、符合法定形式的，应当受理；申请事项不属于本部门职权范围的，应当不予受理，并告知公民、法人和其他组织向有关行政机关申请。

2. 一次告知。申请材料存在错误可以当场更正的，应当当场更正；申请材料不齐全或不符合法定形式的，行政机关应当当场或者在 5 日内一次告知需要补正的全部内容，逾期不告知的，自收到申请材料之日起视为受理。申请人按照要求提交全部补正申请材料的，各级应当受理。

3. 书面作出答复。法律、法规、规章规定应当以书面形式作出受理通知或不予受理决定的，不得以电话、电子邮件、口头告知等形式代替书面形式。作出受理通知或者不予受理决定，应当出具加盖人力资源社会保障部门印章和注明日期的书面凭证；作出不予受理决定的，还应当告知权利救济的途径、方式和期限。

（二）规范调查取证程序

1. 确保调查取证形式合法。人力资源社会保障部门调查取证时，行政执法人员不得少于 2 人，并向被调查人主动出示行政执法证件，说明调查事项和依据。不得安排尚未取得行政执法证件的人员代表本单位对外调查取证。

2. 规范调查笔录的制作。调查取证应当制作笔录，由行政执法人员、当事人或者代理人、见证人签字；有关人员拒绝签字的，行政执法人员应当在调查笔录中载明。

3. 保证当事人的陈述申辩权。人力资源社会保障部门对当事人、利害关系人的陈述和申辩，应当予以记录并归入案卷；对当事人、利害关系人提出的事实和证据，应当进行审查，采纳其合理意见，不予采纳的，应当说明理由。不得因当事人、利害关系人提出异议或者申辩而加重处理。

（三）规范行政决定程序

1. 行政决定内容要全面。除法律、法规、规章另有规定外，人力资源社会保障行政决定应当以书面形式作出。行政决定应当载明：当事人基本情况、事实和证据、适用的法律依据、决定内容、履行方式和时间、救济途径和期限、决定日期以及应当载明的其他事项。

2. 在法定期限内作出行政决定。法律、法规、规章对办理期限有明确规定的，应当在法定期限

内办结。法律、法规、规章没有规定办理期限，依职权启动执法程序的，自程序启动之日起60日内办结；依当事人申请启动执法程序的，自受理之日起20日内办结。

3. 提前办理延期审批手续。案情复杂不能在法定期限内办结，依法可以延期处理的，应当在法定期限到达之前提前报经部门分管负责同志同意，并将书面延期通知送达当事人。

4. 依法告知诉权和救济途径。在办理可能影响公民、法人和其他组织合法权益的举报投诉、信息公开申请等案件时，应依法告知权利救济的途径、方式和期限。坚决杜绝行政不作为。

（四）规范文书送达程序

1. 原则上直接送达。受送达人是公民的由本人签收，本人不在的由其同住成年家属签收；受送达人是法人或者其他组织的，由法人的法定代表人、主要负责人或者负责收件的人签收；有委托代理人的，可以送交其代理人签收。直接送达法律文书有困难的，可以邮寄送达。

2. 慎重实施公告送达。受送达人下落不明或者不能按照民事诉讼法规定的其他送达方式送达的，才能选择公告送达。公告送达自发出公告之日起，经过60日即视为送达。公告送达的，具体承办处室、单位还应当在案卷中记明原因和经过。

3. 保存送达回证。各级人力资源社会保障部门送达法律文书应当有送达回证，由受送达人在送达回证上注明收到日期，签名或者盖章，将送达回证连同案卷一并予以保存。

三、切实加强对行政执法程序建设的监督检查

各级人力资源社会保障部门要将加强行政执法程序建设作为推进依法行政的重要内容，进一步优化完善执法流程，落实行政执法责任制，全面梳理行政执法依据，科学界定执法岗位职责，合理确定执法人员的执法责任，并将梳理确认后的行政执法依据、岗位、职责、程序等于2015年5月1日前向社会公布。要通过行政执法评议考核、行政执法案卷评查等方式，加强对下级人力资源社会保障部门行使行政执法权和履行法定职责情况进行监督检查。省厅对违反行政执法程序引起的行政复议将依法撤销，并下发行政复议意见书予以纠正，造成重大社会影响的，依法追究有关单位及相关人员的责任。

山东省人力资源和社会保障厅
关于印发山东省人力资源和社会保障厅负责人出庭应诉规定的通知

（2015年12月17日　鲁人社办发〔2015〕96号）

各处室、直属单位，省公务员局：

《山东省人力资源和社会保障厅负责人出庭应诉规定》已经第20次厅长办公会审议通过，现印发给你们，请认真贯彻执行。

山东省人力资源和社会保障厅负责人出庭应诉规定

第一条　为做好厅负责人出庭应诉工作，根据《中华人民共和国行政诉讼法》和山东省人民政府办公厅《关于行政机关负责人出庭应诉工作的意见》等规定，结合实际，制定本规定。

第二条　本规定所称厅负责人，是指省人力资源社会保障厅厅长和副厅长。

本规定所称出庭应诉，是指在人民法院受理的行政诉讼案件中，行政机关（包括省人力资源社会保障厅、省公务员局、省外国专家局）作为当事人参与诉讼活动的行为。

第三条 厅负责人出庭应诉工作由法规处组织协调，有关处室、单位配合。

第四条 有下列情形之一的，厅负责人出庭应诉：

（一）对本机关或者在本辖区范围内有重大影响的行政诉讼案件；

（二）可能对本机关的行政管理或者行政执法行为产生重大影响的行政诉讼案件；

（三）人民法院一审判决本机关败诉，二审开庭审理的行政诉讼案件；

（四）人民法院建议负责人出庭应诉的案件；

（五）确需负责人出庭应诉的其他行政诉讼案件。

有前款第一项情形的，厅长出庭应诉，其他案件可以由副厅长出庭应诉。

第五条 人民法院就厅主要负责人出庭应诉提出书面建议的，厅长出庭应诉。厅长不能出庭应诉的，法规处拟定不能出庭应诉书面说明。

第六条 厅负责人出庭应诉，可以另行委托1至2名诉讼代理人。法规处应当会同有关处室、单位，向出庭应诉的厅负责人汇报案情，按照要求拟定行政诉讼答辩状。

第七条 法规处应当按照人民法院关于行政诉讼出庭应诉通知要求，报经厅主要负责人确定出庭应诉人员，根据事实和法律依据拟定行政诉讼答辩状，履行举证、答辩等义务。

第八条 法规处会同有关处室、单位，自收到起诉状副本之日起15日内向人民法院提交下列材料：

（一）行政诉讼答辩状；

（二）作出行政行为的有关证据和法律依据；

（三）法定代表人身份证明；

（四）授权委托书；

（五）法律规定或者人民法院依法要求应当提交的其他材料。

第九条 厅负责人出庭应诉的案件，由法规处组织有关处室、单位的负责人参加庭审旁听。

第十条 厅负责人在出庭应诉过程中，发现本机关行政行为违反法律规定的，应当督促本机关主动依法作出撤销、变更或者停止执行原行政行为的决定。

本机关根据前款规定作出撤销、变更或者停止执行决定的，应当及时通知人民法院和有关当事人。

第十一条 厅负责人出庭应诉的案件，法规处应当自收到人民法院终审判决或者裁定之日起5日内，向省政府法制办公室提交备案报告。

备案报告应当包括案件基本案情、厅负责人出庭应诉情况、人民法院判决结果、有关工作建议、整改落实措施等内容。

第十二条 与案件有关的处室、单位应当自觉履行人民法院的生效判决、裁定。

第十三条 本规定自公布之日起施行。

山东省人力资源和社会保障厅

关于印发山东省人力资源和社会保障系统行政处罚裁量基准的通知

（2015 年 12 月 29 日 鲁人社发〔2015〕68 号）

各市人力资源社会保障局：

现将《山东省人力资源和社会保障系统行政处罚裁量基准》印发给你们，请遵照执行。

本通知自 2016 年 1 月 1 日起施行，有效期至 2020 年 12 月 31 日。

附件：山东省人力资源和社会保障系统行政处罚裁量基准

山东省人力资源和社会保障系统行政处罚裁量基准

一、劳动关系类

序号	违法行为	法定依据	法定处罚标准	适用条件	处罚裁量标准
1	未经许可，擅自经营劳务派遣业务的	《劳动合同法》第 92 条第 1 款	由劳动行政部门责令停止违法行为，没收违法所得，并处违法所得一倍以上五倍以下的罚款；没有违法所得的，可以处五万元以下的罚款	违法所得 1 万元以下的	责令停止违法行为，没收违法所得，并处违法所得 1 倍以上 2 倍以下的罚款
				违法所得 1 万元以上 3 万元以下的	责令停止违法行为，没收违法所得，并处违法所得 2 倍以上 3 倍以下的罚款
				违法所得 3 万元以上 5 万元以下的	责令停止违法行为，没收违法所得，并处违法所得 3 倍以上 4 倍以下的罚款
				违法所得 5 万元以上的	责令停止违法行为，没收违法所得，并处违法所得 4 倍以上 5 倍以下的罚款
				没有违法所得的，经责令停止违法行为，按时改正的	处以 2 万元以下的罚款
				没有违法所得的，经责令停止违法行为，逾期 7 日以下未改正的	处以 2 万元以上 4 万元以下的罚款
				没有违法所得的，经责令停止违法行为，逾期 7 日以上未改正的	处以 4 万元以上 5 万元以下的罚款
2	用人单位以担保或者其他名义向劳动者收取财物的；劳动者依法解除或者终止劳动合同，用人单位扣押劳动者档案或者其他物品的	《劳动合同法》第 84 条第 2 款、第 3 款	由劳动行政部门责令限期退还劳动者本人，并以每人五百元以上二千元以下的标准处以罚款	收取 5 名以下劳动者财物的，或者扣押 5 名以下劳动者档案或其他物品的	以每人 500 元以上 1000 元以下的标准处以罚款
				收取 5 名以上 10 名以下劳动者财物的，或者扣押 5 名以上 10 名以下劳动者档案或其他物品的	以每人 1000 元以上 1500 元以下的标准处以罚款
				收取 10 名以上劳动者财物的，或者扣押 10 名以上劳动者档案或其他物品的	以每人 1500 元以上 2000 元以下的标准处以罚款

续表1

序号	违法行为	法定依据	法定处罚标准	适用条件	处罚裁量标准
3	劳务派遣单位、用工单位违反有关劳务派遣规定，逾期不改正的	《劳动合同法》第92条第2款，《劳务派遣暂行规定》第24条	以每人五千元以上一万元以下的标准处以罚款，对劳务派遣单位，吊销其劳务派遣业务经营许可证	逾期7日以下不改正的，或涉及人数10人以下的	以每人5000元以上7000元以下的标准处以罚款，吊销劳务派遣单位的劳务派遣业务经营许可证
				逾期7日以上10日以下不改正的，或涉及人数10人以上20人以下的	以每人7000元以上9000元以下的标准处以罚款，吊销劳务派遣单位的劳务派遣业务经营许可证
				逾期10日以上不改正的，或涉及人数20人以上的	以每人9000元以上1万元以下的标准处以罚款，吊销劳务派遣单位的劳务派遣业务经营许可证
4	用人单位违反劳动合同法有关建立职工名册规定，逾期不改正的	《中华人民共和国劳动合同法实施条例》（国务院令第535号）第33条	由劳动行政部门处2000元以上2万元以下的罚款	职工名册漏报人数在5人以下的，或职工名册缺失法定必要内容的	处以2000元以上6000元以下的罚款
				职工名册漏报在5人以上10人以下的，或名册存在虚假职工信息的	处以6000元以上10000元以下的罚款
				职工名册漏报在10人以上15人以下的	处以10000元以上16000元以下的罚款
				职工名册漏报在15人以上的或者没有职工名册的	处以16000元以上20000元以下的罚款
5	用人单位违反劳动保障法律、法规或者规章延长劳动者工作时间的	《劳动法》第90条、《劳动保障监察条例》（国务院令第423号）第25条	由劳动保障行政部门给予警告，责令限期改正，并可以按照受侵害的劳动者每人100元以上500元以下的标准计算，处以罚款	未与工会和劳动者协商延长工作时间的，或每日延长工作时间超过法律规定时间的，或月累计延长工作时间36小时以上48小时以下的	给予警告，并以每人100元以上200元以下标准处以罚款
				月累计延长工作时间48小时以上60小时以下的	给予警告，并以每人200元以上300元以下标准处以罚款
				月累计延长工作时间60小时以上的或者强迫加班的	给予警告，并以每人300元以上500元以下标准处以罚款
6	用人单位违法对怀孕7个月以上的女职工延长劳动时间或者安排夜班劳动，并未在劳动时间内安排一定的休息时间的；违法侵犯女职工生育产假权利的；违法对哺乳未满1周岁婴儿的女职工，延长劳动时间或者安排夜班劳动的	《女职工劳动保护特别规定》（国务院令第619号）第13条	由县级以上人民政府人力资源社会保障行政部门责令限期改正，按照受侵害女职工每人1000元以上5000元以下的标准计算，处以罚款	受侵害女职工人数在5人以下的	按照受侵害女职工每人1000元以上2500元以下的标准计算，处以罚款。
				受侵害女职工人数在5以上10人以下的	按照受侵害女职工每人2500元以上4000元以下的标准计算，处以罚款。
				受侵害女职工人数在10人以上的	按照受侵害女职工每人4000元以上5000元以下的标准计算，处以罚款。

续表 2

序号	违法行为	法定依据	法定处罚标准	适用条件	处罚裁量标准
7	用人单位安排未成年工从事矿山井下、有毒有害、国家规定的第四级体力劳动强度的劳动或者其他禁忌从事的劳动的；未对未成年工定期进行健康检查的	《劳动保障监察条例》（国务院令第423号）第23条	由劳动保障行政部门责令改正，按照受侵害的劳动者每人1000元以上5000元以下的标准计算，处以罚款	受侵害未成年工人数在5人以下的	按照受侵害未成年工每人1000元以上2500元以下的标准计算，处以罚款。
				受侵害未成年工人数在5人以上10人以下的	按照受侵害未成年工每人2500元以上4000元以下的标准计算，处以罚款。
				受侵害未成年工人数在10人以上的	按照受侵害未成年工每人4000元以上5000元以下的标准计算，处以罚款。
8	用人单位违反国家有关规定裁减人员的	《山东省劳动和社会保障监察条例》第26条	由劳动和社会保障行政部门责令改正，处以一万元以上五万元以下的罚款	裁减人员20人以下的	处以1万元以上2万元以下的罚款
				裁减人员20人以上50人以下或者裁减不足20人但占用人单位职工总数10%以上的	处以2万元以上3万元以下的罚款
				裁减国家规定不得裁减的人员的或者裁减人员50人以上的	处以3万元以上5万元以下的罚款
9	企业未按规定将执行最低工资标准的情况、落实工资指导线实施方案、工资分配制度和工资支付制度向劳动保障行政部门备案或弄虚作假、隐匿、销毁企业工资支付表和其他应当保存的工资支付资料的，逾期不改正的	《山东省企业工资支付规定》（省政府令第188号）第45条	处以2000元以上10000元以下的罚款	逾期7日以下不改正的	处以2000元以上5000元以下的罚款
				逾期7日以上10日以下不改正的	处以5000元以上8000元以下的罚款
				逾期10日以上不改正的	处以8000元以上1万元以下的罚款
10	用人单位强迫劳动者在高温天气期间工作的，或者未按规定标准发放防暑降温费，逾期未改正的	《山东省高温天气劳动保护办法》（省政府令第239号）第22条	处以2000元以上20000元以下的罚款	逾期7日以下不改正的，或涉及人数5人以下的	处2000元以上8000元以下的罚款
				逾期7日以上10日以下不改正的，或涉及人数5人以上10人以下的	处8000元以上13000元以下的罚款
				逾期10日以上不改正的，或涉及人数10人以上的	处13000元以上2万元以下的罚款

续表 3

序号	违法行为	法定依据	法定处罚标准	适用条件	处罚裁量标准
11	劳务派遣单位有下列情形之一的：（一）涂改、倒卖、出租、出借《劳务派遣经营许可证》，或者以其他形式非法转让《劳务派遣经营许可证》的；（二）隐瞒真实情况或者提交虚假材料取得劳务派遣行政许可的；（三）以欺骗、贿赂等不正当手段取得劳务派遣行政许可的。	《劳务派遣行政许可实施办法》（人社部令第19号）第33条	由人力资源社会保障行政部门处1万元以下的罚款；情节严重的，处1万元以上3万元以下的罚款	劳务派遣单位有所列情形之一，但没有开展劳务派遣活动的	处1万元以下的罚款
				劳务派遣单位有所列情形之一，且开展劳务派遣活动，违法所得在1万以下的	处以1万元以上2万元以下的罚款
				劳务派遣单位有所列情形之一，且开展劳务派遣活动，违法所得在1万以上的	处以2万元以上3万元以下的罚款

二、社会保险类

序号	违法行为	法定依据	法定处罚标准	适用条件	处罚裁量标准
12	用人单位不办理社会保险登记，逾期不改正的	《社会保险法》第84条	逾期不改正的，对用人单位处应缴社会保险费数额一倍以上三倍以下的罚款，对直接负责的主管人员和其他直接责任人员处五百以上三千以下的罚款	逾期20日以下不改正的，或应缴社会保险费在1万元以下的	对用人单位处以应缴社会保险费数额1倍的罚款，对直接负责的主管人员和其他直接责任人员处以500元以上1000元以下的罚款
				逾期20日以上30日以下不改正的，或应缴社会保险费在1万元以上2万以下的	对用人单位处以应缴社会保险费数额1倍以上2倍以下的罚款，对直接负责的主管人员和其他直接责任人员处以1000元以上2000元以下的罚款
				逾期30日以上不改正的，或应缴社会保险费在2万元以上的	对用人单位处以应缴社会保险费数额2倍以上3倍以下的罚款，对直接负责的主管人员和其他直接责任人员处以2000元以上3000元以下的罚款
13	用人单位未按时足额缴纳社会保险费，经责令限期缴纳或者补足，逾期仍不缴纳的	《社会保险法》第86条、《社会保险费申报缴纳管理规定》（人社部令第20号）第30条	由社会保险行政部门处欠缴数额一倍以上三倍以下的罚款	逾期20日以下不改正的或者未足额缴纳部分占应缴数额10%以下的	处以欠缴社会保险费数额1倍的罚款
				逾期20日以上30日以下不改正的或者未足额缴纳部分占应缴数额10%以上50%以下的	处以欠缴社会保险费数额1倍以上2倍以下的罚款
				逾期30日以上不改正的或者未足额缴纳部分占应缴数额50%以上的	处以欠缴社会保险费数额2倍以上3倍以下的罚款

续表 1

序号	违法行为	法定依据	法定处罚标准	适用条件	处罚裁量标准
14	社会保险经办机构以及医疗机构、药品经营单位等社会保险服务机构以欺诈、伪造证明材料或者其他手段骗取社会保险基金支出的	《社会保险法》第87条、《实施〈中华人民共和国社会保险法〉若干规定》（人社部令第13号）第25条	由社会保险行政部门处骗取金额二倍以上五倍以下的罚款	骗取社会保险基金支出，涉案金额在5000元以下的	处骗取金额2倍的罚款
				骗取社会保险基金支出，涉案金额在5000元以上10000元以下的	处骗取金额2倍以上3倍以下的罚款
				骗取社会保险基金支出，涉案金额在10000元以上20000元以下的	处骗取金额3倍以上4倍以下的罚款
				骗取社会保险基金支出，涉案金额在20000元以上的	处骗取金额4倍以上5倍以下的罚款
15	以欺诈、伪造证明材料或者其他手段骗取社会保险待遇的	《社会保险法》第88条,《工伤职工劳动能力鉴定管理办法》第30条	由社会保险行政部门处骗取金额二倍以上五倍以下的罚款	骗取社会保险基金支出，涉案金额在5000元以下的	处骗取金额2倍的罚款
				骗取社会保险基金支出，涉案金额在5000元以上10000元以下的	处骗取金额2倍以上3倍以下的罚款
				骗取社会保险基金支出，涉案金额在10000元以上20000元以下的	处骗取金额3倍以上4倍以下的罚款
				骗取社会保险基金支出，涉案金额在20000元以上的	处骗取金额4倍以上5倍以下的罚款
16	缴费单位违反有关财务、会计、统计的法律、行政法规和国家有关规定，伪造、变造、故意毁灭有关帐册、材料，或者不设帐册，致使社会保险费缴费基数无法确定的，延迟缴纳的	《社会保险费征缴暂行条例》（国务院令第259号）第24条、《社会保险费征缴监督检查办法》（劳动社会保障部令第3号）第13条	由劳动保障行政部门或者税务机关对直接负责的主管人员和其他直接责任人员处5000元以上20000元以下的罚款	迟延1个月以下的，或者缴费单位用工人数在20人以下的	对直接负责的主管人员和其他直接责任人员处以5000元罚款
				迟延1个月以上2个月以下的，或者缴费单位用工人数在20人以上40人以下的	对直接负责的主管人员和其他直接责任人员处以5000元以上1万元以下的罚款
				迟延2个月以上3个月以下的，或者缴费单位用工人数在40人以上60人以下的	对直接负责的主管人员和其他直接责任人员处以1万元以上15000元以下的罚款
				迟延3个月以上的或者缴费单位用工人数在60人以上的	对直接负责的主管人员和其他直接责任人员处以15000元以上2万元以下的罚款
17	缴费单位未按照规定办理社会保险变更登记或注销登记，或者未按照规定申报应缴纳的社会保险费数额的	《社会保险费征缴暂行条例》（国务院令第259号）第23条、《社会保险费征缴监督检查办法》（劳动社会保障部令第3号）第12条	情节严重的，对直接负责的主管人员和其他直接责任人员可以处1000元以上5000元以下的罚款；情节特别严重的，对直接负责的主管人员和其他直接责任人员可以处5000元以上10000元以下的罚款	缴费单位用工人数在20人以下的	对直接负责的主管人员和其他直接责任人员处以1000元以上2000元以下的罚款
				缴费单位用工人数在20人以上50人以下的	对直接负责的主管人员和其他直接责任人员处以2000元以上5000元以下的罚款
				缴费单位用工人数在50人以上的，或经责令改正拒不改正的，或连续违法行为超过1年的	对直接负责的主管人员和其他直接责任人员处以5000元以上1万元以下的罚款

续表 2

序号	违法行为	法定依据	法定处罚标准	适用条件	处罚裁量标准
18	用人单位向社会保险经办机构申报应缴纳的社会保险费数额时，瞒报工资总额或者职工人数的	《劳动保障监察条例》（国务院令第423号）第27条	由劳动保障行政部门责令改正，并处瞒报工资数额1倍以上3倍以下的罚款	用人单位瞒报工资总额或者职工人数占实际总数10%以下的	处瞒报工资数额1倍罚款
				用人单位瞒报工资总额或者职工人数占实际总数10%以上20%以下的	处瞒报工资数额1倍以上2倍以下的罚款
				用人单位瞒报工资总额或者职工人数占实际总数20%以上的	处瞒报工资数额2倍以上3倍以下的罚款
19	从事劳动能力鉴定的组织或者个人有下列情形之一的：（一）提供虚假鉴定意见的；（二）提供虚假诊断证明的；（三）收受当事人财物的	《工伤保险条例》（国务院令第375号）第61条	由社会保险行政部门责令改正，处2000元以上1万元以下的罚款	从事劳动能力鉴定的组织或个人提供3份以下虚假鉴定或虚假诊断证明的；或收受当事人财物折合人民币1000元以下的	处2000元以上5000元以下的罚款
				从事劳动能力鉴定的组织或个人提供3份以上5份以下虚假鉴定或虚假诊断证明的；或收受当事人财物折合人民币1000元以上3000元以下的	处5000元以上8000元以下的罚款
				从事劳动能力鉴定的组织或个人提供5份以上虚假鉴定或虚假诊断证明的；或收受当事人财物折合人民币3000元以上的	处8000元以上1万元以下的罚款
20	用人单位违反《工伤保险条例》第十九条的规定，拒不协助社会保险行政部门对事故进行调查核实的	《工伤保险条例》（国务院令第375号）第63条、《工伤认定办法》（人社部令第8号）第25条	由社会保险行政部门责令改正，处2000元以上2万元以下的罚款	用人单位采取推诿、躲避等方式回避调查核实的	处2000元以上8000元以下的罚款
				用人单位拒收、拒签工伤认定相关文书材料的	处8000元以上12000元以下的罚款
				用人单位拒绝协助调查的	处12000元以上16000元以下的罚款
				用人单位故意设置障碍或者制造伪证，阻碍社会保险行政部门调查核实；或以暴力、威胁及其他手段阻挠调查核实的	处16000元以上2万元以下的罚款
21	缴费单位未按规定从缴费个人工资中代扣代缴社会保险费的	《社会保险费征缴监督检查办法》（劳动社会保障部令第3号）第14条	应当给予警告，并可以处以5000元以下的罚款	缴费单位主动改正	给予警告，不予罚款
				缴费单位招用劳动者后3个月以下，未按规定从缴费个人工资中代扣代缴社会保险费的	给予警告，并处以2000元以下的罚款
				缴费单位招用劳动者后3个月以上，未按规定从缴费个人工资中代扣代缴社会保险费的	给予警告，并处以2000元以上5000元以下的罚款
22	缴费单位打击报复举报人员的	《社会保险费征缴监督检查办法》（劳动社会保障部令第3号）第15条	应当给予警告，并可以处以10000元以下的罚款	经教育后停止实施打击报复行为的	给予警告，不予罚款

续表 3

序号	违法行为	法定依据	法定处罚标准	适用条件	处罚裁量标准
22	缴费单位打击报复举报人员的	《社会保险费征缴监督检查办法》(劳动社会保障部令第3号)第15条	应当给予警告，并可以处以10000元以下的罚款	经教育继续实施打击报复行为的	给予警告，并处以4000元以下的罚款
				缴费单位因举报，加重报复举报人的	给予警告，并处以4000元以上7000元以下的罚款
				一年内两次实施违法行为的	给予警告，并处以7000元以上10000元以下的罚款
23	被稽查单位或者个人伪造、变造社会保险登记证的；不按规定向职工公布本单位社会保险费缴纳情况的	《山东省社会保险稽查办法》(省政府令第158号)第17条	由劳动和社会保障行政部门予以警告，并可处以1000元以上1万元以下的罚款	及时改正，且未造成危害后果的	给予警告，不予罚款
				已改正，但造成危害后果的	给予警告，并处以1000元以上5000元以下的罚款
				不改正，且造成危害后果的	给予警告，并处以5000元以上1万元以下的罚款
24	参保单位违反规定，具有下列情形之一的：(一)未在与职工解除、终止劳动关系时告知其有依法享受失业保险待遇的权利的；(二)未按规定向失业人员出具解除、终止劳动关系证明的；(三)未按规定公布本单位失业保险费缴纳情况或者未及时向查询职工和失业人员提供失业保险费缴纳情况的，逾期不改的	《山东省失业保险规定》(省政府令第161号)第33条	处以2000元以上1万元以下的罚款	逾期7日以下不改正的	处以2000元以上4000元以下的罚款
				逾期7日以上10日以下不改正的	处以4000元以上6000元以下的罚款
				逾期10日以上15日以下不改正的	处以6000元以上8000元以下的罚款
				逾期15日以上不改正的	处以8000元以上10000元以下的罚款
25	用人单位未按月将缴纳社会保险费的明细情况告知职工本人，逾期不改的	《实施〈中华人民共和国社会保险法〉若干规定》(人社部令第13号)第24条	处2000元以上2万元以下的罚款	逾期7日以下不改正的	处以2000元以上8000元以下的罚款
				逾期7日以上10日以下不改正的	处以8000元以上12000元以下的罚款
				逾期10日以上15日以下不改正的	处以12000元以上16000元以下的罚款
				逾期15日以上不改正的	处以16000元以上20000元以下的罚款

三、就业培训类

序号	违法行为	法定依据	法定处罚标准	适用条件	处罚裁量标准
26	未经许可和登记，擅自从事职业中介活动的，有违法所得的	《就业促进法》第64条	没收违法所得，并处一万元以上五万元以下的罚款	违法所得1万元以下的	没收违法所得，并处1万元以上2万元以下的罚款
				违法所得1万元以上3万元以下的	没收违法所得，并处2万元以上3万元以下的罚款
				违法所得3万元以上4万元以下的	没收违法所得，并处3万元以上4万元以下的罚款
				违法所得4万元以上的	没收违法所得，并处4万元以上5万元以下的罚款
27	职业中介机构违法提供虚假就业信息，为无合法证照的用人单位提供职业中介服务，伪造、涂改、转让职业中介许可证的，有违法所得的	《就业促进法》第65条	没收违法所得，并处一万元以上五万元以下的罚款；情节严重的，吊销职业中介许可证	违法所得1万元以下的	没收违法所得，并处1万元以上2万元以下的罚款
				违法所得1万元以上3万元以下的	没收违法所得，并处2万元以上3万元以下的罚款
				违法所得3万元以上4万元以下的	没收违法所得，并处3万元以上4万元以下罚款
				违法所得4万元以上5万元以下的	没收违法所得，并处4万元以上5万元以下罚款
				拒不改正，情节恶劣的，或违法所得5万元以上的	没收违法所得，并处5万元罚款，吊销职业中介许可证
28	职业中介机构向劳动者收取押金的	《就业促进法》第66条第2款	由劳动行政部门责令限期退还劳动者，并以每人五百元以上二千元以下的标准处以罚款	收取劳动者押金1000元以下的	以每人500元以上1000元以下的标准处以罚款
				收取劳动者押金1000元以上2000元以下的	以每人1000元以上1500元以下的标准处以罚款
				收取劳动者押金2000元以上的	以每人1500元以上2000元以下的标准处以罚款
29	未取得人力资源服务许可从事人才中介活动，擅自扩大许可范围的	《山东省人力资源市场条例》第44条	由县级以上人民政府人力资源社会保障部门责令停止违法行为，没收违法所得，并处一万元以上五万元以下的罚款	违法所得1万元以下的	没收违法所得，并处1万元以上2万元以下的罚款
				违法所得1万元以上3万元以下的	没收违法所得，并处2万元以上3万元以下的罚款
				违法所得3万元以上4万元以下的	没收违法所得，并处3万元以上4万元以下的罚款
				违法所得4万元以上的	没收违法所得，并处4万元以上5万元以下的罚款
30	人才中介机构提供虚假求职和招聘信息，为无合法证照的用人单位提供人力资源服务，伪造、涂改、转让人力资源服务许可证的	《山东省人力资源市场条例》第46条	由县级以上人民政府人力资源社会保障部门责令改正，没收违法所得，并处一万元以上五万元以下的罚款；情节严重的，吊销人力资源服务许可证	违法所得1万元以下的	没收违法所得，并处1万元以上2万元以下的罚款
				违法所得1万元以上3万元以下的	没收违法所得，并处2万元以上3万元以下的罚款
				违法所得3万元以上4万元以下的	没收违法所得，并处3万元以上4万元以下罚款
				违法所得4万元以上5万元以下的	没收违法所得，并处4万元以上5万元以下罚款
				拒不改正，情节恶劣的，或违法所得5万元以上的，情节严重的	没收违法所得，并处5万元罚款，吊销人力资源服务许可证

续表 1

序号	违法行为	法定依据	法定处罚标准	适用条件	处罚裁量标准
31	人力资源服务机构介绍求职者从事法律、法规禁止的职业	《山东省人力资源市场条例》第46条	由县级以上人民政府人力资源社会保障部门责令改正，没收违法所得，并处一万元以上五万元以下的罚款；情节严重的，吊销人力资源服务许可证	违法所得1万元以下的	没收违法所得，并处1万元以上2万元以下的罚款
				违法所得1万元以上3万元以下的	没收违法所得，并处2万元以上3万元以下的罚款
				违法所得3万元以上4万元以下的	没收违法所得，并处3万元以上4万元以下罚款
				违法所得4万元以上5万元以下的	没收违法所得，并处4万元以上5万元以下罚款
				拒不改正，情节恶劣的，或违法所得5万元以上的，情节严重的	没收违法所得，并处5万元罚款，吊销人力资源服务许可证
32	用人单位提供虚假招聘信息的	《山东省人力资源市场条例》第47条	由县级以上人民政府人力资源社会保障部门责令改正，处三千元以上三万元以下的罚款	没有违法所得的	责令停止违法行为，并处3000元以上1万元以下的罚款
				违法所得2万元以下的	没收违法所得，并处1万元以上2万元以下的罚款
				违法所得2万元以上的	没收违法所得，并处2万元以上3万元以下的罚款
33	人才中介服务机构不依法接受检查或提供虚假材料，不按规定办理许可证变更等手续的	《人才市场管理规定》（人事部、国家工商行政管理总局第1号令）第34条	由县级以上政府人事行政部门予以警告，可并处10000元以下罚款；情节严重的，责令停业整顿，有违法所得的，没收违法所得，并可以处不超过违法所得3倍的罚款，但最高不得超过30000元	没有违法所得，经督促按时改正违法行为的	给予警告，并处5000元以下的罚款
				没有违法所得，但经督促不按时改正违法行为的	给予警告，并处5000元以上1万元以下的罚款
				情节严重，经警告后仍不改正的或者违法所得1万元以下的	责令停业整顿，没收违法所得，并处违法所得2倍以下的罚款
				情节恶劣，造成严重影响的或者违法所得1万元以上的	责令停业整顿，没收违法所得，并处违法所得2倍以上3倍以下的罚款，但最高不得超过3万元
34	未经政府人事部门授权从事人事代理业务的	《人才市场管理规定》（人事部、国家工商行政管理总局第1号令）第35条	由县级以上政府人事行政部门责令停办，并处10000元以下罚款；有违法所得的，可以处不超过违法所得3倍的罚款，但最高不得超过30000元；情节严重的，并责令停业整顿	没有违法所得，经责令或督促按时改正违法行为的	处5000元以下的罚款
				没有违法所得，经责令或督促不按时改正违法行为的	处5000元以上1万元以下的罚款
				违法所得5000元以上1万元以下的	处违法所得2倍以下的罚款
				情节恶劣，造成严重影响的或者违法所得1万元以上的	处违法所得2倍以上3倍以下的罚款，但最高不得超过3万元，并责令停业整顿

续表 2

序号	违法行为	法定依据	法定处罚标准	适用条件	处罚裁量标准
35	人才中介服务机构超出许可业务范围接受代理业务的	《人才市场管理规定》（人事部、国家工商行政管理总局第1号令）第36条	由县级以上政府人事行政部门予以警告，限期改正，并处10000元以下罚款	限期改正的	予以警告，并处5000元以下罚款
				限期未改正的	予以警告，并处5000元以上10000元以下罚款
36	用人单位以民族、性别、宗教信仰为由拒绝聘用或者提高聘用标准的，招聘不得招聘人员的，以及项应聘者收取费用或采取欺诈等手段谋取非法利益的	《人才市场管理规定》（人事部、国家工商行政管理总局第1号令）第37条	由县级以上政府人事行政部门责令改正；情节严重的，并处10000元以下罚款	涉及应聘者5人以下，或者谋取非法利益2000元以下的	处3000元以下罚款
				涉及应聘者5人以上10人以下，或者谋取非法利益2000元以上5000元以下的	处3000元以上6000元以下罚款
				涉及应聘者10人以上，或者谋取非法利益5000元以上的	处6000元以上10000元以下罚款
37	中外合资人才中介机构不按照规定接受许可证年检的，提供虚假信息或者采取其他手段欺骗用人单位和应聘人员的	《中外合资人才中介机构管理暂行规定》（人事部、商务部、国家工商行政管理总局第2号令）第16条	省、自治区、直辖市人民政府人事行政部门会同工商行政管理部门，视其情节轻重，给予警告，并可处以10000元人民币以下罚款；情节严重，有违法所得的，处以不超过违法所得3倍的罚款，但最高不得超过30000元人民币	没有违法所得的，及时改正的	给予警告，并处5000元人民币以下的罚款
				没有违法所得的，但拒不改正的	给予警告，并处5000元人民币以上1万元人民币以下的罚款
				违法所得5000元人民币以上1万元人民币以下的	处违法所得2倍以下的罚款
				情节恶劣，造成严重后果的或者违法所得1万元人民币以上的	处违法所得2倍以上3倍以下的罚款，但最高不得超过3万元人民币
38	用人单位违法招用未取得相应职业资格证书的人员从事国际规定实行职业资格证书制度的工作的	《山东省就业促进条例》第67条	由人力资源社会保障部门给予警告；情节严重的，按照每人每日二|元的标准处以罚款	限期改正的	给予警告
				限期未改正的	按照每人每日二十元的标准处以罚款
39	用人单位聘雇或者接受被派遣台、港、澳人员，未为其办理就业证或未办理备案手续的	《台湾香港澳门居民在内地就业管理规定》（劳动社会保障部令第26号）第16条	由劳动保障行政部门责令其限期改正，并可以处1000元罚款	限期改正的	不予罚款
				逾期未改正的	处1000元罚款

续表 3

序号	违法行为	法定依据	法定处罚标准	适用条件	处罚裁量标准
40	用人单位与聘雇台、港、澳人员终止、解除劳动合同或者台、港、澳人员任职期满，用人单位未办理就业证注销手续的	《台湾香港澳门居民在内地就业管理规定》（劳动社会保障部令第26号）第17条	由劳动保障行政部门责令改正，并可以处1000元罚款	责令改正后及时改正的	不予罚款
				责令改正后仍不改正的	处1000元罚款
41	用人单位发布虚假招聘广告、招用无合法身份证件的人员、以招用人员为名牟取不正当利益或进行其他违法活动的	《就业服务与就业管理规定》（劳动社会保障部令第28号）第67条	由劳动保障行政部门责令改正，并可处以一千元以下的罚款	及时改正的	不予罚款
				经责令改正后仍不改正，且涉及人数5人以下的，或谋取500元以下不正当利益的	处以500元以下的罚款
				经责令改正后仍不改正，且涉及人数5人以上的，或谋取500元以上不正当利益的	处以500元以上1000元以下的罚款
42	用人单位违法在国家法律、行政法规和国务院卫生行政部门规定禁止乙肝病原携带者从事的工作岗位以外招用人员时，将乙肝病毒血清学指标作为体检标准	《就业服务与就业管理规定》（劳动社会保障部令第28号）第68条	由劳动保障行政部门责令改正，并可处以一千元以下的罚款	及时改正的	不予罚款
				经责令改正后仍不改正的，且涉及人数3人以下的	处以500元以下的罚款
				经责令改正后仍不改正的，且涉及人数3人以上的	处以500元以上1000元以下的罚款
43	职业中介机构未明示职业中介许可证、监督电话的	《就业服务与就业管理规定》（劳动社会保障部令第28号）第71条	由劳动保障行政部门责令改正，并可处以一千元以下的罚款	及时改正的	不予罚款
				职业中介许可证、监督电话有一项未明示的	处以500元以下的罚款
				职业中介许可证、监督电话均未明示的	处以500元以上1000元以下的罚款
44	职业中介机构未建立服务台账，或虽建立服务台账但未记录服务对象、服务过程、服务结果和收费情况的	《就业服务与就业管理规定》（劳动社会保障部令第28号）第72条	由劳动保障行政部门责令改正，并可处以一千元以下的罚款	及时改正的	不予罚款
				经责令改正后仍不改正的，且建立服务台账但未记录服务对象、服务过程、服务结果和收费情况的	处以500元以下的罚款
				经责令改正后仍不改正的，且未建立服务台账的	处以500元以上1000元以下的罚款
45	职业中介机构在职业中介服务不成功后未向劳动者退还所收取的中介服务费的	《就业服务与就业管理规定》（劳动社会保障部令第28号）第73条	由劳动保障行政部门责令改正，并可处以一千元以下的罚款	及时改正的	不予罚款
				经责令改正后仍不改正的，且收取的中介服务费在300元以下的	处以500元以下的罚款
				经责令改正后仍不改正的，且收取的中介服务费在300元以上的	处以500元以上1000元以下的罚款

续表 4

序号	违法行为	法定依据	法定处罚标准	适用条件	处罚裁量标准
46	职业中介机构发布的就业信息中包含歧视性内容、为无合法身份证件的劳动者提供中介服务、以暴力、胁迫、欺诈等方式进行职业中介活动、超出核准的业务范围经营的	《就业服务与就业管理规定》（劳动社会保障部令第28号）第74条、《山东省就业促进条例》第69条	由劳动保障行政部门责令改正，没有违法所得的，可处以一万元以下的罚款；有违法所得的，可处以不超过违法所得三倍的罚款，但最高不得超过三万元	没有违法所得的，情节轻微的	不予罚款
				没有违法所得的，经责令改正按时改正的	处以5000元以下的罚款
				没有违法所得的，经责令改正未按时改正的	处以5000元以上1万元以下的罚款
				违法所得3000元以下的	处以违法所得1倍以下的罚款
				违法所得3000元以上6000元以下的	处以违法所得1倍以上2倍以下的罚款
				违法所得6000元以上的	处以违法所得2倍以上3倍以下的罚款，但最高不得超过3万元
47	用人单位未及时为劳动者办理就业登记手续的	《就业服务与就业管理规定》（劳动社会保障部令第28号）第75条	由劳动保障行政部门责令改正，并可处以一千元以下的罚款	及时改正的	不予罚款
				经责令改正后仍不改正的，且用工60日内未办理的	处以500元以下的罚款
				经责令改正后仍不改正的，且用工超过60日未办理的	处以500元以上1000元以下的罚款
48	外国人和用人单位伪造、涂改、冒用、转让、买卖就业证和许可证书的	劳动部、公安部、外交部、对外贸易经济合作部关于颁发《外国人在中国就业管理规定》的通知（劳部发〔1996〕29号）第30条	由劳动行政部门收缴就业证和许可证书，没收其非法所得，并处以一万元以上十万元以下的罚款	非法所得涉及金额1万元以下，或涉及就业证或许可证书3本以下的	收缴就业证和许可证书，没收其非法所得，并处以1万元以上3万元以下的罚款
				非法所得涉及金额1万元以上3万元以下，或涉及就业证或许可证书3本以上6本以下的	收缴就业证和许可证书，没收其非法所得，并处以3万元以上5万元以下的罚款
				非法所得涉及金额3万元以上5万元以下，或涉及就业证或许可证书6本以上10本以下的	收缴就业证和许可证书，没收其非法所得，并处以5万元以上8万元以下的罚款
				非法所得涉及金额5万元以上，或涉及就业证或许可证书10本以上的	收缴就业证和许可证书，没收其非法所得，并处以8万元以上10万元以下的罚款
49	职业技能培训机构或者职业技能考核鉴定机构违反国家有关职业技能培训或者职业技能考核鉴定的规定的	《劳动保障监察条例》（国务院令第423号）第28条	由劳动保障行政部门责令改正，没收违法所得，并处1万元以上5万元以下的罚款；情节严重的，吊销许可证	违法所得1万元以下，或涉及劳动者5人以下的	没收违法所得，并处1万元以上2万元以下的罚款
				违法所得1万元以上2万元以下，或涉及劳动者5人以上10人以下的	没收违法所得，并处2万元以上3万元以下的罚款
				违法所得2万元以上3万元以下，或涉及劳动者10人以上15人以下的	没收违法所得，并处3万元以上4万元以下罚款
				违法所得3万元以上，或涉及劳动者15人以上的	没收违法所得，并处4万元以上5万元以下罚款，吊销许可证

续表 5

序号	违法行为	法定依据	法定处罚标准	适用条件	处罚裁量标准
50	未经批准擅自举办中外合作职业技能培训办学项目，或者以不正当手段骗取中外合作办学项目批准书的	《中外合作职业技能培训办学管理办法》（劳动社会保障部令第27号）第53条	由劳动保障行政部门责令举办该项目的中国教育机构限期改正、退还向学生收取的费用，并处以1万元以下罚款	涉及学生5人以下，或者违法办学时间1个月以下的	处以3000元以下的罚款
				涉及学生5人以上10人以下，或者违法办学时间1个月以上2个月以下的	处以3000元以上6000元以下的罚款
				涉及学生10人以上，或者违法办学时间2个月以上的	处以6000元以上1万元以下的罚款
51	中外合作职业技能培训办学项目发布虚假招生简章或者招生广告，骗取钱财的	《中外合作职业技能培训办学管理办法》（劳动社会保障部令第27号）第55条	由劳动保障行政部门责令举办该项目的中国教育机构退还收取的费用后，没收剩余违法所得，并处以违法所得3倍以下且总额3万元以下的罚款	违法所得5000元以下的	没收剩余违法所得，并处以违法所得1倍以下的罚款
				违法所得5000元以上1万元以下的	没收剩余违法所得，并处以违法所得1倍以上2倍以下的罚款
				违法所得1万元以上的	没收剩余违法所得，并处以违法所得2倍以上3倍以下且总额3万元以下的罚款
52	以职业技能为主的职业资格培训、职业技能培训的民办学校未依照规定将出资人取得回报比例的决定和向社会公布的与其办学水平和教育质量有关的材料、财务状况报审批机关备案，或者向审批机关备案的材料不真实的	《中华人民共和国民办教育促进法实施条例》（国务院令第399号）第50条	由审批机关责令改正，并予以警告；有违法所得的，没收违法所得；情节严重的，责令停止招生、吊销办学许可证	按时改正，没有违法所得的	予以警告
				违法所得3万元以下的	没收违法所得
				违法所得3万元以上5万元以下的	没收违法所得，责令停止招生
				违法所得5万元以上的	没收违法所得，责令停止招生，吊销办学许可证
53	以职业技能为主的职业资格培训、职业技能培训的民办学校有下列情形之一的：（一）擅自分立、合并民办学校的；（二）擅自改变民办学校名称、层次、类别和举办者的；（三）发布虚假招生简章或者广告，骗取钱财的；（四）非法颁发或者伪造学历证书、结业证书、培训证书、职业资格证书的；（五）管理混乱严重影响教育教学，产生恶劣社会影响的；（六）提交虚假证明文件或者采取其他欺诈手段隐瞒重要事实骗取办学许可证的；（七）伪造、变造、买卖、出租、出借办学许可证的；（八）恶意终止办学、抽逃资金或者挪用办学经费的。	《中华人民共和国民办教育促进法》第62条	由审批机关或者其他有关部门责令限期改正，并予以警告；有违法所得的，退还所收费用后没收违法所得；情节严重的，责令停止招生、吊销办学许可证	没有违法所得，限期改正的	予以警告
				有违法所得，逾期7日以下未改正的，或违法所得3万元以下的，或非法颁发、伪造学历证书、结业证书、培训证书、职业资格证书100份以下的	予以警告，没收剩余违法所得
				有违法所得，逾期7日以上10日以下未改正的，或违法所得3万元以上5万元以下的，或非法颁发、伪造学历证书、结业证书、培训证书、职业资格证书100份以上500份以下的	予以警告，没收剩余违法所得，责令停止招生
				有违法所得，逾期10日以上未改正的，或违法所得5万元以上的，或非法颁发、伪造学历证书、结业证书、培训证书、职业资格证书500份以上的	予以警告，没收剩余违法所得，责令停止招生，吊销许可证

续表 6

<table>
<tr><th>序号</th><th>违法行为</th><th>法定依据</th><th>法定处罚标准</th><th>适用条件</th><th>处罚裁量标准</th></tr>
<tr><td rowspan="2">54</td><td rowspan="2">有下列情形之一的：(一) 以职业技能为主的职业资格培训、职业技能培训的民办学校的章程未规定出资人要求取得合理回报，出资人擅自取得回报的；(二) 违反本条例第四十七条规定，不得取得回报而取得回报的；(三) 出资人不从办学结余而从民办学校的其他经费中提取回报的；(四) 不依照本条例的规定计算办学结余或者确定取得回报的比例的；(五) 出资人从办学结余中取得回报的比例过高，产生恶劣社会影响的。</td><td rowspan="2">《中华人民共和国民办教育促进法实施条例》（国务院令第 399 号）第 49 条</td><td rowspan="2">由审批机关没收出资人取得的回报，责令停止招生；情节严重的，吊销办学许可证</td><td>出资人擅自取得回报、不得取得回报而取得回报、不从办学结余而从其他经费中提取回报 5000 元以下的，或计算结余、确定取得回报比例超过法律规定一倍以下的，或取得回报比例高于同级同类其他民办学校一倍以下的</td><td>没收出资人取得的回报，责令停止招生</td></tr>
<tr><td>出资人擅自取得回报、不得取得回报而取得回报、不从办学结余而从其他经费中提取回报 5000 元以上的，或计算结余、确定取得回报比例超过法律规定一倍以上的，或取得回报比例高于同级同类其他民办学校一倍以上的</td><td>没收出资人取得的回报，责令停止招生，吊销办学许可证</td></tr>
<tr><td rowspan="2">55</td><td rowspan="2">民办学校管理混乱严重影响教育教学，有下列情形之一的，(一) 理事会、董事会或者其他形式决策机构未依法履行职责的；(二) 教学条件明显不能满足教学要求、教育教学质量低下，未及时采取措施的；(三) 校舍或者其他教育教学设施、设备存在重大安全隐患，未及时采取措施的；(四) 未依照《中华人民共和国会计法》和国家统一的会计制度进行会计核算、编制财务会计报告，财务、资产管理混乱的；(五) 侵犯受教育者的合法权益，产生恶劣社会影响的；(六) 违反国家规定聘任、解聘教师的。</td><td rowspan="2">《中华人民共和国民办教育促进法实施条例》（国务院令第 399 号）第 51 条</td><td rowspan="2">由审批机关或者其他有关部门责令限期改正，并予以警告；有违法所得的，退还所收费用后没收违法所得；情节严重的，责令停止招生、吊销办学许可证</td><td>逾期 10 日以下未改正，或违法所得在 1 万元以下的</td><td>予以警告，没收剩余违法所得，责令停止招生</td></tr>
<tr><td>逾期 10 日以上未改正，或违法所得在 1 万元以上，或造成恶劣社会影响的</td><td>予以警告，没收剩余违法所得，责令停止招生，吊销许可证</td></tr>
<tr><td rowspan="5">56</td><td rowspan="5">伪造、仿制或滥发《技术等级证书》《技师合格证书》《高级技师合格证书》获取非法收入的</td><td rowspan="5">劳动部关于颁发《职业技能鉴定规定》的通知（劳部发〔1993〕134 号）第 27 条</td><td rowspan="5">没收其非法所得，并处以非法所得五倍以下罚款</td><td>非法所得 1 万元以下的</td><td>没收非法所得，并处非法所得 1 倍以下的罚款</td></tr>
<tr><td>非法所得 1 万元以上 2 万元以下的</td><td>没收非法所得，并处非法所得 1 倍以上 2 倍以下的罚款</td></tr>
<tr><td>非法所得 2 万元以上 3 万元以下的</td><td>没收非法所得，并处非法所得 2 倍以上 3 倍以下的罚款</td></tr>
<tr><td>非法所得 3 万元以上 4 万元以下的</td><td>没收非法所得，并处非法所得 3 倍以上 4 倍以下的罚款</td></tr>
<tr><td>非法所得 4 万元以上的</td><td>没收非法所得，并处非法所得 4 倍以上 5 倍以下的罚款</td></tr>
</table>

四、劳动监察及其他类

序号	违法行为	法定依据	法定处罚标准	适用条件	处罚裁量标准
57	有下列行为之一的:（一）无理抗拒、阻挠劳动保障行政部门依照《劳动保障监察条例》实施劳动保障监察;（二）不按照要求报送书面材料，隐瞒事实真相，出具伪证或者隐匿、毁灭证据的;（三）经劳动保障行政部门责令改正拒不改正，或者拒不履行劳动保障行政部门的行政处理决定的。	《劳动保障监察条例》（国务院令第423号）第30条	处2000元以上2万元以下的罚款	经责令改正后，能够接受监察的或首次违法的	处以2000元以上8000元以下的罚款
				因日常巡视检查、专项检查等，经责令改正后，仍不改正的，或设置障碍造成无法正常进行监察的，或经再次督促后履行行政处理决定的	处以8000元以上12000元以下的罚款
				因投诉举报被检查，经责令改正后，仍拒不改正的，或属于工资、社保、劳动合同等严重违法行为的	处以12000元以上16000元以下的罚款
				一年内，出现上述违法行为2次以上（包括2次）的，或采取暴力、威胁等方式抗拒阻挠监察，或违法行为给劳动者造成重大损失的	处以16000元以上20000元以下的罚款
58	用人单位有下列行为之一的:（一）拒绝参加劳动和社会保障年度检查的;（二）打击报复证人和监察人员的。	《山东省劳动和社会保障监察条例》第28条	由劳动和社会保障行政部门责令改正，对单位可以处以5000元以上3万元以下的罚款，对直接负责的主管人员和其他直接责任人员可以处以500元以上5000元以下的罚款	经责令改正后，能够接受检查的	不予罚款
				经责令改正后，仍拒绝接受监督检查的，或打击报复2人次以下的	对单位处以5000元以上1万元以下的罚款，对直接负责的主管人员和其他直接责任人员处以500元以上1000元以下的罚款
				未参加上一次劳动和社会保障年度检查，本次拒绝参加劳动和社会保障年度检查，或打击报复2人次以上4人次以下的	对单位处以1万元以上2万元以下的罚款，对直接负责的主管人员和其他直接责任人员处以1000元以上3000元以下的罚款
				使用暴力手段，或打击报复4人次以上的	对单位处以2万元以上3万元以下的罚款，对直接负责的主管人员和其他直接责任人员处以3000元以上5000元以下的罚款
59	用人单位阻挠劳动和社会保障监察人员依法行使监察职权或者打击报复举报人员的	《山东省劳动和社会保障监察条例》第29条	由劳动和社会保障行政部门处以5000元以上3万元以下的罚款	阻挠监察人员依法行使监察职权1次，或打击报复2人次以下的	处以5000元以上1万元以下的罚款
				阻挠监察人员依法行使监察职权2次，或打击报复2人次以上4人次以下的	处以1万元以上15000元以下的罚款
				阻挠监察人员依法行使监察职权3次，或打击报复4人次以上6人次以下的	处以15000元以上2万元以下的罚款
				阻挠监察人员依法行使监察职权4次以上，或打击报复6人次以上的	处以2万元以上3万元以下的罚款

续表

序号	违法行为	法定依据	法定处罚标准	适用条件	处罚裁量标准
60	国有企业工资内外收入违法违章行为	劳动部、财政部、审计署关于颁发《国有企业工资内外收入监督检查实施办法》的通知（劳部发〔1995〕218号）第25条	由劳动、财政、审计予以通报批评，并按违纪金额的20%–50%处以罚款	违纪金额5万元以下的	按违纪金额的20%以上30%以下处以罚款
				违纪金额5万元以上10万元以下的	按违纪金额的30%以上40%以下处以罚款
				违纪金额10万元以上	按违纪金额的40%以上50%以下处以罚款

注：裁量基准中法定处罚标准中的“以上”“以下”均包括本数；适用条件和处罚裁量标准中细化部分的“以上”包括本数，“以下”不包括本数。

山东人力资源和社会保障年鉴 2016

大 事 记

一月

12日 省政府与全国社会保障基金理事会签署《山东省企业职工基本养老保险基金委托投资管理合同》，委托运营山东省社保基金。

13日 省人力资源社会保障厅、省财政厅和省农业厅联合在德州市齐河县举办了“西部经济隆起带农业专家服务基层齐河行”活动。

16日 全省人力资源和社会保障工作会议在济南召开。

20日 省人力资源社会保障厅与山东辰静律师事务所举行常年法律顾问聘用合同签约仪式。

26日 省委组织部、省人力资源社会保障厅制定印发了《山东省事业单位公开招聘工作规程》。

28日 省人力资源社会保障厅印发《山东省就业目标责任考核办法》。

30日 省和济南市人力资源和社会保障部门和残疾人联合会共同举办2015年山东省暨济南市“就业援助月”专项活动在济南市人力资源市场拉开帷幕。

本月 省人力资源社会保障厅和省公安厅、省住房城乡建设厅、省交通运输厅、省水利厅、省国资委、省工商行政管理局、省总工会联合开展了2015年春节期间农民工工资支付专项检查。

二月

3日 省委常委、常务副省长孙伟，省委组织部副部长、省人力资源社会保障厅厅长韩金峰，省委组织部副部长陈迪桂等到省医学科学院、省农业科学院走访慰问丁金明、赵振东2位院士。

3—10日 省人力资源社会保障厅新一轮派驻菏泽市鄄城县农村第一书记到村开展工作。

13日 首届山东省技工院校学生创新创意作品大赛省级决赛在山东技师学院举行。

15日 省政府印发《山东省人民政府关于机关事业单位工作人员养老保险制度改革的实施意见》。

26日 2014年度全国社会保险基金报表年报会审会在济南召开，我省基金、统计报表获全国一等奖，其中基金报表连续二年获得全国一等奖。

27日 在淄博市启动山东省暨淄博市2015年春风行动。

28日 中央文明委授予山东省人力资源社会保障厅（机关）“全国文明单位”的荣誉称号。

三月

2日 省人力资源社会保障厅、省公务员局对全省“人民满意示范单位”和“人民满意公务员示范岗”创建活动中涌现出来的20个示范单位和38个示范岗给予记集体二等功奖励。

12日 全省政府秘书长和办公厅（室）主任

会议在济南召开。张祝秀同志代表我厅以《打基础抓统筹促落实不断推动办公室工作再上新水平》为题作了发言。

16 日　省人事考试中心被人力资源社会保障部人事考试中心评为 2014 年度优秀等级单位。

26 日　省人力资源社会保障厅印发《关于开展社会保险基金账户管理及保值增值情况专项检查的通知》。

四月

8—10 日　与山东省援疆指挥部共同举办“山东百企万岗进喀什”春季招聘活动。

18—19 日　山东组团参加了在深圳召开的中国国际人才交流大会。

22 日　省委常委、常务副省长孙伟主持召开省就业和农民工工作联席会议 2015 年第一次会议。

27 日　全国军转安置工作电视电话会议在北京召开。会上，副省长夏耕向全国介绍了山东军转安置工作经验。

五月

13 日　省委全面深化改革领导小组第十次会议召开，讨论审议并原则通过《山东省省管企业负责人薪酬制度改革实施方案》。

22 日　2015 山东省技工院校毕业生就业专场推介会暨技工院校招生宣传活动在山东冶金技师学院举办。

23 日　省直事业单位公开招聘初级岗位工作人员进行笔试。

26—29 日　由省人力资源社会保障厅主办、济南市人力资源社会保障局承办的第三期“全国灰霾天气的防控与干预高级研修班”在济南成功举办。

30—31 日　全省公务员考试录用笔试。

六月

4 日　省委全面深化改革领导小组第十一次全体会议审议通过我省《关于县以下机关建立公务员职务与职级并行制度的实施意见》。

18 日　全省人力资源社会保障宣传工作座谈会在济南召开。

23 日　在人力资源社会保障部 2014 年度考核中，我省社会保险事业局城镇职工基本养老保险、城乡居民基本养老保险、基本医疗保险三项经办工作被评为全国经办先进单位。

6 月、10 月　省外国专家局以“送教上门”的方式，举办了 2 期智力援青培训班和 3 期智力援藏培训班。

七月

15 日　在省人力资源社会保障厅在省政府上半年信息公开考核第三方评估，列第二名。

24 日　省十二届人大常委会第十五次会议审议通过《山东省人力资源市场条例》。

29 日 省政府新闻办公室召开新闻发布会，解读《山东省机关事业单位工作人员养老保险制度改革实施办法》。

八月

1 日 省人力资源社会保障厅与有关部门联合印发《关于深入实施创新驱动发展战略的意见》。

1 日 我省省级集中的公共就业人才服务信息系统正式上线运行。

3 日 省委组织部、省人力资源社会保障厅共同举办首届山东省首席技师培训班。

6 日 全省机关事业单位养老保险制度改革工作电视会议在济南召开。

18 日 省人力资源社会保障厅与泰安市人民政府、东平县人民政府在东平县召开就业帮扶对接会，共同启动对口就业帮扶东平湖库区移民成方连片抓党建促脱贫工作。

19 日 2015 年度全省军转干部安置统一组织考试。

23—25 日 由全国博士后管委会办公室、中国博士后科学基金会和省人力资源和社会保障厅主办，山东大学承办的 2015 年全国历史学博士后论坛在济南成功举办。

31 日—9 月 1 日 全省人力资源社会保障系统半年工作总结会在济南召开。

九月

11 日 省政府新闻办公室召开新闻发布会，对省政府近期印发的《关于进一步做好新形势下就业创业工作的意见》和《山东省实施就业优先战略行动方案》进行深入解读。省人力资源社会保障厅副厅长夏鲁青出席发布会，对两个文件进行了全面介绍，并回答了记者提问。

18 日 中国新能源与生物产业引智试验区（德州）正式挂牌运行。

18 日 全省就业创业工作电视会议在济南召开。

28—30 日 省人力资源社会保障厅、省农业科学院主办，临沂市人力资源社会保障局、沂水县人民政府承办的“万名专家服务基层行动计划·走进沂蒙革命老区（临沂）”活动在临沂市沂水县成功举行。

28—30 日 省人力资源社会保障厅机关迁址省人力资源市场集中办公。

十月

8 日 省人力资源社会保障厅政务服务大厅正式投入使用。同时，新版门户网站、行政权力事项办理系统以及网上办理系统上线运行。

11 日 省人力资源社会保障厅制定《2015 年度省直机关科学发展综合考核责任部门工作方案》。

11 日 省政府新闻办公室召开新闻发布会。省人力资源社会保障厅副厅长李伯平出席发布会，介绍了我省分类推进教师职称制度改革情况，并回答了记者提问。

12—13 日 全省全民参保登记计划工作现场会在潍坊市召开。

31 日 “山东省 2015 年秋冬季高校毕业生就业集中招聘省本级专场活动”在省人力资源市场举办。

本月 在全省范围内开展了第一次全口径、实名制、大规模人才资源统计调查。

本月 省人力资源社会保障厅统一组织开展2015年度省直机关公开遴选公务员工作。

十一月

3日 省委宣传部、省人力资源社会保障厅共同召开人力资源社会保障新闻恳谈会。

4日 省人力资源社会保障厅与贵州省签订“山东·贵州公务员教育培训战略合作框架协议”。

10日 韩中文化经济友好协会金英爱会长一行来访，重点围绕鲁韩职业教育合作进行座谈交流。

11日 省政府召开新闻发布会，省人力资源社会保障厅向新闻媒体通报了我省分类推进教师职称制度改革工作特别是高校教师职称制度改革情况。

16日 开通“山东人社普法”微信平台。

26日 省政府新闻办公室召开新闻发布会。省人力资源社会保障厅副厅长孙廷玉出席发布会，通报了我省居民基本医疗保险制度运行情况，并回答了记者提问。

30日 省人力资源社会保障厅印发《关于在全省人力资源社会保障系统开展公务员平时考核工作的通知》。

十二月

1日 山东省省级集中的劳动关系管理信息系统正式上线运行。

1日 中国泰山创业峰会在济南隆重举行。

2日 《山东人力资源和社会保障》编辑部开通微信公众平台“山东人社杂志”。

5日 由省人力资源社会保障厅主办，省人才服务中心承办的山东省2015年秋冬季高校毕业生就业集中招聘服务省会城市群经济圈专场活动在省人力资源市场成功举办。

17日 省人力资源社会保障厅印发《关于全面推进法治人社建设的实施意见》《重大行政执法决定法制审核办法》《行政执法全过程记录规定》《行政执法案卷评查办法》《重大改革事项综合评估办法》5项制度。

21日 省直机关文明委正式批复，同意省人力资源社会保障厅将省职业技能鉴定中心等14个直属单位纳入厅机关文明创建管理范围。

23日 省人力资源社会保障厅新版门户网站开通网上办事大厅。

25日 省人力资源社会保障厅组织召开“全省人社优秀科研成果”专家评审会。

年底 省人力资源社会保障厅取消省直基本医疗保险定点医疗机构和定点零售药店资格审查2项行政审批事项，下放民办职业培训机构设立审批等3项行政许可事项，行政审批事项由18项减少到8项。

年底 省人力资源社会保障厅确定主要职责11项、部门职责边界2项、事中事后监管制度22项、公共服务事项6项，建立健全责任追究机制。

年底 我省在“全国率先统一居民基本医疗保险，率先启动养老并轨”的新闻被评为2015年度山东省十大新闻。

本月 省人力资源社会保障厅被评为“2015年度省直档案进馆先进单位”。

统计资料

第一部分　就业部分

一、山东省劳动就业数据

（一）综述

1. 城镇新增就业情况

2015 年，全省实现城镇新增就业 116.8 万人，完成年度计划的 116.8%，同比减少 1.46%。其中：失业人员实现再就业 51.2 万人，完成年度计划的 113.8%，同比减少 2.04%；就业困难人员就业 11.4 万人，完成年度计划的 142.5%，同比减少 4.02%。

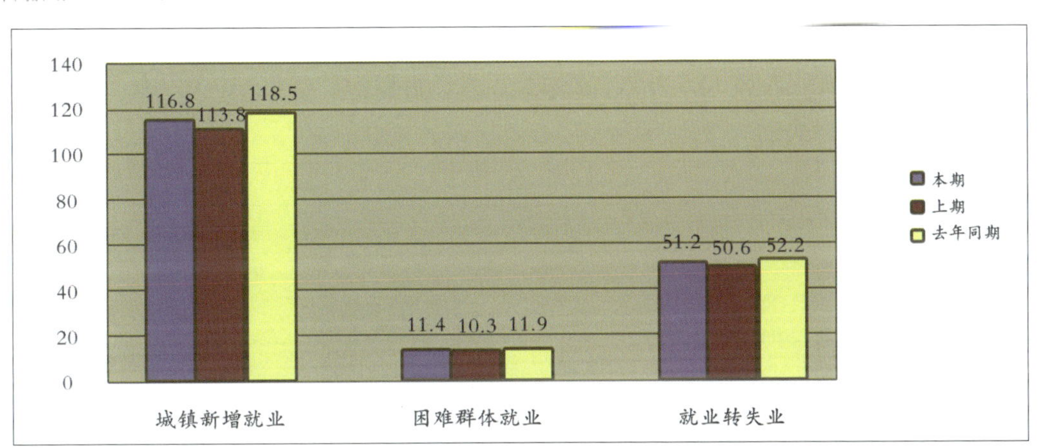

图 1-1　城镇就业情况

全省农村劳动力转移就业 127.5 万人，完成年度计划的 106.25%，同比减少 2.82%。其中：有组织转移就业 81.3 万人，占转移就业总数的 63.7%；向省外转移 28.8 万人，占转移就业总数的 22.61%。

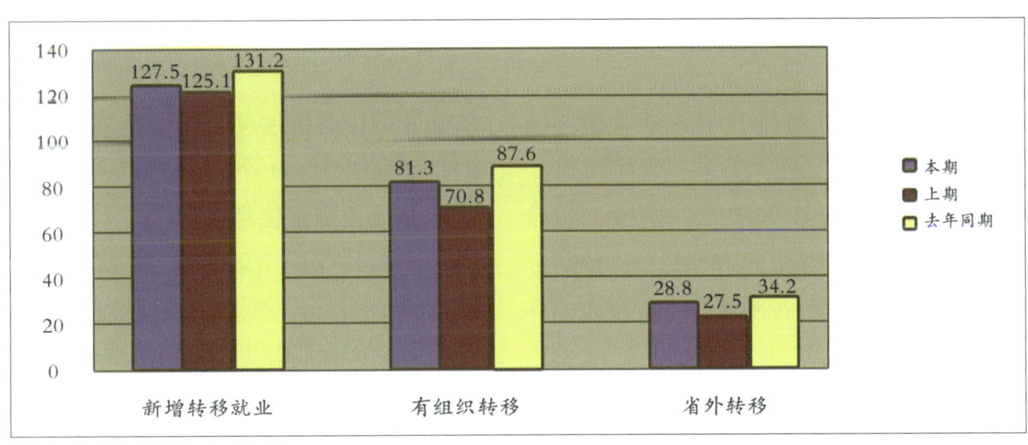

图 1-2　农村劳动力转移情况

期末实有城镇登记失业人员43.7万人，城镇登记失业率3.35%，比上期末增长0.03个百分点，同比增长0.05个百分点。

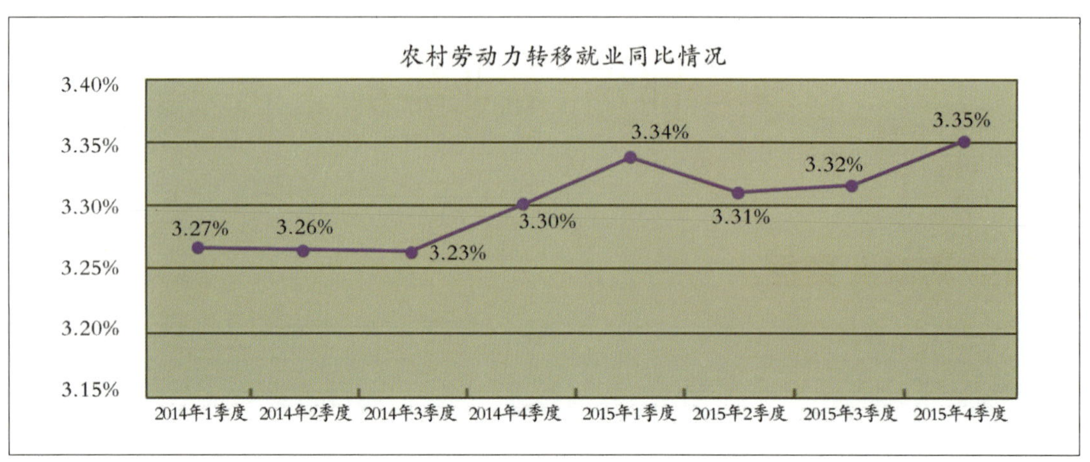

图 1-3 城镇登记失业率

2. 促进以创业带动就业工作情况

全省实现创业48.8万人，其中：参加创业培训人员10.1万人，登记失业人员13.3万人，农民工16.1万人，军队退役人员4348人，残疾人1079人；直接带动就业119.3万人。

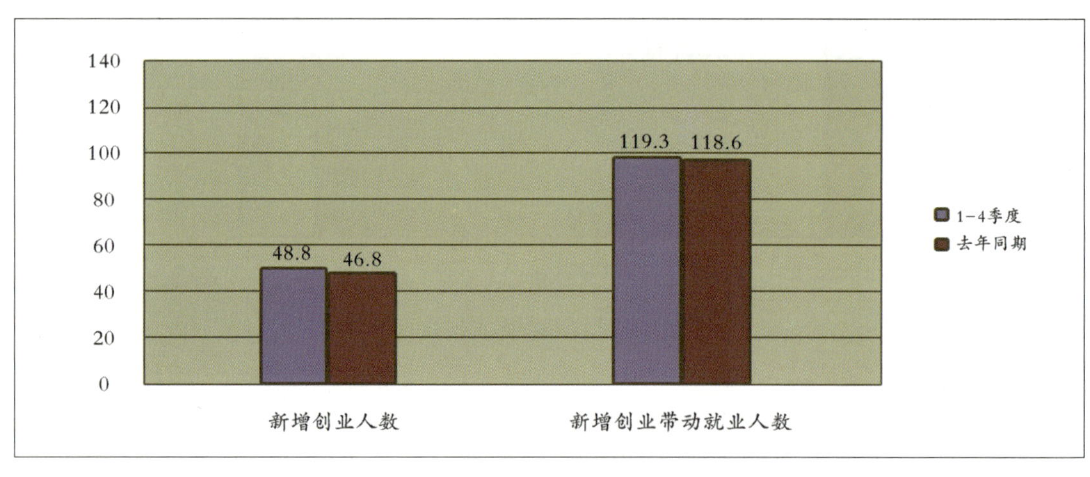

图 1-4 以创业带动就业工作情况

从事创业活动享受减免行政事业性收费39.4万人，减免金额2863.9万元。享受一次性岗位开发补贴7970.1万人，其中：大中专、技校、职校毕业生3355人，返乡创业农民工3341人；补贴金额1943.7万元。享受一次性创业补贴3.1万人，其中：大中专、技校、职校毕业生3899人，返乡创业农民工2823人；补贴金额1.6亿元。全省共认定创业孵化基地599个，扶持创业4.6万人；建立创业指导机构611个。

3. 就业资金使用情况

全省共支出就业资金27.3亿元。其中就业补贴支出18亿元，扶持公共就业服务支出5776.8万元，小额担保贷款贴息支出3.5亿元，特定政策补助支出8409.8万元，其他经省级财政、人力资源社会保障部门共同批准的由就业资金支出的其他资金 4.2 亿元。

在各项就业补贴支出中，全省共有 170.2 万人次享受到有关就业补贴政策。其中，岗位补贴支出 4.3 亿元，占补贴支出的 23.7%，享受政策人数 40.7 万人；社会保险补贴支出 8.9 亿元，占补贴支出的 49.6%，享受政策人数 47.4 万人；职业培训补贴支出 4.8 亿元，占补贴支出的 26.6%，享受政策人数 77.7 万人；职业介绍补贴支出 254 万元，占补贴支出的 0.14%，享受政策人数 2.5 万人。

4. 创业担保贷款工作情况

全省共发放创业担保贷款 60830 笔，发放创业担保贷款 91.3 亿元，其中省担保中心发放 6.3 亿元。直接扶持创业 6.5 万人，带动（吸纳）就业 34.6 万人。

5. 职业培训综合情况

全省共有 128.2 万人参加职业培训，其中：就业技能培训 90.2 万人（城镇登记失业人员 21 万人，农村转移劳动者 51.8 万人，毕业年度的高校毕业生 4.4 万人，城乡未继续升学的应届初高中毕业生 8.8 万人，退役士兵 7900 人，服刑人员 10805 人）；岗位技能提升培训 14.8 万人；创业培训 23.3 万人。取得证书的 116.3 万人，其中取得专项职业能力证书 5.75 万人，取得初级职业资格证书的 51.2 万人，取得中级职业资格证书的 9.2 万人，取得高级职业资格证书的 4.3 万人，取得培训合格证书的 24.1 万人，创业培训合格 20.5 万人。实现就业的 94.77 万人。

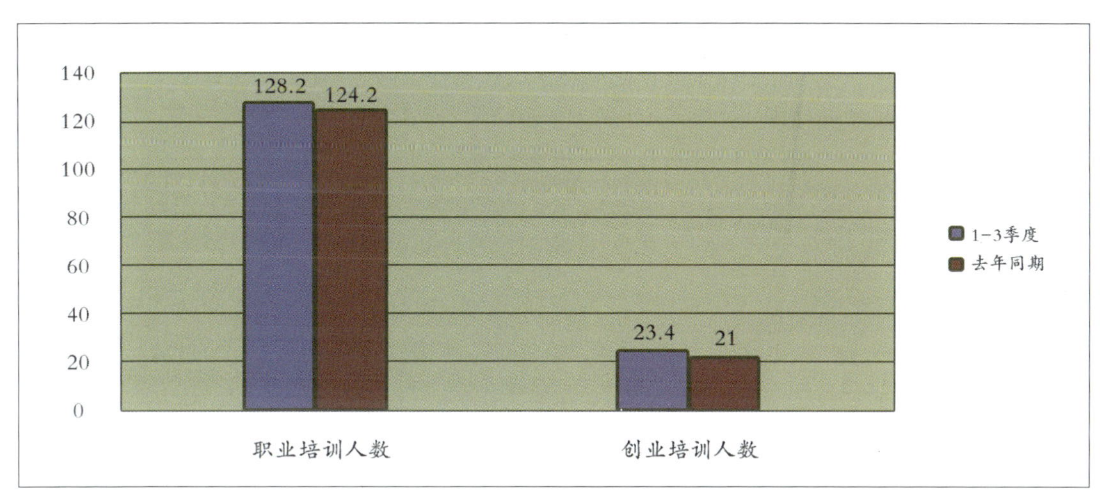

图 1-5　职业培训情况

全省职业培训补贴 4.2 亿元，其中：就业技能培训 2.7 亿元，（城镇登记失业人员 6975.5 万元，农村转移劳动者 1.57 亿元，毕业年度的高校毕业生 838.1 万元，城乡未继续升学的应届初高中毕业生 2109.7 万元，退役士兵 343.5 万元，服刑人员 266.9 万元）；岗位技能提升培训补贴 4707.4 万元；创业培训补贴 9482.3 万元。全省定点培训机构 1357 个。

6. 公共就业服务工作情况

全省办理就业登记 177.2 万人次，单位登记招聘 270.6 万人次，登记求职 205.9 万人次，职业指导 97.3 万人次，接受创业服务 28.7 万人次，代理保管人事档案 889.8 万人，本期介绍成功 99.8 万人次。

7. 就业援助情况

全省新增就业困难人员 10.3 万人，有 10.2 万名就业困难人员实现就业，公益性岗位安置 1.32 万人。全省城镇新增零就业家庭 10692 户，已援助 10692 户，有 11667 零就业家庭成员实现就业。本期城镇零就业家庭实现动态消零。全省共新产生农村"零转移就业贫困家庭"2708 户，已援助 2708 户，帮扶就业 3988 人。农村"零转移就业贫困家庭"本期实现存量消零。

（二）就业统计主要数据

表 1-1 2015 年度就业主要数据

1. 就业情况

指标	单位	1—10 月份	1—11 月份	1—12 月份
期末城镇新增就业人数	人	1078860	1138436	1167733
其中：新成长劳动力就业人数	人	601629	623150	629874
大中专、技校、职校毕业生就业人数	人	275047	272067	319755
失业人员实现再就业人数	人	473940	505660	512273
其中：困难群体再就业人数	人	92492	102859	114276
4050 人员人数	人	70701	68708	83224
女性	人	541525	553057	637750

2. 农村劳动力转移就业情况

指标	单位	1—10 月份	1—11 月份	1—12 月份
期末累计新增转移就业人数	人	1225797	1250830	1275366
其中：有组织转移人数	人	711864	707724	812848
省外转移人数	人	262642	275374	288337
女性	人	482547	507911	522652

3. 城镇登记失业人员情况

指标	单位	全年
上期末结转登记失业人数	人	430650
本期新登记失业人数	人	684931
其中：女性	人	312950
就业转失业人员	人	332931
就业困难群体人	人	75012
高校毕业生	人	91158
残疾人	人	1492
本期登记失业人员就业数	人	678716
其中：女性	人	286804

续表

指标	单位	全年
就业困难群体人	人	80007
高校毕业生	人	91027
残疾人	人	1687
期末实有登记失业人数	人	436865
其中：女性	人	186402
长期失业者	人	99997
就业困难群体人	人	21171
高校毕业生	人	25516
残疾人	人	666
登记失业率	%	3.35

4. 促进以创业带动就业工作情况

指标	单位	全年
实现创业人数	人	487523
其中：女性	人	155690
参加创业培训人数	人	100837
登记失业人员	人	133069
大中专、技校、职校毕业生	人	43575
农民工	人	161306
其中：返乡创业农民工	人	49438
军队退役人员	人	4348
残疾人	人	1079
期末创业带动就业人数	人	1192797
其中：登记失业人员	人	395037
大中专、技校、职校毕业生	人	205240
农民工	人	565020
军队退役人员	人	22798
残疾人	人	3655

5. 创业扶持政策落实情况

指标	单位	全年
从事创业活动减免行政事业性收费金额	万元	2864
从事创业活动减免行政事业性收费人数	人	394087
一次性岗位开发补贴金额	万元	1943.7
享受一次性岗位开发补贴人数	人	7970
其中：大中专、技校、职校毕业生	人	3355
返乡创业农民工	人	3341
一次性创业补贴金额	万元	15670.3
一次性创业补贴人数	人	30620
其中：大中专、技校、职校毕业生	人	3899
返乡创业农民工	人	2823
认定孵化基地个数	个	599
其中：扶持创业人数	人	45695
建立创业指导机构个数	个	611
设立创业指导窗口个数	个	1976
其中：市级	个	321
县级	个	384
乡镇（街道）	个	1351

6. 就业资金使用情况

指标	单位	全年
本期就业资金支出金额	万元	273996
本期享受社会保险补贴政策人数	人	474806
其中：被企业吸纳	人	84339
灵活就业	人	221145
从事公益性岗位	人	169322
本期社会保险补贴支出	万元	89176
其中：养老保险	万元	61462
其中：被企业吸纳	万元	15334
灵活就业	万元	29828
从事公益性岗位	万元	16300
失业保险	万元	3510
其中：被企业吸纳	万元	1437
灵活就业	万元	871
从事公益性岗位	万元	1203
医疗保险	万元	19843
其中：被企业吸纳	万元	4102

续表

指标	单位	全年
灵活就业	万元	10089
从事公益性岗位	万元	5653
其他社会保险	万元	4309
其中：被企业吸纳	万元	360
灵活就业	万元	1294
从事公益性岗位	万元	2655
本期享受岗位补贴人数	人	406972
本期岗位补贴支出	万元	42521
本期享受职业培训人数	人	776714
其中：领取再就业优惠证人员	人	271160
城镇登记失业人员	人	164350
进城务工农村劳动者	人	327563
劳动预备制培训生活补贴人数	人	13641
本期职业培训补贴支出	万元	47819
其中：领取就业失业登记证人员	万元	15728
城镇登记失业人员	万元	10854
进城务工农村劳动者	万元	20526
劳动预备制培训生活补贴	万元	712
本期职业介绍补贴人数	人	24824
其中：领取就业失业登记证人员	人	18291
城镇登记失业人员	人	3495
进城务工农村劳动者	人	3038
本期职业介绍补贴支出	万元	254
其中：领取就业失业登记证人员	万元	142
城镇登记失业人员	万元	57
进城务工农村劳动者	万元	55
本期见习补贴	万元	3052
期享受购买补贴人数	人	18219
本期人力资源市场建设资金支出	万元	5777
本期创业担保贷款贴息	万元	34656
本期特定政策补助支出	万元	8410
本期其他支出	万元	42332
其中：职业技能鉴定补贴	万元	3577
其中：享受职业技能鉴定补贴人数	人	291434
创业培训一次性岗位开发补贴	万元	1832
创业以奖代补	万元	3206

7. 创业担保贷款工作情况

指标	单位	全年
一、创业担保贷款发放笔数	笔	60830
个人	笔	59154
其中：微利项目	笔	58885
女性	笔	19737
高校毕业生	笔	3312
返乡农民工	笔	13008
通过信用社区推荐的	笔	9426
劳动密集型小企业	笔	1734
其中：女性创业企业	笔	272
二、创业担保贷款发放金额	万元	913052
个人	万元	592473
其中：微利项目	万元	590666
女性	万元	211625
高校毕业生	万元	33459
返乡农民工	万元	135634
通过信用社区推荐的	万元	96932
劳动密集型小企业	万元	320579
其中：女性创业企业	万元	75089
三、创业担保贷款实际还款金额	万元	759525
四、创业担保贷款逾期未还金额	万元	4323
五、创业货款担保基金代偿金额	万元	11915
六、期末创业货款担保基金代偿余额	万元	15281
七、到位贴息资金数额	万元	50961
其中：微利项目	万元	41330
劳动密集型小企业	万元	7263
八、直接扶持创业人数	人	64677
九、带动（吸纳）就业人数	人	345572
十、创业货款担保贷款基金余额	万元	467127
其中：省级担保基金余额	万元	43553
市级担保基金余额	万元	239729
县（市、区）级担保基金余额	万元	183845
十一、创业贷款担保机构数量	个	134
其中：隶属于人力资源社会保障部门的	个	88
县级创业贷款担保机构数量	个	109

8. 职业培训综合情况

指标	单位	全年
本期实际参加职业培训人数	人	1282715
其中：女性	人	600655
就业技能培训	人	901858
其中：城镇登记失业人员	人	209830
农村转移劳动者	人	518358
毕业年度的高校毕业生	人	44190
城乡未继续升学的应届初高中毕业生	人	88115
退役士兵	人	7900
服刑人员	人	10805
岗位技能提升培训	人	148327
其中：在岗农民工	人	104855
创业培训	人	232530
其中：城镇登记失业人员	人	78449
农村转移劳动者	人	82464
毕业年度的高校毕业生	人	56916
城乡未继续升学的应届初高中毕业生	人	8472
退役士兵	人	2316
服刑人员	人	1665
取得证书人数	人	1163460
其中：女性	人	492570
取得专项职业能力证书人数	人	57516
取得初级工职业资格证书人数	人	512454
取得中级工职业资格证书人数	人	91731
取得高级工职业资格证书人数	人	43252
取得技师职业资格证书人数	人	9735
取得高级技师职业资格证书人数	人	2316
取得培训合格证书人数	人	241359
创业培训合格人数	人	205097
实现就业人数	人	947682

续表

指标	单位	全年
其中：女性	人	429278
就业技能培训	人	713100
其中：城镇登记失业人员	人	170327
农村转移劳动者	人	419426
毕业年度的高校毕业生	人	38436
城乡未继续升学的应届初高中毕业生	人	70142
退役士兵	人	14237
其中：创业培训	人	148714
其中：培训后当期成功创业人数	人	79506
本期职业培训补贴资金金额	万元	41772
其中：就业技能培训	万元	27344
其中：城镇登记失业人员	万元	6976
农村转移劳动者	万元	15675
毕业年度的高校毕业生	万元	838
城乡未继续升学的应届初高中毕业生	万元	2109
退役士兵	万元	343
服刑人员	万元	266
其中：岗位技能提升培训	万元	4707
其中：在岗农民工	万元	2863
创业培训	万元	9482
其中：农村转移就业劳动者	万元	3752
退役士兵	万元	157
服刑人员	万元	52
定点培训机构个数	个	1420
其中：职业技能培训定点机构个数	个	1099
其中：人力资源和社会保障部门所属	个	251
创业培训定点机构个数	个	321
其中：人力资源和社会保障部门所属	个	143

9. 公共就业服务工作情况

指标	单位	全年
期末公共就业和人才交流服务机构个数	个	25699
期末公共就业和人才交流服务机构工作人员数	人	33219
本期办理就业登记人数	人	1772283
本期单位登记招聘人数	人	2706258
其中：登记招聘人员的单位数	个	118947
本期登记求职人数	人	2058858
其中：女性	人	924756
登记失业人员	人	685341
高校毕业生	人	348258
农村劳动者	人	695083
本期接受职业指导人数	人	973146
其中：女性	人	425104
本期接受创业服务人数	人	286794
其中：女性	人	110041
期末代理保管人事档案人数	人	8897670
期末管理流动党员人数	人	12796
本期介绍成功人数	人	998279
其中：女性	人	425526
城镇登记失业人员	人	295846
高校毕业生	人	153311
农村劳动者	人	381240

10. 就业援助工作情况

指标	单位	全年
上期末结转的就业困难人员数	人	9299
其中：女性	人	4487
残疾人	人	159
本期新增就业困难人员数	人	102839
其中：女性	人	53297
残疾人		2197

续表

指标	单位	全年
本期实现就业的就业困难人员人数	人	102533
其中：公益性岗位安置人数	人	13192
其中：女性	人	50268
残疾人	人	3941
其他原因减少的就业困难人员人数	人	1275
期末实现就业的困难人员人数	人	8330
其中：女性	人	2978
残疾人	人	250
上期末结转公益性岗位人员数	人	24043
本期安置公益性岗位人员数	人	13192
本期退出公益性岗位人员数	人	2290
期末实有公益性岗位人员数	人	37349
上期末结转的零就业家庭户数	个	0
本期新增的零就业家庭户数	个	10692
本期消除的零就业家庭户数	个	10692
本期实现就业的零就业家庭成员数	人	11667
总计消除的零就业家庭户数	个	80040
总计实现就业的零就业家庭成员数	人	89283
期末实有零就业家庭户数	个	0

11. 农村“零转移就业贫困家庭”就业援助情况

指标	单位	全年
结转零转移就业贫困家庭	个	1
本期新增零转移就业贫困家庭	个	2707
本期消除零转移就业贫困家庭	人	2708
本期实现就业的零转移就业贫困家庭成员	人	3988
其中：女性	人	2020
期末剩余零转移就业贫困家庭	个	0

12. 街道（乡镇）社区（行政村）工作平台综合情况

指标	单位	全年
街道个数	个	602
其中：建立劳动保障工作机构个数	个	601
劳动保障工作人员数	人	3094
其中：有编制工作人员数	人	1823
获得职业资格人员	人	1482
大专以上学历人员	人	2484
女性	人	1950
乡镇个数	个	1232
其中：建立劳动保障工作机构个数	个	1232
劳动保障工作人员数	人	5598
其中：有编制工作人员数	人	3722
获得职业资格人员	人	2718
大专以上学历人员	人	4357
女性	人	3007
社区个数	个	9587
其中：配备劳动保障工作人员社区个数	个	8202
劳动保障工作人员数	人	12546
其中：专职工作人员	人	7078
获得职业资格人员	人	4457
大专以上学历人员	人	5437
女性	人	6712
行政村个数	个	66442
其中：配备劳动保障工作人员行政村个数	个	53693
劳动保障工作人员数	人	65148
其中：专职工作人员	人	30687
获得职业资格人员	人	11962
大专以上学历人员	人	12364
女性	人	15099

二、高校毕业生就业数据

（一）毕业生生源状况

2015年，山东省有应届毕业生的普通高校（含研究生培养单位）共146所，非师范类毕业生47.19万人，与去年相比增加0.84万人，增加比例为1.81%。

1. 学历分布

2015届非师范类毕业生中，研究生1.97万人，本科生20.96万人，专科生24.26万人。2015年全省各学历非师范类毕业生生源比例统计情况如下。

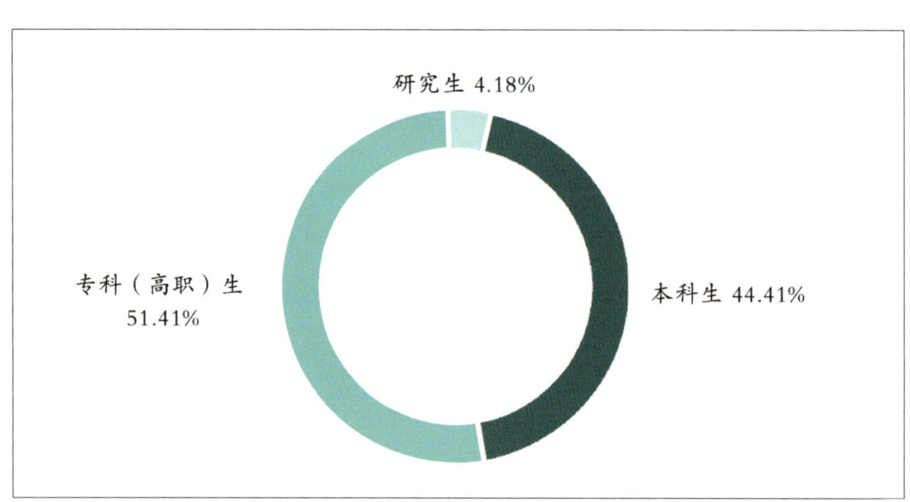

图1-6　2015年非师范类毕业生生源按学历分布

2. 生源地分布

2015届非师范类毕业生生源主要来自省内，其中省内生源数量36.43万人，占77.20%；省外生源数量为10.76万人，占22.80%。

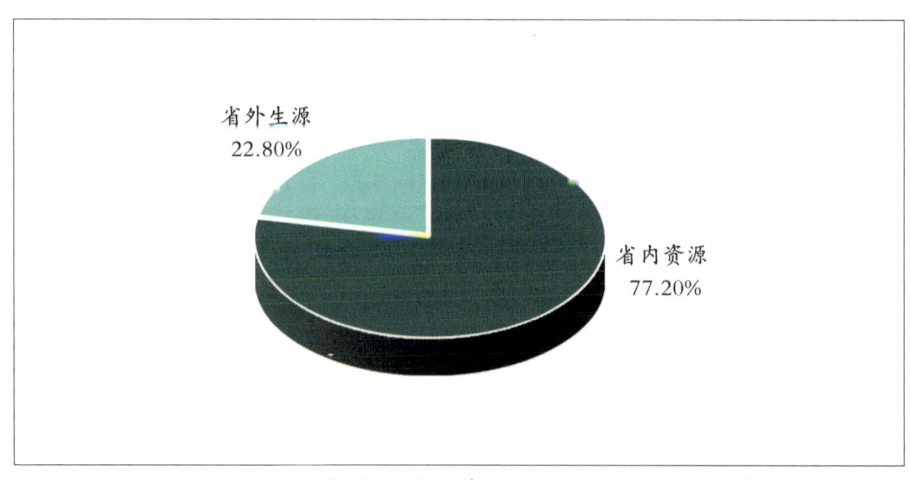

图1-7　2015年非师范类毕业生生源按生源地分布

山东省内生源覆盖全省17市。其中来自潍坊、临沂、菏泽、济宁、青岛的毕业生人数相对较多，以上五地区的生源总数占全省非师范类毕业生总数的36.10%。

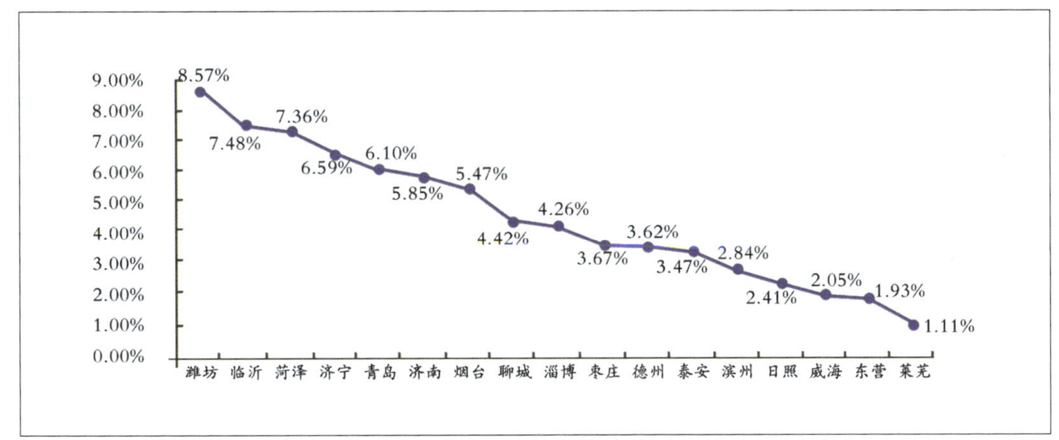

图1-8 2015届非师范类毕业生省内生源地分布

2015届非师范类省外生源毕业生遍布全国30个省（自治区、直辖市），主要分布在山西、河南、江苏、安徽、河北等周边省份以及内蒙古、甘肃和东北三省。

表1-2 2015届非师范类毕业生省外生源地域分布

序号	省（市）	省外生源比例（%）	序号	省（市）	省外生源比例（%）
1	山西省	2.09	16	湖北省	0.51
2	河南省	1.97	17	福建省	0.43
3	江苏省	1.96	18	湖南省	0.41
4	安徽省	1.94	19	江西省	0.41
5	甘肃省	1.73	20	云南省	0.32
6	河北省	1.40	21	宁夏回族自治区	0.30
7	黑龙江省	1.22	22	天津市	0.29
8	内蒙古自治区	1.15	23	青海省	0.27
9	辽宁省	1.06	24	重庆市	0.27
10	四川省	0.83	25	广西壮族自治区	0.25
11	吉林省	0.80	26	广东省	0.24
12	浙江省	0.73	27	海南省	0.21
13	新疆维吾尔自治区	0.70	28	北京市	0.09
14	陕西省	0.57	29	上海市	0.04
15	贵州省	0.57	30	西藏自治区	0.03

3. 学科分布

按照国家学科分类标准，山东省非师范类毕业生学科分布涵盖了11个学科门类。

研究生学历的11个学科门类中，工学毕业生数量最多，占生源总量的36.91%，其次是医学类，占17.92%，管理学类占12.18%。

表 1-3　2015 届非师范类研究生学科门类分布

序号	学科门类	生源人数	所占比例（%）
1	工学	7281	36.91
2	医学	3535	17.92
3	管理学	2403	12.18
4	理学	1886	9.56
5	文学	1416	7.18
6	农学	1089	5.52
7	法学	1041	5.28
8	经济学	821	4.16
9	教育学	112	0.57
10	历史学	77	0.39
11	哲学	66	0.33
	合计	19727	100

本科 11 个学科门类中，工学类毕业生占 36.33%，管理学类占 19.94%，文学类占 12.77%。

表 1-4　2015 届非师范类本科生学科门类分布

序号	学科门类	生源人数	所占比例（%）
1	工学	76125	36.33
2	管理学	41782	19.94
3	文学	26751	12.77
4	理学	18998	9.07
5	医学	17340	8.28
6	经济学	13719	6.55
7	法学	7529	3.59
8	农学	3902	1.86
9	教育学	3132	1.49
10	历史学	153	0.07
11	哲学	113	0.05
	合计	209544	100

专科（高职）类毕业生分布于 19 个专业大类，其中财经大类的生源数量最多，占 23.93%，其次医药卫生大类，占 19.53%，制造大类、土建大类分别占 15.17% 和 11.38%。

表 1-5　2015 届非师范类专科（高职）专业大类分布

序号	专业大类	生源人数	所占比例（%）
1	财经	58045	23.93
2	医药卫生	47376	19.53
3	制造	36804	15.17
4	土建	27597	11.38
5	电子信息	15360	6.33
6	交通运输	11042	4.55
7	文化教育	10179	4.20
8	旅游	7160	2.95
9	生化与药品	6786	2.80
10	艺术设计传媒	6448	2.66
11	轻纺食品	3917	1.61
12	法律	3096	1.28
13	农林牧渔	2032	0.84
14	公共事业	1876	0.77
15	资源开发与测绘	1737	0.72
16	材料与能源	1644	0.68
17	水利	911	0.38
18	公安	359	0.15
19	环保、气象与安全	223	0.09
	合计	242592	100

4. 性别构成

2015 届非师范类毕业生按性别统计，男生 23.27 万人，占 49.32%；女生 23.92 万人，占 50.68%。

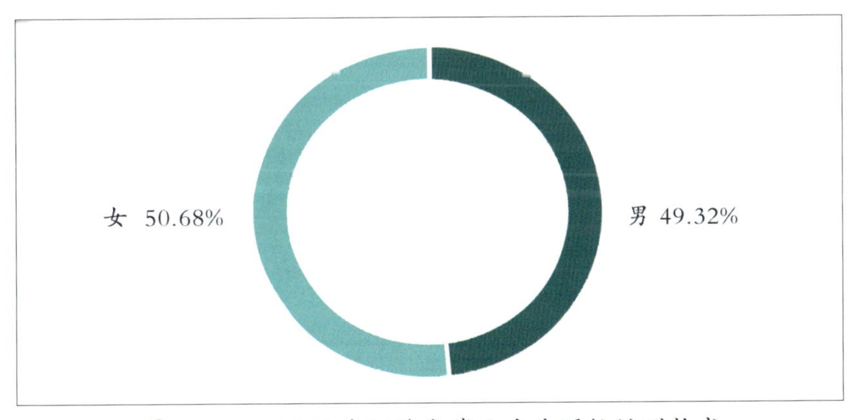

图 1-9　2015 届非师范类毕业生生源按性别构成

5. 民族构成

2015 届非师范类毕业生按民族统计，分布于53个民族。其中，汉族46.24万人，占97.99%；回族、满族、蒙古族等少数民族 9491 人，占 2.01%。

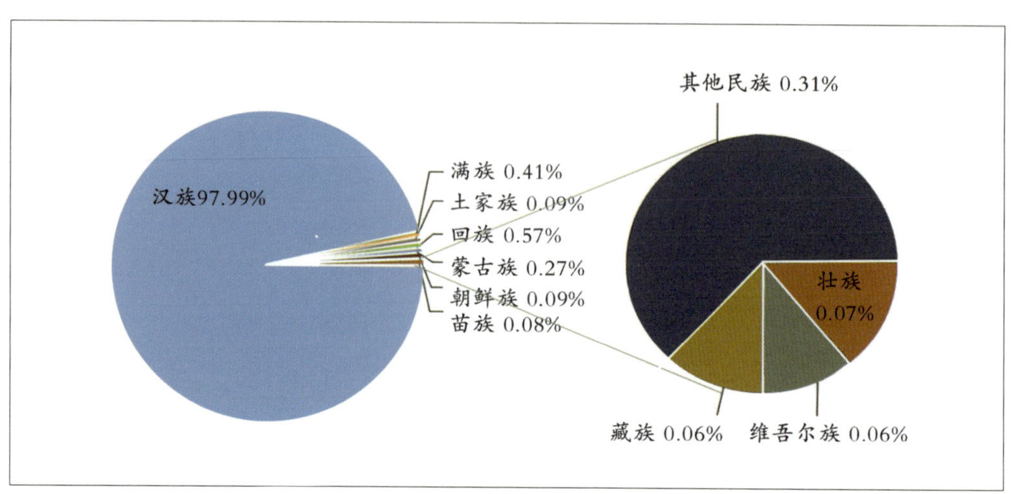

图 1-10　2015 届非师范类毕业生生源按民族构成

（二）毕业生就业情况

1. 毕业生总体就业情况

（1）按学历统计

山东省 47.19 万应届非师范类毕业生中，有 43.61 万人落实了就业单位，总体就业率为 92.41%，较上年同期增长 0.94 个百分点。其中，研究生、本科生、专科生的总体就业率分别为 93.23%、92.16% 和 92.55%。

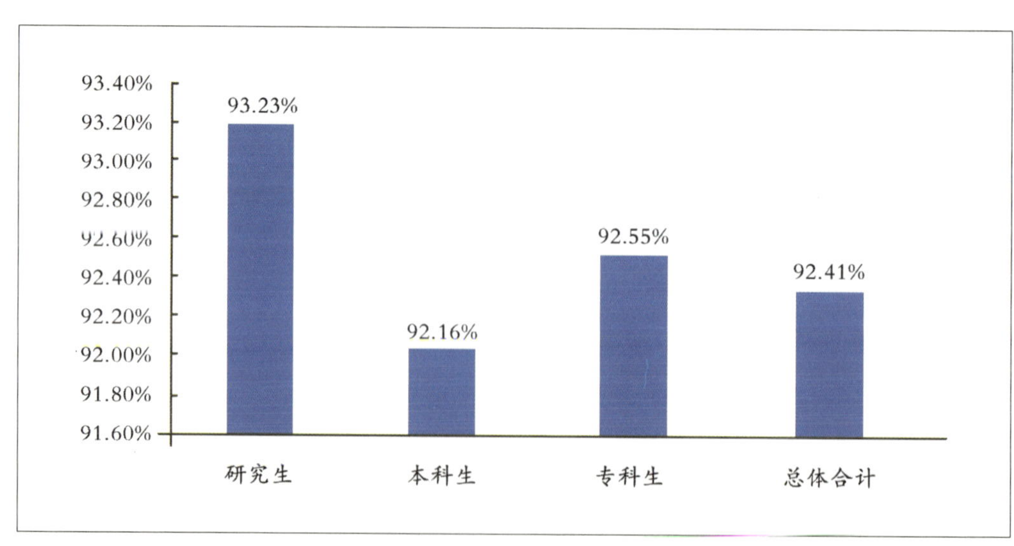

图 1-11　2015 届非师范类毕业生总体就业率按学历统计

（2）按性别统计

近两年的就业监测数据表明，女性大学生就业难的问题在我省表现的并不突出。截至 2015 年 12 月底，男生就业人数为 21.60 万，总体就业比例为 92.80%，女生就业人数为 22.00 万，总体就业比例为 92.03%，男生高于女生 0.77 个百分点。

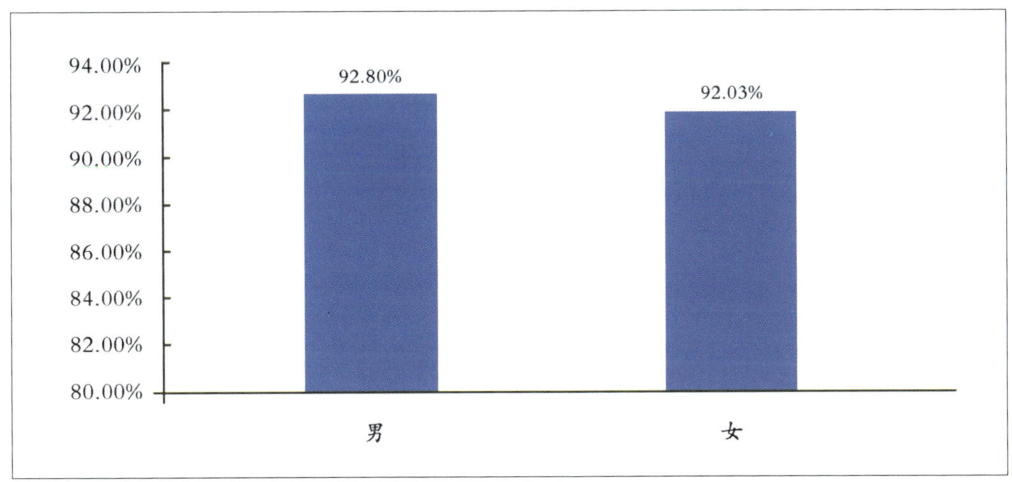

图 1–12　2015 届非师范类毕业生不同性别总体就业率

（3）按学科门类统计

①研究生

我省 2015 届研究生就业情况按 11 个学科门类进行统计，就业率 90% 以上的有七个学科，分别是管理学、工学、医学、经济学、农学、理学、法学。

表 1–6　2015 届非师范类研究生分学科门类就业率统计表

序号	学科门类	毕业生人数（人）	就业人数（人）	就业率（%）
1	管理学	2403	2287	95.17
2	工学	7281	6892	94.66
3	医学	3535	3338	94.43
4	经济学	821	772	94.03
5	农学	1089	1011	92.84
6	理学	1886	1717	91.04
7	法学	1041	939	90.2
8	文学	1416	1233	87.08
9	教育学	112	92	82.14
10	哲学	66	54	81.82
11	历史学	77	56	72.73

②本科

我省 2015 届本科生就业情况按 11 个学科门类进行统计，就业率 90% 以上的包括农学、工学、医学、历史学、理学、哲学、管理学七个门类。

表 1-7 2015 届非师范类本科生分学科门类就业率统计表

序号	学科门类	毕业生人数（人）	就业人数（人）	就业率（%）
1	农学	3902	3755	96.23
2	工学	76125	71659	94.13
3	医学	17340	16272	93.84
4	历史学	153	143	93.46
5	理学	18998	17459	91.90
6	哲学	113	103	91.15
7	管理学	41782	38060	91.09
8	文学	26751	24014	89.77
9	经济学	13719	12307	89.71
10	教育学	3132	2771	88.47
11	法学	7529	6581	87.41

③专科

我省 2015 届专科毕业生按 19 大类进行统计，就业率 90% 以上的有 17 个大类，专科各专业大类的就业率如下表所示。

表 1-8 2015 届非师范类专科生分专业大类就业率统计表

序号	专业大类	生源人数（人）	就业人数（人）	就业率（%）
1	公安	359	350	97.49
2	交通运输	11042	10608	96.07
3	旅游	7160	6862	95.84
4	农林牧渔	2032	1939	95.42
5	材料与能源	1644	1559	94.83
6	轻纺食品	3917	3697	94.38
7	法律	3096	2913	94.09
8	制造	36804	34580	93.96
9	环保、气象与安全	223	209	93.72
10	生化与药品	6786	6324	93.19
11	财经	58045	54083	93.17
12	文化教育	10179	9469	93.02
13	电子信息	15360	14203	92.47
14	艺术设计传媒	6448	5909	91.64
15	土建	27597	25268	91.56
16	公共事业	1876	1696	90.41
17	医药卫生	47376	42736	90.21
18	水利	911	773	84.85
19	资源开发与测绘	1737	1348	77.61

2. 毕业生就业方式

近年来，山东省非师范类毕业生就业方式呈现多元化趋势。目前，毕业生的就业方式包括签订就业协议就业、签订劳动合同就业、非派遣省外签约就业、升学、出国、基层项目、应征入伍、成功创办实体、个体经营、灵活就业和其它方式就业等十二种就业方式。

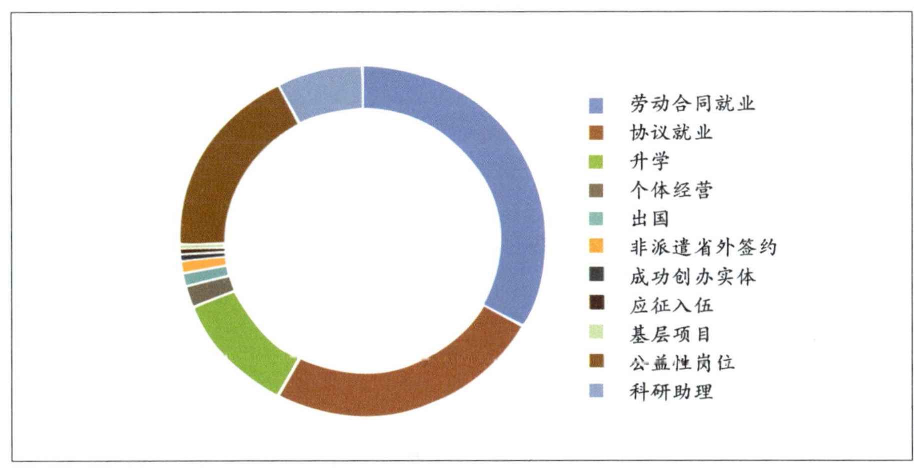

图 1-13 2015 届非师范类毕业生就业方式情况

（1）签订就业协议

全省有 11.64 万非师范类毕业生以签订就业协议的方式实现就业，占非师范类毕业生总数的 24.67%。

（2）签订劳动合同

通过与用人单位签订劳动合同落实就业岗位的非师范类毕业生为 15.59 万人，占非师范类毕业生总数的 33.04%，比协议就业率高 8.37 个百分点，成为毕业生就业最主要方式。

（3）成功创办实体

2015 届非师范类毕业生在校期间开办创业公司等实体 1136 家，同比增长 123.2%; 截至 2015 年 12 月底，非师范类毕业生成功创办企业实体 2815 家，同比增长 64.72%。

（4）非派遣省外签约

山东省 2015 届非师范类毕业生中，非派遣省外签约就业人数为 5120 人，占非师范类毕业生总数的 1.09%。

（5）应征入伍

从全省情况看，全省有 2424 名非师范类毕业生入伍，占非师范类毕业生总数的 0.51%。

（6）灵活就业和其他方式就业

全省非师范类毕业生有 8.35 万人实现灵活就业和其他方式就业，占非师范类毕业生总数的 17.68%。

（7）升学

升学包括“专升本”（专科毕业生升本科）和“考研”（本科生考取硕士研究生以及硕士研究生考取博士研究生）。全省 2015 届非师范类毕业生升学总人数 5.27 万人，占非师范类毕业生总数的 11.16%。

（8）出国

山东省 2015 届非师范类毕业生中，有 5709 人于年底前出国学习或工作，占非师范类毕业生总数的 1.21%。

（9）参加基层服务项目

山东省 2015 届非师范类毕业生中，有 1631 人参加“三支一扶”（支教、支农、支医和扶贫）项目、社区服务计划、大学生志愿服务西部计划项目、选聘优秀毕业生到村任职等基层服务项目，占非师范类毕业生总数的 0.35%。

（10）个体经营

山东非师范类毕业生登记个体经营的有 9445 人，占非师范类毕业生总数的 2.00%。

（11）科研助理

山东非师范类毕业生登记科研助理的有 195 人，占非师范类毕业生总数的 0.04%。

（12）公益性岗位

山东非师范类毕业生登记公益性岗位的有 306 人，占非师范类毕业生总数的 0.06%。

3. 特困家庭毕业生就业情况

山东省 2015 届非师范类毕业生中特困家庭毕业生 2.26 万人，占非师范类毕业生总数的 4.79%。在就业政策的影响和各级就业主管部门的帮扶下，共有 2.11 万人实现了就业，总体就业率 93.43%，高于全省平均水平 1.02 个百分点。

4. 优秀毕业生就业情况

山东省 2015 届非师范类毕业生中优秀毕业生 2.34 万人，占非师范类毕业生总数的 4.95%。截至 2015 年 12 月底，共有 2.22 万人实现了就业，总体就业率 94.76%，高于全省平均水平 2.35 个百分点。

（三）毕业生就业情况分析

为进一步做好非师范类毕业生就业情况分析工作，我省通过“山东高校毕业生就业信息网”进行了非师范类毕业生求职意向及满意度调查。网上共收到 172932 份有效调查问卷。其中，专科生问卷 106682 份，占样本量 61.69%；本科生问卷 63067 份，占样本量 36.47%；研究生问卷 3183 份，占样本量 1.84%。在此基础上，对调查问卷进行数据分析和挖掘，形成以下分析结果，以便进一步了解人力资源市场需求，完善毕业生就业政策措施，改革人才培养模式，为制定和完善人力资源和社会保障政策提供数据支持。

1. 毕业生就业情况分析

本次调查，对毕业生当前就业状态问卷数据显示，有 143800 名毕业生选择到单位就业，对这部分毕业生就业单位按单位所在地、单位性质、月收入情况、专业对口情况以及工作满意度情况五个方面进行分析。

（1）就业单位性质分析

本次调查，对毕业生就业单位性质调查数据显示，64.62% 的毕业生选择“企业”；选择“事业单位”的比例为 15.70%；“机关”的比例为 7.94%；另外，选择“其他单位”的比例为 11.74%。

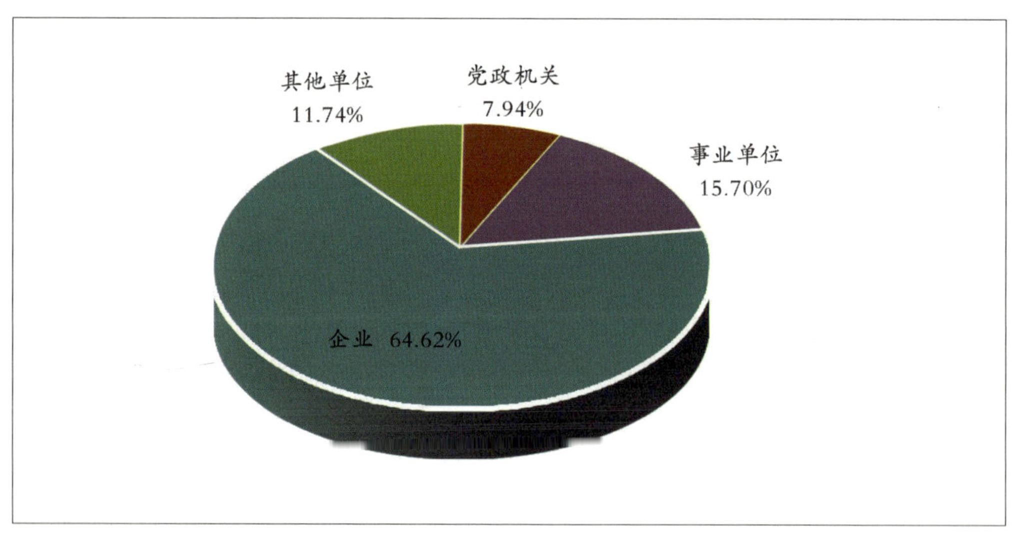

图 1 14　毕业生意向单位性质分布

（2）就业工作地点分析

由于我省地域经济发展不平衡，毕业生选择就业地区的差异比较明显。在接受调查的毕业生中，选择到“市地区县级单位”就业的比例最高，占 58.51%；选择到“计划单列市及省会城市”的占 29.67%；选择到“直辖市（北京、天津、上海等）”的占 11.82%。

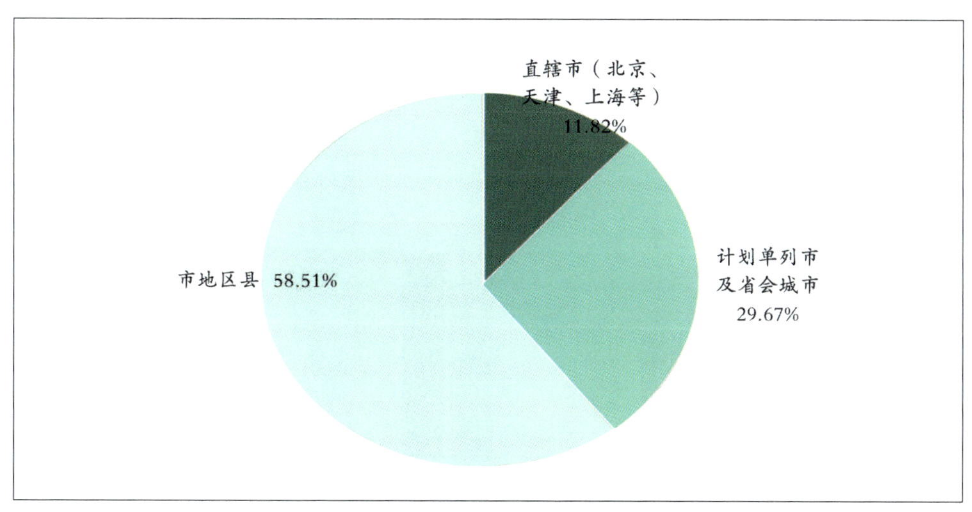

图 1-15 毕业生意向单位地区分布

（3）毕业生月收入情况

对毕业生就业单位月收入调查数据显示，毕业生月收入情况因学历层次不同差异较大。专科生收入在“2000 元以下”和“2001—2500”两个区间比例最高，分别为 26.07% 和 21.54%；本科生收入集中在“2501—3000”和“3001—4000”两个区间之间分别为 22.08% 和 25.59%；研究生收入在“4001—5000”和“5000 元以上”两个区间的比例最高，分别为 28.92% 和 18.66%。

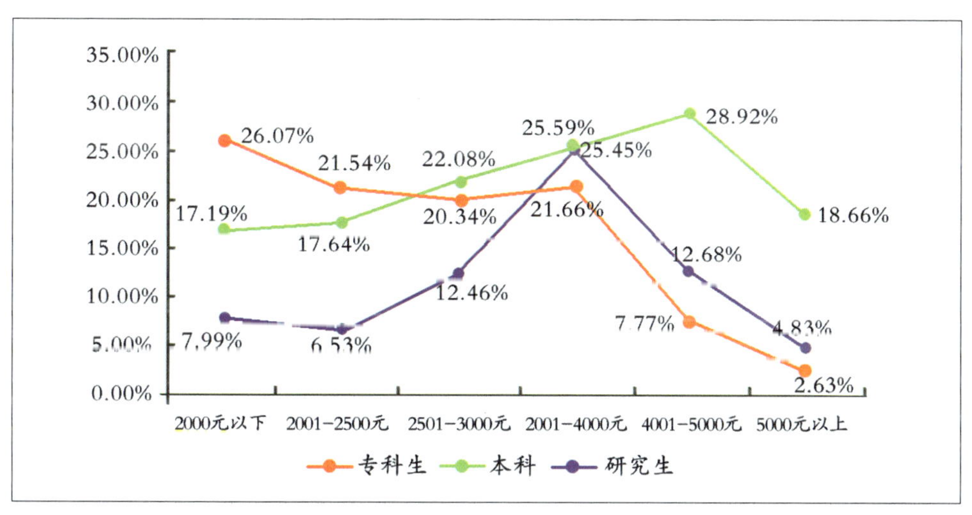

图 1-16 各学历毕业生月收入情况

（4）专业对口情况分析

对已就业毕业生的专业对口情况调查结果显示，我省毕业生专业对口程度较高，比例为 90.73%。不同学历层次毕业生专业对口情况不同。其中，专科生专业“完全对口”的比例最高，为 44.46%；研究生专业“基本对口”的比例最高，为 58.32%；另外，本科生专业“不对口”的比例最高，为 10.85%。

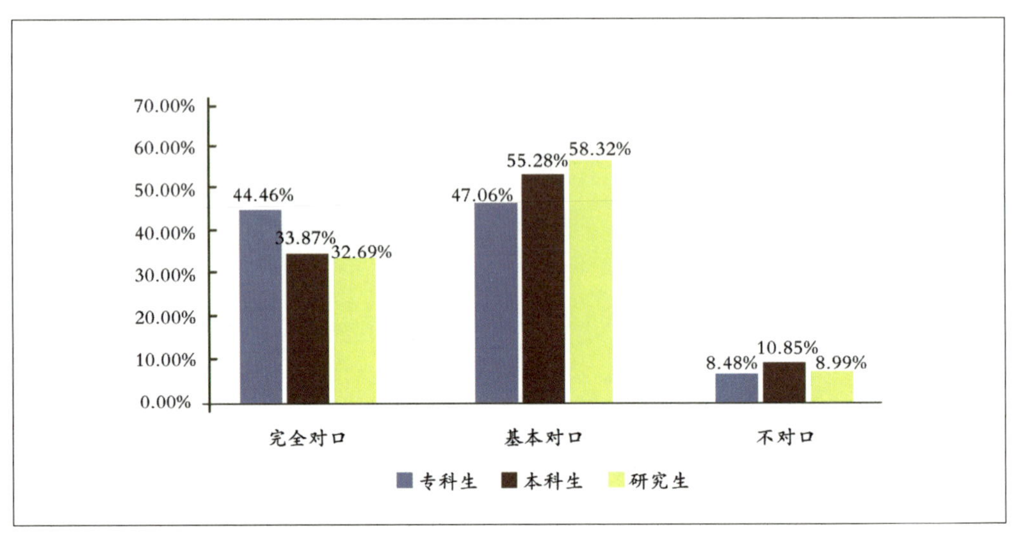

图 1-17 各学历毕业生专业对口情况

（5）就业满意度分析

参加问卷调查的毕业生，对工作的总体满意度为 88.45%。其中，选择“满意”的比例为 52.57%；选择“较为满意”的比例为 35.88%；另外，选择“一般”的比例为 10.20%；选择不满意的比例仅为 1.35%。

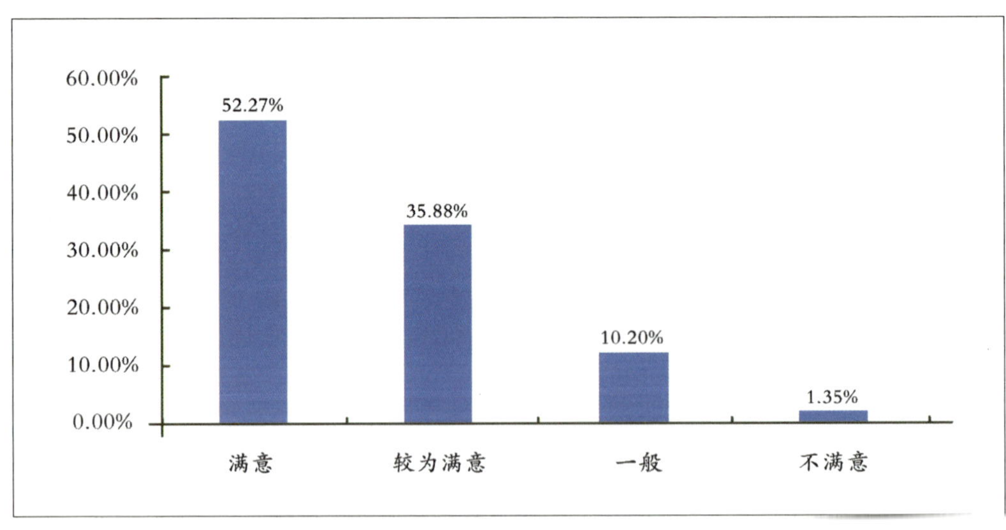

图 1-18 毕业生工作满意度情况

对选择“不满意”的毕业生进行跟踪调查，“新酬制度”是毕业生对当前工作不满意的主要原因。另外，选择“发展空间”“压力强度”和“社会保障”比例也较高，分别为 21.51%、13.45% 和 13.14%。

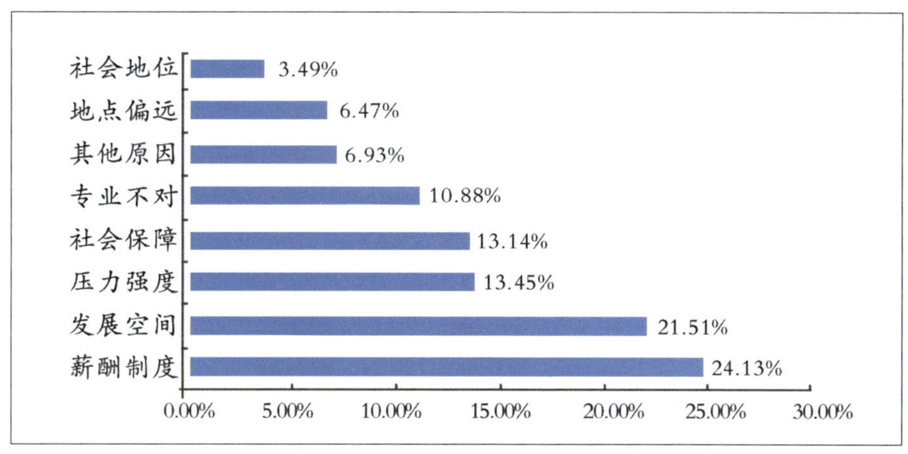

图 1-19 毕业生工作不满意原因

2. 毕业生对教育教学和服务满意度分析

（1）对学校教育教学的满意度

调查结果显示，毕业生对母校教育教学“满意”的比例为 69.38%；“较满意”的比例为 23.78%；另外，选择“一般”的比例为 6.04%；“不满意”的比例为 0.80%。

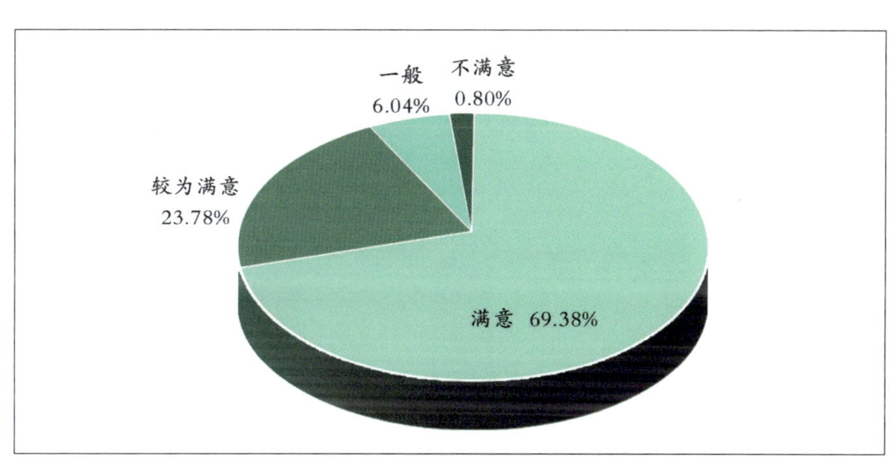

图 1-20 毕业生对学校教育教学的满意度情况

（2）对学校就业服务的满意度

调查结果显示，毕业生对学校提供就业服务总体满意度为 91.05%。其中，“满意”的比例为 65.04%，“较满意”的比例为 26.01%。另外，选择“一般”的比例为 7.85%，选择“不满意”的比例仅为 1.10%。

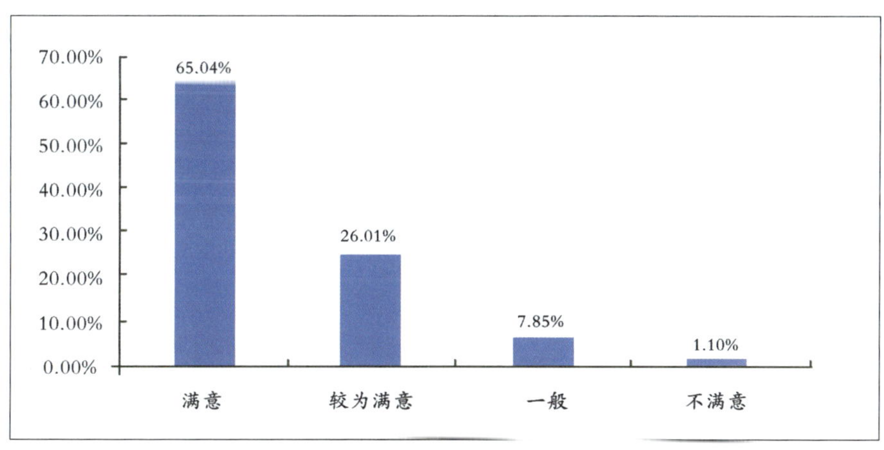

图 1-21 毕业生对学校就业服务的满意度情况

3. 全省大学生创业情况分析

（1）毕业生参加创业教育的情况

调查结果显示，我省毕业生参加创业讲座或培训的比例很高，达到 89.73%；从未参加过的比例仅为 10.23%。

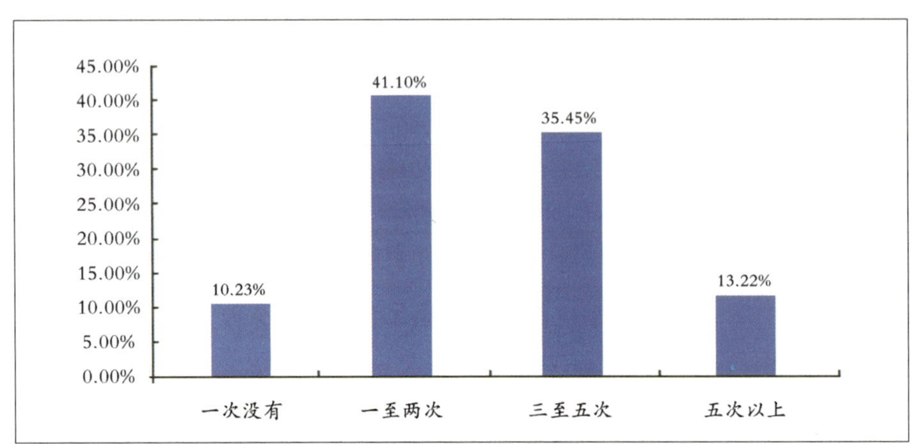

图 1-22 毕业生参加创业教育情况

（2）影响大学生选择创业领域的因素

我省已创业毕业生问卷调查结果显示，影响他们选择创业领域的最主要因素是“兴趣爱好”，选择比例 60.22%；其次是“专业相关性”，比例为 20.62%。其他因素相比影响较小。

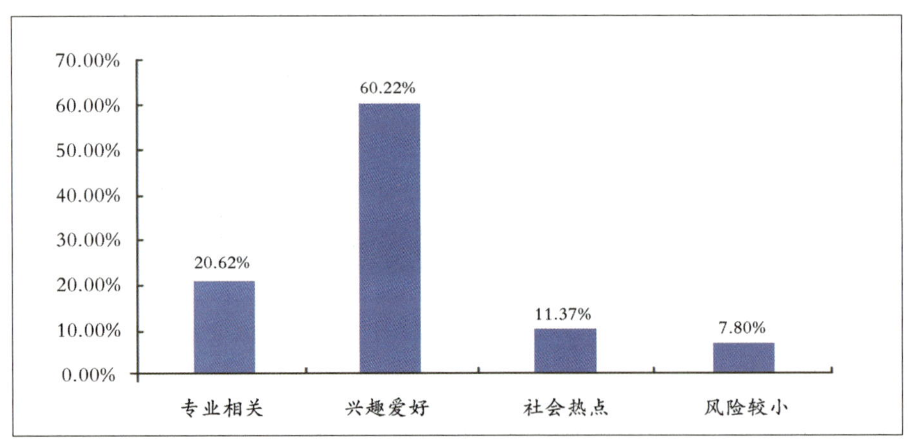

图 1-23 影响毕业生选择创业领域的因素

（3）毕业生希望获取的创业教育内容

调查结果显示，大学生最希望获得的创业教育内容是“创业实践”，选择比例 18.05%；其次是“创业政策”，比例为 16.51%。另外，对“市场营销”和“机会分析”的需求比例也较高，分别是 15.72% 和 15.17%。

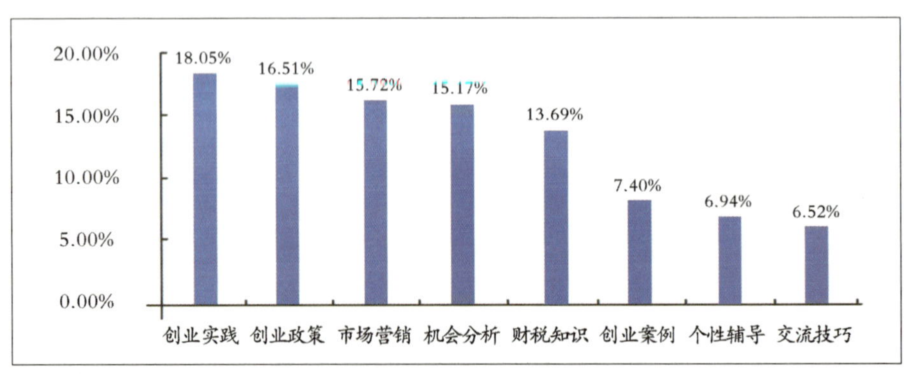

图 1-24 毕业生希望获得的创业教育内容

（4）毕业生获取创业知识的主渠道

调查结果显示，大学生获取创业知识的主渠道是“创业实践”，选择比例 41.49%；其次是“大赛活动”，比例为 13.19%。另外，对“教师授课”和“家庭环境”的选择比例也较高，分别是 12.11% 和 10.93%。

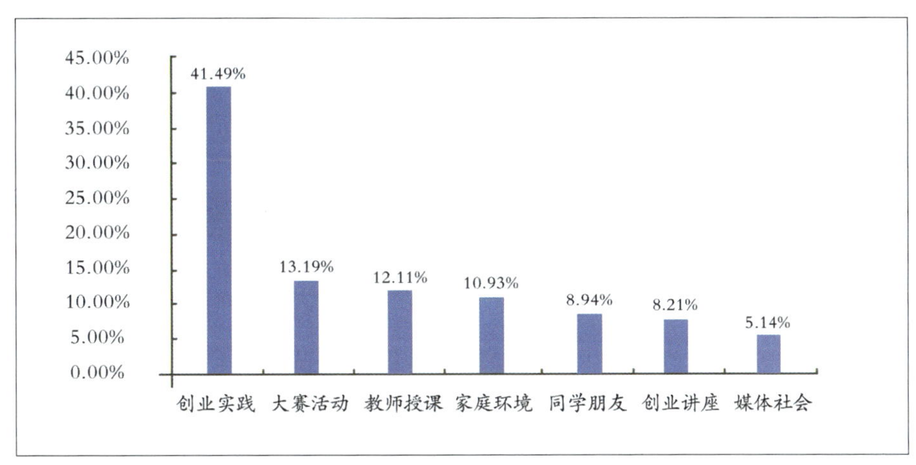

图 1–25　毕业生获取创业知识的主渠道

（5）毕业生创业困难的主要因素

调查结果显示，大学生认为创业困难的主要原因是“缺乏经验”，选择比例 25.58%；其次是“能力不足”，比例为 16.82%。另外，对“资金缺乏”“缺乏项目”和“缺乏指导”的选择比例也较高，分别是 14.52%、12.69% 和 12.34%。

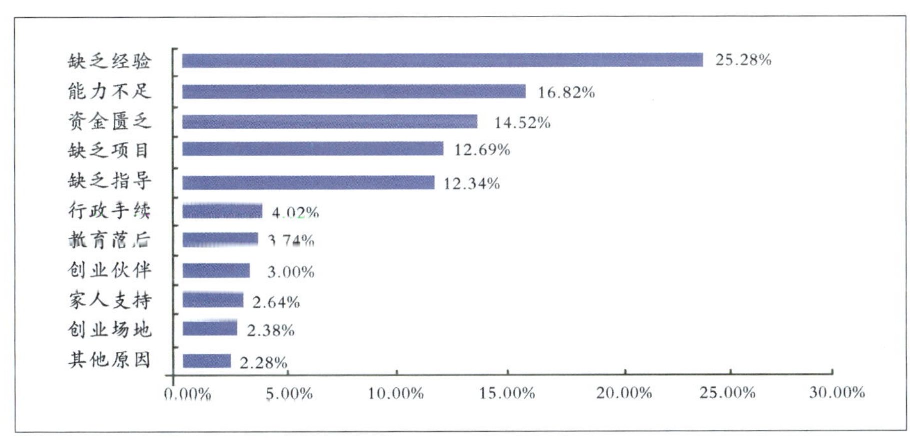

图 1–26　毕业生创业困难的主要因素

（四）未就业毕业生情况

山东省内院校毕业生中，尚有 3.58 万人未就业，对未就业毕业生的当前状态进行统计，其中，80.26% 的未就业毕业生“正在求职”;6.16% 的毕业生正在参加“就业见习”；正在参加各类“职业培训”的占 2.30%；选择“自愿暂不就业”和“其他原因不就业”的分别占 5.81% 和 5.47%。

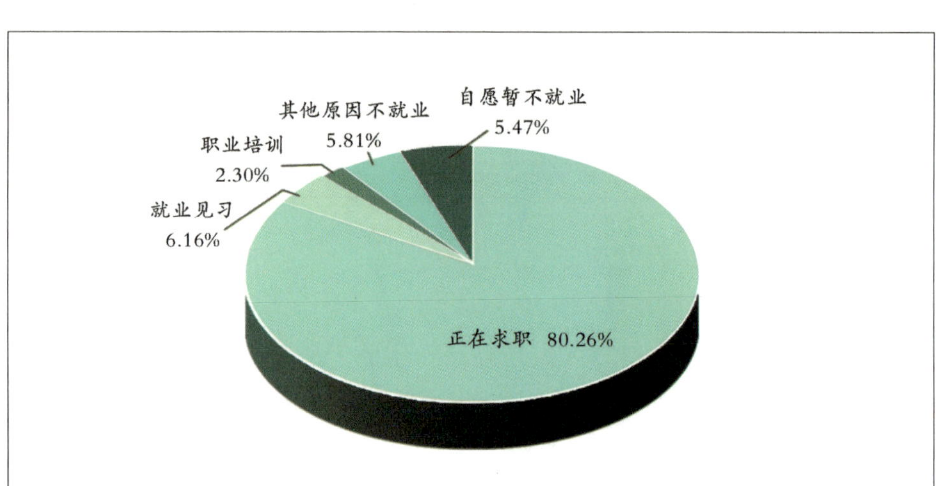

图 1-27 2015 届非师范类离校未就业毕业生当前状态情况

（五）发展趋势

1. 近五年毕业生生源规模

“十二五”期间，全省非师范类高校毕业生生源总量比较稳定，2014 年生源总量最低，为 46.35 万。2015 年生源总量较上年增加 1.81 个百分点。

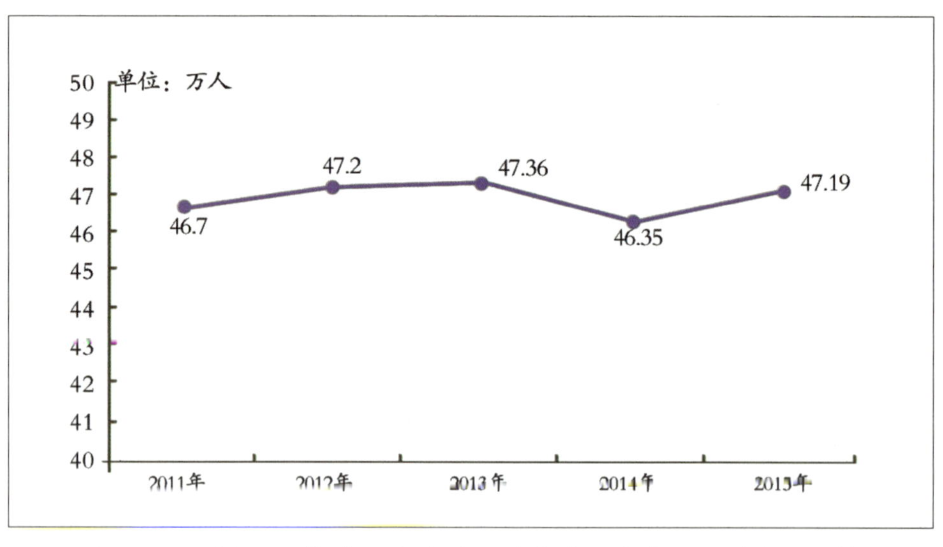

图 1-28 “十二五”期间全省非师范类毕业生生源规模变化趋势

2. 近五年毕业生各学历生源结构

“十二五”期间，全省非师范类高校毕业生生源总量比较稳定。其中研究生近三年生源总量比较稳定，本科生呈逐年增长趋势，专科生则逐年下降趋势明显。

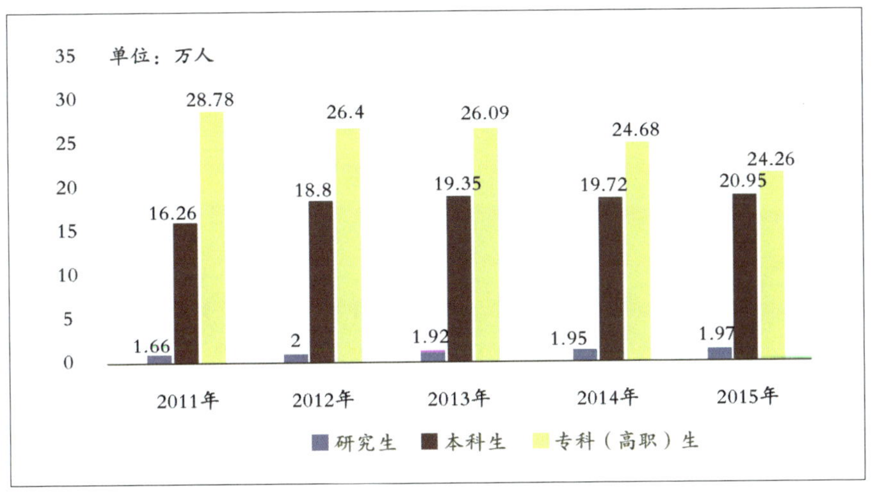

图 1-29　“十二五”期间全省非师范类毕业生生源结构变化

3. 近五年毕业生总体就业率

“十二五”期间，全省非师范类高校毕业生总体就业率变化较大。2011 年就业率最低，不足 90.00%；2012 年就业率最高，达 92.83%；2013 年略有下滑，之后逐年稳步上升。

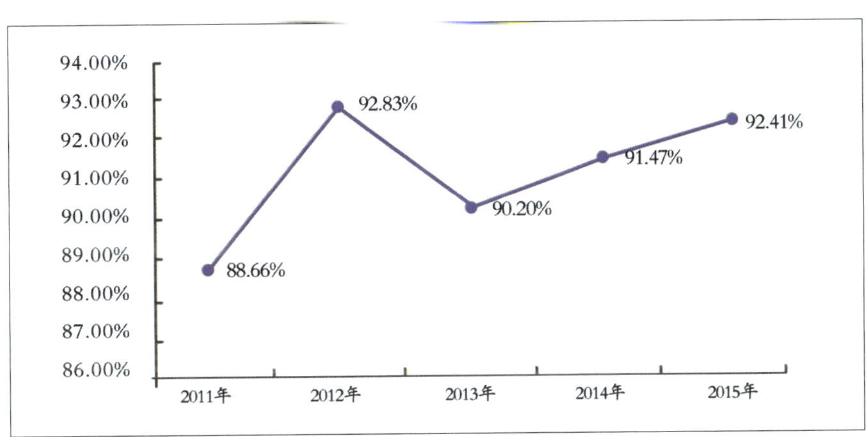

图 1-30　“十二五”期间全省非师范类毕业生总体就业率变化趋势

4. 近五年毕业生市场需求总量变化趋势

在 2015 年经济下行压力持续增大的影响下，2015 年的毕业生市场需求总量与 2014 年相比有所下降。我省正处在经济转型时期，伴随着产业结构调整与结构性就业难问题的加剧，2015 年毕业生需求总量下降，毕业生就业工作面临的形势更加严峻。

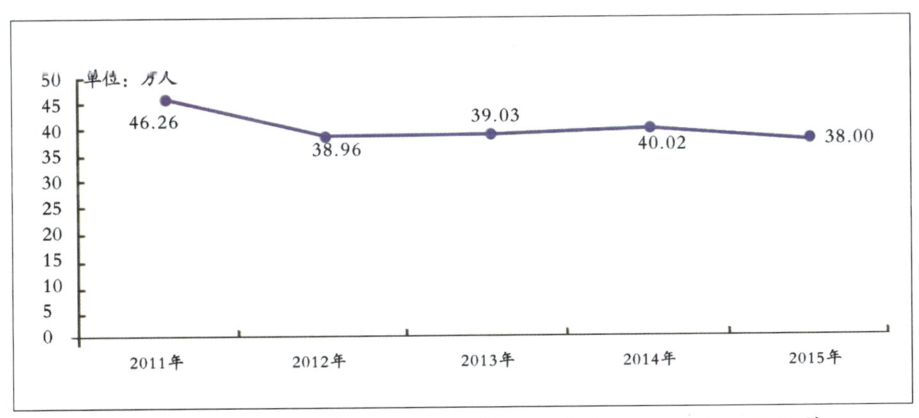

图 1-31　“十二五”期间全省毕业生市场需求总量变化趋势

第二部分　社会保险

社会保障基本情况分析

【职工基本养老保险】　全省参加职工基本养老保险的总人数达到2477.5万人，比去年底增加107.3万人，增幅4.5%。其中在职职工1923.1万人，比去年底增加64.4万人，增幅3.5%；离退休人员554.4万人，比去年底增加42.9万人，增幅8.4%。

参加企业养老保险的人数为2138.5万人，比去年底增加101.0万人。其中：在职职工1681.4万人，比去年底增加62.7万人；离退休人员457万人，比去年底增加38.3万人。实际缴费人数为1393.8万人，比去年底增加35.3万人。全省共征缴企业养老保险费1494.6亿元，比去年同期增加339.5亿元，增幅29.4%，其中征缴本期1208.8亿元，收缴率为97.1%；清欠历年欠缴285.9亿元，清欠率为91.4%。本期实支养老金1276.7亿元，比去年同期增加179.6亿元，增幅16.4%。本年新增退休人员44.1万人。全省平均费率为25.1%，与去年基本持平，其中单位费率为17.1%，个人费率8%。人均缴费工资达到2986.1元，比去年同期增加186.3元，增幅6.7%，月人均养老金达到2454元，比去年同期增加182.8元，增幅8%，平均替代率为82.2%。

全省企业退休人员中实行社区管理的人数为417.4万人，社区管理比例为99.5%。

全省参加机关事业单位养老保险的人数为339万人，比去年底增加6.3万人。其中：在职职工241.7万人，比去年底增加1.7万人；离退休人员97.3万人，比去年底增加4.6万人。全省共征缴机关事业单位养老保险费387.5亿元，比去年同期增加50.1亿元，增幅14.9%，其中征缴本期380.3亿元，收缴率为99.8%；清欠历年欠缴7.2亿元，清欠率为95.6%。本期各级财政补助收入98.2亿元。本期实支养老金476.8亿元，比去年同期增加100.6亿元，增幅20.4%。本年新增退休人员6.3万人。全省平均费率为31%，其中单位费率为25.4%，个人费率5.6%。人均缴费工资达到4244.1元，比去年底增加900元，增幅26.9%，人均养老金达到4149.6元，比去年底增加701.7元，增幅20.4%，平均替代率为97.8%。

【职工基本医疗保险】　参加基本医疗保险人数达到9235.8万人，比去年底增加5247.8万人，增幅131.6%。

参加职工基本医疗保险人数1904.4万人，比去年底增加44.2万人，增幅2.4%。其中农民工参保人数268.6万人；享受待遇人数697.2万人。本期共征缴城镇职工基本医疗保险费530.8亿元，比去年同期增加63.5亿元，增幅13.6%，其中征缴本期511.9亿元，收缴率99.5%，清欠历年欠费18.9亿元，清欠率91.7%。

参加居民（含城乡统筹）基本医疗保险的人数达到7331.4万人，比去年底增加5203.6万人，增幅244.6%。其中：成年人参保5539.3万人，中小学生儿童1641.2万人，大学生150.9万人。本期享受待遇人数2902.9万人。

【失业保险】　参加失业保险的人数为

1203.8万人，比去年底增加49.5万人，增幅4.3%。参加失业保险农民工人数达到113.9万人，累计领取失业保险金的人数为37.6万人。本期共征缴失业保险费64.6亿元，比去年同期增加4.6亿元，增幅7.7%，其中征缴本期63.3亿元，收缴率为98.7%，清欠历年欠费1.3亿元，清欠率为19.7%；本期失业保险金支出23.2亿元，比去年同期增加3.5亿元，增幅18.1%。全省平均缴费费率为1.5%，其中单位平均费率为1.0%，个人平均费率为0.5%。人均缴费工资达到3016.6元/月。

【工伤保险】 参加工伤保险的人数为1473.5万人，比上年底增加52万人，增幅3.66%。其中农民工参保人数438.4万人。享受伤残待遇人数8.2万人，因工死亡人数1717人，供养直系亲属人数2.7万人。本期共征缴工伤保险费48.4亿元，同比增加5.5亿元，增幅12.7%，其中征缴本期47.7亿元，收缴率为99.3%，清欠历年欠费0.75亿元，清欠率为53.1%。全省平均缴费费率为0.93%。人均缴费工资达到3140.1元/月，同比增加362.6元，增幅13.1%。

【生育保险】 参加生育保险的人数为1111.3万人，比去年底增加64.9万人，增幅6.2%。其中女性参保人数达467.9万人，占全部参保人数的42%。本期享受生育保险待遇的生育人数18.7万人，比去年同期减少3.3万人，降幅15.1%；本期计划生育手术人次3.7万人次，同比增加0.28万人次，增幅8%。本期共征缴生育保险费36.2亿元，同比增加4亿元，增幅12.4%，其中征缴本期35.5亿元，收缴率为99%，清欠历年欠费0.7亿元，清欠率为39.6%。全省平均缴费费率为0.9%，人均缴费工资达到3066.8元/月，同比增加402.2元，增幅15.1%。

【居民基本养老保险】 全省居民基本养老保险参保人数为4534.3万人，其中60周岁以上人数为1407.8万人。

【有关情况说明】

1. 机关事业单位养老保险实支养老金同比增加100.6亿元，增幅较大，主要原因是根据《国务院关于机关事业单位工作人员养老保险制度改革的决定》（国发〔2015〕2号）文件，机关事业单位工作人员的退休人员相应调整了养老金，导致实支养老金增幅较大。

2. 企业养老保险清欠历年欠费同比增加230.1亿元，增幅较大，主要原因是根据《关于统一和规范企业职工基本养老保险费补缴政策的通知》（鲁人社发〔2015〕29号）文件要求，符合补缴条件的参保人员按规定补缴，导致清欠历年欠费增幅较大。

3. 居民基本医疗保险参保人数同比增加5203.6万人，主要原因是2014年全省原新农合参保人员移交城乡统筹医疗，由社保部门负责管理。

4. 职工基本医疗保险滨州市参保人数同比减少4.2万人，主要原因是该市邹平县原新农合和城镇职工基本医疗保险重复参保人员，自主放弃职工医疗保险，参加城乡居民医疗保险，1月参保人数比去年底减少5万多人。

5. 生育保险参保人数青岛市同比增加13.9万人，烟台市比2014年底增加9.7万人，主要原因是两市自2015年1月起，机关事业单位人员纳入生育保险，造成参保人数增幅较大。

数据统计

（一）山东省2015年企业养老保险情况（见表1-9）

表1-9　山东省2015年企业养老保险统计表

1. 参保人员、离退休人员情况

指标	单位	2015年	2014年	增长	增幅(%)	备注
参保人数合计	万人	2138.5	2037.5	101.0	5.0	
参保职工人数	万人	1681.4	1618.7	62.7	3.9	
实际缴费人员	万人	1393.8	1358.5	35.3	2.6	
离退休人数	万人	457.0	418.7	38.3	9.1	
职工负担系数		0.328	0.308	0.02	6.4	
社区管理人数	万人	417.4	390.2	27.2	7.0	
社区管理率	%	99.5	99.5	0.0	0.0	

2. 征缴、发放情况

指标	单位	2015年	2014年	增长	增幅(%)	备注
征缴收入	亿元	1494.6	1155.1	339.5	29.4	同期对比
#本期	亿元	1208.8	1099.3	109.4	10.0	
#清欠	亿元	285.9	55.8	230.1	412.6	
收缴率	%	97.1	97.4	-0.4	-0.4	
清欠率	%	91.4	78.1	13.3	17.1	
实支养老金	亿元	1276.7	1097.1	179.6	16.4	
人均缴费工资	元/人月	2986.1	2799.8	186.3	6.7	
人均养老金	元/人月	2454.0	2271.2	182.8	8.0	
替代率	%	82.2	81.1	1.1	1.3	
人均离休金	元/人月	6239.6	5414.6	824.9	15.2	
人均退休金	元/人月	2436.7	2254.4	182.3	8.1	
平均缴费比例	%	25.1	25.1	0.0	—	
#单位	%	17.1	17.1	0.0	—	
#个人	%	8.0	8.0	0.0	—	

（二）山东省2015年机关事业单位养老保险情况（见表1-10）

表1-10 山东省2015年机关事业单位养老保险统计表

1. 参保人员、离退休人员情况

指标	单位	2015年	2014年	增长	增幅（%）	备注
参保人数合计	万人	339.0	332.7	6.3	1.9	
参保职工人数	万人	241.7	240.0	1.7	0.7	
实际缴费人员	万人	240.9	239.9	0.9	0.4	
离退休人数	万人	97.3	92.8	4.6	4.9	
职工负担系数		0.404	0.387	0.02	4.5	

2. 征缴、发放情况

指标	单位	2015年	2014年	增长	增幅（%）	备注
征缴收入	亿元	387.5	337.4	50.1	14.9	同期对比
#本期	亿元	380.3	334.4	45.9	13.7	
#清欠	亿元	7.2	3.0	4.2	141.7	
收缴率	%	99.8	100.0	-0.1	-0.1	
清欠率	%	95.6	92.2	3.5	3.8	
实支养老金	亿元	476.8	376.2	100.6	26.8	
当期结余	亿元	-89.3	-38.8	-50.5	—	
财政补助收入	亿元	98.2	45.4	52.8	116.2	
平均缴费工资	亿元	4244.1	3344.2	900.0	26.9	
人均养老金	元/人月	4149.6	3447.9	701.7	20.4	
替代率	(%)	97.8	103.1	-5.3	-5.2	
人均离休金	元/人月	6809.2	5678.9	1130.3	19.9	
人均退休金	元/人月	4077.6	3375.2	702.4	20.8	
平均缴费比例	%	31.0	34.8	-3.8	-10.9	
#单位	%	25.4	32.4	-7.0	-21.5	
#个人	%	5.6	2.4	3.2	130.4	

（三）山东省2015年医疗保险情况（见表1-11）

表1-11 山东省2015年医疗保险统计表

1. 医疗参保情况

指标	单位	2015年	2014年	增长	增幅(%)	备注
参保人员	万人	9235.8	3988.0	5247.8	131.6	

2. 职工医疗保险参保人员情况

指标	单位	2015年	2014年	增长	增幅(%)	备注
参保人员	万人	1904.4	1860.2	44.2	2.4	同期对比
#农民工	万人	268.6	272.5	-3.9	-1.4	
享受待遇人数	万人	697.2	687.9	9.3	1.4	
统帐结合	万人	1848.7	1795.4	53.3	3.0	
#在职职工	万人	1415.1	1393.3	21.7	1.6	
#退休人员	万人	433.6	402.0	31.6	7.9	
单建统筹基金	万人	55.7	64.9	-9.2	-14.1	
#在职职工	万人	49.4	55.5	-6.1	-11.0	
#退休人员	万人	6.3	9.4	-3.1	-32.7	
特殊人员人数	万人	7.2	7.8	-0.6	-7.3	

3. 职工医疗保险收缴情况

指标	单位	2015年	2014年	增长	增幅(%)	备注
征缴收入	亿元	530.8	467.3	63.5	13.6	同期对比
#本期	亿元	511.9	450.8	61.1	13.6	
#清欠	亿元	18.9	16.51	2.4	14.7	
收缴率	%	99.5	99.6	-0.1	-0.1	
清欠率	%	91.7	91.4	0.3	0.3	

4. 居民医疗保险

指标	单位	2015年	2014年	增长	增幅(%)	备注
参保人员	万人	7331.4	2127.8	5203.6	244.6	同期对比
享受待遇人数	万人	2902.9	414.4	2488.5	600.6	

（四）山东省2015年失业保险情况（见表1-12）

表1-12　山东省2015年失业保险统计表

1. 人员情况

指标	单位	2015年	2014年	增长	增幅（%）	备注
参保职工人数	万人	1203.8	1154.3	49.5	4.29	同期对比
#农民工	万人	113.9	110.4	3.5	3.2	
累计领取失业保险金人数	万人	37.6	34.8	2.8	8.2	

2. 收支情况

指标	单位	2015年	2014年	增长	增幅（%）	备注
征缴收入	亿元	64.6	60.0	4.6	7.7	同期对比
#本期	亿元	63.3	57.8	5.6	9.6	
#清欠	亿元	1.3	2.2	-0.9	-42.2	
本期失业保险金支出	亿元	23.2	19.6	3.5	18.1	
本期医疗保险费支出	亿元	5.9	5.5	—	—	
收缴率	%	98.7	98.4	0.3	0.3	
清欠率	%	19.7	31.6	-11.9	-37.6	
月人均缴费工资	元/月	3016.6	2909.0	107.5	3.7	
平均缴费比例	%	1.5	1.5	-0.02	-1	
#单位	%	1.0	1.0	-0.01	-1	
#个人	%	0.5	0.5	-0.004	-1	

（五）山东省2015年工伤保险情况（见表1-13）

表1-13　山东省2015年工伤保险统计表

1. 人员情况

指标	单位	2015年	2014年	增长	增幅（%）	备注
参保职工人数	万人	1473.5	1421.5249	52.0	3.66	同期对比
#农民工	万人	438.4	432.4886	5.9	1.4	
享受工伤待遇人数	人	111027	117733	-6706	-5.7	
#伤残待遇人数	人	81988	89719	-7731	-8.6	
#因工死亡人数	人	1717	1701	16	0.9	
#供养直系亲属人数	人	27322	26313	1009	3.8	

2. 收支情况

指标	单位	2015 年	2014 年	增长	增幅 (%)	备注
征缴收入	亿元	48.4	43.0	5.5	12.7	同期对比
#本期	亿元	47.7	41.9	5.8	13.7	
#清欠	亿元	0.75	1.0	-0.3	-27.0	
收缴率	%	99.3	99.2	0.1	0.1	
清欠率	%	53.1	61.9	-8.9	-14.3	
月人均缴费工资	元 / 月	3140.1	2777.5	362.6	13.1	
平均缴费比例	%	0.93	0.96	-0.03	-3.3	

（六）山东省 2015 年生育保险情况（见表 1-14）

表 1-14　山东省 2015 年生育保险统计表

1. 人员情况

指标	单位	2015 年	2014 年	增长	增幅 (%)	备注
参保职工人数	万人	1111.3	1046.5	64.9	6.2	同期对比
#女性	万人	467.9	443.8	24.1	5.4	
#农民工	万人	210.0	201.6	8.4	4.17	
本期生育人数	万人	18.7	22.1	-3.3	-15.1	
本期计划生育手术人次	万人次	3.7	3.5	0.28	8.0	

2. 收支情况

指标	单位	2015 年	2014 年	增长	增幅 (%)	备注
征缴收入	亿元	36.2	32.2	4.0	12.4	同期对比
#本期	亿元	35.5	31.0	4.5	14.4	
#清欠	亿元	0.70	1.2	-0.5	-40.5	
收缴率	%	99.0	98.8	0.3	0.3	
清欠率	%	39.6	54.2	-14.6	-26.9	
月人均缴费工资	元 / 月	3066.8	2664.6	402.2	15.1	
平均缴费比例	%	0.90	0.95	-0.05	-5.6	

（七）山东省2015年居民基本养老保险情况（见表1-15）

表1-15 山东省2015年居民基本养老保险统计表

1. 参保人员情况

指标	单位	2015年	2014年	增长	增幅(%)	备注
居民基本养老参保人数	万人	4534.3	4539.9	-5.6	-0.1	同期比较
#60周岁以上	万人	1407.8	1353.4	54.4	4.0	
实际缴费人数	万人	2411.1	2514.3	-103.2	-4.1	
#政府代缴人数	万人	26.8	24.3	2.5	10.5	

2. 收支情况

指标	单位	2015年	2014年	增长	增幅(%)	备注
本期基金收入	亿元	284.2	265.7	18.5	6.9	同期比较
#个人缴费收入	亿元	101.1	104.7	-3.6	-3.4	
本期基金支出	亿元	186.6	157.8	28.8	18.2	
#养老金支出	亿元	182.0	144.5	37.5	25.9	

（八）企业养老保险分市地情况（见表1-16）

表1-16 企业养老保险分市地情况统计表（1）

	参保职工人数（人）					
	期末数	比去年底净增人数	#女性	#农民工	#私营企业	#个体工商户等其他人员
总计	16814241	626982	6929743	2560252	3100492	3213705
省直	1058042	-123	307595	0	0	0
济南	2024428	136660	942077	0	292348	310003
青岛	3034218	92310	1377377	950011	742137	600900
淄博	1007157	32884	450784	427425	236468	332429
枣庄	561405	37462	274973	31235	50066	11200
东营	408675	11978	133561	14718	72637	85769
烟台	1598480	28148	542120	413209	343901	355068
潍坊	1167061	38085	450403	125167	130629	273881
济宁	937914	26683	378947	89632	280798	70588

续表

	参保职工人数（人）					
	期末数	比去年底净增人数	# 女性	# 农民工	# 私营企业	# 个体工商户等其他人员
泰安	801522	24205	328079	57337	200863	262631
威海	788470	19178	339106	69598	73377	180003
日照	409090	30529	139670	59782	141350	130063
莱芜	266710	9695	104030	19015	31664	81558
临沂	825579	28109	310755	25392	171051	92555
德州	472727	13255	229132	32590	64233	160730
聊城	429698	5540	177362	58145	62542	77399
滨州	474266	57658	213343	87470	92862	108286
菏泽	548799	34726	230429	99526	113566	80642

企业养老保险分市地情况（2）

	实际缴费人数（人）		缴费人数占参保人数比 %	离退休人员人数（人）	
	期末数	比去年底净增人数		期末数	# 女性
总计	13937535	352669	82.9%	4570280	2458310
省直	1036926	−123	98.0%	584329	219664
济南	1413054	29845	69.8%	386226	243169
青岛	2227229	44198	73.4%	762222	495582
淄博	869271	18533	86.3%	287605	177780
枣庄	530170	34019	94.4%	99019	53592
东营	286206	9299	70.0%	28893	12829
烟台	1229756	−14052	76.9%	507244	314941
潍坊	1057422	17644	90.6%	341533	163578
济宁	804356	24732	85.8%	216312	107798
泰安	704464	6122	87.9%	168232	81412
威海	661692	7227	83.9%	251097	153812
日照	377839	27320	92.4%	150965	79177
莱芜	230205	11568	86.3%	102833	52519
临沂	767883	27337	93.0%	235233	95977
德州	412348	11993	87.2%	116854	56359
聊城	395650	3836	92.1%	115310	50836
滨州	447129	58445	94.3%	113537	57289
菏泽	485935	34726	88.5%	102836	41996

企业养老保险分市地情况（3）

	征缴收入（万元）	征缴本期	清欠	收缴率（%）	清欠率（%）
总计	14946239	12087599	2858640	97.1	91.4
省直	2476943	2441510	35433	98.2	68.2
济南	1379820	1288365	91455	99.2	63.2
青岛	2122968	1950776	172192	97.0	99.9
淄博	1009505	620311	389194	97.8	95.3
枣庄	226621	221297	5324	93.2	46.5
东营	247803	227298	20505	100.0	100.0
烟台	1172266	1128804	43462	98.5	65.9
潍坊	827110	791807	35303	97.1	63.5
济宁	549656	515203	34453	90.5	38.4
泰安	521807	440137	81670	82.0	58.7
威海	1731634	504634	1227000	99.4	99.9
日照	391467	262128	129339	100.0	99.9
莱芜	418189	158407	259782	94.4	97.2
临沂	490743	446100	44643	100.0	97.8
德州	295600	266467	29133	99.9	96.0
聊城	309795	268524	41271	95.8	86.4
滨州	398123	315542	82581	99.8	99.9
菏泽	376189	240289	135900	99.4	99.1

企业养老保险分市地情况（4）

	实支养老金（万元）	当期结余	平均缴费比例（%）		
				单位	个人
总计	12766770	2179469	25.1	17.1	8.0
省直	2429053	47890	26.0	18.0	8.0
济南	1269997	109823	25.2	17.2	8.0
青岛	2149205	-26237	24.9	16.9	8.0
淄博	775157	234348	25.1	17.1	8.0
枣庄	263146	-36525	25.8	17.8	8.0
东营	73465	174338	25.2	17.2	8.0
烟台	1319987	-147721	24.5	16.5	8.0
潍坊	894856	-67746	24.6	16.6	8.0
济宁	595079	-45423	25.4	17.4	8.0

续表

	实支养老金(万元)	当期结余	平均缴费比例(%)		
				单位	个人
泰安	413461	108346	24.0	16.0	8.0
威海	507822	1223812	24.5	16.5	8.0
日照	265431	126036	24.0	16.0	8.0
莱芜	223115	195074	23.7	15.7	8.0
临沂	494370	-3627	25.3	17.3	8.0
德州	302627	-7027	24.0	16.0	8.0
聊城	309110	685	25.0	17.0	8.0
滨州	238497	159626	24.6	16.6	8.0
菏泽	242392	133797	25.7	17.7	8.0

企业养老保险分市地情况(5)

	月人均缴费工资	月人均养老金			平均替代率%
			#离休	#退休	
总计	2986.1	2454.0	6239.6	2436.7	82.2
省直	7145.7	3521.4	4913.0	3505.3	49.3
济南	3073.0	2803.9	7447.6	2771.2	91.2
青岛	3085.7	2428.5	9433.1	2404.4	78.7
淄博	2494.5	2448.3	4495.8	2441.9	98.1
枣庄	1515.8	2287.5	7943.7	2271.8	150.9
东营	2674.1	2286.3	4109.3	2281.2	85.5
烟台	3167.7	2251.6	7144.4	2232.9	71.1
潍坊	2635.2	2267.0	5169.4	2259.8	86.0
济宁	2361.7	2387.1	6040.6	2374.4	101.1
泰安	2669.1	2188.7	7408.2	2171.3	82.0
威海	2630.7	2106.6	5818.4	2097.4	80.1
日照	2524.6	1518.5	7066.2	1517.2	60.1
莱芜	2603.3	2138.9	4171.9	2138.3	82.2
临沂	1952.2	1841.3	6332.9	1820.2	94.3
德州	2285.0	2254.6	6287.1	2230.8	98.7
聊城	2371.4	2367.8	5561.2	2353.7	99.9
滨州	2628.6	1873.6	6888.3	1860.3	71.3
菏泽	1690.3	2181.4	4345.0	2170.6	129.1

企业养老保险分市地情况（6）

	本期新退休人数	# 病退	# 特殊工种	# 未达正常年龄退休	本期死亡离退休人数
总计	447211	9857	25756	175	65885
省直	27131	289	6673	0	11819
济南	25084	709	2448	2	7028
青岛	61174	1759	2430	75	12019
淄博	38891	630	3674	0	3684
枣庄	7337	125	785	51	1047
东营	4172	14	1	0	473
烟台	39463	1701	1232	0	6439
潍坊	29988	1381	2629	0	4925
济宁	19139	650	1584	0	2942
泰安	20607	468	1848	0	1750
威海	62469	332	864	0	2135
日照	15090	71	54	0	2441
莱芜	21556	336	79	0	875
临沂	20601	99	82	2	2203
德州	11688	149	230	1	1958
聊城	12522	97	265	44	2049
滨州	14542	703	605	0	1130
菏泽	15757	344	273	0	968

企业养老保险分市地情况（7）

	享受遗属补助待遇			享受丧葬抚恤待遇		
	人数	金额	人均待遇（月）	人数	金额	人均待遇
总计	251294	130241	431.9	73042	325733	44595
省直	69720	37020	442.5	11819	56756	48021
济南	18298	10285	468.4	8167	40178	49196
青岛	16395	10606	539.1	14260	56642	39721
淄博	15713	8205	435.1	4550	20184	44360
枣庄	5477	2739	416.7	1305	6042	46299
东营	2240	1214	451.6	341	1548	45396
烟台	18816	9901	438.5	7362	32556	44222
潍坊	19155	10023	436.0	5120	23188	45289
济宁	13246	6308	396.8	3421	15293	44703
泰安	11168	5227	390.0	2318	11096	47869

续表

	享受遗属补助待遇			享受丧葬抚恤待遇		
	人数	金额	人均待遇（月）	人数	金额	人均待遇
威海	6545	3813	485.5	2576	10944	42485
日照	3624	1922	442.0	2567	10951	42661
莱芜	4042	2141	441.4	978	4665	47699
临沂	10521	4707	372.8	1711	7704	45026
德州	8796	3892	368.7	2019	7877	39014
聊城	10575	4458	351.3	2010	9330	46418
滨州	7156	3498	407.4	1485	6396	43071
菏泽	9807	4282	363.9	1033	4383	42430

（九）社会化管理分市地情况（见表 1-17）

表 1-17　社会化管理分市地情况统计表（1）

	企业退休人员人数	社区管理人数	社区管理率
总计	4194081	4174452	99.53%
济南	435250	429591	98.70%
青岛	762222	758562	99.52%
淄博	360593	360593	100.00%
枣庄	131191	131099	99.93%
东营	101975	101975	100.00%
烟台	505691	500791	99.03%
潍坊	353274	352567	99.80%
济宁	239796	239192	99.75%
泰安	211321	210753	99.73%
威海	233693	233336	99.85%
日照	154014	154014	100.00%
莱芜	117594	117124	99.60%
临沂	230110	228061	99.11%
德州	123910	123719	99.85%
聊城	8173	8173	100.00%
滨州	121088	120873	99.82%
菏泽	104186	104029	99.85%

社会化管理分市地情况统计表（2）

	建立劳动保障工作机构或平台的街道、社区、乡镇及社会化管理服务工作人员					
	街道个数	工作人员	社区个数	工作人员	乡镇个数	工作人员
总计	766	1860	5472	6904	1211	2624
济南	144	345	710	1990	20	140
青岛	66	66	1137	901	103	103
淄博	30	167	345	407	72	325
枣庄	16	32	32	127	46	92
东营	12	47	44	68	29	22
烟台	73	91	978	279	100	133
潍坊	54	108	356	356	64	126
济宁	38	133	273	378	108	266
泰安	35	74	135	310	71	220
威海	59	111	131	34	62	28
日照	10	44	299	215	44	111
莱芜	5	57	9	78	17	67
临沂	39	91	405	625	139	266
德州	105	311	279	512	102	161
聊城	0	0	0	0	18	72
滨州	43	50	128	231	72	163
菏泽	37	133	211	393	144	329

（十）机关事业单位基本养老保险分市地情况（见表 1–18）

表 1–18　机关事业单位基本养老保险分市地情况统计表（1）

	参保职工人数（人）		实际缴费人数（人）		离退休人数（人）
	期木数	比去年底净增人数	期末数	比去年底净增人数	
总计	2416593	17051	2408711	9219	973465
省直	15503	7197	7941	–365	854
济南	168529	–2776	168529	–2776	82222
青岛	217173	24697	217173	24697	91680
淄博	117008	–5844	117008	–5844	52587
枣庄	102741	–745	102741	–745	36965
东营	63568	191	63568	241	16880
烟台	171370	–2750	171370	–2750	93040

续表

	参保职工人数（人）		实际缴费人数（人）		离退休人数（人）
	期末数	比去年底净增人数	期末数	比去年底净增人数	
潍坊	220176	–3094	220116	–3154	94015
济宁	199508	–2638	199508	–2638	81152
泰安	120076	–2599	120076	–2599	53910
威海	73048	–343	73048	–343	35917
日照	65339	391	65339	391	23057
莱芜	33421	–1409	33421	–1409	12298
临沂	229907	–443	229907	–443	78323
德州	145115	–33	145115	–33	55627
聊城	139183	4738	139183	4738	47136
滨州	94582	–405	94322	–665	37519
菏泽	240346	2916	240346	2916	80283

机关事业单位基本养老保险分市地情况统计表（2）

	征缴收入（万元）			收缴率	清欠率	财政补助收入
		征缴本期	清欠			
总计	3874976	3803471	71505	99.8%	95.6%	981705
省直	6286	6286	0	100.0%	0.0%	0
济南	205977	204778	1199	99.9%	73.4%	50029
青岛	213571	212182	1389	99.9%	76.4%	144325
淄博	173096	173096	0	99.8%	—	52109
枣庄	153968	152468	1500	100.0%	100.0%	39062
东营	118528	118528	0	100.0%	—	0
烟台	284439	262108	22331	99.8%	99.5%	346248
潍坊	442346	410094	32252	99.3%	100.0%	30549
济宁	324675	324675	0	100.0%	—	93851
泰安	215288	214458	830	100.0%	55.8%	29676
威海	125590	125590	0	100.0%	—	132044
日照	115727	115727	0	100.0%	—	3429
莱芜	54819	49461	5358	100.0%	100.0%	578
临沂	385348	385348	0	100.0%	—	0
德州	241496	241496	0	100.0%	—	2700
聊城	251890	248841	3049	100.0%	70.3%	19820
滨州	160551	156954	3597	98.4%	91.4%	37285
菏泽	401381	401381	0	100.0%	—	0

注：淄博、东营、济宁、威海、日照、临沂、德州、菏泽和省直管无期初欠费。

机关事业单位基本养老保险分市地情况统计表（3）

	实支养老金（万元）	平均缴费工资	人均养老金		
				离休	退休
总计	4768409	4244.1	4149.6	6809.2	4077.6
省直	2394	3540.4	2369.4	—	2369.4
济南	292098	2658.9	3013.9	3683.2	2966.7
青岛	362348	2230.2	3336.7	6944.2	3249.1
淄博	233984	4006.4	3771.2	4995.2	3745.3
枣庄	185153	4391.5	4245.1	7771.0	4171.5
东营	100619	4871.9	5062.7	6909.4	5024.9
烟台	570146	4049.6	5173.8	8013.7	5062.6
潍坊	485531	4484.7	4387.7	7423.6	4307.9
济宁	378712	3871.0	3952.5	6302.3	3880.0
泰安	262031	4288.0	4146.2	7526.5	4052.9
威海	228929	4889.4	5281.8	9728.3	5243.6
日照	116915	4777.6	4238.3	7444.9	4153.1
莱芜	69873	3628.6	4841.4	7572.5	4812.5
临沂	412195	5231.4	4479.9	6674.8	4407.0
德州	252340	4557.2	3787.5	6039.1	3745.2
聊城	216101	4085.2	3927.1	6539.5	3874.7
滨州	186314	4633.8	4220.7	7309.9	4163.0
菏泽	412726	4482.7	4389.3	7358.7	4310.8

机关事业单位基本养老保险分市地情况统计表（4）

	替代率	平均缴费比例		
			单位	个人
总计	97.8%	31.0%	25.4%	5.6%
省直	66.9%	20.0%	18.0%	2.0%
济南	113.4%	37.9%	35.9%	2.0%
青岛	149.6%	36.2%	33.1%	3.1%
淄博	94.1%	29.9%	22.4%	7.5%
枣庄	96.7%	28.0%	20.0%	8.0%
东营	103.9%	32.1%	23.9%	8.2%
烟台	127.8%	31.3%	25.8%	5.5%

续表

	替代率	平均缴费比例		
			单位	个人
潍坊	97.8%	34.6%	28.9%	5.8%
济宁	81.7%	28.0%	20.0%	8.0%
泰安	96.7%	34.3%	29.6%	4.7%
威海	108.0%	29.3%	25.0%	4.3%
日照	88.7%	31.0%	23.7%	7.3%
莱芜	133.4%	34.8%	32.8%	2.0%
临沂	85.6%	26.7%	22.4%	4.3%
德州	83.1%	30.6%	24.4%	6.2%
聊城	76.9%	29.6%	23.1%	6.5%
滨州	91.1%	30.5%	23.6%	6.9%
菏泽	97.9%	31.2%	27.0%	4.2%

（十一）医疗保险分市地情况（见表 1-19）

表 1-19 医疗保险分市地情况统计表（1）

	参保人数合计（人）	职工医疗			
		期末数			
			比去年底净增人数	# 女性人数	# 农民工人数
总计	92357719	19043754	441603	8119059	2685900
济南	6273896	2080896	115886	976544	0
青岛	8211254	3243718	103904	1580286	873221
淄博	4288464	1316205	22968	569942	212665
枣庄	3850075	593659	20604	222252	60838
东营	1940630	667645	19147	230660	0
烟台	6225624	2122297	39890	975733	451457
潍坊	8181311	1641818	37121	665787	263299
济宁	8098735	1128702	18782	456899	191031
泰安	5270526	1042630	11166	384770	143990
威海	2512737	916254	6484	431878	164785
日照	2682334	380115	21762	142799	2710

续表

	参保人数合计（人）	职工医疗			
		期末数			
			比去年底净增人数	# 女性人数	# 农民工人数
莱芜	1204078	274053	5705	89677	44902
临沂	10267701	1093626	36771	407050	26016
德州	5293761	694304	1985	289208	111425
聊城	5610481	594847	10689	233329	73281
滨州	3713206	551282	-41596	204049	66280
菏泽	8732906	701703	10335	258196	0

医疗保险分市地情况统计表（2）

	职工医疗				
	实施统帐结合（人）		单建统筹基金（人）		职工医疗享受待遇人数
	在职职工	退休人员	在职职工	退休人员	
总计	14150821	4336069	493890	62974	6971533
济南	1450181	481805	148910	0	609697
青岛	2470833	772885	0	0	1365076
淄博	955306	360899	0	0	1069797
枣庄	450538	133468	4033	5620	150088
东营	544885	122760	0	0	453339
烟台	1492388	629909	0	0	368765
潍坊	1253143	388675	0	0	371742
济宁	841205	247300	32730	7467	336745
泰安	737154	244041	61435	0	294380
威海	739227	160827	11015	5185	481514
日照	282582	64994	30188	2351	123589
莱芜	144604	47208	69476	12765	75746
临沂	873686	214617	1336	3987	435587
德州	530728	137057	12662	13857	98366
聊城	469945	124902	0	0	215307
滨州	399700	99562	50356	1664	400801
菏泽	514716	105160	71749	10078	120994

医疗保险分市地情况统计表（3）

	特殊人员人数			
	合计	医疗照顾人员	离休及老红军	1-6 级革命伤残军人
总计	72249	10944	47020	14285
济南	2810	0	2150	660
青岛	19775	10400	7654	1721
淄博	5447	0	4450	997
枣庄	799	0	610	189
东营	1574	0	1214	360
烟台	8104	364	6375	1365
潍坊	5480	0	4953	527
济宁	4012	0	3532	480
泰安	1611	0	1539	72
威海	57	0	0	57
日照	2216	0	1263	953
莱芜	716	0	678	38
临沂	7755	62	4088	3605
德州	1591	0	1476	115
聊城	3055	0	1982	1073
滨州	2068	0	2027	41
菏泽	5179	118	3029	2032

医疗保险分市地情况统计表（4）

	居民医疗分类情况					
	期末数	比去年底净增	成年人	学生儿童	大学生	享受待遇人数
总计	73313965	52036101	55393476	16411572	1508917	29029222
济南	4193000	3080259	2602884	1128164	461952	995690
青岛	4967536	4133213	3305116	1407582	254838	1797887
淄博	2972259	-104847	2149189	718065	105005	1028266
枣庄	3256416	2566230	2509541	733846	13029	1563515
东营	1272985	-1824	986106	257624	29255	747151
烟台	4103327	3306043	3139794	800385	163148	757443
潍坊	6539493	4496244	4981974	1488662	68857	924994

续表

	居民医疗分类情况					
	期末数					享受待遇人数
		比去年底净增	成年人	学生儿童	大学生	
济宁	6970033	5588111	5142467	1803994	23572	2152281
泰安	4227896	3202210	3163648	962189	102059	2689178
威海	1596483	−10913	1227752	317808	50923	189953
日照	2302219	−241646	1778517	367715	155987	277110
莱芜	930025	777825	720940	208639	446	214877
临沂	9174075	8125234	7235878	1933591	4606	4632037
德州	4599457	3901901	3971985	603546	23926	3261117
聊城	5015634	3991966	3854479	1158969	2186	2210859
滨州	3161924	2775624	2445792	689918	26214	2289139
菏泽	8031203	6450471	6177414	1830875	22914	3297725

医疗保险分市地情况统计表（5）

	职工医疗征缴情况				
	统账结合				
	征缴收入（万元）			收缴率	清欠率
		本期（万元）	清欠（万元）		
总计	5206673	5030622	176051	99.5%	94.1%
济南	680174	619956	60218	99.6%	88.7%
青岛	1091109	1008241	82868	98.0%	100.0%
淄博	307925	307925	0	100.0%	—
枣庄	132653	132653	0	100.0%	0.0%
东营	239661	239546	115	100.0%	100.0%
烟台	532746	532064	682	99.2%	38.9%
潍坊	412232	391336	20896	99.9%	100.0%
济宁	313990	313990	0	100.0%	—
泰安	265263	265263	0	100.0%	—
威海	251553	240918	10635	100.0%	100.0%
日照	112454	112454	0	100.0%	—
莱芜	60274	59891	383	100.0%	100.0%
临沂	260689	260689	0	100.0%	—
德州	138606	138606	0	100.0%	0.0%
聊城	159610	159610	0	100.0%	0.0%
滨州	123911	123657	254	100.0%	100.0%
菏泽	123823	123823	0	100.0%	—

注：“ ”表示无期初累计欠费

医疗保险分市地情况统计表（6）

	职工医疗征缴情况			
	统账结合			
	人均缴费工资	平均缴费比例 %	单位缴费比例 %	个人缴费比例 %
合计	3206.5	9	7	2
济南	3350.3	11	9	2
青岛	3216.2	11	9	2
淄博	3355.3	8	6	2
枣庄	2739.4	9	7	2
东营	4535.2	8	6	2
烟台	3393.4	9	7	2
潍坊	3075.3	9	7	2
济宁	3478.8	9	7	2
泰安	3132.7	10	8	2
威海	2827.5	10	8	2
日照	3768.2	9	7	2
莱芜	3858.2	9	7	2
临沂	3118.2	8	6	2
德州	2422.9	9	7	2
聊城	3079.6	9	7	2
滨州	2915.5	9	7	2
菏泽	2298.9	8	6	2

医疗保险分市地情况统计表（7）

	职工医疗征缴情况				
	单建统筹				
	征缴收入（万元）	本期（万元）	清欠（万元）	收缴率 %	清欠率 %
合计	101306	88035	13271	100.0	68.3
济南	55357	42086	13271	100.0	68.3
青岛					
淄博					
枣庄	384	384	0	100.0	—
东营					

续表

	职工医疗征缴情况				
	单建统筹				
	征缴收入（万元）			收缴率 %	清欠率 %
		本期（万元）	清欠（万元）		
烟台					
潍坊					
济宁	1712	1712	0	100.0	—
泰安	10657	10657	0	100.0	—
威海	1702	1702	0	100.0	—
日照	7199	7199	0	100.0	—
莱芜	11747	11747	0	100.0	—
临沂	168	168	0	100.0	—
德州	864	864	0	100.0	—
聊城					
滨州	2649	2649	0	100.0	—
菏泽	8867	8867	0	100.0	—

注：“—”表示无期初累计欠费

医疗保险分市地情况统计表（8）

	职工基本医疗保险在职职工医疗费支出					
	普通门急诊		门诊大病		住院	
	费用支出（万元）	就诊人次	费用支出（万元）	就诊人次	费用支出（万元）	出院人次
合计	447076	41458027	259359	3447411	1227541	1214428
济南	51408	4781323	27618	705421	114940	90037
青岛	34015	3943912	65551	668125	186392	174028
淄博	59474	7783315	11236	223044	101482	134937
枣庄	31866	2917937	8510	140558	35785	44079
东营	88542	6917857	4979	49121	44000	38145
烟台	0	0	22373	296170	135303	116197
潍坊	18822	1371883	23505	289210	104976	107934
济宁	19123	1014912	25721	335437	119366	123230
泰安	50114	4541119	10325	119719	70955	74224
威海	33268	3360744	11302	148630	82704	73512

续表

	职工基本医疗保险在职职工医疗费支出					
	普通门急诊		门诊大病		住院	
	费用支出（万元）	就诊人次	费用支出（万元）	就诊人次	费用支出（万元）	出院人次
日照	926	137824	3148	38216	15144	19121
莱芜	5406	618959	3291	65434	14398	14862
临沂	18572	1441756	16459	169896	54286	58632
德州	0	0	6756	37329	31927	31408
聊城	7224	905619	7863	67405	46940	44009
滨州	22114	1538614	7806	61309	35184	31038
菏泽	6202	182253	2916	32387	33759	39035

医疗保险分市地情况统计表（9）

	职工基本医疗保险退休人员医疗费支出					
	普通门急诊		门诊大病		住院	
	费用支出（万元）	就诊人次	费用支出（万元）	就诊人次	费用支出（万元）	出院人次
合计	253889	23976351	548031	9674439	2063271	1775696
济南	33684	4674058	76896	2869307	222468	157414
青岛	32089	3639741	185295	2429519	384423	284300
淄博	41786	5100462	32976	680501	225149	243305
枣庄	18677	1443863	12645	300067	67605	69836
东营	29532	1884709	5520	74056	57462	42482
烟台	0	0	55769	883311	251037	196538
潍坊	8821	709739	34751	539898	189659	171116
济宁	20123	1067855	30294	395240	136062	137106
泰安	26903	2242145	17837	261883	108958	101293
威海	12480	1063077	14045	206591	93767	69537
日照	222	33352	7028	120188	25048	26323
莱芜	1805	167074	5933	131958	28472	28968
临沂	7978	579029	28492	393624	76603	72629
德州	0	0	11229	71718	46823	41428
聊城	3615	379861	11945	129283	64437	53348
滨州	11584	852132	12578	122169	43648	34000
菏泽	4590	139254	4798	65126	41650	46073

医疗保险分市地情况统计表（10）

	居民医疗保险医疗费用支出					
	普通门急诊		门诊大病		住院	
	费用支出（万元）	就诊人次	费用支出（万元）	就诊人次	费用支出（万元）	出院人次
合计	490771	109074003	230729	3860313	5850419	8934754
济南	14145	2508161	7497	108339	334149	380263
青岛	25094	8868272	45085	629292	430403	584288
淄博	21368	2613507	10442	278005	317503	508713
枣庄	36524	3562612	14614	325562	205495	351221
东营	36479	2780702	7087	143280	124625	163710
烟台	11204	1815947	14013	258934	392666	473921
潍坊	0	0	13415	230292	555547	892960
济宁	12924	782776	25888	573367	633773	912986
泰安	42493	9672183	13636	250474	334035	510037
威海	0	0	6068	72254	181798	214052
日照	15175	3978475	1644	22664	141472	263200
莱芜	10220	2160093	2252	58751	81950	121694
临沂	87933	31364621	34103	347980	619228	1120397
德州	28361	4496476	9582	135298	331468	522679
聊城	30804	6536972	6591	115565	382182	649091
滨州	33190	8257331	4467	58032	297584	420064
菏泽	84857	19675875	14345	252224	486541	845478

（十二）失业保险分市地情况（见表 1–20）

表 1–20　失业保险分市地情况统计表（1）

	参保职工人数（人）			累计领取失业保险金人数（人）	
	期末数	比去年底净增	# 农民工		本月领取人数
总计	12037843	494755	1138598	376494	215990
省直	826000	0	0	220	153
济南	1300834	50408	0	34838	21912
青岛	1898035	116378	725383	81620	41553

续表

	参保职工人数（人）			累计领取失业保险金人数（人）	
	期末数	比去年底净增	#农民工		本月领取人数
淄博	803000	42396	3636	41406	25093
枣庄	424089	17635	5719	9301	4160
东营	275869	12988	3607	5581	2664
烟台	1082691	-600	341370	40404	23804
潍坊	927015	55903	25997	40421	23688
济宁	796506	32688	5963	18066	11057
泰安	613094	12971	4775	14825	8319
威海	560296	13236	0	24906	14323
日照	260386	26219	0	7195	3936
莱芜	210341	9143	5875	4291	1499
临沂	592941	31057	0	19588	13299
德州	360131	14897	3966	4540	2366
聊城	333022	20279	5705	11849	8157
滨州	418000	16919	2656	6395	3756
菏泽	355593	22238	3946	11048	6251

失业保险分市地情况统计表（2）

	失业保险金支出（万元）	基本医疗保险费支出（万元）	平均缴费工资（元/月）	平均缴费比例 %	
				单位	个人
总计	231578	59211	3016.6	1.0	0.5
省直	169	51	6587.7	1.0	0.5
济南	22448	6581	3179.0	1.0	0.5
青岛	45196	11699	2134.1	1.0	0.5
淄博	25668	6508	2863.1	1.0	0.5
枣庄	6088	1045	1933.9	1.0	0.5
东营	2851	699	2796.1	1.0	0.5
烟台	25093	6433	3417.0	1.1	0.5
潍坊	26096	6250	3221.7	1.0	0.5
济宁	12041	3380	2784.7	1.0	0.5
泰安	9058	2359	2571.9	1.0	0.5
威海	16498	4626	2747.8	1.0	0.5

续表

	失业保险金支出（万元）	基本医疗保险费支出（万元）	平均缴费工资（元/月）	平均缴费比例 %	
				单位	个人
日照	4155	1085	2928.5	1.0	0.5
莱芜	2875	606	2331.8	1.0	0.5
临沂	13083	2902	2883.7	1.0	0.5
德州	2209	579	2631.5	1.0	0.5
聊城	7893	2148	2894.3	1.0	0.5
滨州	3525	825	2276.0	1.0	0.5
菏泽	6630	1436	1923.0	1.2	0.6

失业保险分市地情况统计表（3）

	征缴收入（万元）			收缴率 %	清欠率 %
		木期	清欠		
总计	645946	633287	12659	98.7	19.7
省直	97945	97945	0	100.0	—
济南	73257	71225	2033	98.1	12.0
青岛	101052	94058	6994	98.0	84.3
淄博	34682	34209	472	99.6	19.2
枣庄	13011	13000	11	84.4	0.4
东营	13521	13521	0	100.0	—
烟台	66017	65533	484	99.1	3.3
潍坊	48019	47822	197	97.9	4.3
济宁	40096	40096	0	100.0	0.0
泰安	27046	26989	57	100.0	6.5
威海	27181	27181	0	100.0	—
日照	12745	12625	120	99.9	11.5
莱芜	9426	9426	0	100.0	0.0
临沂	29673	29673	0	100.0	—
德州	14415	13093	1321	100.0	62.0
聊城	13518	13141	377	99.1	13.3
滨州	11983	11925	59	95.6	7.3
菏泽	12360	11826	534	96.1	35.1

注：“—”表示无期初累计欠费

（十三）工伤保险分市地情况（见表 1-21）

表 1-21 工伤保险分市地情况统计表（1）

	参保单位户数	参保职工（人）			
		期末数	比去年底净增人数	# 农民工	# 女性
总计	311101	14735175	519926	4384348	5497614
济南	70260	1444641	50482	0	606786
青岛	97299	2397425	30425	966240	976275
淄博	17327	1000786	71810	449147	308362
枣庄	2426	472133	17247	87370	146979
东营	4465	610665	24394	175291	209941
烟台	38717	1208798	42191	431633	463858
潍坊	15321	1292115	25642	360180	512343
济宁	9256	968676	33309	250136	392344
泰安	7686	889032	26068	215860	250448
威海	16297	714053	14157	234844	280730
日照	5630	353756	18043	79541	136276
莱芜	1494	264614	9033	71189	80719
临沂	9582	1002488	47743	261693	352284
德州	5636	598853	20252	225012	215408
聊城	3341	482210	19513	163625	135864
滨州	3701	452797	29774	188352	206327
菏泽	2663	582133	39843	224235	222670

工伤保险分市地情况统计表（2）

	人均缴费工资（元）	平均缴费比例 %	高风险及服务业参加工伤保险		
			参保企业户数	参保职工人数	农民工参保人数
总计	3140.1	0.93	60515	3867353	1415977
济南	3664.1	0.66	8666	684826	——
青岛	3293.7	0.86	29963	704446	341233
淄博	3281.8	0.88	4232	453576	308224
枣庄	2571.6	0.98	572	198612	58039
东营	4161.3	0.98	711	95545	60112
烟台	3501.5	1.10	5603	251240	85110

续表

	人均缴费工资（元）	平均缴费比例 %	高风险及服务业参加工伤保险		
			参保企业户数	参保职工人数	农民工参保人数
潍坊	2908.2	0.87	941	61707	20643
济宁	2555.4	0.87	804	303649	57945
泰安	2919.6	1.56	2667	352124	125412
威海	3143.1	0.96	1655	137385	73967
日照	3275.9	0.85	1187	106775	33426
莱芜	2927.4	1.02	200	28148	20741
临沂	2590.7	0.86	379	39994	23376
德州	2489.9	0.90	1269	154379	57821
聊城	3056.1	1.03	269	41077	29600
滨州	2882.5	0.84	538	58902	25883
菏泽	3320.4	0.93	859	194968	94445

工伤保险分市地情况统计表（3）

	事业单位参加工伤保险人数	参保职工（人）			
		合计	伤残待遇人数	因公死亡人数	供养亲属人数
总计	1931036	111027	81988	1717	27322
济南	144444	11008	9193	140	1675
青岛	185788	8125	5354	202	2569
淄博	87748	10319	7761	109	2449
枣庄	61530	3599	1346	26	2227
东营	48823	4302	2390	96	1816
烟台	143250	14102	11877	186	2039
潍坊	178184	8732	6706	148	1878
济宁	163584	3995	2919	31	1045
泰安	118660	11522	6940	162	4420
威海	52526	9315	8207	119	989
日照	56026	2292	1753	32	507
莱芜	33122	1893	1276	31	586
临沂	188935	4861	2756	113	1992
德州	127361	4073	3212	74	787
聊城	116831	4009	2873	83	1053
滨州	78963	2252	1589	68	595
菏泽	145261	6628	5836	97	695

工伤保险分市地情况统计表（4）

	征缴收入（万元）			收缴率（%）	清欠率（%）
		本期	清欠		
总计	484460	476995	7465	99.3	53.1
济南	42145	41150	995	99.1	30.4
青岛	72261	67498	4763	97.9	94.7
淄博	27156	26694	462	98.7	53.3
枣庄	14172	14172	0	100.0	0.0
东营	29267	29267	0	100.0	—
烟台	55927	55435	492	98.8	19.1
潍坊	38963	38487	476	98.7	51.6
济宁	25256	25256	0	100.0	—
泰安	44650	44650	0	100.0	—
威海	25746	25746	0	100.0	—
日照	10943	10941	2	100.0	11.1
莱芜	8121	8121	0	100.0	—
临沂	22530	22530	0	100.0	—
德州	15756	15756	0	100.0	—
聊城	17950	17947	3	100.0	2.7
滨州	12834	12562	272	98.5	85.5
菏泽	20783	20783	0	100.0	—

注：“—”表示无期初累计欠费

工伤保险分市地情况统计表（5）

	本期伤残待遇支出情况（万元）				
	合计	一次性伤残补助金	伤残津贴	生活护理费	辅助器具安装配置费
总计	101852	62469	29079	8546	1757
济南	7372	4511	1884	643	334
青岛	12794	8093	3275	1203	223
淄博	12082	6060	4963	933	126
枣庄	3317	1274	1555	447	40
东营	4301	2617	941	692	51
烟台	18698	11275	6185	1078	160
潍坊	6815	4200	2034	512	70

续表

	本期伤残待遇支出情况（万元）				
	合计	一次性伤残补助金	伤残津贴	生活护理费	辅助器具安装配置费
济宁	4777	2788	1639	293	57
泰安	8712	4298	2674	1299	441
威海	8726	7454	849	363	60
日照	1857	971	748	118	20
莱芜	1548	849	439	218	43
临沂	3696	3055	408	188	45
德州	2114	1432	452	220	9
聊城	1544	955	383	170	36
滨州	1296	869	298	110	19
菏泽	2204	1769	354	59	22

工伤保险分市地情况统计表（6）

	因工死亡待遇支出情况（万元）			
	合计	一次性工亡补助金	丧葬补助金	供养亲属抚恤金
总计	131286	95428	4298	31559
济南	10469	7962	376	2131
青岛	14441	11371	521	2549
淄博	8834	6049	280	2505
枣庄	4979	1904	168	2907
东营	9175	5073	294	3809
烟台	12154	9275	452	2427
潍坊	10128	7974	260	1894
济宁	4533	2786	123	1624
泰安	14202	8171	431	5600
威海	8469	7106	342	1021
日照	2355	1789	59	508
莱芜	2480	1714	80	685
临沂	7998	6522	258	1218
德州	4685	3981	149	556
聊城	5778	4625	168	984
滨州	4354	3707	157	490
菏泽	6252	5420	181	651

工伤保险分市地情况统计表（7）

	工伤保险医疗费用情况（万元）			
	医疗费合计	急诊	住院	一次性医疗补助金
总计	137823	9045	103582	25197
济南	10444	1181	6153	3109
青岛	16776	1373	9879	5524
淄博	9796	277	7114	2406
枣庄	5064	129	4883	52
东营	5236	880	3959	397
烟台	17686	1723	12470	3493
潍坊	8581	327	6893	1361
济宁	4336	234	3403	699
泰安	16166	1170	14258	739
威海	12142	401	8817	2924
日照	1853	67	1366	420
莱芜	3323	115	2833	375
临沂	5683	188	4364	1130
德州	4339	237	3377	725
聊城	4984	94	4474	417
滨州	3411	368	2549	494
菏泽	8004	282	6790	932

工伤保险分市地情况统计表（8）

	住院伙食补助金（万元）	统筹地区外就医		工伤康复		工伤预防费
		交通费	食宿费	费用	人次	
总计	2257	19	81	9030	6054	407
济南	237	0	0	4969	3084	0
青岛	287	2	0	2180	1023	0
淄博	235	2	39	659	325	0
枣庄	210	1	0	44	45	0
东营	71	1	2	329	811	407
烟台	157	1	14	0	0	0
潍坊	103	0	0	106	69	0
济宁	76	5	18	15	18	0
泰安	294	2	0	13	4	0
威海	167	0	0	293	196	0

续表

	住院伙食补助金（万元）	统筹地区外就医		工伤康复		工伤预防费
		交通费	食宿费	费用	人次	
日照	24	1	6	20	8	0
莱芜	16	0	0	83	20	0
临沂	120	1	0	0	0	0
德州	59	1	0	271	419	0
聊城	67	1	0	41	21	0
滨州	46	0	0	2	3	0
菏泽	87	1	0	3	8	0

（十四）生育保险分市地情况（见表 1-22）

表 1-22　生育保险分市地情况统计表（1）

	参保职工人数（人）	参保职工人数		
		同比去年底净增	# 女性	# 农民工
总计	11113128	648572	4679061	2099904
济南	1364254	70002	568572	0
青岛	1942028	139963	871065	735435
淄博	647461	10414	253810	226763
枣庄	357995	12589	140019	4570
东营	468819	16516	205866	2479
烟台	1122852	97040	465693	363468
潍坊	838515	35323	337859	85846
济宁	720499	27812	309075	141702
泰安	779374	23086	321848	62931
威海	604108	24149	268797	176034
日照	283781	17678	108347	45275
莱芜	187546	7531	62767	8733
临沂	564341	34830	229213	37501
德州	395279	14961	163300	120415
聊城	224682	10214	96677	36745
滨州	281143	20233	137359	50007
菏泽	330451	86231	138794	0

生育保险分市地情况统计表（2）

	征缴收入（万元）			收缴率 %	清欠率 %
		本期	清欠		
总计	361973	354996	6977	99.0	39.6
济南	59036	58081	955	99.3	37.9
青岛	79770	74633	5137	98.0	90.8
淄博	17702	17476	226	98.8	49.0
枣庄	5697	5697	0	100.0	0.0
东营	25327	25327	0	100.0	—
烟台	37520	37113	407	99.0	14.6
潍坊	26864	26801	63	96.7	2.1
济宁	20794	20794	0	100.0	—
泰安	19663	19663	0	100.0	—
威海	16241	16241	0	100.0	—
日照	7764	7761	3	100.0	18.8
莱芜	4190	4190	0	99.8	—
临沂	13528	13528	0	100.0	—
德州	7999	7999	0	100.0	0.0
聊城	7186	7184	2	100.0	7.1
滨州	6638	6454	184	99.0	55.9
菏泽	6054	6054	0	100.0	—

注：“—”表示无期初累计欠费

生育保险分市地情况统计表（3）

	人均缴费工资（元）	平均缴费比例 %	本期享受待遇人次		
				生育人数	计划生育人次
总计	3066.8	0.90	480580	187397	37430
济南	3571.4	1.00	64916	30555	5057
青岛	3283.5	1.00	149475	38822	11359
淄博	3248.9	0.70	27090	12666	2609
枣庄	2119.4	0.63	4999	2314	132
东营	4502.0	1.00	19986	8771	2133
烟台	3381.9	0.82	26331	18996	1787
潍坊	2755.4	1.00	42697	19332	1418

续表

	人均缴费工资（元）	平均缴费比例 %	本期享受待遇人次		
				生育人数	计划生育人次
济宁	2684.8	0.90	16224	7257	855
泰安	2912.1	0.91	18710	9119	1582
威海	2901.8	0.77	42315	9474	6795
日照	2673.6	0.89	11423	5036	126
莱芜	3099.3	0.72	6297	2502	550
临沂	2409.2	0.87	18604	7554	638
德州	2045.9	0.87	9797	4509	1121
聊城	3415.7	0.78	7706	3349	284
滨州	2416.3	0.80	8449	4152	28
菏泽	2302.8	0.70	5561	2989	956

生育保险分市地情况统计表（4）

	本期生育医疗费用及津贴支出情况（万元）				
	合计	生育医疗费用	计划生育医疗费用	女职工生育津贴	计划生育津贴
总计	298528	61754	2088	219472	4561
济南	43184	8419	210	33613	816
青岛	77692	12486	576	63324	491
淄博	20423	3030	46	16887	407
枣庄	3665	622	4	3032	0
东营	19849	4500	217	9628	667
烟台	23336	8434	137	11987	742
潍坊	25512	5775	79	18700	175
济宁	9565	2933	23	6596	13
泰安	14474	3221	266	10028	100
威海	16234	3586	287	11579	768
日照	6770	775	1	5796	26
莱芜	4656	988	33	3584	49
临沂	12698	2590	93	9230	123
德州	5878	1294	83	4338	134
聊城	4822	548	5	4178	19
滨州	5886	1163	2	4677	4
菏泽	3884	1390	26	2295	27

（十五）居民基本养老保险分市地情况（见表 1-23）

表 1-23 居民基本养老保险分市地情况统计表（1）

	参保人数	参保人数	缴费人数	缴费人数
		60 岁以上		政府代缴人数
总计	45343166	14077516	24111022	268492
济南	2229039	767069	1304617	15981
青岛	2970637	974723	1097948	20900
淄博	1516799	581270	839708	7720
枣庄	1918857	503152	869792	17876
东营	740878	255081	474976	6361
烟台	3181367	1117039	1056364	3603
潍坊	4744210	1460804	2887041	23390
济宁	4456160	1193404	2551071	54054
泰安	2849156	829285	1368313	15449
威海	887860	410541	409908	2240
日照	1407033	419114	756914	7105
莱芜	509984	171968	182836	1002
临沂	5375436	1630411	3283729	35007
德州	3045838	867292	1661326	14345
聊城	2982586	874000	1839366	13751
滨州	1892197	625719	903933	3567
菏泽	4635129	1396644	2623180	26141

居民基本养老保险分市地情况统计表（2）

	本期基金收入		本期基金支出	
		个人缴费		养老金支出
总计	2841976	1011109	1865730	1819516
济南	134259	46961	82186	80081
青岛	307522	90995	265315	253043
淄博	120613	43110	76500	75231
枣庄	73068	37875	59177	58588
东营	74819	20449	47833	46991

续表

	本期基金收入	个人缴费	本期基金支出	养老金支出
烟台	302689	143605	191420	187691
潍坊	290919	101673	168729	166283
济宁	229689	87507	132363	130040
泰安	142408	45712	90316	88773
威海	92897	30045	100335	100290
日照	83282	30810	49414	48060
莱芜	32513	7061	27151	21251
临沂	308595	110427	176486	172805
德州	143922	42327	91746	90154
聊城	159094	59275	91737	90372
滨州	103940	29943	67161	65512
菏泽	241748	83331	147860	144350

附 录

2015年度山东省有突出贡献的中青年专家名单

（共100名）

杨清敏 齐鲁制药有限公司药物研究院副院长、制剂所所长，工程技术应用研究员

刘传锋 济南市市政工程设计研究院（集团）有限责任公司常务副总经理，工程技术应用研究员

于昕世 青岛佳友模具科技有限公司工程技术研发中心主任，高级工程师

王 晔 海尔集团公司技术研发中心主任、全球研发企划总监，高级工程师

巩 健 淄博职业学院制药与生物工程系主任，副教授

张 军 山东省药用玻璃股份有限公司常务副总经理、总工程师，工程技术应用研究员

吴江勇 山东德仕石油工程集团股份有限公司高级工程师

张在忠 山东海科化工集团有限公司总工程师，工程技术应用研究员

滕 瑶 中集海洋工程研究院有限公司副总经理、研发部经理，工程技术应用研究员

翟介明 莱州明波水产有限公司总工程师，工程技术应用研究员

王书翰 盛瑞传动股份有限公司盛瑞工程技术研究院总工程师，高级工程师

赵桂霞 潍坊广文中学校长，正高级教师

胡永军 寿光市植物保护站高级农艺师

林凤岩 济宁市机械设计研究院工程技术应用研究员

吴文慧 瑞星集团股份有限公司总工程师，高级工程师

朱训明 威海万丰镁业科技发展有限公司总经理、总工程师，高级工程师

姜红江 山东省文登整骨医院副院长、骨关节三科主任，主任医师

李昌涛 日照金禾生化集团股份有限公司总经理、日照金禾博源生化有限公司董事长，高级工程师

李明杰 山东罗欣药业集团股份有限公司副总经理、总工程师，高级工程师

邵逸群 山东华盛农业药械有限责任公司总经理，高级工程师

夏章勇 聊城市人民医院副主任医师

祝凤臣 菏泽市地方戏曲传承研究院一级演员

王曙光 山东大学环境科学与工程学院副院长，教授

赵明文 山东大学教授

方 雷 山东大学马克思主义学院副院长，教授

张海霞 山东大学教授

史宏达 中国海洋大学工程学院院长，教授

何 民 中国海洋大学教授

杜启振 中国石油大学（华东）学科建设处处长，教授

吴明铂 中国石油大学（华东）研究员

初佃辉 哈尔滨工业大学（威海）计算机科学与技术学院院长，教授

曾庆田 山东科技大学电子通信与物理学院副院长，教授

张 媛 山东科技大学教授

申　亮　山东理工大学教授
颜　梅　济南大学教授
吴　欣　聊城大学运河学研究院副院长，教授
李中国　临沂大学教育学院副院长，教授
张清芳　鲁东大学教授
王佐勋　齐鲁工业大学教授
纪志坚　青岛大学教授
李延辉　青岛大学机电工程学院副院长，教授
陈克正　青岛科技大学教务处处长，教授
李桂村　青岛科技大学教授
吕　谋　青岛理工大学教授
孙庆杰　青岛农业大学食品科学与工程学院副院长，教授
渠凤丽　曲阜师范大学教授
郝兆才　曲阜师范大学人事处副处长，教授
谢申祥　山东财经大学教授
张志斌　山东建筑大学教授
成子强　山东农业大学教授
李　平　山东师范大学教授
谭维智　山东师范大学教授
杨佃会　山东中医药大学教授
宋振武　烟台大学法学院副院长，教授
宋旭红　山东交通学院高等教育研究室主任，教授
衣丰艳　山东交通学院教授
张　忠　泰山医学院生物科学学院院长，教授
王　宏　潍坊学院教授
张维芬　潍坊医学院教授
战金成　山东省地质调查院物化探所所长，工程技术应用研究员
李　军　山东省国土资源信息中心副主任，工程技术应用研究员
吕振波　山东省海洋资源与环境研究院渔业资源研究中心主任、远洋渔业研究中心主任、山东省海洋生态修复重点实验室常务副主任，研究员
郭跃升　山东省土壤肥料总站肥料科科长，农业技术推广研究员
商明清　山东省植物保护总站检疫站副站长，高级农艺师
祝凤山　山东省水利勘测设计院水工机械设计室副主任，高级工程师
吕淑娥　山东省吕剧艺术保护传承中心（山东省吕剧院）二级演员
嵇　飙　山东省建设工程质量监督总站副站长，高级工程师
骆红宇　山东省医疗器械产品质量检验中心化学室主任，工程技术应用研究员
高旭来　山东省射击自行车运动管理中心国家级教练
高明波　山东省第一地质矿产勘查院副院长，高级工程师
卜　华　山东省地质矿产勘查开发局第三水文地质工程地质大队工程技术应用研究员
兰邹然　山东省动物疫病预防与控制中心农业技术推广研究员
任宏伟　山东省计量科学研究院院长助理、医学计量研究所所长，高级工程师
毛伟刚　山东省人民防空建筑设计院高级工程师
彭忠民　山东省立医院胸外科副主任，主任医师
马国诏　山东省千佛山医院副主任医师
王谢桐　山东省妇产医院副院长、山东省立医院妇产科副主任兼产科主任，主任医师
李　晓　山东中医药大学附属医院心内科副主任，主任医师
杜建刚　山东省农业机械科学研究院质量检测中心总工程师，工程技术应用研究员
王兴军　山东省农业科学院生物技术研究中心副主任，研究员
江丽华　山东省农业科学院研究员
李纪顺　山东省科学院中日友好生物技术研究中心研究室主任，高级工程师
董火民　山东省科学院新材料研究所所长，研究员
宋现让　山东省肿瘤防治研究院基础研究部主任，研究员
张　文　山东社会科学院财政金融研究所所长，研究员
王巨新　中国共产党山东省委员会党校政法教研部教研室副主任，副教授
朱德泉　大众报业集团大众网总编辑，高级编辑
刘　蕾　明天出版社有限公司副总编辑，副编审

张　佩　山东钢铁股份有限公司莱芜分公司炼钢厂技术科科长，高级工程师

李　伟　山东能源集团有限公司技术装备部副总经理，工程技术应用研究员

张　东　浪潮电子信息产业股份有限公司教授级高级工程师

朱希强　山东省药学科学院副院长，研究员

郭圣刚　潍柴动力股份有限公司副总设计师、发动机技术研究院副院长，高级工程师

秦　伟　中国科学院烟台海岸带研究所研究员

张继红　中国水产科学研究院黄海水产研究所生态室副主任，研究员

宋新旺　中国石油化工股份有限公司胜利油田分公司勘探开发研究院三次采油研究首席专家，教授级高级工程师

郭　锐　国网山东省电力公司电力科学研究院工程技术应用研究员

张学卿　海洋化工研究院有限公司教授级高级工程师

黄　萍　山东电力工程咨询院有限公司变电电气与土建技术总监，研究员级高级工程师

信　珂　山东电力工程咨询院有限公司教授级高级工程师

图书在版编目（CIP）数据

山东人力资源和社会保障年鉴 . 2016 / 山东省人力资源和社会保障厅编 . -- 北京 : 中国文史出版社 ,2016.10
ISBN 978-7-5034-8689-0

Ⅰ . ①山… Ⅱ . ①山… Ⅲ . ①人力资源管理 - 山东 - 2016 - 年鉴②社会保障 - 山东 - 2016 - 年鉴 Ⅳ . ① F249.275.2-54 ② D632.1-54

中国版本图书馆 CIP 数据核字 (2016) 第 290420 号

责任编辑：张蕊燕
出版发行：**中国文史出版社**
网　　址：www.chinawenshi.net
社　　址：北京市西城区太平桥大街 23 号　邮编：100811
电　　话：010-66173572　66168268　66192736（发行部）
传　　真：010-66192703
印　　装：济南世同华印印刷有限责任公司
经　　销：全国新华书店
开　　本：889 × 1194mm　1/16
印　　张：30.25
字　　数：726 千字
版　　次：2016 年 10 月北京第 1 版
印　　次：2016 年 10 月第 1 次印刷
定　　价：298.00 元

济南市成立首家劳动人事争议法律援助工作站

济南市举办第四届“英才杯”职业技能大赛

青岛市举办第 15 届中国·青岛蓝色经济国际人才暨产学研合作洽谈会

青岛市首次设立“振超”技能大奖

外国专家组织项目洽谈会在淄博市举行

淄博市首届创客大赛圆满落幕

枣庄创业大学挂牌成立

智汇枣庄——精英人才创新创业对接会

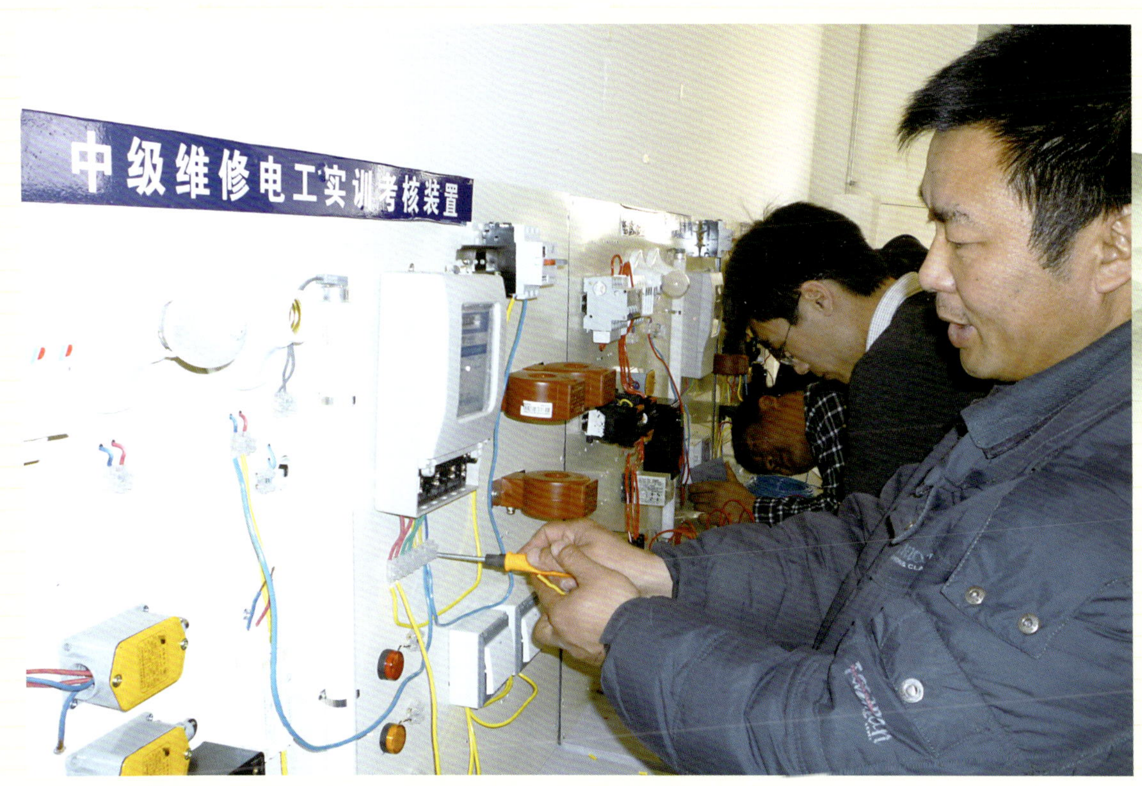

东营市开展专项职业技能鉴定

东营市开展农民工恳谈日活动

烟台市“海外赤子为国服务行动”项目对接会

烟台创业大学·创客学院首届创业高峰论坛

潍坊市首届创业知识竞赛成功举办

潍坊市举办首届 2015 潍坊互联网 + 创业创新大会

济宁市召开创建劳动关系和谐城市动员部署会议

济宁市举办就业创业培训班

泰安市人力资源和社会保障局荣获"全国文明单位"

泰安市创业大学成立

威海市“人社公共服务一体化信息便民工程”系统正式上线运行

威海市环翠区竹岛街道办事处人力资源社会保障所服务窗口

日照市副书记、市长刘星泰出席日照市人才政策发布暨项目签约仪式

日照市举办“2015 海外高层次人才日照行”活动

莱芜市首期复退军人创业培训班在莱芜市创业大学开班

莱芜市劳动人事争议仲裁庭审理观摩现场

临沂市表彰“沂蒙友谊奖获奖”获奖人员

“万名专家服务基层行动计划”走进沂蒙老区

人力资源社会保障部副部长、国家外国专家局局长张建国，副省长赵润田在德州市为中国新能源和生物产业技术引智试验区揭牌

德州市打造服务标准化、精细化、人性化的人力资源社会保障基层服务平台